BECK'SCHE TEXTAUSGABEN

Bayerische Bauordnung

Bayerische Bauordnung

und ergänzende Bestimmungen

TEXTAUSGABE
mit Verweisungen und Sachverzeichnis

35., völlig neubearbeitete Auflage
Stand: 1. August 1998

Verlag C. H. Beck München 1998

Die Deutsche Bibliothek – CIP-Einheitsaufnahme

Bayerische Bauordnung und ergänzende Bestimmungen :
Textausgabe mit Verweisungen und Sachverzeichnis. –
35., völlig neubearb. Aufl., Stand: 1. August 1998. –
München : Beck, 1998
(Beck'sche Textausgaben)
Nebent.: BayBo. – Enth. u. a.: Bayerische Bauordnung
ISBN 3 406 44270 6

ISBN 3 406 44270 6

Druck der C. H. Beck'schen Buchdruckerei Nördlingen
Gedruckt auf säurefreiem, alterungsbeständigem Papier
(hergestellt aus chlorfrei gebleichtem Zellstoff)

Inhaltsverzeichnis

A. Bauordnung und Vollzugsvorschriften

Inhaltsverzeichnis

Inhaltsverzeichnis

Inhaltsverzeichnis

[illegible]

F. [illegible]

G. Erbrecht

H. Anhang

[illegible]

BGB = Bürgerliches Gesetzbuch

BGBl. I, II = Bundesgesetzblatt Teil I bzw. Teil II

BGHZ = Entscheidungen des Bundesgerichtshofes in Zivilsachen

[illegible]

Abkürzungsverzeichnis

AG	Ausführungsgesetz
AGBGB	Gesetz zur Ausführung des Bürgerlichen Gesetzbuchs und anderer Gesetze
AllMBl.	Allgemeines Ministerialblatt
AMBl.	Amtsblatt des Bayer. Staatsministeriums für Arbeit und Sozialordnung
Art.	Artikel
BauPrüfV	Bautechnische Prüfungsverordnung
BauVorlV	Bauvorlagenverordnung
BayArchG	Bayerisches Architektengesetz
BayBO	Bayerische Bauordnung
BayBSVA	Bereinigte Sammlung der Verwaltungsvorschriften des Bayer. Staatsministeriums für Arbeit und soziale Fürsorge
BayBSVFin	Bereinigte Sammlung der bayerischen Finanzverwaltungsvorschriften
BayBSVI	Bereinigte Sammlung der Verwaltungsvorschriften des Bayer. Staatsministeriums des Innern
BayBSVJu	Bereinigte Sammlung der bayerischen Justizverwaltungsvorschriften
BayBSVK	Bereinigte Sammlung der Verwaltungsvorschriften des Bayer. Staatsministeriums für Unterricht und Kultus
BayBSVWV	Bereinigte Sammlung der Verwaltungsvorschriften des Bayer. Staatsministeriums für Wirtschaft und Verkehr
BayRS	Bayerische Rechtssammlung, Gliederungsnummer
BayStrWG	Bayerisches Straßen- und Wegegesetz
BayWG	Bayerisches Wassergesetz
Bek.	Bekanntmachung
BGB	Bürgerliches Gesetzbuch
BGBl. I, II	Bundesgesetzblatt Teil I bzw. Teil II
BGHZ	Entscheidungen des Bundesgerichtshofes in Zivilsachen
BVwGE	Amtliche Sammlung der Entscheidungen des Bundesverwaltungsgerichts
CPlV	Campingplatzverordnung

Abkürzungsverzeichnis

EG .... Einführungsgesetz
EltBauV .... Verordnung über den Bau von Betriebsräumen für elektrische Anlagen

FeuV .... Feuerungsverordnung
FMBl. .... Amtsblatt des Bayer. Staatsministeriums der Finanzen
FStrG .... Bundesfernstraßengesetz

GastBauV .... Gaststättenbauverordnung
GaV .... Verordnung über den Bau und Betrieb von Garagen
GebOP.................... Gebührenordnung für Prüfämter und Prüfingenieure
GewO .... Gewerbeordnung
GG.......................... Grundgesetz für die Bundesrepublik Deutschland
GMBl...................... Gemeinsames Bundesministerialblatt
GVBl. .... Bayerisches Gesetz- und Verordnungsblatt

idF .... in der Fassung

JMBl. .... Bayerisches Justizministerialblatt

KG.......................... Vollzug des Kostengesetzes
KVz .... Kostenverzeichnis

LMBl. .... Amtsblatt des Bayer. Staatsministeriums für Ernährung, Landwirtschaft und Forsten
LStVG .... Landesstraf- und Verordnungsgesetz
LUMBl. .... Amtsblatt des Bayer. Staatsministeriums für Landesentwicklung und Umweltfragen
LuftVG................... Luftverkehrsgesetz

MABl...................... Ministerialamtsblatt der Bayerischen Inneren Verwaltung
MB .... Ministerialbekanntmachung
ME .... Ministerialentschließung

Nr.......................... Nummer

RGBl. I .... Reichsgesetzblatt Teil I

S. .... Seite
StAnz. .... Bayerischer Staatsanzeiger
StGB .... Strafgesetzbuch
SVBau.................... Sachverständigenverordnung – Bau

Abkürzungsverzeichnis

VAwS .... Anlagenverordnung
VGH n. F. Bd. .... Amtliche Sammlung der Entscheidungen des Bayerischen Verwaltungsgerichtshofes, neue Folge
VkV .... Verkaufsstättenverordnung
VO........................... Verordnung
VStättV .... Versammlungsstättenverordnung

WHG...................... Wasserhaushaltsgesetz
WVMBl.................. Amtsblatt des Bayer. Staatsministeriums für Wirtschaft und Verkehr

ZustVBau .... Zuständigkeitsverordnung im Bauwesen

A. Bauordnung und Vollzugsvorschriften

1. Bayerische Bauordnung (BayBO)[1),2),3)]

in der Fassung der Bekanntmachung vom 4. August 1997
(GVBl. S. 434, ber. 1998 S. 270)

Geändert durch Gesetz vom 10. 7. 1998 (GVBl. S. 389) und Gesetz vom 24. 7. 1998 (GVBl. S. 439)

Inhaltsübersicht

Erster Teil. Allgemeine Vorschriften

Zweiter Teil. Das Grundstück und seine Bebauung

Dritter Teil. Bauliche Anlagen

Abschnitt I. Baugestaltung

Abschnitt II. Allgemeine Anforderungen an die Bauausführung

Abschnitt III. Bauprodukte und Bauarten

[1)] Beachte dazu Synoptische Darstellung der Artikelfolge BayBO 1998/BayBO 1994; Nr. **2**.

[2)] Neubekanntmachung der BayBO v. 1. 8. 1962 (GVBl. S. 179, ber. S. 250) in der ab 1. 1. 1998 geltenden Fassung.

[3)] Vgl. dazu gem. Bek. über den Vollzug des Bayerischen Naturschutzgesetzes und des Bundesbaugesetzes; Landschaftsplanung und Bauleitung v. 18. 12. 1985 (MABl. 1986 S. 49, ber. S. 197). Gem. Bek. über den Vollzug des Denkmalschutzgesetzes und baurechtlicher Vorschriften v. 27. 7. 1984 (MABl. S. 421).

Erster Teil. Allgemeine Vorschriften

Art. 1 Anwendungsbereich. (1) [1]Dieses Gesetz gilt für alle baulichen Anlagen und Bauprodukte. [2]Es gilt auch für Grundstücke sowie für andere Anlagen und Einrichtungen, an die nach diesem Gesetz oder in Vorschriften auf Grund dieses Gesetzes Anforderungen gestellt werden.

(2) Dieses Gesetz gilt nicht für

1. Anlagen des öffentlichen Verkehrs sowie ihre Nebenanlagen und Nebenbetriebe, ausgenommen Gebäude an Flugplätzen,

2. Anlagen, die der Bergaufsicht unterliegen,
3. Rohrleitungsanlagen sowie Leitungen aller Art, ausgenommen in Gebäuden,
4. Kräne und Krananlagen,
5. Gerüste,
6. Feuerstätten, die nicht der Raumheizung oder der Brauchwassererwärmung dienen, ausgenommen Gas-Haushalts-Kochgeräte.

Art. 2 Begriffe. (1) [1]Bauliche Anlagen sind mit dem Erdboden verbundene, aus Bauprodukten hergestellte Anlagen. [2]Ortsfeste Anlagen der Wirtschaftswerbung (Werbeanlagen) einschließlich Automaten sind baulichen Anlagen. [3]Als bauliche Anlagen gelten Anlagen, die nach ihrem Verwendungszweck dazu bestimmt sind, überwiegend ortsfest benutzt zu werden, sowie
1. Aufschüttungen und Abgrabungen einschließlich der Anlagen zur Gewinnung von Steinen, Erden und anderen Bodenschätzen,
2. Lagerplätze, Abstellplätze und Ausstellungsplätze,
3. Campingplätze und Wochenendplätze,
4. Stellplätze für Kraftfahrzeuge.

(2) Gebäude sind selbständig benutzbare, überdeckte bauliche Anlagen, die von Menschen betreten werden können.

(3) [1]Gebäude geringer Höhe sind Gebäude, bei denen der Fußboden keines Geschosses, in dem Aufenthaltsräume im Sinn des Art. 48 Abs. 2 möglich sind, an einer Stelle mehr als 7 m, Hochhäuser solche, bei denen dieser Fußboden mehr als 22 m über der natürlichen oder festgelegten Geländeoberfläche liegt.[1)] [2]Alle anderen Gebäude sind Gebäude mittlerer Höhe.

(4) [1]Vorhaben geringer Schwierigkeit sind
1. einfache bauliche Anlagen einschließlich einfacher Änderungen anderer baulicher Anlagen,
2. Wohngebäude geringer Höhe, auch in der Form von Doppelhäusern oder Hausgruppen,
3. Gebäude geringer Höhe, die neben einer Wohnnutzung teilweise oder ausschließlich freiberuflich oder gewerblich im Sinn des § 13 der Baunutzungsverordnung (BauNVO) genutzt werden,
4. nicht oder nur zum vorübergehenden Aufenthalt einzelner Personen bestimmte eingeschossige Gebäude mit freien Stützweiten von nicht mehr als 12 m, soweit sie keine einfachen baulichen Anlagen und keine Sonderbauten sind.

---

1) Bek. über die bauaufsichtliche Behandlung von Hochhäusern vom 25. 5. 1983 (MABl. S. 495, ber. S. 893).

[2]Bauliche Anlagen und Räume besonderer Art oder Nutzung (Sonderbauten) sind

1. bauliche Anlagen mit mehr als 30 m Höhe,
2. Hochhäuser,
3. Hochregale mit mehr als 7,50 m Lagerhöhe (Oberkante Lagergut),
4. bauliche Anlagen und Räume mit mehr als 1600 m^2 Grundfläche, ausgenommen Wohngebäude,
5. Verkaufsstätten, Messe- und Ausstellungsbauten mit mehr als 2000 m^2 Geschoßfläche,
6. Versammlungsstätten einschließlich Kirchen, für mehr als 100 Personen,
7. Sportstätten mit mehr als 400 m^2 Hallensportfläche oder mehr als 100 Zuschauerplätzen, Freisportanlagen mit mehr als 400 Zuschauerplätzen,
8. Krankenhäuser, Entbindungs- und Säuglingsheime, Pflegeeinrichtungen,
9. Heime und Tageseinrichtungen für Kinder, Behinderte und alte Menschen, Einrichtungen zur vorübergehenden Unterbringung von Personen sowie Kindergärten mit mehr als zwei Gruppen oder mit dem Aufenthalt von Kindern dienenden Räumen außerhalb des Erdgeschosses,
10. Gaststätten mit mehr als 60 Gastplätzen oder mehr als 30 Gastbetten,
11. Schulen, Hochschulen und ähnliche Ausbildungseinrichtungen,
12. Justizvollzugsanstalten,
13. Garagen mit mehr als 1000 m^2 Nutzfläche,
14. Fliegende Bauten außer nach Art. 85 Abs. 3,
15. Camping- und Wochenendplätze,
16. Bauliche Anlagen und Räume, deren Nutzung mit erhöhter Brand-, Explosions-, Gesundheits- oder Verkehrsgefahr verbunden ist, und Anlagen, die in der Vierten Verordnung zur Durchführung des Bundes-Immissionsschutzgesetzes am 1. Januar 1997 enthalten waren.

[3]Alle anderen baulichen Anlagen sind Vorhaben mittlerer Schwierigkeit.

(5) [1]Vollgeschosse sind Geschosse, die vollständig über der natürlichen oder festgelegten Geländeoberfläche liegen und über mindestens zwei Drittel ihrer Grundfläche eine Höhe von mindestens 2,30 m haben. [2]Als Vollgeschosse gelten Kellergeschosse, deren Deckenunterkante im Mittel mindestens 1,20 m höher liegt als die natürliche oder festgelegte Geländeoberfläche.

(6) Bauprodukte sind

1. Baustoffe, Bauteile und Anlagen, die hergestellt werden, um dauerhaft in bauliche Anlagen eingebaut zu werden,
2. aus Baustoffen und Bauteilen vorgefertigte Anlagen, die hergestellt werden, um mit dem Erdboden verbunden zu werden, wie Fertighäuser, Fertiggaragen und Silos.

(7) Bauart ist das Zusammenfügen von Bauprodukten zu baulichen Anlagen oder Teilen von baulichen Anlagen.

Art. 3 Allgemeine Anforderungen. (1) 1 Bauliche Anlagen, andere Anlagen und Einrichtungen im Sinn von Art. 1 Abs. 1 Satz 2 sowie ihre Teile sind so anzuordnen, zu errichten, zu ändern und instandzuhalten, daß die öffentliche Sicherheit und Ordnung, insbesondere Leben oder Gesundheit, und die natürlichen Lebensgrundlagen nicht gefährdet werden. 2 Sie müssen bei ordnungsgemäßer Instandhaltung die allgemeinen Anforderungen des Satzes 1 ihrem Zweck entsprechend angemessen dauerhaft erfüllen und ohne Mißstände benutzbar sein. 3 Sie sind einwandfrei zu gestalten und dürfen das Gesamtbild ihrer Umgebung nicht verunstalten.

(2) 1 Die vom Staatsministerium des Innern oder der von ihm bestimmten Stelle durch öffentliche Bekanntmachung als Technische Baubestimmungen eingeführten technischen Regeln sind zu beachten.[1)] 2 Bei der Bekanntmachung kann hinsichtlich ihres Inhalts auf die Fundstelle verwiesen werden. 3 Art. 19 Abs. 3, Art. 23 und 70 Abs. 1 bleiben unberührt. 4 Werden die allgemein anerkannten Regeln der Technik und Baukunst beachtet, gelten die entsprechenden bauaufsichtlichen Anforderungen dieses Gesetzes und der auf Grund dieses Gesetzes erlassenen Vorschriften als eingehalten.

(3) Für den Abbruch baulicher Anlagen sowie anderer Anlagen und Einrichtungen im Sinn des Art. 1 Abs. 1 Satz 2, für die Änderung ihrer Benutzung und für Baustellen und Baugrundstücke gelten Absatz 1 Satz 1 und Absatz 2 sinngemäß.

Zweiter Teil. Das Grundstück und seine Bebauung

Art. 4 Bebauung der Grundstücke mit Gebäuden. (1) Gebäude dürfen nur unter folgenden Voraussetzungen errichtet werden:

1. Das Grundstück muß nach Lage, Form, Größe und Beschaffenheit für die beabsichtigte Bebauung geeignet sein.

---

1) Bek. über den Vollzug des Art. 3 Abs. 2 Satz 1 der Bayerischen Bauordnung (BayBO); Liste der als Technische Baubestimmungen eingeführten technischen Regeln – Fassung November 1996 – v. 21. 7. 1997 (AllMBl. S. 545, ber. S. 895); Nr. **41**.

2. Das Grundstück muß in einer angemessenen Breite an einer befahrbaren öffentlichen Verkehrsfläche liegen.[1)]

(2) Innerhalb des räumlichen Geltungsbereichs eines Bebauungsplans im Sinn der §§ 12 und 30 Abs. 1 des Baugesetzbuchs (BauGB) und innerhalb eines im Zusammenhang bebauten Ortsteils können insbesondere folgende Abweichungen von Absatz 1 gestattet werden:

1. Bei Wohnwegen von begrenzter Länge kann auf die Befahrbarkeit verzichtet werden, wenn keine Bedenken wegen des Brandschutzes oder des Rettungsdienstes bestehen;
2.[2)] bei Wohnwegen von begrenzter Länge kann auf die Widmung verzichtet werden, wenn von dem Wohnweg nur Wohngebäude geringer Höhe erschlossen werden und gegenüber dem Rechtsträger der Bauaufsichtsbehörde rechtlich gesichert ist, daß der Wohnweg sachgerecht unterhalten wird und allgemein benutzt werden kann.

(3) Im Außenbereich genügt eine befahrbare, gegenüber dem Rechtsträger der Bauaufsichtsbehörde rechtlich gesicherte Zufahrt zu einem befahrbaren öffentlichen Weg.

Art. 5 Nicht überbaute Flächen der bebauten Grundstücke.

(1) [1]Die nicht überbauten Flächen der bebauten Grundstücke sollen als Grünflächen oder gärtnerisch angelegt und unterhalten werden, soweit diese Flächen nicht für eine andere zulässige Nutzung, wie Stellplätze und Arbeits- oder Lagerflächen, benötigt werden. [2]Ausreichend große Flächen sollen mit Bäumen und Sträuchern bepflanzt werden, insbesondere wenn Lärmschutz und Luftreinhaltung das erfordern.

(2) [1]Die Bauaufsichtsbehörde kann verlangen, daß auf diesen Flächen Bäume nicht beseitigt werden, die für das Straßen-, Orts- oder Landschaftsbild oder für den Lärmschutz oder die Luftreinhaltung bedeutsam oder erforderlich sind. [2]Unter diesen Voraussetzungen kann sie auch verlangen, daß diese Flächen ganz oder teilweise nicht unterbaut werden.

Art. 6 Abstandsflächen. (1) [1]Vor den Außenwänden von Gebäuden sind Abstandsflächen von oberirdischen baulichen Anlagen freizuhalten. [2]Eine Abstandsfläche ist nicht erforderlich vor Außenwänden, die an den Grundstücksgrenzen errichtet werden, wenn nach planungsrechtlichen Vorschriften das Gebäude an die Grenze gebaut werden

---

1) Bek. über die Bestellung von beschränkten persönlichen Dienstbarkeiten zur rechtlichen Sicherung, insbesondere im Vollzug der Art. 4 Abs. 2 Nr. 2, 7 Abs. 4 und 62 Abs. 6 [jetzt: Art. 4 Abs. 1 Nr. 2, Art. 7 Abs. 3 und Art. 52 Abs. 4] BayBO; Vertretung des Freistaates Bayern v. 16. 8. 1966 (MABl. S. 436).

2) Bek. über die Behandlung der sog. Wohnwege (Siedlungsstichstraßen u. ä.) in Bebauungsplänen und bei der straßenrechtlichen Einstufung v. 21. 8. 1969 (MABl. S. 454).

muß oder gebaut werden darf. [3]Darf nach planungsrechtlichen Vorschriften nicht an die Grenze eines Nachbargrundstücks gebaut werden, ist aber auf diesem Grundstück ein Gebäude an der Grenze vorhanden, so kann gestattet oder verlangt werden, daß angebaut wird. [4]Muß nach planungsrechtlichen Vorschriften an die Grenze eines Nachbargrundstücks gebaut werden, ist aber auf diesem Grundstück ein Gebäude mit Abstand zu dieser Grenze vorhanden, so kann gestattet oder verlangt werden, daß eine Abstandsfläche eingehalten wird.

(2) [1]Die Abstandsflächen müssen, soweit sie sich nicht auf Nachbargrundstücke erstrecken dürfen, auf dem Grundstück selbst liegen. [2]Die Abstandsflächen dürfen sich nicht überdecken; das gilt nicht für Außenwände, die in einem Winkel von mehr als 75 Grad zueinander stehen.

(3) [1]Die Tiefe der Abstandsfläche bemißt sich nach der Wandhöhe; sie wird senkrecht zur Wand gemessen. [2]Als Wandhöhe gilt das Maß von der natürlichen oder festgelegten Geländeoberfläche bis zum Schnittpunkt der Wand mit der Dachhaut oder bis zum oberen Abschluß der Wand. [3]Für Gebäude oder Gebäudeteile mit versetzten Außenwandteilen ist die Wandhöhe für jeden Wandteil entsprechend zu ermitteln. [4]Die Höhe von Dächern mit einer Neigung von mehr als 75 Grad wird voll, von Dächern mit einer Neigung von mehr als 45 Grad zu einem Drittel hinzugerechnet. [5]Die Höhe von Giebelflächen im Bereich des Dachs ist bei einer Dachneigung von mehr als 75 Grad voll, im übrigen nur zu einem Drittel anzurechnen. [6]Das sich so ergebende Maß ist H. [7]Vor die Außenwand vortretende Bauteile und Vorbauten, wie Pfeiler, Gesimse, Dachvorsprünge, Blumenfenster, Hauseingangstreppen und deren Überdachungen, Erker und Balkone bleiben außer Betracht, wenn sie im Verhältnis zu der ihnen zugehörigen Außenwand untergeordnet sind, nicht mehr als 1,50 m vortreten und von den Grundstücksgrenzen mindestens 2 m entfernt bleiben.

(4) [1]Die Tiefe der Abstandsflächen beträgt 1 H, mindestens 3 m. [2]In Kerngebieten genügt eine Tiefe von 0,50 H, mindestens 3 m, in Gewerbe- und Industriegebieten eine Tiefe von 0,25 H, mindestens 3 m. [3]In Sondergebieten, die nicht der Erholung dienen, können geringere Tiefen als nach Satz 1, jedoch nicht weniger als 3 m, gestattet werden, wenn die Nutzung des Sondergebiets dies rechtfertigt.

(5) [1]Vor zwei Außenwänden von nicht mehr als je 16 m Länge genügt als Tiefe der Abstandsfläche die Hälfte der nach Absatz 4 erforderlichen Tiefe, mindestens jedoch 3 m; das gilt nicht in Kerngebieten und Gewerbe- und Industriegebieten. [2]Wird ein Gebäude mit einer Außenwand an eine Grundstücksgrenze gebaut, gilt Satz 1 nur noch für eine Außenwand; wird ein Gebäude mit zwei Außenwänden an Grundstücksgrenzen gebaut, so ist Satz 1 nicht anzuwenden; Grund-

stücksgrenzen zu öffentlichen Verkehrsflächen, öffentlichen Grünflächen und öffentlichen Wasserflächen bleiben hierbei unberücksichtigt. [3]Aneinandergebaute Gebäude sind wie ein Gebäude zu behandeln.

(6) Liegen sich in Gewerbe- und Industriegebieten auf einem Grundstück Gebäude oder Gebäudeteile mit feuerbeständigen Wänden ohne Öffnungen gegenüber, so ist abweichend von Absatz 4 ein Abstand zwischen diesen Wänden von 3 m zulässig.

(7) In die Abstandsflächen werden abweichend von Absatz 2 Satz 1 öffentliche Verkehrsflächen, öffentliche Grünflächen und öffentliche Wasserflächen zur Hälfte eingerechnet.

(8) In den Abstandsflächen sind abweichend von Absatz 1 untergeordnete oder unbedeutende bauliche Anlagen zulässig.

(9) Die Absätze 1 bis 8 gelten für andere bauliche Anlagen sowie andere Anlagen und Einrichtungen sinngemäß, wenn von diesen Wirkungen wie von Gebäuden ausgehen.

Art. 7 Abweichungen von den Abstandsflächen. (1) [1]Werden von den Festsetzungen einer städtebaulichen Satzung oder einer Satzung nach Art. 91 Außenwände zugelassen oder vorgeschrieben, vor denen Abstandsflächen größerer oder geringerer Tiefe als nach Art. 6 liegen müßten, finden Art. 6 Abs. 4 und 5 keine Anwendung, es sei denn, die Satzung ordnet die Geltung dieser Vorschriften an. [2]Eine ausreichende Belichtung und Lüftung müssen gewährleistet sein. [3]Die Flächen für notwendige Nebenanlagen, insbesondere für Kinderspielplätze, Garagen und Stellplätze, dürfen nicht eingeschränkt werden. [4]Art. 91 Abs. 1 Nr. 5 bleibt unberührt.

(2) [1]Gebäude mit einer Traufhöhe von nicht mehr als 5 m für die örtliche Versorgung mit Elektrizität, Wärme, Gas und Wasser, Gewächshäuser für den Erwerbsgartenbau und Gärfutterbehälter für die Landwirtschaft sind in den Abstandsflächen und ohne eigene Abstandsflächen zulässig. [2]Dies gilt nicht für Gärfutterbehälter bezüglich der Abstandsflächen zu Nachbargrundstücken.

(3) Liegen sich Gebäude oder Gebäudeteile auf einem Grundstück gegenüber, von denen mindestens eines nicht mehr als ein Vollgeschoß aufweist und nicht dem Wohnen dient, so kann gestattet werden, daß die nach Art. 6 Abs. 4 und 5 erforderlichen Abstandsflächen in ihrer Tiefe bis auf eine halbe Wandhöhe dieses Gebäudes vermindert werden, soweit nicht dadurch Brandschutz, Belichtung und Lüftung beeinträchtigt werden.

(4) [1]Garagen einschließlich deren Nebenräume, überdachte Tiefgaragenzufahrten und Aufzüge zu Tiefgaragen mit einer Gesamtnutzfläche bis zu 50 m^2 sowie Nebengebäude ohne Feuerstätte mit einer Nutzfläche bis zu 20 m^2 brauchen zur Grundstücksgrenze keine Ab-

standsflächen einzuhalten, wenn an der Grenze eine Wandhöhe von 3 m im Mittel nicht überschritten wird; die Höhe von Dächern mit einer Neigung bis 75 Grad und Giebelflächen im Bereich des Dachs bei einer Dachneigung bis zu 75 Grad bleibt außer Betracht. 2 Insgesamt darf diese Grenzbebauung auf dem Grundstück 50 m² Gesamtnutzfläche sowie eine Gesamtlänge der Außenwände von 8 m je Grundstücksgrenze nicht überschreiten; dabei werden Nutzflächen in Dach- und Kellerräumen nicht angerechnet. 3 Die bauliche Verbindung dieser Grenzbebauung mit einem Hauptgebäude oder einem weiteren Nebengebäude ist zulässig, soweit diese Gebäude für sich betrachtet die auf sie treffenden Abstandsflächen einhalten.

(5) 1 Die Abstandsflächen nach Art. 6 Abs. 4 und 5 oder die Abstandsflächen auf Grund von örtlichen Bauvorschriften nach Art. 91 können sich ganz oder teilweise auf das Nachbargrundstück erstrecken, wenn der Nachbar gegenüber der Bauaufsichtsbehörde schriftlich zustimmt oder sie aus rechtlichen oder tatsächlichen Gründen nicht überbaut werden können; die Zustimmung des Nachbarn gilt auch für und gegen seinen Rechtsnachfolger.[1)] 2 Sie müssen zusätzlich zu den für die Bebauung des Nachbargrundstücks vorgeschriebenen Abstandsflächen von der Bebauung freigehalten werden. 3 Art. 6 Abs. 1 Sätze 3 und 4 bleiben unberührt.

Art. 8 Kinderspielplätze. (1) Werden Gebäude mit insgesamt mehr als drei Wohnungen errichtet, so ist auf dem Baugrundstück ein Kinderspielplatz in geeigneter Lage anzulegen und zu unterhalten; die Art, Größe und Ausstattung des Kinderspielplatzes richten sich nach Zahl, Art und Größe der Wohnungen auf dem Grundstück.

(2) 1 Der Bauherr darf den Kinderspielplatz auch auf einem geeigneten Grundstück in unmittelbarer Nähe des Baugrundstücks herstellen, wenn dessen Benutzung für diesen Zweck gegenüber dem Rechtsträger der Bauaufsichtsbehörde rechtlich gesichert ist. 2 Kann der Bauherr den Kinderspielplatz nicht auf seinem Grundstück oder auf einem geeigneten Grundstück in der unmittelbaren Nähe herstellen, so kann er seine Verpflichtung nach Absatz 1 auch dadurch erfüllen, daß er sich der Gemeinde gegenüber verpflichtet, die Kosten für die Anlage und Unterhaltung eines Kinderspielplatzes in angemessener Höhe zu tragen. 3 Das gilt nur, wenn die Gemeinde in der Nähe des Baugrundstücks an Stelle des Bauherrn den vorgeschriebenen Kinderspielplatz oder einen der Allgemeinheit zugänglichen Kinderspielplatz herstellt oder herstellen läßt. 4 Die Gemeinde kann Sicherheitsleistung in angemessener Höhe verlangen.

(3) 1 Für bestehende Gebäude mit insgesamt mehr als drei Wohnungen auf einem Grundstück kann die Bauaufsichtsbehörde die Anlage

---

1) Siehe auch Anm. zu Art. 4 Abs. 1 Nr. 2 BayBO.

oder Erweiterung und Unterhaltung eines Kinderspielplatzes verlangen. 2Die Absätze 1 und 2 sind entsprechend anzuwenden.

(4) Die Absätze 1 bis 3 gelten nicht, wenn die Art der Wohnungen oder ihre Umgebung die Anlage eines Kinderspielplatzes nicht erfordern.

Art. 9 Einfriedung der Baugrundstücke. (1) Die Bauaufsichtsbehörde kann verlangen, daß Baugrundstücke entlang öffentlicher Wege, Straßen oder Plätze sowie Sport- und Spielplätze, Campingplätze und Wochenendplätze, Lager- und Abstellplätze, Aufschüttungen und Abgrabungen eingefriedet oder abgegrenzt werden, wenn die öffentliche Sicherheit und Ordnung es erfordern.

(2) Bei Vorgärten kann die Bauaufsichtsbehörde die Errichtung von Einfriedungen untersagen, wenn die Sicherheit des Verkehrs oder die einheitliche Gestaltung des Straßenbilds dies erfordert.

(3) Für Einfriedungen oder Abgrenzungen, die keine baulichen Anlagen sind, gelten die Art. 11 und 17 sinngemäß.

Art. 10 Höhenlage des Grundstücks und der baulichen Anlagen. (1) Werden bauliche Anlagen errichtet oder geändert, so kann verlangt werden, daß die Oberfläche des Grundstücks erhalten oder in ihrer Höhenlage verändert wird, um eine Störung des Straßen-, Orts- oder Landschaftsbilds zu vermeiden oder zu beseitigen oder um die Oberfläche der Höhe der Verkehrsfläche oder der Nachbargrundstücke anzugleichen.

(2) 1Die Höhenlage der baulichen Anlagen ist, soweit erforderlich, von der Bauaufsichtsbehörde im Einvernehmen mit der Gemeinde festzulegen. 2Die Höhenlage der Verkehrsflächen und die Anforderungen an die Abwasserbeseitigung sind dabei zu beachten.

Dritter Teil. Bauliche Anlagen

Abschnitt I. Baugestaltung

Art. 11 Baugestaltung. (1) Bauliche Anlagen sind nach den anerkannten Regeln der Baukunst durchzubilden und so zu gestalten, daß sie nach Form, Maßstab, Verhältnis der Baumassen und Bauteile zueinander, Werkstoff und Farbe nicht verunstaltend wirken.

(2) 1Bauliche Anlagen sind mit ihrer Umgebung derart in Einklang zu bringen, daß sie das Straßen-, Orts- oder Landschaftsbild oder deren beabsichtigte Gestaltung nicht verunstalten. 2Verunstaltend sind auch die störende Häufung von Werbeanlagen und Werbeanlagen an Ortsrändern, soweit sie in die freie Landschaft hineinwirken.

Abschnitt II.
Allgemeine Anforderungen an die Bauausführung

Art. 12 Baustelle. (1) Baustellen sind so einzurichten, daß bauliche Anlagen ordnungsgemäß errichtet, geändert, abgebrochen oder instandgehalten werden können und daß keine Gefahren, vermeidbaren Nachteile oder vermeidbare Belästigungen entstehen.

(2) Öffentliche Verkehrsflächen, Versorgungs-, Abwasserbeseitigungs- und Meldeanlagen, Grundwassermeßstellen, Vermessungszeichen, Abmarkungszeichen und Grenzzeichen sind für die Dauer der Bauausführung zu schützen und, soweit erforderlich, unter den notwendigen Sicherheitsvorkehrungen zugänglich zu halten.

(3) Während der Ausführung genehmigungspflichtiger oder nach Art. 64 genehmigungsfreier Vorhaben hat der Bauherr an der Baustelle eine Tafel, die die Bezeichnung des Vorhabens und die Namen und Anschriften des Bauherrn und des Entwurfsverfassers enthalten muß, dauerhaft und von der öffentlichen Verkehrsfläche aus sichtbar anzubringen.

Art. 13 Standsicherheit. [1]Jede bauliche Anlage muß im ganzen, in ihren einzelnen Teilen und für sich allein standsicher sein. [2]Die Standsicherheit muß auch während der Errichtung und bei der Änderung und dem Abbruch gewährleistet sein. [3]Die Standsicherheit anderer baulicher Anlagen und die Tragfähigkeit des Baugrundes des Nachbargrundstücks dürfen nicht gefährdet werden.

Art. 14 Schutz gegen Einwirkungen. (1) Bauliche Anlagen sind so anzuordnen, zu errichten, zu ändern und zu unterhalten, daß durch chemische, physikalische, pflanzliche oder tierische Einwirkungen keine Gefahren, vermeidbaren Nachteile oder vermeidbaren Belästigungen entstehen.

(2) Bauprodukte sind so zu wählen und zusammenzufügen, daß sie sich gegenseitig nicht chemisch oder physikalisch schädlich beeinflussen können.

Art. 15[1)] Brandschutz. (1) Bauliche Anlagen sind so anzuordnen, zu errichten, zu ändern und zu unterhalten, daß der Entstehung und der Ausbreitung von Feuer und Rauch vorgebeugt wird und bei einem Brand die Rettung von Menschen und Tieren und wirksame Löscharbeiten möglich sind.

[1)] Siehe VO über die Verhütung von Bränden (VVB) v. 29. 4. 1981 (BayRS 215-2-1-I).

(2) [1]Jede Nutzungseinheit mit Aufenthaltsräumen wie Wohnungen, Praxen, selbständigen Betriebs- und Arbeitsstätten muß in jedem Geschoß über mindestens zwei voneinander unabhängige Rettungswege verfügen; ein zweiter Rettungsweg ist nicht erforderlich, wenn die Rettung über einen Treppenraum möglich ist, in den Feuer und Rauch nicht eindringen können (Sicherheitstreppenraum). [2]Der erste Rettungsweg muß für Nutzungseinheiten, die nicht zu ebener Erde liegen, über mindestens eine notwendige Treppe führen. [3]Der zweite Rettungsweg kann eine weitere notwendige Treppe sein oder eine mit Rettungsgeräten der Feuerwehr erreichbare Stelle, wenn die Feuerwehr über die erforderlichen Rettungsgeräte verfügt.

(3) [1]Für die Feuerwehr ist von öffentlichen Verkehrsflächen aus eine ausreichende Zu- oder Durchfahrt, zu Gebäuden geringer Höhe ein ausreichender Zu- oder Durchgang zu allen Gebäudeseiten zu schaffen, von denen aus es notwendig werden kann, Menschen zu retten. [2]Führt der zweite Rettungsweg über eine nur für Hubrettungsgeräte erreichbare Stelle, so sind die dafür erforderlichen Aufstell- und Bewegungsflächen vorzusehen. [3]Zu- und Durchfahrten, Bewegungsflächen und Aufstellflächen müssen für Feuerwehrfahrzeuge ausreichend befestigt und tragfähig sein; sie sind ständig frei zu halten.

(4) [1]Die Verwendung brennbarer Baustoffe ist zulässig, soweit dieses Gesetz oder Vorschriften auf Grund dieses Gesetzes nichts anderes bestimmen. [2]Leichtentflammbare Baustoffe dürfen nicht verwendet werden. [3]Dies gilt nicht für solche Baustoffe, die in Verbindung mit anderen Baustoffen nicht mehr leichtentflammbar sind.

(5) Für Hochhäuser müssen die für die Brandbekämpfung und für die Rettungsmaßnahmen erforderlichen besonderen Feuerlösch- und Rettungsgeräte vorhanden sein.

(6) Feuerbeständige Bauteile müssen in den wesentlichen Teilen aus nichtbrennbaren Baustoffen bestehen; dies gilt nicht für feuerbeständige Abschlüsse von Öffnungen.

(7) Bauliche Anlagen, bei denen nach Lage, Bauart oder Nutzung Blitzeinschlag leicht eintreten oder zu schweren Folgen führen kann, sind mit dauernd wirksamen Blitzschutzanlagen zu versehen.

Art. 16[1)] Wärme-, Schall- und Erschütterungsschutz. (1) [1]Bei der Errichtung oder Änderung baulicher Anlagen oder bei einer Nutzungsänderung ist ein den klimatischen Verhältnissen, dem Standort

---

[1)] VO über einen energiesparenden Wärmeschutz bei Gebäuden (Wärmeschutzverordnung – WärmeschutzV) v. 16. 8. 1994 (BGBl. I S. 2121). Gem. Bek. über den Vollzug der Wärmeschutzverordnung zum Energieeinsparungsgesetz im bauaufsichtlichen Verfahren v. 20. 3. 1984 (MABl. S. 127).

und der vorgesehenen Nutzung entsprechender ausreichender Wärmeschutz vorzusehen. [2]Der Wärmeverlust soll niedrig gehalten werden.

(2) [1]Bei der Errichtung oder Änderung baulicher Anlagen oder bei einer Nutzungsänderung ist ein der vorgesehenen Nutzung und dem Standort entsprechender ausreichender Schallschutz vorzusehen. [2]Lärmschutzmauern, bepflanzte Lärmschutzwälle oder ähnliche Anlagen können verlangt werden, wenn Lage und Nutzung von Gebäuden mit Aufenthaltsräumen das erfordern.

(3) Erschütterungen, Schwingungen oder Geräusche, die von ortsfesten Einrichtungen (Anlagen und Geräten) in baulichen Anlagen oder auf Baugrundstücken ausgehen, sind so zu dämmen, daß keine Gefahren, vermeidbaren Nachteile oder vermeidbaren Belästigungen entstehen.

Art. 17 Verkehrssicherheit. (1) [1]Bauliche Anlagen und die dem Verkehr dienenden nicht überbauten Flächen bebauter Grundstücke müssen ihrem Zweck entsprechend verkehrssicher sein. [2]In, an und auf baulichen Anlagen sind Flächen, die im allgemeinen zum Begehen bestimmt sind und unmittelbar an mehr als 50 cm tiefer liegende Flächen angrenzen, ausreichend hoch und fest zu umwehren, es sei denn, daß die Umwehrung dem Zweck der Flächen widerspricht. [3]Ist mit der Anwesenheit von Kleinkindern auf der zu sichernden Fläche üblicherweise zu rechnen, müssen Umwehrungen so ausgebildet werden, daß sie Kleinkindern das Über- oder Durchklettern nicht erleichtern; das gilt nicht innerhalb von Wohngebäuden mit bis zu zwei Wohnungen und innerhalb von Wohnungen.

(2) Bauliche Anlagen und ihre Benutzung dürfen die Sicherheit oder Leichtigkeit des Verkehrs nicht gefährden.

Art. 18 Beheizung, Beleuchtung und Lüftung. Räume müssen beheizt, belüftet und mit Tageslicht belichtet werden können, soweit das nach der Nutzung erforderlich ist.

Abschnitt III. Bauprodukte und Bauarten

Art. 19 Bauprodukte. (1) [1]Bauprodukte dürfen für die Errichtung, Änderung und Instandhaltung baulicher Anlagen nur verwendet werden, wenn sie für den Verwendungszweck

1. von den nach Absatz 2 bekanntgemachten technischen Regeln nicht oder nicht wesentlich abweichen (geregelte Bauprodukte) oder nach Absatz 3 zulässig sind und wenn sie auf Grund des Übereinstimmungsnachweises nach Art. 24 das Übereinstimmungszeichen (Ü-Zeichen) tragen oder

2. nach den Vorschriften
   a) des Bauproduktengesetzes (BauPG),[1)]
   b) zur Umsetzung der Richtlinie 89/106/EWG des Rates zur Angleichung der Rechts- und Verwaltungsvorschriften der Mitgliedstaaten über Bauprodukte (Bauproduktenrichtlinie) vom 21. Dezember 1988 (ABl. EG Nr. L 40 S. 12) durch andere Mitgliedstaaten der Europäischen Union und andere Vertragsstaaten des Abkommens über den Europäischen Wirtschaftsraum oder
   c) zur Umsetzung sonstiger Richtlinien der Europäischen Union, soweit diese die wesentlichen Anforderungen nach § 5 Abs. 1 BauPG berücksichtigen,

   in den Verkehr gebracht und gehandelt werden dürfen, insbesondere das Zeichen der Europäischen Union (CE-Zeichen) tragen und dieses Zeichen die nach Absatz 7 Nr. 1 festgelegten Klassen und Leistungsstufen ausweist.

[2]Sonstige Bauprodukte, die von allgemein anerkannten Regeln der Technik nicht abweichen, dürfen auch verwendet werden, wenn diese Regeln nicht nach Absatz 2 bekanntgemacht sind. [3]Sonstige Bauprodukte, die von allgemein anerkannten Regeln der Technik abweichen, bedürfen keines Nachweises ihrer Verwendbarkeit nach Absatz 3.

(2) Das Deutsche Institut für Bautechnik macht im Einvernehmen mit dem Staatsministerium des Innern für Bauprodukte, für die nicht nur die Vorschriften nach Absatz 1 Satz 1 Nr. 2 maßgebend sind, in der Bauregelliste A die technischen Regeln bekannt, die zur Erfüllung der in diesem Gesetz und in Vorschriften auf Grund dieses Gesetzes an bauliche Anlagen gestellten Anforderungen erforderlich sind.

(3) [1]Bauprodukte, für die technische Regeln in der Bauregelliste A nach Absatz 2 bekanntgemacht worden sind und die von diesen wesentlich abweichen oder für die es allgemein anerkannte Regeln der Technik oder Technische Baubestimmungen nach Art. 3 Abs. 2 nicht gibt (nicht geregelte Bauprodukte), müssen

1. eine allgemeine bauaufsichtliche Zulassung (Art. 20),
2. ein allgemeines bauaufsichtliches Prüfzeugnis (Art. 21) oder
3. eine Zustimmung im Einzelfall (Art. 22)

haben. [2]Ausgenommen sind Bauprodukte, die für die Erfüllung der Anforderungen dieses Gesetzes oder auf Grund dieses Gesetzes nur eine untergeordnete Bedeutung haben und die das Deutsche Institut für

---

[1)] G über das Inverkehrbringen von und den freien Warenverkehr mit Bauprodukten zur Umsetzung der Richtlinie 89/106/EWG des Rates vom 21. Dezember 1988 zur Angleichung der Rechts- und Verwaltungsvorschriften der Mitgliedstaaten über Bauprodukte und anderer Rechtsakte der Europäischen Gemeinschaften (BauprodukteG – BauPG) v. 10. 8. 1992 (BGBl. I S. 1495), geänd. durch Art. 59 G v. 27. 4. 1993 (BGBl. I S. 512, 2436), § 16 G v. 22. 4. 1997 (BGBl. I S. 934) und Art. 1 G v. 25. 3. 1998 (BGBl. I S. 607).

Bautechnik im Einvernehmen mit dem Staatsministerium des Innern in einer Liste C öffentlich bekanntgemacht hat.

(4) Das Staatsministerium des Innern kann durch Rechtsverordnungen[1)] vorschreiben, daß für bestimmte Bauprodukte, auch soweit sie Anforderungen nach anderen Rechtsvorschriften unterliegen, hinsichtlich dieser Anforderungen bestimmte Nachweise der Verwendbarkeit und bestimmte Übereinstimmungsnachweise nach Maßgabe der Art. 19 bis 22 und 24 bis 27 zu führen sind, wenn die anderen Rechtsvorschriften diese Nachweise verlangen oder zulassen.

(5) [1]Bei Bauprodukten nach Absatz 1 Satz 1 Nr. 1, deren Herstellung in außergewöhnlichem Maß von der Sachkunde und Erfahrung der damit betrauten Personen oder von einer Ausstattung mit besonderen Vorrichtungen abhängt, kann in der allgemeinen bauaufsichtlichen Zulassung, in der Zustimmung im Einzelfall oder durch Rechtsverordnung des Staatsministeriums des Innern vorgeschrieben werden, daß der Hersteller über solche Fachkräfte und Vorrichtungen verfügt und den Nachweis hierfür gegenüber einer Prüfstelle nach Art. 27 Abs. 1 Satz 1 Nr. 6 zu erbringen hat. [2]In der Rechtsverordnung können Mindestanforderungen an die Ausbildung, die durch Prüfung nachzuweisende Befähigung und die Ausbildungsstätten einschließlich der Anerkennungsvoraussetzungen gestellt werden.

(6) Für Bauprodukte, die wegen ihrer besonderen Eigenschaften oder ihres besonderen Verwendungszwecks einer außergewöhnlichen Sorgfalt bei Einbau, Transport, Instandhaltung oder Reinigung bedürfen, kann in der allgemeinen bauaufsichtlichen Zulassung, in der Zustimmung im Einzelfall oder durch Rechtsverordnung des Staatsministeriums des Innern die Überwachung dieser Tätigkeiten durch eine Überwachungsstelle nach Art. 27 Abs. 1 Satz 1 Nr. 5 vorgeschrieben werden.

(7) Das Deutsche Institut für Bautechnik kann im Einvernehmen mit dem Staatsministerium des Innern in der Bauregelliste B

1. festlegen, welche der Klassen und Leistungsstufen, die in Normen, Leitlinien oder europäischen technischen Zulassungen nach dem Bauproduktengesetz oder in anderen Vorschriften zur Umsetzung von Richtlinien der Europäischen Union enthalten sind, Bauprodukte nach Absatz 1 Satz 1 Nr. 2 erfüllen müssen, und
2. bekannt machen, inwieweit andere Vorschriften zur Umsetzung von Richtlinien der Europäischen Union die wesentlichen Anforderungen nach § 5 Abs. 1 BauPG nicht berücksichtigen.

---

1) Beachte dazu VO zur Feststellung der wasserrechtlichen Eignung von Bauprodukten durch Nachweise nach der BayBO (WasBauPVO) v. 7. 11. 1997 (GVBl. S. 801).

Art. 20 Allgemeine bauaufsichtliche Zulassung. (1) Das Deutsche Institut für Bautechnik erteilt eine allgemeine bauaufsichtliche Zulassung für nicht geregelte Bauprodukte, wenn deren Verwendbarkeit im Sinn des Art. 3 Abs. 1 Sätze 1 und 2 nachgewiesen ist.

(2) [1]Die zur Begründung des Antrags erforderlichen Unterlagen sind beizufügen. [2]Soweit erforderlich, sind Probestücke vom Antragsteller zur Verfügung zu stellen oder durch Sachverständige, die das Deutsche Institut für Bautechnik bestimmen kann, zu entnehmen oder Probeausführungen unter Aufsicht der Sachverständigen herzustellen. [3]Art. 69 Abs. 3 gilt entsprechend.

(3) Das Deutsche Institut für Bautechnik kann für die Durchführung der Prüfung die sachverständige Stelle und für Probeausführungen die Ausführungsstelle und Ausführungszeit vorschreiben.

(4) [1]Die allgemeine bauaufsichtliche Zulassung wird widerruflich und für eine bestimmte Frist erteilt, die in der Regel fünf Jahre beträgt. [2]Die Zulassung kann mit Nebenbestimmungen erteilt werden. [3]Sie kann auf schriftlichen Antrag in der Regel um fünf Jahre verlängert werden; Art. 77 Abs. 2 gilt entsprechend.

(5) Die Zulassung wird unbeschadet der Rechte Dritter erteilt.

(6) Das Deutsche Institut für Bautechnik macht die von ihm erteilten allgemeinen bauaufsichtlichen Zulassungen nach Gegenstand und wesentlichem Inhalt öffentlich bekannt.

(7) Allgemeine bauaufsichtliche Zulassungen nach dem Recht anderer Länder gelten auch im Freistaat Bayern.

Art. 21 Allgemeines bauaufsichtliches Prüfzeugnis. (1) [1]Bauprodukte,

1. deren Verwendung nicht der Erfüllung erheblicher Anforderungen an die Sicherheit baulicher Anlagen dient, oder
2. die nach allgemein anerkannten Prüfverfahren beurteilt werden,

bedürfen an Stelle einer allgemeinen bauaufsichtlichen Zulassung nur eines allgemeinen bauaufsichtlichen Prüfzeugnisses. [2]Das Deutsche Institut für Bautechnik macht dies mit der Angabe der maßgebenden technischen Regeln und, soweit es keine allgemein anerkannten Regeln der Technik gibt, mit der Bezeichnung der Bauprodukte im Einvernehmen mit dem Staatsministerium des Innern in der Bauregelliste A bekannt.

(2) [1]Ein allgemeines bauaufsichtliches Prüfzeugnis wird von einer Prüfstelle nach Art. 27 Abs. 1 Satz 1 Nr. 1 für nicht geregelte Bauprodukte nach Absatz 1 erteilt, wenn deren Verwendbarkeit im Sinn des Art. 3 Abs. 1 Sätze 1 und 2 nachgewiesen ist. [2]Art. 20 Abs. 2 bis 7 gelten entsprechend.

Art. 22 Nachweis der Verwendbarkeit von Bauprodukten im Einzelfall. (1) [1]Mit Zustimmung des Staatsministeriums des Innern dürfen im Einzelfall

1. Bauprodukte, die ausschließlich nach dem Bauproduktengesetz oder nach sonstigen Vorschriften zur Umsetzung von Richtlinien der Europäischen Union in Verkehr gebracht und gehandelt werden dürfen, jedoch deren Anforderungen nicht erfüllen, und
2. nicht geregelte Bauprodukte

verwendet werden, wenn deren Verwendbarkeit im Sinn des Art. 3 Abs. 1 Sätze 1 und 2 nachgewiesen ist. [2]Wenn Gefahren im Sinn des Art. 3 Abs. 1 Satz 1 nicht zu erwarten sind, kann das Staatsministerium des Innern im Einzelfall erklären, daß seine Zustimmung nicht erforderlich ist.

(2) Die Zustimmung für Bauprodukte nach Absatz 1, die in Baudenkmälern einschließlich Ensembles im Sinn des Denkmalschutzgesetzes verwendet werden sollen, erteilt die untere Bauaufsichtsbehörde.

Art. 23 Bauarten. (1) [1]Bauarten, die von Technischen Baubestimmungen nach Art. 3 Abs. 2 Satz 1 wesentlich abweichen oder für die es allgemein anerkannte Regeln der Technik nicht gibt (nicht geregelte Bauarten), dürfen bei der Errichtung, Änderung und Instandhaltung baulicher Anlagen nur angewendet werden, wenn für sie

1. eine allgemeine bauaufsichtliche Zulassung oder
2. eine Zustimmung im Einzelfall

erteilt worden ist. [2]An Stelle einer allgemeinen bauaufsichtlichen Zulassung genügt ein allgemeines bauaufsichtliches Prüfzeugnis, wenn die Bauart nicht der Erfüllung erheblicher Anforderungen an die Sicherheit baulicher Anlagen dient oder nach allgemein anerkannten Prüfverfahren beurteilt wird. [3]Das Deutsche Institut für Bautechnik macht diese Bauarten mit der Angabe der maßgebenden technischen Regeln und, soweit es keine allgemein anerkannten Regeln der Technik gibt, mit der Bezeichnung der Bauarten im Einvernehmen mit dem Staatsministerium des Innern in der Bauregelliste A bekannt. [4]Art. 19 Abs. 5 und 6 sowie Art. 20, 21 Abs. 2 und Art. 22 gelten entsprechend. [5]Wenn Gefahren im Sinn des Art. 3 Abs. 1 Satz 1 nicht zu erwarten sind, kann das Staatsministerium des Innern im Einzelfall oder für genau begrenzte Fälle allgemein festlegen, daß eine allgemeine bauaufsichtliche Zulassung oder eine Zustimmung im Einzelfall nicht erforderlich ist.

(2) Das Staatsministerium des Innern kann durch Rechtsverordnung vorschreiben, daß für bestimmte Bauarten, auch soweit sie Anforderungen nach anderen Rechtsvorschriften unterliegen, Absatz 1 ganz oder teilweise anwendbar ist, wenn die anderen Rechtsvorschriften dies verlangen oder zulassen.

Art. 24 Übereinstimmungsnachweis. (1) Bauprodukte bedürfen einer Bestätigung ihrer Übereinstimmung mit den technischen Regeln nach Art. 19 Abs. 2, den allgemeinen bauaufsichtlichen Zulassungen, den allgemeinen bauaufsichtlichen Prüfzeugnissen oder den Zustimmungen im Einzelfall; als Übereinstimmung gilt auch eine Abweichung, die nicht wesentlich ist.

(2) 1 Die Bestätigung der Übereinstimmung erfolgt durch

1. Übereinstimmungserklärung des Herstellers (Art. 25) oder
2. Übereinstimmungszertifikat (Art. 26).

2 Die Bestätigung durch Übereinstimmungszertifikat kann in der allgemeinen bauaufsichtlichen Zulassung, in der Zustimmung im Einzelfall oder in der Bauregelliste A vorgeschrieben werden, wenn dies zum Nachweis einer ordnungsgemäßen Herstellung erforderlich ist. 3 Bauprodukte, die nicht in Serie hergestellt werden, bedürfen nur der Übereinstimmungserklärung des Herstellers nach Art. 25 Abs. 1, sofern nichts anderes bestimmt ist. 4 Das Staatsministerium des Innern kann im Einzelfall die Verwendung von Bauprodukten ohne das erforderliche Übereinstimmungszertifikat gestatten, wenn nachgewiesen ist, daß diese Bauprodukte den technischen Regeln, Zulassungen, Prüfzeugnissen oder Zustimmungen nach Absatz 1 entsprechen.

(3) Für Bauarten gelten die Absätze 1 und 2 entsprechend.

(4) Die Übereinstimmungserklärung und die Erklärung, daß ein Übereinstimmungszertifikat erteilt ist, hat der Hersteller durch Kennzeichnung der Bauprodukte mit dem Übereinstimmungszeichen (Ü-Zeichen) unter Hinweis auf den Verwendungszweck abzugeben.

(5) Das Ü-Zeichen ist auf dem Bauprodukt, auf einem Beipackzettel oder auf seiner Verpackung oder, wenn dies nicht möglich ist, auf dem Lieferschein oder auf einer Anlage zum Lieferschein anzubringen.

(6) Ü-Zeichen aus anderen Ländern und aus anderen Staaten gelten auch im Freistaat Bayern.

Art. 25 Übereinstimmungserklärung des Herstellers. (1) Der Hersteller darf eine Übereinstimmungserklärung nur abgeben, wenn er durch werkseigene Produktionskontrolle sichergestellt hat, daß das von ihm hergestellte Bauprodukt den maßgebenden technischen Regeln, der allgemeinen bauaufsichtlichen Zulassung, dem allgemeinen bauaufsichtlichen Prüfzeugnis oder der Zustimmung im Einzelfall entspricht.

(2) 1 In den technischen Regeln nach Art. 19 Abs. 2, in der Bauregelliste A, in den allgemeinen bauaufsichtlichen Zulassungen, in den allgemeinen bauaufsichtlichen Prüfzeugnissen oder in den Zustimmungen im Einzelfall kann eine Prüfung der Bauprodukte durch eine Prüfstelle vor Abgabe der Übereinstimmungserklärung vorgeschrieben werden, wenn dies zur Sicherung einer ordnungsgemäßen Herstellung

erforderlich ist. [2]In diesen Fällen hat die Prüfstelle das Bauprodukt daraufhin zu überprüfen, ob es den maßgebenden technischen Regeln, der allgemeinen bauaufsichtlichen Zulassung, dem allgemeinen bauaufsichtlichen Prüfzeugnis oder der Zustimmung im Einzelfall entspricht.

Art. 26 Übereinstimmungszertifikat. (1) Ein Übereinstimmungszertifikat ist von einer Zertifizierungsstelle nach Art. 27 zu erteilen, wenn das Bauprodukt

1. den maßgebenden technischen Regeln, der allgemeinen bauaufsichtlichen Zulassung, dem allgemeinen bauaufsichtlichen Prüfzeugnis oder der Zustimmung im Einzelfall entspricht und
2. einer werkseigenen Produktionskontrolle sowie einer Fremdüberwachung nach Maßgabe des Absatzes 2 unterliegt.

(2) [1]Die Fremdüberwachung ist von Überwachungsstellen nach Art. 27 durchzuführen. [2]Die Fremdüberwachung hat regelmäßig zu überprüfen, ob das Bauprodukt den maßgebenden technischen Regeln, der allgemeinen bauaufsichtlichen Zulassung, dem allgemeinen bauaufsichtlichen Prüfzeugnis oder der Zustimmung im Einzelfall entspricht.

Art. 27 Prüf-, Zertifizierungs- und Überwachungsstellen. (1) [1]Das Staatsministerium des Innern kann eine Person, Stelle oder Überwachungsgemeinschaft als

1. Prüfstelle für die Erteilung allgemeiner bauaufsichtlicher Prüfzeugnisse,
2. Prüfstelle für die Überprüfung von Bauprodukten vor Bestätigung der Übereinstimmung,
3. Zertifizierungsstelle,
4. Überwachungsstelle für die Fremdüberwachung,
5. Überwachungsstelle für die Überwachung nach Art. 19 Abs. 6 oder
6. Prüfstelle für die Überprüfung nach Art. 19 Abs. 5

anerkennen, wenn sie oder die bei ihr Beschäftigten nach ihrer Ausbildung, Fachkenntnis, persönlichen Zuverlässigkeit, ihrer Unparteilichkeit und ihren Leistungen die Gewähr dafür bieten, daß diese Aufgaben den öffentlich-rechtlichen Vorschriften entsprechend wahrgenommen werden, und wenn sie über die erforderlichen Vorrichtungen verfügen. [2]Soweit und solange Stellen im Sinn von Satz 1 von privaten Trägern nicht zur Verfügung stehen, können auch Behörden entsprechend Satz 1 anerkannt werden, wenn sie ausreichend mit geeigneten Fachkräften besetzt und mit den erforderlichen Vorrichtungen ausgestattet sind.

(2) [1]Die Anerkennung von Prüf-, Zertifizierungs- und Überwachungsstellen anderer Länder gilt auch im Freistaat Bayern. [2]Prüf-,

Zertifizierungs- und Überwachungsergebnisse von Stellen, die nach Art. 16 Abs. 2 der Bauproduktenrichtlinie von einem anderen Mitgliedstaat der Europäischen Union oder von einem anderen Vertragsstaat des Abkommens über den Europäischen Wirtschaftsraum anerkannt worden sind, stehen den Ergebnissen der in Absatz 1 genannten Stellen gleich. [3]Dies gilt auch für Prüf-, Zertifizierungs- und Überwachungsergebnisse von Stellen anderer Staaten, wenn sie in einem Art. 16 Abs. 2 der Bauproduktenrichtlinie entsprechenden Verfahren anerkannt worden sind.

(3) [1]Das Staatsministerium des Innern erkennt auf Antrag eine Person, Stelle, Überwachungsgemeinschaft oder Behörde als Stelle nach Art. 16 Abs. 2 der Bauproduktenrichtlinie an, wenn in dem in Art. 16 Abs. 2 der Bauproduktenrichtlinie vorgesehenen Verfahren nachgewiesen ist, daß die Person, Stelle, Überwachungsgemeinschaft oder Behörde die Voraussetzungen erfüllt, nach den Vorschriften eines anderen Mitgliedstaates der Europäischen Union oder eines anderen Vertragsstaates des Abkommens über den Europäischen Wirtschaftsraum zu prüfen, zu zertifizieren oder zu überwachen. [2]Dies gilt auch für die Anerkennung von Personen, Stellen, Überwachungsgemeinschaften oder Behörden, die nach den Vorschriften eines anderen Staates zu prüfen, zu zertifizieren oder zu überwachen beabsichtigen, wenn der erforderliche Nachweis in einem Art. 16 Abs. 2 der Bauproduktenrichtlinie entsprechenden Verfahren geführt wird.

Abschnitt IV. Wände, Decken, Dächer und Rettungswege

Art. 28 Tragende Wände, Pfeiler und Stützen. (1) Tragende Wände sind feuerbeständig, in Gebäuden mit geringer Höhe feuerhemmend herzustellen.

(2) [1]Tragende Wände ohne Anforderung an die Feuerwiderstandsdauer sind zulässig

1. in Wohngebäuden mit bis zu zwei Wohnungen, soweit sie nicht über einem zweiten Vollgeschoß Aufenthaltsräume haben können,
2. in land- und forstwirtschaftlichen sowie gärtnerischen Betriebsgebäuden.

[2]Für andere Gebäude sind tragende Wände ohne Feuerwiderstandsdauer zuzulassen, soweit sie nicht über einem zweiten Vollgeschoß Aufenthaltsräume haben können und keine sonstigen Bedenken wegen des Brandschutzes bestehen. [3]Tragende Wände in Kellergeschossen von Gebäuden nach den Sätzen 1 und 2 müssen mindestens feuerhemmend sein.

(3) Für aussteifende Wände, tragende Pfeiler und Stützen sowie die Unterstützung tragender und aussteifender Wände gelten die Absätze 1 und 2 entsprechend.

Art. 29 Außenwände. (1) [1]Nichttragende Außenwände und nichttragende Teile tragender Außenwände sind aus nichtbrennbaren Baustoffen oder mindestens feuerhemmend herzustellen. [2]Das gilt nicht

1. für Gebäude geringer Höhe,
2. wenn eine Brandübertragung nicht zu befürchten ist oder durch geeignete Vorkehrungen, wie vorkragende feuerbeständige Bauteile, verhindert wird.

[3]Außenwandverkleidungen einschließlich der Dämmstoffe sowie Außenwandoberflächen sind aus mindestens schwerentflammbaren Baustoffen herzustellen. [4]Die Unterkonstruktion der Verkleidungen darf aus mindestens normalentflammbaren Baustoffen, die Halterungen und Befestigungen müssen aus nichtbrennbaren Baustoffen bestehen. [5]Die Sätze 3 und 4 gelten nicht für Gebäude geringer Höhe.

(2) [1]Gebäude mit Außenwänden ohne Feuerwiderstandsdauer aus brennbaren Baustoffen müssen unbeschadet der Anforderungen der Art. 6 Abs. 3 und 4 zu Gebäuden auf demselben Grundstück

1. mit gleichartigen Außenwänden einen Abstand von mindestens 10 m,
2. mit mindestens feuerhemmenden Außenwänden einen Abstand von mindestens 8 m,
3. mit öffnungslosen feuerbeständigen Außenwänden einen Abstand von mindestens 5 m einhalten.

[2]Gegenüber der Grundstücksgrenze ist ein Abstand von mindestens 5 m erforderlich; Art. 6 Abs. 2 Satz 1 und Satz 2 Halbsatz 1, Abs. 7 und Art. 7 Abs. 5 gelten entsprechend. [3]Sätze 1 und 2 gelten nicht für Nebengebäude ohne Aufenthaltsräume, ohne Aborte und ohne Feuerungsanlagen mit einem umbauten Raum bis zu 50 m^3.

(3) [1]Außenwände von Gebäuden mit Aufenthaltsräumen müssen wärmedämmend sein. [2]Das gilt nicht für Außenwände solcher Arbeitsräume, für die ein Wärmeschutz unmöglich oder unnötig ist.

(4) Für Außenwände von Aufenthaltsräumen sind Schallschutzmaßnahmen nur vorzusehen, wenn Lage und Nutzung der Räume dies erfordern.

Art. 30 Trennwände. (1) [1]Feuerbeständige Trennwände sind zu errichten

1. zwischen Wohnungen sowie zwischen Wohnungen und fremden Räumen (Wohnungstrennwände),

2. zum Abschluß von Räumen mit erhöhter Brand- oder Explosionsgefahr; das gilt nicht für Trennwände zwischen Ställen und Scheunen,
3. zwischen Wohnungen, Wohn- oder Schlafräumen und den land- und forstwirtschaftlichen oder gärtnerischen Betriebsgebäuden oder Betriebsräumen eines Gebäudes.

[2]Die Trennwände sind bis zur Rohdecke oder zur Unterkante der Dachhaut zu führen. [3]Öffnungen sind zulässig, wenn sie zur Nutzung des Gebäudes erforderlich sind. [4]Sie sind mit mindestens feuerhemmenden und selbstschließenden Abschlüssen zu versehen, wenn der Brandschutz nicht auf andere Weise gewährleistet ist.

(2) In Gebäuden geringer Höhe sind Wohnungstrennwände in der Feuerwiderstandsdauer der tragenden Bauteile des Gebäudes zulässig.

(3) [1]Trennwände müssen wärmedämmend sein

1. als Wohnungstrennwände,
2. zwischen Aufenthaltsräumen und im allgemeinen unbeheizten Räumen, soweit die unbeheizten Räume nicht innerhalb der Wohnung liegen oder zu den Aufenthaltsräumen gehören,
3. zwischen Aufenthalts- und Treppenräumen oder Durchfahrten.

[2]Dies gilt nicht für Trennwände zwischen Aufenthalts- und Treppenräumen in Wohngebäuden mit bis zu zwei Wohnungen sowie von fremden Aufenthaltsräumen, die nicht an Wohnräume grenzen, wenn wegen der Art der Benutzung ein Wärmeschutz unmöglich oder unnötig ist.

(4) [1]Trennwände müssen schalldämmend sein

1. als Wohnungstrennwände,
2. zwischen Aufenthalts- und Treppenräumen, Aufzugsschächten oder Durchfahrten.

[2]Für andere Trennwände von Aufenthaltsräumen sind Schallschutzmaßnahmen nur vorzusehen, wenn Lage und Nutzung der Räume dies erfordern. [3]Absatz 3 Satz 2 gilt entsprechend.

Art. 31 Brandwände. (1) [1]Brandwände müssen feuerbeständig und so beschaffen sein, daß sie bei einem Brand ihre Standsicherheit nicht verlieren und die Ausbreitung von Feuer auf andere Gebäude oder Gebäudeabschnitte verhindern. [2]Sie müssen aus nichtbrennbaren Baustoffen bestehen.

(2) [1]Brandwände sind zu errichten als Abschlußwände von Gebäuden, die an der Nachbargrenze oder in einem Abstand bis zu 2,50 m gegenüber der Nachbargrenze errichtet werden, es sei denn, daß ein Abstand von mindestens 5 m zu bestehenden oder nach den baurecht-

lichen Vorschriften zulässigen künftigen Gebäuden gesichert ist. [2]Art. 6 Abs. 7 und Art. 7 Abs. 5 gelten entsprechend. [3]Sätze 1 und 2 gelten nicht für Nebengebäude ohne Aufenthaltsräume, ohne Aborte und ohne Feuerungsanlagen mit einem umbauten Raum bis zu 50 m^3.

(3) Innere Brandwände sind zu errichten

1. zwischen aneinandergereihten Gebäuden, soweit sie aneinandergebaut sind,
2. innerhalb von Gebäuden in Abständen von höchstens 40 m; größere Abstände sind zuzulassen, wenn die Nutzung des Gebäudes es erfordert und keine Bedenken wegen des Brandschutzes bestehen,
3. zwischen Wohngebäuden und angebauten land- und forstwirtschaftlichen oder gärtnerischen Betriebsgebäuden sowie zwischen dem Wohnteil und dem land- und forstwirtschaftlichen oder gärtnerischen Betriebsteil eines Gebäudes, wenn der umbaute Raum des Betriebsteils größer als 2000 m^3 ist,
4. zur Unterteilung land- und forstwirtschaftlicher oder gärtnerischer Betriebsgebäude in Brandabschnitte von höchstens 10000 m^3 umbauten Raums.

(4) [1]Für Wohngebäude geringer Höhe sind abweichend von Absatz 2 und Absatz 3 Nr. 1 an Stelle von Brandwänden feuerbeständige Wände zulässig; zwischen aneinandergereihten Gebäuden müssen diese Gebäudetrennwände insgesamt so dick wie Brandwände sein. [2]Für Wohngebäude geringer Höhe mit bis zu zwei Wohnungen in der offenen Bauweise genügen öffnungslose Wände, die vom Gebäudeinneren die Anforderungen der Feuerwiderstandsklasse F 30 und vom Gebäudeäußeren die Feuerwiderstandsklasse F 90 erfüllen; die sonstigen Wände, die Decken und die Dächer, sofern diese traufseitig aneinanderstoßen, müssen mindestens feuerhemmend sein.

(5) [1]An Stelle durchgehender innerer Brandwände nach Absatz 3 Nr. 2 sind zur Bildung von Brandabschnitten Wände in Verbindung mit öffnungslosen Decken zuzulassen, wenn die Nutzung des Gebäudes dies erfordert und eine senkrechte Brandübertragung von Geschoß zu Geschoß nicht zu befürchten ist. [2]Die Wände, Decken und ihre Unterstützungen sowie die Abschlüsse der Treppenräume müssen feuerbeständig sein und aus nichtbrennbaren Baustoffen bestehen. [3]Die Absätze 7 bis 9 gelten entsprechend.

(6) Müssen Gebäude oder Gebäudeteile, die über Eck zusammenstoßen, durch eine Brandwand getrennt werden, so muß der Abstand der Brandwand von der inneren Ecke mindestens 5 m betragen; dies gilt nicht, wenn der Winkel der inneren Ecke mehr als 120 Grad beträgt oder mindestens eine Abschlußwand auf 5 m Länge als Brandwand ausgebildet wird.

(7) [1]Brandwände sind 30 cm über Dach zu führen oder in Höhe der Dachhaut mit einer beiderseits 50 cm auskragenden feuerbeständigen Platte abzuschließen; darüber dürfen brennbare Teile des Daches nicht hinweggeführt werden. [2]Bei Gebäuden mit weicher Bedachung sind sie 50 cm über Dach zu führen. [3]Bei Gebäuden geringer Höhe sind Brandwände sowie Wände, die an Stelle von Brandwänden zulässig sind, bis unmittelbar unter die Dachhaut zu führen.

(8) [1]Bauteile mit brennbaren Baustoffen dürfen Brandwände nicht überbrücken. [2]Bauteile dürfen in Brandwände nur soweit eingreifen, daß der verbleibende Wandquerschnitt feuerbeständig bleibt; für Leitungen, Leitungsschlitze und Kamine gilt dies entsprechend.

(9) [1]Öffnungen in Brandwänden und in Wänden an Stelle von Brandwänden sind unzulässig. [2]In inneren Brandwänden sind Öffnungen nur zulässig, soweit sie für die Nutzung des Gebäudes erforderlich sind; die Öffnungen müssen mit selbstschließenden, feuerbeständigen Abschlüssen versehen, die Wände und Decken anschließender Räume aus nichtbrennbaren Baustoffen hergestellt werden.

(10) In Brandwänden sind kleine Teilflächen aus lichtdurchlässigen, nichtbrennbaren Baustoffen zulässig, wenn diese Flächen feuerbeständig sind, der Brandschutz gesichert ist und Rettungswege nicht gefährdet werden.

(11) Leitungen dürfen durch Brandwände hindurchgeführt werden, wenn gewährleistet ist, daß Feuer und Rauch nicht in andere Brandabschnitte übertragen werden können.

Art. 32 Decken und Böden. (1) Decken sind feuerbeständig, in Gebäuden mit geringer Höhe feuerhemmend herzustellen.

(2) Im übrigen sind Decken und ihre Unterstützungen feuerbeständig herzustellen

1. über und unter Räumen mit erhöhter Brandgefahr; das gilt nicht für Decken zwischen Ställen und Scheunen,
2. zwischen Wohnungen, Wohn- oder Schlafräumen und den land- und forstwirtschaftlichen oder gärtnerischen Betriebsräumen eines Gebäudes.

(3) [1]Decken ohne Feuerwiderstandsdauer sind zulässig

1. in Wohngebäuden mit bis zu zwei Wohnungen, soweit sie nicht über einem zweiten Vollgeschoß Aufenthaltsräume haben können,
2. in land- und forstwirtschaftlichen oder gärtnerischen Betriebsgebäuden.

[2]Für andere Gebäude mit bis zu zwei Vollgeschossen, soweit sie nicht über dem zweiten Vollgeschoß Aufenthaltsräume haben können, sind Decken ohne Feuerwiderstandsdauer zuzulassen, wenn keine Beden-

ken wegen des Brandschutzes bestehen. [3]Decken von Kellergeschossen in Gebäuden nach den Sätzen 1 und 2 müssen mindestens feuerhemmend sein.

(4) Deckenverkleidungen, Dämmschichten und Fußbodenbeläge aus brennbaren Baustoffen sind zulässig, wenn dieses Gesetz oder Vorschriften auf Grund dieses Gesetzes nichts anderes bestimmen.

(5) Decken über und unter Wohnungen und Aufenthaltsräumen und Böden nicht unterkellerter Aufenthaltsräume müssen wärmedämmend sein.

(6) [1]Decken über und unter Wohnungen, Aufenthaltsräumen und Nebenräumen müssen schalldämmend sein; ausgenommen sind Dekken zwischen Räumen derselben Wohnung und Decken gegen nichtnutzbare Dachräume. [2]Für Decken zwischen Aufenthaltsräumen und nicht nutzbaren Dachräumen sind Schallschutzmaßnahmen nur vorzusehen, wenn Lage und Nutzung der Räume dies erfordern.

(7) Die Absätze 5 und 6 gelten nicht für Decken über und unter Arbeitsräumen, die nicht an Wohnräume grenzen, wenn wegen der Art der Benutzung der Arbeitsräume ein Wärme- oder Schallschutz unmöglich oder unnötig ist.

(8) Öffnungen in begehbaren Decken sind sicher abzudecken oder zu umwehren.

(9) [1]Öffnungen in Decken, für die eine Feuerwiderstandsdauer vorgeschrieben ist, sind unzulässig; das gilt nicht für Öffnungen in Decken von Wohngebäuden geringer Höhe und Decken innerhalb von Wohnungen. [2]Öffnungen sind nur zulässig, soweit sie für die Nutzung des Gebäudes erforderlich sind; sie sind mit selbstschließenden Abschlüssen in der Feuerwiderstandsdauer der Decken zu versehen.

(10) Leitungen dürfen durch Decken, für die eine Feuerwiderstandsdauer vorgeschrieben ist, hindurchgeführt werden, wenn gewährleistet ist, daß Feuer und Rauch nicht in andere Geschosse übertragen werden können.

(11) Bildet den oberen Raumabschluß keine Decke, sondern das Dach, so gelten die Absätze 1 bis 10 nicht.

Art. 33[1)] Dächer. (1) [1]Die Dachhaut muß gegen Flugfeuer und strahlende Wärme widerstandsfähig sein (harte Bedachung). [2]Teilflächen der Bedachung und Vordächer, die diesen Anforderungen nicht entsprechen, sind zulässig, wenn Belange des Brandschutzes nicht beeinträchtigt sind.

[1)] Bek. über die bauaufsichtliche Behandlung von Anlagen zur Nutzung der Sonnenenergie v. 30. 11. 1978 (MABl. S. 922).

(2) [1]Für freistehende Gebäude geringer Höhe ist eine Dachhaut, die den Anforderungen nach Absatz 1 nicht entspricht (weiche Bedachung), zulässig, wenn zu Gebäuden auf demselben Grundstück

1. mit harter Bedachung ein Abstand von mindestens 12 m,
2. mit weicher Bedachung ein Abstand von mindestens 24 m

eingehalten wird. [2]Gegenüber der Grundstücksgrenze ist ein Abstand von 12 m erforderlich; Art. 29 Abs. 2 Satz 2 Halbsatz 2 gilt entsprechend. [3]Sätze 1 und 2 gelten nicht für Nebengebäude ohne Aufenthaltsräume, Aborte und Feuerungsanlagen mit einem umbauten Raum bis zu 50 m^3.

(3) [1]Tragende und aussteifende Teile von Dächern, die den oberen Raumabschluß von Aufenthaltsräumen bilden, sind auch in Gebäuden, deren tragende Bauteile eine Feuerwiderstandsdauer aufweisen müssen, ohne Feuerwiderstandsdauer zulässig, wenn Belange des Brandschutzes nicht beeinträchtigt sind. [2]Dachflächen, über die Rettungswege führen, müssen mindestens die Feuerwiderstandsdauer der Decken des Gebäudes aufweisen.

(4) [1]Dachvorsprünge, Dachgesimse und Dachaufbauten, lichtdurchlässige Dachflächen, Lichtkuppeln und Oberlichte sind so anzuordnen und herzustellen, daß Feuer nicht auf andere Gebäudeteile oder Nachbargebäude übertragen werden kann. [2]Von Brandwänden und von Wänden an Stelle von Brandwänden müssen mindestens 1,25 m entfernt sein

1. Oberlichte, Lichtkuppeln und Öffnungen in der Dachhaut, wenn diese Wände nicht mindestens 30 cm über Dach geführt sind,
2. Dachgauben und ähnliche Dachaufbauten aus brennbaren Baustoffen, wenn sie nicht durch diese Wände gegen Brandübertragung geschützt sind.

(5) [1]Für lichtdurchlässige Bedachungen aus nichtbrennbaren Baustoffen gilt Absatz 1 Satz 1 nicht. [2]Lichtdurchlässige Dachflächen oder Oberlichte aus mindestens normalentflammbaren Baustoffen sind innerhalb einer harten Bedachung zulässig, wenn sie höchstens ein Fünftel der Dachfläche einnehmen und

1. höchstens 6 m^2 Grundrißfläche haben und untereinander und vom Dachrand einen Abstand von mindestens 1,25 m haben oder
2. höchstens 2 m breit und 20 m lang sind und untereinander und vom Dachrand einen Abstand von mindestens 2 m haben.

(6) [1]Die Dächer von Anbauten, die an Wände mit Öffnungen oder ohne Feuerwiderstandsdauer anschließen, sind in einem Abstand bis zu 5 m von diesen Wänden mindestens so widerstandsfähig gegen Feuer wie die Decken des anschließenden Gebäudes herzustellen. [2]Dies gilt nicht für Anbauten an Wohngebäude geringer Höhe.

(7) [1]Dächer, die zum Aufenthalt von Menschen bestimmt sind, müssen umwehrt werden. [2]Öffnungen und nichtbegehbare Flächen dieser Dächer sind gegen Betreten zu sichern.

(8) [1]Für die vom Dach aus vorzunehmenden Arbeiten sind sicher benutzbare Vorrichtungen anzubringen. [2]In Gebäuden mit mehr als einem Vollgeschoß sind für Arbeiten, die vom Dach aus vorzunehmen sind, ausreichend große Ausstiegsöffnungen vorzusehen.

(9) [1]Dächer müssen wärmedämmend sein, wenn sie Aufenthaltsräume abschließen. [2]Dächer über Arbeitsräumen brauchen nicht wärmedämmend zu sein, wenn das wegen der Art der Benutzung der Räume unmöglich oder unnötig ist. [3]Für Dächer, die Aufenthaltsräume abschließen, sind Schallschutzmaßnahmen nur vorzusehen, wenn Lage und Nutzung der Räume das erfordern.

(10) [1]Der Dachraum muß zu lüften und vom Treppenraum aus zugänglich sein. [2]In Wohngebäuden mit bis zu zwei Wohnungen ist der Zugang auch von anderen Räumen aus zulässig.

Art. 34 Vorbauten. [1]Für Balkone, Erker und andere Vorbauten sowie für Loggien gelten die Vorschriften für Wände, Decken und Dächer sinngemäß. [2]Die Verwendung brennbarer Baustoffe oder die Verwendung nichtbrennbarer Baustoffe an Stelle einer Bauart mit Feuerwiderstandsdauer ist zulässig, wenn keine Bedenken wegen des Brandschutzes bestehen.

Art. 35 Treppen. (1) [1]Jedes nicht zu ebener Erde liegende Geschoß und der benutzbare Dachraum eines Gebäudes müssen über mindestens eine Treppe zugänglich sein (notwendige Treppe); weitere Treppen oder ein Sicherheitstreppenraum sind erforderlich, wenn die Rettung von Menschen im Brandfall nicht auf andere Weise möglich ist. [2]An Stelle von Treppen sind Rampen mit flacher Neigung zulässig.

(2) [1]Einschiebbare Treppen und Rolltreppen sind als notwendige Treppen unzulässig. [2]Einschiebbare Treppen und Leitern sind in Wohngebäuden mit bis zu zwei Wohnungen als Zugang zum nichtausgebauten Dachraum zulässig. [3]Sie sind als Zugang zu einem Geschoß ohne Aufenthaltsräume zulässig, wenn sie für die Benutzung des Geschosses genügen.

(3) [1]Notwendige Treppen sind in einem Zug zu allen angeschlossenen Geschossen zu führen; sie müssen mit der Treppe zum Dachraum in unmittelbarer Verbindung stehen. [2]Dies gilt nicht für Gebäude mit bis zu zwei Vollgeschossen, soweit sie nicht über dem zweiten Vollgeschoß Aufenthaltsräume haben können.

(4) [1]Die tragenden Teile notwendiger Treppen müssen in Gebäuden mit mehr als fünf Vollgeschossen feuerbeständig, im übrigen mindestens feuerhemmend sein; in Gebäuden geringer Höhe ist statt des-

sen eine Ausführung aus nichtbrennbaren Baustoffen ausreichend. [2]Umwehrungen, wie Geländer oder Brüstungen, mit Ausnahme von Handläufen, sowie Beläge von Setzstufen müssen in Gebäuden mit mehr als fünf Vollgeschossen aus nichtbrennbaren Baustoffen bestehen, mit Ausnahme von Umwehrungen für Treppen innerhalb einer Wohnung. [3]Satz 1 gilt nicht in Wohngebäuden mit bis zu zwei Wohnungen und in Gebäuden, an deren tragende Bauteile keine Anforderungen gestellt werden.

(5) Die nutzbare Breite der Treppenläufe und Treppenabsätze notwendiger Treppen muß für den größten zu erwartenden Verkehr ausreichen.

(6) [1]Treppen müssen einen festen und griffsicheren Handlauf haben. [2]Für Treppen mit großer nutzbarer Breite sind Handläufe auf beiden Seiten und Zwischenhandläufe vorzusehen, soweit die Verkehrssicherheit dies erfordert.

(7) [1]Die freien Seiten der Treppenläufe, Treppenabsätze und Treppenöffnungen (Treppenaugen) müssen durch Umwehrungen, wie Geländer oder Brüstungen, gesichert werden. [2]Fenster, die unmittelbar an Treppen liegen und deren Brüstungen unter der notwendigen Umwehrungshöhe liegen, sind zu sichern. [3]In Gebäuden, in denen üblicherweise mit der Anwesenheit von Kleinkindern zu rechnen ist, darf bei Treppen ohne Setzstufen das lichte Maß der Öffnungen zwischen den Stufen 12 cm nicht übersteigen; das gilt nicht für Treppen innerhalb von Wohngebäuden mit bis zu zwei Wohnungen und innerhalb von Wohnungen.

Art. 36 Treppenräume und Ausgänge. (1) [1]Jede notwendige Treppe muß in einem eigenen, durchgehenden Treppenraum liegen, der einschließlich seiner Zugänge und des Ausgangs ins Freie so angeordnet und ausgebildet ist, daß er gefahrlos als Rettungsweg benutzt werden kann. [2]Treppen ohne eigenen Treppenraum sind zulässig

1. in Gebäuden mit bis zu zwei Vollgeschossen, soweit sie darüber keine Aufenthaltsräume haben können,
2. für die innere Verbindung von Geschossen derselben Wohnungen, wenn die Rettung von Personen aus jedem Geschoß im Brandfall noch auf andere Weise gesichert ist.

(2) Von jeder Stelle eines Aufenthaltsraums sowie eines Kellergeschosses muß der Treppenraum mindestens einer notwendigen Treppe oder ein Ausgang ins Freie in höchstens 35 m Entfernung erreichbar sein.

(3) [1]Jeder Treppenraum nach Absatz 1 muß auf möglichst kurzem Weg einen sicheren Ausgang ins Freie haben. [2]Der Ausgang muß mindestens so breit sein wie die zugehörigen notwendigen Treppen und

darf nicht eingeengt werden. [3]Verschläge und Einbauten aus brennbaren Baustoffen sind in Treppenräumen und in ihren Ausgängen ins Freie unzulässig.

(4) [1]Die Wände von Treppenräumen notwendiger Treppen mit ihren Ausgängen ins Freie müssen in der Bauart von Brandwänden, in Gebäuden geringer Höhe in der Feuerwiderstandsdauer der tragenden Wände hergestellt sein. [2]Für Außenwände, die im Brandfall von Feuer nicht beansprucht werden können, gilt Art. 29 Abs. 1 entsprechend. [3]Verkleidungen, Putze, Dämmstoffe und Unterdecken müssen aus nichtbrennbaren Baustoffen, Bodenbeläge, ausgenommen Gleitschutzprofile, aus mindestens schwerentflammbaren Baustoffen bestehen.

(5) [1]Der obere Abschluß von Treppenräumen muß die Feuerwiderstandsdauer der Decken des Gebäudes haben. [2]Das gilt nicht, wenn der obere Abschluß das Dach ist und die Treppenraumwände bis dicht unter die Dachhaut reichen.

(6) [1]Öffnungen in Treppenraumwänden und -decken zum Kellergeschoß und zu nichtausgebauten Dachräumen, Werkstätten, Läden, Lagerräumen und ähnlichen Räumen müssen selbstschließende und mindestens feuerhemmende Abschlüsse erhalten. [2]Alle anderen Öffnungen, die nicht ins Freie führen, müssen dichte, vollwandige und selbstschließende Türen erhalten; das gilt nicht für Gebäude geringer Höhe.

(7) [1]Treppenräume müssen lüftbar und beleuchtbar sein; sie müssen in der Außenwand Fenster erhalten, die geöffnet werden können. [2]In Gebäuden mit mehr als fünf Vollgeschossen und in innenliegenden Treppenräumen ist an der obersten Stelle des Treppenraums eine Rauchabzugsvorrichtung anzubringen. [3]Innenliegende Treppenräume müssen in Gebäuden mit mehr als fünf Vollgeschossen eine von der allgemeinen Beleuchtung unabhängige Beleuchtung haben.

(8) [1]Der Sicherheitstreppenraum muß durch die Anordnung von offenen Balkonen, Vorräumen, Galerien, Schächten und Lüftungseinrichtungen oder auf andere Weise auch bei geöffneten Zugängen aus den Geschossen gegen das Eindringen von Feuer und Rauch aus den Geschossen gesichert sein. [2]Weitere Treppen nach Art. 35 Abs. 1 (zweiter Rettungsweg) sind auch ohne Treppenraum als offene Treppen im Freien vor einer Außenwand zulässig.

(9) [1]Übereinanderliegende Kellergeschosse müssen mindestens zwei getrennte Ausgänge haben. [2]Von je zwei Ausgängen jedes Kellergeschosses muß mindestens einer unmittelbar oder durch einen eigenen, an der Außenwand liegenden Treppenraum ins Freie führen. [3]Eigene Treppenräume für jedes Kellergeschoß sind nicht erforderlich, wenn Belange des Brandschutzes nicht beeinträchtigt sind.

(10) Die Absätze 1 bis 9 gelten nicht für Wohngebäude mit bis zu zwei Wohnungen und für land- und forstwirtschaftliche oder gärtnerische Betriebsgebäude.

Art. 37 Notwendige Flure. (1) [1]Notwendige Flure sind Flure, über die Rettungswege von Aufenthaltsräumen zu Treppenräumen notwendiger Treppen oder zu Ausgängen ins Freie führen. [2]Als notwendige Flure gelten nicht

1. Flure innerhalb von Wohnungen oder Nutzungseinheiten von vergleichbarer Größe,
2. Flure innerhalb von Nutzungseinheiten, die einer Büro- oder Verwaltungsnutzung dienen und deren Nutzfläche in einem Geschoß nicht mehr als 400 m² beträgt.

(2) [1]Die nutzbare Breite notwendiger Flure muß für den größten zu erwartenden Verkehr ausreichen. [2]Flure von mehr als 30 m Länge sind durch nichtabschließbare, selbstschließende und dichte Türen zu unterteilen. [3]Eine Folge von weniger als drei Stufen ist unzulässig.

(3) [1]Die Wände notwendiger Flure sind mindestens feuerhemmend, in Gebäuden mit mehr als fünf Vollgeschossen feuerbeständig herzustellen; Abweichungen, insbesondere für Türen und lichtdurchlässige Flächen, sind zulässig, wenn Belange des Brandschutzes nicht beeinträchtigt sind. [2]Verkleidungen, Dämmstoffe und Unterdecken müssen aus mindestens schwerentflammbaren Baustoffen bestehen. [3]Sätze 1 und 2 gelten nicht für Gebäude mit bis zu zwei Vollgeschossen, soweit sie darüber keine Aufenthaltsräume haben können.

Art. 38 Fenster, Türen und Kellerlichtschächte. (1) [1]Fenster und Türen, die von Aufenthaltsräumen unmittelbar ins Freie führen, müssen ausreichend wärmedämmend sein. [2]Das gilt nicht für Fenster und Türen solcher Arbeitsräume, für die ein Wärmeschutz unmöglich oder unnötig ist. [3]Schallschutzmaßnahmen sind nur vorzusehen, wenn Lage und Nutzung der Aufenthaltsräume dies erfordern.

(2) [1]Fenster und Fenstertüren müssen gefahrlos gereinigt werden können. [2]An Glastüren und großen Glasflächen sind Schutzmaßnahmen nur vorzusehen, wenn dies wegen der Verkehrssicherheit erforderlich ist.

(3) [1]Fenster, die zur Rettung von Menschen dienen, müssen im Lichten in einer Richtung mindestens 0,60 m, in der anderen Richtung mindestens 1 m groß und von innen zu öffnen sein. [2]Die Unterseite der lichten Öffnung darf nicht mehr als 1,10 m über dem Fußboden liegen.

(4) Gemeinsame Kellerlichtschächte für übereinanderliegende Kellergeschosse sind unzulässig, es sei denn, daß Bedenken wegen des Brandschutzes nicht bestehen.

Abschnitt V. Haustechnische Anlagen, Feuerungsanlagen und andere Anlagen

Art. 39 Aufzüge. (1) [1]Aufzüge im Innern von Gebäuden müssen eigene Schächte in feuerbeständiger Bauart haben. [2]In einem Aufzugsschacht dürfen bis zu drei Aufzüge liegen. [3]In Gebäuden mit bis zu fünf Vollgeschossen dürfen Aufzüge ohne eigene Schächte innerhalb der Umfassungswände des Treppenraums liegen; sie müssen sicher umkleidet sein, ausgenommen Treppenaufzüge für Behinderte in Wohngebäuden mit bis zu zwei Wohnungen.

(2) [1]Der Fahrschacht darf nur für Aufzugseinrichtungen benutzt werden. [2]Er muß zu lüften und mit Rauchabzugsvorrichtungen versehen sein.

(3) Fahrschachttüren und andere Öffnungen in feuerbeständigen Fahrschachtwänden sind so herzustellen, daß Feuer und Rauch nicht in andere Geschosse übertragen werden können.

(4) Der Triebwerksraum muß von benachbarten Räumen feuerbeständig abgetrennt sein; Türen müssen mindestens feuerhemmend sein.

(5) Für Aufzüge, die außerhalb von Gebäuden liegen oder die nicht mehr als drei unmittelbar übereinanderliegende Geschosse verbinden, und für vereinfachte Güteraufzüge, Kleingüteraufzüge, Mühlenaufzüge, Lagerhausaufzüge und Behindertenaufzüge sind Abweichungen von den Absätzen 1 und 2 zuzulassen, wenn wegen der Betriebssicherheit und des Brandschutzes Bedenken nicht bestehen.

(6) [1]In Gebäuden mit mehr als fünf Vollgeschossen müssen Aufzüge in ausreichender Zahl und Größe so eingebaut und betrieben werden, daß jedes Geschoß von der Eingangsebene aus erreichbar ist. [2]Mindestens einer der Aufzüge muß auch zur Aufnahme von Rollstühlen und Lasten geeignet sein. [3]Dieser Aufzug ist so einzubauen, daß er von der öffentlichen Verkehrsfläche und möglichst von allen Wohnungen im Gebäude stufenlos zu erreichen ist. [4]Die Sätze 1 und 2 gelten nicht für das oberste Vollgeschoß und nicht beim nachträglichen Ausbau von Dachgeschossen in bestehenden Gebäuden.

(7) Aufzugsanlagen müssen gegenüber Aufenthaltsräumen ausreichend schallgedämmt sein.

Art. 40 Lüftungsanlagen, Installationsschächte und -kanäle, Leitungsanlagen. (1) [1]Leitungen dürfen durch Brandwände, durch Wände an Stelle von Brandwänden, durch Treppenraumwände sowie durch Trennwände und Decken, für die eine Feuerwiderstandsdauer vorgeschrieben ist, nur hindurchgeführt werden, wenn eine Übertragung von Feuer und Rauch nicht zu befürchten ist oder Vorkehrungen hiergegen getroffen sind; das gilt nicht für Decken innerhalb von Wohnungen. 2 In Treppenräumen notwendiger Treppen und in notwendigen Fluren sind Leitungsanlagen nur zulässig, wenn keine Bedenken wegen des Brandschutzes bestehen.

(2) Lüftungsanlagen müssen betriebssicher und brandsicher sein; sie dürfen den ordnungsgemäßen Betrieb von Feuerungsanlagen nicht beeinträchtigen.

(3) Lüftungsanlagen, außer in Gebäuden geringer Höhe, und Lüftungsanlagen, die Brandwände überbrücken, sind so herzustellen, daß Feuer und Rauch nicht in Treppenräume, andere Brandabschnitte oder andere Geschosse übertragen werden können.

(4) 1 Lüftungsanlagen sind so anzuordnen und herzustellen, daß sie Gerüche und Staub nicht in andere Räume übertragen. 2 Die Weiterleitung von Schall in fremde Räume muß gedämmt sein.

(5) 1 Lüftungsleitungen dürfen nicht in Kamine eingeführt werden. 2 Lüftungsleitungen dürfen gemeinsam zur Lüftung und zur Ableitung von Abgasen von Gasfeuerstätten benutzt werden, wenn sie den Anforderungen an diese Abgasanlagen entsprechen. 3 Die Abluft ist ins Freie zu führen. 4 Nicht zur Lüftungsanlage gehörende Einrichtungen sind in Lüftungsleitungen unzulässig.

(6) Lüftungsschächte, die aus Mauerstein oder aus Formstücken für Rauchkamine hergestellt sind, müssen den Anforderungen an Rauchkamine entsprechen und gekennzeichnet werden.

(7) Für raumlufttechnische Anlagen und Warmluftheizungen gelten die Absätze 1 bis 6 sinngemäß.

(8) 1 Installationsschächte und -kanäle sind aus nichtbrennbaren Baustoffen herzustellen. 2 Absatz 3 gilt sinngemäß. 3 Die Weiterleitung von Schall in fremde Räume muß gedämmt sein.

Art. 41[1] Feuerungsanlagen, Wärme- und Brennstoffversorgungsanlagen. (1) 1 Feuerstätten, Verbindungsstücke und Kamine oder andere Abgasanlagen (Feuerungsanlagen) sowie Behälter und Rohrleitungen für brennbare Gase und Flüssigkeiten müssen betriebssicher und brandsicher sein. 2 Die Weiterleitung von Schall in fremde Räume muß ausreichend gedämmt sein. 3 Verbindungsstücke sowie Kamine und andere Abgasanlagen müssen leicht und sicher zu reinigen sein. 4 Abgasanlagen von Gasfeuerstätten müssen gekennzeichnet sein.

[1] Vgl. auch VO über Feuerungsanlagen, Wärme- und Brennstoffversorgungsanlagen – (Feuerungsverordnung – FeuV) v. 6. 3. 1998 (GVBl. S. 112); Nr. **7**.

(2) Für die Anlagen zur Verteilung von Wärme und zur Warmwasserversorgung gelten Absatz 1 Sätze 1 und 2 sinngemäß.

(3) Feuerstätten, ortsfeste Verbrennungsmotoren und Verdichter sowie Behälter für brennbare Gase und Flüssigkeiten dürfen nur in Räumen aufgestellt werden, bei denen nach Lage, Größe, baulicher Beschaffenheit und Benutzungsart Gefahren nicht entstehen.

(4) Abgase von Feuerstätten sowie ortsfester Verbrennungsmotoren sind durch Verbindungsstücke und Kamine oder andere Abgasanlagen oder dichte Leitungen so ins Freie zu führen, daß Gefahren oder unzumutbare Belästigungen nicht entstehen.

(5) [1] Kamine und andere Abgasanlagen sind in solcher Zahl und Lage herzustellen, daß die Feuerstätten des Gebäudes ordnungsgemäß angeschlossen werden können. [2] Für Einzelfeuerstätten, die zusätzlich zu einer zentralen Heizungsanlage aufgestellt werden sollen, muß der Anschluß an einen eigenen Rauchkamin möglich sein, der nicht zugleich der zentralen Heizungsanlage dient.

(6) Brennstoffe sind so zu lagern, daß Gefahren oder unzumutbare Belästigungen nicht entstehen.

Art. 42[1)] Nicht an Sammelkanalisationen angeschlossene Anwesen. (1) Die einwandfreie Beseitigung des Abwassers einschließlich das Fäkalschlamms innerhalb und außerhalb des Grundstücks muß gesichert sein.

(2) Hausabwässer aus abgelegenen landwirtschaftlichen Anwesen oder abgelegenen Anwesen, die früher einen landwirtschaftlichen Betrieb dienten und deren Hausabwässer bereits in Gruben eingeleitet worden sind, dürfen in Gruben eingeleitet werden, wenn

1. das Abwasser in einer Mehrkammerausfaulgrube vorbehandelt wird und
2. die ordnungsgemäße Entsorgung oder Verwertung des geklärten Abwassers und des Fäkalschlamms gesichert ist.

Art. 43 Abfallschächte. (1) [1] Abfallschächte, ihre Einfüllöffnungen und die zugehörigen Sammelräume sind außerhalb von Aufenthaltsräumen anzulegen. [2] Abfallschächte und Sammelräume müssen aus feuerbeständigen Bauteilen bestehen. [3] Einrichtungen innerhalb des Schachts und des Sammelraums müssen aus nichtbrennbaren Baustoffen bestehen.

(2) [1] Abfallschächte sind bis zur obersten Einfüllöffnung ohne Querschnittsänderungen senkrecht zu führen. [2] Eine ständig wirkende Lüf-

1) Art. 42 Abs. 2 neugef. durch G v. 24. 7. 1998 (GVBl. S. 438).

tung muß gesichert sein. [3]Abfallschächte sind so herzustellen, daß sie Abfälle sicher abführen, daß Feuer, Rauch, Geruch und Staub nicht nach außen dringen und daß die Weiterleitung von Schall gedämmt wird.

(3) [1]Die Einfüllöffnungen sind so einzurichten, daß Staubbelästigungen nicht auftreten und sperrige Abfälle nicht eingebracht werden können. [2]Am oberen Ende des Abfallschachts ist eine Reinigungsöffnung vorzusehen. [3]Alle Öffnungen sind mit Verschlüssen aus nichtbrennbaren Baustoffen zu versehen.

(4) [1]Der Abfallschacht muß in einen ausreichend großen Sammelraum münden. [2]Die Zugänge des Sammelraums sind mit selbstschließenden, feuerbeständigen Türen zu versehen, soweit sie nicht unmittelbar ins Freie führen. [3]Der Sammelraum muß von außen zugänglich und entleerbar sein. [4]Die Abfallstoffe sind in beweglichen Abfallbehältern zu sammeln.

Art. 44 Abfallbehälter. [1]Für die erforderlichen Abfallbehälter ist ein befestigter Platz an nichtstörender Stelle auf dem Grundstück vorzusehen. [2]Innerhalb von Gebäuden können sie in besonderen, gut lüftbaren, feuerbeständigen Räumen aufgestellt werden. [3]Die Standplätze müssen leicht sauber gehalten werden können.

Abschnitt VI. Aufenthaltsräume und Wohnungen

Art. 45 Aufenthaltsräume. (1) Aufenthaltsräume sind Räume, die nicht nur zum vorübergehenden Aufenthalt von Menschen bestimmt sind oder nach Lage und Größe dazu benutzt werden können.

(2) [1]Aufenthaltsräume müssen eine für ihre Benutzung ausreichende Nutzfläche und eine lichte Höhe von mindestens 2,40 m, im Dachgeschoß mindestens 2,20 m haben. [2]Eine größere lichte Höhe ist vorzusehen, wenn es die besondere Nutzung der Räume, insbesondere als Arbeitsräume, erfordert.

(3) [1]Aufenthaltsräume müssen unmittelbar ins Freie führende und senkrecht stehende Fenster haben, und zwar in solcher Zahl, Größe und Beschaffenheit, daß die Räume ausreichend belichtet und gelüftet werden können (notwendige Fenster). [2]Geneigte Fenster und Oberlichte an Stelle von Fenstern sind zulässig, wenn keine Bedenken wegen des Brandschutzes, der Verkehrssicherheit und der Gesundheit bestehen. [3]Veranden oder ähnliche Vorbauten und Hauslauben (Loggien) sind vor Fenstern zulässig, wenn eine ausreichende Belichtung und Lüftung gewährleistet ist.

(4) [1]Das lichte Maß der Fensteröffnungen von Aufenthaltsräumen muß mindestens ein Achtel der Nutzfläche des Raums betragen; hier-

bei sind die Rohbaumaße zugrundezulegen. 2 Für Aufenthaltsräume im Dachraum ist von der Nutzfläche auszugehen, die sich bei einer angenommenen allseitig senkrechten Umschließung von 1,50 m Höhe ergibt. 3 Die Fensteröffnungen müssen größer sein, wenn das wegen der Art der Benutzung des Aufenthaltsraums oder wegen der Lichtverhältnisse erforderlich ist. 4 Kleinere Fensteröffnungen sind zuzulassen, wenn wegen der Lichtverhältnisse keine Bedenken bestehen.

(5) 1 Aufenthaltsräume, deren Benutzung eine Beleuchtung mit Tageslicht verbietet, sind ohne notwendige Fenster zulässig, wenn das durch besondere Maßnahmen, wie den Einbau von raumlufttechnischen Anlagen und Beleuchtungsanlagen, ausgeglichen wird. 2 Für Aufenthaltsräume, die nicht dem Wohnen dienen, ist an Stelle einer Beleuchtung mit Tageslicht und Lüftung nach Absatz 3 eine Ausführung nach Satz 1 zulässig, wenn Bedenken wegen des Brandschutzes und der Gesundheit nicht bestehen.

(6) Aufenthaltsräume dürfen von Räumen, in denen größere Mengen leichtbrennbarer Stoffe verarbeitet oder gelagert werden, oder von Ställen aus nicht unmittelbar zugänglich sein.

Art. 46 Wohnungen. (1) 1 Wohnungen müssen von anderen Wohnungen oder fremden Räumen baulich abgeschlossen sein und einen eigenen, abschließbaren Zugang unmittelbar vom Freien, von einem Treppenraum oder von einem allgemein zugänglichen Flur haben; das gilt nicht für Wohngebäude mit bis zu zwei Wohnungen und bei der Errichtung von zusätzlichem Wohnraum in bestehenden Wohngebäuden. 2 Für gewerblich genutzte Räume und für Wohnräume im selben Gebäude können eigene Treppen verlangt werden.

(2) 1 Jede Wohnung muß eine für ihre Bestimmung ausreichende Größe und eine entsprechende Zahl besonnter Aufenthaltsräume haben. 2 Es dürfen nicht alle Aufenthaltsräume nach Norden liegen. 3 Wohnungen müssen ausreichend durchlüftet werden können. 4 Diese Vorschriften gelten auch für Einraumwohnungen. 5 An verkehrsreichen Straßen sollen die Aufenthaltsräume einer Wohnung überwiegend auf der vom Verkehrslärm abgewandten Seite des Gebäudes liegen.

(3) 1 Jede Wohnung muß eine Küche und ausreichenden Abstellraum haben. 2 Fensterlose Küchen oder Kochnischen sind zulässig, wenn sie selbständig lüftbar sind.

(4) 1 Für Gebäude mit mehr als zwei Wohnungen sind für den Zu- und Abfahrtsverkehr mit Fahrrädern ausreichende Abstellplätze zu schaffen. 2 Für Gebäude mit Wohnungen, die nicht zu ebener Erde liegen, sind leicht erreichbare und gut zugängliche Abstellräume für Kinderwagen und Fahrräder herzustellen. 3 Soweit sie im Kellergeschoß liegen und die Grundstücksverhältnisse es zulassen, müssen sie

durch eine Außentreppe zugänglich sein, mit der Möglichkeit, Fahrrad und Kinderwagen leicht zu schieben.

(5) [1]In Gebäuden mit mehr als zwei Wohnungen soll entweder die Möglichkeit geschaffen werden, daß eine Waschmaschine in den Wohnungen aufgestellt werden kann oder statt dessen ein diesem Zweck dienender, gemeinschaftlich nutzbarer Raum vorgesehen wird. [2]Ferner soll ein ausreichender Trockenraum eingerichtet werden, soweit keine gleichwertigen Einrichtungen vorhanden sind.

Art. 47 Aufenthaltsräume und Wohnungen im Kellergeschoß.

(1) [1]Wohnungen und Aufenthaltsräume sind in Kellergeschossen zulässig, wenn die natürliche oder festgelegte Geländeoberfläche, die sich an die Außenwände mit notwendigen Fenstern anschließt, in einer ausreichenden Entfernung nicht mehr als 0,70 m über dem Fußboden liegt. [2]Ein Lichteinfallwinkel von höchstens 45 Grad zur Waagrechten ist einzuhalten.

(2) [1]Aufenthaltsräume, deren Benutzung eine Belichtung durch Tageslicht verbietet, sind unbeschadet der Sätze 2 und 3 auch in Kellergeschossen zulässig; Verkaufsräume, Gaststätten, ärztliche Behandlungs- und ähnliche Aufenthaltsräume sind in Kellergeschossen zuzulassen, wenn Nachteile nicht zu befürchten sind oder durch besondere Maßnahmen ausgeglichen werden. [2]Die Räume müssen von anderen Räumen im Kellergeschoß feuerbeständig, in Gebäuden geringer Höhe mindestens feuerhemmend abgetrennt sein. [3]Die Bauaufsichtsbehörde kann verlangen, daß die Räume auf möglichst kurzem Weg mindestens einen sicheren Ausgang ins Freie haben; sie kann an die Türen dieser Räume besondere Anforderungen stellen.

Art. 48 Aufenthaltsräume und Wohnungen im Dachraum.

(1) Aufenthaltsräume im Dachraum müssen die erforderliche lichte Höhe über mindestens der Hälfte ihrer Nutzfläche haben; Raumteile mit einer lichten Höhe unter 1,50 m bleiben dabei außer Betracht.

(2) [1]Aufenthaltsräume und zugehörige Nebenräume sowie Wohnungen im Dachraum müssen einschließlich ihrer Zugänge mindestens feuerhemmende Wände, Decken und Dachschrägen haben und mit mindestens feuerhemmenden Bauteilen gegen den nichtausgebauten Dachraum abgetrennt sein; Art. 28 Abs. 1 und Art. 32 Abs. 1 sind nicht anzuwenden. [2]Wohnungstrennwände müssen mindestens feuerhemmend sein; Art. 30 Abs. 1 Satz 1 Nr. 1 ist nicht anzuwenden. [3]Das gilt nicht für Gebäude mit nur einem Vollgeschoß unterhalb des Dachraums.

(3) Aufenthaltsräume und Wohnungen in einem zweiten Dachgeschoß sind nur zulässig, wenn die tragenden Wände, die Decke und

die Dachschrägen des ersten Dachgeschosses feuerbeständig, in Gebäuden geringer Höhe mindestens feuerhemmend sind.

(4) Bei Wohngebäuden mit bis zu zwei Wohnungen sind Abweichungen zuzulassen, wenn keine Bedenken wegen des Brandschutzes und des Gesundheitsschutzes für Bewohner bestehen.

Art. 49 Aborträume. (1) [1]Jede Wohnung und jede selbständige Betriebs- oder Arbeitsstätte muß mindestens einen Abort haben. [2]Aborträume für Wohnungen müssen innerhalb der Wohnungen liegen. [3]Für Gebäude, die für eine größere Anzahl von Personen bestimmt sind, sind ausreichend viele Aborte herzustellen.

(2) Fensterlose Aborträume sind nur zulässig, wenn die Aborte eine Wasserspülung haben und eine wirksame Lüftung gewährleistet ist.

(3) Aborte mit Wasserspülung dürfen auch in Bädern (Art. 50) von Wohnungen eingerichtet werden.

Art. 50 Bäder. [1]Jede Wohnung muß ein Bad mit Badewanne oder Dusche haben, wenn eine ausreichende Wasserversorgung und Abwasserbeseitigung möglich ist. [2]Fensterlose Räume sind nur zulässig, wenn eine wirksame Lüftung gewährleistet ist.

Abschnitt VII. Besondere bauliche Anlagen

Art. 51 Bauliche Maßnahmen für besondere Personengruppen. (1) [1]Folgende bauliche Anlagen und andere Anlagen müssen einschließlich der zugehörigen Stellplätze und Garagen für Kraftfahrzeuge in den für den allgemeinen Besucherverkehr dienenden Teilen so hergestellt werden, daß Behinderte, alte Menschen und Personen mit Kleinkindern sie zweckentsprechend benutzen oder aufsuchen können:

1. Verkaufsstätten über 2000 m^2 Verkaufsfläche,
2. Versammlungsstätten einschließlich der für den Gottesdienst bestimmten Anlagen,
3. öffentlich zugängliche Büro- und Verwaltungsgebäude, Gerichte,
4. Schalter- und Abfertigungsräume der Verkehrs- und Versorgungseinrichtungen und der Kreditinstitute sowie Flugsteige,
5. Schulen, öffentliche Bibliotheken, Messe- und Ausstellungsbauten,
6. Krankenanstalten, Tages- und Kurzzeitpflegeeinrichtungen,
7. Sportstätten, Schwimmbäder, Spielplätze und ähnliche Anlagen,
8. öffentlich zugängliche Großgaragen,
9. öffentliche Bedürfnisanstalten.

[2]Das gilt auch für andere bauliche Anlagen, wenn ihre Zweckbestimmung es erfordert. [3]Werden Toiletten eingerichtet, muß mindestens eine Toilette für die Benutzung mit dem Rollstuhl geeignet und entsprechend gekennzeichnet sein.

(2) Für bauliche Anlagen und andere Anlagen und Einrichtungen, die überwiegend oder ausschließlich von Behinderten, alten Menschen und Personen mit Kleinkindern genutzt werden, wie

1. Tagesstätten, Werkstätten und Heime für Behinderte,
2. Altenheime, Altenwohnheime und Altenpflegeheime,
3. Tageseinrichtungen für Kinder,

gilt Absatz 1 nicht nur für die dem allgemeinen Besucherverkehr dienenden Teile, sondern für alle Teile, die von diesem Personenkreis genutzt werden.

(3) Bei bereits bestehenden baulichen Anlagen im Sinn der Absätze 1 und 2 soll die Bauaufsichtsbehörde verlangen, daß ein gleichwertiger Zustand hergestellt wird, wenn das technisch möglich und dem Eigentümer wirtschaftlich zumutbar ist.

(4) Abweichungen von den Absätzen 1 und 2 können auch gestattet werden, soweit die Anforderungen nur mit einem unverhältnismäßigen Mehraufwand erfüllt werden können.

Art. 52[1)] Garagen und Stellplätze für Kraftfahrzeuge (1) [1]Garagen sind ganz oder teilweise umschlossene Räume zum Abstellen von Kraftfahrzeugen. [2]Stellplätze sind Flächen, die dem Abstellen von Kraftfahrzeugen außerhalb der öffentlichen Verkehrsflächen dienen.

(2) [1]Werden bauliche Anlagen oder andere Anlagen errichtet, bei denen ein Zu- und Abfahrsverkehr zu erwarten ist, so sind Stellplätze in ausreichender Zahl und Größe und in geeigneter Beschaffenheit herzustellen. [2]Anzahl und Größe der Stellplätze richten sich nach Art und Zahl der vorhandenen und zu erwartenden Kraftfahrzeuge der ständigen Benutzer und Besucher der Anlagen.

(3) [1]Bei Änderungen baulicher Anlagen oder ihrer Benutzung sind Stellplätze in solcher Zahl und Größe herzustellen, daß die Stellplätze die durch die Änderung zusätzlich zu erwartenden Kraftfahrzeuge aufnehmen können. [2]Das gilt nicht, wenn sonst die Schaffung oder Erneuerung von Wohnraum auch unter Berücksichtigung der Möglichkeit einer Ablösung nach Art. 53 erheblich erschwert oder verhindert würde.

---

1) Beachte hierzu auch VO über den Bau und Betrieb von Garagen (GaV) v. 30. 11. 1993 (GVBl. S. 910); Nr. **6**. Bek. über den Vollzug der Art. 62 und 63 [jetzt: Art. 52 und 53] BayBO v. 12. 2. 1978 (MABl. S. 181).

(4) [1]Die Stellplätze und Garagen sind auf dem Baugrundstück herzustellen. [2]Die Herstellung ist auf einem geeigneten Grundstück in dessen Nähe zulässig, wenn dessen Benutzung für diesen Zweck gegenüber dem Rechtsträger der Bauaufsichtsbehörde rechtlich gesichert ist.[1)]

(5) [1]Stellplätze, Garagen und ihre Nebenanlagen müssen verkehrssicher sein und entsprechend der Gefährlichkeit der Treibstoffe, der Zahl und Art der abzustellenden Kraftfahrzeuge dem Brandschutz genügen. [2]Abfließende Treibstoffe und Schmierstoffe müssen auf unschädliche Weise beseitigt werden. [3]Garagen und ihre Nebenanlagen müssen lüftbar sein.

(6) [1]Stellplätze und Garagen müssen so angeordnet und ausgeführt werden, daß ihre Benutzung die Gesundheit nicht schädigt und das Arbeiten, das Wohnen und die Ruhe in der Umgebung durch Lärm oder Gerüche nicht erheblich stört. [2]Stellplätze müssen eingegrünt werden, wenn es die örtlichen Verhältnisse zulassen.

(7) Stellplätze und Garagen müssen von den öffentlichen Verkehrsflächen aus auf möglichst kurzem Weg verkehrssicher zu erreichen sein.

(8) Für das Abstellen nicht ortsfester Geräte mit Verbrennungsmotoren gelten die Absätze 5 und 6 sinngemäß.

(9) Stellplätze und Garagen dürfen nicht zweckfremd benutzt werden, solange sie zum Abstellen der vorhandenen Kraftfahrzeuge der ständigen Benutzer und Besucher der Anlagen benötigt werden.

(10) Ausstellungs-, Verkaufs-, Werk- und Lagerräume, in denen nur Kraftfahrzeuge mit leeren Kraftstoffbehältern abgestellt werden, gelten nicht als Stellplätze oder Garagen im Sinn dieses Artikels.

Art. 53 Ablösung der Stellplatz- und Garagenbaupflicht.

(1) [1]Kann der Bauherr die Stellplätze oder Garagen nicht auf seinem Baugrundstück oder auf einem geeigneten Grundstück in der Nähe herstellen, so kann er die Verpflichtungen nach Art. 52 auch dadurch erfüllen, daß er der Gemeinde gegenüber die Kosten für die Herstellung der vorgeschriebenen Stellplätze oder Garagen in angemessener Höhe übernimmt. [2]Diese Art der Erfüllung der Verpflichtungen nach Art. 52 kann ganz oder teilweise verlangt werden, wenn oder soweit die Stellplätze oder Garagen nach den Festsetzungen eines Bebauungsplans oder den örtlichen Bauvorschriften auf dem Baugrundstück oder in seiner Nähe nicht errichtet werden dürfen. [3]Die Gemeinde hat die Ablösungsbeträge für die Herstellung von Garagen oder Stellplätzen an geeigneter Stelle oder für den Unterhalt bestehender Garagen und

---

[1)] Bek. über die Bestellung von beschränkten persönlichen Dienstbarkeiten zur rechtlichen Sicherung, insbesondere im Vollzug der Art. 4 Abs. 2 Nr. 2, 7 Abs. 4 und 62 Abs. 6 [jetzt: Art. 4 Abs. 1 Nr. 2, Art. 7 Abs. 3 und Art. 52 Abs. 4] BayBO; Vertretung des Freistaates Bayern v. 16. 8. 1966 (MABl. S. 436).

Stellplätze zu verwenden. [4]Im Fall des Ablösungsverlangens nach Satz 2 kann die Gemeinde die Ablösungsbeträge auch für bauliche Maßnahmen zum Ausbau und zur Unterhaltung von Einrichtungen des öffentlichen Personennahverkehrs sowie für Parkleitsysteme verwenden, soweit diese die bessere Ausnutzung von Parkeinrichtungen im Sinn des Art. 91 Abs. 2 Nr. 4 Satz 2 für die Gebietsteile der Gemeinde gewährleisten, in denen der Bebauungsplan oder die örtliche Bauvorschrift gelten.

(2) Die Verpflichtungen gelten entsprechend, wenn die bauliche Anlage oder die andere Anlage nicht unmittelbar an einer uneingeschränkt befahrbaren Verkehrsfläche liegt.

(3) Es kann Sicherheitsleistung in angemessener Höhe verlangt werden.

Art. 54 Ställe. (1) [1]Ställe sind so anzuordnen, zu errichten und instandzuhalten, daß eine gesunde Tierhaltung gewährleistet ist und die Umgebung nicht unzumutbar belästigt wird. [2]Ställe sind ausreichend zu belichten. [3]Sie sind ausreichend zu be- und entlüften.

(2) Über oder neben Ställen und Futterküchen dürfen nur Wohnungen oder Wohnräume für Betriebsangehörige liegen und nur dann, wenn keine Gefahren oder erheblichen Nachteile für die Benutzer solcher Wohnungen entstehen.

(3) [1]Stalltüren, die zum Austrieb oder als Rettungsweg der Tiere ins Freie führen, sollen nicht nach innen aufschlagen. [2]Sie müssen nach Größe und Anzahl ausreichen, so daß die Tiere bei Gefahr leicht ins Freie gelangen können.

(4) [1]Die raumumschließenden Bauteile von Ställen müssen einen der artgerechten Tierhaltung entsprechenden ausreichenden Wärmeschutz gewährleisten. [2]Sie sind auch gegen schädliche Einflüsse der Stallfeuchtigkeit, der Stalldämpfe, der Jauche und gegen andere schädliche Einwirkungen zu schützen.

(5) [1]Der Fußboden des Stalles muß dicht sein. [2]Er ist mit Gefälle und Rinnen zur Ableitung der Jauche zu versehen. [3]Unzugängliche Hohlräume unter dem Fußboden sind unzulässig. [4]Abweichend von diesen Vorschriften sind Ställe mit Spaltenböden und ähnlichen Anlagen zulässig, wenn Leben oder Gesundheit von Menschen und Tieren nicht gefährdet werden.

Vierter Teil. Die am Bau Beteiligten

Art. 55 Grundsatz. Wird eine bauliche Anlage errichtet, geändert oder abgebrochen, so sind, je innerhalb ihres Wirkungskreises, der

Bauherr und die anderen am Bau Beteiligten dafür verantwortlich, daß die öffentlich-rechtlichen Vorschriften und die Anordnungen der Bauaufsichtsbehörden eingehalten werden.

Art. 56 Bauherr. (1) [1]Bauherr ist, wer auf seine Verantwortung eine bauliche Anlage vorbereitet oder ausführt oder vorbereiten oder ausführen läßt. [2]Der Bauherr hat zur Vorbereitung und Ausführung eines genehmigungspflichtigen Vorhabens geeignete Entwurfsverfasser (Art. 57) und geeignete Unternehmer (Art. 58) zu bestellen. [3]Ihm obliegen auch die nach den öffentlich-rechtlichen Vorschriften erforderlichen Anträge, Vorlagen und Anzeigen an die Bauaufsichtsbehörde; er kann diese Aufgaben dem Entwurfsverfasser übertragen.

(2) Die Verpflichtung des Absatzes 1 Satz 2 gilt entsprechend für genehmigungsfreie Vorhaben, soweit die Genehmigungsfreiheit auf Art. 64 beruht oder soweit Schwierigkeit und Umfang des Vorhabens es erfordern.

(3) [1]Führt der Bauherr Bauarbeiten für den eigenen Bedarf selbst oder mit nachbarschaftlicher Hilfe aus, so braucht er keine Unternehmer zu bestellen, wenn die Ausführung dieser Arbeiten mit der nötigen Sachkunde, Erfahrung und Zuverlässigkeit erfolgt. [2]Anzeigepflichtige Abbrucharbeiten dürfen nicht auf solche Weise ausgeführt werden. [3]Art. 57 bleibt unberührt.

(4) Für genehmigungspflichtige bauliche Anlagen geringeren Umfangs kann die Bauaufsichtsbehörde darauf verzichten, daß ein Entwurfsverfasser bestellt wird.

(5) [1]Sind die vom Bauherrn bestellten Personen für ihre Aufgabe nach Sachkunde und Erfahrung nicht geeignet, so kann die Bauaufsichtsbehörde vor und während der Bauausführung verlangen, daß ungeeignete Beauftragte durch geeignete ersetzt oder geeignete Sachverständige herangezogen werden. [2]Die Bauaufsichtsbehörde kann die Bauarbeiten einstellen lassen, bis geeignete Beauftragte oder Sachverständige bestellt sind.

(6) Die Bauaufsichtsbehörde kann verlangen, daß ihr die Unternehmer für bestimmte Arbeiten benannt werden.

(7) Wechselt der Bauherr, so haben der alte und der neue Bauherr das der Bauaufsichtsbehörde unverzüglich schriftlich mitzuteilen.

Art. 57 Verantwortlichkeit des Entwurfsverfassers und der Ersteller bautechnischer Nachweise. (1) [1]Der Entwurfsverfasser muß nach Sachkunde und Erfahrung zur Vorbereitung des jeweiligen Bauvorhabens geeignet sein. [2]Er ist für die Vollständigkeit und Brauchbarkeit seines Entwurfs verantwortlich. [3]Der Entwurfsverfasser hat dafür zu sorgen, daß die für die Ausführung notwendigen Einzelzeichnungen, Einzelberechnungen und Anweisungen geliefert werden und den genehmigten Bauvorlagen, den öffentlich-rechtlichen Vorschriften und den als Technische Baubestimmungen eingeführten technischen Regeln entsprechen.

(2) [1]Hat der Entwurfsverfasser auf einzelnen Fachgebieten nicht die erforderliche Sachkunde und Erfahrung, so hat er den Bauherrn zu veranlassen, geeignete Sachverständige heranzuziehen. [2]Diese sind für die von ihnen gefertigten Unterlagen verantwortlich. [3]Für das ordnungsgemäße (Art. 3) Ineinandergreifen aller Fachentwürfe ist der Entwurfsverfasser verantwortlich.

(3) [1]Die Nachweisberechtigten im Sinn des Art. 68 Abs. 7 sind für die von ihnen erstellten Nachweise verantwortlich. [2]Bei Vorhaben im Sinn des Art. 2 Abs. 4 Satz 1 Nr. 4, ausgenommen landwirtschaftliche Betriebs- und gewerbliche Lagergebäude mit freien Stützweiten von nicht mehr als 12 m und mit Grundflächen von nicht mehr als 500 m^2, ist der Ersteller des Nachweises nach Art. 68 Abs. 7 Satz 2 auch für die Einhaltung der bauaufsichtlichen Anforderungen an die Standsicherheit einschließlich der Feuerwiderstandsdauer tragender Bauteile bei der Bauausführung verantwortlich. [3]Benennt der Bauherr der Bauaufsichtsbehörde eine andere im Sinn des Art. 68 Abs. 7 Satz 2 nachweisberechtigte Person, ist diese nach Satz 2 verantwortlich.

Art. 58 Unternehmer. (1) [1]Die Unternehmer sind dafür verantwortlich, daß die von ihnen übernommenen Arbeiten nach den genehmigten Bauvorlagen und den diesen entsprechenden Einzelzeichnungen, Einzelberechnungen und Anweisungen des Entwurfsverfassers gemäß den öffentlich-rechtlichen Vorschriften und den als Technische Baubestimmungen eingeführten technischen Regeln ordnungsgemäß ausgeführt werden. [2]Sie sind ferner verantwortlich für die ordnungsgemäße Einrichtung und den sicheren Betrieb der Baustelle, insbesondere für die Tauglichkeit und Betriebssicherheit der Gerüste, Geräte und der anderen Baustelleneinrichtungen, und die Einhaltung der Arbeitsschutzbestimmungen. [3]Die erforderlichen Nachweise über die Verwendbarkeit der eingesetzten Bauprodukte und Bauarten sind auf der Baustelle bereitzuhalten. [4]Unbeschadet des Art. 72 dürfen die Unternehmer Arbeiten nicht ausführen oder ausführen lassen, bevor nicht die dafür notwendigen Unterlagen und Anweisungen an der Baustelle vorliegen.

(2) [1]Hat ein Unternehmer für einzelne Arbeiten nicht die erforderliche Sachkunde und Erfahrung, so hat er den Bauherrn zu veranlassen, einen anderen, geeigneten Unternehmer heranzuziehen. [2]Dieser ist für seine Arbeiten verantwortlich.

(3) Die Unternehmer haben ihre Arbeiten aufeinander abzustimmen und sie ohne gegenseitige Gefährdung und ohne Gefährdung Dritter durchzuführen.

(4) Für Bauarbeiten, bei denen die Sicherheit der baulichen Anlagen in außergewöhnlichem Maß von der besonderen Sachkunde und Erfahrung des Unternehmers oder von der Ausstattung mit besonderen Einrichtungen abhängt, haben die Unternehmer auf Verlangen der Bauaufsichtsbehörde nachzuweisen, daß sie für diese Bauarbeiten geeignet sind und über die erforderlichen Einrichtungen verfügen.

Fünfter Teil. Bauaufsichtsbehörden

Art. 59 Bauaufsichtsbehörden. (1) [1]Untere Bauaufsichtsbehörden sind die Kreisverwaltungsbehörden,[1)] höhere Bauaufsichtsbehörden sind die Regierungen, oberste Bauaufsichtsbehörde ist das Staatsministerium des Innern. [2]Soweit Belange des Denkmalschutzes betroffen sind, entscheidet das Staatsministerium des Innern im Einvernehmen mit dem Staatsministerium für Unterricht, Kultus, Wissenschaft und Kunst.

(2) Das Staatsministerium des Innern überträgt leistungsfähigen kreisangehörigen Gemeinden auf Antrag durch Rechtsverordnung die Aufgaben der unteren Bauaufsichtsbehörde.[2)]

[1)] Beachte auch § 1 Nr. 1 VO über Aufgaben der Großen Kreisstädte idF der Bek. v. 25. 3. 1991 (GVBl. S. 123) mit späteren Änderungen.

[2)] Siehe hierzu Verordnung über die Übertragung von Aufgaben der Kreisverwaltungsbehörden an kreisangehörige Gemeinden v. 5. 6. 1990 (GVBl. S. 226), geänd. durch VO v. 15. 6. 1991 (GVBl. S. 169), v. 7. 11. 1991 (GVBl. S. 393), v. 27. 2. 1993 (GVBl. S. 161), v. 10. 1. 1994 (GVBl. S. 11) und v. 5. 7. 1994 (GVBl. S. 573):

„Auf Grund von *Art. 62 Abs. 2 und 3* [jetzt: Art. 59 Abs. 2 und 3] der Bayerischen Bauordnung (BayBO) und Art. 75 Abs. 1 Satz 3 des Bayerischen Wassergesetzes (BayWG) erlassen die Bayerischen Staatsministerien des Innern und für Landesentwicklung und Umweltfragen folgende Verordnung:

§ 1. *(aufgehoben)*

§ 2. (1) Den Städten Burghausen, Feuchtwangen, Friedberg, Sulzbach-Rosenberg und Waldkraiburg und dem Markt Garmisch-Partenkirchen werden die Aufgaben der Kreisverwaltungsbehörde nach § 21 des Wasserhaushaltsgesetzes (WHG), Art. 68, 69 und 75 BayWG in Verfahren über eine Erlaubnis nach § 7 WHG in Verbindung mit Art. 16 und 17 BayWG für das Einleiten

1. von Abwasser aus Kleinkläranlagen mit einem Anfall häuslicher Abwässer bis zu 8 m^3 je Tag und
2. von Niederschlagswasser, soweit die Einleitung nicht nach § 7 Abs. 1 in Verbindung mit § 10 Abs. 1 Nr. 4 des Abwasserabgabengesetzes abgabepflichtig ist

in Gewässer übertragen.

(2) Den Städten Eggenfelden, Gemünden a. Main, Neustadt a. d. Aisch, Pfaffenhofen a. d. Ilm, Waldsassen und Bad Wörishofen sowie der Gemeinde Vaterstetten werden die in Absatz 1 genannten Aufgaben beschränkt auf die von *Art. 62 Abs. 3* [jetzt: Art. 59 Abs. 3] BayBO erfaßten Vorhaben übertragen.

§ 3. [1]Diese Verordnung tritt am 1. September 1990 in Kraft. [2]Gleichzeitig tritt die Verordnung über die Übertragung von Aufgaben der unteren Bauaufsichtsbehörde an kreisangehörige Gemeinden (BayRS 2132-1-13-I) außer Kraft.“

(3)[1] Das Staatsministerium des Innern überträgt auf Antrag leistungsfähigen kreisangehörigen Gemeinden durch Rechtsverordnung die Aufgaben der unteren Bauaufsichtsbehörde für Vorhaben im Sinn des Art. 64 Abs. 1 Satz 1 Nr. 1.

(4) 1 Die Bauaufsichtsbehörden sind für ihre Aufgaben ausreichend mit geeigneten Fachkräften zu besetzen.[2] 2 Den unteren Bauaufsichtsbehörden müssen Beamte mit der Befähigung zum Richteramt oder zum höheren Verwaltungsdienst und Beamte des höheren bautechnischen Verwaltungsdienstes der Fachgebiete Hochbau oder Städtebau angehören. 3 Das Staatsministerium des Innern kann in begründeten Ausnahmefällen, insbesondere für eine Große Kreisstadt und für Gemeinden, denen nach Absatz 2 Aufgaben der unteren Bauaufsichtsbehörde übertragen worden sind, zulassen, daß an Stelle eines Beamten des höheren ein Beamter des gehobenen bautechnischen Verwaltungsdienstes beschäftigt wird. 4 In Gemeinden, denen nach Absatz 3 Aufgaben der unteren Bauaufsichtsbehörde übertragen worden sind, genügt es, daß an Stelle von Beamten des höheren Dienstes im Sinn von Satz 2 Beamte des gehobenen nichttechnischen Verwaltungsdienstes, im Fall des technischen Dienstes auch sonstige Bedienstete, beschäftigt werden, die mindestens einen Fachhochschulabschluß der Fachrichtung Hochbau, Städtebau oder konstruktiver Ingenieurbau erworben haben.

(5) 1 Das Staatsministerium des Innern kann die Rechtsverordnung nach den Absätzen 2 und 3 auf Antrag der Gemeinde aufheben. 2 Die Rechtsverordnung ist aufzuheben, wenn die Voraussetzungen für ihren Erlaß nach den Absätzen 2 bis 4 nicht vorgelegen haben oder nicht mehr vorliegen.

(6) Das bautechnische Personal und die notwendigen Hilfskräfte bei den Landratsämtern sind von den Landkreisen anzustellen.

Art. 60 Aufgaben und Befugnisse der Bauaufsichtsbehörden.
(1) Die Aufgaben der Bauaufsichtsbehörden sind Staatsaufgaben; für die Gemeinden sind sie übertragene Aufgaben.

(2) 1 Die Bauaufsichtsbehörden haben die Aufgabe, bei der Errichtung, der Änderung, dem Abbruch, der Nutzungsänderung und der Instandhaltung baulicher Anlagen darüber zu wachen, daß die öffentlich-rechtlichen Vorschriften und die auf Grund dieser Vorschriften erlassenen Anordnungen eingehalten werden. 2 Sie können in Wahrnehmung dieser Aufgaben die erforderlichen Maßnahmen treffen.

---

[1] Abs. 3 gilt auch für Gemeinden, denen zum Zeitpunkt des Inkrafttretens dieses Gesetzes [1. 1. 1998] bereits die Aufgaben der unteren Bauaufsichtsbehörde nach *Art. 65 Abs. 3* [jetzt: Art. 59 Abs. 3] übertragen waren; vgl. § 8 Abs. 4 G v. 26. 7. 1997 (GVBl. S. 323).

[2] Bek. über die Rechtsstellung des bautechnischen Personals der unteren Bauaufsichtsbehörden v. 23. 6. 1969 (MABl. S. 324).

[3]Bauaufsichtliche Genehmigungen und sonstige Maßnahmen gelten auch für und gegen die Rechtsnachfolger; das gleiche gilt auch für Personen, die ein Besitzrecht nach Erteilung einer bauaufsichtlichen Genehmigung oder nach Erlaß einer bauaufsichtlichen Maßnahme erlangt haben.

(3) [1]Soweit die Vorschriften des Zweiten und des Dritten Teils mit Ausnahme der Art. 11 und 12 und die auf Grund dieses Gesetzes erlassenen Vorschriften nicht ausreichen, um die Anforderungen nach Art. 3 zu erfüllen, können die Bauaufsichtsbehörden im Einzelfall weitergehende Anforderungen stellen, um erhebliche Gefahren abzuwehren, bei Sonderbauten auch zur Abwehr von Nachteilen; dies gilt nicht für Sonderbauten, soweit für sie eine Verordnung nach Art. 90 Abs. 1 Nr. 3 erlassen worden ist. [2]Die Anforderungen des Satzes 1 Halbsatz 1 gelten nicht für Sonderbauten, wenn ihre Erfüllung wegen der besonderen Art oder Nutzung oder wegen anderer besonderer Anforderungen nicht erforderlich ist.

(4) Die Bauaufsichtsbehörden können zur Erfüllung ihrer Aufgaben und Befugnisse Sachverständige und sachverständige Stellen heranziehen.

(5) Bei bestandsgeschützten baulichen Anlagen können Anforderungen gestellt werden, wenn das zur Abwehr von erheblichen Gefahren für Leben und Gesundheit oder zum Schutz des Straßen-, Orts- oder Landschaftsbilds vor Verunstaltungen notwendig ist.

(6) Werden bestehende bauliche Anlagen wesentlich geändert, so kann angeordnet werden, daß auch die von der Änderung nicht berührten Teile dieser baulichen Anlagen mit diesem Gesetz oder den auf Grund dieses Gesetzes erlassenen Vorschriften in Einklang gebracht werden, wenn das aus Gründen des Art. 3 Abs. 1 Satz 1 erforderlich und dem Bauherrn wirtschaftlich zumutbar ist und diese Teile mit den Teilen, die geändert werden sollen, in einem konstruktiven Zusammenhang stehen oder mit ihnen unmittelbar verbunden sind.

(7) Bei Modernisierungsvorhaben soll von der Anwendung des Absatzes 6 abgesehen werden, wenn sonst die Modernisierung erheblich erschwert würde.

Art. 61 Sachliche Zuständigkeit. (1) Sachlich zuständig ist die untere Bauaufsichtsbehörde, soweit nichts anderes bestimmt ist.[1)]

(2) [1]Die Aufhebung eines Verwaltungsakts der unteren Bauaufsichtsbehörde kann nicht allein deshalb beansprucht werden, weil er unter Verletzung von Vorschriften über die sachliche Zuständigkeit zustandegekommen ist, wenn diese Verletzung darauf beruht, daß eine

---

[1)] Siehe auch § 1 Nr. 1 VO über Aufgaben der Großen Kreisstädte idF der Bek. v. 25. 3. 1991 (GVBl. S. 123) mit späteren Änderungen. Beachte außerdem ZuständigkeitsVO im Bauwesen (ZustVBau) v. 5. 7. 1994 (GVBl. S. 573); Nr. **20**.

sachliche Zuständigkeit nach Art. 59 Abs. 3 wegen Nichtigkeit des zugrundeliegenden Bebauungsplans nicht begründet war. [2]Dies gilt nicht, wenn zum Zeitpunkt der Entscheidung der unteren Bauaufsichtsbehörde die Nichtigkeit des Bebauungsplans gemäß § 47 Abs. 5 Satz 2 der Verwaltungsgerichtsordnung (VwGO) festgestellt war. [3]Art. 46 des Bayerischen Verwaltungsverfahrensgesetzes (BayVwVfG) bleibt unberührt.

(3) Werden die Aufgaben der unteren Bauaufsichtsbehörde nach Art. 59 Abs. 2 und 3 übertragen, ist für die Entscheidung über Anträge nach Art. 67 Abs. 1 Satz 1, Art. 75 Abs. 1 Satz 1 und Art. 76 Abs. 1 als untere Bauaufsichtsbehörde diejenige Behörde zuständig, die zum Zeitpunkt des Eingangs des Antrags bei der Gemeinde zuständig war.

Sechster Teil. Verfahren

Abschnitt I. Genehmigungspflichtige und genehmigungsfreie Vorhaben

Art. 62 Genehmigungspflichtige Vorhaben. [1]Genehmigungspflichtig sind die Errichtung, die Änderung oder die Nutzungsänderung baulicher Anlagen, soweit in Art. 63, 64, 85, 86 und 87 nichts anderes bestimmt ist. [2]Eine Nutzungsänderung liegt auch dann vor, wenn einer baulichen Anlage eine andere Zweckbestimmung gegeben wird.

Art. 63 Ausnahmen von der Genehmigungspflicht für die Errichtung und Änderung. (1) [1]Keiner Genehmigung bedürfen die Errichtung und Änderung

1. folgender Gebäude:
   a) Gebäude ohne Feuerungsanlagen mit einem umbauten Raum bis zu 75 m^3, außer im Außenbereich,
   b) Garagen und überdachte Stellplätze im Sinn des Art. 7 Abs. 4, die nicht im Außenbereich liegen,
   c) freistehende Gebäude ohne Feuerungsanlagen, die einem land- oder forstwirtschaftlichen Betrieb im Sinn der § 35 Abs. 1 Nr. 1[1)] und § 201 BauGB dienen, nur eingeschossig und nicht unterkellert sind, höchstens 100 m^2 Grundfläche und höchstens 140 m^2 überdachte Fläche haben und nur zur Unterbringung von Sachen oder zum vorübergehenden Schutz von Tieren bestimmt sind,
   d) Gewächshäuser für den Erwerbsgartenbau mit einer Firsthöhe bis zu 4 m,

[1)] Entsprechend der Änderung des § 35 Abs. 1 BauGB zum 1. Januar 1998 ist ein Betrieb auch ein solcher nach § 35 Abs. 1 Nr. 2 BauGB.

e) Fahrgastunterstände, die dem öffentlichen Personenverkehr oder der Schülerbeförderung dienen, mit einer Grundfläche bis zu 20 m^2,

2. folgender Feuerungs- und andere Energieerzeugungsanlagen:
   a) Feuerstätten mit einer Nennwärmeleistung bis zu 50 kW einschließlich der Erneuerung und Modernisierung von Feuerstätten mit einer Nennwärmeleistung von mehr als 50 kW ohne wesentliche Erhöhung der Leistung,
   b) Wärmepumpen,
   c) Sonnenkollektoren und Photovoltaikanlagen in der Dachfläche, in der Fassade oder auf Flachdächern, im übrigen bis zu einer Fläche von 9 m^2,
3. folgender Leitungen und Anlagen für Lüftung, Wasser- und Energieversorgung sowie Abwasserbeseitigung:
   a) haustechnische Anlagen,
   b) Kleinkläranlagen, die für einen durchschnittlichen Anfall häuslicher Abwässer bis zu 8 m^3/Tag bemessen sind,
   c) Brunnen,
4. folgender Masten, Antennen und ähnlicher baulicher Anlagen:
   a) Antennen einschließlich der Masten bis zu einer Höhe von 10 m und zugehöriger Versorgungseinheiten mit einem Rauminhalt bis zu 10 m^3 sowie, soweit sie auf oder an einer bestehenden baulichen Anlage errichtet werden, die damit verbundene Änderung der Nutzung oder der äußeren Gestalt der Anlage,
   b) Blitzschutzanlagen,
   c) Masten und Unterstützungen für Fernsprechleitungen, für Leitungen zur Versorgung mit Elektrizität, für Sirenen und für Fahnen,
   d) Masten, die aus Gründen des Brauchtums errichtet werden,
   e) Signalhochbauten für die Landesvermessung,
5. folgender Behälter:
   a) ortsfeste Behälter für Flüssiggas mit einem Fassungsvermögen von weniger als 3 t,
   b) ortsfeste Behälter für brennbare oder wassergefährdende Flüssigkeiten mit einem Rauminhalt bis 10 m^3,
   c) ortsfeste Behälter sonstiger Art mit einem Rauminhalt bis zu 50 m^3,
   d) Gülle- und Jauchebehälter und -gruben mit einem Rauminhalt bis zu 50 m^3 und einer Höhe bis zu 3 m,
   e) Gärfutterbehälter mit einer Höhe bis zu 6 m und Schnitzelgruben,
   f) Dungstätten, Fahrsilos, Kompost- und ähnliche Anlagen mit einer Höhe bis zu 3 m,
   g) Trafostationen mit einem Rauminhalt bis zu 10 m^3,

6. folgender Mauern und Einfriedungen:
   a) Mauern und Einfriedungen, außer im Außenbereich, im Kreuzungs- oder Einmündungsbereich öffentlicher Verkehrsflächen mit einer Höhe bis zu 1 m, im übrigen mit einer Höhe bis zu 1,80 m,
   b) offene, sockellose Einfriedungen im Außenbereich, soweit sie der Hoffläche eines landwirtschaftlichen Betriebs, der Weidewirtschaft einschließlich der Haltung geeigneter Schalenwildarten für Zwecke der Landwirtschaft, dem Erwerbsgartenbau oder dem Schutz von Forstkulturen und Wildgehegen zu Jagdzwekken sowie der berufsmäßigen Binnenfischerei dienen,
   c) Sichtschutzzäune und Terrassentrennwände zwischen Doppelhäusern und den Gebäuden von Hausgruppen bis zu einer Höhe von 2 m und einer Tiefe von 4 m,
7. privater Verkehrsanlagen einschließlich Brücken und Durchlässen mit einer lichten Weite bis zu 5 m und Untertunnelungen mit einem Durchmesser bis zu 3 m,
8. von Aufschüttungen und Abgrabungen einschließlich der Anlagen zur Gewinnung von Steinen, Erden und anderen Bodenschätzen mit einer Grundfläche bis zu 500 m^2 und mit einer Höhe oder Tiefe bis zu 2 m,
9. folgender baulicher Anlagen in Gärten und zur Freizeitgestaltung:
   a) Schwimmbecken mit einem Beckeninhalt bis zu 100 m^3, außer im Außenbereich,
   b) Anlauftürme und Schanzentische von Sprungschanzen sowie Sprungtürme mit einer Höhe bis zu 10 m,
   c) Geräte auf Spiel-, Bolz-, Abenteuerspiel- und Sportplätzen,
   d) Gartenlauben in genehmigten Kleingartenanlagen im Sinn des § 1 Abs. 1 des Bundeskleingartengesetzes (BKleingG),
   e) Wohnwagen, Zelte und bauliche Anlagen, die keine Gebäude sind, auf genehmigten Camping- und Wochenendplätzen,
10. folgender tragender und nichttragender Bauteile:
   a) nichttragende und nichtaussteifende Bauteile in baulichen Anlagen,
   b) zur Errichtung einzelner Aufenthaltsräume, die zu Wohnzwekken genutzt werden, im Dachgeschoß überwiegend zu Wohnzwecken genutzter Gebäude, wenn die Dachkonstruktion und die äußere Gestalt des Gebäudes nicht in genehmigungspflichtiger Weise verändert werden,
   c) Fenster und Türen und die dafür bestimmten Öffnungen in Gebäuden, soweit diese nicht gewerblichen Zwecken dienen,
   d) in der Dachfläche liegende Fenster,
   e) Verkleidungen und Verblendungen,

   auch vor Fertigstellung der baulichen Anlage,

11. folgender Werbeanlagen:
    a) Werbeanlagen bis zu einer Größe von 1 m²,
    b) Automaten mit einer vorderen Ansichtsfläche bis 1 m² oder in Verbindung mit einer offenen Verkaufsstelle,
    c) Werbeanlagen, die nicht vom öffentlichen Verkehrsraum aus sichtbar sind,
    d) Werbeanlagen, die nach ihrem erkennbaren Zweck nur vorübergehend für höchstens zwei Monate angebracht werden, außer im Außenbereich,
    e) Zeichen, die auf abseits oder versteckt gelegene Stätten hinweisen (Hinweiszeichen), außer im Außenbereich,
    f) Schilder, die Inhaber und Art gewerblicher Betriebe kennzeichnen (Hinweisschilder), wenn sie vor Ortsdurchfahrten auf einer einzigen Tafel zusammengefaßt sind,
    g) Werbeanlagen in durch Bebauungsplan festgesetzten Gewerbe-, Industrie- und vergleichbaren Sondergebieten an der Stätte der Leistung, an und auf Flugplätzen, Sportanlagen, auf abgegrenzten Versammlungsstätten, Ausstellungs- und Messegeländen, soweit sie nicht in die freie Landschaft wirken,
12. folgender vorübergehend aufgestellter oder benutzbarer baulicher Anlagen:
    a) Baustelleneinrichtungen,
    b) vorübergehend errichtete Verkaufs- und Ausstellungsstände auf genehmigten Messe- und Ausstellungsgeländen,
    c) zu Straßenfesten und ähnlichen Veranstaltungen kurzfristig errichtete bauliche Anlagen,
    d) Zeltlager, die nach ihrem erkennbaren Zweck gelegentlich, höchstens für zwei Monate errichtet werden,
13. folgender Plätze:
    a) Lager-, Abstell- und Ausstellungsplätze für die Land- und Forstwirtschaft im Sinn der § 35 Abs. 1 Nr. 1[1)] und § 201 BauGB,
    b) nicht überdachte Stellplätze und sonstige Lager- und Abstellplätze bis zu 300 m² Fläche, außer im Außenbereich,
14. folgender sonstiger baulicher Anlagen:
    a) Regale mit einer Lagerhöhe (Oberkante Lagergut) bis zu 7,50 m,
    b) Denkmäler und sonstige Kunstwerke mit einer Höhe bis zu 3 m, Zierbrunnen, Grabkreuze und Grabsteine auf Friedhöfen sowie Feldkreuze,
    c) unbedeutende bauliche Anlagen oder unbedeutende Teile baulicher Anlagen, soweit sie nicht in den Nummern 1 bis 13 und 14 Buchstaben a und b bereits aufgeführt sind, wie Haus-

[1)] Entsprechend der Änderung des § 35 Abs. 1 BauGB zum 1. Januar 1998 ist ein Betrieb auch ein solcher nach § 35 Abs. 1 Nr. 2 BauGB.

eingangsüberdachungen, Terrassen, Maschinenfundamente, Straßenfahrzeugwaagen, Pergolen, Jägerstände, Wildfütterungen, Bienenfreistände bis zu einem Rauminhalt von 5 m³, Taubenhäuser, Hofeinfahrten und Teppichstangen.

²Keiner Genehmigung bedürfen ferner

1. die Änderung von Abgasleitungen und Kaminen,
2. die Auswechslung von Zapfsäulen und Tankautomaten von Tankstellen,
3. die Änderung tragender oder aussteifender Bauteile innerhalb von Wohngebäuden.

(2) Unbeschadet des Absatzes 1 bedürfen keiner Genehmigung die Errichtung und Änderung von

1. Garagen mit einer Nutzfläche bis 100 m² sowie überdachte Stellplätze,
2. Wochenendhäusern sowie baulichen Anlagen, die keine Gebäude sind, in durch Bebauungsplan festgesetzten Wochenendhausgebieten,
3. baulichen Anlagen in Dauerkleingärten im Sinn des § 1 Abs. 3 BKleingG,
4. Dachgauben und vergleichbare Dachaufbauten,
5. Mauern und Einfriedungen,
6. Werbeanlagen,
7. Kinderspiel-, Bolz- und Abenteuerspielplätzen,
8. Friedhöfen

im Geltungsbereich einer städtebaulichen oder einer Satzung nach Art. 91, die Regelungen über die Zulässigkeit, den Standort und die Größe der baulichen Anlage enthält, wenn sie den Festsetzungen der Satzung entspricht.

(3) ¹Keiner Genehmigung bedürfen die Errichtung, Änderung und Nutzungsänderung von luftrechtlich zugelassenen Flugplätzen dienenden baulichen Anlagen, ausgenommen Sonderbauten. ²Für nach Satz 1 genehmigungsfreie Anlagen im Sinn des Art. 2 Abs. 4 Sätze 1 und 3 gelten Art. 68 und 73 Abs. 2 Sätze 1 und 2 sinngemäß.

(4) Keiner Genehmigung bedarf die Nutzungsänderung von

1. Gebäuden und Räumen, die nicht im Außenbereich liegen, wenn für die neue Nutzung keine anderen öffentlich-rechtlichen, insbesondere auch bauplanungsrechtlichen Anforderungen als für die bisherige Nutzung in Betracht kommen,
2. baulichen und sonstigen Anlagen und Einrichtungen, deren Errichtung oder Änderung nach den Absätzen 1 und 2 genehmigungsfrei wäre.

(5) Keiner Genehmigung bedürfen Instandhaltungsarbeiten an oder in baulichen Anlagen oder Einrichtungen.

(6) [1]Die Genehmigungsfreiheit nach Absatz 1 bis 5, Art. 64, 65 und 85 Abs. 3 entbindet nicht von der Verpflichtung zur Einhaltung der Anforderungen, die durch öffentlich-rechtliche Vorschriften an die baulichen Anlagen gestellt werden. [2]Die bauaufsichtlichen Eingriffsbefugnisse und die Verpflichtung, andere öffentlich-rechtliche Gestattungen für die Errichtung, Änderung oder Nutzungsänderung einer baulichen Anlage einzuholen, werden durch die Genehmigungsfreiheit nicht berührt.

Art. 64 Genehmigungsfreistellung. (1) [1]Keiner Genehmigung bedürfen im Geltungsbereich eines Bebauungsplans im Sinn von §§ 12 und 30 Abs. 1 des Baugesetzbuchs (BauGB) die Errichtung oder Änderung von

1. Vorhaben geringer Schwierigkeit im Sinn des Art. 2 Abs. 4 Satz 1 Nrn. 2 und 3,
2. eingeschossigen gewerblichen Lagergebäuden mit freien Stützweiten von nicht mehr als 12 m und mit Grundflächen von nicht mehr als 500 m², soweit sie keine Sonderbauten sind,
3. in Gewerbe- und Industriegebieten eingeschossigen handwerklich oder gewerblich genutzten Gebäuden mit freien Stützweiten von nicht mehr als 12 m und mit Grundflächen von nicht mehr als 500 m², soweit sie keine Sonderbauten sind,
4. Gebäuden mittlerer Höhe, die ausschließlich zu Wohnzwecken oder neben einer Wohnnutzung teilweise oder ausschließlich freiberuflich oder gewerblich im Sinn des § 13 BauNVO genutzt werden,

einschließlich ihrer Nebengebäude und Nebenanlagen, wenn

a) das Vorhaben den Festsetzungen des Bebauungsplans und örtlichen Bauvorschriften nicht widerspricht,
b) die Erschließung im Sinn des Baugesetzbuchs gesichert ist und
c) die Gemeinde nicht innerhalb der Frist nach Absatz 2 Satz 1 erklärt, daß das Genehmigungsverfahren durchgeführt werden soll.

[2]Satz 1 gilt auch für Änderungen und Nutzungsänderungen von Gebäuden, deren Errichtung oder Änderung nach vorgenommener Änderung oder bei geänderter Nutzung genehmigungsfrei wäre.

(2) [1]Mit dem Vorhaben darf einen Monat nach Vorlage der erforderlichen Unterlagen bei der Gemeinde begonnen werden. [2]Teilt die Gemeinde dem Bauherrn vor Ablauf der Frist schriftlich mit, daß kein Genehmigungsverfahren durchgeführt werden soll, darf der Bauherr bereits vor Ablauf der Frist nach Satz 1 mit der Ausführung des Vorhabens beginnen.

(3) Spätestens mit der Vorlage bei der Gemeinde benachrichtigt der Bauherr die Eigentümer der benachbarten Grundstücke von dem

Bauvorhaben; Art. 71 Abs. 1 Sätze 2 und 5, Abs. 3 gelten entsprechend.

(4) [1]Die Erklärung der Gemeinde nach Absatz 1 Satz 1 Buchst. c kann insbesondere deshalb erfolgen, weil die sonstigen Voraussetzungen des Absatzes 1 nicht erfüllt sind oder weil sie beabsichtigt, eine Veränderungssperre nach § 14 BauGB zu erlassen oder eine Zurückstellung nach § 15 BauGB zu beantragen oder weil sie die Überprüfung des Vorhabens in einem Genehmigungsverfahren aus anderen Gründen für erforderlich hält. [2]Darauf, daß die Gemeinde von ihrer Erklärungsmöglichkeit keinen Gebrauch macht, besteht kein Rechtsanspruch. [3]Erklärt die Gemeinde, daß das Genehmigungsverfahren durchgeführt werden soll, hat sie dem Bauherrn mit der Erklärung die vorgelegten Unterlagen zurückzureichen, falls der Bauherr bei der Vorlage nicht ausdrücklich bestimmt hat, daß seine Vorlage im Fall der Erklärung der Gemeinde nach Absatz 1 Buchst. c als Bauantrag zu behandeln ist.

(5) [1]Vor Baubeginn, spätestens jedoch vor Ausführung der jeweiligen Bauabschnitte, müssen die jeweils erforderlichen Nachweise über Standsicherheit einschließlich der Feuerwiderstandsdauer tragender Bauteile, Schall-, Wärme- und vorbeugenden Brandschutz erstellt sein. [2]Bei

1. Vorhaben nach Absatz 1 Satz 1 Nr. 1, wenn tragende Teile über einer Tiefgarage abgefangen werden,
2. Vorhaben nach Absatz 1 Satz 1 Nr. 3, ausgenommen einfache bauliche Anlagen, und Nr. 4

müssen zusätzlich die Nachweise für die Standsicherheit einschließlich der Feuerwiderstandsdauer tragender Bauteile im Sinn des Art. 69 Abs. 4 bescheinigt sein. [3]Spätestens mit Fertigstellung des Rohbaus muß eine Bescheinigung über die Tauglichkeit und spätestens vor der beabsichtigten Aufnahme der Nutzung eine Bescheinigung über die Benutzbarkeit der Abgasleitungen, Kamine und Lüftungsleitungen von Räumen mit Feuerstätten, soweit es sich nicht um Leitungen für Lüftungsanlagen mit Ventilatorbetrieb handelt, vom Bezirkskaminkehrermeister erstellt sein.

(6) Art. 63 Abs. 6, Art. 67 Abs. 4 Sätze 1 und 2, Art. 68, 72 Abs. 6 Sätze 1 und 3, Abs. 7, Art. 78 Abs. 1 und 2, Abs. 3 Satz 1 mit der Maßgabe, daß nur die beabsichtigte Aufnahme der Nutzung anzuzeigen ist, Abs. 6, Art. 79 Abs. 3 und Art. 81 bis 84 gelten entsprechend.

Art. 65 Verfahren bei Abbruch und Beseitigung baulicher Anlagen. (1) [1]Die Absicht, eine bauliche Anlage vollständig abzubrechen oder zu beseitigen, ist der Bauaufsichtsbehörde anzuzeigen. [2]Gleichzeitig mit der Anzeige benachrichtigt der Bauherr die Eigentümer der benachbarten Grundstücke von seiner Absicht; Art. 71 Abs. 1 Sätze 2 und 5, Abs. 3 gelten entsprechend. [3]Die Bauaufsichtsbehörde bestätigt dem Bauherrn binnen einer Woche den Eingang der Anzeige. [4]Mit dem Vorhaben darf einen Monat nach dem von der Bauaufsichtsbehörde bestätigten Eingangstermin begonnen werden, wenn die Bauaufsichtsbehörde nicht bereits zuvor mitgeteilt hat, daß sie den Abbruch oder die Beseitigung nicht untersagen wird; dies gilt nicht, wenn eine anderweitige behördliche Gestattung, Genehmigung oder Erlaubnis erforderlich ist oder wenn die Bauaufsichtsbehörde den Abbruch oder die Beseitigung untersagt. [5]Art. 67 Abs. 1, 2, 4 Sätze 1 und 2, Art. 68, 72 Abs. 7, Art. 78 Abs. 1 Satz 1, Art. 81 und 83 gelten entsprechend; die Zuständigkeit der Regierung nach Art. 86 Abs. 1 Satz 2 bleibt unberührt.

(2) [1]Außer für Sonderbauten gelten Art. 64 Abs. 1 Satz 1 Buchst. c, Abs. 2 bis 4 entsprechend mit der Maßgabe, daß sich die Erklärung der Gemeinde nach Art. 64 Abs. 1 Satz 1 Buchst. c auf die Durchführung des Anzeigeverfahrens nach Absatz 1 richtet. [2]Soll ein Gebäude abgebrochen werden, das an ein anderes Gebäude angebaut ist und dessen Abbruch deshalb oder aus anderen Gründen die Standsicherheit eines anderen Gebäudes beeinflussen kann, darf mit dem Abbruch erst begonnen werden, wenn die Standsicherheit des anderen Gebäudes im Sinn des Art. 69 Abs. 4 bescheinigt ist.

(3) Keiner Anzeige bedürfen der Abbruch oder die Beseitigung von

1. Gebäuden mit einem umbauten Raum bis zu 500 m^3,
2. landwirtschaftlichen, forstwirtschaftlichen oder erwerbsgärtnerischen Betriebsgebäuden mit einer Grundfläche bis zu 200 m^2,
3. Gewächshäusern,
4. Feuerstätten,
5. ortsfesten Behältern,
6. Dungstätten, Fahrsilos, Schnitzelgruben und ähnlichen Anlagen,
7. luftgetragenen Überdachungen,
8. Regalen,
9. Mauern und Einfriedungen,
10. Schwimmbecken,
11. Stellplätzen für Kraftfahrzeuge, Lager- und Abstellplätzen, Zeltlagerplätzen, Campingplätzen und Lagerplätzen für Wohnwagen,
12. Masten, Unterstützungen und Antennen,
13. Wasserversorgungsanlagen und Brunnen,
14. Sprungschanzen und Sprungtürmen,
15. Landungsstegen,
16. Fahrgastunterständen,
17. Werbeanlagen,
18. nach Art. 86 Abs. 1 Satz 3 zustimmungsfreien Vorhaben,

19. baulichen Anlagen oder Teilen von baulichen Anlagen, deren Errichtung und Änderung genehmigungsfrei ist, soweit die Genehmigungsfreiheit nicht auf Art. 64 beruht.

Art. 66 Planungsrechtliche Genehmigung. Die Bauaufsichtsbehörde prüft nach Maßgabe der Rechtsverordnung gemäß Art. 90 Abs. 10 nur die Übereinstimmung des Vorhabens mit den Vorschriften über die bauplanungsrechtliche Zulässigkeit der baulichen Anlagen und mit den Regelungen einer städtebaulichen Satzung sowie mit den örtlichen Bauvorschriften, wenn die Bauvorlagen von einem Entwurfsverfasser im Sinn der Rechtsverordnung nach Art. 90 Abs. 10 unterschrieben sind.

Abschnitt II. Bauaufsichtliches Verfahren

Art. 67 Bauantrag und Bauvorlagen. (1) [1]Der Antrag auf eine Baugenehmigung (Bauantrag) ist schriftlich bei der Gemeinde einzureichen. [2]Diese legt ihn, sofern sie nicht selbst zur Entscheidung zuständig ist, mit ihrer Stellungnahme unverzüglich bei der Bauaufsichtsbehörde vor.[1)] [3]Die Gemeinden können die Ergänzung oder Berichtigung unvollständiger Bauanträge verlangen.

(2) [1]Mit dem Bauantrag sind alle für die Beurteilung des Vorhabens und die Bearbeitung des Bauantrags erforderlichen Unterlagen (Bauvorlagen) einzureichen.[2)] [2]Es kann gestattet werden, daß einzelne Bauvorlagen nachgereicht werden.

(3) In besonderen Fällen kann zur Beurteilung, wie sich die bauliche Anlage in die Umgebung einfügt, verlangt werden, daß die bauliche Anlage in geeigneter Weise auf dem Grundstück dargestellt wird.

(4) [1]Der Bauherr oder ein von ihm bevollmächtigter Vertreter und der Entwurfsverfasser haben den Bauantrag und die Bauvorlagen zu unterschreiben. [2]Die von den Sachverständigen nach Art. 57 bearbeiteten Unterlagen müssen von diesen unterschrieben sein. [3]Soweit der Eigentümer oder der Erbbauberechtigte dem Bauvorhaben zugestimmt hat, ist er verpflichtet, bauaufsichtliche Maßnahmen zu dulden, die aus Nebenbestimmungen der Baugenehmigung herrühren.

(5) [1]Treten bei dem Vorhaben mehrere Personen als Bauherren auf, so kann die Bauaufsichtsbehörde verlangen, daß ihr gegenüber ein Vertreter bestellt wird, der die dem Bauherrn nach den öffentlich-rechtlichen Vorschriften obliegenden Verpflichtungen zu erfüllen hat. [2]Art. 18 Abs. 1 Sätze 2 und 3 und Abs. 2 BayVwVfG finden Anwendung.

---

1) Bek. über Zulässigkeit von Nachfolgelastenvereinbarungen im Zusammenhang mit der Aufstellung von Bebauungsplänen und der Genehmigung von Einzelbauvorhaben v. 5. 3. 1975 (MABl. S. 316).

2) Vgl. Anm. zu Art. 90 Abs. 4 BayBO.

Art. 68[1] **Bauvorlage- und Nachweisberechtigung.** (1) Bauvorlagen für die genehmigungspflichtige oder für die im Verfahren nach Art. 64 zu behandelnde Errichtung und Änderung von Gebäuden müssen von einem Entwurfsverfasser, welcher bauvorlageberechtigt ist, unterschrieben sein.

(2) Bauvorlageberechtigt ist,

1. wer auf Grund des Bayerischen Architektengesetzes die Berufsbezeichnung „Architekt" zu führen berechtigt ist oder
2. wer in die Liste der bauvorlageberechtigten Ingenieure nach Art. 20 Abs. 2 des Bayerischen Ingenieurekammergesetzes Bau eingetragen ist.

(3) [1]Bauvorlageberechtigt sind ferner die Angehörigen der Fachrichtungen Architektur, Hochbau oder Bauingenieurwesen, die an einer deutschen Hochschule, einer deutschen öffentlichen oder staatlich anerkannten Ingenieurschule oder an einer dieser gleichrangigen deutschen Lehreinrichtung das Studium erfolgreich abgeschlossen haben, sowie die staatlich geprüften Techniker der Fachrichtung Bautechnik und die Handwerksmeister des Bau- und Zimmererfachs für

1. Wohngebäude mit bis zu je drei Wohnungen, auch in der Form von Doppelhäusern, es sei denn, es handelt sich um Hausgruppen, wenn die dritte Wohnung in der ersten Ebene des Dachgeschosses liegt,
2. eingeschossige gewerblich genutzte Gebäude bis zu 250 m^2 Grundfläche und bis zu 12 m freie Stützweite,
3. landwirtschaftliche Betriebsgebäude bis zu zwei Vollgeschossen,
4. Garagen bis zu 100 m^2 Nutzfläche,
5. Behelfsbauten und Nebengebäude,
6. Gewächshäuser,
7. einfache Änderungen von sonstigen Gebäuden.

[2]Als gleichrangig gelten bei Staatsangehörigen eines anderen Mitgliedstaates der Europäischen Union oder eines anderen Vertragsstaates des Abkommens über den Europäischen Wirtschaftsraum die nach Art. 7 der Richtlinie 85/384/EWG des Rates vom 10. Juni 1985 (ABl. EG Nr. L 223 S. 15) bekanntgemachten Diplome, Prüfungszeugnisse und sonstigen Befähigungsnachweise und die entsprechenden Nachweise nach Art. 11 oder 12 dieser Richtlinie in ihrer jeweils geltenden Fassung und Diplome im Sinn des Art. 1 Buchst. a der Richtlinie 89/48/EWG des Rates vom 21. Dezember 1988 (ABl. EG 1989 Nr. L 19 S. 16) für Angehörige der Fachrichtung Bauingenieurwesen sowie Ausbildungsnachweise im Sinn des Art. 3 Buchst. b der Richtlinie 89/48/EWG für Angehörige der Fachrichtung Bauingenieur-

[1] Art. 68 Abs. 4 Nr. 5 und Abs. 7 Satz 2 Nr. 3 aufgef. durch G v. 24. 7. 1998 (GVBl. S. 438).

wesen, soweit der Beruf in einem anderen Mitgliedstaat mindestens zwei Jahre in den zehn Jahren vor der Einreichung der Bauvorlage tatsächlich und rechtmäßig ausgeübt wurde.

(4) Bauvorlageberechtigt ist ferner, wer

1. unter Beschränkung auf sein Fachgebiet Bauvorlagen aufstellt, die üblicherweise von Fachkräften mit einer anderen Ausbildung als sie die in Absatz 2 genannten Personen haben, aufgestellt werden,
2. die Befähigung zum höheren oder gehobenen bautechnischen Verwaltungsdienst besitzt, für seine Tätigkeit für seinen Dienstherrn,
3. die Berufsbezeichnung „Ingenieur" in den Fachrichtungen Architektur, Hochbau oder Bauingenieurwesen führen darf, mindestens drei Jahre als Ingenieur tätig war und Bediensteter einer juristischen Person des öffentlichen Rechts ist, für die dienstliche Tätigkeit,
4. die Berufsbezeichnung „Innenarchitekt" führen darf, für die mit der Berufsaufgabe verbundenen baulichen Änderungen von Gebäuden,
5. einen Studiengang der Fachrichtung Holzbau und Ausbau, den das Staatsministerium des Innern als gleichwertig mit einer Ausbildung nach Absatz 3 Satz 1 einschließlich der Anforderungen auf Grund der Verordnung nach Art. 90 Abs. 11 anerkannt hat, erfolgreich abgeschlossen hat, für die Vorhaben nach Absatz 3 Satz 1, sofern sie in Holzbauweise errichtet werden.

(5) [1]Wer die Voraussetzungen der Absätze 2 bis 4 nicht erfüllt, ist bauvorlageberechtigt, wenn er in Ausübung seiner hauptberuflichen Tätigkeit in der Zeit vom 1. Oktober 1971 bis einschließlich 30. September 1974 als Entwurfsverfasser Bauvorlagen gefertigt hat oder unter seiner Verantwortung hat fertigen lassen, im Sinn des Art. 67 Abs. 4 Satz 1 unterschrieben und bei der zuständigen Behörde im Freistaat Bayern eingereicht und diese Voraussetzungen innerhalb der Ausschlußfrist von einem Jahr ab 1. Juli 1978 der zuständigen Behörde gegenüber nachgewiesen hat. [2]Diese erteilt ihm über das Ergebnis dieser Prüfung eine Bescheinigung. [3]Zuständige Behörde ist die Regierung, in deren Bezirk der Antragsteller seinen Wohnsitz oder seine Betriebsniederlassung hat.

(6) [1]Unternehmen dürfen Bauvorlagen als Entwurfsverfasser unterschreiben, wenn sie diese unter der Leitung eines Bauvorlageberechtigten nach den Absätzen 2 bis 5 aufstellen. [2]Auf den Bauvorlagen ist der Name des Bauvorlageberechtigten anzugeben.

(7) [1]Die Bauvorlageberechtigung außer derjenigen nach Absatz 4 Nr. 1 schließt die Berechtigung zur Erstellung der Nachweise für die Standsicherheit einschließlich der Feuerwiderstandsdauer tragender Bauteile, den vorbeugenden Brand-, den Schall- und den Wärmeschutz (Nachweisberechtigung) ein, soweit nicht nachfolgend anderes bestimmt ist; die Nachweisberechtigung besteht nur im Rahmen der

jeweiligen Bauvorlageberechtigung. 2Bei Vorhaben geringer Schwierigkeit dürfen die Nachweise für die Standsicherheit einschließlich der Feuerwiderstandsdauer tragender Bauteile nur erstellen

1. Architekten und Bauingenieure mit mindestens drei Jahren zusammenhängender Berufserfahrung, die in einer von der Bayerischen Architektenkammer oder der Bayerischen Ingenieurekammer-Bau geführten Liste eingetragen sind,
2. staatlich geprüfte Techniker der Fachrichtung Bautechnik und Handwerksmeister des Bau- und Zimmererfachs, wenn sie mindestens drei Jahre zusammenhängende Berufserfahrung nachweisen und die durch Rechtsverordnung gemäß Art. 90 Abs. 11 näher bestimmte Zusatzqualifikation besitzen,

„3. Bauvorlageberechtigte im Sinn des Absatzes 4 Nr. 5".

3Bei Vorhaben mittlerer Schwierigkeit dürfen die Nachweise für den vorbeugenden Brandschutz nur erstellen Bauvorlageberechtigte nach Absatz 2 und Absatz 4 Nrn. 2 bis 4, die

1. entweder
   a) eine mindestens zehnjährige zusammenhängende Berufserfahrung oder
   b) die erforderlichen Kenntnisse des vorbeugenden Brandschutzes durch eine mit einem Leistungsnachweis abzuschließende Fortbildungsmaßnahme der Bayerischen Architektenkammer nachweisen und
2. in einer von der Bayerischen Architektenkammer oder der Bayerischen Ingenieurekammer-Bau geführten Liste eingetragen sind.

Art. 69 Behandlung des Bauantrags. (1) 1Alle am Baugenehmigungsverfahren beteiligten Behörden haben den Antrag ohne vermeidbare Verzögerung zu behandeln. 2Zum Bauantrag sollen die Behörden und Stellen gehört werden, die Träger öffentlicher Belange sind und deren Aufgabenbereich berührt wird; Träger öffentlicher Belange, die im Verfahren zur Aufstellung einer städtebaulichen Satzung beteiligt waren, werden nur noch dann gehört, wenn und soweit sie dies in ihrer Stellungnahme ausdrücklich verlangen. 3Die Träger öffentlicher Belange nehmen innerhalb eines Monats Stellung; äußern sie sich nicht fristgemäß, so kann die Bauaufsichtsbehörde davon ausgehen, daß die von diesen Behörden und Stellen wahrzunehmenden öffentlichen Belange durch den Bauantrag nicht berührt werden. 4Bedarf die Erteilung der Baugenehmigung nach landesrechtlichen Vorschriften der Zustimmung oder des Einvernehmens einer anderen Körperschaft, Behörde oder Dienststelle oder ist die Genehmigung im Benehmen mit einer solchen Stelle zu erteilen, so gelten die Zustimmung oder das Einvernehmen als erteilt und das Benehmen als hergestellt, wenn die Stelle nicht innerhalb eines Monats nach Zugang des Ersuchens widerspricht; die Stelle soll dabei die Gründe für ihren Widerspruch angeben.

(2) Die unteren Bauaufsichtsbehörden führen unverzüglich einen Anhörungstermin durch, wenn dies der Beschleunigung und Vereinfachung des Verfahrens, insbesondere der Abstimmung zwischen den Trägern öffentlicher Belange und anderen beteiligten Stellen, dient; im Rahmen dieses Anhörungstermins ist über das Bauvorhaben grundsätzlich abschließend zu entscheiden.

(3) Bauvorlagen, die Mängel aufweisen, soll die Bauaufsichtsbehörde unter genauer Bezeichnung der Mängel und Fehler unverzüglich zur Berichtigung zurückgeben.

(4) [1]Legt der Bauherr Bescheinigungen eines Sachverständigen im Sinn der Rechtsverordnungen nach Art. 90 Abs. 9 oder nach Art. 78 des Bayerischen Wassergesetzes (BayWG) vor, so gelten die bauaufsichtlichen Anforderungen für den in der jeweiligen Rechtsverordnung dem Sachverständigen zugewiesenen Bereich als eingehalten; für die Rechtswirkungen von Bescheinigungen nach Art. 64 Abs. 5 Satz 2 und Art. 73 Abs. 2 Sätze 2 und 3 gilt Halbsatz 1 entsprechend. [2]Die Rechtswirkungen nach Satz 1 treten auch ein, wenn der Sachverständige auf Grund der Rechtsverordnung nach Art. 90 Abs. 9 bescheinigt, daß die Voraussetzungen für eine Abweichung von Vorschriften dieses Gesetzes oder auf Grund dieses Gesetzes vorliegen. [3]Die Bauaufsichtsbehörde kann die Vorlage solcher Bescheinigungen verlangen.

Art. 70 Abweichungen. (1) Die Bauaufsichtsbehörde kann Abweichungen von bauaufsichtlichen Anforderungen dieses Gesetzes und auf Grund dieses Gesetzes erlassener Vorschriften zulassen, wenn sie unter Berücksichtigung der jeweiligen Anforderung und unter Würdigung der nachbarlichen Interessen mit den öffentlichen Belangen vereinbar sind, soweit in diesem Gesetz oder in auf Grund dieses Gesetzes erlassenen Vorschriften nichts anderes geregelt ist.

(2) [1]Von gemeindlichen Bauvorschriften nach Art. 91 Abs. 1 und 2 läßt die Bauaufsichtsbehörde Abweichungen im Einvernehmen mit der Gemeinde zu. [2]§ 36 Abs. 2 Satz 2 BauGB gilt entsprechend.

(3) [1]Soll bei baulichen Anlagen, die keiner Genehmigung bedürfen, von bauaufsichtlichen Anforderungen nach Absatz 1, von den Festsetzungen eines Bebauungsplans, einer sonstigen städtebaulichen Satzung oder nach §§ 31, 34 Abs. 2 Halbsatz 2 BauGB von Regelungen der Baunutzungsverordnung (BauNVO) über die zulässige Art der baulichen Nutzung abgewichen werden, so ist die Zulassung der Abweichung schriftlich zu beantragen. [2]Satz 1 gilt entsprechend für Abweichungen von Vorschriften, die nach Art. 73 Abs. 1 nicht geprüft werden.

Art. 71 Beteiligung des Nachbarn. (1) [1]Den Eigentümern der benachbarten Grundstücke sind vom Bauherrn oder seinem Beauftragten der Lageplan und die Bauzeichnungen zur Unterschrift vorzulegen. [2]Die Unterschrift gilt als Zustimmung. [3]Fehlt die Unterschrift des Eigentümers eines benachbarten Grundstücks, kann ihn die Gemeinde auf Antrag des Bauherrn von dem Bauantrag benachrichtigen und ihm eine Frist für seine Äußerung setzen. [4]Hat er die Unterschrift bereits schriftlich gegenüber der Gemeinde oder der Bauaufsichtsbehörde verweigert, unterbleibt die Benachrichtigung. [5]Ist ein zu benachrichtigender Eigentümer nur unter Schwierigkeiten zu ermitteln oder zu benachrichtigen, so genügt die Benachrichtigung des unmittelbaren Besitzers. [6]Hat ein Nachbar nicht zugestimmt oder wird seinen Einwendungen nicht entsprochen, so ist ihm eine Ausfertigung der Baugenehmigung zuzustellen.

(2) [1]Der Nachbar ist Beteiligter im Sinn des Art. 13 Abs. 1 Nr. 1 BayVwVfG. [2]Art. 28 BayVwVfG findet keine Anwendung. [3]Sind an einem Baugenehmigungsverfahren mindestens zehn Nachbarn im gleichen Interesse beteiligt, ohne vertreten zu sein, so kann die Bauaufsichtsbehörde sie auffordern, innerhalb einer angemessenen Frist einen Vertreter zu bestellen; Art. 18 Abs. 1 Sätze 2 und 3, Abs. 2 BayVwVfG finden Anwendung. [4]Bei mehr als 20 Beteiligten im Sinn des Satzes 3 kann die Zustellung nach Absatz 1 Satz 6 durch öffentliche Bekanntmachung ersetzt werden; die Bekanntmachung hat den verfügenden Teil der Baugenehmigung, die Rechtsbehelfsbelehrung sowie einen Hinweis darauf zu enthalten, wo die Akten des Baugenehmigungsverfahrens eingesehen werden können. [5]Sie ist im amtlichen Veröffentlichungsblatt der zuständigen Bauaufsichtsbehörde bekanntzumachen. [6]Die Zustellung gilt mit dem Tag der Bekanntmachung als bewirkt.

(3) [1]Ein Erbbauberechtigter tritt an die Stelle des Eigentümers. [2]Ist Eigentümer des Nachbargrundstücks eine Eigentümergemeinschaft nach dem Wohnungseigentumsgesetz, so genügt die Vorlage nach Absatz 1 Satz 1 an den Verwalter; seine Unterschrift gilt jedoch nicht als Zustimmung der einzelnen Wohnungseigentümer. [3]Der Eigentümer des Nachbargrundstücks nimmt auch die Rechte des Mieters oder Pächters wahr, die aus deren Eigentumsgrundrecht folgen.

(4) [1]Bei baulichen Anlagen, die auf Grund ihrer Beschaffenheit oder ihres Betriebs geeignet sind, die Allgemeinheit oder die Nachbarschaft zu gefährden, zu benachteiligen oder zu belästigen, kann die Bauaufsichtsbehörde auf Antrag des Bauherrn an Stelle der Nachbarbeteiligung nach Absatz 1 Sätze 1 bis 5 das Vorhaben in ihrem amtlichen Veröffentlichungsblatt und außerdem in örtlichen Tageszeitungen, die im Bereich des Standortes der Anlage verbreitet sind, öffentlich bekanntmachen. [2]Mit Ablauf einer Frist von einem Monat nach der Bekanntmachung des Vorhabens sind alle öffentlich-rechtlichen Einwendungen

gegen das Vorhaben ausgeschlossen. [3]Die Zustellung der Baugenehmigung nach Absatz 1 Satz 6 kann durch öffentliche Bekanntmachung ersetzt werden; Absatz 2 Satz 6 sowie Satz 1 gelten entsprechend. [4]In der Bekanntmachung nach Satz 1 ist darauf hinzuweisen,

1. wo und wann Beteiligte im Sinn des Absatzes 2 Satz 1 und des Absatzes 3 nach Art. 29 BayVwVfG die Akten des Verfahrens einsehen können,
2. wo und wann Beteiligte im Sinn des Absatzes 2 Satz 1 und des Absatzes 3 Einwendungen gegen das Vorhaben vorbringen können,
3. welche Rechtsfolgen mit Ablauf der Frist des Satzes 2 eintreten und
4. daß die Zustellung der Baugenehmigung durch öffentliche Bekanntmachung ersetzt werden kann.

Art. 72 Baugenehmigung und Baubeginn. (1) [1]Die Baugenehmigung darf nur versagt werden, wenn das Vorhaben öffentlich-rechtlichen Vorschriften widerspricht, die im bauaufsichtlichen Genehmigungsverfahren zu prüfen sind; von einer Beschränkung der Prüfung öffentlich-rechtlicher Vorschriften im Genehmigungsverfahren bleiben die bauaufsichtlichen Eingriffsbefugnisse unberührt. [2]Schall- und Wärmeschutz werden nicht geprüft. [3]Die Anforderungen des baulichen Arbeitsschutzes werden

1. bei Geschäfts-, Büro- und Verwaltungsgebäuden nicht
2. bei allen sonstigen baulichen Anlagen mit Arbeitsstätten nur hinsichtlich des Schutzes gegen Gase, Dämpfe, Nebel, Stäube, Lärm und sonstige unzuträgliche Einwirkungen sowie der zusätzlichen Anforderungen an Rettungswege

geprüft; Art. 68 Abs. 7 Satz 1 gilt entsprechend.

(2) [1]Die Baugenehmigung bedarf der Schriftform. [2]Sie ist nur insoweit zu begründen, als ohne Zustimmung des Nachbarn von nachbarschützenden Vorschriften abgewichen wird oder der Nachbar gegen das Bauvorhaben schriftlich Einwendungen erhoben hat; Art. 39 Abs. 2 Nr. 2 BayVwVfG bleibt unberührt. [3]Sie ist mit einer Ausfertigung der mit einem Genehmigungsvermerk zu versehenden Bauvorlagen dem Antragsteller und, wenn diese dem Vorhaben nicht zugestimmt hat, der Gemeinde zuzustellen.

(3) Wird die Baugenehmigung unter Auflagen oder Bedingungen erteilt, kann eine Sicherheitsleistung verlangt werden.

(4) Die Baugenehmigung wird unbeschadet der privaten Rechte Dritter erteilt.

(5) Vor Bekanntgabe der Baugenehmigung darf mit der Bauausführung einschließlich des Baugrubenaushubs nicht begonnen werden.

(6) [1]Vor Baubeginn muß die Grundfläche der baulichen Anlage abgesteckt und ihre Höhenlage festgelegt sein. [2]Die Bauaufsichtsbehörde kann verlangen, daß Absteckung und Höhenlage von ihr abgenommen oder die Einhaltung der festgelegten Grundfläche und Höhenlage nachgewiesen wird. [3]Baugenehmigung und Bauvorlagen sowie die Bescheinigungen nach Art. 69 Abs. 4 müssen an der Baustelle von Baubeginn an vorliegen.

(7) Der Bauherr hat den Ausführungsbeginn genehmigungspflichtiger Vorhaben und die Wiederaufnahme der Bauarbeiten nach einer Unterbrechung von mehr als sechs Monaten mindestens eine Woche vorher der Bauaufsichtsbehörde schriftlich mitzuteilen.

Art. 73 Vereinfachtes Genehmigungsverfahren. (1) Außer bei Sonderbauten prüft die Bauaufsichtsbehörde nur

1. die Übereinstimmung mit den Vorschriften über die Zulässigkeit der baulichen Anlagen nach den §§ 29 bis 38 BauGB, mit den örtlichen Bauvorschriften und mit den Abstandsvorschriften der Art. 6 und 7,
2. die Baugestaltung (Art. 11),
3. die Übereinstimmung mit den Vorschriften der Art. 52 und 53,
4. bei baulichen Anlagen für gewerbliche und industrielle Zwecke, außer bei einfachen baulichen Anlagen, die Anforderungen des baulichen Arbeitsschutzes,
5. andere öffentlich-rechtliche Anforderungen, soweit wegen der Baugenehmigung eine Entscheidung nach anderen öffentlich-rechtlichen Vorschriften entfällt oder ersetzt wird.

(2) [1]Art. 64 Abs. 5 Sätze 1 und 3 gelten entsprechend. [2]Bei Vorhaben mittlerer Schwierigkeit müssen zusätzlich die Nachweise für die Standsicherheit einschließlich der Feuerwiderstandsdauer tragender Bauteile im Sinn des Art. 69 Abs. 4 bescheinigt sein. [3]Bei Vorhaben geringer Schwierigkeit kann die Bauaufsichtsbehörde gegenüber dem Bauherrn anordnen, daß der Nachweis der Standsicherheit einschließlich der Feuerwiderstandsdauer tragender Bauteile durch einen Sachverständigen im Sinn des Art. 69 Abs. 4 zu bescheinigen ist, wenn dies wegen des Schwierigkeitsgrads der Konstruktion, des Baugrunds, des Grundwassers oder besonderer Werkstoffe erforderlich ist.

Art. 74 Ersetzung des gemeindlichen Einvernehmens. (1) Hat eine Gemeinde, die nicht Genehmigungsbehörde ist, ihr nach Städtebaurecht oder nach Art. 70 Abs. 2 Satz 1 erforderliches Einvernehmen rechtswidrig versagt, kann das fehlende Einvernehmen nach Maßgabe der Absätze 2 bis 5 ersetzt werden.

(2) Art. 112 der Gemeindeordnung (GO) findet keine Anwendung.

(3) [1]Die Genehmigung gilt zugleich als Ersatzvornahme im Sinn des Art. 113 GO; sie ist insoweit zu begründen. [2]Entfällt die aufschiebende

Wirkung von Widerspruch und Anfechtungsklage gegen die Genehmigung nach § 80 Abs. 2 Satz 1 Nr. 3 oder 4 VwGO, haben Widerspruch und Anfechtungsklage auch insoweit keine aufschiebende Wirkung, als die Genehmigung als Ersatzvornahme gilt.

(4) [1]Die Gemeinde ist vor Erlaß der Genehmigung anzuhören. [2]Dabei ist ihr Gelegenheit zu geben, binnen angemessener Frist erneut über das gemeindliche Einvernehmen zu entscheiden.

(5) Ist die Gemeinde zugleich Genehmigungsbehörde, gelten die Absätze 2 bis 4 entsprechend für das Widerspruchsverfahren.

Art. 75 Vorbescheid. (1) [1]Vor Einreichung des Bauantrags kann auf schriftlichen Antrag des Bauherrn zu einzelnen in der Baugenehmigung zu entscheidenden Fragen vorweg ein schriftlicher Bescheid (Vorbescheid) erteilt werden. [2]Der Vorbescheid gilt drei Jahre, wenn er nicht kürzer befristet ist. [3]Die Frist kann jeweils um bis zu zwei Jahre verlängert werden, wenn das der Bauherr vor Ablauf der Geltungsdauer des Vorbescheids schriftlich beantragt.

(2) Art. 67 Abs. 1, 2 und 4, Art. 69 Abs. 1, Art. 70 Abs. 1 und 2, Art. 71, 72 Abs. 1 bis 4, Art. 74 und 77 Abs. 2 gelten entsprechend; die Bauaufsichtsbehörde kann von der Anwendung des Art. 71 absehen, wenn der Bauherr dies beantragt.

Art. 76 Teilbaugenehmigung. (1) [1]Ist ein Bauantrag eingereicht, so können die Bauarbeiten für die Baugrube und für einzelne Bauteile oder Bauabschnitte auf schriftlichen Antrag schon vor der Baugenehmigung schriftlich gestattet werden (Teilbaugenehmigung). [2]Eine Teilbaugenehmigung kann auch für die Errichtung einer baulichen Anlage unter Vorbehalt der künftigen Nutzung erteilt werden, wenn und soweit die Genehmigungsfähigkeit der baulichen Anlage nicht von deren künftiger Nutzung abhängt.

(2) [1]Die Teilbaugenehmigung berechtigt nur zur Ausführung des genehmigten Teils des Vorhabens. [2]Art. 72 und 74 gelten sinngemäß.

Art. 77 Geltungsdauer der Baugenehmigung und der Teilbaugenehmigung. (1) Sind in der Baugenehmigung oder der Teilbaugenehmigung keine anderen Fristen bestimmt, so erlöschen diese Genehmigungen, wenn innerhalb von vier Jahren nach Erteilung der Genehmigung mit der Ausführung des Vorhabens nicht begonnen oder die Bauausführung vier Jahre unterbrochen worden ist; die Einlegung eines Rechtsbehelfs hemmt den Lauf der Frist bis zur Unanfechtbarkeit der Baugenehmigung.

(2) Die Frist nach Absatz 1 kann jeweils um bis zu zwei Jahre verlängert werden, wenn der Antrag vor Ablauf der Geltungsdauer der unteren Bauaufsichtsbehörde zugegangen ist.

Art. 78 Bauüberwachung. (1) [1]Die Bauaufsichtsbehörde kann die Einhaltung der öffentlich-rechtlichen Vorschriften und Anforderungen und die ordnungsgemäße Erfüllung der Pflichten der am Bau Beteiligten überprüfen. [2]Auf Verlangen der Bauaufsichtsbehörde hat der Bauherr die Verwendbarkeit der Bauprodukte nachzuweisen. [3]Die Bauaufsichtsbehörde und die von ihr Beauftragten können Proben von Bauprodukten, soweit erforderlich, auch aus fertigen Bauteilen entnehmen und prüfen oder prüfen lassen.

(2) Legt der Bauherr Bescheinigungen eines Sachverständigen im Sinn der Rechtsverordnungen nach Art. 90 Abs. 9 über die ordnungsgemäße Bauausführung vor, so gelten die bauaufsichtlichen Anforderungen für den in der jeweiligen Rechtsverordnung dem Sachverständigen zugewiesenen Bereich als eingehalten.

(3) [1]Der Bauherr hat die Fertigstellung des Rohbaus, soweit es sich nicht um ein Vorhaben geringer Schwierigkeit handelt, und die beabsichtigte Aufnahme der Nutzung genehmigungspflichtiger baulicher Anlagen mindestens jeweils zwei Wochen vorher der Bauaufsichtsbehörde anzuzeigen. [2]Der Rohbau ist fertiggestellt, wenn die tragenden Teile, Kamine, Brandwände und die Dachkonstruktion vollendet sind. [3]Zur Besichtigung des Rohbaus sind, soweit möglich, die Bauteile, die für die Standsicherheit, die Feuersicherheit, den Wärme- und den Schallschutz sowie für die Wasserversorgung und Abwasserbeseitigung wesentlich sind, derart offenzuhalten, daß Maße und Ausführungsart geprüft werden können. [4]Die abschließende Fertigstellung umfaßt auch die Fertigstellung der Wasserversorgungs- und Abwasserbeseitigungsanlagen. [5]Der Bauherr hat für die Besichtigungen und die damit verbundenen Prüfungen die erforderlichen Arbeitskräfte und Geräte bereitzustellen.

(4) [1]Mit der Anzeige der Fertigstellung des Rohbaus ist die Tauglichkeit und mit der Anzeige der beabsichtigten Aufnahme der Nutzung der Benutzbarkeit der Abgasleitungen, Kamine und der Lüftungsleitungen von Räumen mit Feuerstätten, soweit es sich nicht um Leitungen für Lüftungsanlagen mit Ventilatorbetrieb handelt, durch Vorlage einer Bescheinigung des Bezirkskaminkehrermeisters nachzuweisen; dies gilt nicht für Vorhaben geringer Schwierigkeit. [2]Eine Bescheinigung über die Benutzbarkeit ist auch bei Änderungen von Abgasleitungen und Kaminen vor der Inbetriebnahme vorzulegen.

(5) Die Bauaufsichtsbehörde kann über Absatz 3 hinaus verlangen, daß ihr oder einem Beauftragten Beginn und Beendigung bestimmter Bauarbeiten angezeigt werden oder auf die Anzeige nach Absatz 3 verzichten.

(6) Den mit der Überprüfung Beauftragten ist jederzeit Zutritt zur Baustelle und Betriebsstätte und Einblick in die Genehmigungen, Zulassungen, Prüfzeugnisse, Übereinstimmungserklärungen, Überein-

stimmungszertifikate, Überwachungsnachweise, Zeugnisse und Aufzeichnungen über die Prüfungen von Bauprodukten, in die Bautagebücher und andere vorgeschriebene Aufzeichnungen zu gewähren.

Art. 79 Fortführung der Bauarbeiten und Benutzung der baulichen Anlage. (1) Mit dem Innenausbau und der Putzarbeit darf erst einen Tag nach dem in der Anzeige nach Art. 78 Abs. 3 genannten Zeitpunkt der Fertigstellung des Rohbaus begonnen werden.

(2) Die Bauaufsichtsbehörde kann verlangen, daß bei bestimmten Bauausführungen die Arbeiten erst fortgesetzt werden, wenn sie von ihr oder einem beauftragten Sachverständigen geprüft worden sind.

(3) Eine bauliche Anlage darf erst benutzt werden, wenn sie selbst, Zufahrtswege, Wasserversorgungs- und Abwasserbeseitigungsanlagen sowie Gemeinschaftsanlagen in dem erforderlichen Umfang benutzbar sind, nicht jedoch vor dem in der Anzeige nach Art. 78 Abs. 3 Satz 1 genannten Zeitpunkt.

Art. 80 Verbot unrechtmäßig gekennzeichneter Bauprodukte. Sind Bauprodukte entgegen Art. 24 mit dem Ü-Zeichen gekennzeichnet, so kann die Bauaufsichtsbehörde die Verwendung dieser Bauprodukte untersagen und deren Kennzeichnung entwerten oder beseitigen lassen.

Art. 81 Baueinstellung. (1) [1]Werden Anlagen im Widerspruch zu öffentlich-rechtlichen Vorschriften errichtet, geändert, abgebrochen oder beseitigt, so kann die Bauaufsichtsbehörde die Einstellung der Arbeiten anordnen. [2]Das gilt insbesondere, wenn

1. die Ausführung eines genehmigungspflichtigen oder nach Art. 86 zustimmungspflichtigen Vorhabens entgegen den Vorschriften des Art. 72 Abs. 5 bis 7 begonnen wurde,
2. das Vorhaben entgegen Art. 79 Abs. 1 oder Abs. 2 oder über das nach Art. 76 erlaubte vorläufige Ausmaß hinaus fortgesetzt wurde, oder
3. Bauprodukte verwendet werden, die unberechtigt mit dem CE-Zeichen (Art. 19 Abs. 1 Satz 1 Nr. 2) oder dem Ü-Zeichen (Art. 24 Abs. 4) gekennzeichnet sind oder
4. bei der Ausführung eines Vorhabens von den genehmigten Bauvorlagen abgewichen wird.

(2) Werden unzulässige Bauarbeiten trotz der Anordnung der Einstellung unerlaubt fortgesetzt, so kann die Bauaufsichtsbehörde die Baustelle versiegeln, überwachen und die an der Baustelle vorhandenen Bauprodukte, Geräte, Maschinen und Bauhilfsmittel in amtlichen Gewahrsam bringen.

Art. 82 Baubeseitigung. [1]Werden Anlagen im Widerspruch zu öffentlich-rechtlichen Vorschriften errichtet oder geändert, so kann die Bauaufsichtsbehörde die teilweise oder vollständige Beseitigung der Anlagen anordnen, wenn nicht auf andere Weise rechtmäßige Zustände hergestellt werden können. [2]Werden Anlagen im Widerspruch zu öffentlich-rechtlichen Vorschriften benutzt, so kann diese Benutzung untersagt werden. [3]Die Bauaufsichtsbehörde kann verlangen, daß ein Bauantrag gestellt wird.

Art. 83 Betreten der Grundstücke und der baulichen Anlagen. Die mit dem Vollzug dieses Gesetzes Beauftragten sind berechtigt, in Ausübung ihres Amts Grundstücke und bauliche Anlagen einschließlich der Wohnungen auch gegen den Willen der Betroffenen zu betreten.

Art. 84 Bekanntgabe von Bauvorhaben. [1]Die Bauaufsichtsbehörden und die Gemeinden dürfen Ort und Straße der Baustelle, Art und Größe des Bauvorhabens sowie Namen und Anschrift des Bauherrn und des Entwurfsverfassers nur veröffentlichen oder an Dritte zum Zweck der Veröffentlichung übermitteln, wenn der Betroffene der Veröffentlichung nicht widersprochen hat. [2]Der Betroffene ist bei der Bauantragstellung auf sein Widerspruchsrecht nach Satz 1 hinzuweisen.

Art. 85 Genehmigung fliegender Bauten. (1) [1]Fliegende Bauten sind bauliche Anlagen, die geeignet und bestimmt sind, wiederholt an wechselnden Orten aufgestellt und zerlegt zu werden. [2]Zu den fliegenden Bauten zählen auch die Fahrgeschäfte. [3]Baustelleneinrichtungen gelten nicht als fliegende Bauten.

(2) [1]Fliegende Bauten bedürfen, bevor sie zum ersten Mal aufgestellt und in Gebrauch genommen werden, einer Ausführungsgenehmigung.[1)] [2]Die Ausführungsgenehmigung wird für eine bestimmte Frist erteilt, die höchstens fünf Jahre betragen soll; sie kann auf schriftlichen Antrag von der für die Ausführungsgenehmigung zuständigen Behörde oder der nach Art. 90 Abs. 8 bestimmten Stelle jeweils um bis zu fünf Jahre verlängert werden, wenn das der Inhaber vor Ablauf der Frist schriftlich beantragt. [3]Die Ausführungsgenehmigung kann vorschreiben, daß der fliegende Bau vor jeder Inbetriebnahme oder in bestimmten zeitlichen Abständen jeweils vor einer Inbetriebnahme von einem Sachverständigen abgenommen wird. [4]Ausführungsgenehmigungen anderer Länder der Bundesrepublik Deutschland gelten auch im Freistaat Bayern.

(3) Keiner Ausführungsgenehmigung bedürfen

---

1) Dritter Abschnitt der ZuständigkeitsVO im Bauwesen (ZustVBau) v. 5. 7. 1994 (GVBl. S. 573); Nr. **20**.

1. fliegende Bauten bis zu 5 m Höhe, die nicht dazu bestimmt sind, von Besuchern betreten zu werden,
2. Zelte bis zu einer Grundfläche von 75 m^2,
3. Kinderfahrgeschäfte mit einer Geschwindigkeit von weniger als 1 m/s und weniger als 5 m Höhe,
4. Bühnen, wenn ihre Grundfläche weniger als 100 m^2, ihre Fußbodenhöhe weniger als 1,50 m und ihre Höhe einschließlich der Überdachungen und sonstigen Aufbauten weniger als 5 m beträgt,
5. Toilettenwagen.

(4) [1] Für jeden genehmigungspflichtigen fliegenden Bau ist ein Prüfbuch anzulegen. [2] Wird die Aufstellung oder der Gebrauch des fliegenden Baus wegen Mängeln untersagt, die eine Versagung der Ausführungsgenehmigung rechtfertigen würden, ist das Prüfbuch einzuziehen und der für die Ausführungsgenehmigung zuständigen Behörde oder Stelle zuzuleiten. [3] In das Prüfbuch sind einzutragen

1. die Erteilung der Ausführungsgenehmigung und deren Verlängerungen unter Beifügung einer mit einem Genehmigungsvermerk versehenen Ausfertigung der Bauvorlagen,
2. die Übertragung des fliegenden Baus an Dritte,
3. die Änderung der für die Ausführungsgenehmigung zuständigen Behörde oder Stelle,
4. Durchführung und Ergebnisse bauaufsichtlicher Überprüfungen und Abnahmen,
5. die Einziehung des Prüfbuchs nach Satz 2.

[4] Umstände, die zu Eintragungen nach Nummern 2 und 3 führen, hat der Inhaber der Ausführungsgenehmigung der dafür zuletzt zuständigen Behörde oder Stelle unverzüglich anzuzeigen.

(5) [1] Die beabsichtigte Aufstellung genehmigungspflichtiger fliegender Bauten ist der Bauaufsichtsbehörde mindestens eine Woche zuvor unter Vorlage des Prüfbuchs anzuzeigen, es sei denn, daß dies nach der Ausführungsgenehmigung nicht erforderlich ist. [2] Genehmigungsbedürftige fliegende Bauten dürfen nur in Betrieb genommen werden, wenn

1. sie von der Bauaufsichtsbehörde abgenommen worden sind (Gebrauchsabnahme), es sei denn, daß dies nach der Ausführungsgenehmigung nicht erforderlich ist oder die Bauaufsichtsbehörde im Einzelfall darauf verzichtet, und
2. in der Ausführungsgenehmigung vorgeschriebene Abnahmen durch Sachverständige nach Absatz 2 Satz 3 vorgenommen worden sind.

(6) [1] Auf fliegende Bauten, die der Landesverteidigung oder dem Katastrophenschutz dienen, finden die Absätze 1 bis 5 und Art. 86 keine Anwendung. [2] Sie bedürfen auch keiner Baugenehmigung.

Art. 86[1)] Bauvorhaben des Bundes, der Länder und der kommunalen Gebietskörperschaften. (1) [1]Bauvorhaben des Bundes, der Länder und der Bezirke bedürfen keiner Baugenehmigung und Bauüberwachung (Art. 72 und 78), wenn

1. der öffentliche Bauherr die Leitung der Entwurfsarbeiten und die Bauüberwachung einer Baudienststelle übertragen hat,
2. die Baudienststelle mindestens mit einem Bediensteten mit der Befähigung zum höheren bautechnischen Verwaltungsdienst und mit sonstigen geeigneten Fachkräften ausreichend besetzt ist.

[2]Solche Bauvorhaben bedürfen der Zustimmung der Regierung, wenn sie sonst genehmigungspflichtig wären (Zustimmungsverfahren). [3]Die Zustimmung der Regierung entfällt für Bauvorhaben des Bundes und der Länder, wenn die Gemeinde nicht widerspricht und die Nachbarn dem Vorhaben zustimmen. [4]Keiner Baugenehmigung oder Zustimmung bedürfen unter den Voraussetzungen des Satzes 1 Baumaßnahmen in oder an bestehenden Gebäuden, soweit sie nicht zur Erweiterung des Bauvolumens oder zu einer der Genehmigungspflicht unterliegenden Nutzungsänderung führen.

(2) [1]Der Antrag auf Zustimmung ist bei der Regierung einzureichen. [2]Die Regierung prüft nur

1. die Übereinstimmung des Vorhabens mit den Vorschriften über die Zulässigkeit der baulichen Anlagen nach den §§ 29 bis 38 BauGB, mit den örtlichen Bauvorschriften und mit den Abstandsvorschriften der Art. 6 und 7,
2. die Übereinstimmung mit Art. 52 Abs. 2 und 3 und Art. 53,
3. andere öffentlich-rechtliche Anforderungen, soweit wegen der Zustimmung eine Entscheidung nach anderen öffentlich-rechtlichen Vorschriften entfällt oder ersetzt wird.

[3]Die Regierung entscheidet über Abweichungen von den nach Satz 2 zu prüfenden Vorschriften. [4]Die Gemeinde ist vor Erteilung der Zustimmung zu hören; § 36 Abs. 2 Satz 2 Halbsatz 1 BauGB gilt entsprechend. [5]Im übrigen sind die Vorschriften über das Baugenehmigungsverfahren entsprechend anzuwenden.

(3) [1]Die Baudienststelle trägt die Verantwortung, daß die Errichtung, die Änderung, die Nutzungsänderung, der Abbruch, die Beseiti-

---

[1)] Bek. über Bauvorhaben des Bundes, der Länder und der kommunalen Gebietskörperschaften (Art. 86 BayBO) v. 14. 8. 1985 (MABl. S. 459). Gem. Bek. über den Vollzug des Denkmalschutzgesetzes und baurechtlicher Vorschriften im Bereich der Bayerischen Verwaltung der staatlichen Schlösser, Gärten und Seen v. 24. 3. 1975 (MABl. S. 447, ber. S. 619). Gem. Bek. über den Vollzug des Denkmalschutzgesetzes und baurechtlicher Vorschriften v. 27. 7. 1984 (MABl. S. 421). Gem. Bek. über den Bau von Brücken und Ingenieurbauwerken im Staatswald v. 5. 11. 1963 (MABl. S. 589).

Gem. Bek. über Arbeitsschutz und Unfallverhütung bei staatlichen Bauvorhaben v. 8. 9. 1987 (MABl. S. 748).

gung und die Unterhaltung baulicher Anlagen den öffentlich-rechtlichen Vorschriften entsprechen. [2]Die Baudienststelle kann Sachverständige in entsprechender Anwendung des Art. 69 Abs. 4 und der auf Grund des Art. 90 Abs. 6 Satz 1 Nr. 3 und Abs. 9 erlassenen Rechtsverordnungen heranziehen. [3]Die Verantwortung des Unternehmers (Art. 58) bleibt unberührt.

(4) [1]Bauvorhaben des Bundes, die der Landesverteidigung, dienstlichen Zwecken des Bundesgrenzschutzes oder dem Zivilschutz dienen, sind vor Baubeginn mit Bauvorlagen in dem erforderlichen Umfang der Regierung zur Kenntnis zu bringen. [2]Im übrigen wirken die Bauaufsichtsbehörden nicht mit.

(5) Für Bauvorhaben Dritter, die in Erfüllung einer staatlichen Baupflicht vom Land durchgeführt werden, gelten die Absätze 1 bis 4 entsprechend.

(6) [1]Bei genehmigungspflichtigen Bauvorhaben der Landkreise und Gemeinden entfallen die bautechnische Prüfung und die Bauüberwachung durch die Bauaufsichtsbehörde, sofern dem Absatz 1 Satz 1 Nrn. 1 und 2 entsprechende Voraussetzungen vorliegen. [2]Absatz 1 Satz 4 und Absatz 3 gelten entsprechend.

Art. 87[1)] Vorrang anderer Gestattungsverfahren. (1) Wenn nach anderen Rechtsvorschriften eine Genehmigung, Erlaubnis, Anzeige oder staatliche Aufsicht erforderlich ist, bedürfen keiner Baugenehmigung, Zustimmung und Bauüberwachung nach diesem Gesetz

1. Anlagen in oder an oberirdischen Gewässern und Anlagen, die dem Ausbau, der Unterhaltung oder der Benutzung eines Gewässers dienen oder als solche gelten, insbesondere Wehranlagen, Dämme und, auch soweit sie als Gewässerbenutzung gelten, Abgrabungen; ausgenommen sind Gebäude, Überbrückungen, Lager-, Camping- und Wochenendplätze,
2. Anlagen für das Fernmeldewesen und Anlagen für die öffentliche Versorgung mit Elektrizität, Gas, Wärme, Wasser und für die öffentliche Verwertung oder Beseitigung von Abwässern; ausgenommen sind oberirdische Anlagen mit einem umbauten Raum von mehr als 100 m^3, Gebäude und Überbrückungen,
3. nichtöffentliche Eisenbahnen, nichtöffentliche Bergbahnen und sonstige Bahnen besonderer Bauart, auf die die Vorschriften über fliegende Bauten keine Anwendung finden, im Sinn des Gesetzes über die Rechtsverhältnisse der nichtbundeseigenen Eisenbahnen und der Bergbahnen in Bayern (BayEBG).

[1)] Art. 87 Abs. 1 Nr. 3 eingef. bisher. Nrn. 3 bis 8 werden 4 bis 9 durch G v. 20. 7. 1998 (GVBl. S. 389).

4. Werbeanlagen, soweit sie einer Zulassung nach Straßenverkehrsrecht oder nach Eisenbahnrecht bedürfen,
5. Anlagen, die nach dem Kreislaufwirtschafts- und Abfallgesetz einer Genehmigung bedürfen,
6. Beschneiungsanlagen im Sinn des Art. 59a BayWG,
7. Anlagen, die einer gewerberechtlichen Genehmigung oder Erlaubnis bedürfen,
8. Anlagen, die einer Errichtungsgenehmigung nach dem Atomgesetz bedürfen,
9. Friedhöfe.

(2) [1]Für Anlagen, bei denen ein anderes Gestattungsverfahren die Baugenehmigung oder Zustimmung einschließt oder die keiner Baugenehmigung oder Zustimmung bedürfen, nimmt die für den Vollzug der entsprechenden Rechtsvorschriften zuständige Behörde die Aufgaben und Befugnisse der Bauaufsichtsbehörde wahr. [2]Diese kann Sachverständige in entsprechender Anwendung des Art. 69 Abs. 4 und der auf Grund des Art. 90 Abs. 6 Satz 1 Nr. 3 und Abs. 9 erlassenen Rechtsverordnungen heranziehen; Art. 68 Abs. 7, Art. 69 Abs. 4, Art. 72 Abs. 1 Sätze 2 und 3 und Art. 73 gelten entsprechend.

Art. 88 Grundrechtseinschränkung. Das Grundrecht der Unverletzlichkeit der Wohnung (Art. 13 des Grundgesetzes, Art. 106 Abs. 3 der Verfassung) wird durch dieses Gesetz eingeschränkt.

Siebenter Teil. Ordnungswidrigkeiten, Rechtsvorschriften

Art. 89 Ordnungswidrigkeiten. (1) Mit Geldbuße bis zu einer Million Deutsche Mark kann belegt werden, wer vorsätzlich oder fahrlässig

1. bei der Errichtung und dem Betrieb einer Baustelle dem Art. 12 zuwiderhandelt,
2. als Verfügungsberechtigter die Rettungswege entgegen Art. 15 Abs. 3 Satz 3 nicht freihält,
3. Bauprodukte abweichend von den nach Art. 19 Abs. 2 in der Bauregelliste A bekanntgemachten technischen Regeln oder, sofern für sie die allgemeine bauaufsichtliche Zulassung, das allgemeine bauaufsichtliche Prüfzeugnis oder der Nachweis der Verwendbarkeit im Einzelfall vorgeschrieben ist (Art. 20 bis 22), ohne Zulassung, Prüfzeugnis, Nachweis im Einzelfall oder abweichend von der Zulassung, vom Prüfzeugnis oder vom Nachweis im Einzelfall herstellt oder vertreibt, sofern er weiß oder schuldhaft nicht weiß,

daß die Bauprodukte in bauaufsichtlich nicht zulässiger Weise verwendet werden sollen,

4. Bauprodukte entgegen Art. 19 Abs. 1 Nr. 1 ohne Ü-Zeichen verwendet,
5. Bauarten entgegen Art. 23 ohne allgemeine bauaufsichtliche Zulassung, allgemeines bauaufsichtliches Prüfzeugnis oder Zustimmung im Einzelfall anwendet,
6. entgegen Art. 24 Abs. 5 auf Bauprodukten, ihren Beipackzetteln oder ihrer Verpackung oder ihrem Lieferschein oder auf eine Anlage zum Lieferschein in unbefugter oder irreführender Weise das Ü-Zeichen anbringt,
7. die Fertigstellung des Rohbaus oder die beabsichtigte Aufnahme der Nutzung genehmigungspflichtiger baulicher Anlagen nicht oder nicht rechtzeitig anzeigt (Art. 78 Abs. 3 Satz 1) oder entgegen einem Verlangen der Bauaufsichtsbehörde Beginn oder Beendigung bestimmter Bauarbeiten nicht oder nicht rechtzeitig anzeigt (Art. 78 Abs. 5) oder die Bauausführung abweichend von Bescheinigungen im Sinn des Art. 69 Abs. 4 und des Art. 78 Abs. 2 fortsetzt oder eine bauliche Anlage vorzeitig benutzt (Art. 79 Abs. 3),
8. als Entwurfsverfasser es unterläßt, dafür zu sorgen, daß die für die Ausführung notwendigen Einzelzeichnungen, Einzelberechnungen und Anweisungen den genehmigten Bauvorlagen, den öffentlich-rechtlichen Vorschriften und den als Technische Baubestimmungen eingeführten technischen Regeln entsprechen (Art. 57 Abs. 1 Satz 3),
9. als Unternehmer es unterläßt, für die Ausführung der von ihm übernommenen Arbeiten entsprechend den als Technische Baubestimmungen eingeführten technischen Regeln und den genehmigten Bauvorlagen zu sorgen oder Nachweise über die Verwendbarkeit der eingesetzten Bauprodukte und Bauarten auf der Baustelle bereitzuhalten, oder wer als Unternehmer Arbeiten ausführt oder ausführen läßt, bevor die dafür notwendigen Unterlagen und Anweisungen an der Baustelle vorliegen (Art. 58 Abs. 1),
10. eine bauliche Anlage ohne die nach diesem Gesetz dafür erforderliche Gestattung oder abweichend davon errichtet, ändert oder in ihrer Nutzung ändert, einer mit der Genehmigung verbundenen Auflage nicht nachkommt oder den Beginn der Bauausführung und der Wiederaufnahme unterbrochener Bauarbeiten (Art. 72 Abs. 7) nicht rechtzeitig mitteilt,
11. ohne die nach diesem Gesetz dafür erforderliche Anzeige, vor Ablauf der Frist des Art. 65 Abs. 1 Satz 4 oder entgegen einer Anordnung der Bauaufsichtsbehörde eine bauliche Anlage abbricht oder beseitigt,

12. ein Gebäude im Sinn des Art. 64 Abs. 1 einschließlich seiner Nebengebäude und Nebenanlagen vor Ablauf der Frist des Art. 64 Abs. 2 Satz 1 errichtet, ändert oder in seiner Nutzung ändert,
13. eine bauliche Anlage errichtet oder ändert, bevor der dafür erforderliche Standsicherheitsnachweis und die Bescheinigung des Bezirkskaminkehrermeisters im Sinn des Art. 64 Abs. 5 und Art. 73 Abs. 2 erstellt sind oder die erforderlichen Sachverständigenbescheinigungen im Sinn des Art. 69 Abs. 4 vorliegen,
14. einer vollziehbaren Anordnung zur Abwehr von erheblichen Gefahren für Leben oder Gesundheit nicht nachkommt,
15. als Bauherr oder Unternehmer Bauarbeiten fortsetzt, obwohl die Bauaufsichtsbehörde deren Einstellung durch vollziehbare Anordnung angeordnet hat (Art. 81 Abs. 1),
16. als Verfügungsberechtigter fliegende Bauten entgegen Art. 85 Abs. 5 Satz 1 vor der Anzeige oder entgegen Art. 85 Abs. 5 Satz 2 ohne Gebrauchsabnahme oder Abnahme durch Sachverständige in Betrieb nimmt,
17. einer auf Grund dieses Gesetzes ergangenen Rechtsverordnung oder örtlichen Bauvorschrift für einen bestimmten Tatbestand zuwiderhandelt, soweit die Rechtsverordnung oder die örtliche Bauvorschrift auf diese Bußgeldvorschrift verweist.

(2) Mit Geldbuße bis zu zehntausend Deutsche Mark kann belegt werden, wer vorsätzlich oder leichtfertig unrichtige Angaben macht oder unrichtige Pläne oder Unterlagen vorlegt, um einen Verwaltungsakt nach diesem Gesetz zu erwirken oder zu verhindern.

(3) [1]Die Einziehung der durch die Ordnungswidrigkeit gewonnenen oder erlangten oder zu ihrer Begehung gebrauchten oder dazu bestimmten Gegenstände kann angeordnet werden. [2]Es können auch Gegenstände eingezogen werden, auf die sich die Ordnungswidrigkeit bezieht.

Art. 90 Rechtsverordnungen. (1) [1]Zur Verwirklichung der in Art. 3 bezeichneten allgemeinen Anforderungen wird das Staatsministerium des Innern ermächtigt, durch Rechtsverordnung[1)] Vorschriften zu erlassen über

---

[1)] Vgl. VO über den Bau und Betrieb von Garagen (GaV) v. 30. 11. 1993 (GVBl. S. 910); Nr. **6**. VO über den Bau von Betriebsräumen für elektrische Anlagen (EltBauV) v. 13. 4. 1977 (BayRS 2132-1-8-I); Nr. **12**. VO über Feuerungsanlagen, Wärme- und Brennstoffversorgungsanlagen – (Feuerungsverordnung – FeuV) v. 6. 3. 1998 (GVBl. S.112); Nr. **7**. VO über den Bau von Gast- und Beherbergungsstätten (Gaststättenbauverordnung – GastBauV) v. 13. 8. 1986 (GVBl. S. 304); Nr. **16**. Verordnung über den Bau und Betrieb von Verkaufsstätten (Verkaufsstättenverordnung – VkV) v. 6. 11. 1997 (GVBl. S. 751); Nr. **14**. LandesVO über den Bau und Betrieb von Versammlungsstätten (VersammlungsstättenVO – VStättV) v. 17. 12. 1990 (GVBl. S. 542); Nr. **15**. Bek. über den Vollzug der

1. die nähere Bestimmung allgemeiner Anforderungen in den Art. 4 bis 50 und 52 bis 54,
2. die nähere Bestimmung allgemeiner Anforderungen in Art. 41, insbesondere über Feuerungsanlagen, Anlagen zur Lagerung brennbarer Flüssigkeiten oder Gase, Anlagen zur Verteilung von Wärme oder zur Warmwasserversorgung, Brennstoffleitungsanlagen, Räume zur Lagerung von festen Brennstoffen und über Aufstellräume für Feuerstätten, Dampfkesselanlagen oder Behälter für brennbare Flüssigkeiten oder Gase, Verbrennungsmotore oder Verdichter,
3. besondere Anforderungen oder Erleichterungen, die sich aus der besonderen Art oder Nutzung der baulichen Anlagen für ihre Errichtung, Änderung, Unterhaltung und Benutzung ergeben (Art. 2 Abs. 4 Satz 2 und Art. 51), sowie über die Anwendung solcher Anforderungen auf bestehende bauliche Anlagen dieser Art,
4. besondere Anforderungen oder Erleichterungen für die Errichtung, Änderung oder Instandhaltung von baulichen Anlagen und an die dabei zu verwendenden Bauprodukte und Bauarten in den Fällen
   a) der Verwendung von Dämmstoffen, Verkleidungen und Oberflächenmaterialien,
   b) der Ausbildung von Brandwänden und
   c) der Verwendung von harter Bedachung,
5. eine von Zeit zu Zeit zu wiederholende Nachprüfung von Anlagen, die zur Verhütung erheblicher Gefahren oder Nachteile ständig ordnungsgemäß unterhalten werden müssen, und die Erstreckung dieser Nachprüfungspflicht auf bestehende Anlagen.

[2] In diesen Rechtsverordnungen kann wegen der technischen Anforderungen auf Bekanntmachungen besonderer sachverständiger Stellen mit Angabe der Fundstelle verwiesen werden.

(2) Das Staatsministerium des Innern kann durch Rechtsverordnung

1. das Ü-Zeichen festlegen und zu diesem Zeichen zusätzliche Angaben verlangen,
2. das Anerkennungsverfahren nach Art. 27 Abs. 1, die Voraussetzungen für die Anerkennung, ihren Widerruf und ihr Erlöschen regeln, insbesondere auch Altersgrenzen festlegen, sowie eine ausreichende Haftpflichtversicherung fordern.

(3) [1] Das Staatsministerium des Innern wird ermächtigt, durch Rechtsverordnung[1)] zu bestimmen, daß die Anforderungen an Anlagen

---

GaV, der VStättV und der WaV; Prüfung von elektrischen Anlagen und anderen technischen Einrichtungen durch Sachverständige v. 2. 3. 1977 (MABl. S. 139). VO über den Bau und Betrieb von Campingplätzen (CampingplatzVO – CPlV) v. 22. 9. 1995 (GVBl. S. 710); Nr. **18**.

[1)] VO über die erweiterte Anwendung der Dampfkesselverordnung, der Druckbehälterverordnung und der Aufzugsverordnung v. 18. 11. 1982 (BayRS 2132-1-17-I); Nr. **19**. Bek. v. 22. 12. 1983 (AMBl. 1984 S. A 16).

und Einrichtungen durch die auf Grund des Gewerberechts und des Energiewirtschaftsgesetzes ergangenen Verordnungen entsprechend für Anlagen und Einrichtungen gelten, die nicht gewerblichen Zwecken dienen und nicht im Rahmen wirtschaftlicher Unternehmen Verwendung finden. [2]Sie kann auch die Verfahrensvorschriften dieser Verordnungen für anwendbar erklären oder selbst das Verfahren bestimmen sowie Zuständigkeiten und Gebühren regeln. [3]Dabei kann sie auch vorschreiben, daß danach zu erteilende Erlaubnisse die Baugenehmigung oder die Zustimmung nach Art. 86 einschließlich der zugehörigen Abweichungen einschließen.

(4) [1]Das Staatsministerium des Innern wird ermächtigt, zum bauaufsichtlichen Verfahren durch Rechtsverordnung[1)] Vorschriften zu erlassen über

1. Umfang, Inhalt und Zahl der Bauvorlagen,
2. die erforderlichen Anträge, Anzeigen, Nachweise und Bescheinigungen,
3. soweit erforderlich, das Verfahren im einzelnen.

[2]Es kann dabei für verschiedene Arten von Bauvorhaben unterschiedliche Anforderungen und Verfahren festlegen.

(5) Das Staatsministerium des Innern wird ermächtigt, durch Rechtsverordnung vorzuschreiben, daß die am Bau Beteiligten (Art. 56 bis 58) zum Nachweis der ordnungsgemäßen Bauausführung Bescheinigungen, Bestätigungen oder Nachweise des Entwurfsverfassers, der Unternehmer, von Sachverständigen oder Behörden über die Einhaltung bauaufsichtlicher Anforderungen vorzulegen haben.

(6) [1]Das Staatsministerium des Innern wird ermächtigt, zur Vereinfachung, Erleichterung und Beschleunigung des Baugenehmigungsverfahrens und zur Entlastung der Bauaufsichtsbehörden durch Rechtsverordnung Vorschriften zu erlassen über

1. weitere und weitergehende Ausnahmen von der Genehmigungspflicht, soweit die bautechnische Entwicklung dies zuläßt und die öffentliche Sicherheit und Ordnung nicht entgegenstehen,
2. den vollständigen oder teilweisen Wegfall der bautechnischen Prüfung bei bestimmten Arten von Bauvorhaben,
3. die Übertragung von Prüfaufgaben der Bauaufsichtsbehörde im Rahmen des bauaufsichtlichen Verfahrens einschließlich der Bauüberwachung auf Sachverständige oder sachverständige Stellen.[2)]

[1)] VO über die Bauvorlagen im bauaufsichtlichen Verfahren und die bautechnischen Nachweise (Bauvorlagenverordnung – BauVorlV) idF der Bek. v. 8. 12. 1997 (GVBl. S. 822); Nr. **3**.

[2)] VO über die bautechnische Prüfung baulicher Anlagen (Bautechnische PrüfungsVO – BauPrüfV) v. 11. 11. 1986 (GVBl. S. 339); Nr. **9**. VO über die Gebühren der Prüfämter und Prüfingenieure für Baustatik (GebührenO für Prüfämter und Prüfingenieure – GebOP)

[2]Es kann dafür bestimmte Voraussetzungen festlegen, die die Verantwortlichen nach Art. 57 und 58 oder die Sachverständigen und sachverständigen Stellen zu erfüllen haben. [3]Dabei können insbesondere Mindestanforderungen an die Fachkenntnis sowie in zeitlicher und sachlicher Hinsicht an die Berufserfahrung festgelegt, eine laufende Fortbildung vorgeschrieben, durch Prüfungen nachzuweisende Befähigungen bestimmt, der Nachweis der persönlichen Zuverlässigkeit und einer ausreichenden Haftpflichtversicherung gefordert und Altersgrenzen festgesetzt werden. [4]Es kann darüber hinaus auch eine besondere Anerkennung der Sachverständigen und sachverständigen Stellen vorschreiben, das Verfahren und die Voraussetzungen für die Anerkennung, ihren Widerruf, ihre Rücknahme und ihr Erlöschen und die Vergütung der Sachverständigen und sachverständigen Stellen sowie für Prüfungen die Bestellung und Zusammensetzung der Prüfungsorgane und das Prüfungsverfahren regeln.

(7) Das Staatsministerium des Innern wird ermächtigt, durch Rechtsverordnung die Anerkennung von Prüf-, Zertifizierungs- und Überwachungsstellen (Art. 27 Abs. 1 und 3) auf das Deutsche Institut für Bautechnik zu übertragen.[1)]

(8) Das Staatsministerium des Innern kann durch Rechtsverordnung bestimmen, daß Ausführungsgenehmigungen für fliegende Bauten nur durch bestimmte Bauaufsichtsbehörden oder durch von ihm bestimmte Stellen erteilt werden, und die Vergütung dieser Stellen regeln.

(9) Die Staatsregierung wird ermächtigt, durch Rechtsverordnung nach Anhörung des Senats mit Zustimmung des Landtags Vorschriften für Sachverständige nach Art. 69 Abs. 4 zu erlassen über

1. die Fachbereiche, in denen die Sachverständigen tätig werden,
2. die Anforderungen an die Sachverständigen insbesondere in bezug auf deren Ausbildung, Fachkenntnisse, Berufserfahrung, persönliche Zuverlässigkeit sowie Fort- und Weiterbildung,
3. das Anerkennungsverfahren, wobei die Befugnis zur Anerkennung auf Dritte übertragen werden kann, sowie die Voraussetzungen für die Anerkennung, ihren Widerruf, ihre Rücknahme und ihr Erlöschen,
4. die Überwachung der Sachverständigen,

---

idF v. 20. 3. 1998 (GVBl. S. 202); Nr. **17**. Bek. über den Vollzug der BauPrüfV und der GebOP v. 28. 11. 1986 (MABl. S. 539, ber. 1987 S. 28), geänd. durch Bek. v. 15. 5. 1987 (MABl. S. 289), v. 3. 5. 1988 (AllMBl. S. 347), v. 17. 5. 1989 (AllMBl. S. 500), v. 28. 5. 1990 (AllMBl. S. 517), v. 31. 5. 1991 (AllMBl. S. 399), v. 3. 6. 1992 (AllMBl. S. 479), v. 30. 12. 1992 (AllMBl. 1993 S. 70), v. 12. 5. 1993 (AllMBl. S. 735), v. 20. 4. 1994 (AllMBl. S. 331, ber. S. 461), v. 28. 4. 1995 (AllMBl. S. 466), v. 24. 1. 1996 (AllMBl. S. 78), v. 8. 6. 1996 (AllMBl. S. 291) und v. 26. 5. 1997 (AllMBl. S. 379).

[1)] Bek. des Abkommens über das Deutsche Institut für Bautechnik (DIBt-Abkommen v. 22. 12. 1992 (GVBl. 1993 S. 2). ZuständigkeitsVO im Bauwesen (ZustVBau) – Vierter Abschn. v. 5. 7. 1994 (GVBl. S. 573); Nr. **20**.

5. die Festsetzung einer Altersgrenze,
6. das Erfordernis einer ausreichenden Haftpflichtversicherung,
7. die Vergütung der Sachverständigen,
8. die Voraussetzungen, unter welchen die Bauaufsichtsbehörde
   a) die Vorlage von Bescheinigungen nach Art. 69 Abs. 4 oder Art. 78 Abs. 2 für den jeweiligen Sachbereich verlangen kann oder verlangen muß,
   b) verlangen kann oder verlangen muß, daß der Bauherr sich die Einhaltung bauaufsichtlicher Anforderungen durch Sachverständige nach Art. 69 Abs. 4 oder Art. 78 Abs. 2 bescheinigen läßt,
9. die Voraussetzungen, unter denen der Bauherr
   a) Bescheinigungen von Sachverständigen im Sinn des Art. 69 Abs. 4 oder Art. 78 Abs. 2 für bestimmte Sachbereiche vorzulegen hat oder
   b) sich die Einhaltung bauaufsichtlicher Anforderungen durch Sachverständige nach Art. 69 Abs. 4 oder Art. 78 Abs. 2 bescheinigen lassen muß,

   sowie
10. die Befugnis des Sachverständigen, von bauordnungsrechtlichen Vorschriften gemäß Art. 70 abzuweichen.

(10) [1]Die Staatsregierung wird ermächtigt, durch Rechtsverordnung nach Anhörung des Senats mit Zustimmung des Landtags Vorschriften für den Entwurfsverfasser nach Art. 66 zu erlassen über

1. die Anforderungen an den Entwurfsverfasser insbesondere in bezug auf dessen Ausbildung, Fachkenntnisse, Berufserfahrung, persönliche Zuverlässigkeit, Unabhängigkeit sowie Fort- und Weiterbildung,
2. das Anerkennungsverfahren, wobei die Befugnis zur Anerkennung auf Dritte übertragen werden kann, sowie die Voraussetzungen für die Anerkennung, ihren Widerruf, ihre Rücknahme und ihr Erlöschen,
3. die Überwachung des Entwurfsverfassers und die Maßnahmen bei Pflichtverletzungen,
4. die Festsetzung einer Altersgrenze,
5. das Erfordernis einer ausreichenden Haftpflichtversicherung,
6. die Vergütung des Entwurfsverfassers,
7. die Befugnis des Entwurfsverfassers, von bauaufsichtlichen Vorschriften gemäß Art. 70 abzuweichen,
8. ergänzende Regelungen für den Prüfungsumfang und das Verfahren im Rahmen des Art. 66 sowie
9. die Festlegung der Bauvorhaben, die dem Verfahren nach Art. 66 nicht unterfallen.

[2]In der Rechtsverordnung kann auch festgelegt werden, daß und unter welchen Voraussetzungen Bauvorhaben im Geltungsbereich eines Bebauungsplans im Sinn von §§ 12 und 30 Abs. 1 BauGB keiner Baugenehmigung bedürfen, falls die Bauvorlagen von einem Entwurfsverfasser nach Art. 66 unterschrieben sind.

(11) [1]Die Staatsregierung wird ermächtigt, durch Rechtsverordnung mit Zustimmung des Landtags Vorschriften für eine Zusatzqualifikation im Sinn der Art. 68 Abs. 7 Satz 2 Nr. 2 zu erlassen, die bezogen auf die in Art. 68 Abs. 3 genannten Vorhaben ausreichende Kenntnisse und Fertigkeiten hinsichtlich Standsicherheit, Schall-, Wärme- und baulichen Brandschutz sicherstellen. [2]Dabei können insbesondere geregelt werden

1. die Notwendigkeit einer staatlichen Anerkennung, die die erfolgreiche Ablegung einer Prüfung voraussetzt,
2. die Voraussetzungen, die Inhalte und das Verfahren für diese Prüfung,
3. das Verfahren sowie die Voraussetzungen der Anerkennung, ihren Widerruf, ihre Rücknahme und ihr Erlöschen,
4. Weiter- und Fortbildungserfordernisse sowie
5. die Maßnahmen bei Pflichtverletzungen.

Art. 91 Örtliche Bauvorschriften. (1) Die Gemeinden können durch Satzung örtliche Bauvorschriften erlassen

1. über besondere Anforderungen an die äußere Gestaltung baulicher Anlagen zur Erhaltung und Gestaltung von Ortsbildern,
2. über das Verbot der Errichtung von Werbeanlagen,
3. über die Gestaltung und Ausstattung der Gemeinschaftsanlagen, der Kinderspielplätze, der Lagerplätze, der Stellplätze für Kraftfahrzeuge, der Stellplätze für bewegliche Abfallbehälter, der Anlagen des Lärmschutzes und der unbebauten Flächen der bebauten Grundstücke, über die Größe von Kinderspielplätzen und die erforderliche Zahl von Stellplätzen für Kraftfahrzeuge sowie über die Ablösebeträge für Kinderspielplätze, Stellplätze für Kraftfahrzeuge und Garagen,
4. über Notwendigkeit oder Verbot und über Art, Gestaltung und Höhe von Einfriedungen,
5. über Abstandsflächen, die aus Gründen der Bau- oder Ortsbildgestaltung von den Abstandsflächen nach Art. 6 und 7 abweichen.

(2) Die Gemeinden können ferner durch Satzung bestimmen, daß

1. in besonders schutzwürdigen Gebieten für die Errichtung, Anbringung, Aufstellung, Änderung und den Betrieb von Werbeanlagen über die Vorschrift des Art. 63 Abs. 1 Satz 1 Nr. 11, Abs. 2 Satz 1 Nr. 6 hinaus eine Genehmigungspflicht eingeführt wird; die Ge-

nehmigung kann zeitlich begrenzt oder mit dem Vorbehalt des Widerrufs, mit Bedingungen oder Auflagen verbunden werden,

2. im Gemeindegebiet oder in Teilen davon für bestehende bauliche Anlagen die Herstellung und Unterhaltung von Kinderspielplätzen nach Art. 8 oder die Herstellung von Stellplätzen oder Garagen nach Art. 52 Abs. 4 verlangt werden kann,

3. in Gebieten, in denen es für das Straßen- oder Ortsbild oder für den Lärmschutz oder die Luftreinhaltung bedeutsam oder erforderlich ist, auf den nicht überbauten Flächen der bebauten Grundstücke Bäume nicht beseitigt oder beschädigt werden dürfen, und daß die Flächen nicht unterbaut werden dürfen,

4. für abgegrenzte Teile des Gemeindegebiets die Herstellung von Stellplätzen und Garagen untersagt oder eingeschränkt ist, wenn und soweit Gründe des Verkehrs, des Städtebaus oder Festsetzungen eines Bebauungsplans es erfordern; ausgenommen sind Stellplätze und Garagen für Wohnnutzungen, soweit sie die nach Art. 52 erforderliche Zahl nicht überschreiten. Es muß sichergestellt sein, daß zusätzliche Parkeinrichtungen für die allgemeine Benutzung oder Gemeinschaftsanlagen in ausreichender Zahl und Größe zur Verfügung stehen, die entweder in zumutbarer Entfernung von den Baugrundstücken oder am Rand der von der Satzung erfaßten Gebietsteile oder in der Nähe von Haltestellen leistungsfähiger öffentlicher Verkehrsmittel liegen, die durch eigene Verkehrswege oder Verkehrseinrichtungen mit diesen Gebietsteilen verbunden sind,

5. in Gebieten, in denen das aus Gründen der Art. 14 bis 16 erforderlich ist, bestimmte Vorkehrungen zum Schutz vor Einwirkungen im Sinn dieser Bestimmungen oder zur Vermeidung oder Minderung solcher Einwirkungen zu treffen sind,

6. in der Gemeinde oder für Teile des Gemeindegebiets und für bestimmte Arten von Bauvorhaben Abstellplätze für Fahrräder hergestellt und bereitgehalten werden müssen; sie kann dabei auch die erforderliche Größe, die Lage und die Ausstattung dieser Abstellplätze festlegen.

(3) [1] Örtliche Bauvorschriften können auch durch Bebauungsplan oder, soweit das Baugesetzbuch dies vorsieht, durch andere Satzungen nach den Vorschriften des Baugesetzbuchs erlassen werden. [2] In diesen Fällen sind, soweit das Baugesetzbuch kein abweichendes Verfahren regelt, die Vorschriften des Ersten und des Dritten Abschnitts des Ersten Teils, des Ersten Abschnitts des Zweiten Teils, die §§ 30, 31, 33, 36 und 214 bis 215 a BauGB entsprechend anzuwenden.

(4) [1] Anforderungen nach den Absätzen 1 und 2 können in der Satzung auch zeichnerisch gestellt werden. [2] Die zeichnerischen Darstellungen können auch dadurch bekanntgemacht werden, daß sie bei der

erlassenden Behörde zur Einsicht ausgelegt werden. [3]Hierauf ist in der Satzung hinzuweisen.

Art. 92 Zuständigkeiten nach dem Baugesetzbuch und anderen Bundesgesetzen. [1]Das Staatsministerium des Innern wird ermächtigt, durch Rechtsverordnung[1)] die zuständigen Behörden zur Durchführung

1. des Baugesetzbuchs,
2. des § 6b Abs. 9 des Einkommensteuergesetzes,
3. des Bauproduktengesetzes,

in den jeweils geltenden Fassungen zu bestimmen, soweit nicht durch Bundesrecht oder Landesgesetz etwas anderes vorgeschrieben ist. [2]Die Zuständigkeit zur Durchführung des Bauproduktengesetzes kann auch auf das Deutsche Institut für Bautechnik übertragen werden.

Achter Teil. Übergangs- und Schlußvorschriften

Art. 93 Übergangsvorschriften. (1) [1]Art. 7 Abs. 1 ist auf Bebauungspläne anzuwenden, deren Entwurf nach § 3 Abs. 2 BauGB nach dem 1. Juni 1994 öffentlich ausgelegt worden ist. [2]Das Recht der Gemeinde, das Verfahren zur Aufstellung des Bebauungsplans erneut einzuleiten, bleibt unberührt. [3]Die Gemeinde kann beschließen, daß Art. 7 Abs. 1 auch auf Bebauungspläne anzuwenden ist, die vor dem 1. Juni 1994 öffentlich ausgelegt worden sind. [4]Der Beschluß ist ortsüblich bekanntzumachen; er wird mit der Bekanntmachung wirksam.

(2) Art. 74 ist nicht anzuwenden, wenn vor dem 1. Juni 1994 ein kommunalaufsichtliches Verfahren zur Ersetzung des gemeindlichen Einvernehmens durch Anhörung zur beabsichtigten Beanstandung nach Art. 112 GO eingeleitet worden ist.

(3) Die für nicht geregelte Bauprodukte nach bisherigem Recht erteilten allgemeinen bauaufsichtlichen Zulassungen und Prüfzeichen gelten als allgemeine bauaufsichtliche Zulassungen nach Art. 20.

(4) [1]Personen, Stellen, Überwachungsgemeinschaften oder Behörden, die bisher zu Prüfstellen bestimmt oder als Überwachungsstellen anerkannt waren, gelten für ihren bisherigen Aufgabenbereich weiterhin als Prüf- oder Überwachungsstellen nach Art. 27 Abs. 1 Satz 1 Nr. 2 oder Nr. 4. [2]Prüfstellen nach Satz 1 gelten bis zum 31. Dezember 1996

---

1) ZuständigkeitsVO im Bauwesen (ZustVBau) v. 5. 7. 1994 (GVBl. S. 573); Nr. **20**. Bek. über Richtlinien zur Förderung städtebaulicher Sanierungs- und Entwicklungsmaßnahmen (Städtebauförderungsrichtlinien – StBauFR) v. 23. 3. 1994 (AllMBl. S. 221). Bek. über die Bestätigung als Sanierungs- oder Entwicklungsträger v. 15. 9. 1993 (AllMBl. S. 1138).

auch als Prüfstellen nach Art. 27 Abs. 1 Satz 1 Nr. 1. [3]Personen, Stellen, Überwachungsgemeinschaften oder Behörden, die nach bisherigem Recht für die Fremdüberwachung anerkannt waren, gelten für ihren bisherigen Aufgabenbereich bis zum 31. Dezember 1996 auch als anerkannte Zertifizierungsstellen nach Art. 27 Abs. 1 Satz 1 Nr. 3.

(5) Überwachungszeichen (Ü-Zeichen), mit denen Bauprodukte vor Inkrafttreten dieses Gesetzes gekennzeichnet wurden, gelten als Übereinstimmungszeichen (Ü-Zeichen) nach Art. 24 Abs. 4.

(6) Prüfzeichen und Überwachungszeichen aus anderen Ländern, in denen die Prüfzeichen und Überwachungspflichten nach bisherigem Recht noch bestehen, gelten als Ü-Zeichen nach Art. 24 Abs. 4.

(7) Ü-Zeichen nach Art. 24 Abs. 4 gelten für Bauprodukte, für die nach bisherigem Recht ein Prüfzeichen oder der Nachweis der Überwachung erforderlich waren, als Prüfzeichen und Überwachungszeichen nach bisherigem Recht, solange in anderen Ländern die Prüfzeichen- und Überwachungspflicht nach bisherigem Recht noch besteht.

(8) Bauprodukte, die nach bisherigem Recht weder prüfzeichen- noch überwachungspflichtig waren, bedürfen bis zum 31. Dezember 1995 keines Übereinstimmungsnachweises nach Art. 24 Abs. 1.

Art. 94 Aufhebung bestehender Vorschriften. (1) bis (3) *(gegenstandslos)*

(4) [1]Festsetzungen über die äußere Gestaltung baulicher Anlagen und über Grenz- und Gebäudeabstände in einem Bebauungsplan, der vor Inkrafttreten dieses Gesetzes nach den verfahrensrechtlichen Vorschriften des Bundesbaugesetzes aufgestellt wurde, gelten als örtliche Bauvorschriften im Sinn des Art. 91 Abs. 3. [2]Auf sie ist Art. 91 Abs. 3 Satz 2 anzuwenden.

Art. 95 Inkrafttreten.[1)] [1]Dieses Gesetz tritt am 1. Oktober 1962 in Kraft. [2]Die Vorschriften über die Ermächtigung zum Erlaß von Rechtsverordnungen und von örtlichen Bauvorschriften treten jedoch bereits am 1. August 1962 in Kraft.

[1)] Diese Vorschrift betrifft das Inkrafttreten des Gesetzes in der ursprünglichen Fassung vom 1. August 1962 (GVBl. S. 179, ber. S. 250). Der Zeitpunkt des Inkrafttretens der späteren Änderungen ergibt sich aus den jeweiligen Änderungsgesetzen.

Die Bayerische Bauordnung in der Fassung der Bekanntmachung vom 4. August 1997 (GVBl. S. 433) tritt am 1. Januar 1998 in Kraft.

2. Synoptische Darstellung der geänderten Artikelfolge[1)]

BayBO 1998/BayBO 1994

Bauordnung neue Fassung	Bauordnung alte Fassung	Bauordnung neue Fassung	Bauordnung alte Fassung
Art. 1	Art. 1	Art. 32	Art. 33
Art. 2	Art. 2	Art. 33	Art. 34
Art. 3	Art. 3	Art. 34	Art. 35
Art. 4	Art. 4	Art. 35	Art. 36
Art. 5	Art. 5	Art. 36	Art. 37
Art. 6	Art. 6	Art. 37	Art. 38
Art. 7	Art. 7	Art. 38	Art. 39
Art. 8	Art. 8	Art. 39	Art. 40
Art. 9	Art. 9	Art. 40	Art. 41
Art. 10	Art. 10	Art. 41	Art. 42
Art. 11	Art. 11	–	Art. 43
–	Art. 12	–	Art. 44
Art. 12	Art. 13	Art. 42	Art. 45
Art. 13	Art. 14	Art. 43	Art. 46
Art. 14	Art. 15	Art. 44	Art. 47
Art. 15	Art. 16	Art. 45	Art. 48
Art. 16	Art. 17	Art. 46	Art. 49
Art. 17	Art. 18	Art. 47	Art. 50
Art. 18	Art. 19	Art. 48	Art. 51
Art. 19	Art. 20	Art. 49	Art. 52
Art. 20	Art. 21	Art. 50	Art. 53
Art. 21	Art. 22	Art. 51	Art. 54
Art. 22	Art. 23	–	Art. 55
Art. 23	Art. 24	–	Art. 56
Art. 24	Art. 25	–	Art. 57
Art. 25	Art. 26	Art. 52	Art. 58
Art. 26	Art. 27	Art. 53	Art. 59
Art. 27	Art. 28	Art. 54	Art. 60
Art. 28	Art. 29	Art. 55	Art. 61
Art. 29	Art. 30	Art. 56	Art. 62
Art. 30	Art. 31	Art. 57	Art. 63
Art. 31	Art. 32	Art. 58	Art. 64

[1)] Nicht amtlich.

2 Synoptische Darstellung

Bauordnung neue Fassung	Bauordnung alte Fassung	Bauordnung neue Fassung	Bauordnung alte Fassung
Art. 59	Art. 65	Art. 77	Art. 84
Art. 60	Art. 66	Art. 78	Art. 85
Art. 61	Art. 67	Art. 79	Art. 86
Art. 62	Art. 68	Art. 80	Art. 87
Art. 63	Art. 69	Art. 81	Art. 88
Art. 64	Art. 70	Art. 82	Art. 89
Art. 65	Art. 71	Art. 83	Art. 90
–	Art. 72	Art. 84	Art. 91
Art. 66	Art. 73	Art. 85	Art. 92
Art. 67	Art. 74	Art. 86	Art. 93
Art. 68	Art. 75	Art. 87	Art. 94
Art. 69	Art. 76	Art. 88	Art. 95
Art. 70	Art. 77	Art. 89	Art. 96
Art. 71	Art. 78	Art. 90	Art. 97
Art. 72	Art. 79	Art. 91	Art. 98
Art. 73	Art. 80	Art. 92	Art. 99
Art. 74	Art. 81	Art. 93	Art. 100
Art. 75	Art. 82	Art. 94	Art. 101
Art. 76	Art. 83	Art. 95	Art. 102

3. Verordnung über die Bauvorlagen im bauaufsichtlichen Verfahren und die bautechnischen Nachweise (Bauvorlagenverordnung – BauVorlV)

Vom 8. Dezember 1997 (GVBl. S. 822, ber. 1998 S. 271)

Auf Grund von Art. 90 Abs. 4 bis 6 der Bayerischen Bauordnung (BayBO) in der Fassung der Bekanntmachung vom 4. August 1997 (GVBl S. 433, BayRS 2132–1–I) erläßt das Bayerische Staatsministerium des Innern folgende Verordnung:

Inhaltsübersicht

Erster Teil. Bauvorlagen

Abschnitt I. Art der Bauvorlagen

§ 1 Allgemeine Bauvorlagen.[1] (1) Bauvorlagen (Art. 67 Abs. 2 Satz 1 BayBO) sind, soweit nachfolgend oder in anderen Rechtsvorschriften nichts anderes geregelt ist,

1. der Lageplan mit einem Auszug aus dem Katasterkartenwerk (§ 7),
2. die Bauzeichnungen (§ 8),
3. die Baubeschreibung (§ 9),
4. bei Sonderbauten (Art. 2 Abs. 4 Satz 2 BayBO) die Nachweise für die Standsicherheit einschließlich der Feuerwiderstandsdauer tragender Bauteile (§ 13) und den vorbeugenden Brandschutz (§ 14),
5. bei Vorhaben im Sinn des Art. 2 Abs. 4 Satz 1 Nr. 4 BayBO die schriftliche Bestimmung des Verantwortlichen für die Bauausführung nach Art. 57 Abs. 3 Satz 2 BayBO,
6. die erforderlichen Angaben über die Grundstücksentwässerung und die Wasserversorgung (§ 11),
7. soweit erforderlich, die Erklärung der Übernahme einer Abstandsfläche nach Art. 7 Abs. 5 BayBO.

(2) Die Bauaufsichtsbehörde kann ein Modell oder weitere Angaben und Unterlagen verlangen, wenn das für die Beurteilung der Genehmigungsfähigkeit des Vorhabens erforderlich ist.

(3) Die Bauaufsichtsbehörde soll auf Bauvorlagen und einzelne Angaben in den Bauvorlagen sowie auf bautechnische Nachweise einschließlich deren Prüfung und deren Bescheinigung durch Sachverständige im Sinn des Art. 69 Abs. 4 BayBO verzichten, soweit sie zur Beurteilung der Genehmigungsfähigkeit des Vorhabens nicht erforderlich sind.

(4) Die Bauaufsichtsbehörde kann in den Fällen der Art. 7 Abs. 5, Art. 29 Abs. 2 Satz 2 und Art. 31 Abs. 2 Satz 2 BayBO die Vorlage eines Grundbuchauszugs für das Grundstück verlangen, auf das sich die Abstandsflächen oder Brandschutzabstände erstrecken sollen.

§ 2 Bauvorlagen für den Abbruch und die Beseitigung baulicher Anlagen. [1]Der Anzeige des Abbruchs oder der Beseitigung baulicher Anlagen sind ein Lageplan, der die Lage der abzubrechenden baulichen Anlage darstellt und eine Beschreibung der Konstruktion der baulichen Anlage und des vorgesehenen Abbruchvorgangs beizufügen; der Rauminhalt der baulichen Anlage ist anzugeben. [2]Das Grundstück

[1] Bek. über den Vollzug der BayBO und der VO über die Bauvorlagen in bauaufsichtlichen Verfahren v. 14. 11. 1997 (AllMBl. S. 811).

ist nach Straße und Hausnummer zu bezeichnen, die für den Abbruch vorgesehenen Geräte und die vorgesehenen Sicherungsmaßnahmen sind anzugeben.

§ 3 Bauvorlagen bei der Genehmigungsfreistellung. [1]In den Fällen des Art. 64 Abs. 1 in Verbindung mit Art. 2 Abs. 4 Satz 1 Nr. 2 BayBO sind nur die in § 1 Abs. 1 Nrn. 1 und 2 genannten Unterlagen vorzulegen. [2]In den Bauzeichnungen genügen die Darstellungen der Grundrisse aller Geschosse und des nutzbaren Dachraums mit Angabe der vorgesehenen Nutzung der Räume sowie die in § 8 Abs. 2 Nrn. 3 und 4 aufgeführten Darstellungen. [3]Erklärt die Gemeinde nicht, daß das Genehmigungs- bzw. das Abbruchanzeigeverfahren durchgeführt werden soll (Art. 64 Abs. 1 Satz 1 Buchst. c, Abs. 3, Art. 65 Abs. 2 Satz 1 BayBO), leitet sie, sofern sie nicht selbst untere Bauaufsichtsbehörde ist, eine Ausfertigung der Bauvorlagen nach Sätze 1 und 2 bzw. nach § 2 der unteren Bauaufsichtsbehörde zu; eine weitere Ausfertigung reicht sie dem Bauherrn zurück.

§ 4 Bauvorlagen für den Vorbescheid. Dem Antrag auf Vorbescheid (Art. 75 BayBO) sind nur die für die Beurteilung der durch den Vorbescheid zu entscheidenden Fragen erforderlichen Bauvorlagen beizufügen.

Abschnitt II. Zahl und Beschaffenheit der Bauvorlagen

§ 5 Zahl der Bauvorlagen. (1) [1]Von den Bauvorlagen sind

1. der Auszug aus dem Katasterkartenwerk (§ 7 Abs. 1) in einfacher,
2. die Vorlagen nach § 1 Abs. 1 Nr. 4, soweit sie von der Bauaufsichtsbehörde geprüft werden, in zweifacher, sonst in einfacher,
3. die Bauzeichnungen (§ 8), die Baubeschreibung (§ 9) und die Angaben über die Grundstücksentwässerung und die Wasserversorgung (§ 11) in dreifacher und
4. der Lageplan (§ 7 Abs. 2) in vierfacher

Ausfertigung einzureichen. [2]Ist die Gemeinde untere Bauaufsichtsbehörde, so entfällt die dritte bzw. vierte Ausfertigung.

(2) Die Bauaufsichtsbehörde kann die Einreichung weiterer Ausfertigungen von Bauvorlagen verlangen, wenn dies zur gleichzeitigen Beteiligung von Behörden und Stellen im Sinn des Art. 69 Abs. 4 Satz 2 BayBO (Sternverfahren) erforderlich ist.

§ 6 Beschaffenheit der Bauvorlagen. (1) Lageplan und Bauzeichnungen müssen aus dauerhaftem Papier hergestellt, Eintragungen und Zeichnungen dauerhaft sicht- und lesbar sein.

(2) Hat das Staatsministerium des Innern Vordrucke öffentlich bekanntgemacht, so sind diese zu verwenden.

Abschnitt III. Inhalt der Bauvorlagen

§ 7 Auszug aus dem Katasterkartenwerk, Lageplan. (1) [1]Im Auszug aus dem Katasterkartenwerk (Ausschnitt aus der Flurkarte) müssen das Baugrundstück und die benachbarten Grundstücke im Umgriff von mindestens 50 m um das Baugrundstück in einem Maßstab nicht kleiner als 1 : 1000 dargestellt sein. [2]Die Bauaufsichtsbehörde kann verlangen, daß

1. der Auszug im Maßstab 1 : 500 vorgelegt wird und
2. die weitere Umgebung des Baugrundstücks in einem Auszug aus dem Katasterkartenwerk in einem Maßstab nicht kleiner als 1 : 5000

wiedergegeben wird. [3]Der Auszug soll nicht älter als ein halbes Jahr sein. [4]Er muß jeweils von der katasterführenden Behörde (Art. 12 Abs. 4 des Vermessungs- und Katastergesetzes – VermKatG) beglaubigt sein; aus der Beglaubigung soll hervorgehen, ob der Auszug durch Vergrößerung einer Katasterkarte entstanden ist.

(2) [1]Der Lageplan ist auf einer Ablichtung des Auszugs aus dem Katasterkartenwerk (Absatz 1) zu erstellen. [2]Er muß, soweit für die Beurteilung des Vorhabens erforderlich, enthalten

1. den Maßstab und die Lage zur Himmelsrichtung,
2. die geplante bauliche Anlage und ihren Umgriff in einem Umkreis, der erforderlich ist, um die Lage des Vorhabens in seiner Umgebung zu erkennen,
3. das Baugrundstück und die benachbarten Grundstücke,
4. die katastermäßige Bezeichnung des Baugrundstücks und der benachbarten Grundstücke mit Angabe der Eigentümer und, soweit vorhanden, der Straße und der Hausnummer,
5. die angrenzenden öffentlichen Verkehrsflächen mit Angabe der Breite, der Straßenklasse und der Höhenlage,
6. Festsetzungen im Bebauungsplan,
7. die vorhandenen baulichen Anlagen auf dem Baugrundstück und auf den benachbarten Grundstücken mit Angabe ihrer Nutzung, Geschoßzahl und Dachform,
8. die geplanten baulichen Anlagen unter Angabe der Außenmaße, der Dachform, der Höhenlage des Erdgeschoßfußbodens zur Straße und zum Baugrundstück, der Abstandsflächen und der Brandschutzabstände,
9. die Zu- und Abfahrten sowie die Stellplätze für Kraftfahrzeuge,

10. die Abstände der geplanten baulichen Anlage zu anderen baulichen Anlagen auf dem Baugrundstück und den Nachbargrundstücken, zu öffentlichen Verkehrs- und Grünflächen, zu Wasserflächen, zu Wäldern, Mooren, Heiden und zur Landesgrenze,
11. die Grünflächen oder die Flächen, die gärtnerisch angelegt oder mit Bäumen und Sträuchern bepflanzt werden, die vorhandenen Bäume unter Kennzeichnung der wegen des Bauvorhabens zu beseitigenden Bäume, die Kinderspielplätze und die nicht bereits anderweitig dargestellten versiegelten und überbauten Flächen,
11. Brunnen, Abfallgruben, Dungstätten, Hochspannungsleitungen und unterirdische Leitungen für das Fernmeldewesen und für die Versorgung mit Elektrizität, Gas, Wärme und Wasser und ortsfeste Behälter für brennbare Flüssigkeiten und Gase.

(3) Der Inhalt des Lageplans nach Absatz 2 ist auf besonderen Blättern in geeignetem Maßstab darzustellen, wenn der Lageplan sonst unübersichtlich würde.

(4) [1] Für die Darstellung im Lageplan sind die Zeichen der Nummer 1 der Anlage der Verordnung vom 22. August 1988 (GVBl S. 292, BayRS 2132–1–2–I)[1)] zu verwenden. [2] Die sonstigen Darstellungen sind, soweit erforderlich, durch Beschriftung zu kennzeichnen.

§ 8 Bauzeichnungen. (1) [1] Für die Bauzeichnungen ist der Maßstab 1 : 100 zu verwenden. [2] Die Bauaufsichtsbehörde kann einen anderen Maßstab verlangen oder zulassen, wenn ein solcher zur Darstellung der erforderlichen Eintragungen erforderlich oder ausreichend ist.

(2) In den Bauzeichnungen sind insbesondere darzustellen

1. die Gründung der geplanten baulichen Anlage und, soweit erforderlich, die Gründungen benachbarter baulicher Anlagen,
2. die Grundrisse aller Geschosse einschließlich des nutzbaren Dachraums mit Angabe
   a) der vorgesehenen Nutzung der Räume,
   b) die Lage der Kamine und der Abgasleitungen,
   c) der Art und der Anschlüsse von Feuerstätten,
   d) der ortsfesten Behälter für brennbare Flüssigkeiten und Gase,
   e) beim Erdgeschoßgrundriß zusätzlich der Grundstücksgrenzen, Baugrenzen, Baulinien, Abstandsflächen und Brandschutzabstände,
3. die Schnitte, aus denen auch die Geschoßhöhen, die lichten Raumhöhen und der Verlauf der Treppen und Rampen mit ihrem Steigungsverhältnis ersichtlich sind, mit dem Anschnitt des vorhandenen und des künftigen Geländes,

---

[1)] Abgedruckt auf S.92 und 93.

4. die Ansichten der geplanten baulichen Anlage, bei Gebäuden Darstellung des Geländeschnitts des vorhandenen und des künftigen Geländes und, soweit erforderlich, die Ansichten der anschließenden Gebäude.

(3) In den Bauzeichnungen sind anzugeben

1. der Maßstab und die Maße sowie
2. die verwendeten Bauprodukte und Bauarten,
3. bei Änderung baulicher Anlagen die zu beseitigenden und die neuen Bauteile.

(4) Für die Darstellung in den Bauzeichnungen sind die Zeichen der Nummer 2 der Anlage der Verordnung vom 22. August 1988 (GVBl S. 292, BayRS 2132–1–2–I)[1] zu verwenden.

(5) Die Bauaufsichtsbehörde kann verlangen, daß einzelne Bauzeichnungen oder Teile hiervon durch besondere Zeichnungen, Zeichen oder Farben erläutert werden, wenn dies für die Beurteilung der Genehmigungsfähigkeit des Vorhabens erforderlich ist.

§ 9 Baubeschreibung. (1) In der Baubeschreibung sind die Eignung des Baugrundstücks und das Vorhaben, insbesondere seine Konstruktion und seine Nutzung, und die Anlagen zur Wärmeversorgung zu erläutern, soweit das zur Beurteilung der Genehmigungsfähigkeit erforderlich ist und die notwendigen Angaben nicht in den Lageplan und in die Bauzeichnungen aufgenommen werden können.

(2) Soweit eine Prüfung der Anforderungen des baulichen Arbeitsschutzes nach Art. 72 Abs. 1 Satz 3, Art. 73 Abs. 1 Nr. 4 BayBO stattfindet, muß die Baubeschreibung für gewerbliche Anlagen zusätzliche Angaben enthalten über

1. die Art der gewerblichen Tätigkeit unter Angabe der Art, der Zahl und des Aufstellungsortes der Maschinen oder Apparate, der Art der zu verwendenden Rohstoffe und der herzustellenden Erzeugnisse, der Art ihrer Lagerung, soweit sie feuer-, explosions- oder gesundheitsgefährlich sind,
2. über etwa entstehende chemische und physikalische Einwirkungen auf die Beschäftigten und auf die Nachbarschaft,
3. die Zahl der Beschäftigten.

(3) Bei Werbeanlagen sind, soweit es zur Beurteilung der Genehmigungsfähigkeit der Anlage erforderlich ist und die notwendigen Angaben nicht in den Lageplan und die Bauzeichnungen aufgenommen werden können, in der Baubeschreibung auch anzugeben

1. der Anbringungsort,

---

[1] Abgedruckt auf S. 93 und 94.

2. die Art und die Größe der geplanten Anlage,
3. die Werkstoffe und die Farben der geplanten Anlage,
4. benachbarte Signalanlagen und Verkehrszeichen.

(4) In der Baubeschreibung sind ferner die Baukosten der baulichen Anlagen einschließlich der dazugehörenden Wasserversorgungsanlagen auf dem Baugrundstück, der umbaute Raum und die Wohnfläche, soweit entsprechende Festsetzungen eines Bebauungsplans für die Beurteilung der Genehmigungsfähigkeit des Vorhabens maßgeblich sind, auch die Grund- und Geschoßflächenzahl auf rechnerischer Grundlage anzugeben.

§ 10 Bautechnische Nachweise. Für die Anforderungen an bautechnische Nachweise, die Bauvorlagen nach § 1 Abs. 1 Nr. 4 sind, gelten die §§ 12 bis 14.

§ 11 Angaben über die Grundstücksentwässerung und die Wasserversorgung. (1) [1]Der Bauantrag ist durch Angaben über die Beseitigung von Abwasser einschließlich Niederschlagswasser (Grundstücksentwässerung) und die Wasserversorgung zu ergänzen, soweit dies für die Beurteilung der Genehmigungsfähigkeit des Vorhabens erforderlich ist. [2]Angaben über die Beseitigung von Abwasser sind nicht erforderlich, wenn an eine Sammelkanalisation angeschlossen wird oder ein Fall des Art. 17a Abs. 1 Satz 1 Nr. 2 des Bayerischen Wassergesetzes (BayWG) vorliegt; an Stelle der Angaben nach Halbsatz 1 genügt die Vorlage einer für die Beseitigung des Abwassers erforderlichen wasserrechtlichen Erlaubnis. [3]Angaben über die Wasserversorgung sind nicht erforderlich, wenn an eine öffentliche Wasserversorgungsanlage angeschlossen wird.

(2) [1]Die erforderlichen Angaben sind, soweit sie sich nicht bereits aus anderen Bauvorlagen ergeben, in einem Plan im Maßstab mindestens 1 : 1000 zu erläutern. [2]Der Plan muß, soweit für die Beurteilung der Genehmigungsfähigkeit des Vorhabens erforderlich, Angaben enthalten über die Lage

1. der vorhandenen Brunnen, auch auf Nachbargrundstücken,
2. der geplanten Brunnen,
3. der außerhalb der Gebäude vorhandenen und geplanten Anlagen, die der Abwasserbeseitigung dienen (Grundstücksentwässerungsanlagen).

(3) [1]Die Eintragungen nach Absatz 2 sind unter Angabe der Werkstoffe oder Bauprodukte vorzunehmen. [2]Die Leitungen für Abwasser sind durch eine durchgezogene Linie darzustellen. [3]Ausschließlich für Niederschlagswasser vorgesehene Leitungen sind zu stricheln. [4]Leitungen für Schmutzwasser und Niederschlagswasser (Mischwasser) sind

strichpunktiert darzustellen. [5]Vorhandene sowie zu beseitigende Leitungen sind nach Nummer 3 der Anlage der Verordnung vom 22. August 1988 (GVBl. S. 292, BayRS 2132–1–2–I[1)]) zusätzlich zu kennzeichnen.

(4) Angaben über Grundstücksentwässerungsanlagen sind, soweit für die Beurteilung der Genehmigungsfähigkeit des Vorhabens erforderlich, durch besondere Bauzeichnungen zu erläutern.

Zweiter Teil. Bautechnische Nachweise

§ 12 Übereinstimmungsgebot. Die Bauzeichnungen (§ 8), Baubeschreibungen (§ 9), Berechnungen und Konstruktionszeichnungen sowie sonstige Zeichnungen und Beschreibungen, die den Nachweisen für die Standsicherheit einschließlich der Feuerwiderstandsdauer tragender Bauteile (§ 13), des vorbeugenden Brandschutzes (§ 14) und des Wärme- und Schallschutzes (§ 15) zugrundeliegen, müssen übereinstimmen und gleiche Positionsangaben haben.

§ 13 Standsicherheit und Feuerwiderstandsdauer der tragenden Bauteile. [1]Zum Nachweis der Standsicherheit einschließlich der Feuerwiderstandsdauer tragender Bauteile sind eine Darstellung des gesamten statischen Systems, Berechnungen und Konstruktionszeichnungen sowie die notwendigen Beschreibungen und Verwendbarkeitsnachweise erforderlich. [2]Die statischen Berechnungen müssen die Standsicherheit der baulichen Anlage und ihrer Teile nachweisen. [3]Die Beschaffenheit des Baugrunds und seine Tragfähigkeit sind anzugeben.

§ 14 Vorbeugender Brandschutz. (1) [1]Zum Nachweis des vorbeugenden Brandschutzes sind im Lageplan (§ 7 Abs. 2), in den Bauzeichnungen (§ 8) und, soweit erforderlich, in der Baubeschreibung (§ 9) anzugeben

1. die Art der Nutzung, insbesondere auch die Anzahl und Art der die bauliche Anlage nutzenden Personen, die Brandlasten und die Brandgefahren,
2. der erste Rettungsweg (Treppenräume notwendiger Treppen und Ausgänge ins Freie nach Art. 36 BayBO, notwendige Flure nach Art. 37 BayBO),
3. der zweite Rettungsweg (weitere Treppen oder mit den bei der örtlichen Feuerwehr verfügbaren Rettungsgeräten erreichbare Stellen),

---

1) Abgedruckt auf S. 94.

4. das Brandverhalten der Bauprodukte (Baustoffklasse) und der Bauteile (Feuerwiderstandsklasse),
5. die Bauteile und die Einrichtungen, die dem Brandschutz dienen, wie Brandwände, Trennwände, Unterdecken, Feuerschutzabschlüsse, Rauchschutztüren, Entrauchungsanlagen,
6. die Zugänge, die Zufahrten und die Bewegungsflächen für die Feuerwehr sowie die Aufstellflächen für Hubrettungsfahrzeuge,
7. die Löschwasserversorgung.

[2]Die Angaben sind mit zusätzlichen Bauzeichnungen und Beschreibungen zu erläutern, wenn die Vorkehrungen des vorbeugenden Brandschutzes andernfalls nicht hinreichend deutlich erkennbar sind.

(2) Für Sonderbauten und bei Abweichungen sind, soweit für die Beurteilung der Genehmigungsfähigkeit des Vorhabens erforderlich, zusätzlich anzugeben

1. brandschutzrelevante Einzelheiten der Nutzung,
2. Berechnung der Rettungswegbreiten und -längen,
3. Einzelheiten der Rettungswegausbildung,
4. Sicherheitsbeleuchtung und Kennzeichnung der Rettungswege,
5. Berechnung von Brandlasten,
6. technische Anlagen und Einrichtungen zur Branderkennung, Brandmeldung, Alarmierung, Brandbekämpfung, Rauch- und Wärmeabführung,
7. Löschwasserrückhaltung,
8. betriebliche und organisatorische Vorkehrungen zum Brandschutz.

§ 15 Wärme- und Schallschutz. Die Berechnungen müssen den ausreichenden Wärme- und Schallschutz, soweit er nach bauordnungsrechtlichen Vorschriften, den ausreichenden Wärmeschutz auch nachweisen, soweit er nach Vorschriften zur Energieeinsparung gefordert wird.

§ 16 Inkrafttreten, Außerkrafttreten. (1) Diese Verordnung tritt am 1. Januar 1998 in Kraft.

(2) Die Verordnung über die Bauvorlagen im bauaufsichtlichen Verfahren (Bauvorlagenverordnung – BauVorlV) in der Fassung der Bekanntmachung vom 22. August 1988 (GVBl. S. 292, BayRS 2132–1–2–I), zuletzt geändert durch § 1 der Verordnung vom 24. Mai 1994 (GVBl. S. 422), tritt mit Ausnahme der Anlage zu dieser Verordnung mit Ablauf des 31. Dezember 1997 außer Kraft.

Anlage

Zeichen für Bauvorlagen

1. **Lageplan**

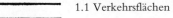

1.1 Verkehrsflächen

1.2 Vorhandene Wohngebäude, Miets-, Büro- und Geschäftsgebäude usw.

1.3 Vorhandene Wirtschaftsgebäude, unbewohnte Nebengebäude, Werksgebäude, Garagen usw.

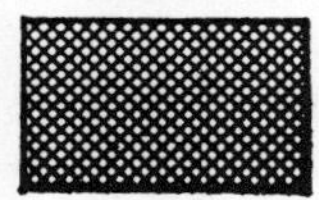

1.4 Geplante Gebäude und sonstige bauliche Anlagen

1.5 Zu beseitigende bauliche Anlagen

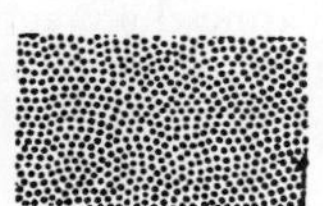

1.6 Öffentliche Grünflächen

Für die Darstellung der jeweiligen Grünflächen

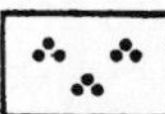

Parkanlage

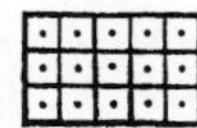

Dauerkleingärten

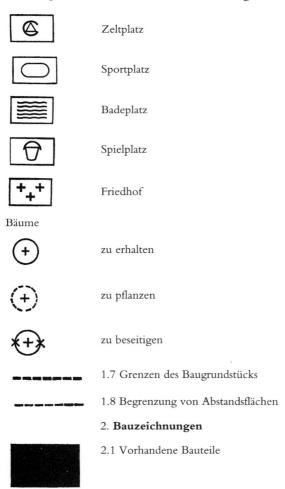

Zeltplatz

Sportplatz

Badeplatz

Spielplatz

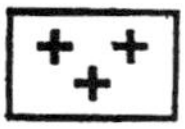

Friedhof

Bäume

zu erhalten

zu pflanzen

zu beseitigen

1.7 Grenzen des Baugrundstücks

1.8 Begrenzung von Abstandsflächen

2. **Bauzeichnungen**

2.1 Vorhandene Bauteile

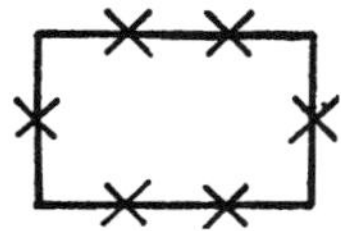

2.2 Zu beseitigende Bauteile

2.3 Geplante bauliche Anlagen

3. **Grundstücksentwässerung**

3.1 Vorhandene Anlagen

Schmutzwasserleitung

Regenwasserleitung

Mischwasserleitung

3.2 Zu beseitigende Anlagen

Schmutzwasserleitung

Regenwasserleitung

Mischwasserleitung

Nrn. 4 und 5 *(nicht belegt)*

6. Verordnung über den Bau und Betrieb von Garagen (GaV)

Vom 30. November 1993 (GVBl. S. 910)

Geändert durch § 3 Verordnung vom 8. 12. 1997 (GVBl. S. 827)

Auf Grund von Art. 90 Abs. 1 Nrn. 1 und 3 der Bayerischen Bauordnung (BayBO) in der Fassung der Bekanntmachung vom 4. August 1997 (GVBl. S. 433, BayRS 2132–1–I) und Art. 38 Abs. 3 des Landesstraf- und Verordnungsgesetzes erläßt das Bayerische Staatsministerium des Innern folgende Verordnung:[1)]

Inhaltsübersicht

---

1) Einleitungssatz und Inhaltsübersicht geänd. durch § 3 VO v. 8. 12. 1997 (GVBl. S. 827).

Teil I. Allgemeine Vorschriften

§ 1 Begriffe. (1) Garagen sind Gebäude oder Gebäudeteile, die dem Abstellen von Kraftfahrzeugen dienen.

(2) [1] Offene Garagen sind Garagen, die unmittelbar ins Freie führende unverschließbare Öffnungen in einer Größe von insgesamt mindestens einem Drittel der Gesamtfläche der Umfassungswände haben. [2] Offene Mittel- und Großgaragen haben diese Öffnungen mindestens in gegenüberliegenden Umfassungswänden, die nicht mehr als 70 m voneinander entfernt sind. [3] Stellplätze mit Schutzdächern (Carports) gelten als offene Garagen.

(3) Geschlossene Garagen sind Garagen, die die Voraussetzungen nach Absatz 2 nicht erfüllen.

(4) [1] Oberirdische Garagen sind Garagen, deren Fußboden im Mittel nicht mehr als 1,50 m unter oder mindestens an einer Seite in Höhe oder über der Geländeoberfläche liegt. [2] Unterirdische Garagen sind Garagen, die die Voraussetzungen des Satzes 1 nicht erfüllen.

(5) Automatische Garagen sind Garagen ohne Personen- und Fahrverkehr, in denen die Kraftfahrzeuge mit mechanischen Förderanlagen von der Garagenzufahrt zu den Einstellplätzen und zum Abholen an die Garagenausfahrt befördert werden.

(6) Ein Einstellplatz ist die Fläche, die dem Abstellen eines Kraftfahrzeuges in einer Garage dient.

(7) [1] Die Nutzfläche einer Garage ist die Summe aller Flächen der Einstellplätze und der Verkehrsflächen. [2] Einstellplätze auf Dächern (Dacheinstellplätze) und die dazugehörigen Verkehrsflächen werden der Nutzfläche nicht zugerechnet, soweit nichts anderes bestimmt ist.

(8) [1] Garagen sind mit einer Nutzfläche

1. bis 100 m² Kleingaragen,
2. über 100 m² und bis 1000 m² Mittelgaragen,
3. über 1000 m² Großgaragen.

[2] Automatische Garagen mit mehr als 50 Einstellplätzen gelten als Großgaragen.

Teil II. Bauvorschriften

§ 2[1] Zu- und Abfahrten. (1) [1] Zwischen Garagen und öffentlichen Verkehrsflächen müssen Zu- und Abfahrten von mindestens 3 m

---

[1] § 2 Abs. 1 Satz 2 und Abs. 3 Satz 3 geänd. durch § 3 VO v. 8. 12. 1997 (GVBl. S. 827).

Länge vorhanden sein. 2 Abweichungen können gestattet werden, wenn wegen der Sicht auf die öffentliche Verkehrsfläche keine Bedenken bestehen.

(2) Vor den die freie Zufahrt zur Garage zeitweilig hindernden Anlagen, wie Schranken oder Tore, ist ein Stauraum für wartende Kraftfahrzeuge vorzusehen, wenn dies wegen der Sicherheit und Leichtigkeit des Verkehrs erforderlich ist.

(3) 1 Die Fahrbahnen von Zu- und Abfahrten vor Mittel- und Großgaragen müssen mindestens 2,75 m breit sein; der Halbmesser des inneren Fahrbahnrandes muß mindestens 5 m betragen. 2 Für Fahrbahnen im Bereich von Zu- und Abfahrtssperren genügt eine Breite von 2,30 m. 3 Breitere Fahrbahnen sind in Kurven mit Innenhalbmessern von weniger als 10 m vorzusehen, wenn dies wegen der Verkehrssicherheit erforderlich ist.

(4) Großgaragen müssen getrennte Fahrbahnen für Zu- und Abfahrten haben.

(5) 1 Vor Großgaragen ist neben den Fahrbahnen der Zu- und Abfahrten ein mindestens 0,80 m breiter Gehweg erforderlich, soweit nicht für Fußgänger besondere Fußwege vorhanden sind. 2 Der Gehweg muß gegenüber der Fahrbahn erhöht oder verkehrssicher abgegrenzt werden.

(6) In den Fällen der Absätze 3 bis 5 sind die Dacheinstellplätze und die dazugehörigen Verkehrsflächen der Nutzfläche zuzurechnen.

§ 3[1] **Rampen.** (1) 1 Rampen von Mittel- und Großgaragen dürfen nicht mehr als 15 v.H., bei gewendelten Rampenteilen bezogen auf den inneren Fahrbahnrand, geneigt sein. 2 Die Breite der Fahrbahnen auf diesen Rampen muß mindestens 2,75 m, in gewendelten Rampenbereichen mindestens 3,50 m betragen. 3 Gewendelte Rampenteile müssen eine ausreichende Querneigung haben. 4 Der Halbmesser des inneren Fahrbahnrandes muß mindestens 5 m betragen.

(2) Zwischen öffentlicher Verkehrsfläche und einer Rampe mit mehr als 10 v.H. Neigung muß eine geringer geneigte Fläche mit weniger als 5 v.H. Neigung und von mindestens 3 m Länge liegen.

(3) 1 In Großgaragen müssen Rampen, die auch zum Begehen bestimmt sind, einen mindestens 0,80 m breiten Gehweg haben, der gegenüber der Fahrbahn erhöht oder verkehrssicher abgegrenzt ist. 2 An Rampen, die von Personen nicht begangen werden dürfen, ist auf das Verbot hinzuweisen.

---

[1] § 3 Abs. 1 Satz 1 geänd. durch § 3 VO v. 8. 12. 1997 (GVBl. S. 827).

§ 4[1)] Einstellplätze und Fahrgassen. (1) [1]Ein notwendiger Einstellplatz muß mindestens 5 m lang sein. [2]Die lichte Breite eines Einstellplatzes muß mindestens betragen

1. 2,30 m, wenn keine Längsseite,
2. 2,40 m, wenn eine Längsseite,
3. 2,50 m, wenn jede Längsseite

   des Einstellplatzes durch Wände, Stützen, andere Bauteile oder Einrichtungen begrenzt ist,
4. 3,50 m, wenn der Einstellplatz für Behinderte bestimmt ist.

(2) Fahrgassen müssen, soweit sie unmittelbar der Zu- oder Abfahrt von Einstellplätzen dienen, hinsichtlich ihrer Breite mindestens die Anforderungen der folgenden Tabelle erfüllen; Zwischenwerte sind geradlinig einzuschalten:

Anordnung der Einstellplätze zur Fahrgasse	Erforderliche Fahrgassenbreite (in m) bei einer Einstellplatzbreite von		
	2,30 m	2,40 m	2,50 m
90°	6,50	6,25	6,00
60°	4,50	4,25	4,00
45°	3,50	3,25	3,00

(3) Fahrgassen in Mittel- und Großgaragen müssen, soweit sie nicht unmittelbar der Zu- oder Abfahrt von Einstellplätzen dienen, mindestens 3 m, bei Gegenverkehr mindestens 5 m breit sein.

(4) [1]Einstellplätze auf kraftbetriebenen Hebebühnen brauchen abweichend von Absatz 1 Nrn. 1 bis 3 nur 2,30 m breit zu sein; die Fahrgassen müssen mindestens 8 m breit sein, wenn die Hebebühnen Fahrspuren haben oder beim Absenken in die Fahrgasse hineinragen. [2]Einstellplätze auf geneigten kraftbetriebenen Hebebühnen sind in allgemein zugänglichen Garagen nicht zulässig.

(5) [1]Einstellplätze auf horizontal verschiebbaren Plattformen sind in Fahrgassen zulässig, wenn

1. eine Breite der Fahrgasse von mindestens 2,75 m erhalten bleibt,
2. die Plattformen nicht vor kraftbetriebenen Hebebühnen angeordnet werden und
3. in Fahrgassen mit Gegenverkehr kein Durchgangsverkehr stattfindet.

[2]Absatz 1 Sätze 1 und 2 gelten nicht für diese Plattformen.

[1)] § 4 Abs. 1 Satz 1 und Abs. 4 Satz 2 geänd. durch § 3 VO v. 8. 12. 1997 (GVBl. S. 827).

(6) [1]Die einzelnen Einstellplätze und die Fahrgassen sind mindestens durch Markierungen am Boden leicht erkennbar und dauerhaft gegeneinander abzugrenzen. [2]Dies gilt nicht für

1. Kleingaragen ohne Fahrgassen,
2. Einstellplätze auf kraftbetriebenen Hebebühnen,
3. Einstellplätze auf horizontal verschiebbaren Plattformen.

[3]Mittel- und Großgaragen müssen in jedem Geschoß leicht erkennbare und dauerhafte Hinweise auf Fahrtrichtungen und Ausfahrten haben.

(7) Die Absätze 1 bis 6 gelten nicht für automatische Garagen.

§ 5 Lichte Höhe. [1]Garagen müssen in zum Begehen bestimmten Bereichen, auch unter Unterzügen, Lüftungsleitungen und sonstigen Bauteilen eine lichte Höhe von mindestens 2 m haben. [2]Dies gilt nicht für kraftbetriebene Hebebühnen.

§ 6[1] Tragende Wände, Decken, Dächer. (1) In Mittel- und Großgaragen müssen tragende Wände sowie Decken über und unter den Garagengeschossen feuerbeständig sein.

(2) Liegen Einstellplätze nicht mehr als 22 m über der Geländeoberfläche, so brauchen tragende Wände und Decken

1. von oberirdischen Mittel- und Großgaragen nur feuerhemmend zu sein und aus nichtbrennbaren Baustoffen zu bestehen, soweit nicht bei Garagen in sonst anders genutzten Gebäuden nach *Art. 28 und 32* BayBO weitergehende Anforderungen an das Gebäude gestellt werden,
2. von eingeschossigen oberirdischen Mittel- und Großgaragen, auch mit Dacheinstellplätzen, nur feuerhemmend zu sein oder aus nichtbrennbaren Baustoffen zu bestehen, wenn das Gebäude allein der Garagennutzung dient,
3. von offenen Mittel- und Großgaragen nur aus nichtbrennbaren Baustoffen zu bestehen, wenn das Gebäude allein der Garagennutzung dient.

(3) [1]In Kleingaragen müssen tragende Wände sowie Decken feuerhemmend sein oder aus nichtbrennbaren Baustoffen bestehen. [2]Das gilt nicht, wenn

1. das Gebäude allein der Garagennutzung dient; Abstellräume bis 20 m² Grundfläche bleiben dabei unberücksichtigt,
2. die Garagen offene Kleingaragen sind,

---

[1] § 6 Abs. 2 Nr. 1 und Abs. 3 Nr. 3 geänd., Abs. 8 angef. durch VO v. 8. 12. 1997 (GVBl. S. 827).

3. die Kleingaragen in sonst anders genutzten Gebäuden liegen, an deren tragende und aussteifende Wände und Decken nach *Art. 28 und 32* BayBO keine Anforderungen gestellt werden.

(4) Für befahrbare Dächer von Garagen gelten die Anforderungen an Decken.

(5) Tragende Wände und Decken brauchen bei automatischen Garagen nur aus nichtbrennbaren Baustoffen zu bestehen, wenn das Gebäude allein als automatische Garage genutzt wird.

(6) Verkleidungen und Dämmschichten unter Decken und Dächern müssen

1. in Großgaragen aus nichtbrennbaren,
2. in Mittelgaragen aus mindestens schwerentflammbaren

Baustoffen bestehen.

(7) Für Pfeiler, Stützen und Rampen gelten die Absätze 1 bis 6 sinngemäß.

(8) Einbauten, insbesondere Einrichtungen für mechanische Parksysteme, müssen aus nichtbrennbaren Baustoffen bestehen.

§ 7[1)] Außenwände. (1) [1]Nichttragende Außenwände und nichttragende Teile von Außenwänden von Mittel- und Großgaragen müssen aus nichtbrennbaren Baustoffen bestehen. [2]Das gilt nicht für Außenwände von eingeschossigen oberirdischen Mittel- und Großgaragen, wenn das Gebäude allein der Garagennutzung dient.

(2) Auf Außenwände von offenen Kleingaragen ist Art. 29 Abs. 2 BayBO nicht anzuwenden.

§ 8[1)] Trennwände. (1) Trennwände und Tore im Innern von Mittel- und Großgaragen müssen aus nichtbrennbaren Baustoffen bestehen.

(2) Trennwände zwischen Garagen und nicht zur Garage gehörenden Räumen müssen

1. bei Mittel- und Großgaragen feuerbeständig sein,
2. bei Kleingaragen mindestens feuerhemmend sein oder aus nichtbrennbaren Baustoffen bestehen, soweit sich aus *Art. 30* BayBO keine weitergehenden Anforderungen ergeben.

(3) Absatz 2 gilt nicht für Trennwände

1. zwischen Kleingaragen und Räumen, die nur Abstellzwecken dienen und nicht mehr als 20 m^2 Grundfläche haben,
2. zwischen offenen Kleingaragen und anders genutzten Räumen.

---

1) § 7 Abs. 2, § 8 Abs. 2 Nr. 2 geänd. durch § 3 VO v. 8. 12. 1997 (GVBl. S. 827).

§ 9[1)] Brandwände. (1) An Stelle von Brandwänden nach *Art. 31 Abs. 2 und 3 Nr. 1* genügen

1. bei eingeschossigen oberirdischen Mittel- und Großgaragen feuerbeständige Wände ohne Öffnungen, wenn das Gebäude allein der Garagennutzung dient,
2. bei geschlossenen Kleingaragen einschließlich Abstellräumen mit nicht mehr als 20 m² Grundfläche mindestens feuerhemmende oder aus nichtbrennbaren Baustoffen bestehende Wände ohne Öffnungen.

(2) *Art. 31 Abs. 2 und 3 Nr. 1* gilt nicht für offene Kleingaragen.

§ 10[1)] Rauchabschnitte, Brandabschnitte. (1) [1] Geschlossene Großgaragen müssen durch mindestens feuerhemmende und aus nichtbrennbaren Baustoffen bestehende Wände in Rauchabschnitte unterteilt sein. [2] Die Nutzfläche eines Rauchabschnitts darf

1. in oberirdischen geschlossenen Garagen höchstens 5000 m²,
2. in sonstigen geschlossenen Garagen höchstens 2500 m²

betragen; sie darf doppelt so groß sein, wenn die Garagen automatische Löschanlagen haben. [3] Ein Rauchabschnitt darf sich auch über mehrere Geschosse erstrecken.

(2) [1] Öffnungen in den Wänden nach Absatz 1 müssen mit selbstschließenden und mindestens dichtschließenden Abschlüssen aus nichtbrennbaren Baustoffen versehen sein. [2] Die Abschlüsse dürfen Feststellanlagen haben, die bei Raucheinwirkung ein selbsttätiges Schließen bewirken; sie müssen auch von Hand geschlossen werden können. [3] Öffnungen in Decken zwischen Rauchabschnitten sind unzulässig.

(3) Automatische Garagen müssen durch Brandwände in Brandabschnitte von höchstens 6000 m³ Brutto-Rauminhalt unterteilt sein; Absatz 1 gilt nicht für automatische Garagen.

(4) *Art. 31 Abs. 3 Nr. 2* BayBO gilt nicht für Garagen.

§ 11 Verbindung zu anderen Räumen und zwischen Garagengeschossen. (1) Flure, Treppenräume und Aufzugsvorräume, die nicht nur der Benutzung der Garagen dienen, dürfen verbunden sein

1. mit geschlossenen Mittel- und Großgaragen nur durch Räume mit feuerbeständigen Wänden und Decken sowie selbstschließenden und mindestens feuerhemmenden, in Fluchtrichtung aufschlagenden Türen (Sicherheitsschleusen); zwischen Sicherheitsschleusen und Fluren oder Treppenräumen sowie Aufzugsvorräumen genügen selbstschließende und rauchdichte Türen,
2. mit anderen Garagen unmittelbar nur durch Öffnungen mit selbstschließenden und mindestens feuerhemmenden Türen.

[1)] § 9 Abs 1 und 2 sowie § 10 Abs. 4 geänd. durch § 3 VO v. 8. 12. 1997 (GVBl. S. 827).

(2) Garagen dürfen mit sonstigen nicht zur Garage gehörenden Räumen unmittelbar nur durch Öffnungen mit selbstschließenden und mindestens feuerhemmenden Türen verbunden sein.

(3) Automatische Garagen dürfen mit nicht zur Garage gehörenden Räumen sowie mit anderen Gebäuden nicht verbunden sein.

(4) Die Absätze 1 und 2 gelten nicht für Verbindungen

1. zu offenen Kleingaragen,
2. zwischen Kleingaragen und Räumen oder Gebäuden, die nur Abstellzwecken dienen und nicht mehr als 20 m² Grundfläche haben.

(5) Türen zu Treppenräumen, die Garagengeschosse miteinander verbinden, müssen selbstschließend und mindestens feuerhemmend sein.

§ 12 Rettungswege. (1) [1]Jede Mittel- und Großgarage muß in jedem Geschoß mindestens zwei möglichst entgegengesetzt liegende Ausgänge haben, die unmittelbar ins Freie oder in Treppenräume notwendiger Treppen führen. [2]Von zwei Rettungswegen darf einer auch über eine Rampe führen. [3]Bei oberirdischen Mittel- und Großgaragen, deren Einstellplätze im Mittel nicht mehr als 3 m über der Geländeoberfläche liegen, sind Treppenräume für notwendige Treppen nicht erforderlich. [4]Die Rettungswege müssen auch dann erreicht werden können, wenn Tore zwischen Rauchabschnitten geschlossen sind.

(2) Die nutzbare Breite der Rettungswege muß an jeder Stelle 80 cm betragen, Treppen müssen eine nutzbare Laufbreite von 1 m haben.

(3) [1]Von jeder Stelle einer Mittel- und Großgarage muß in demselben Geschoß mindestens ein Treppenraum einer notwendigen Treppe oder, wenn Treppenräume nicht erforderlich sind, mindestens eine notwendige Treppe oder ein Ausgang ins Freie

1. bei offenen Mittel- und Großgaragen in einer Entfernung von höchstens 50 m,
2. bei geschlossenen Mittel- und Großgaragen in einer Entfernung von höchstens 30 m

über Fahrgassen und Gänge erreichbar sein. [2]Die Entfernung ist in der Lauflinie zu messen.

(4) [1]In Mittel- und Großgaragen müssen leicht erkennbare und dauerhaft beleuchtete Hinweise auf die Ausgänge vorhanden sein. [2]In Großgaragen müssen die zu den notwendigen Treppen oder zu den Ausgängen ins Freie führenden Wege auf dem Fußboden durch dauerhafte und leicht erkennbare Markierungen sowie an den Wänden durch beleuchtete Hinweise gekennzeichnet sein.

(5) Für Dacheinstellplätze gelten die Absätze 1 bis 4 sinngemäß.

(6) Die Absätze 1 bis 4 gelten nicht für automatische Garagen.

§ 13 Beleuchtung. (1) [1]In Mittel- und Großgaragen muß eine allgemeine elektrische Beleuchtung vorhanden sein. [2]Sie muß so beschaffen und mindestens in zwei Stufen derartig schaltbar sein, daß an allen Stellen der Nutzflächen und Rettungswege gemäß § 17 Abs. 2 in der ersten Stufe eine Beleuchtungsstärke von mindestens 1 Lux und in der zweiten Stufe von mindestens 20 Lux erreicht wird.

(2) In geschlossenen Großgaragen und in mehrgeschossigen unterirdischen Mittelgaragen muß zur Beleuchtung der Rettungswege eine Sicherheitsbeleuchtung vorhanden sein; das gilt nicht für eingeschossige Garagen mit festem Benutzerkreis.

(3) Die Absätze 1 und 2 gelten nicht für automatische Garagen.

§ 14[1)] Lüftung. (1) [1]Geschlossene Mittel- und Großgaragen müssen maschinelle Abluftanlagen und so große und so verteilte Zuluftöffnungen haben, daß alle Teile der Garage ausreichend gelüftet werden. [2]Bei nicht ausreichenden Zuluftöffnungen muß eine maschinelle Zuluftanlage vorhanden sein. [3]Es kann verlangt werden, daß die Abluftöffnungen so hoch gelegt werden, daß die Abluft in den freien Windstrom geführt wird.

(2) [1]Für geschlossene oberirdische und eingeschossige unterirdische Mittel- und Großgaragen mit geringem Zu- und Abgangsverkehr, wie Wohnhausgaragen, genügt eine natürliche Lüftung durch Lüftungsöffnungen oder über Lüftungsschächte, wenn

1. die Lüftungsöffnungen oder die Lüftungsschächte einen freien Gesamtquerschnitt von mindestens 1500 cm² je Einstellplatz haben,
2. die Lüftungsöffnungen in den Außenwänden oberhalb der Geländeoberfläche in einer Entfernung von höchstens 35 m einander gegenüberliegen,
3. die Lüftungsschächte untereinander einen Abstand von höchstens 20 m haben und
4. Lüftungsöffnungen und Lüftungsschächte unverschließbar und so angeordnet sind, daß eine ausreichende Durchlüftung der Garage ständig gesichert ist.

[2]Die Mündungen der Lüftungsschächte müssen zu Fenstern von Aufenthaltsräumen einen ausreichenden Abstand einhalten. [3]Bei Lüftungsschächten mit mehr als 2 m Höhe ist der Querschnitt nach Nummer 1 zu verdoppeln.

(3) Für geschlossene Mittel- und Großgaragen genügt abweichend von den Absätzen 1 und 2 eine natürliche Lüftung, wenn im Einzelfall

---

1) § 14 Abs. 3, Abs. 4 Satz 2 Halbsatz 2 und Abs. 6 Satz 2 geänd. durch § 3 VO v. 8. 12. 1997 (GVBl. S. 827).

auf Grund einer Bescheinigung eines verantwortlichen Sachverständigen zu erwarten ist, daß der Mittelwert des Volumengehalts an Kohlenmonoxid in der Luft, gemessen über jeweils eine halbe Stunde und in einer Höhe von 1,50 m über dem Fußboden (CO-Halbstundenmittelwert), auch während der regelmäßigen Verkehrsspitzen im Mittel nicht mehr als 100 ppm (= 100 cm^3/m^3) betragen wird und wenn dies auf der Grundlage von ununterbrochenen Messungen, die nach Inbetriebnahme der Garage über einen Zeitraum von mindestens einem Monat durchzuführen sind, von einem verantwortlichen Sachverständigen bescheinigt wird.

(4) [1]Die maschinellen Abluftanlagen sind so zu bemessen, daß der CO-Halbstundenmittelwert unter Berücksichtigung der regelmäßig zu erwartenden Verkehrsspitzen nicht mehr als 100 ppm beträgt. [2]Diese Anforderungen gelten als erfüllt, wenn die Abluftanlage in Garagen mit geringem Zu- und Abgangsverkehr mindestens 6 m^3, bei anderen Garagen mindestens 12 m^3 Abluft in der Stunde je m^2 Garagennutzfläche abführen kann; für Garagen mit regelmäßig besonders hohen Verkehrsspitzen kann im Einzelfall verlangt werden, daß die nach Satz 1 erforderliche Leistung der Abluftanlage durch einen verantwortlichen Sachverständigen bescheinigt wird.

(5) [1]Maschinelle Abluftanlagen müssen in jedem Lüftungssystem mindestens zwei gleich große Ventilatoren haben, die bei gleichzeitigem Betrieb zusammen den erforderlichen Gesamtvolumenstrom erbringen. [2]Jeder End- und Hilfsstromkreis einer maschinellen Zu- oder Abluftanlage ist so auszuführen, daß ein elektrischer Fehler nicht zum Ausfall der gesamten Lüftungsanlage führt. [3]Andere elektrische Anlagen dürfen nicht an die Stromkreise für die Lüftungsanlage angeschlossen werden. [4]Soll das Lüftungssystem zeitweise nur mit einem Ventilator betrieben werden, müssen die Ventilatoren so geschaltet sein, daß sich bei Ausfall eines Ventilators der andere selbständig einschaltet.

(6) [1]Geschlossene Großgaragen mit nicht nur geringem Zu- und Abgangsverkehr müssen CO-Anlagen zur Messung und Warnung (CO-Warnanlagen) haben. [2]Die CO-Warnanlagen müssen so beschaffen sein, daß bei einem CO-Gehalt der Luft von mehr als 250 ppm über ein akustisches Signal und durch Blinkzeichen dazu aufgefordert wird, die Motoren abzustellen und die Garage zügig zu verlassen. [3]Während dieses Zeitraums müssen die Garagenausfahrten ständig offen gehalten werden. [4]Die CO-Warnanlagen müssen an eine Ersatzstromquelle angeschlossen sein.

(7) Die Absätze 1 bis 6 gelten nicht für automatische Garagen.

§ 15 Feuerlöschanlagen, Rauch- und Wärmeabzug. (1) [1]Nichtselbständige Feuerlöschanlagen müssen vorhanden sein

1. in geschlossenen Garagen mit mehr als 20 Einstellplätzen auf kraftbetriebenen Hebebühnen, wenn jeweils mehr als zwei Kraftfahrzeuge übereinander angeordnet werden können,
2. in automatischen Garagen mit nicht mehr als 20 Einstellplätzen.

2 Automatische Löschanlagen müssen vorhanden sein

1. in Geschossen von Großgaragen, die unter dem ersten unterirdischen Geschoß liegen, wenn das Gebäude nicht allein der Garagennutzung dient,
2. in automatischen Garagen mit mehr als 20 Einstellplätzen.

3 Die Art der Feuerlöschanlage ist im Einzelfall im Benehmen mit der für den abwehrenden Brandschutz zuständigen Dienststelle festzulegen.

(2) Geschlossene Großgaragen müssen für den Rauch- und Wärmeabzug

1. Öffnungen ins Freie haben, die insgesamt mindestens 1000 cm^2 je Einstellplatz groß, von keinem Einstellplatz mehr als 20 m entfernt und im Decken- oder oberen Wandbereich angeordnet sind, oder
2. maschinelle Rauch- und Wärmeabzugsanlagen haben, die sich bei Raucheinwirkung selbsttätig einschalten, mindestens für eine Stunde einer Temperatur von 300 °C standhalten, deren elektrische Leitungsanlagen bei äußerer Brandeinwirkung für mindestens die gleiche Zeit funktionsfähig bleiben und die in der Stunde einen mindestens zehnfachen Luftwechsel gewährleisten.

(3) Absatz 2 gilt nicht für Garagen, die

1. Lüftungsöffnungen oder Lüftungsschächte nach § 14 Abs. 2 oder 3 haben,
2. automatische Löschanlagen und eine maschinelle Abluftanlage nach § 14 Abs. 4 haben, die mindestens 12 m^3 Abluft in der Stunde je m^2 Garagennutzfläche abführen kann.

§ 16 Brandmeldeanlagen. 1 Geschlossene Großgaragen müssen Brandmeldeanlagen haben. 2 Geschlossene Mittelgaragen müssen Brandmeldeanlagen haben, wenn sie in Verbindung stehen mit baulichen Anlagen oder Räumen, für die Brandmeldeanlagen erforderlich sind. 3 Jedes Auslösen automatischer Feuerlöschanlagen ist über eine Brandmeldeanlage anzuzeigen.

Teil III. Betriebsvorschriften

§ 17 Betriebsvorschriften für Garagen. (1) Die Zu- und Abfahrten und die Rettungswege sind bis zur öffentlichen Verkehrsfläche verkehrssicher und frei zu halten; das gilt auch bei Eis- und Schneeglätte.

(2) In Mittel- und Großgaragen muß die allgemeine elektrische Beleuchtung nach § 13 Abs. 1 während der Benutzungszeit mit einer Beleuchtungsstärke von mindestens 20 Lux, während der Betriebszeit ständig mit einer Beleuchtungsstärke von mindestens 1 Lux eingeschaltet sein, soweit nicht Tageslicht mit einer entsprechenden Beleuchtungsstärke vorhanden ist.

(3) [1] Lüftungsöffnungen und -schächte dürfen nicht verschlossen oder zugestellt werden. [2] Maschinelle Lüftungsanlagen und CO-Warnanlagen müssen so gewartet werden, daß sie ständig betriebsbereit sind. [3] CO-Warnanlagen müssen ständig eingeschaltet sein. [4] Maschinelle Abluftanlagen müssen so betrieben werden, daß der CO-Halbstundenmittelwert nicht mehr als 100 ppm beträgt (§ 14 Abs. 4).

(4) [1] In Mittel- und Großgaragen dürfen brennbare Stoffe außerhalb von Kraftfahrzeugen nur in unerheblichen Mengen aufbewahrt werden. [2] In Kleingaragen dürfen bis zu 200 l Dieselkraftstoff und bis zu 20 l Benzin in dicht verschlossenen, bruchsicheren Behältern aufbewahrt werden.

§ 18 Abstellen von Kraftfahrzeugen in anderen Räumen als Garagen. (1) Kraftfahrzeuge dürfen in Treppenräumen, Fluren und Kellergängen nicht abgestellt werden.

(2) Kraftfahrzeuge dürfen in sonstigen Räumen, die keine Garagen sind, nur abgestellt werden, wenn

1. das Gesamtfassungsvermögen der Kraftstoffbehälter aller abgestellten Kraftfahrzeuge nicht mehr als 12 l beträgt,
2. Kraftstoff außer dem Inhalt der Kraftstoffbehälter abgestellter Kraftfahrzeuge in diesen Räumen nicht aufbewahrt wird und
3. diese Räume keine Zündquellen oder leicht entzündlichen Stoffe enthalten.

(3) Absatz 2 gilt nicht für Kraftfahrzeuge, die Arbeitsmaschinen sind, wenn die Batterie ausgebaut ist, und für Ausstellungs-, Verkaufs-, Werk- und Lagerräume für Kraftfahrzeuge.

Teil IV. Bauvorlagen, Prüfungen

§ 19 Bauvorlagen. Die Bauvorlagen müssen zusätzliche Angaben enthalten über:

1. die Zahl, Abmessung und Kennzeichnung der Einstellplätze und Fahrgassen sowie über die Rettungswege,
2. die Brandmelde- und Feuerlöschanlagen,
3. den Rauch- und Wärmeabzug,
4. die CO-Warnanlagen,

5. die natürliche Lüftung oder die maschinellen Lüftungsanlagen,
6. die Sicherheitsbeleuchtung.

§ 20[1] Prüfung sicherheitsrelevanter technischer Anlagen und Einrichtungen. (1) [1]Die Wirksamkeit und Betriebssicherheit folgender Anlagen und Einrichtungen sind vor der ersten Inbetriebnahme der Garage, unverzüglich nach einer wesentlichen Änderung sowie jeweils mindestens alle zwei Jahre, der CO-Warnanlagen und der automatischen Feuerlöschanlagen jährlich, durch verantwortliche Sachverständige für sicherheitstechnische Anlagen und Einrichtungen nach § 1 Abs. 2 Nr. 4 der Verordnung über die verantwortlichen Sachverständigen im Bauwesen (SachverständigenverordnungBau – SVBau) zu prüfen und zu bescheinigen:

1. Brandmeldeanlagen nach § 16,
2. elektrische Beleuchtung in Großgaragen nach § 13 Abs. 1,
3. Sicherheitsbeleuchtung nach § 13 Abs. 2,
4. Sicherheitsstromversorgung, Ersatzstromquelle nach § 13 Abs. 2, § 14 Abs. 6,
5. lüftungstechnische Anlagen nach § 14 Abs. 1,
6. CO-Warnanlagen nach § 14 Abs. 6,
7. Rauch- und Wärmeabzugsanlagen nach § 15 Abs. 2,
8. Feuerlöschanlagen nach § 15 Abs. 1.

[2]Die Wirksamkeit und Betriebssicherheit sonstiger sicherheitstechnisch wichtiger Anlagen und Einrichtungen, an die bauordnungsrechtliche Anforderungen gestellt werden, insbesondere Feuerschutzabschlüsse und Brandschutzklappen in Lüftungsanlagen, sind unter Berücksichtigung ihrer Verwendbarkeitsnachweise vor der ersten Inbetriebnahme und wiederkehrend durch Sachkundige zu prüfen und zu bestätigen.

(2) Wer die Garage betreibt, hat die Prüfungen nach Absatz 1 zu veranlassen, die nötigen Vorrichtungen und fachliche geeignete Arbeitskräfte bereitzustellen sowie die erforderlichen Unterlagen bereitzuhalten; bei der Prüfung festgestellte Mängel sind unverzüglich zu beseitigen.

(3) Die Bescheinigungen nach Absatz 1 Satz 1 und die Bestätigungen nach Absatz 1 Satz 2 sind mindestens fünf Jahre aufzubewahren und der Bauaufsichtsbehörde auf Verlangen vorzulegen.

Teil V. Schlußvorschriften

§ 21 Weitergehende Anforderungen. Soweit eine Garage für Kraftfahrzeuge bestimmt ist, deren Länge mehr als 5 m und deren

[1] § 20 neugef. durch § 3 VO v. 8. 12. 1997 (GVBl. S. 827).

Breite mehr als 2 m beträgt, können weitergehende Anforderungen als nach dieser Verordnung zur Erfüllung des Art. 3 Abs. 1 BayBO im Einzelfall gestellt werden.

§ 22[1] Ordnungswidrigkeiten. Nach Art. 89 Abs. 1 Nr. 17 BayBO kann mit Geldbuße bis zu einer Million Deutsche Mark belegt werden, wer vorsätzlich oder fahrlässig

1. entgegen § 17 Abs. 1 die Zu- oder Abfahrten oder die Rettungswege nicht verkehrssicher oder frei hält,
2. entgegen § 17 Abs. 2 Mittel- und Großgaragen nicht ständig beleuchtet,
3. entgegen § 17 Abs. 3 Satz 1 Lüftungsöffnungen oder -schächte verschließt oder zustellt,
4. entgegen § 17 Abs. 3 Satz 3 CO-Warnanlagen nicht ständig eingeschaltet läßt,
5. entgegen § 17 Abs. 3 Satz 4 maschinelle Lüftungsanlagen so betreibt, daß der genannte Wert des CO-Gehaltes der Luft überschritten wird,
6. entgegen § 20 Abs. 1 die vorgeschriebenen Bescheinigungen und Bestätigungen nicht oder nicht rechtzeitig erstellen läßt.

§ 23[1] Übergangsvorschriften. Auf die zum Zeitpunkt des Inkrafttretens dieser Verordnung bestehenden Garagen sind die Betriebsvorschriften (§ 17) sowie die Vorschriften über Prüfung sicherheitsrelevanter technischer Anlagen und Einrichtungen (§ 20) entsprechend anzuwenden.

§ 24 Inkrafttreten. Diese Verordnung tritt am 1. Januar 1994 in Kraft.

---

[1] § 22 Einleitungssatz sowie Nr. 6, § 23 geänd. durch § 3 VO v. 8. 12. 1997 (GVBl. S. 827).

7. Verordnung über Feuerungsanlagen, Wärme- und Brennstoffversorgungsanlagen (Feuerungsverordnung – FeuV)[1)]

Vom 6. März 1998 (GVBl. S. 112)

Auf Grund des Art. 90 Abs. 1 Nr. 2 der Bayerischen Bauordnung (BayBO) erläßt das Bayerische Staatsministerium des Innern folgende Verordnung:

§ 1 Einschränkung des Anwendungsbereichs. Für Feuerstätten, Wärmepumpen und Blockheizkraftwerke gilt die Verordnung nur, soweit diese Anlagen der Raumbeheizung oder der Brauchwassererwärmung dienen oder Gas-Haushalts-Kochgeräte sind.

§ 2 Begriffe. (1) Als Nennwärmeleistung gilt

1. die auf dem Typenschild der Feuerstätte angegebene Leistung,
2. die in den Grenzen des auf dem Typenschild angegebenen Wärmeleistungsbereichs festeingestellte höchste Leistung der Feuerstätte oder
3. bei Feuerstätten ohne Typenschild die nach der aus dem Brennstoffdurchsatz mit einem Wirkungsgrad von 80 v. H. ermittelte Leistung.

(2) Gesamtnennwärmeleistung ist die Summe der Nennwärmeleistungen der Feuerstätten, die gleichzeitig betrieben werden können.

(3) [1]Abgasanlagen sind Abgasleitungen, Verbindungsstücke und Kamine. [2]Abgasleitungen sind Abgasanlagen zur Ableitung von Abgasen von Feuerstätten für flüssige oder gasförmige Brennstoffe. [3]Kamine sind rußbrandbeständige Abgasanlagen.

§ 3 Verbrennungsluftversorgung von Feuerstätten. (1) Für raumluftabhängige Feuerstätten mit einer Gesamtnennwärmeleistung bis zu 35 kW gilt die Verbrennungsluftversorgung als nachgewiesen, wenn die Feuerstätten in einem Raum aufgestellt sind, der

1. mindestens eine Tür ins Freie oder ein Fenster, das geöffnet werden kann (Räume mit Verbindung zum Freien), und einen Rauminhalt von mindestens 4 m^3 je 1 kW Gesamtnennwärmeleistung hat,

---

[1)] **Amtl. Anm.:** Die Verpflichtungen aus der Richtlinie 83/189/EWG des Rates vom 28. März 1983 über ein Informationsverfahren auf dem Gebiet der Normen und technischen Vorschriften (ABl EG Nr. L 109 S. 8), zuletzt geändert durch die Richtlinie G 4/10/EG des Europäischen Parlaments und des Rates vom 23. März 1996 (ABl. EG Nr L 100 S. 30) sind beachtet worden.

2. mit anderen Räumen mit Verbindung zum Freien nach Maßgabe des Absatzes 2 verbunden sind (Verbrennungsluftverbund) oder
3. eine ins Freie führende Öffnung mit einem lichten Querschnitt von mindestens 150 cm² oder zwei Öffnungen von je 75 cm² oder Leitungen ins Freie mit strömungstechnisch äquivalenten Querschnitten hat.

(2) [1]Der Verbrennungsluftverbund im Sinn des Absatzes 1 Nr. 2 zwischen dem Aufstellraum und Räumen mit Verbindung zum Freien muß durch Verbrennungsluftöffnungen von mindestens 150 cm² zwischen den Räumen hergestellt sein. [2]Bei der Aufstellung von Feuerstätten in Nutzungseinheiten, wie Wohnungen, dürfen zum Verbrennungsluftverbund nur Räume derselben Wohnung oder Nutzungseinheit gehören. [3]Der Gesamtrauminhalt der Räume, die zum Verbrennungsluftverbund gehören, muß mindestens 4 m³ je 1 kW Gesamtnennwärmeleistung der Feuerstätten betragen. [4]Räume ohne Verbindung zum Freien sind auf den Gesamtrauminhalt nicht anzurechnen.

(3) Für raumluftabhängige Feuerstätten mit einer Gesamtnennwärmeleistung von mehr als 35 kW und nicht mehr als 50 kW gilt die Verbrennungsluftversorgung als nachgewiesen, wenn die Feuerstätten in Räumen aufgestellt sind, die die Anforderungen nach Absatz 1 Nr. 3 erfüllen.

(4) [1]Für raumluftabhängige Feuerstätten mit einer Gesamtnennwärmeleistung von mehr als 50 kW gilt die Verbrennungsluftversorgung als nachgewiesen, wenn die Feuerstätten in Räumen aufgestellt sind, die eine ins Freie führende Öffnung oder Leitung haben. [2]Der Querschnitt der Öffnung muß mindestens 150 cm² und für jedes über 50 kW Nennwärmeleistung hinausgehende kW Nennwärmeleistung 2 cm² mehr betragen. [3]Leitungen müssen strömungstechnisch äquivalent bemessen sein. [4]Der erforderliche Querschnitt darf auf höchstens zwei Öffnungen oder Leitungen aufgeteilt sein.

(5) [1]Verbrennungsluftöffnungen und -leitungen dürfen nicht verschlossen oder zugestellt werden, sofern nicht durch besondere Sicherheitseinrichtungen gewährleistet ist, daß die Feuerstätten nur bei geöffnetem Verschluß betrieben werden können. [2]Der erforderliche Querschnitt darf durch den Verschluß oder durch Gitter nicht verengt werden.

(6) Abweichend von den Absätzen 1 bis 4 kann für raumluftabhängige Feuerstätten eine ausreichende Verbrennungsluftversorgung auf andere Weise nachgewiesen werden.

(7) [1]Die Absätze 1 und 2 gelten nicht für Gas-Haushalts-Kochgeräte. [2]Die Absätze 1 bis 4 gelten nicht für offene Kamine.

§ 4 Aufstellung von Feuerstätten. (1) Feuerstätten dürfen nicht aufgestellt werden

1. in Treppenräumen, außer in Wohngebäuden mit nicht mehr als zwei Wohnungen,
2. in notwendigen Fluren,
3. in Garagen, ausgenommen raumluftunabhängige Gasfeuerstätten.

(2) Raumluftabhängige Feuerstätten dürfen in Räumen, Wohnungen oder Nutzungseinheiten vergleichbarer Größe, aus denen Luft mit Hilfe von Ventilatoren, wie Lüftungs- oder Warmluftheizungsanlagen, Dunstabzugshauben, Abluft-Wäschetrockner, abgesaugt wird, nur aufgestellt werden, wenn

1. ein gleichzeitiger Betrieb der Feuerstätten und der luftabsaugenden Anlagen durch Sicherheitseinrichtungen verhindert wird,
2. die Abgasführung durch besondere Sicherheitseinrichtungen überwacht wird,
3. die Abgase der Feuerstätten über luftabsaugenden Anlagen abgeführt werden oder
4. durch die Bauart oder die Bemessung der luftabsaugenden Anlagen sichergestellt ist, daß kein gefährlicher Unterdruck entstehen kann.

(3) [1] Raumluftabhängige Gasfeuerstätten mit Strömungssicherung mit einer Nennwärmeleistung von mehr als 7 kW dürfen in Wohnungen und Nutzungseinheiten vergleichbarer Größe nur aufgestellt werden, wenn durch besondere Einrichtungen an den Feuerstätten sichergestellt ist, daß Abgase in gefahrdrohender Menge nicht in den Aufstellraum eintreten können. [2] Das gilt nicht für Feuerstätten, deren Aufstellräume ausreichend gelüftet sind und gegenüber anderen Räumen keine Öffnungen, ausgenommen Öffnungen für Türen, haben; die Türen müssen dicht- und selbstschließend sein.

(4) Gasfeuerstätten ohne besondere Vorrichtungen zur Vermeidung von Ansammlungen unverbrannter Gase in gefahrdrohender Menge (Flammenüberwachung) dürfen nur in Räumen aufgestellt werden, bei denen durch mechanische Lüftungsanlagen sichergestellt ist, daß während des Betriebs der Feuerstätten stündlich mindestens ein fünffacher Luftwechsel sichergestellt ist; für Gas-Haushalts-Kochgeräte genügt ein Außenluftvolumenstrom von 100 m^3/h.

(5) Gasfeuerstätten ohne Abgasanlage nach § 7 Abs. 3 Nr. 3 dürfen in Räumen nur aufgestellt werden, wenn die besonderen Sicherheitseinrichtungen der Feuerstätten verhindern, daß die Kohlenmonoxid-Konzentration in den Aufstellräumen einen Wert von 30 ppm überschreitet.

(6) [1] Brennstoffleitungen müssen unmittelbar vor in Räumen aufgestellten Gasfeuerstätten mit einer Vorrichtung ausgerüstet sein, die

1. bei einer äußeren thermischen Beanspruchung von mehr als 100° C die weitere Brennstoffzufuhr selbsttätig absperrt und
2. so beschaffen ist, daß bis zu einer Temperatur von 650° C über einen Zeitraum von mindestens 30 Minuten nicht mehr als 30 l/h, gemessen als Luftvolumenstrom, durch- oder ausströmen können.

[2]Dies gilt nicht, wenn die Gasfeuerstätten bereits entsprechend ausgerüstet sind.

(7) Feuerstätten für Flüssiggas (Propan, Butan und deren Gemische) dürfen in Räumen, deren Fußboden an jeder Stelle mehr als 1 m unter der Geländeoberfläche liegt, nur aufgestellt werden, wenn

1. die Feuerstätten eine Flammenüberwachung haben und
2. sichergestellt ist, daß auch bei abgeschalteter Feuerungseinrichtung Flüssiggas aus den im Aufstellraum befindlichen Brennstoffleitungen in gefahrdrohender Menge nicht austreten kann oder über eine mechanische Lüftungsanlage sicher abgeführt wird.

(8) [1]Feuerstätten müssen von Bauteilen aus brennbaren Baustoffen und von Einbaumöbeln so weit entfernt oder so abgeschirmt sein, daß an diesen bei Nennwärmeleistung der Feuerstätten keine höheren Temperaturen als 85° C auftreten können. [2]Andernfalls muß ein Abstand von mindestens 40 cm eingehalten werden.

(9) [1]Vor den Feuerungsöffnungen von Feuerstätten für feste Brennstoffe sind Fußböden aus brennbaren Baustoffen durch einen Belag aus nichtbrennbaren Baustoffen zu schützen. [2]Der Belag muß sich nach vorn auf mindestens 50 cm und seitlich auf mindestens 30 cm über die Feuerungsöffnung hinaus erstrecken.

(10) [1]Bauteile aus brennbaren Baustoffen müssen, soweit sie im Strahlungsbereich liegen, von den Feuerraumöffnungen offener Kamine nach oben und nach den Seiten einen Abstand von mindestens 80 cm haben. [2]Bei Anordnung eines beiderseits belüfteten Strahlungsschutzes genügt ein Abstand von 40 cm.

§ 5 Eigene Aufstellräume für Feuerstätten. (1) [1]Feuerstätten mit einer Gesamtnennwärmeleistung von mehr als 50 kW dürfen nur in Räumen aufgestellt werden,

1. die nicht anderweitig genutzt werden, ausgenommen zur Aufstellung von Wärmepumpen, Blockheizkraftwerken und ortsfesten Verbrennungsmotoren sowie zur Lagerung von Brennstoffen,
2. die gegenüber anderen Räumen keine Öffnungen, ausgenommen Öffnungen für Türen, haben,
3. deren Türen dicht- und selbstschließend sind und
4. die gelüftet werden können.

[2]Feuerstätten für feste Brennstoffe dürfen in Räumen nach Satz 1 nur aufgestellt werden, wenn ihre Gesamtnennwärmeleistung nicht mehr als 50 kW beträgt.

(2) [1]Brenner und Brennstoffördereinrichtungen der Feuerstätten für flüssige und gasförmige Brennstoffe mit einer Gesamtnennwärmeleistung von mehr als 50 kW müssen durch einen außerhalb des Aufstellraumes angeordneten Schalter (Notschalter) jederzeit abgeschaltet werden können. [2]Neben dem Notschalter muß ein Schild mit der Aufschrift „NOTSCHALTERFEUERUNG" vorhanden sein.

(3) Wird in dem Aufstellraum Heizöl gelagert oder ist der Raum für die Heizöllagerung nur vom Aufstellraum zugänglich, muß die Heizölzufuhr von der Stelle des Notschalters aus durch eine entsprechend gekennzeichnete Absperreinrichtung unterbrochen werden können.

(4) Abweichend von Absatz 1 dürfen die Feuerstätten auch in anderen Räumen aufgestellt werden, wenn

1. die Nutzung dieser Räume dies erfordert und die Feuerstätten sicher betrieben werden können oder
2. diese Räume in freistehenden Gebäuden liegen, die allein dem Betrieb der Feuerstätten sowie der Brennstofflagerung dienen.

§ 6 Heizräume. (1) [1]Feuerstätten für feste Brennstoffe mit einer Gesamtnennwärmeleistung von mehr als 50 kW dürfen nur in besonderen Räumen (Heizräumen) aufgestellt werden; § 5 Abs. 3 und Abs. 4 Nr. 2 gilt entsprechend. [2]Die Heizräume dürfen

1. nicht anderweitig genutzt werden, ausgenommen zur Aufstellung von Wärmepumpen, Blockheizkraftwerken und ortsfesten Verbrennungsmotoren sowie zur Lagerung von Brennstoffen und
2. mit Aufenthaltsräumen, ausgenommen solche für das Betriebspersonal, sowie mit Treppenräumen notwendiger Treppen nicht in unmittelbarer Verbindung stehen.

[3]In Heizräumen dürfen Feuerstätten für flüssige und gasförmige Brennstoffe aufgestellt werden; § 5 Abs. 2 gilt entsprechend.

(2) Heizräume müssen

1. mindestens einen Rauminhalt von 8 m^3 und eine lichte Höhe von 2 m,
2. einen Ausgang, der ins Freie oder in einen Flur führt, der die Anforderungen an notwendige Flure erfüllt, und
3. Türen, die in Fluchtrichtung aufschlagen, haben.

(3) [1]Wände, ausgenommen nichttragende Außenwände, und Stützen von Heizräumen sowie Decken über und unter ihnen müssen feuerbeständig sein. [2]Deren Öffnungen müssen, soweit sie nicht unmittelbar ins Freie führen, mindestens feuerhemmende und selbst-

schließende Abschlüsse haben. [3]Die Sätze 1 und 2 gelten nicht für Trennwände zwischen Heizräumen und den zum Betrieb der Feuerstätten gehörenden Räumen, wenn diese Räume die Anforderungen der Sätze 1 und 2 erfüllen.

(4) [1]Heizräume müssen zur Raumlüftung jeweils eine obere und eine untere Öffnung ins Freie mit einem Querschnitt von mindestens je 150 cm^2 oder Leitungen ins Freie mit strömungstechnisch äquivalenten Querschnitten haben. [2]Der Querschnitt einer Öffnung oder Leitung darf auf die Verbrennungsluftversorgung nach § 3 Abs. 4 angerechnet werden.

(5) [1]Lüftungsleitungen für Heizräume müssen eine Feuerwiderstandsdauer von mindestens 90 Minuten haben, soweit sie durch andere Räume führen, ausgenommen angrenzende, zum Betrieb der Feuerstätten gehörende Räume, die die Anforderungen nach Absatz 3 Sätze 1 und 2 erfüllen. [2]Die Lüftungsleitungen dürfen mit anderen Lüftungsanlagen nicht verbunden sein und nicht der Lüftung anderer Räume dienen.

(6) Lüftungsleitungen, die der Lüftung anderer Räume dienen, müssen, soweit sie durch Heizräume führen,

1. eine Feuerwiderstandsdauer von mindestens 90 Minuten oder selbsttätige Absperrvorrichtungen für eine Feuerwiderstandsdauer von mindestens 90 Minuten haben und
2. ohne Öffnungen sein.

§ 7 Abgasanlagen. (1) Die Abgase der Feuerstätten sind durch Abgasanlagen über Dach, die Verbrennungsgase ortsfester Verbrennungsmotoren sind durch Anlagen zur Abführung dieser Gase über Dach abzuleiten.

(2) Die Abgase von Gasfeuerstätten mit abgeschlossenem Verbrennungsraum, denen die Verbrennungsluft durch dichte Leitungen vom Freien zuströmt (raumluftunabhängige Gasfeuerstätten) dürfen abweichend von Absatz 1 durch die Außenwand ins Freie geleitet werden, wenn

1. eine Ableitung des Abgases über Dach nicht oder nur mit unverhältnismäßig hohem Aufwand möglich ist und
2. die Nennwärmeleistung der Feuerstätte 11 kW zur Beheizung und 28 kW zur Warmwasserbereitung nicht überschreitet

und Gefahren oder unzumutbare Belästigungen nicht entstehen.

(3) Ohne Abgasanlage sind zulässig

1. Gasfeuerstätten, wenn durch einen sicheren Luftwechsel im Aufstellraum gewährleistet ist, daß Gefahren oder unzumutbare Belästigungen nicht entstehen,

2. Gas-Haushalts-Kochgeräte mit einer Nennwärmeleistung von nicht mehr als 11 kW, wenn der Aufstellraum einen Rauminhalt von mehr als 20 m³ aufweist und mindestens eine Tür ins Freie oder ein Fenster, das geöffnet werden kann, hat,
3. nicht leitungsgebundene Gasfeuerstätten zur Beheizung von Räumen, die nicht gewerblichen Zwecken dienen, sowie Gas-Durchlauferhitzer, wenn diese Gasfeuerstätten besondere Sicherheitseinrichtungen haben, die die Kohlenmonoxidkonzentrationen im Aufstellraum so begrenzen, daß Gefahren oder unzumutbare Belästigungen nicht entstehen.

(4) Abgasanlagen müssen nach lichtem Querschnitt und Höhe, soweit erforderlich auch nach Wärmedurchlaßwiderstand und innerer Oberfläche, so bemessen sein, daß die Abgase bei allen bestimmungsgemäßen Betriebszuständen ins Freie abgeführt werden und gegenüber Räumen kein gefährlicher Überdruck auftreten kann.

(5) Die Abgase von Feuerstätten für feste Brennstoffe müssen in Kamine, die Abgase von Feuerstätten für flüssige oder gasförmige Brennstoffe dürfen auch in Abgasleitungen eingeleitet werden.

(6) Mehrere Feuerstätten dürfen an einen gemeinsamen Kamin, an eine gemeinsame Abgasleitung oder an ein gemeinsames Verbindungsstück nur angeschlossen werden, wenn

1. durch die Bemessung nach Absatz 4 die einwandfreie Ableitung der Abgase für jeden Betriebszustand sichergestellt ist,
2. bei Ableitung der Abgase unter Überdruck die Übertragung von Abgasen zwischen den Aufstellräumen oder ein Austritt von Abgasen über nicht in Betrieb befindliche Feuerstätten ausgeschlossen ist und
3. bei gemeinsamer Abgasleitung die Abgasleitung aus nichtbrennbaren Baustoffen besteht oder eine Brandübertragung zwischen den Geschossen durch selbsttätige Absperrvorrichtungen verhindert wird.

(7) [1]Luft-Abgas-Systeme sind zur Abgasabführung nur zulässig, wenn sie getrennte Luft- und Abgasschächte haben. [2]An diese Systeme dürfen nur raumluftunabhängige Gasfeuerstätten angeschlossen werden, deren Bauart sicherstellt, daß sie für diese Betriebsweise geeignet sind.

(8) [1]In Gebäuden muß jede Abgasleitung, die Geschosse überbrückt, in einem eigenen Schacht angeordnet sein. [2]Die Anordnung mehrerer Abgasleitungen in einem gemeinsamen Schacht ist zulässig, wenn

1. die Abgasleitungen aus nichtbrennbaren Baustoffen bestehen,
2. die zugehörigen Feuerstätten in demselben Geschoß aufgestellt sind oder
3. eine Brandübertragung zwischen den Geschossen durch selbsttätige Absperrvorrichtungen verhindert wird.

[3]Die Schächte müssen aus nichtbrennbaren Baustoffen bestehen und eine Feuerwiderstandsdauer von mindestens 90 Minuten, in Wohngebäuden geringer Höhe von mindestens 30 Minuten haben. [4]Satz 1 gilt nicht für die Abgasleitungen im Aufstellraum der Feuerstätte sowie für Abgasleitungen, die eine Feuerwiderstandsdauer von 90 Minuten, in Wohngebäuden geringer Höhe eine Feuerwiderstandsdauer von mindestens 30 Minuten haben.

(9) Kamine müssen

1. gegen Rußbrände beständig sein,
2. in Gebäuden, in denen sie Geschosse überbrücken, eine Feuerwiderstandsdauer von mindestens 90 Minuten haben,
3. unmittelbar auf dem Baugrund gegründet oder auf einem feuerbeständigen Unterbau errichtet sein; es genügt ein Unterbau aus nichtbrennbaren Baustoffen für Kamine in Gebäuden geringer Höhe, für Kamine, die oberhalb der obersten Geschoßdecke beginnen sowie für Kamine an Gebäuden,
4. durchgehend sein; sie dürfen insbesondere nicht durch Decken unterbrochen sein, und
5. für die Reinigung Öffnungen mit Kaminreinigungsverschlüssen haben.

(10) [1]Kamine, Abgasleitungen und Verbindungsstücke, die unter Überdruck betrieben werden, müssen innerhalb von Gebäuden

1. vollständig in vom Freien dauernd gelüfteten Räumen liegen,
2. in Räumen liegen, die § 3 Abs. 1 Nr. 3 entsprechen, oder
3. der Bauart nach so beschaffen sein, daß Abgase in gefahrdrohender Menge nicht austreten können.

[3]Für Abgasleitungen genügt, wenn sie innerhalb von Gebäuden über die gesamte Länge hinterlüftet sind.

(11) Verbindungsstücke dürfen nicht in Decken, Wänden oder unzugänglichen Hohlräumen angeordnet oder in andere Geschosse geführt werden.

§ 8 Abstände von Abgasanlagen zu brennbaren Bauteilen sowie zu Fenstern. (1) Kamine müssen

1. von Holzbalken und von anderen Bauteilen aus brennbaren Baustoffen mit vergleichbarer Abmessung einen Abstand von mindestens 2 cm, bei einschaliger Ausführung mindestens 5 cm,
2. von sonstigen Bauteilen aus brennbaren Baustoffen einen Abstand von mindestens 5 cm einhalten. Dies gilt nicht für Kamine, die nur mit geringer Fläche an Bauteile, wie Fußleisten und Dachlatten, angrenzen. Zwischenräume in Decken- und Dachdurchführungen

müssen mit nichtbrennbaren Baustoffen mit geringer Wärmeleitfähigkeit ausgefüllt sein.

(2) [1]Abgasleitungen außerhalb von Schächten müssen von Bauteilen aus brennbaren Baustoffen einen Abstand von mindestens 20 cm einhalten. [2]Es genügt ein Abstand von mindestens 5 cm, wenn die Abgasleitungen mindestens 2 cm dick mit nichtbrennbaren Dämmstoffen ummantelt sind oder wenn die Abgastemperatur der Feuerstätten bei Nennwärmeleistung nicht mehr als 160° C betragen kann.

(3) Verbindungsstücke zu Kaminen müssen von Bauteilen aus brennbaren Baustoffen einen Abstand von mindestens 40 cm einhalten. [2]Es genügt ein Abstand von mindestens 10 cm, wenn die Verbindungsstücke mindestens 2 cm dick mit nichtbrennbaren Dämmstoffen ummantelt sind.

(4) [1]Abgasleitungen sowie Verbindungsstücke zu Kaminen müssen, soweit sie durch Bauteile aus brennbaren Baustoffen führen,

1. in einem Abstand von mindestens 20 cm mit einem Schutzrohr aus nichtbrennbaren Baustoffen versehen oder
2. in einem Umkreis von mindestens 20 cm mit nichtbrennbaren Baustoffen mit geringer Wärmeleitfähigkeit ummantelt sein.

[2]Abweichend von Satz 1 Nrn. 1 und 2 genügt ein Abstand von 5 cm, wenn die Abgastemperatur der Feuerstätten bei Nennwärmeleistung nicht mehr als 160° C betragen kann oder Gasfeuerstätten eine Strömungssicherung haben.

(5) Abgasleitungen an Gebäuden müssen von Fenstern einen Abstand von mindestens 20 cm haben.

(6) Geringere Abstände als nach den Absätzen 1 bis 4 sind zulässig, wenn sichergestellt ist, daß an den Bauteilen aus brennbaren Baustoffen bei Nennwärmeleistung der Feuerstätten keine höheren Temperaturen als 85° C auftreten können.

§ 9 Lage der Mündungen von Kaminen und Abgasleitungen. (1) Die Mündungen von Kaminen und Abgasleitungen müssen

1. bei Dachneigungen bis einschließlich 20 Grad die Dachfläche um mindestens 1 m, bei Dachneigungen von mehr als 20 Grad den First um mindestens 40 cm überragen,
2. Dachaufbauten, Öffnungen zu Räumen sowie ungeschützte Bauteile aus brennbaren Baustoffen, ausgenommen Bedachungen, in einem Umkreis von 1,5 m um mindestens 1 m überragen,
3. bei Feuerstätten für feste Brennstoffe in Gebäuden, deren Bedachung überwiegend nicht den Anforderungen des Art. 33 Abs. 1 BayBO entspricht, im Bereich des Firstes angeordnet sein und diesen um mindestens 80 cm überragen,

4. die Oberkanten von Lüftungsöffnungen, Fenstern oder Türen um mindestens 1 m überragen
   a) in einem Umkreis von 15 m bei Feuerstätten für feste Brennstoffe mit einer Gesamtnennwärmeleistung bis 50 kW; der Umkreis vergrößert sich um 2 m je weitere angefangene 50 kW bis auf höchstens 40 m,
   b) in einem Umkreis von 8 m bei Feuerstätten für flüssige oder gasförmige Brennstoffe mit einer Gesamtnennwärmeleistung bis 50 kW; der Umkreis vergrößert sich um 1 m je weitere angefangene 50 kW bis auf höchstens 40 m.

(2) [1]Abweichend von Absatz 1 Nr. 1 genügt bei raumluftunabhängigen Gasfeuerstätten mit einer Gesamtnennwärmeleistung bis 50 kW ein Abstand zur Dachfläche von 40 cm, wenn das Abgas durch Ventilatoren abgeführt wird. [2]Andere Abweichungen von Absatz 1 Nr. 1 können gestattet werden, wenn die Einhaltung der Anforderungen sonst zu einer Verunstaltung des Straßen-, Orts- und Landschaftsbildes oder zu einem unverhältnismäßigen Mehraufwand führen würde und schädliche Umwelteinwirkungen nicht zu befürchten sind.

§ 10 Aufstellung von Wärmepumpen, Blockheizkraftwerken und ortsfesten Verbrennungsmotoren. (1) Für die Aufstellung von

1. Sorptionswärmepumpen mit feuerbeheizten Austreibern,
2. Blockheizkraftwerken in Gebäuden und
3. ortsfesten Verbrennungsmotoren

gelten § 3 Abs. 1 bis 6 sowie § 4 Abs. 1 bis 8 entsprechend.

(2) Es dürfen

1. Sorptionswärmepumpen mit einer Nennwärmeleistung der Feuerung von mehr als 50 kW,
2. Wärmepumpen, die die Abgaswärme von Feuerstätten mit einer Gesamtnennwärmeleistung von mehr als 50 kW nutzen,
3. Kompressionswärmepumpen mit elektrisch angetriebenen Verdichtern mit Antriebsleistungen von mehr als 50 kW,
4. Kompressionswärmepumpen mit Verbrennungsmotoren,
5. Blockheizkraftwerke in Gebäuden und
6. ortsfeste Verbrennungsmotoren

nur in Räumen aufgestellt werden, die die Anforderungen nach § 5 erfüllen.

§ 11 Abführung der Ab- und Verbrennungsgase von Wärmepumpen, Blockheizkraftwerken und ortsfesten Verbrennungsmotoren. (1) [1]Die Verbrennungsgase von Blockheizkraftwerken und ortsfesten Verbrennungsmotoren in Gebäuden sind durch eigene, dichte Leitungen über Dach abzuleiten. [2]Mehrere Verbrennungsmotoren dürfen an eine gemeinsame Leitung angeschlossen werden, wenn die einwandfreie Abführung der Verbrennungsgase nachgewiesen ist. [3]Die Leitungen dürfen außerhalb der Aufstellräume der Verbrennungsmotoren nur nach Maßgabe des § 7 Abs. 8 und 10 sowie § 8 angeordnet sein.

(2) Die Einleitung der Verbrennungsgase in Kamine oder Abgasleitungen für Feuerstätten ist nur zulässig, wenn die einwandfreie Abführung der Verbrennungsgase und, soweit Feuerstätten angeschlossen sind, auch die einwandfreie Abführung der Abgase nachgewiesen ist.

(3) Für die Abführung der Abgase von Sorptionswärmepumpen mit feuerbeheizten Austreibern und Abgaswärmepumpen gelten die §§ 7 bis 9 entsprechend.

§ 12 Brennstofflagerung in Brennstofflagerräumen. (1) [1]Je Gebäude oder Brandabschnitt dürfen

1. feste Brennstoffe in einer Menge von mehr als 15 000 kg oder
2. Heizöl und Dieselkraftstoff in Behältern mit mehr als insgesamt 5 000 l

nur in besonderen Räumen (Brennstofflagerräumen) gelagert werden, die nicht zu anderen Zwecken genutzt werden dürfen. [2]Das Fassungsvermögen der Behälter darf insgesamt 100 000 l Heizöl oder Dieselkraftstoff je Brennstofflagerraum nicht überschreiten.

(2) [1]Wände und Stützen von Brennstofflagerräumen sowie Decken über oder unter ihnen müssen feuerbeständig sein. [2]Durch Decken und Wände von Brennstofflagerräumen dürfen keine Leitungen geführt werden, ausgenommen Leitungen, die zum Betrieb dieser Räume erforderlich sind sowie Heizrohrleitungen, Wasserleitungen und Abwasserleitungen. [3]Türen von Brennstofflagerräumen, ausgenommen Türen ins Freie, müssen mindestens feuerhemmend und selbstschließend sein. [4]Die Sätze 1 und 3 gelten nicht für Trennwände zwischen Brennstofflagerräumen und Heizräumen.

(3) Brennstofflagerräume für flüssige Brennstoffe

1. müssen gelüftet und von der Feuerwehr vom Freien aus beschäumt werden können,
2. dürfen nur Bodenabläufe mit Heizölsperren oder Leichtflüssigkeitsabscheidern haben und
3. müssen an den Zugängen mit der Aufschrift „HEIZÖLLAGERUNG“ oder „DIESELKRAFTSTOFFLAGERUNG“ gekennzeichnet sein.

§ 13 Brennstofflagerung außerhalb von Brennstofflagerräumen. (1) In Wohnungen dürfen Heizöl oder Dieselkraftstoff in einem

Behälter bis zu 100 l oder in Kanistern bis zu insgesamt 40 l gelagert werden.

(2) In sonstigen Räumen dürfen Heizöl oder Dieselkraftstoff von mehr als 1 000 l und nicht mehr als 5 000 l je Gebäude oder Brandabschnitt gelagert werden, wenn sie

1. die Anforderungen des § 5 Abs. 1 erfüllen und
2. nur Bodenabläufe mit Heizölsperren oder Leichtflüssigkeitsabscheidern haben.

(3) Sind in den Räumen nach Absatz 2 Feuerstätten aufgestellt, müssen diese

1. außerhalb des Auffangraums für auslaufenden Brennstoff stehen und
2. einen Abstand von mindestens 1 m zu Lagerbehältern für Heizöl oder Dieselkraftstoff haben, soweit nicht ein Strahlungsschutz vorhanden ist.

§ 14 Flüssiggas- und Dampfkesselanlagen. Für Flüssiggas- sowie für Dampfkesselanlagen, die weder gewerblichen noch wirtschaftlichen Zwecken dienen und in deren Gefahrenbereich auch keine Arbeitnehmer beschäftigt werden, gelten die Verordnung über die erweiterte Anwendung der Dampfkesselverordnung, der Druckbehälterverordnung und der Aufzugsverordnung (BayRS 2132–1–17–I) sowie die auf Grund des § 11 des Gerätesicherheitsgesetzes erlassenen Vorschriften entsprechend.

§ 15 Ordnungswidrigkeiten. Nach Art. 89 Abs. 1 Nr. 17 BayBO kann mit Geldbuße belegt werden, wer als am Bau Beteiligter nach Art. 55 BayBO vorsätzlich oder fahrlässig

1. Feuerstätten aufstellt oder Bauteile aus brennbaren Baustoffen oder Einbaumöbel anordnet, ohne die Abstände nach § 4 Abs. 8 einzuhalten,
2. Fußböden vor Feuerungsöffnungen entgegen § 4 Abs. 9 nicht schützt,
3. Bauteile aus brennbaren Baustoffen oder offene Kamine anordnet, ohne die Abstände nach Art. 4 Abs. 10 einzuhalten,
4. Abgasleitungen außerhalb von Schächten oder Bauteile aus brennbaren Baustoffen anordnet, ohne die Abstände nach § 8 Abs. 2 einzuhalten,
5. Verbindungsstücke zu Kaminen oder Bauteile aus brennbaren Baustoffen anordnet, ohne die Abstände nach § 8 Abs. 3 einzuhalten,
6. Abgasleitungen oder Verbindungsstücke zu Kaminen durch Bauteile aus brennbaren Baustoffen führt, ohne die Abstände nach § 8 Abs. 4 einzuhalten oder

7. Abgasleitungen an Gebäuden anordnet, ohne den Abstand nach § 8 Abs. 5 einzuhalten.

§ 16 Inkrafttreten. Diese Verordnung tritt am 31. März 1998 in Kraft.

Nr. 8 *(nicht belegt)*

9. Verordnung über die bautechnische Prüfung baulicher Anlagen (Bautechnische Prüfungsverordnung – BauPrüfV)

Vom 11. November 1986 (GVBl. S. 339, BayRS 2132-1-11-I)[1]

Geändert durch Verordnung vom 20. 7. 1992 (GVBl. S. 275), § 2 VO vom 24. 5. 1994 (GVBl. S. 422) und § 1 Verordnung vom 8. 12. 1997 (GVBl. S. 827, ber. 1998 S. 270)

Auf Grund des Art. 90 Abs. 6 Satz 1 Nr. 3 der Bayerischen Bauordnung (BayBO) in der Fassung der Bekanntmachung vom 4. August 1997 (GVBl. S. 433, BayRS 2132–1–I) erläßt das Bayerische Staatsministerium des Innern folgende Verordnung:[2]

Inhaltsübersicht

---

[1] Siehe auch Bek. über den Vollzug der Bautechnischen Prüfungsverordnung (BauPrüfV) und der Gebührenordnung für Prüfämter und Prüfingenieure für Baustatik (GebOP) idF v. 20. 3. 1998 (GVBl. S. 202).

[2] Eingangsformel geänd. durch § 2 VO v. 24. 5. 1994 (GVBl. S. 422) und VO v. 8. 12. 1997 (GVBl. S. 827).

Abschnitt I. Prüfämter, Prüfingenieure

§ 1[1] **Prüfämter und Prüfingenieure.** (1) [1]Die untere Bauaufsichtsbehörde kann für Sonderbauten (Art. 2 Abs. 4 Satz 2 BayBO) die Prüfung der Standsicherheitsnachweise und der Nachweise der Feuerwiderstandsdauer der tragenden Bauteile einem Prüfamt für Baustatik (Prüfamt) oder einem Prüfingenieur für Baustatik (Prüfingenieur) übertragen. [2]Die untere Bauaufsichtsbehörde kann ferner bei Vorhaben nach Satz 1 die Bauüberwachung teilweise oder ganz einem Prüfamt oder einem Prüfingenieur übertragen.

(2) Das Staatsministerium des Innern kann anordnen, daß bestimmte bautechnische Nachweise im Sinn des Absatzes 1 Satz 1 nur durch bestimmte Prüfämter oder durch bestimmte Prüfingenieure geprüft werden dürfen.

(3) [1]Das Prüfamt oder der Prüfingenieur müssen vom Staatsministerium des Innern anerkannt sein.[2] [2]Die Anerkennung begründet keinen Anspruch darauf, von der unteren Bauaufsichtsbehörde Prüfaufträge zu erhalten.

(4) [1]Die Prüfämter müssen mit geeigneten Ingenieuren besetzt sein. [2]Sie müssen von einem im Bauingenieurwesen besonders vorgebildeten und erfahrenen Beamten des höheren bautechnischen Verwaltungsdienstes geleitet werden. [3]Die Bestellung des Leiters und dessen Stellvertreters bedarf der vorherigen Zustimmung des Staatsministeriums des Innern. [4]Für Organisationen der Technischen Überwachung, die für bestimmte Aufgaben als Prüfamt für Baustatik anerkannt werden, kann das Staatsministerium des Innern Ausnahmen von den Anforderungen nach Satz 2 gestatten.

(5) Die Prüfämter und die Prüfingenieure unterstehen der Fachaufsicht des Staatsministeriums des Innern.

(6) *(aufgehoben)*

Abschnitt II. Anerkennung von Prüfingenieuren

§ 2 Umfang der Anerkennung, Niederlassung. (1) [1]Prüfingenieure können für folgende Fachrichtungen anerkannt werden:

---

[1] § 1 Abs. 6 angef. durch § 2 VO v. 24. 5. 1994 (GVBl. S. 422), Abs.1 und 2 neugef., Abs. 3 Satz 2 aufgeh., bish. Satz 3 wird Satz 2, Abs. 4 Satz 3 eingef., bish. Satz 3 wird Satz 4, Abs. 6 aufgeh. durch VO v. 8. 12. 1997 (GVBl. S. 827).

[2] Bek. über Prüfämter und Prüfingenieure für Baustatik v. 5. 11. 1984 (MABl. S. 603).

1. Massivbau,
2. Metallbau,
3. Holzbau.

[2]Die Anerkennung kann für eine oder mehrere Fachrichtungen ausgesprochen werden.

(2) Die Anerkennung für eine Fachrichtung schließt die Berechtigung zur Prüfung einzelner Bauteile mit höchstens durchschnittlichem Schwierigkeitsgrad der anderen Fachrichtungen mit ein.

(3) Die Anerkennung ist für eine bestimmte Niederlassung zu erteilen.

(4) Der Prüfingenieur darf seine Niederlassung nur mit Zustimmung des Staatsministeriums des Innern in eine andere Gemeinde verlegen.

§ 3[1)] Voraussetzungen der Anerkennung. (1) Als Prüfingenieur wird ein Ingenieur anerkannt, der

1. im Zeitpunkt der Antragstellung seit mindestens zwei Jahren als mit der Tragwerksplanung befaßter Ingenieur oder als hauptberuflicher Hochschullehrer eigenverantwortlich und unabhängig im Sinn von Art. 1 Abs. 2 Nrn. 1, 2 oder 4, Abs. 3 Bayerisches Ingenieurekammergesetz-Bau (BayIKaBauG) tätig und in die Liste der Beratenden Ingenieure nach Art. 4 BayIKaBauG eingetragen ist,
2. im Zeitpunkt der Antragstellung das 60. Lebensjahr noch nicht überschritten hat,
3. Deutscher im Sinn von Art. 116 Abs. 1 Grundgesetz ist,
4. die deutsche Sprache in Wort und Schrift beherrscht,
5. das Studium des Bauingenieurwesens an einer deutschen Hochschule oder ein gleichwertiges Studium im europäischen Wirtschaftsraum mit Erfolg abgeschlossen hat,
6. mindestens zehn Jahre lang mit der Aufstellung von Standsicherheitsnachweisen, der technischen Bauleitung oder mit vergleichbaren Tätigkeiten betraut war, wovon er mindestens fünf Jahre lang Standsicherheitsnachweise aufgestellt haben und mindestens ein Jahr lang mit der technischen Bauleitung betraut gewesen sein muß; die Zeit einer technischen Bauleitung darf jedoch nur bis zu höchstens drei Jahren angerechnet werden,
7. über eingehende Kenntnisse der einschlägigen baurechtlichen Vorschriften sowie der Bestimmungen auf dem Gebiet der Feuerwiderstandsdauer der tragenden Bauteile verfügt,
8. durch seine Leistungen als Ingenieur überdurchschnittliche Fähigkeiten bewiesen hat,

---

1) § 3 neugef. durch VO v. 8. 12. 1997 (GVBl. S. 827).

9. die für einen Prüfingenieur erforderlichen Fachkenntnisse und Erfahrungen besitzt,
10. auch nach seiner Persönlichkeit Gewähr dafür bietet, daß er die Aufgaben eines Prüfingenieurs ordnungsgemäß im Sinn des § 9 Abs. 1 erfüllen und er neben der Prüftätigkeit andere Tätigkeiten nur in solchem Umfang ausüben wird, daß die ordnungsgemäße Erfüllung seiner Pflichten als Prüfingenieur, insbesondere seiner Überwachungspflicht nach § 9 Abs. 3, gewährleistet ist,
11. nicht durch gerichtliche Anordnung in der Verfügung über sein Vermögen beschränkt ist,
12. seinen Geschäftssitz im Freistaat Bayern hat.

(2) Das Staatsministerium des Innern kann Ausnahmen von den Voraussetzungen des Absatzes 1 Nrn. 1, 2, 3, 5 und 6 gestatten.

(3) Die Anerkennung kann versagt werden, wenn die bereits anerkannten Prüfämter und Prüfingenieure ausreichen und durch die Anerkennung weiterer Prüfämter und Prüfingenieure die ordnungsgemäße Aufgabenerfüllung beeinträchtigt würde.

(5) [1]Die Anerkennung wird für eine bestimmte Frist, höchstens jedoch für fünf Jahre, erteilt. [2]Sie kann auf Antrag um je höchstens fünf Jahre verlängert werden.

§ 4[1)] Anerkennungsverfahren. (1) Der Antrag auf Anerkennung ist an das Staatsministerium des Innern zu richten.

(2) Dem Antrag sind die erforderlichen Angaben und Nachweise beizufügen, insbesondere

1. ein Lebenslauf mit lückenloser Angabe des fachlichen Werdegangs,
2. die Nachweise nach § 3 Abs. 1 Nrn. 1 bis 8,
3. eine beglaubigte Ablichtung eines gültigen deutschen Reisepasses oder Bundespersonalausweises,
4. ein Führungszeugnis,
5. eine Erklärung, daß ein Versagungsgrund nach § 3 Abs. 1 Nr. 11 nicht vorliegt,
6. Angaben über etwaige Niederlassungen,
7. Angaben über eine etwaige Beteiligung an einer Gesellschaft, deren Zweck die Planung und Durchführung von Bauvorhaben ist,
8. der Nachweis, daß im Fall der Anerkennung eine Haftpflichtversicherung mit einer Mindestdeckungssumme von zwei Millionen Deutsche Mark pauschal für Personen-, Sach- und Vermögensschäden für jeden einzelnen Schadensfall besteht.

---

1) § 4 Abs. 2 neugef. durch VO v. 8. 12. 1997 (GVBl. S. 827).

(3) In dem Antrag ist ferner anzugeben, in welcher Gemeinde der Antragsteller sich als Prüfingenieur niederzulassen beabsichtigt.

(4) Das Staatsministerium des Innern kann weitere Unterlagen verlangen.

§ 5 Gutachten, Prüfungsausschuß. (1) [1]Das Staatsministerium des Innern holt vor der Anerkennung ein Gutachten über die fachliche Eignung des Antragstellers ein. [2]Das Gutachten wird von einem beim Staatsministerium des Innern einzurichtenden Prüfungsausschuß erstattet; der Ausschuß hat das Gutachten zu begründen.

(2) Der Prüfungsausschuß kann verlangen, daß der Antragsteller seine Kenntnisse schriftlich und mündlich nachweist.

(3) [1]Das Staatsministerium des Innern beruft auf die Dauer von fünf Jahren den Vorsitzenden, den stellvertretenden Vorsitzenden und die weiteren Mitglieder des Prüfungsausschusses und regelt dessen Geschäftsführung. [2]Die Mitglieder des Prüfungsausschusses sind unabhängig und an Weisungen nicht gebunden. [3]Sie sind zu Unparteilichkeit und Verschwiegenheit verpflichtet. [4]Sie sind ehrenamtlich tätig und haben Anspruch auf Ersatz der Reisekosten und der notwendigen Auslagen.

§ 6[1)] Anerkennung von Prüfingenieuren anderer Länder. Die in anderen Ländern der Bundesrepublik Deutschland anerkannten Prüfingenieure gelten auch im Freistaat Bayern als anerkannt, wenn sie eine Haftpflichtversicherung mit einer Mindestdeckungssumme von 2 Millionen Deutsche Mark pauschal für Personen-, Sach- und Vermögensschäden für jeden einzelnen Schadensfall nachweisen und das 68. Lebensjahr noch nicht vollendet haben.

§ 7[2)] Erlöschen und Widerruf der Anerkennung. (1) Die Anerkennung erlischt, wenn der Prüfingenieur

1. gegenüber dem Staatsministerium des Innern schriftlich auf sie verzichtet,
2. das 68. Lebensjahr vollendet hat.

(2) Unbeschadet des Art. 49 des Bayerischen Verwaltungsverfahrensgesetzes kann die Anerkennung widerrufen werden, wenn

1. der Prüfingenieur infolge geistiger oder körperlicher Gebrechen nicht mehr in der Lage ist, seine Tätigkeit ordnungsgemäß auszuüben,

---

[1)] § 6 geänd. durch VO v. 8. 12. 1997 (GVBl. S. 827).

[2)] § 7 Abs. 2 Nr. 7 neugef. durch VO v. 20. 7. 1992 (GVBl. S. 275), Abs. 2 Nrn. 2 und 4 geänd. durch VO v. 8. 12. 1997 (GVBl. S. 827).

2. der Prüfingenieur gegen die ihm obliegenden Pflichten wiederholt oder mindestens grob fahrlässig verstoßen hat,
3. der Prüfingenieur schuldhaft seine Prüf- oder Ingenieurtätigkeit mangelhaft ausführt,
4. der Prüfingenieur seine Prüftätigkeit in solchem Umfang ausübt, daß die ordnungsgemäße Erfüllung seiner Pflichten als Prüfingenieur, insbesondere seiner Überwachungspflicht nach § 9 Abs. 3, nicht gewährleistet ist,
5. der Prüfingenieur an verschiedenen Orten Niederlassungen als Prüfingenieur einrichtet,
6. der nach § 4 Abs. 2 Nr. 7 geforderte Versicherungsschutz nicht mehr besteht,
7. der Prüfingenieur nicht mehr im Sinn von § 3 Abs. 1 Nr. 1 tätig ist.

Abschnitt III.[1] Prüfung

§ 8[1] Aufgaben der Prüfämter und Prüfingenieure. (1) [1]Das Prüfamt oder der Prüfingenieur haben die Vollständigkeit und Richtigkeit der Nachweise im Sinn des § 1 Abs. 1 Satz 1 zu prüfen. [2]Die Vollständigkeit und die Richtigkeit ist unter Verwendung des vom Staatsministerium des Innern vorgeschriebenen Musters in einem Prüfbericht zu bestätigen.

(2) Im Prüfbericht soll angegeben werden, ob eine Beteiligung eines Prüfamts oder eines Prüfingenieurs bei der Bauüberwachung und bei Bauzustandsbesichtigungen für erforderlich gehalten wird.

§ 9[1], [2] Durchführung der Prüfung. (1) Der Prüfingenieur hat seine Prüftätigkeit unparteiisch und gewissenhaft gemäß den bauaufsichtlichen Vorschriften auszuüben, über die er sich stets auf dem laufenden zu halten hat.

(2) Prüfaufträge dürfen nur aus zwingenden Gründen abgelehnt werden.

(3) [1]Der Prüfingenieur darf sich der Mithilfe befähigter und zuverlässiger, angestellter Mitarbeiter oder als Hochschullehrer auch hauptberuflicher Mitarbeiter aus dem wissenschaftlichen Personal seines Fachbereichs bedienen. [2]Mitgesellschafter einer Niederlassung Beratender Ingenieure, der der Prüfingenieur angehört, stehen angestellten

---

[1] Kapitelüberschrift geänd., § 8 neugef., § 9 aufgeh., bish. §§ 10 bis 14 werden §§ 9 bis 13 durch VO v. 8. 12. 1997 (GVBl. S. 827).

[2] § 9 Abs. 3 Sätze 1 und 2 neugef. durch VO v. 20. 7. 1992 (GVBl. S. 275), Abs. 1 und Abs. 3 Satz 2 geänd., Abs. 4 Satz 1, Abs. 6 und 7 neugef., Abs. 8 aufgeh. durch VO v. 8. 12. 1997 (GVBl. S. 827).

Mitarbeitern gleich, sofern der Prüfingenieur hinsichtlich ihrer Mithilfe bei der Prüftätigkeit ein Weisungsrecht hat und die Prüfung am Sitz der Gesellschaft erfolgt. [3]Die Gesamtzahl der Mitarbeiter ist so zu beschränken, daß er ihre Tätigkeit jederzeit voll überwachen kann. [4]Der Prüfingenieur trägt allein die Verantwortung gegenüber der unteren Bauaufsichtsbehörde. [5]Er kann sich nur durch einen anderen Prüfingenieur derselben Fachrichtung vertreten lassen.

(4) [1]Der Prüfingenieur darf nicht tätig werden, wenn er oder ein Mitarbeiter bereits, insbesondere als Entwurfsverfasser, Nachweisersteller, Vorgutachter, Bauleiter oder Unternehmer, mit dem Gegenstand der Prüfung befaßt war oder wenn ein sonstiger Befangenheitsgrund im Sinn des Art. 21 Abs. 1 Satz 1 BayVwVfG vorliegt. [2]Dies gilt für Prüfämter sinngemäß.

(5) [1]Werden Aufträge nicht in angemessener Frist erledigt, so kann die untere Bauaufsichtsbehörde den Auftrag zurückziehen und die Unterlagen zurückfordern. [2]Ansonsten kann ein Prüfauftrag nur aus triftigen Gründen zurückgezogen werden.

(6) Das Prüfamt oder der Prüfingenieur können vom Bauherrn, dem Entwurfsverfasser oder dem Ersteller der Nachweise im Sinn des § 1 Abs. 1 Satz 1 verlangen, daß fehlende Unterlagen nachgereicht, Mängel behoben oder Fehler berichtigt werden.

(7) [1]Gehören wichtige Teile einer baulichen Anlage zu verschiedenen Fachrichtungen mit überdurchschnittlichem oder sehr hohem Schwierigkeitsgrad, für die der für die Prüfung vorgesehene Prüfingenieur nicht anerkannt ist (§ 2 Abs. 1), so kann die untere Bauaufsichtsbehörde den Prüfauftrag mit der Maßgabe erteilen, daß der Prüfingenieur ein Prüfamt oder einen Prüfingenieur hinzuzuziehen hat, der für diese Fachrichtungen anerkannt ist. [2]Ergibt sich nachträglich, daß die Voraussetzungen des Satzes 1 vorliegen, hat der Prüfingenieur den Prüfauftrag zurückzugeben oder ein Prüfamt oder einen Prüfingenieur, der für diese Fachrichtungen anerkannt ist, hinzuzuziehen; die untere Bauaufsichtsbehörde ist hiervon zu unterrichten.

(8) *(aufgehoben)*

§ 10[1)] **Verantwortung.** [1]Das Prüfamt oder der Prüfingenieur tragen gegenüber der unteren Bauaufsichtsbehörde die Verantwortung für die Vollständigkeit und Richtigkeit der Prüfung. [2]Einer Nachprüfung des Prüfergebnisses durch die untere Bauaufsichtsbehörde bedarf es nicht mehr, wenn nicht offensichtliche Unstimmigkeiten vorliegen.

§ 11[1)] **Prüfungsverzeichnis.** Über alle Prüfaufträge haben das Prüfamt und der Prüfingenieur ein Verzeichnis nach einem vom Staatsmi-

---

1) §§ 11 und 12 werden §§ 10 und 11 durch VO v. 8. 12. 1997 (GVBl. S. 827).

nisterium des Innern festzulegenden Muster zu führen und bis zum 31. Januar des folgenden Jahres dem Staatsministerium des Innern vorzulegen.

Abschnitt IV.[1] Typenprüfung

§ 12[1), 2)] Typenprüfung. (1) Sollen bauliche Anlagen und Teile baulicher Anlagen, ausgenommen Bauvorhaben geringer Schwierigkeit (Art. 2 Abs. 4 Satz 1 BayBO) in gleicher Ausführung an mehreren Stellen errichtet oder verwendet werden, ohne daß eine Prüfung durch die untere Bauaufsichtsbehörde oder nach Abschnitt III oder eine Bescheinigung nach Art. 69 Abs. 4 BayBO erfolgt, müssen die Nachweise der Standsicherheit und der Feuerwiderstandsdauer der tragenden Bauteile Nachweise von einem Prüfamt geprüft sein (Typenprüfung).

(2) Die Typenprüfung wird für eine bestimmte Frist erteilt, die fünf Jahre nicht überschreiten soll; sie kann auf schriftlichen Antrag von dem Prüfamt, das die Typenprüfung erteilt hat, um jeweils höchstens fünf Jahre verlängert werden, wenn dies vor Ablauf der Frist schriftlich beantragt wird.

(3) Die von den Prüfämtern der anderen Länder der Bundesrepublik Deutschland durchgeführten Typenprüfungen gelten auch im Freistaat Bayern.

(4) *(aufgehoben)*

Abschnitt V. Schlußvorschriften

§ 13[1), 2)] Führung der Bezeichnung Prüfingenieur für Baustatik, Ordnungswidrigkeiten. (1) Wer nach den Vorschriften dieser Verordnung nicht als Prüfingenieur anerkannt ist, darf die Bezeichnung „Prüfingenieur für Baustatik" nicht führen.

(2) Nach Art. 89 Abs. 1 Nr. 17 BayBO kann mit Geldbuße bis zu einhunderttausend Deutsche Mark belegt werden, wer entgegen Absatz 1 die Bezeichnung „Prüfingenieur für Baustatik" führt.

---

[1] Abschnittsüberschrift, § 13 Überschrift geänd., Abs. 4 aufgeh., § 14 Abs. 2 geänd. durch § 2 VO v. 24. 5. 1994 (GVBl. S. 422), neuer § 12 Abs. 1 neugef., neuer § 13 Abs. 2 geänd. durch VO v. 8. 12. 1997 (GVBl. S. 827).

[2] §§ 13 und 14 werden §§ 12 und 13 durch VO v. 8. 12. 1997 (GVBl. S. 827).

§ 14[1] Inkrafttreten, Außerkrafttreten. (1) Diese Verordnung tritt am 1. Januar 1987 in Kraft; sie tritt am 31. Dezember 2006 außer Kraft.

(2) Gleichzeitig tritt die Verordnung über die bautechnische Prüfung baulicher Anlagen – Bautechnische Prüfungsverordnung – BauPrüfV – (BayRS 2132-1-11-I) außer Kraft.

§ 15 *(aufgehoben)*

---

[1] § 15 aufgeh., bish. § 16 wird § 14 durch VO v. 8. 12. 1997 (GVBl. S. 827).

10. Verordnung über die verantwortlichen Sachverständigen im Bauwesen (Sachverständigenverordnung-Bau – SVBau)

Vom 28. Juli 1997 (GVBl. S. 370)

Geändert durch VO zur Änderung der SachverständigenverordnungBau (SVBau) und der ZusatzqualifikationsverordnungBau (ZQualVBau) vom 15. 4. 1998 (GVBl. S. 228)

Auf Grund des Art. 90 Abs. 9 der Bayerischen Bauordnung (BayBO) erläßt die Bayerische Staatsregierung nach Anhörung des Senats mit Zustimmung des Landtags folgende Verordnung:[1]

1. Abschnitt. Allgemeine Vorschriften

§ 1[1] Anwendungsbereich. (1) Verantwortliche Sachverständige sind nach Maßgabe der Vorschriften der Bayerischen Bauordnung und dazu ergangener Sonderbauverordnungen berechtigt, in ihren Fachbereichen Bescheinigungen nach Art. 69 Abs. 4 BayBO auszustellen.

(2) Diese Verordnung regelt die Zulassung und Tätigkeit der verantwortlichen Sachverständigen für die Fachbereiche

1. Standsicherheit einschließlich der Feuerwiderstandsdauer der tragenden Bauteile in den Fachrichtungen Massivbau, Metallbau und Holzbau,
2. vorbeugender Brandschutz,
3. Vermessung im Bauwesen,
4. sicherheitstechnische Anlagen und Einrichtungen und
5. Erd- und Grundbau.

§ 2 Voraussetzungen der Zulassung. (1) Als verantwortliche Sachverständige werden unbeschadet anderslautender Vorschriften in den folgenden Abschnitten nur Personen zugelassen, welche die allgemeinen Voraussetzungen des § 3 und die besonderen Voraussetzungen ihres Fachbereichs nachgewiesen haben.

(2) Die Zulassung erfolgt in den Fällen des § 1 Abs. 2 Nrn. 1, 2 und 5 durch Anerkennung, in den Fällen des § 1 Abs. 2 Nrn. 3 und 4 durch Eintragung in die bei der Bayerischen Ingenieurekammer-Bau zu führenden Listen.

(3) Vergleichbare Zulassungen anderer Länder in der Bundesrepublik Deutschland gelten auch im Freistaat Bayern.

---

[1] Einleitungssatz und § 1 Abs. 1 geänd. durch § 1 VO v. 15. 4. 1998 (GVBl. S. 228).

§ 3 Allgemeine Voraussetzungen. Verantwortliche Sachverständige können nur solche Personen sein, die

1. die deutsche Sprache in Wort und Schrift beherrschen,
2. nach ihrer Persönlichkeit Gewähr dafür bieten, daß sie ihre Aufgaben ordnungsgemäß im Sinn des § 4 erfüllen,
3. die Fähigkeit besitzen, öffentliche Ämter zu bekleiden,
4. nicht durch gerichtliche Anordnung in der Verfügung über ihr Vermögen beschränkt sind und
5. den Geschäftssitz oder eine Niederlassung im Freistaat Bayern haben.

§ 4 Allgemeine Pflichten. (1) [1]Verantwortliche Sachverständige haben ihre Tätigkeiten unparteiisch, gewissenhaft, gemäß den bauaufsichtlichen Vorschriften, über die sie sich stets auf dem laufenden zu halten haben, eigenverantwortlich und unabhängig im Sinn von Art. 1 Abs. 2 Nrn. 1, 2 oder 4, Abs. 3 Bayerisches Ingenieurekammergesetz-Bau (BayIKBauG) zu erfüllen. [2]Unbeschadet weitergehender Vorschriften dürfen sich die Sachverständigen bei ihrer Tätigkeit der Mithilfe befähigter und zuverlässiger angestellter Mitarbeiter nur in einem solchen Umfang bedienen, daß sie deren Tätigkeit voll überwachen können.

(2) Verantwortliche Sachverständige dürfen nicht tätig werden, wenn sie oder ihre Mitarbeiter bereits, insbesondere als Entwurfsverfasser, Nachweisersteller, Vorgutachter, Bauleiter oder Unternehmer, mit dem Gegenstand der Bescheinigung befaßt waren oder wenn ein sonstiger Befangenheitsgrund vorliegt.

(3) Ergibt sich bei der Tätigkeit der verantwortlichen Sachverständigen, daß der Auftrag teilweise einem anderen Fachbereich oder einer anderen Fachrichtung zuzuordnen ist, sind sie verpflichtet, dies den Auftraggebern anzuzeigen.

§ 5 Zulassungsverfahren. (1) [1]Der Antrag auf Zulassung ist in den Fällen des § 1 Abs. 2 Nrn. 1, 3, 4 und 5 an die Bayerische Ingenieurekammer-Bau und in den Fällen des § 1 Abs. 2 Nr. 2 an die Bayerische Architektenkammer zu richten. [2]In dem Antrag ist anzugeben, für welchen Fachbereich und welche Fachrichtung die Zulassung beantragt wird und in welcher Gemeinde der Antragsteller sich als Sachverständiger niederzulassen beabsichtigt.

(2) Dem Antrag sind die erforderlichen Angaben und Nachweise beizufügen, insbesondere

1. ein Lebenslauf,
2. je eine beglaubigte Ablichtung der Abschlußzeugnisse,
3. ein Führungszeugnis,
4. Angaben über etwaige Niederlassungen,

5. Angaben über eine etwaige Beteiligung an einer Gesellschaft, deren Zweck die Planung und Durchführung von Bauvorhaben ist,
6. die Nachweise über die Erfüllung der besonderen Voraussetzungen der jeweiligen Fachbereiche.

(3) [1]Über die Zulassung entscheidet der Eintragungsausschuß der jeweiligen Kammer. [2]Die Zulassung kann auch für mehrere Fachbereiche und Fachrichtungen erfolgen. [3]Sie ist je nach Antrag für den Geschäftssitz oder für eine bestimmte Niederlassung zu erteilen.

(4) Der jeweilige Eintragungsausschuß führt nach Fachbereichen und Fachrichtungen getrennte Listen über die zugelassenen verantwortlichen Sachverständigen.

§ 6[1)] Erlöschen und Widerruf der Zulassung. (1) Die Zulassung erlischt, wenn die verantwortlichen Sachverständigen

1. gegenüber dem Eintragungsausschuß schriftlich auf sie verzichten,
2. das achtundsechzigste Lebensjahr vollendet haben.

(2) [1]Unbeschadet des Art. 49 des Bayerischen Verwaltungsverfahrensgesetzes kann die Zulassung widerrufen werden, wenn verantwortliche Sachverständige

1. in Folge geistiger oder körperlicher Gebrechen nicht in der Lage sind, ihre Tätigkeit ordnungsgemäß auszuüben,
2. gegen die ihnen obliegenden Pflichten wiederholt oder mindestens grob fahrlässig verstoßen haben,
3. ihre Tätigkeit in einem Umfang ausüben, der eine ordnungsgemäße Erfüllung ihrer Pflichten nicht erwarten läßt,
4. an verschiedenen Orten Niederlassungen als verantwortliche Sachverständige einrichten.

[2]Dies gilt auch, wenn verantwortliche Sachverständige für Standsicherheit nicht mehr im Sinn von § 8 Abs. 2 Nr. 2 tätig sind.

§ 7[1)] Führung der Bezeichnung verantwortlicher Sachverständiger. (1) Wer nicht nach § 2 oder § 8 Abs. 1 Nrn. 1 bis 3 als verantwortlicher Sachverständiger für Standsicherheit, vorbeugenden Brandschutz, Vermessung im Bauwesen die Prüfung sicherheitstechnischer Anlagen und Einrichtungen oder den Erd- und Grundbau zugelassen ist oder gilt, darf die Bezeichnung verantwortlicher Sachverständiger nicht führen.

(2) Nach Art. 89 Abs. 1 Nr. 17 BayBO kann mit Geldbuße bis zu einhunderttausend Deutsche Mark belegt werden, wer entgegen Absatz 1 die Bezeichnung verantwortlicher Sachverständiger führt.

[1)] § 6 Abs. 2 Satz 1 Nr. 3 und § 7 Abs. 2 geänd. durch § 1 VO v. 15. 4. 1998 (GVBl. S. 228).

2. Abschnitt. Verantwortliche Sachverständige für Standsicherheit

§ 8 Besondere Voraussetzungen. (1) Verantwortliche Sachverständige für Standsicherheit sind

1. die nach § 2 der Bautechnischen Prüfungsverordnung (BauPrüfV)[1] anerkannten Prüfingenieure für Baustatik,
2. die Prüfingenieure, die nach § 6 BauPrüfV als anerkannt gelten,
3. die Leiter sowie deren Stellvertreter der vom Staatsministerium des Innern für ihren Bereich anerkannten Prüfämter nach § 1 Abs. 3 BauPrüfV und
4. die nach Absatz 2 anerkannten Personen.

(2) [1]Als verantwortliche Sachverständige für Standsicherheit werden Personen anerkannt, die

1. das Studium des Bauingenieurwesens an einer deutschen Hochschule oder ein gleichwertiges Studium im Europäischen Wirtschaftsraum mit Erfolg abgeschlossen haben,
2. im Zeitpunkt der Antragstellung seit mindestens zwei Jahren als mit der Tragwerksplanung befaßter Ingenieur oder als hauptberuflicher Hochschullehrer eigenverantwortlich und unabhängig tätig sind,
3. mindestens zehn Jahre mit der Aufstellung von Standsicherheitsnachweisen, der technischen Bauleitung oder mit vergleichbaren Tätigkeiten betraut waren, wovon sie mindestens fünf Jahre lang Standsicherheitsnachweise aufgestellt haben und mindestens ein Jahr lang mit der technischen Bauleitung betraut gewesen sein müssen; die Zeit einer technischen Bauleitung darf jedoch nur bis zu höchstens drei Jahren angerechnet werden,
4. über eingehende Kenntnisse der einschlägigen baurechtlichen Vorschriften sowie der Bestimmungen auf dem Gebiet der Feuerwiderstandsdauer der tragenden Bauteile verfügen,
5. durch ihre Leistungen als Ingenieure überdurchschnittliche Fähigkeiten bewiesen haben und
6. die für einen Sachverständigen erforderlichen Fachkenntnisse und Erfahrungen besitzen.

[2]Eigenverantwortlich und unabhängig gemäß Satz 1 Nr. 2 werden Personen insbesondere in den Fällen des Art. 1 Abs. 2 Nrn. 1, 2 oder 4 BayIKBauG tätig.

(3) [1]Für die als anerkannt geltenden Personen in Absatz 1 Nrn. 1 bis 3 gelten die Vorschriften dieser Verordnung, soweit sie nicht das

---

[1] Abgedruckt unter Nr. **9**.

Anerkennungsverfahren betreffen. [2]Die Wirkung des Absatzes 1 Nrn. 1 und 3 tritt nicht ein, wenn die Prüfingenieure, die Leiter der Prüfämter oder deren Stellvertreter gegenüber der Bayerischen Ingenieurekammer-Bau erklären, daß sie nicht als verantwortliche Sachverständige für Standsicherheit tätig sein wollen. [3]Verantwortliche Sachverständige nach Absatz 1 Nr. 2 werden in die von der Bayerischen Ingenieurekammer-Bau nach § 5 Abs. 4 zu führende Liste nur auf Antrag eingetragen. [4]Die in Absatz 1 Nr. 3 genannten Personen handeln im Auftrag und auf Rechnung des jeweiligen Prüfamts. [5]Sie werden abweichend von § 4 Abs. 1 Satz 1 nicht eigenverantwortlich tätig. [6]Dies gilt auch für die als anerkannt geltenden Prüfingenieure, die Hochschullehrer im Sinn von § 3 Abs. 1 Nr. 2 BauPrüfV[1] sind.

§ 9 Prüfungsausschuß. [1]Der Eintragungsausschuß der Bayerischen Ingenieurekammer-Bau holt nach Eingang der vollständigen Antragsunterlagen ein Gutachten über die fachliche Eignung des Antragstellers bei dem Prüfungsausschuß ein, der nach § 5 BauprüfV[1] im Anerkennungsverfahren für Prüfingenieure tätig wird. [2]Der Prüfungsausschuß kann verlangen, daß der Antragsteller seine Kenntnisse schriftlich und mündlich nachweist. [3]Der Prüfungsausschuß hat das Gutachten zu begründen.

§ 10[2] Aufgabenerledigung. (1) [1]Die verantwortlichen Sachverständigen für Standsicherheit bescheinigen im Rahmen der Art. 64 Abs. 5, Art. 65 Abs. 2 Satz 2 und Art. 73 Abs. 2 BayBO die Vollständigkeit und Richtigkeit der Nachweise über die Standsicherheit sowie der Feuerwiderstandsdauer der tragenden Bauteile der geplanten baulichen Anlage im Sinn von Art. 69 Abs. 4 Satz 1 BayBO. [2]Die Bescheinigungen bestehen aus dem Prüfbericht sowie der Ausfertigung des geprüften Standsicherheitsnachweises. [3]Soweit der verantwortliche Sachverständige für Standsicherheit über die zur Beurteilung der Setzungen und ihrer Auswirkungen auf das Bauwerk sowie die Sicherheit gegen Gleiten, Kippen und Grundbruch erforderliche Sachkunde nicht verfügt, oder wenn hinsichtlich der verwendeten Annahmen oder der bodenmechanischen Kenngrößen Zweifel bestehen, sind von ihm im Einvernehmen mit dem Bauherrn verantwortliche Sachverständige für den Erd- und Grundbau einzuschalten. [4]Der verantwortliche Sachverständige für Standsicherheit hat ferner die ordnungsgemäße Bauausführung im Sinn des Art. 78 Abs. 2 BayBO

1. im Massivbau die Spanngliedführung und Bewehrung,

---

[1] Abgedruckt unter Nr. **9**.

[2] § 10 Abs. 1 Satz 1 geänd., Sätze 4 und 5 neugef. durch § 1 VO v. 15. 4. 1998 (GVBl. S. 228).

2. im Metall- und Holzbau die Anschlüsse und Verbindungen der für die Standsicherheit und den konstruktiven Brandschutz wesentlichen Bauteile

zu bescheinigen; für die Bescheinigung nach Halbsatz 1 genügen Stichproben auf der Baustelle. [5]Eine Bescheinigung nach Satz 4 ist nicht erforderlich, wenn der verantwortliche Sachverständige in dem Prüfbericht nach Satz 2 bescheinigt, daß die Abnahme dieser Bauzustände durch den Tragwerksplaner zur Sicherstellung der ordnungsgemäßen Bauausführung genügt; die Bescheinigung nach Halbsatz 1 hat die Rechtswirkung des Art. 78 Abs. 2 BayBO.

(2) [1]Die verantwortlichen Sachverständigen für Standsicherheit können sich als Hochschullehrer vorbehaltlich der dienstrechtlichen Regelungen auch hauptberuflicher Mitarbeiter aus dem ihnen zugeordneten wissenschaftlichen Personal bedienen. [2]Mitgesellschafter einer Gesellschaft Beratender Ingenieure stehen angestellten Mitarbeitern gleich, sofern die verantwortlichen Sachverständigen für Standsicherheit hinsichtlich ihrer Mithilfe bei der Prüftätigkeit ein Weisungsrecht haben und die Prüfung an seiner Niederlassung nach § 5 Abs. 1 Satz 2 erfolgt.

(3) [1]Die verantwortlichen Sachverständigen für Standsicherheit dürfen Bescheinigungen nur hinsichtlich baulicher Anlagen vornehmen, für deren Fachrichtung sie anerkannt sind. [2]Sie sind auch berechtigt, einzelne Bauteile mit höchstens durchschnittlichem Schwierigkeitsgrad der anderen Fachrichtungen zu prüfen.

(4) [1]Die verantwortlichen Sachverständigen für Standsicherheit haben ein Verzeichnis über die von ihnen erteilten Bescheinigungen nach einem vom Staatsministerium des Innern festgelegten Muster zu führen. [2]Das Verzeichnis ist jeweils für ein Kalenderjahr spätestens am 31. Januar des folgenden Jahres dem Eintragungsausschuß vorzulegen. [3]Der Eintragungsausschuß und das Staatsministerium des Innern unterrichten sich über Tatsachen, die Zweifel an der ordnungsgemäßen Erfüllung der Pflichten durch die verantwortlichen Sachverständigen für Standsicherheit, die zugleich Prüfingenieure sind, begründen.

3. Abschnitt. Verantwortliche Sachverständige für den vorbeugenden Brandschutz

§ 11 Besondere Voraussetzungen. [1]Als verantwortliche Sachverständige für den vorbeugenden Brandschutz werden nur Personen anerkannt, die

1. als Angehörige der Fachrichtung Architektur, Hochbau, Bauingenieurwesen oder eines Studiengangs mit Schwerpunkt Brandschutz

ein Studium an einer deutschen Hochschule, ein gleichwertiges Studium im Europäischen Wirtschaftsraum oder die Ausbildung für mindestens den gehobenen feuerwehrtechnischen Dienst abgeschlossen haben,

2. mindestens fünf Jahre Erfahrung in der brandschutztechnischen Planung und Ausführung von baulichen Anlagen, insbesondere auch von Sonderbauten, oder deren Prüfung besitzen,
3. erforderliche Kenntnisse im Bereich des Feuerwehreinsatzdienstes in einer insgesamt sechswöchigen Ausbildung an einer staatlichen Feuerwehrschule oder durch einen gleichwertigen Einsatzdienst bei einer Feuerwehr nachgewiesen haben, sowie
4. erforderliche Kenntnisse in der Baustofftechnologie, insbesondere des Brandverhaltens von Bauprodukten,
5. erforderliche Kenntnisse im Bereich des abwehrenden anlagetechnischen Brandschutzes und
6. erforderliche Kenntnisse der einschlägigen baurechtlichen Vorschriften besitzen.

[2]Satz 1 Nr. 3 gilt nicht für Bewerber mit abgeschlossener Ausbildung für den gehobenen oder höheren feuerwehrtechnischen Dienst. [3]Der Eintragungsausschuß kann Ausnahmen von Satz 1 Nrn. 1 bis 3 zulassen, wenn die notwendigen Kenntnisse und Erfahrungen auf andere Weise erlangt worden sind.

§ 12 Prüfungsausschuß. (1) [1]Der Eintragungsausschuß der Bayerischen Architektenkammer holt ein Gutachten über die fachliche Eignung des Antragstellers ein. [2]Das Gutachten wird von dem bei der Bayerischen Architektenkammer zu bildenden Prüfungsausschuß erstattet. [3]§ 9 Sätze 2 und 3 gelten entsprechend.

(2) [1]Der Prüfungsausschuß besteht aus sechs Mitgliedern. [2]Dem Prüfungsausschuß gehören an:

1. ein von der Bayerischen Architektenkammer benanntes Mitglied,
2. ein von der Bayerischen Ingenieurekammer-Bau benanntes Mitglied,
3. ein vom Staatsministerium des Innern benanntes Mitglied aus dem Bereich der Bauaufsicht,
4. ein vom Staatsministerium des Innern benanntes Mitglied aus dem Bereich der Feuerwehr,
5. ein von der Bayerischen Architektenkammer berufenes Mitglied aus dem Bereich der Sachversicherer und
6. ein von der Bayerischen Architektenkammer berufenes Mitglied einer Materialprüfstelle für Brandschutz.

(3) [1]Die Benennungen und Berufungen erfolgen für fünf Jahre; Wiederbenennungen und -berufungen sind zulässig. [2]Für jedes Mit-

glied ist ein stellvertretendes Mitglied für den Verhinderungsfall zu bestellen. [3]Die Mitglieder des Prüfungsausschusses sind unabhängig und an Weisungen nicht gebunden. [4]Sie sind zur Unparteilichkeit und Verschwiegenheit verpflichtet. [5]Sie sind ehrenamtlich tätig und haben Anspruch auf Ersatz der Reisekosten und der notwendigen Auslagen.

(4) Der Prüfungsausschuß wählt aus seiner Mitte ein vorsitzendes und ein dieses vertretendes Mitglied.

(5) Der Prüfungsausschuß gibt sich eine Geschäftsordnung.

§ 13[1)] **Aufgabenerledigung.** [1]Die verantwortlichen Sachverständigen für den vorbeugenden Brandschutz bescheinigen die Vollständigkeit und Richtigkeit der Nachweise über den vorbeugenden Brandschutz im Sinn des Art. 69 Abs. 4 Satz 1 BayBO soweit es sich um Sonderbauten (Art. 2 Abs. 4 BayBO) handelt. [2]Sie haben sich bei der örtlichen Feuerwehr über örtliche Festlegungen, die vorhandene Ausrüstung und die im Brandfall zur Verfügung stehenden Einsatzkräfte zu informieren; sie haben die von den Feuerwehren zur Wahrung der Belange des Brandschutzes erhobenen Forderungen zu würdigen. [3]§ 10 Abs. 1 Satz 2, Abs. 2 und 4 Sätze 1 und 2 gelten entsprechend. [4]Der verantwortliche Sachverständige für den vorbeugenden Brandschutz hat ferner die ordnungsgemäße Bauausführung im Sinn des Art. 78 Abs. 2 BayBO zu bescheinigen.

4. Abschnitt. Verantwortliche Sachverständige für Vermessung im Bauwesen

§ 14 Besondere Voraussetzungen. Als verantwortliche Sachverständige für Vermessung im Bauwesen werden vom Eintragungsausschuß der Bayerischen Ingenieurekamer-Bau Personen eingetragen, die

1. ein Studium im Studiengang Vermessungswesen an einer deutschen Hochschule oder ein gleichwertiges Studium im Europäischen Wirtschaftsraum mit Erfolg abgeschlossen haben und
2. über eine dreijährige Berufserfahrung im Vermessungswesen verfügen.

§ 15[1)] **Aufgabenerledigung.** [1]Verantwortliche Sachverständige für Vermessung im Bauwesen bescheinigen die Einhaltung der in den Bauvorlagen festgelegten Grundfläche und Höhenlage im Sinn von Art. 72 Abs. 6 Satz 2 BayBO. [2]§ 4 Abs. 2 gilt nicht.

[1)] § 13 Sätze 1 und 4, § 15 Satz 1 geänd. durch § 1 VO v. 15. 4. 1998 (GVBl. S. 228).

5. Abschnitt. Verantwortliche Sachverständige für die Prüfung sicherheitstechnischer Anlagen und Einrichtungen

§ 16[1] Besondere Voraussetzungen. (1) Als verantwortliche Sachverständige für die Prüfung bestimmter sicherheitstechischer Anlagen und Einrichtungen bei Sonderbauten (Art. 2 Abs. 4 BayBO), im Anwendungsbereich von Sonderbauverordnungen (Art. 90 Abs. 1 BayBO) und in besonderen vergleichbaren Einzelfällen werden Personen vom Eintragungsausschuß der Bayerischen Ingenieurekammer-Bau eingetragen, die

1. ein Ingenieurstudium an einer deutschen Hochschule oder ein gleichwertiges Studium im Europäischen Wirtschaftsraum abgeschlossen,
2. den Nachweis ihrer besonderen Sachkunde in der Fachrichtung, auf die sich ihre Prüftätigkeit beziehen soll, durch ein Fachgutachten einer Industrie- und Handelskammer erbracht haben und
3. als Ingenieure mindestens fünf Jahre in der Fachrichtung, in der die Prüftätigkeit ausgeübt werden soll, praktisch tätig waren und dabei mindestens zwei Jahre bei Prüfungen mitgewirkt

haben.

(2) Abweichend von § 4 Abs. 1 müssen verantwortliche Sachverständige für die Prüfung sicherheitstechnischer Anlagen und Einrichtungen nicht eigenverantwortlich tätig sein, wenn sie Beschäftigte eines Unternehmens oder einer Organisation sind, deren Zweck ausschließlich in entsprechenden Prüfungen besteht; diese Sachverständigen werden im Auftrag und auf Rechnung des jeweiligen Unternehmens oder der jeweiligen Organisation tätig.

(3) Bedienstete einer öffentlichen Verwaltung mit den für die Ausübung der Tätigkeit als Sachverständige erforderlichen Sachkenntnissen und Erfahrungen für sicherheitstechnische Anlagen und Einrichtungen gelten im Zuständigkeitsbereich dieser Verwaltung als verantwortliche Sachverständige nach Absatz 1; sie werden in der Liste nach § 5 Abs. 4 jedoch nicht geführt.

§ 17 Aufgabenerledigung. Die verantwortlichen Sachverständigen für die Prüfung sicherheitstechnischer Anlagen und Einrichtungen bescheinigen die Übereinstimmung der technischen Anlagen und Einrichtungen mit den öffentlich-rechtlichen Anforderungen.

---

[1] § 16 Abs. 1 geänd. durch § 1 VO v. 15. 4. 1998 (GVBl. S. 228).

6. Abschnitt. Verantwortliche Sachverständige für den Erd- und Grundbau

§ 18 Besondere Voraussetzungen. (1) Als verantwortliche Sachverständige für den Erd- und Grundbau werden Personen anerkannt, die

1. als Angehörige der Fachrichtung Bauingenieurwesen ein Studium an einer deutschen Hochschule oder ein gleichwertiges Studium im Europäischen Wirtschaftsraum abgeschlossen haben,
2. neun Jahre im Bauwesen und davon mindestens drei Jahre bei einem verantwortlichen Sachverständigen für den Erd- und Grundbau tätig waren,
3. besondere Kenntnisse und Erfahrungen im Erd- und Grundbau durch die Vorlage eines Verzeichnisses aller in den letzten zwei Jahren vor Antragstellung erstellten Baugrundgutachten, von denen mindestens zehn Gutachten, wovon zwei wiederum gesondert vorzulegen sind, die Bewältigung überdurchschnittlicher Aufgaben zeigen müssen, nachweisen,
4. versichern, daß weder sie noch ihre Mitarbeiter an einem bauausführenden Unternehmen oder einem Bohrunternehmen beteiligt sind und
5. einen Nachweis vorlegen, wonach sie über ein Institut verfügen oder verfügen können, das mit den für die Untersuchung des Baugrunds erforderlichen Geräten ausgestattet ist.

(2) [1]Verantwortliche Sachverständige für den Erd- und Grundbau sind die bisher beim Deutschen Institut für Bautechnik im Verzeichnis der Erd- und Grundbauinstitute für den Bereich Bayern geführten Personen und der Leiter der Abteilung Geotechnik des Geologischen Landesamts und dessen Stellvertreter. [2]Für diese Personen gelten die Vorschriften dieser Verordnung, soweit sie nicht das Anerkennungsverfahren betreffen. [3]Die Wirkung nach Satz 1 tritt nicht ein, wenn die Betroffenen gegenüber der Bayerischen Ingenieurekammer-Bau erklären, daß sie nicht als verantwortliche Sachverständige für den Erd- und Grundbau tätig sein wollen.

(3) Abweichend von § 4 Abs. 1 müssen verantwortliche Sachverständige für den Erd- und Grundbau nicht eigenverantwortlich tätig sein, wenn sie in fachlicher Hinsicht für ihre Tätigkeit allein verantwortlich sind und soweit vorhanden, ihre Mitarbeiter überwachen können; diese Sachverständigen werden im Auftrag und Rechnung des jeweiligen Unternehmens, der Hochschule oder der jeweiligen Organisation tätig.

§ 19 Beirat. [1]Der Eintragungsausschuß der Bayerischen Ingenieurekammer-Bau holt von einem bei der Bundesingenieurekammer bestehenden Beirat ein Gutachten über die fachliche Eignung des Antragstellers einschließlich der Ausstattung mit den erforderlichen Geräten nach § 18 Abs. 1 Nr. 5 ein. [2]§ 9 Sätze 2 und 3 gelten entsprechend.

§ 20[1)] **Aufgabenerledigung.** [1]Die verantwortlichen Sachverständigen für den Erd- und Grundbau bescheinigen die Vollständigkeit und Richtigkeit der Angaben über den Baugrund und dessen Tragfähigkeit im Sinn von Art. 69 Abs. 4 BayBO. [2]§ 10 Abs. 2 gilt entsprechend.

7. Abschnitt. Vergütung

§ 21[1)] **Vergütung für die verantwortlichen Sachverständigen für Standsicherheit.** (1) [1]Die verantwortlichen Sachverständigen für Standsicherheit erhalten für ihre Tätigkeit ein Honorar und eine Entschädigung notwendiger Auslagen. [2]Das Honorar richtet sich nach den Honorarzonen (Absatz 2) und den anrechenbaren Kosten (Absatz 3), sofern nicht das Honorar nach Zeitaufwand entsprechend Absatz 9 abgerechnet wird. [3]Fahrtkosten für notwendige Reisen, die über den Umkreis von 15 km vom Geschäftssitz des verantwortlichen Sachverständigen für Standsicherheit hinausgehen, können in Höhe der steuerlich zulässigen Pauschalsätze in Ansatz gebracht werden. [4]Fahrt- und Wartezeiten sind nach dem Zeitaufwand (Absatz 9) zu ersetzen. [5]Sonstige Auslagen werden nur erstattet, wenn dies bei Auftragserteilung schriftlich vereinbart worden ist.

(2) [1]Die zu prüfenden baulichen Anlagen werden entsprechend ihrem statischen und konstruktiven Schwierigkeitsgrad in fünf Honorarzonen nach **Anlage 1**[2)] eingeteilt. [2]Besteht eine bauliche Anlage aus Bauteilen mit unterschiedlichem Schwierigkeitsgrad, so ist sie entsprechend dem überwiegenden Leistungsumfang einzustufen.

(3) Die anrechenbaren Kosten errechnen sich wie folgt:

1. Für die in der **Anlage 2**[3)] aufgeführten baulichen Anlagen sind die anrechenbaren Kosten aus dem Brutto-Rauminhalt der baulichen Anlage, vervielfältigt mit dem jeweils angegebenen Wert je Kubikmeter Brutto-Rauminhalt, zu berechnen. Die anrechenbaren Kosten der Anlage 2 basieren auf der Indexzahl *1,000 für das Jahr 1994.*[4)] Für die folgenden Jahre werden diese anrechenbaren Kosten jährlich mit einer Indexzahl, die sich aus dem vom Statistischen Bundesamt

---

[1)] § 20 Satz 1, § 21 Abs. 3 Nr. 1, Abs. 9 Satz 1 Nr. 4 und 5 sowie Abs. 14 geänd. durch § 1 VO v. 15. 4. 1998 (GVBl. S. 228).

[2)] Abgedruckt auf S. 149 bis 152.

[3)] Abgedruckt auf S. 153 und 154.

[4)] Für Honorare, die im Jahr 1997 vereinbart werden, beträgt die Indexzahl 1,024; siehe VO v. 29. 8. 1997 (AllMBl S. 603).

bekanntgegebenen Preisindex für den Neubau von Wohngebäuden errechnet, vervielfältigt und vom Staatsministerium des Innern bekanntgemacht.[1)]

2. Für die nicht in der Anlage 2 aufgeführten baulichen Anlagen sind die anrechenbaren Kosten die Kosten nach § 62 Abs. 6 der Honorarordnung für Architekten und Ingenieure (HOAI) vom 17. September 1976 (BGBl. I S. 2805), zuletzt geändert durch Verordnung vom 21. September 1995 (BGBl. I S. 1174). Zu den anrechenbaren Kosten zählen auch die Kosten für Bauteile, für die ein Standsicherheitsnachweis geprüft werden muß. Nicht anrechenbar sind die auf die Kosten nach den Sätzen 1 und 2 entfallende Umsatzsteuer und die in § 62 Abs. 7 HOAI genannten Kosten. Bei der Ermittlung der anrechenbaren Kosten ist von den Kosten auszugehen, die ortsüblich im Zeitpunkt der Erbringung der Leistung erforderlich sind. Einsparungen durch Eigenleistungen oder Vergünstigungen sind nicht zu berücksichtigen.
3. Die anrechenbaren Kosten sind jeweils auf volle tausend Deutsche Mark aufzurunden.

(4) [1]Das Honorar in Abhängigkeit von den anrechenbaren Kosten der Honorarzone errechnet sich nach Maßgabe der **Anlage 3.**[2)] [2]Für Zwischenstufen der anrechenbaren Kosten ist das Honorar durch Interpolation (geradlinig) zu ermitteln. [3]Umfaßt die Prüfung mehrere bauliche Anlagen, so ist das Honorar für jede einzelne bauliche Anlage getrennt zu ermitteln. [4]Dabei sind die anrechenbaren Kosten und die Honorarzone der jeweiligen baulichen Anlage zugrunde zu legen. [5]Gehören bauliche Anlagen jedoch derselben Honorarzone an, so sind, wenn sie im übrigen weitgehend vergleichbar sind, insbesondere positionsweise übereinstimmen, und die Bauvorlagen gleichzeitig zur Prüfung vorgelegt werden, die anrechenbaren Kosten dieser baulichen Anlagen zusammenzufassen; das Honorar ist danach wie für eine einzige bauliche Anlage zu ermitteln. [6]Bauhilfskonstruktionen ohne direkte Verbindung oder Abhängigkeit zum Bauwerk oder zu neu zu erstellenden Bauteilen, für die Standsicherheitsnachweise zu prüfen sind, gelten als gesonderte bauliche Anlagen.

(5) Die verantwortlichen Sachverständigen für Standsicherheit erhalten

1. für die Prüfung der rechnerischen Nachweise der Standsicherheit das Honorar nach Anlage 3,
2. für die Prüfung der zugehörigen Konstruktionszeichnungen in statisch-konstruktiver Hinsicht

   die Hälfte des Honorars nach Nummer 1,

[1)] VO v. 29. 8. 1997 (AllMBl. S. 603).
[2)] Abgedruckt auf S. 155.

3. für die Prüfung von Elementplänen des Fertigteilbaues sowie Werkstattzeichnungen des Metall- und Ingenieurholzbaues
   je nach dem zusätzlichen Aufwand einen Zuschlag zum Honorar nach Nummer 2 bis zur Hälfte des Honorars nach Nummer 1,
4. für die Prüfung
   a) des Nachweises der Feuerwiderstandsdauer der tragenden Bauteile
      ein Zwanzigstel des Honorars nach Nummer 1,
   b) der Konstruktionszeichnungen auf Übereinstimmung mit dem Nachweis bzw. auf Einhaltung weiterer Forderungen nach DIN 4102 Teil 4, falls eine Widerstandsdauer höher als F 30 zu berücksichtigen ist,
      ein Zehntel des Honorars nach Nummer 1,
5. für die Prüfung der rechnerischen Nachweise für bauliche Anlagen der Honorarzonen 3 bis 5 (Absatz 2), wenn diese nur durch besondere elektronische Vergleichsrechnungen geprüft werden können
   je nach dem zusätzlichen Aufwand einen Zuschlag bis zur Hälfte des Honorars nach Nummer 1,
6. für die Prüfung von Nachträgen zu den rechnerischen Nachweisen und den Konstruktionszeichnungen des zugehörigen Nachweises infolge von Änderungen oder Fehlern bei einem Umfang der Nachträge von mehr als einem Zwanzigstel
   Honorare nach Nummer 1 oder Nummer 2 vervielfacht mit dem Verhältnis des Umfangs der Nachträge zum ursprünglichen Umfang, höchstens jedoch die Honorare nach Nummer 1 oder Nummer 2,
7. für eine Lastvorprüfung und für die Prüfung von zusätzlichen Nachweisen für
   a) Bauzustände
   b) Erdbebenschutz
   c) Bergschädensicherung
   d) Setzungs- und Grundbruchberechnungen
   e) Sonderlasten (z. B. Luftschutz)

   Honorare nach Nummer 1 vervielfacht mit dem Verhältnis des Umfangs der zusätzlichen Nachweise zum Umfang der Hauptberechnung.

(6) Für die Prüfung von Standsicherheitsnachweisen bei Umbauten und Aufstockungen kann je nach dem zusätzlichen Aufwand ein Zuschlag bis zur Hälfte der in Absatz 5 Nrn. 1, 2 und 6 genannten Honorare vereinbart werden.

(7) Werden Teile des Standsicherheitsnachweises in größeren Zeitabständen vorgelegt und wird dadurch der Prüfaufwand erheblich

erhöht, kann ein Zuschlag bis zur Hälfte des Honorars nach Absatz 5 Nr. 1 vereinbart werden.

(8) In besonders gelagerten Fällen können abweichend von den Absätzen 5 bis 7 Honorare vereinbart werden, die den besonderen Schwierigkeitsgrad oder den veränderten Umfang einer Leistung berücksichtigen.

(9) [1] Nach dem Zeitaufwand werden Honorare abgerechnet für

1. Leistungen, die durch anrechenbare Kosten nicht zu erfassende bauliche Anlagen oder Bauteile zum Gegenstand haben oder bei denen über die anrechenbaren Kosten keine angemessenen Honorare ermittelt werden können,
2. Leistungen für bauliche Anlagen, deren anrechenbare Kosten unter 20 000 Deutsche Mark liegen, höchstens jedoch bis zum entsprechenden Honorar für bauliche Anlagen mit anrechenbaren Kosten von 20 000 Deutsche Mark,
3. die Prüfung von Nachweisen für Außenwandverkleidungen, für die ein Standsicherheitsnachweis geführt werden muß,
4. Leistungen im Rahmen der nach § 10 Abs. 1 Satz 4 erforderlichen Bescheinigung für die ordnungsgemäße Bauausführung im Sinn des Art. 78 Abs. 2 BayBO,[1)]
5. sonstige Leistungen, die in den Absätzen 5 bis 8 nicht aufgeführt sind.

[2] Bei der Berechnung der Honorare ist die Zeit anzusetzen, die unter regelmäßigen Verhältnissen von einer entsprechend ausgebildeten Fachkraft benötigt wird. [3] Für jede Arbeitsstunde wird ein Betrag von 1,8 v. H. des Monatsgrundgehalts eines Staatsbeamten in der Endstufe der Besoldungsgruppe A 15 berechnet. [4] Der Betrag ist auf volle Deutsche Mark aufzurunden. [5] Das Staatsministerium des Innern gibt den jeweils dem Honorar zugrundezulegenden Stundensatz bekannt.[2)]

(10) Als Mindesthonorar für eine Prüfung gilt der zweifache Stundensatz nach Absatz 9.

(11) [1] Umfaßt eine Prüfung mehrere bauliche Anlagen mit gleichen Standsicherheitsnachweisen oder gleichen Nachweisen für die Feuerwiderstandsdauer tragender Bauteile, so ermäßigen sich die Honorare nach Absatz 5 Nrn. 1 bis 5 sowie nach den Absätzen 6 und 7 für die zweite und jede weitere bauliche Anlage auf ein Zehntel. [2] Liegt das Honorar für die erste bauliche Anlage unter dem Mindesthonorar des Absatzes 10, so ist für sie das Mindesthonorar und für jede weitere bauliche Anlage ein Zehntel des Mindesthonorars zugrunde zu legen.

[1)] Jetzt Art. 78 Abs. 3 BayBO.

[2)] Für Honorare, die im Jahr 1997 vereinbart werden, beträgt der Stundensatz 153 DM; VO v. 29. 8. 1997 (AllMBl. S. 603).

(12) [1]Besteht eine bauliche Anlage aus gleichartigen Abschnitten, für welche derselbe Standsicherheitsnachweis und derselbe Nachweis für die Feuerwiderstandsdauer tragender Bauteile gelten sollen, so ermäßigt sich das Honorar nach Absatz 5 Nrn. 1 bis 5 sowie nach den Absätzen 6 und 7 für den zweiten und jeden weiteren Abschnitt auf die Hälfte. [2]Dies gilt nicht, wenn nur Deckenfelder, Stützenreihen oder Binder in einer baulichen Anlage gleich sind.

(13) [1]In dem Honorar ist die Umsatzsteuer enthalten. [2]Das Honorar wird mit Eingang der Honorarrechnung fällig. [3]Ein Nachlaß auf das Honorar ist unzulässig. [4]Bis zur Schlußabrechnung kann eine Berichtigung der Honorarzone, der anrechenbaren Kosten, von Zuschlägen oder ein besonders gelagerter Fall (Absatz 8) vereinbart werden.

(14) Nach Art. 89 Abs. 1 Nr. 17 BayBO kann mit Geldbuße bis zu einhunderttausend Deutsche Mark belegt werden, wer entgegen Absatz 13 Satz 3 einen unzulässigen Nachlaß auf das Honorar gewährt.

§ 22 Vergütung für die verantwortlichen Sachverständigen für den vorbeugenden Brandschutz, für Vermessung im Bauwesen, für die sicherheitstechnischen Anlagen und Einrichtungen sowie für den Erd- und Grundbau. (1) [1]Die verantwortlichen Sachverständigen für den vorbeugenden Brandschutz, die Prüfung sicherheitstechnischer Anlagen und Einrichtungen sowie für den Erd- und Grundbau erhalten für ihre Tätigkeit ein Honorar und eine Entschädigung notwendiger Auslagen. [2]Das Honorar wird nach dem Zeitaufwand abgerechnet. [3]Bei der Berechnung des Honorars ist die Zeit anzusetzen, die unter regelmäßigen Verhältnissen von einer entsprechend ausgebildeten Fachkraft benötigt wird. [4]§ 21 Abs. 1 Sätze 3 bis 5, Abs. 9 Sätze 3 bis 5, Abs. 13 Sätze 1 bis 3 und Abs. 14 gelten entsprechend.

(2) Als Mindesthonorar gilt der zweifache Stundensatz nach Absatz 1.

(3) Die verantwortlichen Sachverständigen für Vermessung im Bauwesen erhalten für ihre Tätigkeit eine Vergütung auf der Grundlage der HOAI.

8. Abschnitt. Vorlagepflicht

§ 23[1)] Vorlagepflicht. Die untere Bauaufsichtsbehörde muß die Vorlage einer von einem verantwortlichen Sachverständigen für den vorbeugenden Brandschutz erstellten Bescheinigung im Sinn des Art. 69

[1)] § 23 geänd. durch § 1 VO v. 15. 4. 1998 (GVBl. S. 228).

Abs. 4 Satz 1 BayBO verlangen, wenn das Staatsministerium des Innern eine für den Bedarf ausreichende Anzahl von Sachverständigen für den vorbeugenden Brandschutz im betroffenen Bereich festgestellt und dies bekanntgemacht hat.

9. Abschnitt. Inkrafttreten, Übergangsregelung

§ 24 Inkrafttreten. Diese Verordnung tritt am 1. August 1997 in Kraft.

§ 25[1] Übergangsregelung. Soweit Personen bei der Prüfung technischer Anlagen und Einrichtungen auf Grund von Rechtsverordnungen nach Art. 90 Abs. 1 BayBO bereits vor dem Inkrafttreten dieser Verordnung als Sachverständige tätig geworden sind und deren Prüfergebnisse von den Bauaufsichtsbehörden anerkannt worden sind, gelten sie bis zum 31. Dezember 1999 als Sachverständige nach § 16 Abs. 1.

---

[1] § 25 geänd. durch § 1 VO v. 15. 4. 1998 (GVBl. S. 228).

Anlage 1
(zu § 21 Abs. 2 SVBau)

Honorarzonen

Honorarzone 1

Tragwerke mit sehr geringem Schwierigkeitsgrad, insbesondere
- einfache statisch bestimmte ebene Tragwerke aus Holz, Stahl, Stein oder unbewehrtem Beton mit vorwiegend ruhenden Lasten, ohne Nachweis horizontaler Aussteifung.

Beispiele:
Statisch bestimmte Pult- und Sparrendächer,

eingeschossige, gemauerte Gebäude ohne rechnerischen Nachweis der Aussteifung,

Holzbalken mit geringen Stützweiten.

Honorarzone 2

Tragwerke mit geringem Schwierigkeitsgrad, insbesondere
- statisch bestimmte ebene Tragwerke in gebräuchlichen Bauarten ohne Vorspann- und Verbundkonstruktionen, mit vorwiegend ruhenden Lasten.

Beispiele:
Einfache statisch bestimmte Dach- und Fachwerksbinder,

Kehlbalkendächer,

Deckenkonstruktionen mit vorwiegend ruhenden Flächenlasten, die nach gebräuchlichen Tabellen berechnet werden können,

Mauerwerksbauten mit bis zur Gründung durchgehenden tragenden Wänden ohne Nachweis horizontaler Aussteifung,

gemauerte Schornsteine einfacher Art,

Schwergewichts- und Winkelstützmauern ohne Rückverankerungen bei einfachen Baugrund- und Belastungsverhältnissen,

Einzel- und Streifenfundamente.

Honorarzone 3

Tragwerke mit durchschnittlichem Schwierigkeitsgrad, insbesondere
- schwierige statisch bestimmte und statisch unbestimmte ebene Tragwerke in gebräuchlichen Bauarten ohne Vorspannkonstruktionen und ohne Stabilitätsuntersuchungen.

Beispiele:
Schwierige statisch bestimmte oder einfache statisch unbestimmte Dach- und Deckenkonstruktionen,

Holzkonstruktionen mittlerer Abmessungen in Leimbauweise,

einfache Verbundkonstruktionen des Hochbaus ohne Berücksichtigung des Einflusses von Kriechen und Schwinden,

Tragwerke für Gebäude mit Abfangung der tragenden beziehungsweise aussteifenden Wände,

ausgesteifte Skelettbauten, bei denen die Stabilität der einzelnen Bauteile mit Hilfe von einfachen Formeln oder Tabellen nachgewiesen werden kann,

Zweigelenktragwerke,

eingeschossige Hallen normaler Bauart, ohne Berücksichtigung von Temperatureinflüssen, für die ein Nachweis der Aussteifung zu führen ist,

eingeschossige Hallen mit eingespannten, gleichlangen Stützen,

Fertigteilkonstruktionen mit üblichen Abmessungen, denen keine aussteifende Wirkung zugewiesen ist,

Behälter einfacher Konstruktion,

Schornsteine ohne Schwingungsberechnung,

Maste mit einfachen Abspannungen, bei denen der Seildurchhang vernachlässigt werden kann,

Mauerwerksbauten mit ungleichmäßiger Aufteilung und mit Abfangung tragender und aussteifender Wände,

ein- und zweiachsig gespannte mehrfeldrige Decken unter Gleichlasten und ruhenden Einzellasten, soweit nicht in Honorarzone 2,

Flächengründungen mittlerer Abmessungen,

Stützwände ohne Rückverankerung bei schwierigen Baugrund- und Belastungsverhältnissen,

ebene Pfahlrostgründungen,

Baugrubenaussteifungen ohne Rückverankerungen.

Honorarzone 4

Tragwerke mit überdurchschnittlichem Schwierigkeitsgrad, insbesondere

– statisch und konstruktiv schwierige Tragwerke in gebräuchlichen Bauarten und Tragwerke, für deren Standsicherheits- und Festigkeitsnachweis schwierig zu ermittelnde Einflüsse zu berücksichtigen sind.

Beispiele:

Dachkonstruktionen mit gebräuchlichen Abmessungen bei rechnerischer Behandlung als räumliche Tragwerke,

weitgespannte Hallentragwerke in Leimbauweise oder in entsprechender Ingenieurholzbaukonstruktion, mit Hochhäusern vergleichbar hohe Gebäude ohne Abfangung für die Aussteifung herangezogener Elemente, wenn ein Stabilitätsnachweis nach Theorie II. Ordnung nicht erforderlich ist,

mehrgeschossige Bauwerke mit unregelmäßiger Grundrißgestaltung und wiederholt im Grundriß verspringenden Aussteifungselementen, bei deren Schnittgrößenermittlung die Formänderungen zu berücksichtigen sind,

Bauwerke mit mittleren und großen Abmessungen, bei denen Aussteifung und Stabilität durch Zusammenwirken von Fertigteilen sichergestellt und nachgewiesen werden muß,

unregelmäßige eingeschossige und mehrgeschossige Rahmentragwerke und Gerippebauten,

Kesselgerüste,

Trägerroste, Hohlkästen und orthotrope Platten des Hochbaus,

statisch unbestimmte Hallentragwerke mit Kranbahnen,

einfeldrige Balken, Parallelgurt- oder Satteldachträger mit Spannbettvorspannung,

Tragwerke für schwierige Rahmen- und Skelettbauten sowie turmartige Bauten, bei denen der Nachweis der Stabilität und Aussteifung die Anwendung besonderer Berechnungsverfahren erfordert,

regelmäßige Faltdachkonstruktionen ohne Vorspannung nach der Balkentheorie,

statisch bestimmte und einfache statisch unbestimmte Tragwerke, deren Schnittkraftermittlung nach Theorie II. Ordnung erfolgen muß,

statisch bestimmte und statisch unbestimmte Tragwerke des Hochbaus unter Einwirkung von Vorspannung, soweit sie nicht der Honorarzone 5 zuzuordnen sind,

Verbundkonstruktionen nach der Elastizitätstheorie bei Berücksichtigung von Kriechen und Schwinden,

einfache Tragwerke nach dem Traglastverfahren,

einfache Rotationsschalen,

Tankbauwerke aus Stahl mit einfachen Stabilitätsnachweisen,

Behälter und Silos schwieriger Konstruktion, auch in Gruppenbauweise,

Maste, Schornsteine, Maschinenfundamente u. a., mit einfachen Schwingungsuntersuchungen,

schwierige Abspannungen von Einzelmasten oder Mastgruppen,

Seilbahnkonstruktionen,

Stützwände mit schwieriger Gründung oder Rückverankerung,

Baugrubenaussteifungen mit Rückverankerungen,

schwierige statisch unbestimmte Flachgründungen, schwierige ebene oder räumliche Pfahlgründungen, besondere Gründungsverfahren, Unterfahrungen.

Honorarzone 5

Tragwerke mit sehr hohem Schwierigkeitsgrad, insbesondere
- statisch und konstruktiv ungewöhnlich schwierige Tragwerke,
- schwierige Tragwerke in neuen Bauarten.

Beispiele:
Überdachungen als räumliche Stabtragwerke,

statisch unbestimmte räumliche Fachwerke,

Flächentragwerke (Platten, Faltwerke, Schalen), die die Anwendung der Elastizitätstheorie erfordern,

statisch unbestimmte Tragwerke, die Schnittkraftermittlungen nach Theorie II. Ordnung erfordern,

Tragwerke mit Standsicherheitsnachweisen, die nur unter Zuhilfenahme modellstatischer Untersuchungen beurteilt werden können,

Tragwerke mit Schwingungsuntersuchungen, soweit sie nicht der Honorarzone 4 zuzuordnen sind,

Tragwerke, bei denen mehrere Schwierigkeitsmerkmale der Honorarzone 4 gleichzeitig auftreten, wenn sich dadurch die Prüfleistung wesentlich erhöht,

Tonnenschalen,

Hängedächer mit besonderer Schwierigkeit,

seilverspannte Zeltdachkonstruktionen und Traglufthallen bei genauer Behandlung nach der Membrantheorie,

beliebig mehrfach gekrümmte oder auf Grund der Lagerungs- und Randbedingungen schwierige Schalentragwerke, auch mit Vorspannung (Hyperboloidschalen, Kühltürme, Faultürme),

mit Hochhäusern vergleichbar hohe Gebäude, bei denen ein Stabilitätsnachweis nach Theorie II. Ordnung erforderlich sowie das Schwingungsverhalten zu untersuchen ist,

schwierige Rotationsschalen,

Verbundkonstruktionen nach der Plastizitätstheorie oder mit Vorspannung,

Turbinenfundamente.

Anlage 2[1]
(zu § 21 Abs. 3 SVBau)

Tabelle der durchschnittlichen anrechenbaren Kosten je Kubikmeter Brutto-Rauminhalt

	Art der baulichen Anlage	anrechenbare Kosten in DM/m³[2]
1.	Wohngebäude	186
2.	Wochenendhäuser	164
3.	Büro- und Verwaltungsgebäude, Banken und Arztpraxen	250
4.	Kindergärten	212
5.	Beherbergungsstätten, Gaststätten	212
6.	Versammlungsstätten	212
7.	Kirchen	238
8.	Leichenhallen, Friedhofskapellen	198
9.	Turn- und Sporthallen (soweit nicht unter Nr. 18)	145
10.	Hallenbäder	229
11.	sonstige nicht unter Nr. 1 bis 10 aufgeführte eingeschossige Gebäude (z. B. Umkleidegebäude von Sporthallen und Schwimmbädern)	182
12.	eingeschossige Verkaufsstätten (soweit nicht unter Nr. 18)	142
13.	mehrgeschossige Verkaufsstätten (soweit nicht unter Nr. 19)	253
14.	Kleingaragen	154
15.	eingeschossige Mittel- und Großgaragen	182
16.	mehrgeschossige Mittel- und Großgaragen	220
17.	Tiefgaragen	255
18.	eingeschossige Fabrik-, Werkstatt- und Lagergebäude, hallenmäßige Verkaufsstätten sowie einfache Sport- und Tennishallen,	
18.1	mit nicht geringen Einbauten	128
18.2	ohne oder mit geringen Einbauten	
18.2.1	bis 2500 m³ Brutto-Rauminhalt	
	Bauart schwer[2]	90
	sonstige Bauart	77
18.2.2	der 2500 m³ übersteigende Brutto-Rauminhalt bis 5000 m³	
	Bauart schwer[3]	75
	sonstige Bauart	60

[1] Anlage 2 Nrn. 18.2.2 und 18.2.3 neugef. durch § 1 VO v. 15. 4. 1998 (GVBl. S. 228).

[2] Die anrechenbaren Kosten basieren auf der neu festgesetzten Indexzahl für das Jahr 1997 VO v. 29. 8. 1997 (AllMBl. S. 603).

[3] Gebäude, deren Außenwände überwiegend aus Beton einschließlich Leicht- und Gasbeton oder aus mehr als 17,5 cm dickem Mauerwerk bestehen.

Art der baulichen Anlage		anrechenbare Kosten in DM/m³
18.2.3	der 5000 m³ übersteigende Brutto-Rauminhalt bis 30 000 m³	
	Bauart schwer[1)]	60
	sonstige Bauart	47
19.	mehrgeschossige Fabrik-, Werkstatt- und Lagergebäude, hallenmäßige Verkaufsstätten	
19.1	mit nicht geringen Einbauten	206
19.2	ohne oder mit geringen Einbauten	182
20.	sonstige eingeschossige kleinere gewerbliche Bauten (soweit nicht unter Nr. 18)	153
21.	Stallgebäude, Scheunen und sonstige landwirtschaftliche Betriebsgebäude	wie Nr. 18.2
22.	Schuppen, offene Feldscheunen und ähnliche Gebäude	69
23.	erwerbsgärtnerische Betriebsgebäude (Gewächshäuser)	
23.1	bis 1500 m³ Brutto-Rauminhalt	48
23.2	der 1500 m³ übersteigende Brutto-Rauminhalt	30

Zuschläge auf die anrechenbaren Kosten:

- bei Gebäuden mit mehr als fünf Vollgeschossen oder beim Nachweis nach DIN 1053 Teil 2 — 5 v. H.
- mit Hochhäusern vergleichbar hohe Gebäude — 10 v. H.
- bei Geschoßdecken, die mit Gabelstaplern, Schwerlastwagen oder Schienenfahrzeugen befahren werden, für die betreffenden Geschosse — 10 v. H.
- bei Hallenbauten mit Kränen für den von den Kranbahnen erfaßten Hallenbereich — 71 DM/m²

Sonstiges:

- Für die Berechnung des Brutto-Rauminhalts ist DIN 277 maßgebend.
- Bei Flächengründungen sind je Quadratmeter Sohlplatte 2 m³ zum Brutto-Rauminhalt hinzuzurechnen. Mehrkosten für außergewöhnliche Gründungen, z.B. Pfahlgründungen, Schlitzwände, sind getrennt zu ermitteln und den anrechenbaren Kosten hinzuzuzählen.
- Bei Gebäuden mit gemischter Nutzung ist für die Ermittlung der anrechenbaren Kosten die offensichtlich überwiegende Nutzung maßgebend. Liegt ein offensichtliches Überwiegen einer Nutzung nicht vor, sind für die Gebäudeteile mit verschiedenen Nutzungsarten die anrechenbaren Kosten anteilig zu ermitteln.

1) Gebäude, deren Außenwände überwiegend aus Beton einschließlich Leicht- und Gasbeton oder aus mehr als 17,5 cm dickem Mauerwerk bestehen

Anlage 3
(zu § 21 Abs. 4 SVBau)

Honorartafel in DM

Anrechenbare Kosten	Honorar-zone	Honorar-zone	Honorar-zone	Honorar-zone	Honorar zone
DM	1	2	3	4	5
20 000	196	261	391	522	652
30 000	271	361	541	722	902
40 000	341	454	681	909	1 136
50 000	407	543	815	1 086	1 358
60 000	471	629	943	1 257	1 571
70 000	533	711	1 066	1 422	1 777
80 000	593	791	1 187	1 582	1 978
90 000	652	869	1 304	1 739	2 173
100 000	709	946	1 419	1 891	2 364
150 000	981	1 308	1 962	2 616	3 270
200 000	1 235	1 647	2 470	3 293	4 117
300 000	1 709	2 278	3 416	4 555	5 694
400 000	2 150	2 868	4 300	5 734	7 167
500 000	2 571	3 428	5 141	6 855	8 568
600 000	2 975	3 966	5 948	7 931	9 914
700 000	3 365	4 487	6 728	8 971	11 215
800 000	3 744	4 993	7 486	9 983	12 479
900 000	4 115	5 486	8 226	10 969	13 712
1 000 000	4 476	5 968	8 950	11 934	14 918
2 000 000	7 794	10 392	15 582	20 778	25 974
3 000 000	10 779	14 373	21 552	28 740	35 925
4 000 000	13 568	18 092	27 132	36 176	45 224
7 000 000	21 231	28 308	42 455	56 609	70 763
10 000 000	28 240	37 660	56 470	75 300	94 130
20 000 000	49 180	65 560	98 320	131 100	163 880
30 000 000	68 010	90 690	135 990	181 350	226 680
40 000 000	85 600	114 160	171 200	228 280	285 320
50 000 000	102 350	136 450	204 650	272 850	341 100

Bei anrechenbaren Kosten über 50 000 000 DM errechnet sich das Honorar aus dem Tausendstel der jeweiligen anrechenbaren Kosten, vervielfältigt mit nachstehend aufgeführten Honorarfaktoren:

	2,047	2,729	4,093	5,457	6,822

Nr. 11 *(nicht belegt)*

12. Verordnung über den Bau von Betriebsräumen für elektrische Anlagen (EltBauV)

Vom 13. April 1977 (BayRS 2132–1–8–I)

Geändert durch Verordnung vom 20. 6. 1984 (GVBl. S. 250) und § 6 vom 8. 12. 1997 (GVBl. S. 827)

Auf Grund des Art. 90 Abs. 1 Satz 1 Nrn. 1 und 3 der Bayerischen Bauordnung (BayBO) in der Fassung der Bekanntmachung vom 4. August 1997 (GVBl. S. 433, BayRS 2132–1–I) erläßt das Bayerische Staatsministerium des Innern folgende Verordnung:[1]

§ 1 Geltungsbereich. (1) Diese Verordnung gilt für elektrische Betriebsräume mit den in § 3 Abs. 1 Nrn. 1 bis 3 genannten elektrischen Anlagen in

1. Waren- und Geschäftshäusern,
2. Versammlungsstätten, ausgenommen Versammlungsstätten in fliegenden Bauten,
3. Büro- und Verwaltungsgebäuden,
4. Krankenhäusern, Altenpflegeheimen, Entbindungs- und Säuglingsheimen,
5. Schulen und Sportstätten,
6. Beherbergungsstätten, Gaststätten,
7. geschlossenen Großgaragen und
8. Wohngebäuden.

(2) Diese Verordnung gilt nicht für elektrische Betriebsräume in freistehenden Gebäuden oder durch Brandwände abgetrennten Gebäudeteilen, wenn diese nur die elektrischen Betriebsräume enthalten.

§ 2 Begriffsbestimmung. Betriebsräume für elektrische Anlagen (elektrische Betriebsräume) sind Räume, die ausschließlich zur Unterbringung von Einrichtungen zur Erzeugung oder Verteilung elektrischer Energie oder zur Aufstellung von Batterien dienen.

---

[1] Einleitungssatz geänd. durch § 6 VO v. 8. 12. 1997 (GVBl. S. 827).

§ 3[1] **Allgemeine Anforderungen.** [1]Innerhalb von Gebäuden nach § 1 Abs. 1 müssen

1. Transformatoren und Schaltanlagen für Nennspannungen über 1 kV, Transformatoren und Kondensatoren mit polychlorierten Biphenylen (PCB) und einer Leistung von mehr als 3 kVA,
2. ortsfeste Stromerzeugungsaggregate und
3. Zentralbatterien für Sicherheitsbeleuchtung

in jeweils eigenen elektrischen Betriebsräumen untergebracht sein. [2]Schaltanlagen für Sicherheitsbeleuchtung dürfen nicht in elektrischen Betriebsräumen mit Anlagen nach Satz 1 Nrn. 1 und 2 aufgestellt werden. [3]Es kann verlangt werden, daß sie in eigenen elektrischen Betriebsräumen aufzustellen sind.

§ 4 Anforderungen an elektrische Betriebsräume. (1) [1]Die elektrischen Betriebsräume müssen so angeordnet sein, daß sie im Gefahrenfall von allgemein zugänglichen Räumen oder vom Freien leicht und sicher erreichbar sind und ungehindert verlassen werden können; sie dürfen von Treppenräumen mit notwendigen Treppen nicht unmittelbar zugänglich sein. [2]Der Rettungsweg innerhalb elektrischer Betriebsräume bis zu einem Ausgang darf nicht länger als 40 m sein.

(2) [1]Die Räume müssen so groß sein, daß die elektrischen Anlagen ordnungsgemäß errichtet und betrieben werden können; sie müssen eine lichte Höhe von mindestens 2 m haben. [2]Über Bedienungs- und Wartungsgängen muß eine Durchgangshöhe von mindestens 1,8 m vorhanden sein.

(3) Die Räume müssen ständig so wirksam be- und entlüftet werden, daß die beim Betrieb der Transformatoren und Stromerzeugungsaggregate entstehende Verlustwärme, bei Batterien die Gase, abgeführt werden.

(4) In den Räumen sollen Leitungen und Einrichtungen, die nicht zum Betrieb der elektrischen Anlagen erforderlich sind, nicht vorhanden sein.

§ 5[2] **Zusätzliche Anforderungen an elektrische Betriebsräume für Transformatoren und Schaltanlagen mit Nennspannungen über 1 kV oder für Transformatoren und Kondensatoren mit PCB.** (1) [1]Elektrische Betriebsräume für Transformatoren und Schaltanlagen mit Nennspannungen über 1 kV oder für Transformatoren

---

[1] § 3 Abs. 1 Nr. 1 geänd. durch VO v. 20. 6. 1984 (GVBl. S. 250), Abs. 2 aufgeh. durch § 6 VO v. 8. 12. 1997 (GVBl. S. 827).

[2] § 5 Überschrift, Abs. 1 Sätze 1 und 2, Abs. 2 Sätze 3 und 4, Abs. 3 Satz 1, Abs. 5, Abs. 8 Sätze 1 und 2, Abs. 9 Satz 2 geänd., Abs. 1 Satz 4 und Abs. 2 Satz 4 angef. durch G v. 20. 6. 1984 (GVBl. S. 250).

und Kondensatoren mit PCB und einer Leistung von mehr als 3 kVA müssen von anderen Räumen feuerbeständig abgetrennt sein. [2]Wände von Räumen mit Öltransformatoren oder mit Transformatoren und Kondensatoren mit PCB und einer Leistung von mehr als 3 kVA müssen außerdem so dick wie Brandwände sein. [3]Öffnungen zur Durchführung von Kabeln sind mit nichtbrennbaren Baustoffen zu schließen. [4]Transformatoren oder Kondensatoren mit PCB und einer Leistung von mehr als 3 kVA dürfen nicht in Räumen mit Öltransformatoren aufgestellt werden.

(2) [1]Türen müssen mindestens feuerhemmend und selbstschließend sein sowie aus nichtbrennbaren Baustoffen bestehen; soweit sie ins Freie führen, genügen selbstschließende Türen aus nichtbrennbaren Baustoffen. [2]Türen müssen nach außen aufschlagen. [3]Türschlösser in Türen von Betriebsräumen von Transformatoren und Schaltanlagen mit Nennspannungen über 1 kV müssen so beschaffen sein, daß der Zutritt unbefugter Personen jederzeit verhindert ist, der Betriebsraum jedoch ungehindert verlassen werden kann; an den Türen muß außen ein Hochspannungswarnschild angebracht sein. [4]Betriebsräume mit Transformatoren oder Kondensatoren mit PCB und einer Leistung von mehr als 3 kVA sind bei den Zugängen mit einem zinkgelben Warnschild aus Aluminium mit schwarzem Rand und schwarzer Beschriftung „PCB" in der Größe 297 × 148 mm zu versehen.

(3) [1]Elektrische Betriebsräume für Öltransformatoren oder für Transformatoren und Kondensatoren mit PCB und einer Leistung von mehr als 3 kVA dürfen sich nicht in Geschossen befinden, deren Fußboden mehr als 4 m unter der festgelegten Geländeoberfläche liegt. [2]Sie dürfen auch nicht in Geschossen über dem Erdgeschoß liegen.

(4) [1]Die Zuluft für die Räume muß unmittelbar oder über besondere Lüftungsleitungen dem Freien entnommen, die Abluft unmittelbar oder über besondere Lüftungsleitungen ins Freie geführt werden. [2]Lüftungsleitungen, die durch andere Räume führen, sind so herzustellen, daß Feuer und Rauch nicht in andere Räume übertragen werden können. [3]Öffnungen von Lüftungsleitungen zum Freien müssen Schutzgitter haben.

(5) Fußböden müssen mindestens aus schwer entflammbaren Baustoffen bestehen.

(6) [1]Unter Transformatoren muß auslaufende Isolier- und Kühlflüssigkeit sicher aufgefangen werden können. [2]Für höchstens drei Transformatoren mit jeweils bis zu 1000 l Isolierflüssigkeit in einem elektrischen Betriebsraum genügt es, wenn die Wände in der erforderlichen Höhe sowie der Fußboden undurchlässig ausgebildet sind; an den Türen müssen entsprechend hohe und undurchlässige Schwellen vorhanden sein.

(7) Fenster, die von außen leicht erreichbar sind, müssen so beschaffen oder gesichert sein, daß Unbefugte nicht in den elektrischen Betriebsraum eindringen können.

(8) [1]Räume mit Transformatoren oder Kondensatoren nach § 3 Abs. 1 Satz 1 Nr. 1 dürfen vom Gebäudeinnern aus nur von Fluren und über Sicherheitsschleusen zugänglich sein. [2]Bei Räumen mit Öltransformatoren oder mit Transformatoren und Kondensatoren mit PCB und einer Leistung von mehr als 3 kVA muß mindestens ein Ausgang unmittelbar ins Freie oder über einen Vorraum ins Freie führen. [3]Der Vorraum darf auch mit dem Schaltraum, jedoch nicht mit anderen Räumen in Verbindung stehen. [4]Sicherheitsschleusen mit mehr als 20 m³ Luftraum müssen Rauchabzüge haben.

(9) [1]Abweichend von Absatz 8 Sätze 1 und 2 sind Sicherheitsschleusen und unmittelbar oder über einen Vorraum ins Freie führende Ausgänge nicht erforderlich bei Räumen mit Transformatoren in

1. Waren- oder Geschäftshäusern mit Verkaufsstätten, die nicht dem Geltungsbereich der Warenhausverordnung unterliegen,
2. Versammlungsstätten, die nicht dem Geltungsbereich der Versammlungsstättenverordnung unterliegen,
3. Büro- oder Verwaltungsgebäuden, die keine Hochhäuser sind,
4. Krankenhäusern, Altenpflegeheimen, Entbindungs- und Säuglingsheimen mit nicht mehr als 30 Betten,
5. Schulen und Sportstätten, die keine Räume enthalten, auf welche die Versammlungsstättenverordnung anzuwenden ist,
6. Beherbergungsstätten mit nicht mehr als 30 Betten,
7. Wohngebäuden, die keine Hochhäuser sind.

[2]Türen in Trennwänden von Räumen mit Öltransformatoren oder mit Transformatoren und Kondensatoren mit PCB müssen feuerbeständig und selbstschließend sein.

§ 6 Zusätzliche Anforderungen an elektrische Betriebsräume für ortsfeste Stromerzeugungsaggregate. (1) [1]Für elektrische Betriebsräume für ortsfeste Stromerzeugungsaggregate gelten § 5 Abs. 1, 2, 4 und 5 sinngemäß. [2]Wände in der erforderlichen Höhe sowie der Fußboden müssen gegen wassergefährdende Flüssigkeiten undurchlässig ausgebildet sein; an den Türen muß eine mindestens 10 cm hohe Schwelle vorhanden sein.

(2) [1]Die Abgase von Verbrennungsmaschinen sind über besondere Leitungen ins Freie zu führen. [2]Die Abgasrohre müssen von Bauteilen aus brennbaren Baustoffen einen Abstand von mindestens 10 cm haben. [3]Werden Abgasrohre durch Bauteile aus brennbaren Baustoffen geführt, so sind die Bauteile im Umkreis von 10 cm aus nichtbrenn-

baren, formbeständigen Baustoffen herzustellen, wenn ein besonderer Schutz gegen strahlende Wärme nicht vorhanden ist.

(3) Die Räume müssen frostfrei sein oder beheizt werden können.

§ 7 Zusätzliche Anforderungen an Batterieräume. (1) [1]Räume für Zentralbatterien müssen von Räumen mit erhöhter Brandgefahr feuerbeständig, von anderen Räumen mindestens feuerhemmend getrennt sein. [2]Dies gilt auch für Batterieschränke. [3]§ 5 Abs. 4 gilt sinngemäß. [4]Die Räume müssen frostfrei sein oder beheizt werden können. [5]Öffnungen zur Durchführung von Kabeln sind mit nichtbrennbaren Baustoffen zu schließen.

(2) Türen müssen nach außen aufschlagen, in feuerbeständigen Trennwänden mindestens feuerhemmend und selbstschließend sein und in allen anderen Fällen aus nichtbrennbaren Baustoffen bestehen.

(3) [1]Fußböden sowie Sockel für Batterien müssen gegen die Einwirkungen von Elektrolyten widerstandsfähig sein. [2]An den Türen muß eine Schwelle vorhanden sein, die auslaufende Elektrolyten zurückhält.

(4) Der Fußboden von Batterieräumen muß an allen Stellen für elektrostatische Ladungen einheitlich und ausreichend ableitfähig sein.

(5) Lüftungsanlagen müssen gegen die Einwirkungen von Elektrolyten widerstandsfähig sein.

(6) Das Rauchen und das Verwenden von offenem Feuer sind in den Batterieräumen verboten; hierauf ist durch Schilder an der Außenseite der Türen hinzuweisen.

§ 8 Zusätzliche Bauvorlagen. [1]Die Bauvorlagen müssen Angaben über die Lage des Betriebsraums und die Art der elektrischen Anlagen enthalten. [2]Soweit erforderlich, müssen sie ferner Angaben über die Schallschutzmaßnahmen enthalten.

§ 9 Inkrafttreten. Diese Verordnung tritt am 1. Oktober 1977 in Kraft.[1)]

[1)] Betrifft die ursprüngliche Fassung v. 13. 4. 1977 (GVBl. S. 421).

13. Vollzug des Baugesetzbuchs und der Bayerischen Bauordnung; Träger öffentlicher Belange

Bekanntmachung des Bayerischen Staatsministeriums des Innern
Nr. II B 5 – 4611.1-3.32

Vom 26. Juni 1987 (MABl. S. 446)

An die Regierungen
die Landratsämter
die Gemeinden

I. Träger öffentlicher Belange nach § 4 BauGB

Nach § 4 Abs. 1 BauGB sollen bei der Aufstellung eines Bauleitplans als Träger öffentlicher Belange die Behörden und Stellen beteiligt werden, deren Aufgabenbereich durch die Planung konkret berührt werden kann. Welche Belange insbesondere zu berücksichtigen sind, ergibt sich aus § 1 Abs. 3 bis 5 BauGB.

1. Im Bauleitplanverfahren sind regelmäßig folgende Behörden und Stellen zu beteiligen:

a) die Kreisverwaltungsbehörde, z. B. als untere Bauaufsichtsbehörde, untere Immissionsschutzbehörde, untere Naturschutzbehörde; an die Stelle der Kreisverwaltungsbehörde tritt die Regierung als höhere Naturschutzbehörde, solange die Kreisverwaltungsbehörde nicht über eine hauptamtliche Fachkraft des Naturschutzes, die Regierung als Immissionsschutzbehörde, solange die Kreisverwaltungsbehörde nicht über einen sogenannten Umweltschutzingenieur verfügt,
b) die höhere Landesplanungsbehörde
c) das Wasserwirtschaftsamt
d) das Vermessungsamt
e) das Landesamt für Denkmalpflege
f) der Regionale Planungsverband
g) das Straßenbauamt.

2. Je nach Lage des Einzelfalls, z. B. Aufstellung eines Flächennutzungsplans, Größe des Planungsgebiets eines Bebauungsplans, Inhalt des Bauleitplans, kommt die Beteiligung auch folgender Träger öffentlicher Belange in Betracht:

a) die Autobahndirektion
b) das Gesundheitsamt

c) das Forstamt
d) das Amt für Landwirtschaft
e) das Bergamt
f) die Flurbereinigungsdirektion
g) die Bezirksfinanzdirektion
h) die Bayerische Verwaltung der staatlichen Schlösser, Gärten und Seen
i) der Landkreis, z.B. als Straßenbaulastträger
j) die Kirchen und die Religionsgemeinschaften des öffentlichen Rechts
k) der für Gemeindebedarfsflächen zuständige Bedarfsträger
l) die Luftfahrtbehörde und die Flughafengesellschaften
m) die zuständigen Energieversorgungsunternehmen
n) die Bundesbahndirektion
o) die Oberpostdirektion
p) die Wehrbereichsverwaltung
q) die Industrie- und Handelskammer
r) die Handwerkskammer und die Kreishandwerkschaft
s) der Kreisjugendring
t) der Bayerische Bauernverband
u) der Kreisheimatpfleger.[1)]

Diese Auflistung ist nicht abschließend, sondern kann durch weitere Träger öffentlicher Belange ergänzt werden, deren Interessen im engen sachlichen Zusammenhang mit den Planungsabsichten der Gemeinde stehen. So soll bei Bauleitplänen in der Umgebung kerntechnischer Anlagen oder von Standorten, die für die Errichtung solcher Anlagen vorgesehen sind, das Staatsministerium für Landesentwicklung und Umweltfragen als atomrechtliche Fachbehörde, bei Bauleitplänen in der Nähe von Steinbrüchen, bei denen das Material durch Sprengung gewonnen wird, oder in der Nähe eines Lagers für explosionsgefährliche Stoffe das Gewerbeaufsichtsamt angehört werden, und bei einer Bauleitplanung in einer Universitätsstadt die Universität, soweit ihre Belange berührt werden. Andererseits ist z.B. die Flurbereinigungsdirektion nur zu beteiligen, wenn ein Flurbereinigungsverfahren zu erwarten ist oder durchgeführt wird, die Wehrbereichsverwaltung nur bei Planungen in der Nähe von Anlagen für Verteidigungszwecke im Gebiet der Bauleitplanung oder in dessen Nähe. Der Kreisjugendring wird nur bei Planungen zu hören sein, die Jugendeinrichtungen betreffen.

3. Den zu beteiligenden Behörden und Stellen ist entweder ein Planentwurf mit Erläuterung bzw. Begründung zu übersenden oder

---

1) Beachte hierzu Bek. betr. Heimatpfleger in den Landkreisen, kreisfreien Städten und Großen Kreisstädten v. 17. 2. 1981 (MABl. S. 97), geänd. durch Bek. v. 1. 8. 1986 (MABl. S. 348).

der vorgesehene Geltungsbereich und der beabsichtigte Inhalt des Bauleitplans in sonstiger Weise detailliert bekanntzugeben. Den Beteiligten soll für die Abgabe ihrer Stellungnahme eine angemessene Frist gesetzt werden. Äußern sie sich nicht fristgemäß, kann die Gemeinde davon ausgehen, daß die von den Beteiligten wahrzunehmenden öffentlichen Belange durch die Bauleitplanung nicht berührt werden. Allerdings bedeutet der Fristablauf nicht, daß die von dem Träger vertretenen öffentlichen Belange bei der Abwägung vernachlässigt werden können.

Die Träger öffentlicher Belange haben sich in ihren Stellungnahmen nur zu den Fragen des von ihnen vertretenen Aufgabenbereichs zu äußern.

4. Die Beteiligung der Träger öffentlicher Belange und die förmliche Auslegung des Planentwurfs können gemäß § 4 Abs. 2 BauGB parallel erfolgen. Diese Vorschrift führt aber nur dann zu einer Verfahrensbeschleunigung, wenn sich die Gemeinde vorher schon informell mit den wichtigsten Trägern abgestimmt hat.

5. Im Genehmigungsverfahren nach § 6 und § 11 BauGB und im Anzeigeverfahren nach § 11 BauGB ist zu prüfen, ob § 4 BauGB beachtet worden ist.

II. Träger öffentlicher Belange nach § 139 BauGB

Bei der Vorbereitung und Durchführung der Sanierung soll die Gemeinde möglichst frühzeitig den Trägern öffentlicher Belange, deren Aufgabenbereich durch die Sanierung berührt werden kann, Gelegenheit zur Stellungnahme geben (§ 139 Abs. 2 BauGB). Es sollen auch die Träger öffentlicher Belange beteiligt werden, die in dem betroffenen Bereich Haus- und Grundbesitz verwalten oder Aufgabenträger für bestimmte Maßnahmen sind. Ferner kann für die Abgrenzung von Sanierungsgebieten die Stellungnahme mit Sozialaufgaben befaßter Behörden und Stellen bedeutsam sein. Das Landesamt für Denkmalpflege ist regelmäßig zu beteiligen.

III.

Zum Bauantrag, zum Antrag auf einen Vorbescheid oder eine Typengenehmigung und zum Antrag auf Zustimmung nach *Art. 86* BayBO sollen die Behörden und Stellen als Träger öffentlicher Belange gehört werden, deren Aufgabenbereich durch das Vorhaben berührt wird (*Art. 71 Abs. 1,*[1] *Art. 75 Abs. 2, Art. 77 Abs. 3,*[2] Art. 86 Abs. 3

---

[1] Jetzt Art. 69 Abs. 1 BayBO.
[2] Art. 77 Abs. 3 weggefallen.

BayBO). In Betracht kommen insbesondere die Behörden und Stellen nach Abschnitt I Nummer 1 Buchst. a, c, d, e, g und Nummer 2 Buchst. b und u ferner

1. die Bayerische Versicherungskammer – Abteilung Brandversicherung –
2. das Landesamt für Brand- und Katastrophenschutz
3. das Veterinäramt
4. das Gewerbeaufsichtsamt
5. die Straßenverkehrsbehörde bei Bauvorhaben mit erheblichen Auswirkungen auf den Straßenverkehr.

Im übrigen gelten Nummer 2 Abs. 2 und Nummer 3 des Abschnitts I sinngemäß.

IV.

Die Bekanntmachung vom 2. Februar 1976 (MABl S. 66) wird aufgehoben.

14. Verordnung über den Bau und Betrieb von Verkaufsstätten (Verkaufsstättenverordnung – VkV)

Vom 6. November 1997 (GVBl. S. 751)

Auf Grund von Art. 90 Abs. 1 Nrn. 3 und 5 der Bayerischen Bauordnung (BayBO) und Art. 38 Abs. 3 des Landesstraf- und Verordnungsgesetzes erläßt das Bayerische Staatsministerium des Innern folgende Verordnung:

Inhaltsübersicht

§ 1 Anwendungsbereich. Die Vorschriften dieser Verordnung gelten für jede Verkaufsstätte, deren Verkaufsräume und Ladenstraßen einschließlich ihrer Bauteile eine Fläche von insgesamt mehr als 2000 m² haben.

§ 2 Begriffe. (1) [1]In Verkaufsstätten sind Gebäude oder Gebäudeteile, die

1. ganz oder teilweise dem Verkauf von Waren dienen,
2. mindestens einen Verkaufsraum haben und
3. keine Messebauten sind.

[2]Zu einer Verkaufsstätte gehören alle Räume, die unmittelbar oder mittelbar, insbesondere durch Aufzüge oder Ladenstraßen, miteinander in Verbindung stehen; als Verbindung gilt nicht die Verbindung durch Treppenräume notwendiger Treppen sowie durch Leitungen, Schächte und Kanäle haustechnischer Anlagen.

(2) Erdgeschossige Verkaufsstätten sind Gebäude mit nicht mehr als einem Geschoß, dessen Fußboden an keiner Stelle mehr als 1 m unter der Geländeoberfläche liegt; dabei bleiben Treppenraumerweiterungen sowie Geschosse außer Betracht, die ausschließlich der Unterbringung von haustechnischen Anlagen und Feuerungsanlagen dienen.

(3) [1]Verkaufsräume sind Räume, in denen Waren zum Verkauf oder sonstige Leistungen angeboten werden oder die dem Kundenverkehr dienen, ausgenommen Treppenräume notwendiger Treppen, Treppenraumerweiterungen sowie Garagen. [2]Ladenstraßen gelten nicht als Verkaufsräume.

(4) Ladenstraßen sind überdachte oder überdeckte Flächen, an denen Verkaufsräume liegen und die dem Kundenverkehr dienen.

(5) Treppenraumerweiterungen sind Räume, die Treppenräume mit Ausgängen ins Freie verbinden.

§ 3 Tragende Wände, Pfeiler und Stützen. Tragende Wände, Pfeiler und Stützen sind

1. in erdgeschossigen Verkaufsstätten mit Sprinkleranlagen ohne Feuerwiderstandsdauer zulässig,
2. in erdgeschossigen Verkaufsstätten ohne Sprinkleranlagen mindestens feuerhemmend herzustellen,
3. in sonstigen Verkaufsstätten feuerbeständig herzustellen.

§ 4 Außenwände. Außenwände sind herzustellen

1. in erdgeschossigen Verkaufsstätten aus mindestens schwerentflammbaren Baustoffen, soweit sie nicht mindestens feuerhemmend sind,
2. in sonstigen Verkaufsstätten aus nichtbrennbaren Baustoffen, soweit sie nicht feuerbeständig sind.

§ 5 Trennwände. (1) Trennwände zwischen einer Verkaufsstätte und Räumen, die nicht zur Verkaufsstätte gehören, müssen feuerbeständig sein und dürfen keine Öffnungen haben.

(2) [1]In Verkaufsstätten ohne Sprinkleranlagen sind Lagerräume mit einer Fläche von mehr als jeweils 100 m² sowie Werkräume mit erhöhter Brandgefahr, wie Schreinereien, Maler- oder Dekorationswerkstätten, von anderen Räumen durch feuerbeständige Wände zu trennen. [2]Diese Werk- und Lagerräume müssen durch feuerbeständige Trennwände so unterteilt werden, daß Abschnitte von nicht mehr als 500 m² entstehen. [3]Öffnungen in den Trennwänden müssen mindestens feuerhemmende und selbstschließende Abschlüsse haben.

§ 6 Brandabschnitte. (1) [1]Verkaufsstätten sind durch Brandwände in Brandabschnitte zu unterteilen. [2]Die Fläche der Brandabschnitte darf je Geschoß betragen in

1. erdgeschossigen Verkaufsstätten mit Sprinkleranlagen nicht mehr als 10 000 m²,
2. erdgeschossigen Verkaufsstätten ohne Sprinkleranlagen nicht mehr als 3000 m²,
3. sonstigen Verkaufsstätten mit Sprinkleranlagen nicht mehr als 5000 m²,
4. sonstigen Verkaufsstätten ohne Sprinkleranlagen nicht mehr als 1500 m².

(2) Abweichend von Absatz 1 können Verkaufsstätten mit Sprinkleranlagen auch durch Ladenstraßen an Stelle von durchgehenden Brandwänden in Brandabschnitte unterteilt werden, wenn

1. die Ladenstraßen bis zu ihrem Dach in voller Höhe mindestens 10 m breit sind; Einbauten oder Einrichtungen sind innerhalb dieser Breite unzulässig,
2. die Ladenstraßen ausreichende Rauchabzugsanlagen haben,
3. das Tragwerk der Dächer der Ladenstraßen aus nichtbrennbaren Baustoffen und
4. die Bedachung der Ladenstraßen aus nichtbrennbaren Baustoffen besteht.

(3) Abweichend von Absatz 1 brauchen in Verkaufsstätten mit Sprinkleranlagen Brandwände im Kreuzungsbereich mit Ladenstraßen nicht hergestellt zu werden, wenn die Ladenstraßen über eine Länge von mindestens 10 m beiderseits der Brandwände den Anforderungen des Absatzes 2 entsprechen; Einbauten oder Einrichtungen sind innerhalb dieser Fläche unzulässig.

(4) [1]Öffnungen in den Brandwänden nach Absatz 1 sind zulässig, wenn sie selbstschließende und feuerbeständige Abschlüsse haben. [2]Die

Abschlüsse müssen Feststellanlagen haben, die bei Raucheinwirkung ein selbsttätiges Schließen bewirken.

(5) Brandwände sind mindestens 30 cm über Dach zu führen oder in Höhe der Dachhaut mit einer beiderseits 50 cm auskragenden feuerbeständigen Platte aus nichtbrennbaren Baustoffen abzuschließen; darüber dürfen brennbare Teile des Dachs oder Teile des Dachs mit Hohlräumen nicht hinweggeführt werden.

(6) Art. 31 Abs. 2 und Abs. 3 Nr. 1 BayBO bleiben unberührt.

§ 7 Decken. (1) [1]Decken sind
1. in erdgeschossigen Verkaufsstätten mit Sprinkleranlagen aus nichtbrennbaren Baustoffen,
2. in erdgeschossigen Verkaufsstätten ohne Sprinkleranlagen mindestens feuerhemmend und aus nichtbrennbaren Baustoffen,
3. in sonstigen Verkaufsstätten feuerbeständig und aus nichtbrennbaren Baustoffen

herzustellen. [2]Bei der Beurteilung der Feuerwiderstandsdauer bleiben abgehängte Unterdecken außer Betracht.

(2) [1]Unterdecken einschließlich ihrer Aufhängungen müssen in Verkaufsräumen, Treppenräumen, Treppenraumerweiterungen, notwendigen Fluren und in Ladenstraßen aus nichtbrennbaren Baustoffen bestehen. [2]In Verkaufsräumen mit Sprinkleranlagen dürfen Unterdekken aus brennbaren Baustoffen bestehen. wenn auch der Deckenhohlraum durch die Sprinkleranlagen geschützt ist.

(3) [1]In Decken sind Öffnungen unzulässig. [2]Dies gilt nicht für Öffnungen in Decken zwischen Verkaufsräumen sowie in Decken zwischen Ladenstraßen
1. in Verkaufsstätten mit Sprinkleranlagen,
2. in Verkaufsstätten ohne Sprinkleranlagen, soweit die Öffnungen für nicht notwendige Treppen erforderlich sind.

§ 8 Dächer. (1) [1]Das Tragwerk von Dächern, die den oberen Abschluß von Räumen der Verkaufsstätten bilden oder die von diesen Räumen nicht durch feuerbeständige Bauteile getrennt sind, ist
1. in erdgeschossigen Verkaufsstätten mit Sprinkleranlagen ohne Feuerwiderstandsdauer aus brennbaren Baustoffen zulässig,
2. in erdgeschossigen Verkaufsstätten ohne Sprinkleranlagen mindestens feuerhemmend,
3. in sonstigen Verkaufsstätten mit Sprinkleranlagen aus nichtbrennbaren Baustoffen,
4. in sonstigen Verkaufsstätten ohne Sprinkleranlagen feuerbeständig

herzustellen.

(2) [1] Bedachungen ausgenommen Dachhaut und Dampfsperre müssen bei Dächern, die den oberen Abschluß von Räumen der Verkaufsstätten bilden oder die von diesen Räumen nicht durch feuerbeständige Bauteile getrennt sind, aus nichtbrennbaren Baustoffen bestehen.

(3) [1] Lichtdurchlässige Bedachungen über Verkaufsräumen und Ladenstraßen sind

1. in Verkaufsstätten ohne Sprinkleranlagen nur aus nichtbrennbaren Baustoffen,
2. in Verkaufsstätten mit Sprinkleranlagen auch aus mindestens schwerentflammbaren Baustoffen zulässig; sie dürfen im Brandfall nicht brennend abtropfen.

[2] Art. 33 Abs. 1 Satz 1 BayBO ist für Bedachungen nach Satz 1 nicht anzuwenden.

§ 9 Verkleidungen, Dämmstoffe, Bodenbeläge. (1) Außenwandverkleidungen einschließlich der Dämmstoffe und Unterkonstruktionen sind

1. in erdgeschossigen Verkaufsstätten aus mindestens schwerentflammbaren Baustoffen,
2. in sonstigen Verkaufsstätten aus nichtbrennbaren Baustoffen

herzustellen.

(2) Deckenverkleidungen einschließlich der Dämmstoffe und Unterkonstruktionen müssen aus nichtbrennbaren Baustoffen bestehen.

(3) Wandverkleidungen einschließlich der Dämmstoffe und Unterkonstruktionen müssen in Treppenräumen, Treppenraumerweiterungen, notwendigen Fluren und in Ladenstraßen aus nichtbrennbaren Baustoffen bestehen.

(4) Bodenbeläge müssen in Treppenräumen und Treppenraumerweiterungen nichtbrennbar, in notwendigen Fluren für Kunden und in Ladenstraßen mindestens schwer entflammbar sein.

§ 10 Rettungswege in Verkaufsstätten. (1) [1] Für jeden Verkaufsraum, Aufenthaltsraum und für jede Ladenstraße müssen in demselben Geschoß mindestens zwei voneinander unabhängige Rettungswege zu Ausgängen ins Freie oder zu Treppenräumen notwendiger Treppen vorhanden sein. [2] Die Rettungswege dürfen auch über Außentreppen ohne Treppenräume, Rettungsbalkone, Terrassen und begehbare Dächer auf das Grundstück führen, wenn wegen des Brandschutzes keine Bedenken bestehen; diese Rettungswege gelten als Ausgang ins Freie.

(2) [1] Von jeder Stelle

1. eines Verkaufsraums in höchstens 25 m Entfernung,
2. eines sonstigen Aufenthaltsraums oder einer Ladenstraße in höchstens 35 m Entfernung

muß mindestens ein Ausgang ins Freie oder ein Treppenraum notwendiger Treppen erreichbar sein (erster Rettungsweg). [2]Die Entfernung nach Satz 1 Nr. 1 wird in der Luftlinie, jedoch nicht durch Bauteile, die Entfernung nach Satz 1 Nr. 2 wird in der Lauflinie gemessen.

(3) Der erste Rettungsweg darf, soweit er über eine Ladenstraße führt, auf der Ladenstraße eine zusätzliche Länge von höchstens 35 m haben, wenn die Ladenstraße Rauchabzugsanlagen hat und der nach Absatz 1 erforderliche zweite Rettungsweg für Verkaufsräume mit einer Fläche von mehr als 100 m² nicht über diese Ladenstraße führt.

(4) In erdgeschossigen Verkaufsstätten sowie in sonstigen Verkaufsstätten mit Sprinkleranlagen darf der Rettungsweg nach den Absätzen 2 und 3 innerhalb von Brandabschnitten, soweit er über einen notwendigen Flur für Kunden mit einem unmittelbaren Ausgang ins Freie oder in einen Treppenraum notwendiger Treppen führt, in diesem Flur eine zusätzliche Länge von höchstens 35 m haben.

(5) Von jeder Stelle eines Verkaufsraums muß ein Hauptgang oder eine Ladenstraße in höchstens 10 m Entfernung, gemessen in der Luftlinie, jedoch nicht durch Bauteile, erreichbar sein.

(6) [1]In Rettungswegen ist nur eine Folge von mindestens drei Stufen zulässig. [2]Die Stufen müssen eine Stufenbeleuchtung haben.

(7) [1]An Kreuzungen der Ladenstraßen und der Hauptgänge sowie an Türen im Zug von Rettungswegen ist durch beleuchtete Sicherheitszeichen deutlich und dauerhaft auf die Ausgänge hinzuweisen. [2]Von jeder Stelle der Verkaufsräume oder der Ladenstraßen muß mindestens ein Sicherheitszeichen erkennbar sein.

(8) Rettungwege dürfen innerhalb der nach § 11 Abs. 2, § 12 Abs. 3 Satz 1 Nr. 3 und § 13 Abs. 1, 3 und 4 erforderlichen Breiten nicht durch Einbauten oder Einrichtungen eingeengt werden.

§ 11 Treppen. (1) [1]Notwendige Treppen müssen feuerbeständig sein, aus nichtbrennbaren Baustoffen bestehen und an den Unterseiten geschlossen sein. [2]Dies gilt nicht für notwendige Treppen nach § 10 Abs. 1 Satz 2, wenn wegen des Brandschutzes keine Bedenken bestehen.

(2) [1]Notwendige Treppen für Kunden müssen mindestens 2 m breit sein und dürfen eine Breite von 2,50 m nicht überschreiten. [2]Für notwendige Treppen für Kunden genügt eine Breite von mindestens 1,25 m, wenn die Treppen für Verkaufsräume bestimmt sind, deren Fläche insgesamt nicht mehr als 500 m² beträgt.

(3) Notwendige Treppen brauchen nicht in Treppenräumen zu liegen und die Anforderungen nach Absatz 1 Satz 1 nicht zu erfüllen in Verkaufsräumen, die

1. eine Fläche von nicht mehr als 100 m² haben oder

2. eine Fläche von mehr als 100 m², aber nicht mehr als 500 m² haben, wenn diese Treppen im Zug nur eines der zwei erforderlichen Rettungswege liegen.

(4) [1]Notwendige Treppen mit gewendelten Läufen sind in Verkaufsräumen unzulässig. [2]Dies gilt nicht für notwendige Treppen nach Absatz 3.

(5) [1]Treppen für Kunden müssen auf beiden Seiten Handläufe ohne freie Enden haben. [2]Die Handläufe müssen fest und griffsicher sein; sie sind über Treppenabsätze fortzuführen.

§ 12 Treppenräume, Treppenraumerweiterungen. (1) Jede notwendige Treppe muß in einem eigenen, durchgehenden Treppenraum liegen.

(2) Die Wände von Treppenräumen notwendiger Treppen müssen in der Bauart von Brandwänden hergestellt sein.

(3) [1]Teppenraumerweiterungen müssen

1. die Anforderungen an Treppenräume erfüllen,
2. feuerbeständige Decken aus nichtbrennbaren Baustoffen haben und
3. mindestens so breit sein wie die notwendigen Treppen, mit denen sie in Verbindung stehen.

[2]Sie dürfen nicht länger als 35 m sein und keine Öffnungen zu anderen Räumen haben.

§ 13 Ladenstraßen, Flure, Hauptgänge. (1) Ladenstraßen müssen mindestens 5 m breit sein.

(2) [1]Notwendige Flure für Kunden müssen mindestens 2 m breit sein. [2]Für notwendige Flure für Kunden genügt eine Breite von 1,40 m, wenn die Flure für Verkaufsräume bestimmt sind, deren Fläche insgesamt nicht mehr als 500 m² beträgt.

(3) Hauptgänge müssen mindestens 2 m breit sein. [2]Sie müssen auf möglichst kurzem Weg zu Ausgängen ins Freie, zu Treppenräumen notwendiger Treppen, zu notwendigen Fluren für Kunden oder zu Ladenstraßen führen. [3]Verkaufsstände an Hauptgängen müssen unverrückbar sein. [4]Nebengänge müssen auf möglichst kurzem Weg zu Hauptgängen führen und mindestens 1 m breit sein.

(4) Wände und Decken notwendiger Flure für Kunden sind

1. in Verkaufsstätten mit Sprinkleranlagen mindestens feuerhemmend und in den wesentlichen Teilen aus nichtbrennbaren Baustoffen,
2. in Verkaufsstätten ohne Sprinkleranlagen feuerbeständig und aus nichtbrennbaren Baustoffen

herzustellen.

(5) Im übrigen bleibt Art. 37 BayBO unberührt.

§ 14 Ausgänge. (1) 1Jeder Verkaufsraum und jede Ladenstraße müssen mindestens zwei Ausgänge haben, die zum Freien oder zu Treppenräumen notwendiger Treppen führen. 2Für Verkaufsräume mit einer Fläche von nicht mehr als 50 m² genügt ein Ausgang.

(2) 1Ausgänge aus Verkaufsräumen müssen mindestens 2 m breit sein; für Ausgänge aus Verkaufsräumen mit einer Fläche von nicht mehr als 500 m² genügt eine Breite von 1 m. 2Ausgänge in Flure dürfen nicht breiter sein als die Flure.

(3) 1Die Ausgänge aus einem Geschoß einer Verkaufsstätte ins Freie oder in Treppenräume notwendiger Treppen müssen mindestens 2 m breit sein und insgesamt eine Breite von mindestens 30 cm je 100 m² der Flächen der Verkaufsräume haben; dabei bleiben die Flächen von Ladenstraßen außer Betracht. 2Ausgänge in Treppenräume dürfen nicht breiter sein als die Treppen.

(4) Ausgänge aus Treppenräumen notwendiger Treppen ins Freie oder in Treppenraumerweiterungen und aus diesen ins Freie müssen mindestens so breit sein wie die notwendigen Treppen.

§ 15 Türen in Rettungswegen. (1) Türen von Treppenräumen notwendiger Treppen und von notwendigen Fluren für Kunden, ausgenommen Türen, die ins Freie führen, müssen

1. in Verkaufsstätten mit Sprinkleranlagen dicht und selbstschließend,
2. in Verkaufsstätten ohne Sprinkleranlagen mindestens feuerhemmend, rauchdicht und selbstschließend

sein.

(2) 1Türen im Verlauf von Rettungswegen dürfen nur in Fluchtrichtung aufschlagen und keine Schwellen haben. 2Sie müssen während der Betriebszeit von innen mit einem einzigen Griff leicht in voller Breite zu öffnen sein. 3Elektrische Verriegelungen sind nur zulässig, wenn die Türen im Gefahrenfall jederzeit durch Betätigung einer Nottaste unmittelbar im Bereich der Tür geöffnet werden können.

(3) Türen, die selbstschließend sein müssen, dürfen offengehalten werden, wenn sie Feststellanlagen haben, die bei Raucheinwirkung ein selbsttätiges Schließen der Türen bewirken; sie müssen auch von Hand geschlossen werden können.

(4) 1Drehtüren und Schiebetüren sind im Verlauf von Rettungswegen unzulässig; dies gilt nicht für automatische Dreh- und Schiebetüren, die die Rettungswege im Gefahrenfall nicht beeinträchtigen. 2Pendeltüren müssen in Rettungswegen Schließvorrichtungen haben, die ein Durchpendeln der Türen verhindern.

(5) Rolläden, Scherengitter oder ähnliche Abschlüsse von Türöffnungen, Toröffnungen oder Durchfahrten im Zug von Rettungswe-

gen müssen so beschaffen sein, daß sie von Unbefugten nicht geschlossen werden können.

§ 16 Rauchabführung. (1) [1]Verkaufsräume ohne notwendige Fenster nach Art. 45 Abs. 3 Satz 1 BayBO sowie Ladenstraßen müssen ausreichende Rauchabzugsanlagen haben; in Verkaufsstätten mit Sprinkleranlagen genügen statt dessen Lüftungsanlagen, die im Brandfall so betrieben werden können, daß sie nur entlüften und die Zweckbestimmung von Absperrvorrichtungen gegen Brandübertragung dies zuläßt.

(2) [1]Rauchabzugsanlagen müssen von Hand und automatisch durch Rauchmelder ausgelöst werden können; sie sind an den Bedienungsstellen mit der Aufschrift „Rauchabzug" zu versehen. [2]An den Bedienungseinrichtungen muß erkennbar sein, ob die Rauchabzugsanlage offen oder geschlossen ist.

(3) [1]Innenliegende Treppenräume notwendiger Treppen müssen Rauchabzugsanlagen haben. [2]Sonstige Treppenräume notwendiger Treppen, die durch mehr als zwei Geschosse führen, müssen an ihrer obersten Stelle eine Rauchabzugsvorrichtung mit einem freien Querschnitt von mindestens fünf v. H. der Grundfläche der Treppenräume, jedoch nicht weniger als 1 m^2 haben. [3]Die Rauchabzugsvorrichtungen müssen von jedem Geschoß aus zu öffnen sein.

§ 17 Beheizung. Feuerstätten dürfen in Verkaufsräumen, Ladenstraßen, Lagerräumen und Werkräumen zur Beheizung nicht aufgestellt werden.

§ 18 Sicherheitsbeleuchtung. Verkaufsstätten müssen eine Sicherheitsbeleuchtung haben

1. in Verkaufsräumen,
2. in Rettungswegen,
3. in Arbeits- und Pausenräumen,
4. in Toilettenräumen.
5. in elektrischen Betriebsräumen und Räumen für haustechnische Anlagen,
6. für Hinweisschilder auf Ausgänge und für Stufenbeleuchtung.

§ 19 Blitzschutzanlagen. Gebäude mit Verkaufsstätten müssen Blitzschutzanlagen haben.

§ 20 Feuerlöscheinrichtungen, Brandmeldeanlagen und Alarmierungseinrichtungen. (1) [1]Verkaufsstätten müssen Sprinkleranlagen haben. [2]Dies gilt nicht für

1. erdgeschossige Verkaufsstätten mit nicht mehr als 3000 m² Fläche der Brandabschnitte,
2. sonstige Verkaufsstätten, wenn sie sich über nicht mehr als drei Geschosse erstrecken und die Gesamtfläche aller Geschosse innerhalb eines Brandabschnitts nicht mehr als 3000 m² beträgt.

[3]Verkaufsstätten nach Satz 2 Nr. 2 müssen Sprinkleranlagen haben, wenn sie Verkaufsräume mit einer Fläche von mehr als 500 m² haben, die mit ihrem Fußboden im Mittel mehr als 3 m unter der Geländeoberfläche liegen.

(2) In Verkaufsstätten müssen vorhanden sein:

1. geeignete Feuerlöscher und Wandhydranten an geeigneter Stelle in ausreichender Zahl, gut sichtbar und leicht zugänglich,
2. geeignete Brandmeldeanlagen zur unmittelbaren Alarmierung der dafür zuständigen Stelle und
3. Alarmierungseinrichtungen, durch die alle Betriebsangehörigen alarmiert und Anweisungen an sie und an die Kunden gegeben werden können.

(3) Es kann verlangt werden, daß das Auslösen von Sprinkleranlagen oder die Meldung von Brandmeldeanlagen der Feuerwehr selbsttätig gemeldet werden.

§ 21 Sicherheitsstromversorgungsanlagen. Verkaufsstätten müssen eine Sicherheitsstromversorgungsanlage haben, die bei Störung der allgemeinen Stromversorgung den Betrieb der sicherheitstechnischen Anlagen und Einrichtungen übernimmt, insbesondere der

1. Sicherheitsbeleuchtung,
2. Stufenbeleuchtung und der Hinweisschilder auf Ausgänge,
3. Sprinkleranlagen,
4. Rauchabzugsanlagen,
5. Schließeinrichtungen für Feuerschutzabschlüsse,
6. Brandmeldeanlagen,
7. Alamierungseinrichtungen.

§ 22 Lage der Verkaufsräume. [1]Verkaufsräume, ausgenommen Gaststätten, dürfen mit ihrem Fußboden nicht mehr als 22 m über der Geländeoberfläche liegen. [2]Verkaufsräume dürfen mit ihrem Fußboden im Mittel nicht mehr als 5 m unter der Geländeoberfläche liegen.

§ 23 Räume für Abfälle zur Beseitigung und Verwertung. [1]Verkaufsstätten müssen besondere Räume für Abfälle zur Beseitigung und Verwertung haben, die mindestens den Abfall von zwei Tagen aufnehmen können. [2]Die Räume müssen feuerbeständige Wände und

Decken sowie mindestens feuerhemmende und selbstschließende Türen haben.

§ 24 Gefahrenverhütung. (1) [1]Das Rauchen und das Verwenden von offenem Feuer ist in Verkaufsräumen und Ladenstraßen verboten. [2]Dies gilt nicht für Bereiche, in denen Getränke oder Speisen verabreicht oder Besprechungen abgehalten werden. [3]Auf das Verbot ist dauerhaft und leicht erkennbar hinzuweisen.

(2) [1]In Ladenstraßen nach § 6 Abs. 2 innerhalb der erforderlichen Breiten, in Ladenstraßen nach § 6 Abs. 3 innerhalb der erforderlichen Flächen, in Treppenräumen notwendiger Treppen, in Treppenraumerweiterungen und in notwendigen Fluren dürfen Dekorationen nicht angebracht oder Gegenstände nicht abgestellt werden. [2]In Ladenstraßen und Gängen innerhalb der nach § 13 Abs. 1 und 4 erforderlichen Breiten dürfen Gegenstände nicht abgestellt werden. [3]Für Dekorationen in Verkaufsräumen und Ladenstraßen gelten § 20 Abs. 1 und 2 der Verordnung über die Verhütung von Bränden (BayRS 215–2–1–I).

§ 25 Rettungswege auf dem Grundstück, Flächen für die Feuerwehr. (1) Kunden und Betriebsangehörige müssen aus der Verkaufsstätte unmittelbar oder über Flächen auf dem Grundstück auf öffentliche Verkehrsflächen gelangen können.

(2) Die erforderlichen Zufahrten, Durchfahrten und Aufstell- und Bewegungsflächen für die Feuerwehr müssen vorhanden sein.

(3) [1]Die als Rettungswege dienenden Flächen auf dem Grundstück sowie die Flächen für die Feuerwehr nach Absatz 2 müssen ständig freigehalten werden. [2]Hierauf ist dauerhaft und leicht erkennbar hinzuweisen.

§ 26 Verantwortliche Personen. (1) Während der Betriebszeit einer Verkaufsstätte muß die Person, die die Verkaufsstätte betreibt (Betreiber) oder eine von ihr bestimmte Person als Vertreter ständig anwesend sein.

(2) [1]Der Betreiber einer Verkaufsstätte hat

1. eine Person als Brandschutzbeauftragte und
2. für Verkaufsstätten, deren Verkaufsräume eine Fläche von insgesamt mehr als 5000 m² haben, Selbsthilfekräfte für den Brandschutz mindestens in der nach Absatz 4 festgelegten Anzahl

zu bestellen. [2]Die Namen dieser Personen und jeder Wechsel sind der für den Brandschutz zuständigen Dienststelle auf Verlangen mitzuteilen. [3]Der Betreiber hat für die Ausbildung dieser Personen im Einvernehmen mit der für den Brandschutz zuständigen Dienststelle zu sorgen.

(3) [1]Die Brandschutzbeauftragten haben darüber zu wachen, daß die Vorschriften über Einbauten oder Einrichtungen, Dekorationen oder Gegenstände (§ 6 Abs. 2 und 3, § 10 Abs. 8, § 13 Abs. 4, § 24 Abs. 2, § 25 Abs. 3), über Brandverhütung (§ 17, § 24 Abs. 1), über Türen im Verlauf von Rettungswegen (§ 15) sowie Brandschutztüren beachtet werden und daß die Selbsthilfe- und sicherheitstechnischen Anlagen und Einrichtungen betriebsbereit sind. [2]Sie haben für die Einhaltung von § 26 Abs. 5 und § 27 zu sorgen.

(4) Die erforderliche Anzahl der Selbsthilfekräfte für den Brandschutz ist von der Bauaufsichtsbehörde im Einvernehmen mit der für den Brandschutz zuständigen Dienststelle festzulegen.

(5) Selbsthilfekräfte für den Brandschutz müssen in erforderlicher Anzahl während der Betriebszeit der Verkaufsstätte anwesend sein.

§ 27 Brandschutzordnung. (1) [1]Der Betreiber einer Verkaufsstätte hat im Einvernehmen mit der für den Brandschutz zuständigen Dienststelle eine Brandschutzordnung aufzustellen. [2]In der Brandschutzordnung sind insbesondere die Aufgaben des Brandschutzbeauftragten und der Selbsthilfekräfte für den Brandschutz sowie die Maßnahmen festzulegen, die zur Räumung der Verkaufsstätte im Gefahrenfall und zur Rettung Behinderter, insbesondere Rollstuhlbenutzer, erforderlich sind.

(2) Die Betriebsangehörigen sind bei Beginn des Arbeitsverhältnisses und danach mindestens einmal jährlich zu belehren über

1. die Lage und die Bedienung der Feuerlöschgeräte, Brandmelde- und Feuerlöscheinrichtungen und
2. die Brandschutzordnung, über das Verhalten bei einem Brand oder einer sonstigen Gefahr insbesondere bei einer Panik.

(3) [1]Im Erdgeschoß sind an gut sichtbarer Stelle ein Lageplan und Grundrißpläne aller Geschosse anzubringen. [2]In den Plänen sind die Rettungswege, die für die Brandbekämpfung freizuhaltenden Flächen, die Brandmelde- und Feuerlöscheinrichtungen, die Löschwasserversorgung und die Bedienungseinrichtungen der technischen Anlagen einzutragen. [3]Eine Fertigung der Pläne ist der örtlichen Feuerwehr zu überlassen.

§ 28 Stellplätze für Behinderte. [1]Mindestens drei v. H. der notwendigen Stellplätze, mindestens jedoch ein Stellplatz, müssen für Behinderte vorgesehen sein. [2]Auf diese Stellplätze ist dauerhaft und leicht erkennbar hinzuweisen.

§ 29 Zusätzliche Bauvorlagen. Die Bauvorlagen müssen zusätzliche Angaben enthalten über

1. eine Berechnung der Flächen der Verkaufsräume und der Brandabschnitte,
2. eine Berechnung der erforderlichen Breiten der Ausgänge aus den Geschossen ins Freie oder in Treppenräume notwendiger Treppen,
3. den Verlauf und die Länge der Rettungswege einschließlich ihres Verlaufs im Freien sowie über die Ausgänge und die Art der Türen,
4. die Sprinkleranlagen, die sonstigen Feuerlöscheinrichtungen und die Feuerlöschgeräte,
5. die Brandmeldeanlagen,
6. die Alarmierungseinrichtungen.
7. die Sicherheitsbeleuchtung und die Sicherheitsstromversorgung,
8. die Rauchabzugsvorrichtungen und Rauchabzugsanlagen,
9. die Rettungswege auf dem Grundstück und die Flächen für die Feuerwehr.

§ 30 Prüfungen. (1) [1]Die Wirksamkeit und Betriebssicherheit folgender Anlagen und Einrichtungen müssen vor der ersten Inbetriebnahme der Verkaufsstätte, unverzüglich nach einer wesentlichen Änderung sowie jeweils mindestens alle zwei Jahre durch verantwortliche Sachverständige für sicherheitstechnische Anlagen und Einrichtungen nach § 1 Abs. 2 Nr. 4 der Verordnung über die verantwortlichen Sachverständigen im Bauwesen (SachverständigenverordnungBau – SVBau)[1] geprüft und bescheinigt werden:

1. Rauchabzugsanlagen, Rauchabzugsvorrichtungen und Lüftungsanlagen, die entrauchen (§ 16),
2. Sicherheitsbeleuchtung (§ 18 Nrn. 1 bis 6),
3. Sprinkleranlagen (§ 20),
4. Brandmeldeanlagen und Alarmierungseinrichtungen (§ 20 Abs. 2),
5. Sicherheitsstromversorgungsanlagen (§ 21).

[2]Die Wirksamkeit und Betriebssicherheit von Feuerschutzabschlüssen sowie automatischer Schiebetüren und von Türen mit elektrischer Verriegelung in Rettungswegen sind vor der Inbetriebnahme und wiederkehrend durch Sachkundige zu prüfen und zu bestätigen. [3]Prüfberichte sind mindestens fünf Jahre aufzubewahren und der Bauaufsichtsbehörde auf Verlangen vorzulegen.

(2) Für die Prüfungen sind die nötigen Vorrichtungen und fachlich geeignete Arbeitskräfte bereitzustellen sowie die erforderlichen Unterlagen bereitzuhalten.

---

[1] Nr. **10**.

§ 31 Weitergehende Anforderungen. An Verkaufsräume und Lagerräume mit einer lichten Höhe von mehr als 8 m können aus Gründen des Brandschutzes weitergehende Anforderungen gestellt werden.

§ 32 Übergangsvorschriften. [1] Auf die im Zeitpunkt des Inkrafttretens der Verordnung bestehenden Verkaufsstätten sind § 10 Abs. 8, § 13 Abs. 4, die §§ 24 bis 27 sowie 30 anzuwenden. [2] Im übrigen gelten für sie die bisherigen Vorschriften.

§ 33 Ordnungswidrigkeiten. Nach Art. 89 Abs. 1 Nr. 17 BayBO kann mit Geldbuße bis zu einer Million Deutsche Mark belegt werden, wer vorsätzlich oder fahrlässig

1. entgegen § 10 Abs. 8 Rettungswege einengt oder einengen läßt,
2. entgegen § 15 Abs. 2 Sätze 2 oder 3 nicht dafür Sorge trägt, daß Türen im Verlauf von Rettungswegen während der Betriebszeit in der dort vorgeschriebenen Weise geöffnet werden können,
3. entgegen § 24 Abs. 2 Satz 1 in Ladenstraßen nach § 6 Abs. 2 oder 3, in Treppenräumen notwendiger Treppen, in Treppenraumerweiterungen oder in notwendigen Fluren Dekorationen anbringt oder anbringen läßt oder Gegenstände abstellt oder abstellen läßt,
4. entgegen § 24 Abs. 2 Satz 2 in Ladenstraßen oder Gängen Gegenstände abstellt oder abstellen läßt,
5. entgegen § 25 Abs. 3 Satz 1 Rettungswege auf dem Grundstück oder Flächen für die Feuerwehr nicht freihält oder freihalten läßt,
6. der Vorschrift des § 26 Abs. 1 über die Anwesenheitspflicht zuwiderhandelt,
7. entgegen § 26 Abs. 2 Satz 1 auch in Verbindung mit Absatz 4 eine Person als Brandschutzbeauftragte oder Selbsthilfekräfte für den Brandschutz nicht oder nicht in der festgelegten Anzahl bestellt,
8. entgegen § 26 Abs. 5 nicht sicherstellt daß Selbsthilfekräfte für den Brandschutz in der erforderlichen Anzahl während der Betriebszeit anwesend sind oder
9. entgegen § 30 Abs. 1 Satz 1 Prüfungen nicht oder nicht rechtzeitig durchführen läßt.

§ 34 Inkrafttreten. Diese Verordnung tritt am 1. Januar 1998 in Kraft, sie tritt mit Ablauf des 31. Dezember 2017 außer Kraft.

15. Landesverordnung über den Bau und Betrieb von Versammlungsstätten (Versammlungsstättenverordnung – VStättV)

Vom 17. Dezember 1990 (GVBl. S. 542, BayRS 2132-1-5-I)

Geändert durch § 4 Verordnung vom 8. 12. 1997 (GVBl. S. 827)

Inhaltsübersicht

Auf Grund von *Art. 90 Abs. 1 Nr. 3* der Bayerischen Bauordnung (BayBO) und Art. 38 Abs. 1 Nrn. 2 bis 4 und Abs. 3 des Landesstraf- und Verordnungsgesetzes (LStVG) erläßt das Bayerische Staatsministerium des Innern folgende Verordnung:

Teil I. Allgemeine Vorschriften

§ 1 Geltungsbereich. (1) Die Vorschriften dieser Verordnung gelten für den Bau und Betrieb von

1. Versammlungsstätten mit Bühnen oder Szenenflächen und Versammlungsstätten für Filmvorführungen, wenn die zugehörigen Versammlungsräume mehr als 100 Personen fassen;
2. Versammlungsstätten mit nichtüberdachten Szenenflächen, wenn die Versammlungsstätte mehr als 1000 Besucher faßt;
3. Versammlungsstätten mit nichtüberdachten Sportflächen, wenn die Versammlungsstätte mehr als 5000 Besucher faßt, Sportstätten für Rasenspiele jedoch nur, wenn mehr als 15 Stehstufen angeordnet sind;
4. Versammlungsstätten mit Versammlungsräumen, die einzeln oder zusammen mehr als 200 Besucher fassen; maßgebend hierbei ist die Benutzungsart, welche die größte Besucherzahl zuläßt. In Schulen, Museen und ähnlichen Gebäuden gelten die Vorschriften nur für die Versammlungsräume, die einzeln mehr als 200 Besucher fassen;
5. Versammlungsstätten, die nicht unter die Nummern 1 bis 4 fallen, wenn die Versammlungsstätte mehr als 1000 Besucher faßt.

(2) Die Vorschriften dieser Verordnung gelten nicht für Räume, die überwiegend

1. für den Gottesdienst bestimmt sind,
2. Ausstellungszwecken dienen.

§ 2 Begriffe. (1) Versammlungsstätten sind bauliche Anlagen oder Teile baulicher Anlagen, die für die gleichzeitige Anwesenheit vieler Menschen bei Veranstaltungen erzieherischer, geselliger, kultureller, künstlerischer, politischer, sportlicher oder unterhaltender Art bestimmt sind.

(2) [1]Freilichttheater sind Versammlungsstätten mit nichtüberdachten Spielflächen für schauspielerische, musikalische oder für ähnliche Darbietungen. [2]Freiluftsportstätten sind Versammlungsstätten mit nichtüberdachten Spielflächen für sportliche Übungen und Wettkämpfe.

(3) [1]Versammlungsräume sind innerhalb von Gebäuden gelegene Räume für Veranstaltungen. [2]Hierzu gehören auch Rundfunk- und Fernsehstudios, die für Veranstaltungen mit Besuchern bestimmt sind, und Vortragssäle, Hörsäle und Aulen.

(4) [1]Bühnen sind Räume, die für schauspielerische, musikalische oder für ähnliche Darbietungen bestimmt sind und deren Decke gegen die Decke des Versammlungsraums durch Sturz oder Höhenunterschied abgesetzt ist. [2]Zu unterscheiden sind

1. Kleinbühnen: Bühnen, deren Grundfläche 100 m^2 nicht überschreitet und deren Decke nicht mehr als 1 m über der Bühnenöffnung liegt;
2. Mittelbühnen: Bühnen, deren Grundfläche 150 m^2, deren Bühnenerweiterungen in der Grundfläche zusammen 100 m^2 und deren Höhe bis zur Decke oder bis zur Unterkante des Rollenbodens das Zweifache der Höhe der Bühnenöffnung nicht überschreitet und die nicht unter Nummer 1 fallen;
3. Vollbühnen: Bühnen, die nicht unter die Nummern 1 und 2 fallen.

[3]Als Grundfläche von Kleinbühnen und Mittelbühnen gilt die Fläche hinter dem Vorhang, von Vollbühnen die Fläche hinter dem Schutzvorhang, nicht jedoch die anschließend vor dem Vorhang liegende Spielfläche (Vorbühne). [4]Bühnen, die ausschließlich der Aufnahme von Bildwänden für Filmvorführungen dienen, gelten nicht als Bühnen im Sinn dieser Vorschriften.

(5) [1]Spielflächen sind Flächen einer Versammlungsstätte, die für das spielerische Geschehen bestimmt sind. [2]Szenenflächen sind Spielflächen für schauspielerische oder für ähnliche künstlerische Darbietungen; Sportflächen sind Spielflächen für sportliche Übungen und Wettkämpfe.

(6) Platzflächen sind Flächen für Besucherplätze.

§ 3 Rettungswege auf dem Grundstück. (1) [1]Besucher, Mitwirkende und Betriebsangehörige müssen aus der Versammlungsstätte unmittelbar oder zügig über Flächen des Grundstücks, die nicht anderweitig genutzt werden dürfen (als Rettungswege dienende Verkehrsflächen), auf eine öffentliche Verkehrsfläche gelangen können, die neben dem sonstigen Verkehr auch den Besucherstrom, besonders am Schluß der Veranstaltungen, aufnehmen kann. [2]Für die Breite der als Rettungswege dienenden Verkehrsflächen gilt § 19 Abs. 2 entsprechend.

(2) [1]Versammlungsstätten, in denen regelmäßig mehrere Veranstaltungen kurzzeitig aufeinanderfolgen, müssen eine Wartefläche für mindestens die Hälfte der größtmöglichen Besucherzahl haben; für vier Personen ist 1 m^2 zugrundezulegen. [2]Mehrere Versammlungsräume in einem Gebäude können eine gemeinsame Wartefläche haben. [3]Führen Rettungswege über Warteflächen, so sind diese entsprechend zu bemessen.

(3) [1]Versammlungsstätten für mehr als 2500 Besucher und Versammlungsstätten mit einer Vollbühne für mehr als 800 Besucher müssen nach zwei öffentlichen Verkehrsflächen verlassen werden können. [2]Ausnahmen können gestattet werden, wenn die als Rettungswege dienenden Verkehrsflächen alle auf sie angewiesenen Personen aufnehmen können. [3]Hierbei sind bis zu 2500 Besuchern auf 1 m^2 Grundfläche vier Personen, darüber hinaus drei Personen zu rechnen. [4]Versammlungsstätten nach Satz 1 müssen von Feuerwehrfahrzeugen allseitig erreicht werden können. [5]Die hierfür auf dem Grundstück erforderlichen Flächen dürfen nicht anderweitig genutzt werden.

(4) [1]Zufahrten und Durchfahrten im Zug von Rettungswegen müssen mindestens 3 m breit und 3,5 m hoch sein und zusätzlich einen mindestens 1 m breiten Gehsteig haben. [2]Sind die Gehsteige von der Fahrbahn durch Pfeiler oder Mauern getrennt, so muß die Fahrbahn mindestens 3,5 m breit sein.

(5) Wände und Decken von Durchfahrten und Durchgängen müssen feuerbeständig sein und dürfen keine Öffnungen haben.

§ 4 Abstände. [1]Soweit nicht an die Grundstücksgrenze gebaut wird, müssen unbeschadet des Art. 6 BayBO Versammlungsstätten von den seitlichen und den hinteren Grundstücksgrenzen und von anderen, nichtangebauten Gebäuden auf demselben Grundstück folgende Mindestabstände haben:

1. bis 1500 Besucher 6 m,
2. über 1500 Besucher bis 2500 Besucher 9 m,
3. über 2500 Besucher 12 m.

[2]Für Versammlungsstätten mit einer Vollbühne sind die Abstände nach den Nummern 1 und 2 um 3 m zu vergrößern.

§ 5 Stellplätze. [1]Stellplätze für Kraftfahrzeuge und ihre Zu- und Abfahrten dürfen nur auf Flächen herstellt werden, die weder zum Verlassen der Versammlungsstätte noch als Bewegungsflächen für die Feuerwehr erforderlich sind. [2]Die Zufahrten sind von den Abfahrten getrennt anzulegen, wenn sich bei aufeinanderfolgenden Veranstaltungen das Zu- und Abfahren der Kraftfahrzeuge überschneiden kann.

§ 6 Wohnungen und fremde Räume. [1]Versammlungsstätten mit Vollbühne müssen von Wohnungen und fremden Räumen durch feuerbeständige Wände und Decken ohne Öffnungen abgetrennt sein. [2]Mit Wohnungen für Hausverwalter oder technisches Personal und mit allgemein zugänglichen Gaststätten dürfen sie über einen als Schleuse wirkenden Durchgangsraum verbunden sein.

§ 7 Beleuchtung. Die Beleuchtung von Versammlungsstätten muß elektrisch sein.

Teil II. Bauvorschriften

Abschnitt 1. Versammlungsräume

Unterabschnitt 1. Allgemeines

§ 8 Höhenlage. Der tiefstgelegene Teil der Fußbodenoberfläche von Versammlungsräumen darf über der als Rettungsweg dienenden Verkehrsfläche (§ 3 Abs. 1) nicht höher liegen als

1. 6 m in Versammlungsstätten mit Vollbühne unabhängig vom Fassungsvermögen;
2. 8 m in Versammlungsstätten mit Mittelbühne oder Szenenflächen von mehr als 100 m² und
   6 m, wenn die Versammlungsräume mehr als 800 Personen fassen;
3. in allen übrigen Versammlungsstätten
   22 m, wenn die Versammlungsräume mehr als 400 Personen fassen,
   15 m, wenn die Versammlungsräume mehr als 800 Personen fassen,
   8 m, wenn die Versammlungsräume mehr als 1500 Personen fassen,
   6 m, wenn die Versammlungsräume mehr als 2500 Personen fassen.

§ 9[1)] Versammlungsräume in Kellergeschossen. (1) Versammlungsräume in Kellergeschossen sind zulässig, wenn

1. ihre Fußbodenoberfläche nicht tiefer als 5 m unter der natürlichen oder von der Kreisverwaltungsbehörde festgelegten Geländeoberfläche liegt und
2. sie nicht mit Vollbühnen, Mittelbühnen oder mit Szenenflächen von mehr als 100 m² verbunden sind.

(2) Die Räume müssen Rauchabzüge haben.

[1)] § 9 Abs. 1 geänd., Abs. 2 Halbsatz 2 aufgeh. durch § 4 VO v. 8. 12. 1997 (GVBl. S. 827).

§ 10 Lichte Höhe. [1] Versammlungsräume müssen eine lichte Höhe von mindestens 3 m haben. [2] Sie müssen über und unter Rängen, Emporen, Balkonen und ähnlichen Anlagen mindestens 2,3 m, wenn kein Rauchverbot besteht, mindestens 2,8 m im Lichten hoch sein.

§ 11 Umwehrungen. (1) Platzflächen und Gänge, die mehr als 20 cm über dem Fußboden des Versammlungsraums liegen, sind zu umwehren, soweit sie nicht durch Stufen oder Rampen mit dem Fußboden verbunden sind.

(2) Die Platzflächen in Schwimmanlagen müssen bei Veranstaltungen in einem Abstand von mindestens 50 cm gegen den Beckenrand umwehrt sein.

(3) [1] Umwehrungen von Rängen, Emporen, Galerien, Balkonen, Podien und ähnlichen Anlagen und Geländer oder Brüstungen steilansteigender Platzreihen (§ 13 Abs. 2) müssen mindestens 1 m hoch sein; ist die Brüstung mindestens 50 cm breit, genügen 80 cm. [2] Vor Stufengängen muß die Umwehrung mindestens 1 m hoch sein.

§ 12 Bildwände. Bildwände und ihre Tragekonstruktionen müssen aus mindestens schwerentflammbaren Stoffen bestehen.

Unterabschnitt 2. Besucherplätze

§ 13 Ansteigende Platzreihen. (1) Ansteigende Platzreihen sind für je höchstens 4 m Höhe in Gruppen mit Ausgängen auf besondere Flure zusammenzufassen; für Hörsäle und ähnliche Räume können Ausnahmen gestattet werden.

(2) [1] Folgen Platzreihen mit einem Höhenunterschied von mehr als 32 cm aufeinander (steilansteigende Platzreihen), sind die Gruppen durch Schranken gegeneinander abzutrennen. [2] Ist der Höhenunterschied größer als 50 cm, so ist jede Platzreihe zu umwehren. [3] Sätze 1 und 2 gelten nicht, wenn Reihen durch Pulte oder durch Rückenlehnen eines festen Gestühls voneinander getrennt sind und die Rückenlehnen den Fußboden der dahinter liegenden Reihe um mindestens 65 cm überragen.

(3) [1] Stehplatzreihen (Stehstufen) dürfen höchstens 45 cm tief und sollen mindestens 20 cm hoch sein. [2] Bei der Berechnung der Stehplatzzahl ist die Breite des Stehplatzes mit mindestens 50 cm anzunehmen.

(4) [1] Werden mehr als fünf Stehstufen angeordnet, so sind vor der vordersten Stufe und nach je zehn weiteren Stufen Schranken von mindestens 1,1 m Höhe anzubringen. [2] Sie müssen einzeln mindestens 3 m lang und dürfen seitlich höchstens 2 m voneinander entfernt sein.

[3]Die seitlichen Entfernungen können bis auf 5 m vergrößert werden, wenn die Lücken nach höchstens fünf Stehplatzreihen durch versetzte Anordnung entsprechend langer Schranken gedeckt sind.

§ 14[1)] **Bestuhlung.** (1) [1]In Reihen angeordnete Sitzplätze müssen unverrückbar befestigt sein; Stühle, die nur gelegentlich aufgestellt werden, sind mindestens in den einzelnen Reihen fest miteinander zu verbinden. [2]Sitzplätze müssen mindestens 50 cm breit sein. [3]Die Sitzreihen müssen eine freie Durchgangsbreite von mindestens 45 cm haben.

(2) An jeder Seite eines Gangs dürfen höchstens 16, in steilansteigenden Platzreihen höchstens 12 Sitzplätze gereiht sein.

(3) [1]Zwischen zwei Seitengängen dürfen abweichend von Absatz 2 statt 32 höchstens 50 Sitzplätze gereiht sein, wenn

1. für höchstens drei Reihen an jeder Seite des Versammlungsraums ein Ausgang von mindestens 1,1 m Breite

   oder

2. für höchstens vier Reihen an jeder Seite des Versammlungsraums ein Ausgang von mindestens 1,5 m Breite

vorhanden ist. [2]Das gilt nicht für steilansteigende Platzreihen.

(4) [1]In einer Loge dürfen nicht mehr als zehn Stühle lose aufgestellt werden; für jeden Platz muß eine Grundfläche von mindestens 0,65 m^2 vorhanden sein. [2]Logen mit mehr als zehn Sitzplätzen müssen eine feste Bestuhlung haben.

§ 15 Tischplätze. (1) Jeder Tisch muß an einem Gang aufgestellt sein, der zu einem Ausgang führt.

(2) Von jedem Platz darf der Weg bis zu einem Gang nicht länger als 5 m sein.

Unterabschnitt 3. Besondere Anforderungen an Wände, Decken und Tragwerke

§ 16 Wände. (1) An Außenwänden können aus Gründen des Brandschutzes feuerbeständige Stürze, Kragplatten oder Brüstungen gefordert werden.

(2) [1]Wände von Versammlungsräumen und Fluren müssen, wenn sie Trennwände sind, feuerbeständig sein. [2]Es kann gestattet werden, daß diese Wände in eingeschossigen Gebäuden mit Versammlungsräumen von nicht mehr als 6 m lichter Höhe feuerhemmend hergestellt werden.

[1)] § 14 Abs. 1 Satz 1 geänd. durch § 4 VO v. 8. 12. 1997 (GVBl. S. 827).

(3) Glaswände müssen so ausgebildet oder gesichert werden, daß sie bei Gedränge nicht eingedrückt werden können.

§ 17[1)] **Decken und Tragwerke.** (1) [1]Decken über und unter Rettungswegen, Decken zwischen Versammlungsräumen und Decken zwischen Versammlungsräumen und anderen Räumen müssen feuerbeständig sein; alle übrigen Decken sind mindestens feuerhemmend und in ihren tragenden Teilen aus nichtbrennbaren Baustoffen herzustellen. [2]*Art. 32 Abs. 1 und 2* BayBO bleibt unberührt. [3]Ein unterhalb der Decke oder des Dachs angebrachter oberer Abschluß des Versammlungsraums muß einschließlich seiner Verkleidung aus nichtbrennbaren Baustoffen bestehen; seine Oberseite muß, wenn sie zugänglich ist, leicht gereinigt werden können. [4]Ausnahmen von den Sätzen 1 und 3 können in erdgeschossigen Versammlungsstätten gestattet werden, wenn diese nicht mehr als 800 Personen fassen, keine Bühnen oder Szenenflächen enthalten, und wenn sich über der Decke oder dem oberen Raumabschluß keine Lüftungsleitungen oder Räume oder Stände für Scheinwerfer (§ 81) befinden.

(2) [1]Tragende Bauteile von Rängen, Emporen, Galerien, Balkonen und ähnlichen Anlagen müssen feuerbeständig sein. [2]Das gilt nicht für erdgeschossige Versammlungsstätten, die nicht mehr als 800 Personen fassen.

(3) [1]Tragwerke für den Fußboden ansteigender Platzreihen und von Podien müssen aus mindestens schwerentflammbaren Baustoffen bestehen. [2]In den Zwischenräumen von Tragwerken dürfen keine Leitungen verlegt werden. [3]Zugangsöffnungen müssen verschließbar sein; die Verschlüsse müssen dieselbe Widerstandsfähigkeit gegen Feuer aufweisen wie die Wand oder Decke, in der sie liegen.

§ 18 Wand- und Deckenverkleidungen. (1) Verkleidungen von Wänden dürfen aus normal- oder schwerentflammbaren Baustoffen bestehen, wenn die Verkleidung unmittelbar auf der Wand aufgebracht ist oder die Anforderungen des Absatzes 2 erfüllt sind.

(2) [1]Hohlräume zwischen der Wand und einer Verkleidung aus normal- oder schwerentflammbaren Baustoffen sind schottenartig in Zwischenräume von höchstens 5 m durch senkrechte und waagerechte Rippen zu unterteilen. [2]Ist der Abstand von Vorderkante Verkleidung bis zur Wand größer als 10 cm, so sind die waagerechten Rippen im Abstand von höchstens 2,5 m anzuordnen. [3]Die Rippen müssen aus nichtbrennbaren Baustoffen bestehen, an der Wand befestigt sein und an die Rückseite der Verkleidung möglichst dicht anschließen. [4]Sind

---

[1)] § 17 Abs. 1 Satz 2 geänd., Abs. 3 Satz 2 Halbsatz 2 aufgeh. durch § 4 VO v. 8. 12. 1997 (GVBl. S. 827).

die Hohlräume bis zu 6 cm tief, dürfen die Rippen aus normal entflammbaren Baustoffen bestehen, wenn sie an den freiliegenden Seiten durch mindestens 2 cm dicke Baustoffe geschützt werden, die auf Dauer und ohne Nachbehandlung mindestens schwerentflammbar sind. 5 Die Hohlräume dürfen nur mit Baustoffen ausgefüllt werden, die auf Dauer und ohne Nachbehandlung mindestens schwerentflammbar sind.

(3) 1 Stoffe zum Bespannen von Wänden und ihre Halterungen müssen mindestens schwerentflammbar sein. 2 Der Hohlraum zwischen Wand und Bespannung darf höchstens 3 cm betragen.

(4) 1 Verkleidungen von Decken sind aus nichtbrennbaren Baustoffen herzustellen. 2 Verkleidungen aus normal- oder schwerentflammbaren Baustoffen können gestattet werden, wenn wegen des Brandschutzes Bedenken nicht bestehen.

(5) 1 Stoffe zum Bespannen von Decken müssen nichtbrennbar sein und dürfen auch unter Hitzeeinwirkung ihren Zusammenhalt nicht verlieren. 2 Die Halterungen müssen aus nichtbrennbaren Baustoffen bestehen.

Unterabschnitt 4. Rettungswege im Gebäude

§ 19 Allgemeine Anforderungen. (1) Gänge im Versammlungsraum, Ausgänge zu den Fluren, Flure, Treppen und andere Ausgänge (Rettungswege) müssen in solcher Anzahl und Breite vorhanden und so verteilt sein, daß Besucher, Mitwirkende und Betriebsangehörige auf kürzestem Weg leicht und gefahrlos ins Freie auf Verkehrsflächen gelangen können.

(2) 1 Die lichte Breite eines jeden Teils von Rettungswegen muß mindestens 1 m je 150 darauf angewiesene Personen betragen. 2 Gänge in Versammlungsräumen mit fester Bestuhlung müssen mindestens 90 cm, Flure mindestens 2 m, alle übrigen Rettungswege mindestens 1,1 m breit sein. 3 § 23 Abs. 8 bleibt unberührt. 4 Bei Logen mit nicht mehr als 20 Plätzen genügen Türen von 75 cm lichter Breite.

(3) 1 Liegen mehrere Benutzungsarten vor, sind die Rettungswege nach der größtmöglichen Besucherzahl zu berechnen. 2 Soweit keine Sitzplätze angeordnet werden, sind auf 1 m^2 Grundfläche zwei Personen zu rechnen.

(4) Haben mehrere in verschiedenen Geschossen gelegene Versammlungsräume gemeinsame Rettungswege, so ist bei deren Berechnung die Besucherzahl des größten Raums ganz, die der übrigen Räume nur zur Hälfte zugrundezulegen.

(5) Verkaufsstände, Wandtische, Wandsitze, Bordbretter und ähnliche feste Einrichtungen dürfen die notwendige Mindestbreite von Rettungswegen nicht einengen.

§ 20 Gänge. (1) [1]Stufenlose Gänge oder Gangteile dürfen höchstens zehn v.H. geneigt sein; ist die Neigung größer, sind Stufengänge anzuordnen. [2]In Gängen sind Klappsitze unzulässig; einzelne Stufen sollen nicht angeordnet werden.

(2) [1] Stufen in Stufengängen sollen nicht niedriger als 10 cm, nicht höher als 20 cm und nicht schmaler als 26 cm sein. [2]Der Fußboden von Platzreihen muß mit dem anschließenden Auftritt des Stufengangs auf einer Höhe liegen.

§ 21[1)] Ausgänge. (1) [1]Jeder Versammlungsraum muß mindestens zwei günstiggelegene Ausgänge haben. [2]Der Weg von jedem Besucherplatz bis zum nächsten Ausgang darf nicht länger als 25 m sein; für Sporthallen und ähnliche Versammlungsräume können Abweichungen gestattet werden.

(2) Die Ausgänge sollen in Versammlungsräumen mit einer Bühne oder Szenenfläche so angeordnet sein, daß sich die Mehrzahl der Besucher beim Verlassen des Raums von der Bühne oder der Szenenfläche abwenden muß.

(3) [1]Alle Ausgangstüren müssen gekennzeichnet sein. [2]Die Rettungswege ins Freie sind durch Richtungspfeile gut sichtbar zu kennzeichnen. [3]Ausgangstüren und Rettungswege sind, wo Sicherheitsbeleuchtung vorgeschrieben ist (§ 104 Abs. 2), so zu beleuchten, daß die Kennzeichnung auch bei Ausfall der allgemeinen Beleuchtung gut erkennbar ist.

(4) [1]Höhenunterschiede zwischen Ausgangstüren und Fluren oder Umgängen sind durch Rampen mit einer Neigung von höchstens zehn v.H. oder durch mindestens zwei Stufen zu überwinden, die den Anforderungen des § 23 Abs. 10 genügen. [2]Die Stufen dürfen nicht in die Flure hineinragen.

(5) Zwischen Ausgangstüren und Stufen oder Rampen müssen Absätze von einer der Türflügelbreite entsprechenden Tiefe liegen.

(6) [1]Ausgänge aus Versammlungsräumen müssen unmittelbar ins Freie, auf Flure oder in Treppenräume führen. [2]Aus Versammlungsräumen mit Vollbühnen müssen die Ausgänge zunächst auf Flure führen. [3]Den Fluren gleichzusetzen sind als Rettungswege dienende Wandelhallen und ähnliche Räume.

§ 22[1)] Flure. (1) [1]Jeder nicht zu ebener Erde liegende Flur muß zwei Ausgänge zu notwendigen Treppen haben. [2]Von jeder Stelle des Flurs muß eine Treppe in höchstens 30 m Entfernung erreichbar sein.

[1)] § 21 Abs. 1 Satz 2 Halbsatz 2 und § 22 Abs. 2 Satz 2 geänd. durch § 4 VO v. 8. 12. 1997 (GVBl. S. 827).

(2) [1]Stufen in Fluren sind unzulässig. [2]Eine Folge von mindestens drei Stufen ist zulässig, wenn sie Stufenbeleuchtung und Beleuchtung von oben hat und die Stufenbeleuchtung zusätzlich an die Sicherheitsbeleuchtung des Rettungswegs angeschlossen ist. [3]Für die Stufen gelten die Anforderungen des § 23 Abs. 10.

(3) Rampen in Fluren dürfen höchstens fünf v.H. geneigt sein.

(4) Für Ringflure gilt § 88.

§ 23[1)] Treppen und Treppenräume. (1) Jedes nicht zu ebener Erde liegende Geschoß muß über mindestens zwei voneinander unabhängige Treppen zugänglich sein (notwendige Treppen).

(2) [1]In Versammlungsstätten mit Vollbühne muß jedes Geschoß des Versammlungsraums über mindestens zwei nur zu ihm führende Treppen zugänglich sein; die beiden obersten Geschosse dürfen über gemeinschaftliche Treppen zugänglich sein, wenn im obersten Geschoß für nicht mehr als 200 Personen Plätze vorhanden sind. [2]Die Treppenräume müssen voneinander getrennt sein.

(3) Nebeneinanderliegende Treppenräume dürfen, auch wenn die Treppen zu verschiedenen Geschossen führen, durch feuerhemmende Türen verbunden sein, die nur mit Schlüsseln geöffnet werden können.

(4) Treppen zu Räumen und Fluren, die nicht mehr als 6 m über oder nicht mehr als 4 m unter den als Rettungswege dienenden Verkehrsflächen (§ 3 Abs. 1) liegen, benötigen keine besonderen Treppenräume.

(5) Treppenräume notwendiger Treppen dürfen unmittelbar nur mit solchen Räumen des Kellergeschosses in Verbindung stehen, die von Besuchern benutzt werden können.

(6) [1]Treppenräume notwendiger Treppen, die durch mehr als zwei Geschosse führen, müssen an ihrer obersten Stelle eine Rauchabzugseinrichtung mit einer Öffnung von mindestens fünf v.H. der Grundfläche des dazugehörigen Treppenraums oder Treppenraumabschnitts, mindestens jedoch 0,5 m^2 haben. [2]Die Vorrichtungen zum Öffnen der Rauchabzüge müssen vom Erdgeschoß aus bedient werden können und an der Bedienungsstelle die Aufschrift „Rauchabzug" haben. [3]An der Bedienungsvorrichtung muß erkennbar sein, ob die Rauchabzugsöffnungen offen oder gechlossen sind. [4]Fenster dürfen als Rauchabzüge ausgebildet werden, wenn sie hoch genug liegen.

(7) [1]Notwendige Treppen müssen feuerbeständig sein, innerhalb von Gebäuden müssen sie an den Unterseiten geschlossen sein. [2]Sie müssen auf beiden Seiten Handläufe ohne freie Enden haben.

---

1) § 23 Abs. 2 Satz 3 aufgeh., Abs. 8 geänd. durch § 4 VO v. 8. 12. 1997 (GVBl. S. 827).

(8) Notwendige Treppen dürfen nicht breiter als 2,5 m sein; geringfügige Überschreitungen, die sich aus der Anwendung des § 19 Abs. 2 Satz 1 ergeben, sind zulässig.

(9) Treppenläufe notwendiger Treppen sollen zwischen zwei Absätzen nicht mehr als 14 Stufen haben.

(10) [1] Treppenstufen notwendiger Treppen müssen eine Auftrittsbreite von mindestens 28 cm haben und dürfen nicht höher als 17 cm sein. [2] Sind die Läufe gebogen, darf die Auftrittsbreite der Stufen an der schmalsten Stelle nicht kleiner als 23 cm, von der inneren Treppenwange 1,25 m entfernt nicht größer als 35 cm sein.

(11) Treppenläufe dürfen erst in einem Abstand von mindestens 90 cm von Türen beginnen.

(12) Wendeltreppen sind unzulässig.

§ 24 Fenster und Türen. (1) [1] Fenster, die als Notausstieg bestimmt sind, müssen im Lichten mindestens 60 cm breit und mindestens 90 cm hoch sein. [2] Gitter an diesen Fenstern müssen sich mit den Fensterflügeln öffnen lassen und dürfen ihr Aufschlagen nicht behindern.

(2) [1] Wenn in den allgemeinen Vorschriften keine weitergehenden Anforderungen gestellt sind, müssen Fenster zu Lichtschächten aus nichtbrennbaren Baustoffen bestehen; die Verglasungen müssen gegen Feuer ausreichend widerstandsfähig sein. [2] Solche Fenster dürfen nur mit Schlüssel geöffnet werden können.

(3) [1] Türen im Zug von Rettungswegen dürfen nur in Fluchtrichtung aufschlagen; sie müssen, wenn sie zu Treppenräumen führen, selbstschließend sein. [2] Schwellen dürfen im Zug von Rettungswegen nur angeordnet werden, wenn die Nutzung des Raums es erfordert. [3] Die Schwellen müssen so ausgebildet, gekennzeichnet oder entsprechend § 22 Abs. 2 Satz 2 beleuchtet sein, daß sie das Verlassen der Räume nicht behindern. [4] Schiebe-, Pendel-, Dreh- und Hebetüren sind in Rettungswegen unzulässig. [5] Türflügel dürfen höchstens 15 cm in die Flure vorspringen, wenn die erforderliche Mindestflurbreite entsprechend vergrößert wird. [6] Vorhänge im Zug von Rettungswegen müssen schwerentflammbar sein und dürfen den Fußboden nicht berühren; sie müssen leicht verschiebbar sein.

(4) [1] Türen müssen von innen durch einen einzigen Griff leicht in voller Breite zu öffnen sein. [2] Der Griff des Verschlusses muß bei Hebelverschlüssen etwa 1,5 m, bei Klinkenverschlüssen etwa 1 m über dem Fußboden liegen und zum Öffnen von oben nach unten oder durch Druck zu betätigen sein. [3] Türbeschläge müssen so ausgebildet sein, daß Besucher nicht daran hängen bleiben können. [4] Riegel an Türen sind unzulässig.

(5) Rolläden, Scherengitter oder ähnliche Abschlüsse von Türöffnungen, Toröffnungen oder Durchfahrten müssen so eingerichtet sein, daß sie von Unbefugten nicht betätigt werden können.

Unterabschnitt 5. Beheizung und Lüftung

§ 25 Beheizung. (1) [1]Feuerstätten müssen unverrückbar befestigt sein. [2]Feuerstätten mit freiliegenden Metallteilen müssen in Räumen für Besucher Schutzvorrichtungen aus nichtbrennbaren Baustoffen haben, die unverrückbar befestigt und so ausgebildet sein müssen, daß auf ihnen Gegenstände nicht abgelegt werden können. [3]Es kann gefordert werden, daß Einzelfeuerstätten geschlossene Verbrennungskammern haben müssen oder daß sie die Zuluft nur durch Schächte oder Kanäle unmittelbar aus dem Freien entnehmen dürfen.

(2) [1]Elektrische Heizanlagen müssen unverrückbar befestigt sein und fest verlegte Leitungen haben. [2]Glühende Teile der Heizkörper dürfen nicht offenliegen.

(3) Heizkörper, die eine Oberflächentemperatur von mehr als 110 °C erreichen können, müssen Schutzvorrichtungen aus nichtbrennbaren Baustoffen haben, die unverrückbar befestigt und so ausgebildet sein müssen, daß auf ihnen Gegenstände nicht abgelegt werden können.

(4) [1]Vor den Wänden liegende Heizungsrohre, die eine Oberflächentemperatur von mehr als 110 °C erreichen können, müssen bis zur Höhe von 2,25 m über dem Fußboden abnehmbare Schutzvorrichtungen oder stoßfeste, wärmedämmende Umhüllungen haben. [2]Die Schutzvorrichtungen oder Umhüllungen müssen aus nichtbrennbaren Baustoffen bestehen.

(5) [1]Versammlungsräume für mehr als 800 Personen dürfen nicht durch Einzelfeuerstätten beheizt werden. [2]Ausnahmen können gestattet werden, wenn Bedenken wegen des Brandschutzes oder Gefahren für die Gesundheit nicht bestehen.

§ 26 Lüftung. Für Besucher muß eine stündliche Frischluftrate von mindestens 20 m^3 je Person und in Räumen, in denen geraucht werden darf, von mindestens 30 m^3 je Person gesichert sein.

Unterabschnitt 6. Rauchabführung, Feuerlösch-, Feuermelde- und Alarmeinrichtungen

§ 27[1)] Rauchabführung. (1) [1]Fensterlose Versammlungsräume und Versammlungsräume mit Fenstern, die nicht geöffnet werden können, müssen Rauchabzugsöffnungen in der Größe von mindestens 0,5 m^2

---

1) § 27 Abs. 7 geänd. durch § 4 VO v. 8. 12. 1997 (GVBl. S. 827).

für je 250 m^2 ihrer Grundfläche haben. [2]Die Rauchabzugsöffnungen können in der Decke oder in den Wänden liegen. [3]Die Öffnungen von Wandabzügen müssen unmittelbar unter der Decke liegen. [4]Der Rauchabzug muß außerhalb des Raums von einer sicheren Stelle im Erdgeschoß aus bedient werden können. [5]An der Bedienungsvorrichtung muß erkennbar sein, ob die Rauchabzugsöffnungen offen oder geschlossen sind.

(2) [1]Versammlungsräume mit Mittelbühne oder Szenenfläche müssen Rauchabzugsöffnungen mit einem lichten Gesamtquerschnitt von mindestens drei v.H. der Bühnengrundfläche ohne Bühnenerweiterung oder der Szenenfläche haben. [2]Die Rauchabzugsöffnungen können in der Decke oder in den Wänden liegen. [3]Die Öffnungen von Wandabzügen müssen unmittelbar unter der Decke liegen.

(3) [1]Versammlungsräume mit Vollbühne müssen in der Decke, möglichst nahe der Bühne, Rauchabzugsöffnungen haben. [2]Der lichte Mindestquerschnitt R in Beziehung zur Grundfläche F ist nach der Formel

$$R = 0{,}5 \cdot \sqrt{2F - 100\,m^2}$$

zu errechnen. [3]Dabei bedeutet F die Grundfläche der Bühne ohne Bühnenerweiterungen.

(4) [1]Die Vorrichtungen zum Öffnen der Rauchabzüge nach den Absätzen 2 und 3 müssen an zwei jederzeit zugänglichen Stellen, von denen eine auf der Bühne liegen muß, bedient werden können und an der Bedienungsstelle die Aufschrift „Rauchabzug Versammlungsraum" haben. [2]An der Bedienungsvorrichtung muß erkennbar sein, ob die Rauchabzugsöffnungen offen oder geschlossen sind.

(5) [1]Rauchabzugsschächte müssen aus nichtbrennbaren Baustoffen bestehen. [2]Führen die Schächte durch Decken, so müssen sie nach ihrer Feuerwiderstandsdauer der Bauart der Decken entsprechen. [3]Rauchabzugsschächte sollen senkrecht geführt werden. [4]Ihre Ausmündungen ins Freie müssen mindestens 50 cm über Dach liegen und von höher gelegenen Fenstern und anderen Öffnungen, auch solchen benachbarter Gebäude, mindestens 2,5 m – waagerecht gemessen – entfernt bleiben.

(6) Alle beweglichen Teile von Rauchabzugseinrichtungen müssen leicht bewegt und geprüft werden können.

(7) Es ist zulässig, daß der Rauch über eine Lüftungsanlage mit Maschinenbetrieb abgeführt wird, wenn sie ausreichend bemessen und auch im Brandfall jederzeit wirksam ist.

§ 28 Feuerlösch-, Feuermelde- und Alarmeinrichtungen. (1) In Versammlungsräumen oder in ihren Nebenräumen oder Fluren und in Kleiderablagen (§ 29) müssen Feuerlöscher gut sichtbar, leicht erreichbar und in ausreichender Zahl angebracht sein.

(2) In den Vorräumen oder Fluren von Versammlungsräumen für mehr als 800 Personen müssen mindestens zwei Wandhydranten in der Nähe von Eingangstüren vorhanden sein.

(3) [1]In Versammlungsstätten mit Versammlungsräumen für mehr als 1500 Besucher müssen Einrichtungen vorhanden sein, durch die die anwesenden Betriebsangehörigen alarmiert werden können. [2]In diesen Versammlungsstätten muß ferner von einer geeigneten Stelle die Feuerwehr durch eine Meldeeinrichtung unmittelbar und jederzeit benachrichtigt werden können; der Anschluß an vorhandene Einrichtungen kann verlangt werden. [3]Für Versammlungsstätten mit Mittelbühne gilt § 42 Abs. 3, für Versammlungsstätten mit Vollbühne § 54 Abs. 5, für Versammlungsstätten mit Szenenflächen § 62 Abs. 3.

(4) Weitere Feuerlösch-, Feuermelde- und Alarmeinrichtungen, wie Flächenberieselungs-, Rauchmelde- oder Lautsprecheranlagen, können gefordert werden, wenn es aus Gründen des Brandschutzes notwendig ist.

Unterabschnitt 7. Kleiderablagen

§ 29 Kleiderablagen. (1) [1]Kleiderablagen müssen so angeordnet sein, daß sie das Verlassen der Versammlungsstätte nicht behindern. [2]Die Ausgabetische müssen unverrückbar sein. [3]Warteflächen vor Kleiderablagen an Rettungswegen sind so zu bemessen, daß die Rettungswege durch wartende Besucher nicht eingeengt werden.

(2) Kleiderablagen sollen so angeordnet sein, daß die Besucher nach dem Empfang der Kleider auf kürzestem Weg ins Freie gelangen können, ohne die Wege anderer Besucher kreuzen zu müssen.

(3) [1]Muß die Garderobe in Versammlungsstätten abgegeben werden, muß die Anzahl der Kleiderhaken der Zahl der möglichen Besucher entsprechen. [2]Für die Länge der Ausgabetische soll je 20 Besucher mindestens 1 m gerechnet werden. [3]In Gaststätten genügt für je 60 Besucher 1 m und vor dem Tisch eine freie Fläche von 1,5 m Tiefe.

Abschnitt 2. Bühnen und Szenenflächen

Unterabschnitt 1. Kleinbühnen

§ 30 Bühnenerweiterungen. Bühnenerweiterungen (Seiten- oder Hinterbühnen) sind für Kleinbühnen unzulässig.

§ 31[1)] Wände, Decken, Fußböden. (1) Die Umfassungswände der Bühne und der Räume unter der Bühne müssen feuerbeständig

---

[1)] § 31 Abs. 1 Satz 1 Halbsatz 2 geänd. durch § 4 VO v. 8. 12. 1997 (GVBl. S. 827).

sein; für eingeschossige Gebäude sind feuerhemmende Umfassungswände zulässig.

(2) [1]Die Decke über der Bühne muß feuerbeständig sein, wenn sich darüber benutzbare Räume befinden; sie muß mindestens feuerhemmend sein, wenn darüber nichtbenutzbare Räume liegen. [2]Öffnungen in diesen Decken müssen mindestens feuerhemmend verschlossen sein.

(3) [1]Der Fußboden muß fugendicht sein. [2]Befinden sich zwischen der Decke unter der Bühne und dem Fußboden der Bühne Hohlräume, so müssen diese unzugänglich sein. [3]Befinden sich unter der Bühne benutzbare Räume, so müssen deren Decken feuerbeständig sein. [4]Zugänge zu den Räumen für den Souffleur und für Bühnenversenkungen müssen von anderen Räumen durch feuerbeständige Wände getrennt sein; Türen in diesen Wänden müssen feuerbeständig und selbstschließend sein.

§ 32 Vorhänge, Dekorationen. (1) Vorhänge müssen aus mindestens schwerentflammbaren Stoffen bestehen.

(2) [1]Dekorationen müssen aus mindestens schwerentflammbaren Stoffen bestehen. [2]Sie müssen so angebracht werden, daß sie die Rettungswege nicht einengen.

(3) Für die Aufbewahrung auswechselbarer Dekorationen muß ein besonderer Abstellraum mit feuerbeständigen Wänden und Decken und mindestens feuerhemmenden und selbstschließenden Türen vorhanden sein, der möglichst in baulichem Zusammenhang mit der Bühne steht.

§ 33 Umkleideräume, Aborträume. (1) Für die Mitwirkenden müssen Räume vorhanden sein, die in baulichem Zusammenhang mit der Bühne stehen, den Vorschriften für Aufenthaltsräume entsprechen und die sich zum Umkleiden und Waschen, getrennt für Frauen und Männer, eignen.

(2) In der Nähe der Umkleideräume sind Aborträume, getrennt für Frauen und Männer, in ausreichender Zahl anzuordnen.

§ 34 Feuerlöschgeräte. Auf der Bühne müssen mindestens ein Feuerlöscher und neben Schalttafeln oder Regelgeräten (Verdunklern) innerhalb des Bühnenraums ein weiterer Feuerlöscher vorhanden sein.

Unterabschnitt 2. Mittelbühnen

§ 35 Bühnenanlage. (1) [1]Die Umfassungswände der Bühne und der Magazine und die Wände zwischen dem Versammlungsraum und den Räumen unter der Bühne müssen feuerbeständig sein. [2]Zugänge zu den Räumen für den Souffleur und für Bühnenversenkungen müssen von anderen Räumen durch feuerbeständige Wände getrennt sein; Türen in diesen Wänden müssen feuerbeständig und selbstschließend sein.

(2) 1 Die Decke über der Bühne und über Bühnenerweiterungen muß feuerbeständig sein; sie muß mindestens feuerhemmend sein, wenn darüber nichtbenutzbare Räume liegen. 2 Öffnungen, mit Ausnahme der Öffnungen für Schächte nach § 38 Abs. 4, sind unzulässig, wenn sich über der Decke benutzbare Räume befinden. 3 Öffnungen in feuerhemmenden Decken müssen mindestens feuerhemmend verschlossen sein.

(3) 1 Befinden sich unter der Bühne benutzbare Räume, die nicht zu einer Unterbühne gehören, so müssen deren Decken feuerbeständig sein. 2 Befinden sich zwischen der Decke unter der Bühne und dem Fußboden der Bühne Hohlräume, so müssen diese unzugänglich sein. 3 Der Fußboden muß fugendicht sein. 4 Seine Unterkonstruktion muß aus mindestens schwerentflammbaren Baustoffen bestehen.

(4) 1 Decken über und unter Magazinen (§ 39) müssen feuerbeständig sein. 2 Öffnungen in diesen Decken sind unzulässig, wenn sich über oder unter diesen Decken benutzbare Räume befinden.

(5) 1 Die Türen der Bühne müssen mindestens feuerhemmend sein. 2 § 39 Abs. 1 Satz 5 bleibt unberührt.

(6) 1 Die Bühne und die Bühnenerweiterungen dürfen keine unmittelbar ins Freie führenden Öffnungen haben, ausgenommen Rauchabzugsöffnungen nach § 38 und eine Öffnung für den Transport von Dekorationen, die einen Abschluß in der Bauart feuerbeständiger Türen haben muß. 2 Der Abschluß darf nur mit Steckschlüssel geöffnet werden können.

(7) 1 Auf jeder Seite der Bühnenöffnung muß für einen Posten der Feuersicherheitswache ein besonderer Platz mit einer Grundfläche von mindestens 80 cm × 80 cm und einer Höhe von mindestens 2,2 m vorhanden sein. 2 Von dort aus muß die Bühne überblickt und betreten werden können.

§ 36 Vorhänge, Dekorationen. (1) 1 Die Bühne ist gegen den Versammlungsraum durch einen Vorhang aus nichtbrennbaren Stoffen abzuschließen, der auch im Brandfall unter Wärmeeinwirkung während einer Dauer von 15 Minuten den Zusammenhalt nicht verlieren darf. 2 Der Vorhang muß so geführt oder so gehalten werden, daß er im geschlossenen Zustand nicht flattern kann. 3 Andere Vorhänge müssen aus mindestens schwerentflammbaren Stoffen bestehen.

(2) 1 Dekorationen müssen aus mindestens schwerentflammbaren Stoffen bestehen. 2 Zwischen den Umfassungswänden der Bühne und den Dekorationen muß ein Gang von mindestens 1 m Breite freiblei-

ben. [3]Die Gangbreite darf, auch durch Gegengewichtszüge, nicht eingeengt sein.

§ 37 Bühneneinrichtung. (1) Tragende Bauteile für den inneren Ausbau der Bühne müssen aus nichtbrennbaren Baustoffen bestehen; Beläge des Rollenbodens und der Galerien dürfen aus Holz sein.

(2) Tragende Seile der Obermaschinerie, ausgenommen Seile von Handzügen, müssen Drahtseile sein.

(3) [1]Gegengewichtsbahnen müssen umkleidet sein. [2]Bei Gegengewichtsbahnen über Verkehrswegen sind Auffangvorrichtungen anzubringen.

§ 38[1)] Rauchabführung. (1) [1]Die Bühne muß Rauchabzugsöffnungen haben. [2]Ihr lichter Gesamtquerschnitt muß mindestens drei v.H. der Bühnengrundfläche ohne Bühnenerweiterungen betragen.

(2) [1]Rauchabzugsöffnungen können in der Decke oder in den Wänden liegen. [2]Die Öffnungen von Wandabzügen müssen unmittelbar unter der Decke angeordnet sein. [3]Werden die Abschlüsse der Wandabzugsöffnungen um eine Achse schwingbar ausgebildet, so muß die Achse waagerecht und unterhalb des Schwerpunkts des Abschlusses liegen; die obere Abschlußkante muß nach außen schwingen.

(3) [1]Rauchabzugsschächte müssen aus nichtbrennbaren Baustoffen bestehen. [2]Führen die Schächte durch Decken, so müssen sie nach ihrer Feuerwiderstandsdauer der Bauart der Decken entsprechen. [3]Rauchabzugsschächte sollen senkrecht geführt werden. [4]Ihre Ausmündungen ins Freie müssen mindestens 50 cm über Dach liegen und von höher gelegenen Fenstern und anderen Öffnungen, auch solchen benachbarter Gebäude, mindestens 2,5 m – waagerecht gemessen – entfernt bleiben.

(4) Die Abschlüsse der Rauchabzüge müssen von zwei jederzeit zugänglichen Stellen aus, von denen die eine auf, die andere außerhalb der Bühne liegen muß, leicht geöffnet werden können.

(5) Die Abschlüsse der Rauchabzüge müssen von einer Bedienungsstelle außerhalb der Bühne wieder geschlossen werden können.

(6) Alle beweglichen Teile von Rauchabzugseinrichtungen müssen leicht bewegt und geprüft werden können.

(7) [1]Rauchabzugseinrichtungen müssen an den Bedienungsstellen die Aufschrift „Rauchabzug Bühne" haben. [2]An der Bedienungsvorrichtung muß erkennbar sein, ob die Rauchabzugsöffnungen offen oder geschlossen sind.

---

1) § 38 Abs. 8 geänd. durch § 4 VO v. 8. 12. 1997 (GVBl. S. 827).

(8) Es ist zulässig, daß der Rauch über eine Lüftungsanlage mit Maschinenbetrieb abgeführt wird, wenn sie ausreichend bemessen und auch im Brandfall jederzeit wirksam ist.

§ 39[1)] **Magazine, Umkleideräume, Aborträume.** (1) [1]Für Dekorationen, Möbel, Requisiten, Kleider und ähnliche Gegenstände müssen ausreichende Magazine vorhanden sein. [2]Magazine müssen vom Freien unmittelbar zugänglich sein oder ins Freie führende Fenster haben, wenn darin nicht nur gerollte Dekorationen aufbewahrt werden. [3]Abweichungen von Satz 2 können gestattet werden für kleinere Magazine und für Magazine, in denen hauptsächlich Gegenstände aus nichtbrennbaren Stoffen gelagert werden. [4]Magazine, die auch als Arbeitsräume benutzt werden, müssen den Anforderungen an Aufenthaltsräume entsprechen; zu einer Grundfläche von 30 bis 1500 m^2 muß die lichte Raumhöhe mindestens 3 m, zu einer Grundfläche von mehr als 1500 m^2 mindestens 3,5 m betragen, die vorgeschriebene Raumhöhe erhöht sich um mindestens 50 cm, wenn gesundheitsschädliche oder belastende Dämpfe oder Staube entstehen und in die Raumluft gelangen können. [5]Türen zwischen Magazinen und anderen Räumen und Fluren sind in der Bauart feuerbeständiger Türen auszuführen.

(2) Für die Mitwirkenden müssen Räume vorhanden sein, die in baulichem Zusammenhang mit der Bühne stehen, den Vorschriften für Aufenthaltsräume entsprechen und die sich zum Umkleiden und Waschen, getrennt für Frauen und Männer, eignen.

(3) In der Nähe der Umkleideräume sind Aborträume, getrennt für Frauen und Männer, in ausreichender Zahl anzuordnen.

§ 40 Rettungswege. (1) [1]Die Bühne muß auf beiden Seiten mindestens einen Ausgang auf nicht den Besuchern dienende Rettungswege haben, die getrennt voneinander ins Freie führen. [2]Der Souffleurraum darf nicht nur einen Einstieg von oben haben. [3]Der Rettungsweg aus dem Souffleurraum darf in den Versammlungsraum führen.

(2) Sind Galerien, Stege oder ein Rollenboden eingebaut, so müssen Rettungswege für die Bühnenhandwerker nach § 51 Abs. 13 vorhanden sein.

(3) [1]Türen der Bühne müssen nach außen aufschlagen. [2]Auch wenn die Türen rechtwinkelig offen stehen, muß in den Fluren noch eine freie Durchgangsbreite von mindestens 1,1 m verbleiben.

(4) [1]Umkleideräume müssen einen Ausgang zu einem Bühnenflur oder zu einem besonderen Flur haben. [2]Von diesem Flur aus müssen zwei Rettungswege vorhanden sein, von denen einer entweder unmittelbar oder über eine mindestens 1,1 m breite, feuerbeständige und nicht den Besuchern dienende Treppe ins Freie führen muß.

[1)] § 39 Abs 1 Satz 3 geänd. durch VO v. 8. 12. 1997 (GVBl. S. 827).

§ 41 Beheizung, Lüftung. (1) [1]Die Bühnen und die zugehörigen Betriebsräume dürfen nur durch Zentralheizung oder elektrisch beheizbar sein. [2]Einzelfeuerstätten sind in Betriebsräumen zulässig, die feuerbeständige Wände und Decken haben. [3]Durch die Bühne oder die Magazine führende Kamine müssen mindestens 24 cm dicke Wangen aus Mauersteinen oder Wangen mit gleichwertigen Eigenschaften haben.

(2) [1]Luftheizungs-, Lüftungs- und Klimaanlagen der Bühne müssen von entsprechenden Anlagen des Versammlungsraums und der zugehörigen Räume getrennt sein. [2]Die Anlagen für die Bühne, den Versammlungsraum und die zugehörigen Räume müssen von der Bühne und von einer leicht erreichbaren, nicht gefährdeten Stelle außerhalb der Bühne stillgesetzt werden können.

(3) [1]Elektrische Heizanlagen müssen unverrückbar befestigt sein und festverlegte Leitungen haben. [2]Glühende Teile der Heizkörper dürfen nicht offenliegen.

(4) Heizkörper, die eine Oberflächentemperatur von mehr als 110 °C erreichen können, müssen in Bühnenräumen, Magazinen, Werkstätten und Umkleideräumen Schutzvorrichtungen aus nichtbrennbaren Baustoffen haben, die unverrückbar befestigt und so ausgebildet sein müssen, daß auf ihnen Gegenstände nicht abgelegt werden können.

(5) [1]Vor den Wänden liegende Heizungsrohre, die eine Oberflächentemperatur von mehr als 110 °C erreichen können, müssen in Bühnenräumen, Magazinen, Werkstätten und Umkleideräumen bis zur Höhe von 2,25 m über dem Fußboden abnehmbare Schutzvorrichtungen oder stoßfeste, wärmedämmende Umhüllungen haben. [2]Die Schutzvorrichtungen oder Umhüllungen müssen aus nichtbrennbaren Baustoffen bestehen.

§ 42 Feuerlösch-, Feuermelde- und Alarmeinrichtungen. (1) Auf der Bühne müssen mindestens zwei Wandhydranten und mindestens zwei Feuerlöscher vorhanden sein.

(2) [1]Der Bühnenvorhang muß eine Berieselungsanlage haben. [2]Bühnen über 100 m^2 und Bühnen mit Bühnenerweiterung müssen außerdem eine nicht unterteilte Regenanlage oder eine gleichwertige Feuerlöschanlage haben.

(3) [1]Es müssen Einrichtungen vorhanden sein, durch die die anwesenden Betriebsangehörigen und die Mitwirkenden alarmiert werden können. [2]Vom Stand des Feuersicherheitspostens und von einer geeigneten Stelle im Versammlungsraum aus muß die Feuerwehr durch eine Meldeeinrichtung unmittelbar und jederzeit benachrichtigt werden können.

(4) [1]Die Auslösevorrichtungen der Sicherheitsanlagen (Rauchabzugsvorrichtungen, Regenanlage, Berieselungsanlage und Feuermelde-

einrichtung) sollen nebeneinander liegen; sie müssen leicht überschaubar angeordnet, für die Feuersicherheitswache leicht erreichbar und nach ihrer Zweckbestimmung gekennzeichent sein. [2]Die Anlagen nach Absatz 2 müssen eine zweite Auslösung erhalten, die außerhalb der Bühne und der Bühnenerweiterung an einer leicht erreichbaren, nicht gefährdeten Stelle liegen muß.

§ 43 Bühnentechnische Einrichtungen über der Vorbühne. (1) [1]Ein Rollenboden und sonstige technische Einrichtungen sind auch über der Vorbühne zulässig; sie müssen aus nichtbrennbaren Baustoffen bestehen. [2]Prospektzüge müssen voneinander mindestens 50 cm entfernt sein.

(2) Die Einrichtungen nach Absatz 1 dürfen die Rauchabführung des Versammlungsraums nicht behindern.

(3) [1]Oberhalb der Decke oder eines sonstigen oberen Abschlusses (§ 17 Abs. 1 Satz 3) des Versammlungsraums angeordnete Einrichtungen nach Absatz 1 sind gegen Räume über dem Versammlungsraum durch feuerbeständige Bauteile, gegen den Raum zwischen der Decke oder dem Dach und dem oberen Abschluß des Versammlungsraums durch mindestens feuerhemmende Bauteile aus mindestens schwerentflammbaren Baustoffen abzuschließen. [2]Blenden unterhalb der Decke oder des oberen Raumabschlusses müssen aus nichtbrennbaren Baustoffen bestehen.

Unterabschnitt 3. Vollbühnen

§ 44 Bühnenanlage. (1) [1]Vollbühnen sind in einem besonderen Gebäudeteil (Bühnenhaus) unterzubringen. [2]Über der Hauptbühne dürfen benutzbare Räume nicht angeordnet werden.

(2) [1]Die Höhe der Bühne muß im Mittel mindestens gleich der doppelten Höhe der größtmöglichen Bühnenöffnung vermehrt um 4 m sein; hierbei wird die Höhe der Bühne bis zur Unterkante ihrer Decke gemessen. [2]Wird ein technisches Portal eingebaut, gilt die größte lichte Höhe dieses Portals als Höhe der Bühnenöffnung. [3]Über dem Rollenboden muß an jeder Stelle ein lichtes Durchgangsmaß von mindestens 2 m vorhanden sein.

(3) [1]Bühnenerweiterungen dürfen der Bühne ohne besondere Abschlüsse angegliedert sein. [2]Versenkungen dürfen in Hinterbühnen nur vohanden sein, wenn die darunter befindlichen Räume zur Unterbühne gehören.

(4) [1]Auf jeder Seite der Bühnenöffnung muß für einen Posten der Feuersicherheitswache ein besonderer Platz mit einer Grundfläche von mindestens 80 cm × 80 cm und einer Höhe von mindestens 2,2 m

vorhanden sein. 2 Von dort aus muß die Bühne überblickt und betreten werden können.

(5) 1 Zwischen den Umfassungswänden der Bühne und dem Rundhorizont oder den Dekorationen muß ein Gang von mindestens 1,5 m Breite freibleiben. 2 Die Gangbreite darf, auch durch Gegengewichtszüge, nicht eingeengt sein.

§ 45 Wände. (1) 1 Die Außenwände des Bühnenhauses, die Wände der Durchfahrten und Flure und die Wände der Werkstätten und Magazine müssen feuerbeständig sein. 2 Die Trennwand zwischen Bühnenhaus und Zuschauerhaus, die Wände der Bühne, der Unterbühne und der Bühnenerweiterungen und die Wände der Treppenräume müssen feuerbeständig und so dick wie Brandwände sein. 3 Die Wände der Treppenräume, in denen Treppen für die Bühnenhandwerker liegen, und die übrigen Wände müssen mindestens feuerhemmend aus nichtbrennbaren Baustoffen sein.

(2) Außer der Bühnenöffnung sind Öffnungen zwischen der Bühne einschließlich der Bühnenerweiterungen und dem Versammlungsraum (Vorbühnenauftritt) und anderen Räumen des Zuschauerhauses nur in Höhe des Bühnenfußbodens und nur über Sicherheitsschleusen (§ 56) zulässig.

(3) Öffnungen zwischen anderen Räumen des Bühnenhauses und des Zuschauerhauses sind über Sicherheitsschleusen überall zulässig.

(4) Liegt der Platz für das Orchester vor dem Schutzvorhang im Versammlungsraum, so sind an beiden Seiten Rettungswege über Sicherheitsschleusen zu den Fluren des Bühnenhauses zulässig.

(5) 1 Bühne und Bühnenerweiterungen dürfen keine unmittelbar ins Freie führenden Öffnungen haben; zum Transport von Dekorationen ist in Bühnenerweiterungen eine Öffnung zulässig, sie darf jedoch nicht auf die notwendigen Rettungswege für die Mitwirkenden angerechnet werden. 2 Die Öffnung muß eine Tür in der Bauart feuerbeständiger Türen haben. 3 Oberhalb des Rollenbodens sind Fenster aus nichtbrennbaren Baustoffen und Drahtglas mit punktgeschweißtem Netz zulässig. 4 Die Tür und die Fenster dürfen nur mit Steckschlüssel geöffnet werden können, soweit die Fenster nicht als Rauchabzüge nach § 48 Abs. 2 benutzt werden; im übrigen bleibt § 48 unberührt.

§ 46 Decken, Dächer. (1) 1 Decken im Bühnenhaus müssen feuerbeständig sein. 2 Decken zwischen Bühne und Unterbühne dürfen aus normalentflammbaren Baustoffen bestehen; das gilt auch für die Decke der Bühne, wenn sie zugleich das Dach bildet.

(2) Öffnungen in den Decken unter oder über Bühnenerweiterungen müssen Klappen in der Bauart feuerbeständiger Türen haben.

(3) [1]Das Tragwerk von Dächern ist aus feuerhemmenden Bauteilen aus mindestens schwerentflammbaren Baustoffen herzustellen. [2]Die Türen zu den Dachräumen müssen feuerbeständig sein.

§ 47 Bühneneinrichtung. (1) Tragende Bauteile für den inneren Ausbau der Bühne müssen aus nichtbrennbaren Baustoffen bestehen; Beläge des Rollenbodens und der Galerien dürfen aus Holz sein.

(2) Tragende Seile der Obermaschinerie, ausgenommen Seile von Handzügen, müssen Drahtseile sein.

(3) [1]Gegengewichtsbahnen müssen umkleidet sein. [2]Bei Gegengewichtsbahnen über Verkehrswegen sind Auffangvorrichtungen anzubringen.

(4) [1]Vorhänge vor dem Schutzvorhang (z.B. Schmuckvorhänge im Versammlungsraum) müssen aus nichtbrennbarem Stoff bestehen. [2]Vorhänge hinter dem Schutzvorhang müssen mindestens schwerentflammbar sein. [3]Die Vorhänge dürfen die Wirkung des Schutzvorhangs nicht beeinträchtigen und seine Betätigung nicht behindern.

§ 48 Rauchabführung. (1) [1]Die Bühne muß Rauchabzugsöffnungen haben. [2]Befinden sich alle Rauchabzugsöffnungen in der Decke, so muß ihr lichter Gesamtquerschnitt mindestens acht v.H. der Bühnengrundfläche betragen. [3]Werden alle Rauchabzugsöffnungen in den Wänden angeordnet, so muß ihr lichter Gesamtquerschnitt mindestens zwölf v.H. betragen. [4]Werden die Rauchabzugsöffnungen in der Decke und in den Wänden angeordnet, so ist der Gesamtquerschnitt aus den vorgenannten Werten zu errechnen.

(2) [1]Rauchabzugsöffnungen in Wänden müssen unmittelbar unter der Decke, oberhalb von Rollenböden und in mindestens zwei gegenüberliegenden Wänden angeordnet sein. [2]Entsprechend angeordnete Fenster dürfen als Rauchabzüge verwendet werden (§ 45 Abs. 5). [3]Werden die Abschlüsse der Wandabzugsöffnungen um eine Achse schwingbar ausgebildet, so muß die Achse waagerecht und unterhalb des Schwerpunkts des Abschlusses liegen; die obere Abschlußkante muß nach außen schwingen.

(3) [1]Rauchabzugsschächte müssen aus nichtbrennbaren Baustoffen bestehen. [2]Führen die Schächte durch Decken, so müssen sie nach ihrer Feuerwiderstandsdauer der Bauart der Decken entsprechen. [3]Rauchabzugsschächte sollen senkrecht geführt werden. [4]Ihre Ausmündungen ins Freie müssen mindestens 50 cm über Dach liegen und von höher gelegenen Fenstern und anderen Öffnungen, auch solcher benachbarter Gebäude, mindestens 2,5 m – waagerecht gemessen – entfernt bleiben.

(4) [1]Rollenböden müssen Durchbrüche haben, deren Größe mindestens dem Gesamtquerschnitt der Rauchabzugsöffnungen entspricht.

2 Davon muß ein Viertel aus mindestens 80 cm × 80 cm großen Durchbrechungen bestehen; sie müssen Geländer und Fußleisten haben. 3 Für den Rest genügen 4 cm breite Schlitze des Rollenbodenbelags. 4 Die Belagsbohlen dürfen höchstens 25 cm breit sein. 5 Die Sätze 2 und 3 gelten nicht, wenn der Rollenboden mit Gitterrosten belegt ist, deren Fläche mindestens dem Gesamtquerschnitt der Rauchabzugsöffnungen entspricht.

(5) 1 Die Abschlüsse der Rauchabzüge müssen von zwei jederzeit zugänglichen Stellen aus, von denen die eine auf, die andere außerhalb der Bühne liegen muß, leicht geöffnet werden können. 2 Sie müssen sich bei einem Überdruck von 35 kp/m² selbsttätig öffnen.

(6) Die Abschlüsse der Rauchabzüge müssen von einer Bedienungsstelle außerhalb der Bühne wieder geschlossen werden können.

(7) Alle beweglichen Teile von Rauchabzugseinrichtungen müssen leicht bewegt und geprüft werden können.

(8) 1 Rauchabzugseinrichtungen müssen an den Bedienungsstellen die Aufschrift „Rauchabzug Bühne" haben. 2 An der Bedienungsvorrichtung muß erkennbar sein, ob die Rauchabzugsöffnungen offen oder geschlossen sind.

(9) Dekorationen dürfen nicht näher als 1 m an den Rollenbodenbelag oder an die Raumdecke herangeführt werden, es sei denn, daß der Belag des Rollenbodens insgesamt aus Gitterrosten besteht.

§ 49 Magazine, Werkstätten, Umkleideräume, Aborträume.

(1) 1 Für Dekorationen, Möbel, Requisiten, Kleider und ähnliche Gegenstände müssen ausreichende Magazine vorhanden sein. 2 Magazine müssen vom Freien unmittelbar zugänglich sein oder ins Freie führende Fenster haben, soweit darin nicht nur gerollte Dekorationen aufbewahrt werden. 3 Ausnahmen von Satz 2 können gestattet werden für kleinere Magazine und für Magazine, in denen hauptsächlich Gegenstände aus nichtbrennbaren Stoffen gelagert werden.

(2) 1 Magazine, die auch als Arbeitsräume benutzt werden, und Werkstätten müssen bei einer Grundfläche von 30 bis 1500 m² mindestens eine lichte Raumhöhe von 3 m, bei einer Grundfläche von mehr als 1500 m² mindestens eine lichte Raumhöhe von 3,5 m haben. 2 Die vorgeschriebene Raumhöhe erhöht sich um mindestens 0,5 m, wenn gesundheitsschädliche oder belastende Dämpfe oder Stäube entstehen und in die Raumluft gelangen können.

(3) 1 Türen in Wänden von Magazinen und Werkstätten, die nicht unmittelbar ins Freie führen, sind in der Bauart feuerbeständiger Türen auszuführen. 2 An Stelle solcher Türen sind Sicherheitsschleusen (§ 56) zulässig. 3 Frisierräume gelten nicht als Werkstätten; sie müssen den Anforderungen an Umkleideräume entsprechen.

(4) 1 Für die Mitwirkenden müssen Räume vorhanden sein, die in baulichem Zusammenhang mit der Bühne stehen und den Vorschriften für Aufenthaltsräume entsprechen und die sich zum Umkleiden und Waschen, getrennt für Frauen und Männer, eignen. 2 Mindestens ein Fenster jedes Umkleideraums muß als Notausstieg bestimmt sein und so liegen, daß es von der Feuerwehr erreicht werden kann.

(5) In der Nähe der Umkleideräume sind Aborträume, getrennt für Frauen und Männer, in ausreichender Zahl anzuordnen.

§ 50 Räume mit offenen Feuerstätten. Offene Feuerstätten, wie Schmiedefeuer und Leimöfen, sind nur in Räumen zulässig, die von der Bühne und von anderen Räumen durch feuerbeständige Wände und Decken abgetrennt sind und feuerbeständige Türen oder Sicherheitsschleusen (§ 56) haben.

§ 51[1] Rettungswege. (1) Alle Räume des Bühnenhauses, außer den Magazinen, und der Platz für das Orchester müssen an Fluren liegen.

(2) 1 Von jedem Punkt der Bühne muß in höchstens 30 m Entfernung ein Flur unmittelbar erreichbar sein. 2 Die Türen von der Bühne auf die Flure sind zweckentsprechend verteilt so anzuordnen, daß auf 100 m² Bühnenfläche mindestens 1 m Türbreite entfällt. 3 Der Rettungsweg kann auch über nicht abschließbare Bühnenerweiterungen führen.

(3) 1 Bühnenerweiterungen müssen Türen zu Fluren haben. 2 Jede Bühnenerweiterung muß mindestens eine Tür, bei mehr als 100 m² mindestens zwei Türen haben. 3 Im übrigen gilt Absatz 2 entsprechend.

(4) 1 Von jeder Stelle eines Flurs nach den Absätzen 1 bis 3 müssen zwei Rettungswege in verschiedenen Richtungen ins Freie führen; ein Ausgang oder ein im Zug des Rettungswegs liegender Treppenraum darf nicht mehr als 25 m entfernt sein. 2 Bei Fluren im Erdgeschoß von nicht mehr als 25 m Länge kann von dem zweiten Rettungsweg ausnahmsweise abgesehen werden, wenn die Bühne ohne Seitenbühnen kleiner als 250 m² ist und keine Hinterbühne hat.

(5) 1 Die Breite der als Rettungswege dienenden Flure, Bühnenhaustreppen und Ausgänge ins Freie muß mindestens betragen

1. bei Bühnen bis 350 m² Fläche für Flure in allen Geschossen 1,5 m, für Treppen und Ausgänge 1,1 m;
2. bei Bühnen über 350 bis 500 m² Fläche für Flure in Höhe des Bühnenfußbodens 2 m, für Flure in den übrigen Geschossen, für Treppen und Ausgänge 1,5 m;

---

[1] § 51 Abs. 2 Satz 3 und Abs. 11 neugef., Abs. 13 Satz 2 und Abs. 14 Satz 3 geänd. durch § 4 VO v. 8. 12. 1997 (GVBl. S. 827).

3. bei Bühnen über 500 m^2 für Flure in Höhe des Bühnenfußbodens 2,5 m, für Flure in den übrigen Geschossen, für Treppen und Ausgänge 1,5 m.

[2]Alle übrigen Rettungswege müssen mindestens 1,1 m breit sein. [3]In der Berechnung der Fläche bleiben Bühnenerweiterungen unberücksichtigt.

(6) [1]Türen von Treppenräumen, Windfängen und Ausgängen müssen mindestens so breit wie die zugehörigen Treppenläufe sein. [2]Türen zu Fluren sind so anzuordnen, daß sie beim Öffnen und im geöffneten Zustand die Durchgangsbreite der Flure nicht einengen.

(7) [1]Treppenläufe sollen nicht mehr als 14 Stufen haben. [2]Absätze in einläufigen Treppen dürfen in Laufrichtung nicht kürzer als 1 m sein. [3]Treppenläufe dürfen erst in einem Abstand von mindestens 90 cm von den Zugangstüren beginnen. [4]Wendeltreppen sind unzulässig.

(8) [1]Treppenräume notwendiger Treppen, die durch mehr als zwei Geschosse führen, müssen an ihrer obersten Stelle eine Rauchabzugseinrichtung mit einer Öffnung von mindestens fünf v.H. der Grundfläche des dazugehörigen Treppenraums oder Treppenraumabschnitts, mindestens jedoch 0,5 m^2, haben. [2]Die Vorrichtungen zum Öffnen der Rauchabzüge müssen vom Erdgeschoß aus bedient werden können und an der Bedienungsstelle die Aufschrift ,,Rauchabzug" haben. [3]An der Bedienungsvorrichtung muß erkennbar sein, ob die Rauchabzugsöffnungen offen oder geschlossen sind. [4]Fenster dürfen als Rauchabzüge ausgebildet werden, wenn sie hoch genug liegen.

(9) [1]Die Rettungswege dürfen nicht ins Zuschauerhaus führen. [2]Ein Rettungsweg darf über Sicherheitsschleusen zu Rettungswegen des Zuschauerhauses führen, wenn die Bühne keine Hinterbühne hat und ohne Seitenbühnen kleiner als 250 m^2 ist und die Flure nicht länger als 25 m sind. [3]In der Berechnung der Breite gemeinsam benutzter Rettungswege ist die größtmögliche Zahl der aus dem Bühnenhaus und dem Zuschauerhaus auf sie angewiesenen Personen zugrundezulegen (§ 19 Abs. 3). [4]Sicherheitsschleusen (§ 56) im Zug von Rettungswegen müssen mindestens 3 m tief sein.

(10) [1]Über 50 m^2 große Umkleideräume, Übungsräume, Probesäle und ähnliche Räume und über 100 m^2 große Werkstätten und Magazine müssen mindestens zwei möglichst weit auseinanderliegende Ausgänge haben. [2]Über 50 m^2 große Magazine, die nicht an Fluren liegen, müssen zwei getrennte Rettungswege zu Treppenräumen oder unmittelbar ins Freie haben. [3]Diese Rettungswege dürfen auch durch benachbarte Magazine führen.

(11) Die Türen der Bühne, der Bühnenerweiterungen, Übungsräume, Probesäle, Werkstätten, Kantinen, über 50 m^2 großer Umkleideräume und ähnlicher Räume müssen in Fluchtrichtung aufschlagen.

(12) [1]Treppen, außer den Treppen für Bühnenhandwerker (Absatz 14), müssen feuerbeständig und an den Unterseiten geschlossen sein. [2]Sie müssen auf beiden Seiten Handläufe ohne freie Enden haben.

(13) [1]In Höhe jeder Galerie und in Höhe des Rollenbodens muß auf beiden Bühnenseiten ein Ausgang auf eine Treppe für Bühnenhandwerker vorhanden sein. [2]Ausgänge auf Flure des Bühnenhauses oder auf Bühnenhaustreppen sind zulässig, wenn sie über Sicherheitsschleusen (§ 56) führen.

(14) [1]Treppen, die ausschließlich als Rettungswege für Bühnenhandwerker dienen, müssen in feuerhemmender Bauart oder aus nichtbrennbaren Baustoffen hergestellt, mindestens 70 cm breit und von mindestens feuerhemmenden Wänden aus nichtbrennbaren Baustoffen umschlossen sein; ihre unteren Ausgänge müssen unmittelbar ins Freie oder über feuerhemmende und selbstschließende Türen auf Rettungswege führen. [2]Diese Treppen brauchen keine Belichtung durch Tageslicht zu haben; sie müssen jedoch an die Sicherheitsbeleuchtung angeschlossen sein. [3]Wendeltreppen sind als Bühnenhandwerkertreppen zulässig, wenn sie als zusätzliche, gelegentlich benützte Nebentreppen und nicht zum Transport von Gegenständen bestimmt sind.

§ 52 Fenster und Türen. (1) [1]Fenster, die als Notausstieg bestimmt sind, müssen im Lichten mindestens 60 cm breit und mindestens 90 cm hoch sein. [2]Gitter an diesen Fenstern müssen sich mit den Fensterflügeln öffnen lassen und dürfen ihr Aufschlagen nicht behindern.

(2) [1]Wenn in den allgemeinen Vorschriften keine weitergehenden Anforderungen gestellt sind, müssen Fenster zu Lichtschächten aus nichtbrennbaren Baustoffen bestehen; die Verglasungen müssen gegen Feuer ausreichend widerstandsfähig sein. [2]Solche Fenster dürfen nur mit Schlüssel geöffnet werden können.

(3) [1]Schiebe-, Pendel-, Dreh- und Hebetüren sind im Zug von Rettungswegen unzulässig. [2]Die im Zug von Rettungswegen liegenden Türen müssen von innen auch ohne Schlüssel geöffnet werden können; Riegel sind unzulässig. [3]Die Türen zwischen der Bühne einschließlich Bühnenerweiterungen und den Fluren müssen mindestens feuerhemmend aus nichtbrennbaren Baustoffen und selbstschließend sein. [4]Die Türen zwischen Fluren und Treppenräumen müssen rauchdicht sein und selbsttätig schließen; Glasfüllungen müssen aus Drahtglas mit punktgeschweißtem Netz bestehen.

(4) Türen müssen mindestens 1 m breit sein.

§ 53 Beheizung, Lüftung. (1) [1]Das Bühnenhaus darf nur durch Zentralheizung oder elektrisch beheizbar sein. [2]Luftheizungsanlagen des Bühnenhauses müssen von Anlagen des Zuschauerhauses getrennt sein. [3]Elektrische Heizanlagen müssen unverrückbar befestigt sein und festverlegte Leitungen haben. [4]Glühende Teile der Heizkörper dürfen nicht offenliegen.

(2) Heizkörper, die eine Oberflächentemperatur von mehr als 110 °C erreichen können, müssen in Bühnenräumen, Magazinen, Werkstätten und Umkleideräumen Schutzvorrichtungen aus nichtbrennbaren Baustoffen haben, die unverrückbar befestigt und so ausgebildet sein müssen, daß auf ihnen Gegenstände nicht abgelegt werden können.

(3) [1]Vor den Wänden liegende Heizungsrohre, die eine Oberflächentemperatur von mehr als 110 °C erreichen können, müssen in Bühnenräumen, Magazinen, Werkstätten und Umkleideräumen bis zur Höhe von 2,25 m über dem Fußboden abnehmbare Schutzvorrichtungen oder stoßfeste, wärmedämmende Umhüllungen haben. [2]Die Schutzvorrichtungen oder Umhüllungen müssen aus nichtbrennbaren Baustoffen bestehen.

(4) [1]Lüftungs- und Klimaanlagen des Bühnenhauses müssen von denen des Zuschauerhauses getrennt sein. [2]Die Anlagen für das Bühnenhaus und für das Zuschauerhaus müssen von der Bühne und von einer leicht erreichbaren, nicht gefährdeten Stelle außerhalb der Bühne stillgesetzt werden können.

§ 54 Feuerlösch-, Feuermelde- und Alarmeinrichtungen.

(1) [1]Bühnen und Bühnenerweiterungen müssen eine Regenanlage haben, welche auch die Bühnenteile unter den Arbeitsgalerien deckt. [2]Sie darf in ihrer Wirksamkeit nicht durch aufgezogene Dekorationen beeinträchtigt werden. [3]Die Regenanlage muß von der Bühne und von einer leicht erreichbaren, nicht gefährdeten, außerhalb der Bühne und der Bühnenerweiterungen liegenden Stelle aus in Betrieb gesetzt werden können; sie darf in Gruppen für die Bühne, für die Hinterbühne, für die rechte und linke Seitenbühne unterteilt werden. [4]Auf Bühnen bis zu 350 m^2 Fläche darf die Regenanlage der Bühne nicht unterteilt werden; auf Bühnen über 350 m^2 sind zwei Untergruppen, auf Bühnen über 500 m^2 drei Untergruppen zulässig. [5]Jede Bühnenerweiterung darf eine gesonderte Anlage erhalten, eine weitere Unterteilung ist unzulässig. [6]Die Regenanlage muß so beschaffen sein, daß die Beregnung innerhalb von 40 Sekunden nach dem Auslösen einsetzt. [7]Die Auslösevorrichtungen für die einzelnen Gruppen der Regenanlage sind an den Bedienungsstellen übersichtlich nebeneinander anzuordnen und zu kennzeichnen. [8]Die Wasserzuleitung für die Regenanlage ist so zu bemessen, daß alle vorhandenen Gruppen gleichzeitig für eine Zeitdauer von mindestens zehn Minuten genügend mit Wasser versorgt werden können, auch wenn außerdem noch zwei Wandhydranten in Betrieb sind. [9]Sind die Bühnenerweiterungen (Hinterbühne und Seitenbühnen) durch Brandabschlüsse von der Bühne abgetrennt, genügt es, wenn nur die Bühne mindestens zehn

Minuten mit Wasser versorgt werden kann. [10]Wird die Regenanlage in Betrieb gesetzt, muß eine Feuermeldung ausgelöst werden.

(2) An Stelle einer Regenanlage nach Absatz 1 kann eine andere gleichwertige Feuerlöschanlage gestattet werden.

(3) [1]Auf der Bühne und den Bühnenerweiterungen müssen Wandhydranten in ausreichender Zahl, auf der Bühne mindestens zwei, so angebracht sein, daß jede Stelle der Bühne erreicht werden kann. [2]Weitere Wandhydranten müssen auf allen Absätzen der Bühnenhandwerkertreppen, von denen aus die Bühne oder der Rollenboden zugänglich ist, und auf beiden Seiten der ersten Arbeitsgalerie vorhanden sein. [3]In den Treppenräumen, wenn erforderlich auch in den Fluren, müssen Wandhydranten in solcher Zahl angebracht werden, daß eine wirksame Brandbekämpfung möglich ist.

(4) [1]Auf der Bühne müssen mindestens zwei Feuerlöscher vorhanden und zweckmäßig verteilt sein. [2]Auf jeder Bühnenerweiterung muß mindestens ein weiterer Feuerlöscher vorhanden sein. [3]Auf allen Fluren muß jeweils zwischen zwei Treppenräumen ein Feuerlöscher angebracht werden; die Feuerlöscher sollen sich in allen Geschossen möglichst an der gleichen Stelle befinden.

(5) [1]Versammlungsstätten mit Vollbühne müssen eine private Feuermeldeanlage haben. [2]Feuermelder müssen sich mindestens beim Stand der Feuersicherheitsposten, beim Bühnenpförtner und an geeigneter Stelle im Zuschauerhaus befinden, weitere Melder können verlangt werden. [3]Die Empfangseinrichtung der Feuermeldeanlage ist an einer ständig besetzten Stelle (in der Regel beim Bühnenpförtner) vorzusehen. [4]Eine einlaufende Meldung ist auch dem Feuersicherheitsposten selbsttätig anzuzeigen. [5]Ist ein öffentliches Feuermeldenetz vorhanden, so ist die private Meldeanlage an dieses anzuschließen. [6]Ist keines vorhanden, muß sichergestellt sein, daß die Feuerwehr durch eine andere Meldeeinrichtung unmittelbar und jederzeit benachrichtigt werden kann.

(6) [1]Es müssen Einrichtungen vorhanden sein, durch die die anwesenden Betriebsangehörigen, die Mitwirkenden und die Feuersicherheitswache alarmiert werden können. [2]Für die Feuersicherheitswache muß ein Aufenthaltsraum im Bühnenhaus vorhanden sein.

(7) Die Auslösevorrichtungen der Sicherheitsanlagen (Rauchabzugseinrichtungen, Regenanlage, Berieselungsanlage, Schutzvorhang und Feuermeldeeinrichtung) sollen nebeneinander liegen; sie müssen leicht überschaubar angeordnet, für die Feuersicherheitswache leicht erreichbar und nach ihrer Zweckbestimmung gekennzeichnet sein.

§ 55 Schutzvorhang. (1) [1]Die Bühnenöffnung muß gegen den Versammlungsraum durch einen aus nichtbrennbaren Baustoffen bestehenden Schutzvorhang rauchdicht geschlossen werden können.

[2]Der Schutzvorhang muß sich von oben nach unten und durch sein Eigengewicht schließen. [3]Die Schließzeit darf 30 Sekunden nicht überschreiten. [4]Der Schutzvorhang muß einen Druck von 45 kp/m² nach beiden Richtungen aushalten können, ohne daß seine Zweckbestimmung beeinträchtigt wird. [5]Eine kleine, nach der Bühne sich öffnende, selbsttätig schließende Tür im Schutzvorhang ist zulässig.

(2) [1]Die Vorrichtung zum Schließen des Schutzvorhangs muß an zwei Stellen, von denen eine auf der Bühne liegen muß, ausgelöst werden können. [2]Beim Schließen muß auf der Bühne ein Warnsignal zu hören sein.

(3) [1]Der Schutzvorhang muß so angeordnet sein, daß er im geschlossenen Zustand unten an feuerbeständige Bauteile anschließt; lediglich der Bühnenboden darf unter dem Schutzvorhang durchgeführt werden. [2]Sind die Schutzvorhänge breiter als 8 m, sind an der unteren Längsschiene Stahldorne anzubringen, die in entsprechende stahlbewehrte Aussparungen im Bühnenboden eingreifen.

(4) [1]Für den Schutzvorhang muß eine Berieselungsanlage vorhanden sein. [2]Die Berieselungsanlage muß von der Bühne und von einer leicht erreichbaren, nicht gefährdeten Stelle außerhalb der Bühne und der Bühnenerweiterungen in Betrieb gesetzt werden können.

§ 56 Sicherheitsschleusen. (1) [1]Sicherheitsschleusen müssen mindestens so tief sein, wie ihre Türflügel breit sind. [2]Türen von Schleusen im Zug von Rettungswegen müssen in Richtung des Rettungswegs ohne Schlüssel geöffnet werden können.

(2) Sicherheitsschleusen nach Absatz 1 mit mehr als 20 m³ Luftraum müssen Rauchabzüge haben.

§ 57 Wohnungen im Bühnenhaus. [1]Im Bühnenhaus sind nur für Aufsichtspersonen Wohnungen zulässig. [2]Sie müssen von den umgebenden Räumen, auch den Fluren, durch feuerbeständige Wände und Decken ohne Öffnungen getrennt sein und einen besonderen Zugang haben, der mit anderen Räumen nicht in Verbindung steht.

§ 58 Räume für Raucher. [1]Im Bühnenhaus sollen besondere Räume für Raucher angeordnet werden. [2]Sie müssen deutlich gekennzeichnet und von anderen Räumen des Bühnenhauses durch feuerbeständige Wände mit mindestens feuerhemmenden und selbstschließenden Türen getrennt sein. [3]An den Ausgängen dieser Räume sind Aschenbecher fest anzubringen.

§ 59 Bühnentechnische Einrichtungen über der Vorbühne. Für die Vorbühne gelten die Vorschriften des § 43 entsprechend.

Unterabschnitt 4. Szenenflächen

§ 60 Szenenflächen. (1) [1]Szenenflächen sollen einzeln nicht größer als 350 m^2 sein und dürfen nur die in den Absätzen 2 und 3 genannten technischen Einrichtungen haben. [2]Je Seite dürfen höchstens zwei Vorhänge hintereinander angebracht sein.

(2) [1]Vorhänge, Deckenbehänge, ihre Aufhängevorrichtungen und Dekorationen müssen aus nichtbrennbaren Stoffen bestehen; dies gilt nicht für Ausstattungsgegenstände, wie Möbel und Lampen. [2]Vorhänge, Deckenbehänge, ihre Aufhängevorrichtungen und Dekorationen dürfen nicht näher als 1 m an den oberen Raumabschluß oder an den Arbeitsboden herangebracht werden. [3]Auf Szenenflächen ohne Deckenbehänge, Aufhängevorrichtungen und Arbeitsböden darf der Vorhang an die Raumdecke herangeführt werden.

(3) [1]Arbeitsböden (Arbeitsbühnen) müssen aus nichtbrennbaren Baustoffen bestehen und mindestens zwei Ausgänge zu Rettungswegen außerhalb des Versammlungsraums haben. [2]Sie müssen sicher begehbar und mindestens so weit geöffnet oder von den Wänden so weit entfernt sein, daß der Gesamtquerschnitt der Öffnungen mindestens dem Gesamtquerschnitt der Rauchabzugsöffnungen des Versammlungsraums entspricht und der Rauchabzug nicht beeinträchtigt wird. [3]Die freien Seiten von Arbeitsböden sind sicher zu umwehren. [4]Der Abstand zwischen Arbeitsboden und Raumdecke muß mindestens 2 m betragen.

§ 61 Szenenpodien. (1) Wird an den offenen Seiten von Szenenpodien eine Verkleidung angebracht, so muß diese aus mindestens schwerentflammbaren Stoffen bestehen.

(2) Das Szenenpodium muß an den von Besuchern abgekehrten Seiten abgeschrankt sein, wenn der Fußboden höher als 50 cm über dem Fußboden des Versammlungsraums liegt und mit ihm nicht durch Stufen in Verbindung steht.

(3) [1]Für Hubpodien oder Fahrpodien müssen die Wände, Decken und Fußböden der Gruben oder Nischen, wenn sie nicht durch Teile der Podien gebildet werden, feuerbeständig sein. [2]Das gilt auch für Türen zu den Gruben oder Nischen.

§ 62 Feuerlösch- und Feuermeldeeinrichtungen. (1) An der Szenenfläche müssen Feuerlöscher in ausreichender Zahl vorhanden sein.

(2) [1]In der Nähe von Szenenflächen von mehr als 100 m^2 Grundfläche muß ein Wandhydrant angeordnet sein. [2]Bei Szenenflächen von mehr als 200 m^2 Grundfläche müssen mindestens zwei Wandhydranten an möglichst entgegengesetzten Stellen so angeordnet sein, daß die gesamte Fläche erreicht werden kann.

(3) [1]Von zwei geeigneten Stellen des nächstgelegenen Flurs aus muß die Feuerwehr durch eine Meldeeinrichtung unmittelbar und jederzeit benachrichtigt werden können. [2]Wird eine Feuersicherheitswache verlangt (§ 116 Abs. 1), so muß sich eine Stelle in der Nähe des Stands des Feuersicherheitspostens befinden. [3]Der Stand für den Feuersicherheitsposten ist so anzuordnen, daß von ihm aus die Szenenfläche überblickt und unbehindert betreten werden kann.

§ 63 Magazine, Umkleideräume, Aborträume. Für Magazine, Umkleideräume und Aborträume gilt § 39.

Abschnitt 3. Filmvorführungen, Scheinwerferstände und Scheinwerferräume

Unterabschnitt 1. Filmvorführungen mit Sicherheitsfilm

§ 64 Vorführung im Versammlungsraum. (1) [1]Vorführgeräte (Bildwerfer) für Sicherheitsfilm dürfen im Versammlungsraum aufgestellt werden. [2]Sie müssen standfest und so beschaffen sein, daß Gefahren nicht auftreten können.

(2) [1]Der Standplatz der Vorführgeräte muß von den Platzflächen sicher abgeschrankt sein. [2]Die Rettungswege dürfen nicht eingeengt werden, auch wenn die Vorführgeräte betrieben werden.

(3) [1]Jeder mit Bogenlampe oder mit Gasentladungslampe (Hochdrucklampe) betriebene Bildwerfer muß an ein Abzugsrohr aus nichtbrennbaren Baustoffen angeschlossen sein, das unmittelbar oder über einen Kanal oder Schacht ins Freie führt. [2]Für Bildwerfer, die mit Hochdrucklampen betrieben werden, kann statt dessen ein sicher wirkendes Gerät verwendet werden, welches das entstehende Ozon unschädlich macht.

(4) [1]Die elektrischen Zuleitungen zum Bildwerfer sind so zu verlegen, daß die Rettungswege unbehindert benutzt werden können. [2]Der Bildwerfer darf nicht an einen Stromkreis der allgemeinen Beleuchtung des Versammlungsraums angeschlossen werden.

§ 65 Bildwerferraum. [1]Werden Vorführgeräte in einem besonderen Raum (Bildwerferraum) aufgestellt, so muß dieser den Vorschriften der §§ 66 bis 68 entsprechen. [2]Der Bildwerferraum muß belüftet werden können.

§ 66 Abmessungen. (1) Die Grundfläche des Bildwerferraums muß so bemessen sein, daß an den Bedienungsseiten und hinter jedem Bildwerfer eine freie Fläche von mindestens 1 m Breite vorhanden ist.

(2) [1]Der Raum muß bei einer Grundfläche von weniger als 30 m² mindestens 2,8 m, von mehr als 30 m² mindestens 3 m, am Standplatz des Vorführers mindestens 2,5 m im Lichten hoch sein. [2]Ist der Raum am Standplatz des Vorführers niedriger als 2,8 m, so sind die Einrichtungen für Be- und Entlüftung größer zu bemessen.

§ 67 Treppen. (1) Bildwerferräume dürfen nicht nur über Leitern zugänglich sein.

(2) Treppen zu Bildwerferräumen müssen mindestens 80 cm breit sein und vor der Tür des Bildwerferraums einen Absatz von mindestens 80 cm Tiefe haben.

(3) [1]Wendeltreppen müssen mindestens 90 cm breit sein und beiderseits Handläufe und auf je 3 m der zu überwindenden Höhe Absätze in der Tiefe von drei Auftritten haben. [2]Die Stufen müssen in der Mitte eine Auftrittbreite von 25 cm haben und dürfen nicht höher als 20 cm sein.

§ 68 Geräte und Einrichtungen. (1) [1]Im Bildwerferraum sind nur solche elektrischen Geräte und Leitungen zulässig, die für Bild- und Tonvorführungen und für die Beleuchtung, Beheizung und Lüftung erforderlich sind. [2]Ist für Vorschaltgeräte, Lampengleichrichter und Verteilungstafeln ein besonderer Schaltraum vorhanden, so muß er zu be- und entlüften sein.

(2) Im Bildwerferraum muß eine Sitzgelegenheit vorhanden sein.

(3) [1]Im Bildwerferraum oder in seiner Nähe muß eine Kleiderablage vorhanden sein. [2]Als Kleiderablagen in Bildwerferräumen sind nur Schränke zulässig.

(4) Am Eingang des Bildwerferraums muß ein Feuerlöscher vorhanden sein.

(5) Im übrigen gelten § 64 Abs. 3 und 4.

Unterabschnitt 2. Filmvorführungen mit Zellhornfilm

§ 69 Bildwerferraum. [1]Wenn Zellhornfilm verwendet wird, ist ein Bildwerferraum erforderlich. [2]Für diesen Bildwerferraum gelten außer den §§ 65 bis 68 auch die §§ 70 bis 79.

§ 70 Abmessungen. [1]Der Bildwerferraum muß eine Grundfläche von mindestens 16 m² haben. [2]In einem Bildwerferraum dürfen drei Bildwerfer aufgestellt werden. [3]Für jeden weiteren Bildwerfer ist die Fläche um mindestens 5 m² zu vergrößern; flurartige Erweiterungen des Bildwerferraums über 1,5 m Breite werden auf die erforderliche Fläche angerechnet.

§ 71 Wände, Decken, Fußböden, Podien. (1) Wände müssen feuerbeständig und so dick wie Brandwände sein.

(2) [1]Decken über und unter dem Bildwerferraum müssen feuerbeständig sein. [2]Unterkonstruktionen von Fußböden und von Podien müssen aus nichtbrennbaren Baustoffen bestehen. [3]Hohlräume unter Podien sollen nicht zugänglich sein. [4]Sind in Hohlräumen unter Podien Leitungen verlegt, so müssen die Hohlräume verschließbare Zugangsöffnungen haben.

§ 72 Rettungswege. (1) Der Bildwerferraum muß einen Rettungsweg unmittelbar ins Freie haben, der andere Rettungswege nicht berührt.

(2) [1]Läßt sich ein unmittelbarer Ausgang ins Freie nicht schaffen, so kann ein Ausgang durch einen mit dem Versammlungsraum nicht in Verbindung stehenden Vorraum oder Flur gestattet werden. [2]In diesem Fall kann ein zweiter Ausgang verlangt werden.

§ 73 Verbindung mit anderen Räumen. (1) Der Bildwerferraum darf außer durch Bild- und Schauöffnungen mit Versammlungsräumen auch durch Nebenräume oder Flure nicht verbunden sein.

(2) Andere Räume dürfen nicht ausschließlich durch den Bildwerferraum zugänglich sein.

(3) [1]Türen des Bildwerferraums und der mit ihm verbundenen Nebenräume zu den Rettungswegen müssen feuerhemmend sein, nach außen aufschlagen und selbsttätig schließen. [2]Sie dürfen keine Riegel haben und müssen von innen ohne Schlüssel durch Druck geöffnet werden können.

§ 74 Bild- und Schauöffnungen. [1]Bildöffnungen und Schauöffnungen müssen mindestens 5 mm dick fest verglast und rauchdicht abgeschlossen sein. [2]Die Bildöffnungen dürfen nur so groß sein, wie es der Strahlendurchgang erfordert, die Schauöffnungen dürfen nicht größer als 270 cm^2 sein. [3]Vor diesen Öffnungen müssen im Bildwerferraum Schieber aus mindestens 2 mm dickem Stahlblech angebracht werden. [4]Die Schieber müssen sicher und leicht bewegt werden können, sich bei einem Filmbrand und bei Betätigung vom „Schalter Bildwerferraum" sofort schließen und außerdem von Hand zu bedienen sein.

§ 75 Öffnungen ins Freie. (1) [1]Bildwerferräume müssen ein Überdruckfenster haben, das unmittelbar ins Freie oder in einen oben offenen Luftschacht mit feuerbeständigen Wänden ohne Öffnungen von mindestens 0,5 m^2 Querschnitt führt. [2]Das Überdruckfenster soll im oberen Raumdrittel angebracht sein; es muß eine lichte Mindestgröße von 0,25 m^2 haben und mit Fensterglas einfacher Dicke (ED) verglast und so eingerichtet sein, daß es sich, wenn im Raum ein Überdruck entsteht, leicht und selbsttätig in ganzer Fläche öffnet und geöffnet bleibt.

(2) [1] Ins Freie führende Tür- und Fensteröffnungen von Bildwerferräumen müssen ein Schutzdach aus nichtbrennbaren Baustoffen haben, wenn sich darüber andere Außenwandöffnungen oder ein Dachüberstand aus brennbaren Baustoffen befinden. [2] Das Schutzdach muß mindestens 50 cm auskragen und mindestens 30 cm über die Leibungen der Öffnungen übergreifen. [3] Das gilt auch für das Überdruckfenster nach Absatz 1, wenn es ins Freie führt.

§ 76 Geräte und Einrichtungen. (1) Im Bildwerferraum muß eine Sitzgelegenheit vorhanden sein.

(2) [1] Im Bildwerferraum oder in seiner Nähe muß eine Kleiderablage vorhanden sein. [2] Als Kleiderablagen in Bildwerferräumen sind nur Schränke zulässig.

(3) Am Eingang des Bildwerferraums müssen ein Feuerlöscher, eine Löschdecke und ein mit Wasser gefüllter Eimer vorhanden sein.

§ 77 Bildwerfer und andere elektrische Geräte. (1) [1] Es dürfen nur Bildwerfer mit nicht mehr als 600 m Film fassenden Filmtrommeln (Feuerschutztrommeln) verwendet werden. [2] Jede Trommel muß mindestens zwei mit Drahtgewebe (Maschenanzahl zwischen 49 und 64 je cm^2) verschlossene Öffnungen haben, deren Querschnitt zusammen mindestens sechs v.H. der Trommeloberfläche beträgt. [3] Die Ein- und Austrittsöffnungen der Trommel müssen so beschaffen sein, daß, wenn der Film steht, das Übergreifen eines Filmbrands auf den Trommelinhalt verhindert wird; ferner muß diese Einrichtung so ausgebildet sein, daß der Film, wenn die Trommel geschlossen ist, seitlich nicht herausgerissen werden kann. [4] Ist die Trommel geöffnet, darf die Vorführung nicht möglich sein.

(2) [1] Die Lampengehäuse der Bildwerfer müssen gegen Wärmeabgabe so geschützt sein, daß ein auf- oder angelegtes Stück Zellhornfilm sich nicht vor Ablauf von zehn Minuten entzündet. [2] Lampengehäuse müssen so beschaffen sein, daß Filmrollen nicht darauf abgelegt werden können.

(3) [1] Der Weg des ungeschützten Films von der einen zur anderen Feuerschutztrommel soll kurz sein; er muß so beschaffen sein, daß das Übergreifen von Flammen, die im Bildfenster entstehen, auf die anderen Filmteile möglichst verhindert wird. [2] Das Bildfenster muß Vorrichtungen haben, die einen selbsttätigen Licht- und Wärmeabschluß bewirken, wenn der Film reißt, zu langsam läuft oder im Bildfenster stehenbleibt; die Vorrichtungen müssen auch mit der Hand bedient

werden können. [3]Herrschen im Bildfenster hohe Wärmegrade, sind zusätzliche Einrichtungen, wie Kühlgebläse, erforderlich, die eine Entzündung des Films verzögern. [4]Diese Einrichtungen müssen mit dem Triebwerk des Bildwerfers so gekuppelt sein, daß die Vorführung erst möglich ist, wenn die zusätzlichen Einrichtungen voll angelaufen sind.

(4) [1]Der Bildwerfertisch muß aus nichtbrennbaren Stoffen bestehen. [2]Er muß einen Metallbehälter zum Ablegen von Lampenkohlenresten haben, wenn eine Bogenlampe als Lichtquelle dient.

(5) Scheinwerfer sind im Bildwerferraum unzulässig.

§ 78 Beleuchtung. Glühlampen müssen einen Schutzkorb aus nichtbrennbaren Stoffen mit höchstens 2 cm Maschenweite oder eine Überglocke aus dickem Glas haben.

§ 79 Beheizung. (1) [1]Der Bildwerferraum darf nur durch Zentralheizung, durch Gasfeuerstätten mit geschlossener Verbrennungskammer oder durch ortsfeste elektrische Heizgeräte beheizbar sein; glühende Teile der Heizkörper dürfen nicht offen liegen. [2]Warmluftheizungen dürfen nur zugehörige Nebenräume mitbeheizen. [3]Zuluftöffnungen sind zu vergittern; Gegenstände dürfen auf ihnen nicht abgelegt werden können.

(2) [1]Der Raum darf nur mit Anlagen beheizt werden, deren Oberflächentemperatur an den Heizkörpern, Feuerstätten oder Heizgeräten höchstens 110 °C beträgt. [2]Heizkörper, Feuerstätten oder Heizgeräte müssen Schutzvorrichtungen aus nichtbrennbaren Baustoffen haben, die unverrückbar befestigt und so ausgebildet sein müssen, daß auf ihnen Gegenstände nicht abgelegt werden können.

Unterabschnitt 3.
Scheinwerfer, Scheinwerferstände und Scheinwerferräume

§ 80 Scheinwerfer. (1) Scheinwerfer müssen von brennbaren Stoffen so weit entfernt sein, daß die Stoffe nicht entzündet werden können.

(2) Ortsveränderliche Scheinwerfer müssen gegen Herabfallen eine besondere Sicherung aus nichtbrennbaren Baustoffen haben.

§ 81 Scheinwerferstände, Scheinwerferräume. (1) Über einem Versammlungsraum liegende Scheinwerferstände und Scheinwerferräume müssen sicher begehbar sein und Rettungswege nach zwei Seiten haben.

(2) Scheinwerferstände und Scheinwerferräume müssen am Standplatz der Bedienungspersonen eine lichte Höhe von mindestens 2,5 m haben; Scheinwerferräume müssen außerdem eine durchschnittliche lichte Höhe von mindestens 2,5 m haben.

(3) [1]Wände und Decken der Scheinwerferräume müssen mindestens feuerhemmend sein und aus nichtbrennbaren Baustoffen bestehen, wenn in dieser Verordnung keine weitergehenden Anforderungen gestellt sind. [2]Türen müssen mindestens feuerhemmend und selbstschließend sein und die Aufschrift „Zutritt für Unbefugte verboten" haben. [3]Scheinwerferstände und Öffnungen der Scheinwerferräume müssen so eingerichtet sein, daß Teile der Scheinwerfer, besonders Glassplitter, nicht in den Versammlungsraum fallen können.

(4) [1]Scheinwerferräume müssen ausreichend belüftet werden können. [2]Für Scheinwerfer, die mit Bogenlampen oder Gasentladungslampen (Hochdrucklampen) betrieben werden, gilt § 64 Abs. 3.

Abschnitt 4. Versammlungsstätten mit Spielflächen innerhalb von Versammlungsräumen

Unterabschnitt 1. Spielflächen

§ 82 Manegen. (1) Spielflächen für zirzensische Vorführungen (Manegen) sollen mit ihren Fußböden nicht höher als 3,5 m über dem Gelände vor den Ausgängen liegen.

(2) [1]Manegen müssen gegen die Platzfläche durch geschlossene und stoßfeste Einfassungen abgetrennt sein. [2]Die Einfassung soll innen und außen mindestens 40 cm hoch sein, die Summe ihrer Höhe und Breite soll mindestens 90 cm betragen.

§ 83 Sportpodien. (1) Erhöhte Sportflächen (Sportpodien) dürfen mit ihren Fußböden höchstens 1,1 m über dem Fußboden des Versammlungsraums liegen.

(2) [1]Sportpodien müssen umwehrt sein. [2]Ist das wegen der Sportart nicht möglich, so muß eine freie Sicherheitsfläche von mindestens 1,25 m, wenn Catcher kämpfen, von mindestens 2,5 m Breite zwischen der Außenkante des Podiums und der Platzfläche eingehalten werden.

§ 84[1)] Spielfelder. (1) [1]Sportflächen für Ballspiele (Spielfelder) müssen gegen die Platzfläche durch geschlossene und stoßfeste Banden abgetrennt sein. [2]Die Banden müssen mindestens 90 cm, auf Spielfeldern für Eishockey mindestens 1,25 m hoch sein; sie müssen eine glatte Innenfläche haben. [3]Banden sind nicht erforderlich, wenn zwischen Spielfeldern und Platzflächen eine Sicherheitsfläche in ausreichender Breite vorhanden ist.

(2) Spielfelder für Handball, Fußball, Hockey und Tennis müssen außerdem an den Stirnseiten auf die ganze Breite mindestens 3 m hohe

---

[1)] § 84 Abs. 1 Satz 3 geänd. durch § 4 VO v. 8. 12. 1997 (GVBl. S. 827).

Netze oder ähnliche Vorrichtungen haben, wenn im Anschluß an diese Seiten Platzflächen angeordnet sind.

(3) Auf Kunsteisfeldern und Kunsteisbahnen, für deren Eisherstellung giftige oder ätzende Kältemittel oder solche Kältemittel verwendet werden, deren Gemische mit Luft brennbar oder explosibel sind, ist durch bauliche Anordnung und technische Vorkehrungen dafür zu sorgen, daß Personen nicht gefährdet werden.

§ 85 Reitbahnen. (1) [1]Reitbahnen müssen gegen die Platzfläche durch geschlossene und stoßfeste Banden abgetrennt sein, die mindestens 1,25 m hoch und vom Fußpunkt gegen die Senkrechte im Verhältnis 1 : 20 nach außen geneigt sein müssen. [2]Die Banden müssen eine glatte Innenfläche haben. [3]Die Ein- und Ausgänge müssen mindestens 2 m breit und mindestens 2,5 m hoch sein.

(2) Für Hippodrome gilt § 82 Abs. 2.

§ 86 Sportrennbahnen. (1) Die Fahrbahnen müssen gegen die Platzfläche durch ausreichend feste Umwehrungen so abgetrennt sein, daß Besucher durch Fahrzeuge oder Fahrer, die von der Bahn abkommen, nicht gefährdet werden können.

(2) [1]Das Innenfeld darf nur bei Radrennen als Platzfläche benutzt werden; es muß ohne Betreten der Fahrbahn erreicht werden können. [2]Überführungen sind nur zulässig, wenn Unterführungen nicht geschaffen werden können.

(3) [1]Das Tragwerk von Holzbahnen muß aus mindestens schwerentflammbaren Baustoffen bestehen. [2]Umkleideräume, Abstellräume, Unterführungen nach Absatz 2 oder Garagen unter Fahrbahnen müssen von ihnen feuerbeständig abgetrennt sein.

Unterabschnitt 2. Verkehrsflächen

§ 87 Einritte, Umritte. (1) [1]Nicht den Besuchern dienende Zugänge zur Manege (Einritte) müssen mindestens durch Vorhänge geschlossen werden können. [2]Die Vorhänge müssen aus mindestens schwerentflammbaren Stoffen bestehen und dürfen auf dem Boden nicht aufliegen.

(2) Nicht den Besuchern dienende Flure, die Einritte untereinander und mit betrieblichen Nebenräumen verbinden (Umritte), müssen feuerbeständige Wände und Decken haben.

§ 88 Ringflure. (1) [1]Den Besuchern dienende Flure, die den Ringen zugeordnet sind und die zu notwendigen Treppen oder Ausgängen führen (Ringflure), müssen unmittelbar ins Freie oder in eigene, feuerbeständig umschlossene Treppenräume mit unmittelbarem Ausgang ins Freie führen. [2]Die Ringflure müssen ins Freie führende Fenster oder Rauchabzugsöffnungen haben. [3]Für die Rauchabzugsöffnungen gilt § 23 Abs. 6 entsprechend.

(2) [1]An einen Ringflur dürfen höchstens zwei Ringe zu je höchstens sechs Platzreihen angeschlossen sein. [2]Ringe mit mehr als sechs Platzreihen müssen eigene Ringflure haben. [3]Die Ausgänge des untersten Rings dürfen nicht zur Spielfläche führen. [4]Verbindungen zu den Ringfluren, die von Mitwirkenden benutzt werden, dürfen auf die Breite der Rettungswege nicht angerechnet werden.

Unterabschnitt 3. Räume für Mitwirkende und Betriebsangehörige

§ 89 Räume für Sanitäter und Feuerwehrmänner. [1]Für Sanitäter und Feuerwehrmänner sind besondere Räume an geeigneter Stelle anzuordnen. [2]Sie müssen, wenn erforderlich, ausreichend beheizt und gelüftet werden können.

§ 90 Magazine, Umkleideräume, Aborträume. (1) Für Magazine, Umkleideräume und Aborträume gilt § 39.

(2) Werden Turnhallen oder Spielhallen als Versammlungsräume benutzt, so müssen Türen zwischen den Hallen und den Umkleideräumen mindestens feuerhemmend und selbstschließend sein.

§ 91 Ställe, Futterkammern. (1) [1]Ställe und Futterkammern innerhalb von Versammlungsstätten müssen an Außenwänden liegen. [2]Sie müssen gegen angrenzende Räume durch feuerbeständige Wände und Decken abgetrennt sein; Türen in diesen Wänden müssen mindestens feuerhemmend und selbstschließend sein. [3]Abwurföffnungen und Abwurfschächte von Futterkammern müssen von feuerbeständigen Bauteilen umgeben sein und durch selbsttätig schließende Klappen in der Bauart feuerbeständiger Türen abgeschlossen werden können. [4]Abwurfschächte müssen bei außenseitiger Anordnung entlang der Außenwand selbsttätig schließende Klappen an der Einwurföffnung und an der Entnahmeöffnung haben.

(2) [1]Räume, in denen Käfige aufgestellt werden, und Ställe sind mit öffentlichen Verkehrsflächen durch eigene Zufahrten und Abfahrten oder Durchfahrten zu verbinden. [2]§ 3 Abs. 4 und 5 gelten entsprechend.

Abschnitt 5. Versammlungsstätten mit nichtüberdachten Spielflächen

§ 92 Anwendungsbereich. (1) Für Versammlungsstätten mit nichtüberdachten Spielflächen gelten die besonderen Anforderungen der §§ 93 bis 95.

(2) [1]Die Vorschriften der §§ 8 bis 29 gelten sinngemäß, soweit in den §§ 93 bis 95 nichts anderes bestimmt ist. [2]§ 13 Abs. 1 gilt nur für die Teile der Anlage, die sich oberhalb der als Rettungswege dienenden Verkehrsflächen (§ 13 Abs. 1) befinden.

§ 93 Spielflächen. (1) Erhöhte Spielflächen (Podien) dürfen mit ihren Fußböden höchstens 1,1 m über dem Boden des anschließenden Geländes liegen.

(2) [1]Podien müssen umwehrt sein. [2]Ist das wegen der Spielart nicht möglich, so muß eine freie Sicherheitsfläche von mindestens 1,25 m Breite zwischen der Außenkante des Podiums und der Platzfläche eingehalten werden.

(3) [1]Spielflächen für Eishockey müssen gegen die Platzflächen durch mindestens 1,25 m hohe, geschlossene und stoßfeste Banden abgetrennt sein. [2]An den Stirnseiten müssen sie auf der ganzen Breite außerdem mindestens 3 m hohe Netze haben.

(4) Werden für die Herstellung von Kunsteisfeldern und Kunsteisbahnen giftige oder ätzende Kältemittel oder solche Kältemittel verwendet, deren Gemische mit Luft brennbar oder explosibel sind, ist durch bauliche Anordnung und technische Vorkehrungen dafür zu sorgen, daß Personen nicht gefährdet werden können.

(5) [1]Die Szenenflächen von Freilichttheatern müssen an ihren von den Besuchern abgekehrten Seiten abgeschrankt sein, soweit ihre Fußböden mehr als 50 cm über dem anschließenden Gelände liegen, nicht mit dem Gelände durch Stufen verbunden oder steiler als 1 : 1 abgeböscht sind. [2]Der Fußboden muß eben und darf nicht mehr als 15 v.H. geneigt sein. [3]Die Zu- und Abgänge der Szenenfläche müssen feste Handläufe haben, wenn sie mehr als 15 v.H. geneigt sind.

§ 94 Platzflächen. Veränderliche Platzreihen, einschließlich zerlegbarer Tribünen und ähnlicher Anlagen, dürfen die zweifache Zahl, ortsfeste Platzreihen dürfen die dreifache Zahl der nach § 14 Abs. 2 zulässigen Sitzplätze haben.

§ 95 Verkehrsflächen. (1) [1]Die lichte Breite eines jeden Teils von Rettungswegen muß in Freilichttheatern mindestens 1 m je 450 und in Freiluftsportstätten mindestens 1 m je 750 darauf angewiesene Personen betragen; die Rettungswege müssen jedoch mindestens 1,1 m breit sein. [2]Größere Breiten können verlangt werden, wenn die Führung der Rettungswege es erfordert.

(2) Stufen von Stufengängen sollen nicht höher als 20 cm sein.

Abschnitt 6. Fliegende Bauten

§ 96 Anwendungsbereich. (1) Für fliegende Bauten gelten die besonderen Anforderungen der §§ 97 bis 102.

(2) [1]Die Vorschriften der §§ 8 bis 13, 15 bis 29, 64, 80 bis 87, 89 bis 90 gelten sinngemäß, soweit in den §§ 77 bis 102 nichts anderes bestimmt ist. [2]§ 14 gilt mit der Maßgabe, daß die Sitzplätze (§ 14 Abs. 1 Satz 2) mindestens 44 cm breit sein müssen.

§ 97[1)] Lichte Höhe. [1]Räume müssen im Mittel mindestens 3 m und dürfen an keiner Stelle weniger als 2,3 m im Lichten hoch sein. [2]In Räumen mit steilansteigenden Platzreihen (§ 13 Abs. 2) muß eine lichte Höhe über der obersten Reihe von mindestens 2,8 m, in Räumen mit Rauchverbot von mindestens 2,3 m vorhanden sein. [3]In Wanderzirkussen und ähnlichen baulichen Anlagen sind im Zug der Rettungswege eine Durchgangshöhe von mindestens 2 m an den Außenwänden zulässig.

§ 98[1)] Ausgänge. Abweichend von § 21 Abs. 1 darf bei Versammlungsstätten ohne Reihenbestuhlung jeder Platz höchstens 30 m vom Ausgang entfernt sein; mindestens eine Seite jeder abgeschrankten Fläche muß an einem Gang liegen, der zu einem Ausgang führt.

§ 99 Treppen. Treppen, deren oberste Stufe nicht höher als 2 m über dem Fußboden des Erdgeschosses oder über dem umgebenden Gelände liegt, müssen eine Auftrittsbreite von mindestens 28 cm haben; die Stufen dürfen nicht höher als 17 cm sein.

§ 100 Baustoffe und Bauteile. [1]Die Baustoffe müssen mindestens schwerentflammbar sein; Ausnahmen können gestattet werden, wenn keine Bedenken wegen Brandgefahr bestehen. [2]Im übrigen sind die bauaufsichtlichen Vorschriften über die Widerstandsfähigkeit von Bauteilen gegen Feuer nicht anzuwenden.

§ 101 Abspannvorrichtungen. Abspannvorrichtungen der Mastkonstruktionen müssen aus nichtbrennbaren Baustoffen bestehen; das gilt nicht für die Seile notwendiger Flaschenzüge.

§ 102 Feuerlösch-, Feuermelde- und Alarmeinrichtungen. (1) Feuerlöscher müssen in ausreichender Zahl vorhanden sein und gut sichtbar und leicht erreichbar angebracht werden.

[1)] § 97 Satz 3 geänd., § 98 Halbsatz 1 neugef. durch § 4 VO v. 8. 12. 1997 (GVBl. S. 827).

(2) In der Versammlungsstätte oder in unmittelbarer Nähe müssen Einrichtungen vorhanden sein, durch die die Feuerwehr herbeigerufen und die Mitwirkenden und Betriebsangehörigen alarmiert werden können.

Abschnitt 7. Elektrische Anlagen

§ 103[1] *(aufgehoben)*

§ 104 Sicherheitsbeleuchtung. (1) [1]In Versammlungsstätten muß eine Sicherheitsbeleuchtung nach Maßgabe der folgenden Vorschriften vorhanden sein. [2]Sie muß so beschaffen sein, daß sich Besucher, Mitwirkende und Betriebsangehörige auch bei vollständigem Versagen der allgemeinen Beleuchtung bis zu öffentlichen Verkehrsflächen hin gut zurechtfinden können.

(2) Eine Sicherheitsbeleuchtung muß vorhanden sein

1. in Versammlungsräumen,
2. auf Mittel- und Vollbühnen einschließlich der Bühnenerweiterungen,
3. in mehr als 20 m^2 großen Umkleideräumen und in den zugehörigen Bühnenbetriebsräumen, wie Probebühnen, Chor- und Balettübungsräumen, Orchesterproberäumen, Stimmzimmern, Aufenthaltsräumen für Mitwirkende, in Werkstätten und Magazinen, soweit letztere zugleich als Arbeitsräume dienen und mit der Versammlungsstätte im baulichen Zusammenhang stehen,
4. in Bildwerferräumen,
5. in Schalträumen für Hauptverteilungen der elektrischen Anlagen und in den Aufstellungsräumen der Stromerzeugungsaggregate,
6. in Versammlungsstätten mit nichtüberdachten Spielflächen, die während der Dunkelheit benutzt werden,
7. in den Rettungswegen aus den unter den Nummern 1 bis 6 genannten Räumen oder Anlagen einschließlich der vorgeschriebenen Kennzeichnung (§ 21 Abs. 3).

(3) [1]Die Sicherheitsbeleuchtung muß eine vom Versorgungsnetz unabhängige, bei Ausfall des Netzstroms sich selbsttätig innerhalb einer Sekunde einschaltende Ersatzstromquelle haben, die für einen mindestens dreistündigen Betrieb der Sicherheitsbeleuchtung ausgelegt ist. [2]Wenn zum Betrieb der Sicherheitsbeleuchtung auch noch ein selbsttätig anlaufendes Stromerzeugungsaggregat vorhanden ist, so genügt es, die Ersatzstromquelle, die sich selbsttätig innerhalb einer Sekunde einschaltet, für einen einstündigen Betrieb auszulegen. [3]In Versammlungsstätten nach Absatz 2 Nr. 6 ist an Stelle der Ersatzstromquelle

[1] § 103 aufgeh. durch § 4 VO v. 8. 12. 1997 (GVBl. S. 827).

nach Satz 1 auch ein Stromerzeugungsaggregat zulässig, wenn es die Sicherheitsbeleuchtung während des Betriebs ständig speist.

(4) [1]Die Sicherheitsbeleuchtung muß, soweit die Räume nicht durch Tageslicht ausreichend erhellt sind, in Betrieb sein

1. in Versammlungsräumen einschließlich der Rettungswege vom Einlaß der Besucher an,
2. auf Bühnen und in den zugehörigen Räumen und Rettungswegen vom Beginn der Bühnenarbeiten an.

[2]Die Sicherheitsbeleuchtung muß in Betrieb bleiben, bis die Besucher, Mitwirkenden und Betriebsangehörigen die Versammlungsstätte verlassen haben.

(5) Die Beleuchtungsstärke der Sicherheitsbeleuchtung muß mindestens betragen

1. in den Achsen der Rettungswege (§ 19 Abs. 1), an den Bühnenausgängen und in den zugehörigen Bühnenräumen 1 Lux,
2. auf Bühnen und auf Szenenflächen 3 Lux,
3. in Manegen und auf Sportrennbahnen 15 Lux,
4. in Versammlungsstätten mit nichtüberdachten Spielflächen auch für die Stehplatzflächen der Besucher 1 Lux.

(6) [1]In Räumen, die aus betrieblichen Gründen verdunkelt werden, wie in Zuschauerräumen von Theatern und Filmtheatern, auf Bühnen und Szenenflächen und in Manegen, muß die nach Absatz 5 geforderte Beleuchtungsstärke nach Ausfall des Netzes der allgemeinen Beleuchtung vorhanden sein. [2]Solange das Netz der allgemeinen Beleuchtung nicht gestört ist, braucht in diesen Räumen die Sicherheitsbeleuchtung nur so weit in Betrieb zu sein, daß auch während der Verdunkelung mindestens die Türen, Gänge und Stufen erkennbar sind.

(7) In Theatern und Filmtheatern mit nicht mehr als 200 Plätzen braucht in den Zuschauerräumen, deren Fußboden nicht mehr als 1 m über der als Rettungsweg dienenden Verkehrsfläche (§ 3 Abs. 1) liegt, die Sicherheitsbeleuchtung nur so bemessen zu sein, daß auch während der Verdunkelung mindestens die Türen, Gänge und Stufen erkennbar sind.

§ 105 Bühnenlichtstellwarten. (1) Bühnenlichtstellwarten dürfen in Versammlungsräumen nicht aufgestellt werden, es sei denn, daß in ihnen nur Steuerstromkreise geschaltet werden.

(2) [1]Im Zuschauerhaus liegende Bühnenlichtstellwarten, in denen Verbraucherstromkreise unmittelbar geschaltet werden, müssen in besonderen Räumen untergebracht werden. [2]Wände und Decken müssen mindestens feuerhemmend aus nichtbrennbaren Baustoffen sein. [3]Die Türen müssen mindestens feuerhemmend sein und die Aufschrift haben: „Zutritt für Unbefugte verboten“. [4]Die Fenster gegen den Zu-

schauerraum sind mit Drahtglas mit punktgeschweißtem Netz zu verglasen. [5]Ein Fenster darf zum Öffnen eingerichtet sein.

(3) Für Reglerräume im Versammlungsraum gilt Absatz 2 entsprechend.

Abschnitt 8. Bauvorlagen

§ 106 Zusätzliche Bauvorlagen. (1) Die Bauvorlagen müssen Angaben enthalten über
1. die Art der Nutzung,
2. die Zahl der Besucher,
3. die erforderlichen Rettungswege und ihre Abmessungen mit rechnerischem Nachweis.

(2) Der Lageplan muß die Anordnung und den Verlauf der Rettungswege im Freien und die Bewegungsflächen für die Feuerwehr enthalten.

(3) In den Bauzeichnungen sind die Räume besonders zu kennzeichnen, für die eine Ausnahme vom Rauchverbot (§ 110) beantragt wird.

(4) [1]Die Anordnung der Sitz- und Stehplätze ist in einem besonderen Plan (Bestuhlungsplan) im Maßstab von mindestens 1 : 100 darzustellen. [2]Sind verschiedene Platzanordnungen vorgesehen, so ist für jede ein besonderer Bestuhlungsplan vorzulegen.

(5) Über Anlagen für Beheizung, Lüftung und Wasserversorgung, über Feuerlösch-, Feuermelde- und Alarmeinrichtungen und über elektrische und andere Sicherheitseinrichtungen sind auf Anforderung besondere Zeichnungen und Beschreibungen vorzulegen.

Teil III. Betriebsvorschriften

Abschnitt 1. Freihalten von Wegen und Flächen

§ 107 Wege und Flächen auf dem Grundstück. (1) Auf Rettungswegen und auf Bewegungsflächen für die Feuerwehr, die als solche in den zur Baugenehmigung gehörenden Bauvorlagen gekennzeichnet sind, ist es verboten, Kraftfahrzeuge oder sonstige Gegenstände abzustellen oder zu lagern.

(2) Auf die Verbote des Absatzes 1 ist durch Schilder hinzuweisen.

§ 108 Rettungswege im Gebäude. (1) Rettungswege müssen während der Betriebszeit freigehalten und während der Dunkelheit beleuchtet werden.

(2) Bewegliche Verkaufsstände dürfen an Rettungswegen nur so aufgestellt werden, daß die Rettungswege nicht eingeengt werden.

(3) [1]Während des Betriebs müssen alle Türen in Rettungswegen unverschlossen sein. [2]Rauchdichte, feuerhemmende oder feuerbeständige Türen dürfen in geöffnetem Zustand auch vorübergehend nicht festgestellt werden; sie müssen als Rettungswege gekennzeichnet sein. [3]Auf Mittel- und Vollbühnen müssen während des Betriebs auch die Türen solcher Räume, die mehr als eine Ausgangstür haben, und Verbindungstüren benachbarter Magazine unverschlossen sein.

(4) Verbindungstüren zwischen den Treppenräumen nach § 23 Abs. 3 müssen während der Veranstaltung, außer in den Pausen, verschlossen sein.

(5) Türen nach § 90 Abs. 2 müssen während der Benutzung von Turn- und Spielhallen als Versammlungsräume verschlossen sein.

(6) Abschlüsse nach § 24 Abs. 5 müssen während der Betriebszeit geöffnet und so gesichert sein, daß sie von Unbefugten nicht betätigt werden können.

Abschnitt 2. Dekorationen, Lagern von Ggenständen, Rauchverbote, Höchstzahl der Mitwirkenden

§ 109 Dekorationen und Ausstattungen. (1) [1]Dekorationen, Möbel, Requisiten, Kleider und ähnliche Gegenstände dürfen nur außerhalb der Bühne, der Bühnenerweiterungen und der sonstigen Spielfläche aufbewahrt werden; das gilt nicht für den Tagesbedarf. [2]Sind die Bühnenerweiterungen gegen die Bühne mit Brandschutzabschlüssen versehen, so dürfen auf den Bühnenerweiterungen auch Szenenaufbauten der laufenden Spielzeit bereitgestellt werden. [3]Auf der Bühne dürfen Dekorationen und sonstige Ausstattungsgegenstände aus leichtentflammbaren Stoffen nicht verwendet werden. [4]Auf Kleinbühnen und Mittelbühnen müssen sie mindestens schwerentflammbar sein; das gilt nicht für Möbel und ähnliche Gegenstände. [5]Scheinwerfer dürfen in der Nähe von Vorhängen und Dekorationen nicht aufgestellt werden. [6]Ihr Brennpunkt darf Vorhänge und Dekorationen nicht treffen. [7]Auf Kleinbühnen dürfen Soffitten höchstens 25 cm unter der Unterkante des Sturzes der Bühnenöffnung herabhängen.

(2) Für Mittelbühnen gilt zusätzlich folgendes:
Der Szenenaufbau muß so eingerichtet werden, daß die Rettungswege und der nach § 36 Abs. 2 notwendige Gang von mindestens 1 m Breite zwischen den Umfassungswänden der Bühne und den Dekorationen nicht eingeengt werden; dieser Gang ist in voller Breite freizuhalten.

(3) Für Vollbühnen gilt zusätzlich zu Absatz 1 folgendes:

1. Der Raum unter dem Schutzvorhang ist von Dekorationen und sonstigen Gegenständen freizuhalten.
2. An den Zügen dürfen nur die für den Tagesbedarf benötigten Dekorationen hängen.
3. Der Szenenaufbau muß so eingerichtet werden, daß die Rettungswege und der nach § 44 Abs. 5 notwendige Gang von mindestens 1,5 m Breite zwischen den Umfassungswänden der Bühne und dem Rundhorizont oder den Dekorationen nicht eingeengt werden. Dieser Gang ist in voller Breite freizuhalten.

(4) [1]Auf Vorbühnen und Szenenflächen dürfen Dekorationen und Ausstattungsgegenstände nur verwendet werden, wenn sie aus nichtbrennbaren Stoffen bestehen; das gilt nicht für Möbel und Lampen. [2]Absatz 3 Nrn. 2 und 3 gelten sinngemäß. [3]Möbel und Lampen aus brennbaren Stoffen dürfen nicht an Zügen hochgezogen werden.

(5) [1]Zum Ausstatten von Versammlungsräumen und zugehörigen Nebenräumen und von Rettungswegen (Fluren und Treppenräumen usw.) und zum Herstellen von Einbauten, Buden und ähnlichen Einrichtungen dürfen nur mindestens schwerentflammbare Stoffe verwendet werden. [2]Zum Ausschmücken von Versammlungsräumen und zugehörigen Nebenräumen dürfen nur mindestens schwerentflammbare Stoffe, zum Ausschmücken von Rettungswegen nur nichtbrennbare Stoffe verwendet werden. [3]Hängende Raumdekorationen müssen mindestens 2,5 m vom Fußboden entfernt sein. [4]Ausschmückungen aus natürlichem Laub- oder Nadelholz dürfen sich nur, solange sie frisch sind, in den Räumen befinden.

(6) [1]Packmaterial darf nur in Räumen mit feuerbeständigen Umfassungen und feuerhemmenden Türen aufbewahrt werden. [2]Ausnahmen können gestattet werden, wenn keine Bedenken wegen Brandgefahr bestehen.

(7) Auf Bühnen ist das Aufbewahren von Gegenständen, die für Aufführungen nicht benötigt werden, verboten.

§ 110 Rauchen und Verwenden von offenem Feuer. (1) Das Rauchen und das Verwenden von offenem Feuer oder offenem Licht sind verboten

1. in Versammlungsräumen und den zugehörigen Nebenräumen einschließlich der Flure und Treppenräume, wenn der Versammlungsraum mit einer Vollbühne in Verbindung steht,
2. in Filmtheatern,
3. in Versammlungsräumen, die mit einer Mittelbühne in Verbindung stehen, und in Versammlungsräumen mit Szenenflächen während der Aufführung,
4. in Zirkussen,

5. in fliegenden Bauten, die Reihenbestuhlung haben oder die während der Vorführung verdunkelt werden.

(2) [1]Ausnahmen vom Rauchverbot können für Räume außerhalb des Versammlungsraums gestattet werden, wenn wegen des Brandschutzes Bedenken nicht bestehen. [2]Ausnahmen können ferner für Versammlungsräume nach Absatz 1 Nrn. 2 und 3 gestattet werden, wenn die Voraussetzungen des Satzes 1 vorliegen und

1. die Wand- und Deckenverkleidungen aus nichtbrennbaren Baustoffen und die Bezüge der Bestuhlung aus mindestens schwerentflammbaren Stoffen bestehen,
2. bei Reihenbestuhlung für zwei Sitze mindestens ein fest angebrachter Aschenbecher vorhanden ist,
3. eine ausreichende Be- und Entlüftung vorhanden ist.

[3]Wird die Ausnahme auf Teile eines Versammlungsraums (Raucherloge) beschränkt, so müssen die Teile durch Sicherheitsglas vom übrigen Raum abgetrennt sein und besonders be- und entlüftet werden. [4]Raucherlogen dürfen von den anderen Teilen des Versammlungsraums nicht betreten werden können.

(3) [1]Auf Bühnen, Vorbühnen und Szenenflächen, auf Bühnenerweiterungen, in Umkleideräumen, Werkstätten und Magazinen und in Treppenräumen und Fluren des Bühnenhauses ist das Rauchen verboten. [2]Den Darstellern kann das Rauchen während des Spiels auf Bühnen oder Szenenflächen gestattet werden, wenn es in der Rolle begründet ist. [3]Ausnahmen vom Rauchverbot können für Umkleideräume gestattet werden, wenn wegen des Brandschutzes Bedenken nicht bestehen.

(4) [1]Offenes Feuer, offenes Licht, Feuerwerk, brennbare Flüssigkeiten, daraus hergestellte Mischungen und ähnliche feuergefährliche Stoffe dürfen auf Bühnen, Bühnenerweiterungen und auf Szenenflächen im Versammlungsraum nicht verwendet oder aufbewahrt werden. [2]Ausnahmen für szenische Zwecke können gestattet werden, wenn wegen des Brandschutzes Bedenken nicht bestehen und die gleiche oder eine ähnliche szenische Wirkung durch weniger gefährliche Mittel oder Einrichtungen nicht erreicht werden kann.

(5) [1]Auf die Verbote der Absätze 1 und 2 ist durch deutlich lesbare Anschläge in genügender Zahl hinzuweisen. [2]An den Ausgängen der Räume nach Absatz 3 ist ein Anschlag anzubringen, der auf das Rauchverbot außerhalb dieser Räume hinweist.

§ 111 Höchstzahl von Personen in Umkleideräumen von Theatern. (1) [1]Umkleideräume für Mitwirkende dürfen nur von so vielen Personen gleichzeitig benutzt werden, daß auf eine Person mindestens 3 m^2 Grundfläche entfallen. [2]In über 12 m^2 großen Umkleideräumen für Mitwirkende ist an den Türen kenntlich zu machen, wieviele Personen den Raum gleichzeitig benutzen dürfen.

(2) Umkleideräume für die Betriebsangehörigen dürfen nur von so vielen Personen gleichzeitig benutzt werden, daß auf eine Person mindestens 2 m² Grundfläche entfallen.

Abschnitt 3. Reinigen der Räume, Bedienung und Wartung der technischen Einrichtungen

§ 112 Reinigung. Bühnen und Szenenflächen und ihre Dekorationen sind möglichst staubfrei zu halten und jährlich mindestens einmal gründlich zu reinigen.

§ 113 Bedienung und Wartung der technischen Einrichtungen. (1) Mit der Bedienung und Wartung bühnentechnischer Einrichtungen, Beleuchtungs-, Maschinen- und Heizungsanlagen, versenkbarer oder verschiebbarer Podien dürfen nur erfahrene und zuverlässige Personen beauftragt werden.

(2) Veränderliche Spielflächen dürfen erst in Betrieb genommen werden, wenn die für den Aufbau Verantwortlichen sie freigegeben haben.

(3) Arbeitsböden (Arbeitsbühnen) über Platzflächen dürfen während der Anwesenheit von Besuchern nur von den dafür bestimmten Personen und nur ohne Werkzeug begangen werden.

(4) [1]Der Schutzvorhang (§ 55) muß während der Spielzeit täglich vor der ersten Vorstellung in Gegenwart der Feuerwehr durch Aufziehen und Herablassen auf seine Betriebssicherheit geprüft werden. [2]Er darf vor einer Vorstellung erst aufgezogen werden, wenn die Feuersicherheitswache ihren Platz eingenommen hat. [3]Der Schutzvorhang ist nach jeder Vorstellung herabzulassen; er muß zu allen arbeitsfreien Zeiten geschlossen sein.

Abschnitt 4. Anwesenheit und Belehrung der verantwortlichen Personen

§ 114 Anwesenheit des Betreibers. Während des Betriebs von Versammlungsstätten muß der Betreiber oder ein geeigneter Beauftragter ständig anwesend sein; er ist für die Einhaltung der Betriebsvorschriften verantwortlich.

§ 115 Anwesenheit technischer Fachkräfte. (1) [1]Auf Vollbühnen müssen während der Vorstellungen und des sonstigen technischen Betriebs ein Theatermeister und ein Beleuchtungsmeister anwesend sein. [2]Sie müssen auch anwesend sein, wenn durch Instandsetzungsarbeiten mit wesentlichen Eingriffen in die technischen Einrichtungen der Bühne oder in die Beleuchtungsanlage zu rechnen ist. [3]Auf Vollbühnen mit einer Bühnenfläche bis zu 350 m² darf einer der beiden Meister, wenn er vorübergehend verhindert ist, durch einen erfahrenen Bühnenhandwerker oder Beleuchter vertreten werden; das gilt nicht für die Einrichtung, für Generalproben und für die erste Aufführung von Stücken.

(2) Für Mittelbühnen, Kleinbühnen und Szenenflächen bestimmt die untere Bauaufsichtsbehörde auf Grund der Größe der Bühne oder Szenenfläche und der vorhandenen bühnen- und beleuchtungstechnischen Einrichtungen, ob während der Vorstellung oder während des sonstigen technischen Betriebs Bühnenmeister, Beleuchtungsmeister und sonstige Fachkräfte anwesend sein müssen.

(3) Theatermeister und Beleuchtungsmeister müssen im Besitz eines Befähigungszeugnisses nach den Vorschriften über technische Bühnenvorstände sein.

(4) Auf Kunsteisfeldern und Kunsteisbahnen, für deren Eisherstellung die in § 84 Abs. 3 und § 93 Abs. 4 genannten Kältemittel verwendet werden, muß eine mit der Anlage vertraute Person während des Betriebs anwesend sein.

§ 116 Feuersicherheitswache. (1) Eine Feuersicherheitswache muß anwesend sein

1. für jede Vorstellung und für jede Generalprobe mit und ohne Zuschauer auf Vollbühnen, auf Mittelbühnen sowie auf Szenenflächen mit einer Grundfläche über 200 m²;
2. für zirzensische Vorführungen auf Spielflächen innerhalb von Versammlungsräumen;
3. für Vorführungen mit Fahrzeugen mit Verbrennungsmotor innerhalb von Versammlungsräumen.

(2) Im übrigen kann eine Feuersicherheitswache verlangt werden, wenn es zur Gefahrenabwehr erforderlich ist.

(3) Die Feuersicherheitswache wird von der Feuerwehr gestellt.

(4) Den Anordnungen der Feuersicherheitswache ist zu folgen.

§ 117 Wachdienst. [1] In Versammlungsstätten mit Vollbühne und in Zirkussen muß während der Spielzeit ein ständiger Wachdienst bestehen. [2] Ein Wächter braucht in der Zeit nicht anwesend zu sein, in der die Feuersicherheitswache anwesend ist.

§ 118 Belehrung der Mitwirkenden und Betriebsangehörigen. Die Mitwirkenden und Betriebsangehörigen sind bei Beginn des Arbeitsverhältnisses und danach jährlich mindestens einmal, nicht ständig Mitwirkende während der ersten Anwesenheit in der Versammlungsstätte, zu belehren über

1. die Bedienung der Feuermeldeeinrichtung und der Sicherheitsbeleuchtung,
2. das Verhalten bei Brand oder Panik,
3. die Betriebsvorschriften.

Abschnitt 5. Sonstige Betriebsvorschriften

§ 119 Probe vor Aufführungen. (1) [1]Auf Vollbühnen und Mittelbühnen und auf Szenenflächen mit einer Grundfläche von über 200 m^2 muß vor jeder ersten Aufführung und vor jeder Neuaufführung eines Stücks eine nichtöffentliche Probe mit vollem Szenenaufbau und voller Beleuchtung stattfinden. [2]Diese Probe ist der unteren Bauaufsichtsbehörde mindestens 24 Stunden vorher anzuzeigen. [3]Beabsichtigte wesentliche Änderungen des Szenenaufbaus nach der Probe sind der zuständigen Behörde rechtzeitig anzuzeigen.

(2) Die untere Bauaufsichtsbehörde kann auf die Probe verzichten, wenn es nach der Art des Stücks oder nach dem Umfang des Szenenaufbaus unbedenklich ist.

§ 120 Bestuhlungsplan. [1]Eine Ausfertigung des für die jeweilige Nutzung genehmigten Bestuhlungsplans ist in der Nähe des Haupteingangs eines jeden Versammlungsraums gut sichtbar anzubringen. [2]Die hierin festgelegte Ordnung darf nicht geändert, in dem Plan nicht vorgesehene Plätze dürfen nicht geschaffen werden.

Abschnitt 6. Filmvorführungen

Unterabschnitt 1. Filmvorführungen mit Sicherheitsfilm

§ 121 Verwendung und Aufbewahrung von Sicherheitsfilm. (1) Im Versammlungsraum dürfen nur die für eine Vorführung benötigten Filmrollen in ihren Behältern gelagert werden.

(2) [1]Im Bildwerferraum und den zugehörigen Betriebsräumen dürfen nur Gegenstände gelagert oder vorrübergehend abgestellt werden, die für die Vorführung benötigt werden. [2]Kleidungsstücke dürfen im Bildwerferraum nur in Schränken untergebracht werden. [3]Mehr als 30 g leichtentzündlicher Filmklebestoff darf im Bildwerferraum nicht vorhanden sein.

(3) Das Betreten des Bildwerferraums und der zugehörigen Betriebsräume ist für Unbefugte verboten.

(4) Die Rettungswege aus den Bildwerferräumen sind ständig freizuhalten.

§ 122 Aushänge und Aufschriften. (1) Die Betriebsvorschriften sind im Bildwerferraum an gut sichtbarer Stelle anzubringen.

(2) An der Außenseite der Tür zum Bildwerferraum oder zum Nebenraum ist die Aufschrift anzubringen: „Zutritt für Unbefugte verboten".

Unterabschnitt 2. Filmvorführungen mit Zellhornfilm

§ 123 Verwendung und Aufbewahrung von Zellhornfilm. (1) Für Vorführungen mit Zellhornfilm gelten die §§ 121, 122 und die folgenden Vorschriften.

(2) Das selbsttätige Vorführen von Zellhornfilmen ist verboten.

(3) Der Vorführer darf seinen Platz am Bildwerfer nicht verlassen und die Umwickelvorrichtung nicht bedienen, solange die Bildwerfer in Betrieb sind.

(4) [1]Im Bildwerferraum darf höchstens der Tagesbedarf an Zellhornfilmen aufbewahrt werden. [2]Er muß mit Ausnahme je einer Filmrolle, die sich in den Bildwerfern und auf der Umwickelvorrichtung befinden dürfen, in einem besonderen Behälter (Filmschrank) untergebracht sein. [3]Ein darüber hinausgehender Bestand muß außerhalb des Versammlungsraums, des Bildwerferraums oder elektrischer Betriebsräume in den Transportkartons verschlossen aufbewahrt werden.

(5) [1]Der Filmschrank muß in möglichst großer Entfernung von den Bildwerfern und in mindestens 1 m Höhe über dem Fußboden angebracht werden. [2]Er muß aus Hartholz bestehen und in abgeschlossene Fächer für jede Filmrolle eingeteilt sein.

(6) [1]Filmschrank und Umwickelvorrichtung dürfen sich nicht im Rettungsweg für den Vorführer befinden und müssen von Heizkörpern, Feuerstätten und Heizgeräten mindestens 1 m entfernt sein. [2]Die Umwickelvorrichtung muß von den Bildwerfern einen Abstand von mindestens 1,5 m haben und darf sich nicht unmittelbar unter dem Filmschrank befinden.

(7) [1]Zellhornfilme müssen auf Spulen aus nichtbrennbaren Stoffen aufgewickelt sein. [2]Zellhornfilme dürfen nicht in der Nähe des Bildwerfers abgelegt werden.

(8) Solange sich Zellhornfilme im Bildwerferraum befinden, ist es in diesem und in den mit ihm verbundenen Nebenräumen verboten, Zündhölzer, Feuerzeuge und Kochgeräte zu benutzen.

Teil IV. Prüfungen, weitere Anforderungen, Ordnungswidrigkeiten, Schlußvorschriften

§ 124[1)] Prüfungen. (1) [1]Die Wirksamkeit und Betriebssicherheit folgender Anlagen und Einrichtungen sind vor der ersten Inbetrieb-

[1)] § 124 neugef. durch § 4 VO v. 8. 12. 1997 (GVBl. S. 827).

nahme der Versammlungsstätte, unverzüglich nach einer wesentlichen Änderung sowie jeweils mindestens alle zwei Jahre, Brandmeldeanlagen, Alarmanlagen und Feuerlöschanlagen jährlich, durch verantwortliche Sachverständige für sicherheitstechnische Anlagen und Einrichtungen nach § 1 Abs. 2 Nr. 4 der Verordnung über die Verantwortlichen Sachverständigen im Bauwesen (SachverständigenverordnungBau – SVBau) zu prüfen und zu bescheinigen:

1. Brandmeldeanlagen,
2. Alarmanlagen,
3. sicherheitstechnisch wichtige elektrische Anlagen einschließlich der Sicherheitsbeleuchtung,
4. Lüftungstechnische Anlagen,
5. Rauchabzugsanlagen,
6. Feuerlöschanlagen.

2Die Wirksamkeit und Betriebssicherheit sonstiger sicherheitstechnisch wichtiger Anlagen und Einrichtungen, an die bauordnungsrechtliche Anforderungen gestellt werden, insbesondere Feuerschutzabschlüsse, automatische Schiebetüren in Rettungswegen, Türen mit elektrischen Verriegelungen in Rettungswegen, Schutzvorhänge, Blitzschutzanlagen, Brandschutzklappen in Lüftungsanlagen, nichtselbsttätige Feuerlöschanlagen und tragbare Feuerlöschgeräte, sind unter Berücksichtigung ihrer Verwendbarkeitsnachweise vor der ersten Inbetriebnahme und wiederkehrend durch Sachkundige zu prüfen und zu bestätigen.[1)]

(2) Wer die Versammlungsstätte betreibt, hat die Prüfungen nach Absatz 1 zu veranlassen, die nötigen Vorrichtungen und fachlich geeignete Arbeitskräfte bereitzustellen sowie die erforderlichen Unterlagen bereitzuhalten; bei der Prüfung festgestellte Mängel sind unverzüglich zu beseitigen.

(3) Die Bescheinigungen nach Absatz 1 Satz 1 sind mindestens fünf Jahre aufzubewahren und der Bauaufsichtsbehörde auf Verlangen vorzulegen.

(4) Die untere Bauaufsichtsbehörde prüft

1. Versammlungsstätten mit Vollbühnen einmal jährlich,
2. Versammlungsstätten mit Mittel- und Kleinbühnen, mit Szenenflächen, Versammlungsstätten für Filmvorführungen und Versammlungsstätten mit mehr als 1000 Besucherplätzen mindestens alle drei Jahre,
3. alle übrigen Versammlungsstätten alle fünf Jahre.

[1)] Bek. über den Vollzug der GaV, der VStättV und der WaV; Prüfung von elektrischen Anlagen und anderen technischen Einrichtungen durch Sachverständige v. 2. 3. 1977 (MABl. S. 139).

§ 125 Einstellen des Betriebs. Der Betreiber ist verpflichtet, den Betrieb der Versammlungsstätte einzustellen, wenn die für die Sicherheit der Versammlungsstätte notwendigen Anlagen, Vorrichtungen oder Einrichtungen nicht betriebsfähig sind.

§ 126[1] *(aufgehoben)*

§ 127 Anwendung der Betriebsvorschriften auf bestehende Versammlungsstätten. (1) Auf die im Zeitpunkt des Inkrafttretens der Verordnung bestehenden Versammlungsstätten sind die Betriebsvorschriften dieser Verordnung entsprechend anzuwenden.

(2) [1]Die Fristen nach § 124 Abs. 1, 2 und 7 rechnen für bestehende Versammlungsstätten von dem Zeitpunkt, an dem die Anlagen, Vorrichtungen und Einrichtungen nach den bisher geltenden Vorschriften letztmalig geprüft worden sind. [2]Bestanden bisher solche Vorschriften nicht, so sind die Anlagen, Vorrichtungen und Einrichtungen erstmals innerhalb eines Jahres nach Inkrafttreten dieser Verordnung zu prüfen.

§ 128 Vorübergehende Verwendung von Räumen. [1]Sollen Lichtspielvorführungen, Theateraufführungen und sonstige Schaustellungen vor mehr als 100 Besuchern in Räumen durchgeführt werden, die nicht den Vorschriften der Verordnung entsprechen, ist dafür eine Genehmigung notwendig. [2]Die Genehmigung ist nur zu erteilen, wenn die Räume nur vorübergehend für diesen Zweck verwendet werden und keine Bedenken wegen Brandgefahr und wegen Gefahren für Leben oder Gesundheit bestehen. [3]Die Betriebsvorschriften gelten entsprechend.

§ 129 Ordnungswidrigkeiten. (1) Nach *Art. 89 Abs. 1 Nr. 10* BayBO[2] kann mit Geldbuße bis zu einhunderttausend Deutsche Mark belegt werden, wer vorsätzlich oder fahrlässig

1. entgegen § 107 Abs. 1 auf Rettungswegen oder auf Bewegungsflächen für die Feuerwehr Kraftfahrzeuge oder sonstige Gegenstände abstellt oder lagert,
2. entgegen § 108 Abs. 1 Rettungswege während der Betriebszeit nicht freihält und während der Dunkelheit nicht beleuchtet,
3. entgegen § 108 Abs. 3 Türen verschließt oder feststellt,
4. entgegen § 109 Abs. 1 Sätze 3 und 4 und Abs. 5 andere als die dort genannten Stoffe verwendet,
5. entgegen § 109 Abs. 4 Satz 1 andere als nichtbrennbare Dekorationen oder Ausstattungsgegenstände verwendet,

---

[1] § 126 aufgeh. durch VO v. 8. 12. 1997 (GVBl. S. 827).
[2] Jetzt Art. 89 Abs. 1 Nr. 17 BayBO.

6. entgegen § 115 Abs. 4 den Betrieb von Kunsteisbahnen zuläßt, ohne daß eine mit der Anlage vertraute Person anwesend ist,
7. entgegen § 120 Satz 2 die in dem Bestuhlungsplan festgelegte Ordnung ändert oder in dem Plan nicht vorgesehene Plätze schafft,
8. entgegen § 125 den Betrieb der Versammlungsstätte nicht einstellt,
9. entgegen § 128 Räume ohne Genehmigung verwendet,
10. entgegen § 124 Abs. 1 bis 3 die vorgeschriebenen oder angeordneten Prüfungen nicht oder nicht rechtzeitig durchführen läßt.

(2) Nach Art. 38 Abs. 4 LStVG[1] kann mit Geldbuße belegt werden, wer vorsätzlich oder fahrlässig

1. entgegen § 109 Abs. 1 Satz 1 Dekorationen, Möbel, Requisiten, Kleider oder ähnliche Gegenstände auf der Bühne, den Bühnenerweiterungen oder den sonstigen Spielflächen aufbewahrt,
2. entgegen § 109 Abs. 4 Satz 3 Möbel oder Lampen aus brennbaren Stoffen an Zügen hochzieht,
3. entgegen § 110 Abs. 1, 3 und 4 raucht, offenes Feuer oder offenes Licht verwendet oder brennbare Flüssigkeiten lagert oder aufbewahrt,
4. entgegen § 114 während des Betriebs einer Versammlungsstätte als Betreiber oder als Beauftragter nicht ständig anwesend ist,
5. entgegen § 115 Abs. 1 und 2 den Betrieb von Bühnen oder Szenenflächen zuläßt, ohne daß die in diesen Vorschriften genannten oder von der Bauaufsichtsbehörde bestimmten Personen anwesend sind,
6. entgegen § 116 Abs. 1 und 2 den Betrieb einer Anlage zuläßt, ohne daß eine Feuersicherheitswache anwesend ist,
7. entgegen § 116 Abs. 4 den Anordnungen der Feuersicherheitswache nicht Folge leistet,
8. entgegen § 121 im Versammlungsraum mehr Filmrollen als zulässig lagert,
9. entgegen § 123 Abs. 8 Zündhölzer, Feuerzeuge oder Kochgeräte benutzt.

§ 130 *(gegenstandslos)*

§ 131 Zuständigkeiten. Diese Verordnung wird auch insoweit von der unteren Bauaufsichtsbehörde vollzogen, als sich deren Zuständigkeit nicht schon aus der Bayerischen Bauordnung ergibt.

§ 132 Inkrafttreten. Diese Verordnung tritt am 1. Januar 1991 in Kraft.

---

[1] Nr. **26**.

16. Verordnung über den Bau von Gast- und Beherbergungsstätten (Gaststättenbauverordnung – GastBauV)

Vom 13. August 1986 (GVBl. S. 304, BayRS 2132-1-19-I)

Geänd. durch § 5 Verordnung vom 8. 12. 1997 (GVBl. S. 827, ber. 1998 S. 270)

Auf Grund des Art. 90 Abs. 1 Nrn. 3 und 4 der Bayerischen Bauordnung (BayBO) erläßt das Bayerische Staatsministerium des Innern folgende Verordnung:

Inhaltsübersicht

Abschnitt VII. Schlußvorschriften

Abschnitt I. Allgemeine Vorschriften

§ 1[1)] **Geltungsbereich.** (1) Die Vorschriften dieser Verordnung gelten für den Bau und Betrieb von nach dem Gaststättengesetz erlaubnispflichtigen

1. Gaststätten mit Gasträumen oder mit Gastplätzen im Freien und
2. Beherbergungsstätten mit mehr als 8 Gastbetten.

(2) [1]Die §§ 3, 5 bis 8, 9 Abs. 1, §§ 10 bis 12, 13 Abs. 4, §§ 14 bis 16, 21 bis 23, 25 bis 27, 29 und 30 gelten ferner für den Bau und Betrieb von nicht nach dem Gaststättengesetz erlaubnispflichtigen

1. Gaststätten mit mehr als 60 Gastplätzen und
2. Beherbergungsstätten mit mehr als 30 Gastbetten.

[2]Für Betriebs- und Behördenkantinen in baulichen Anlagen besonderer Art oder Nutzung im Sinn des Art. 2 Abs. 4 Satz 2 BayBO gilt Satz 1 nur für die Gasträume, Küchen- und Vorratsräume, nicht für die übrigen Teile der baulichen Anlage.

(3) Die Vorschriften dieser Verordnung gelten nicht für Berghütten, Kantinen auf Baustellen, fliegende Bauten, vorübergehend eingerichtete Gast- und Beherbergungsstätten und nach dem Gaststättengesetz erlaubnisfreie Straußwirtschaften.

§ 2 Begriffe. (1) Gaststätten sind bauliche Anlagen oder Teile baulicher Anlagen, die zum Verzehr von Speisen oder Getränken bestimmt sind.

(2) Beherbergungstätten sind bauliche Anlagen oder Teile baulicher Anlagen, die zur Beherbergung von Gästen bestimmt sind.

(3) Gasträume sind Räume zum Verzehr von Speisen oder Getränken, auch wenn die Räume außerdem für Veranstaltungen oder sonstige Zwecke bestimmt sind.

(4) Beherbergungsräume sind Wohn- oder Schlafräume für Gäste.

(5) Gastplätze sind Sitz- oder Stehplätze für Gäste.

(6) Gastbetten sind die für eine regelmäßige Beherbergung eingerichteten Schlafstätten.

---

1) § 1 Abs. 2 Satz 2 geänd. durch § 5 VO v. 8. 12. 1997 (GVBl. S. 827).

§ 3 Allgemeine Anforderungen. (1) [1]Gäste und Betriebsangehörige müssen unmittelbar oder zügig über Flächen des Grundstücks, die nicht anderweitig genutzt werden dürfen (als Rettungswege dienende Verkehrsflächen), auf eine öffentliche Verkehrsfläche gelangen können. [2]Für die Breite der Rettungswege gilt § 8 Abs. 3.

(2) [1]Gaststätten mit mehr als 400 Gastplätzen und Beherbergungsstätten, die in Obergeschossen mehr als 60 Gastbetten haben, müssen von öffentlichen Verkehrsflächen insbesondere für die Feuerwehr eine Zu- oder Durchfahrt haben

1. zur Vorderseite rückwärtiger Gebäude,
2. zur Rückseite von Gebäuden, wenn eine Rettung von Menschen außer vom Treppenraum nur von der Gebäuderückseite möglich ist.

[2]Die Zu- oder Durchfahrt muß eine lichte Höhe von mindestens 3,50 m haben und mindestens 3,50 m breit sein.

§ 4[1)] Bauliche Maßnahmen für besondere Personengruppen. [1]Unbeschadet Art. 51 Abs. 1 und 2 BayBO sind Gaststätten mit mehr als 400 Gastplätzen so herzustellen, daß Behinderte, alte Menschen und Personen mit Kleinkindern mindestens 1 Geschoß entsprechend benutzen oder aufsuchen können. [2]Art. 51 Abs. 3 und 4 BayBO gelten entsprechend.

Abschnitt II. Baustoffe, Bauteile, Rettungswege

§ 5 Wände. (1) Tragende und aussteifende Wände und ihre Unterstützungen sind in Gebäuden mit mehr als einem Vollgeschoß feuerbeständig herzustellen.

(2) [1]Trennwände zwischen Gaststätten oder Beherbergungsstätten und betriebsfremden Räumen müssen in Gebäuden mit mehr als einem Vollgeschoß feuerbeständig sein. [2]Türen in diesen Wänden müssen mindestens feuerhemmend sein.

§ 6 Decken. Decken und ihre Unterstützungen sind bei Gebäuden mit mehr als einem Vollgeschoß feuerbeständig herzustellen, wenn sich darüber noch Aufenthaltsräume befinden.

§ 7 Wand- und Deckenverkleidungen, Dämmstoffe. (1) [1]Verkleidungen von Wänden dürfen aus normal- oder schwerentflammbaren Baustoffen bestehen, wenn die Verkleidung unmittelbar auf der Wand aufgebracht ist. [2]Sonstige Verkleidungen an Wänden in Gasträumen müssen einschließlich der Unterkonstruktionen, Halterungen und Befestigungen aus mindestens schwerentflammbaren Baustoffen

---

[1)] § 4 Satz 2 geänd. durch § 5 VO v. 8. 12. 1997 (GVBl. S. 827).

hergestellt werden; Verkleidungen aus normalentflammbaren Baustoffen sind zulässig, wenn keine Bedenken wegen des Brandschutzes bestehen. [3]Dämmstoffe müssen aus nichtbrennbaren Baustoffen bestehen.

(2) [1]Verkleidungen von Decken in Gasträumen dürfen einschließlich der Unterkonstruktionen, Halterungen und Befestigungen aus normalentflammbaren Baustoffen bestehen. [2]Dämmstoffe müssen aus nichtbrennbaren Baustoffen bestehen.

(3) In Gebäuden mit mehr als einem Vollgeschoß müssen Wand- und Deckenverkleidungen einschließlich der Unterkonstruktionen, Halterungen und Befestigungen sowie Dämmstoffe in Treppenräumen aus nichtbrennbaren Baustoffen, in Fluren aus mindestens schwerentflammbaren Baustoffen bestehen, wenn sie als Rettungsweg einer Gaststätte dienen.

§ 8[1]) Rettungswege im Gebäude. (1) Gänge in Gasträumen, Ausgänge zu den Fluren, Flure, Treppen und andere Ausgänge (Rettungswege) müssen in solcher Anzahl und Breite vorhanden und so verteilt sein, daß Gäste und Betriebsangehörige auf kürzestmöglichem Weg leicht und gefahrlos ins Freie auf Verkehrsflächen gelangen; die Anforderungen an die Rettungswege ergeben sich im einzelnen aus den §§ 9 bis 12.

(2) [1]Von jedem Gastplatz darf der Weg zu einem Gang, der als Rettungsweg dient, nicht länger als 5 m sein. [2]Bei Gasträumen mit mehr als 200 Gastplätzen sind größere Entfernungen als nach Art. 36 Abs. 2 BayBO zulässig; die Entfernung von einem Gastplatz bis zum nächsten Ausgang im Gastraum darf jedoch nicht länger als 25 m sein.

(3) [1]Die lichte Breite eines jeden Teils von Rettungswegen muß 1 m je 150 darauf angewiesene Personen betragen. [2]Zwischenwerte sind zulässig. [3]Die lichte Mindestbreite muß jedoch betragen für

Gänge in Gasträumen	80 cm,
Türen	90 cm,
Flure und alle übrigen Rettungswege	100 cm.

(4) Die erforderliche Mindestbreite von Rettungswegen darf durch geöffnete Türen und feste Einbauten, wie Verkaufsstände, Spielgeräte, Automaten, Wandtische, Wandsitze, Bordbretter und Kleiderablagen, nicht eingeengt werden.

(5) Bei mehreren Benutzungsarten sind die Rettungswege nach der größtmöglichen Personenzahl zu berechnen.

(6) Haben mehrere, in verschiedenen Geschossen gelegene Gasträume gemeinsame Rettungswege, so sind bei der Berechnung die Räume des Geschosses mit der größten Personenzahl ganz, die Räume der übrigen Geschosse nur zur Hälfte zugrunde zu legen.

---

[1]) § 8 Abs. 2 Satz 2 geänd. durch § 5 VO v. 8. 12. 1997 (GVBl. S. 827).

(7) [1]Rettungswege von Gaststätten mit mehr als 400 Gastplätzen oder in Beherbergungsstätten mit mehr als 60 Gastbetten sowie Türen zu Treppenräumen sind durch beleuchtbare Schilder zu kennzeichnen. [2]Bei kleineren Gaststätten und Beherbergungsstätten kann die Kennzeichnung der Rettungswege verlangt werden; es kann verlangt werden, daß die Schilder beleuchtbar sind.

(8) Fußbodenbeläge in Fluren und Treppenräumen in Gebäuden mit mehr als zwei Vollgeschossen müssen mindestens schwerentflammbar sein.

§ 9 Ausgänge. (1) Gasträume, die einzeln mehr als 200 Gastplätze haben, und Gasträume in Kellergeschossen müssen mindestens zwei möglichst entgegengesetzt gelegene Ausgänge unmittelbar ins Freie, auf Flure oder in Treppenräume haben, wovon ein Ausgang über einen anderen Gastraum führen darf.

(2) Es kann verlangt werden, daß Ausgänge ins Freie insbesondere bei Gaststätten mit regelmäßigen Musikdarbietungen mit Schallschutzschleusen ausgestattet werden.

§ 10[1)] Notwendige Flure. (1) [1]Notwendige Flure von Gasträumen mit zusammen mehr als 200 Gastplätzen müssen mindestens zwei Ausgänge ins Freie oder zu notwendigen Treppen haben. [2]Von jeder Stelle des Flurs muß ein solcher Ausgang in höchstens 30 m Entfernung erreichbar sein.

(2) Wände von notwendigen Fluren in Gebäuden mit mehr als einem Vollgeschoß sind mindestens feuerhemmend und in den wesentlichen Teilen aus nichtbrennbaren Baustoffen, in Gebäuden mit mehr als fünf Vollgeschossen feuerbeständig herzustellen.

(3) Befinden sich im Kellergeschoß Gasträume, so müssen in Fluren die Türen zu Räumen, die nicht von Gästen benutzt werden, mindestens feuerhemmend sein.

(4) [1]Einzelne Stufen im Zuge von Fluren sind unzulässig. [2]Eine Folge von drei oder mehr Stufen ist zulässig, wenn sie eine Stufenbeleuchtung oder eine Beleuchtung von oben hat. [3]Für das Steigungsverhältnis der Stufen gilt § 11 Abs. 2.

§ 11[1)] Treppen und Treppenräume. (1) Jedes nicht zu ebener Erde gelegene Geschoß mit mehr als 30 Gastbetten oder mit Gasträumen, die einzeln oder zusammen mehr als 200 Gastplätze haben, muß über mindestens zwei voneinander unabhängige Treppen oder eine Treppe in einem Sicherheitstreppenraum zugänglich sein (notwendige Treppen).

[1)] § 10 Überschrift neugef., Abs. 1 Satz 1 und Abs. 2, § 11 Abs. 4 Sätze 1 und 4 geänd. durch § 5 VO v. 8. 12. 1997 (GVBl. S. 827).

(2) [1]Stufen von Treppen zu Geschossen mit Gasträumen, die dem allgemeinen Besucherverkehr dienen, müssen eine Auftrittsbreite von mindestens 28 cm haben und dürfen nicht höher als 17 cm sein; bei gebogenen Läufen darf die Auftrittsbreite der Stufen an der schmalsten Stelle nicht kleiner als 23 cm sein. [2]Treppen müssen auf beiden Seiten feste Handläufe ohne freie Enden haben. [3]Es kann verlangt werden, die Handläufe über alle Stufen und Treppenabsätze fortzuführen.

(3) Türen zwischen Gasträumen mit mehr als 200 Gastplätzen und Treppenräumen müssen mindestens feuerhemmend sein.

(4) [1]Abweichend von Art. 36 Abs. 3 Satz 1 BayBO darf in Gebäuden mit mehreren notwendigen Treppen ein Treppenraum über eine Halle mit dem Freien verbunden sein. [2]Die Entfernung von der Treppe bis ins Freie darf nicht mehr als 20 m betragen. [3]Es kann verlangt werden, daß die Halle durch feuerbeständige Wände von anderen Räumen zu trennen ist und Öffnungen zu diesen Räumen feuerhemmende Türen haben. [4]Öffnungen zu notwendigen Fluren müssen dicht- und selbstschließende Türen haben. [5]Glasfüllungen in diesen Türen müssen aus mindestens 6 mm dickem Drahtglas mit verschweißtem Netz oder aus entsprechend widerstandsfähigem Glas bestehen. [6]Auskunftsstellen, Kleiderablagen, Verkaufsstände und Verkaufsräume können in die Halle einbezogen werden.

(5) Führt der Ausgang aus Treppenräumen über Flure ins Freie, so sind die Flure gegen andere Räume feuerbeständig abzutrennen; Öffnungen sind mit mindestens feuerhemmenden Türen zu versehen.

§ 12 Türen. (1) [1]Türen im Zuge von Rettungswegen müssen in Fluchtrichtung aufschlagen. [2]Türen zu Treppenräumen sind so anzuordnen, daß sie beim Öffnen und im geöffneten Zustand die erforderliche Laufbreite nicht einengen.

(2) [1]Drehtüren, Hebetüren und Schiebetüren sind in Rettungswegen unzulässig. [2]Pendeltüren, außer zwischen Gasträumen und Küchen, müssen Bodenschließer haben. [3]Automatische Schiebetüren können für Ausgänge ins Freie verwendet werden, wenn sie sich in jeder Stellung in Fluchtrichtung als Drehflügeltüren benutzen lassen. [4]Türen müssen während der Betriebszeit von innen mit einem einzigen Griff von oben nach unten oder durch Druck leicht in voller Breite zu öffnen sein.

Abschnitt III. Haustechnische Anlagen

§ 13[1)] Lüftung. (1) Gasträume und andere Aufenthaltsräume müssen die für eine ausreichende Lüftung erforderlichen Einrichtungen haben.

[1)] § 13 Abs. 2 Satz 3 Halbsatz 2 aufgeh., Abs. 3 geänd. durch § 5 VO v. 8. 12. 1997 (GVBl. S. 827).

(2) [1]Durch die raumlufttechnischen Anlagen (RLT-Anlagen) muß für jeden Gastplatz eine stündliche Außenluftrate von mindestens 20 m^3, in Räumen, in denen geraucht werden darf, von mindestens 30 m^3, gesichert sein. [2]Anlagen zur Belüftung von Gaststätten mit regelmäßigen Musikdarbietungen müssen schallgedämmt sein. [3]Lüftungsleitungen müssen aus nichtbrennbaren Baustoffen bestehen.

(3) Koch- und Grilleinrichtungen müssen Abzüge haben, die Wrasen und Dünste unmittelbar absaugen und so ins Freie abführen, daß die Bewohner des Grundstücks und der Nachbargrundstücke nicht erheblich belästigt werden.

(4) [1]Lüftungsleitungen, durch die stark fetthaltige Luft abgeführt wird, wie von Koch- und Grilleinrichtungen, sind durch auswechselbare Fettfilter gegen Fettablagerung zu schützen. [2]Sie sind von anderen Lüftungsleitungen zu trennen. [3]Reinigungsöffnungen können verlangt werden.

§ 14[1)] Rauchabführung. (1) [1]Gasträume mit mehr als 400 Gastplätzen ohne öffenbare Fenster und Gasträume in Kellergeschossen müssen Rauchabzugsöffnungen mit einem lichten Gesamtquerschnitt von mindestens 0,5 v. H. ihrer Grundfläche haben. [2]Die Rauchabzugsöffnungen können in der Decke oder in den Wänden liegen. [3]Die Vorrichtung zum Öffnen der Rauchabzüge muß an einer jederzeit zugänglichen Stelle des Gastraums liegen und an der Bedienungsstelle die Aufschrift „Rauchabzug“ haben. [4]An der Bedienungsvorrichtung muß erkennbar sein, ob der Rauchabzug offen oder geschlossen ist.

(2) [1]Rauchabzugsleitungen müssen aus nichtbrennbaren Baustoffen bestehen. [2]Führen die Leitungen durch Decken, so müssen sie nach ihrer Feuerwiderstandsdauer der Bauart der Decken entsprechen. [3]Rauchabzugsleitungen sollen senkrecht bis ins Freie geführt werden.

(3) Alle beweglichen Teile von Rauchabzügen müssen leicht bewegt und geprüft werden können.

(4) Es ist zulässig, den Rauch über eine Lüftungsanlage mit Ventilator abzuführen, wenn diese auch im Brandfall wirksam ist.

§ 15[1)] Elektrische Anlagen, Sicherheitsbeleuchtung. (1) [1]In Gaststätten mit mehr als 400 Gastplätzen oder in Beherbergungsstätten mit mehr als 60 Gastbetten muß zur Beleuchtung von Gasträumen, Fluren, Treppenräumen, Ausgängen und anderen Rettungswegen eine Sicherheitsbeleuchtung vorhanden sein, die gewährleistet, daß sich Gäste und Betriebsangehörige auch bei vollständigem Versagen der allgemeinen Beleuchtung bis zu öffentlichen Verkehrsflächen hin gut

---

[1)] § 14 Abs. 1 Satz 1 Halbsatz 2 und § 15 Abs. 2 Satz 2 aufgeh., bish. Satz. 3 wird Satz 2, Abs. 5 geänd. durch § 5 VO v. 8. 12. 1997 (GVBl. S. 827).

zurechtfinden können. [2]Für kleinere Gast- und Beherbergungsstätten kann eine Sicherheitsbeleuchtung verlangt werden, wenn dies wegen mangelnder Übersichtlichkeit erforderlich ist.

(2) [1]Die Sicherheitsbeleuchtung muß eine vom Versorgungsnetz unabhängige, bei Ausfall des Netzstroms sich selbsttätig innerhalb einer Sekunde einschaltende Ersatzstromquelle haben, die für einen mindestens einstündigen Betrieb ausgelegt ist. [2]Für Beherbergungsbetriebe kann als Ersatzstromquelle auch ein bei Ausfall der allgemeinen Stromversorgung selbsttätig sich mindestens innerhalb von 15 Sekunden einschaltendes Stromerzeugungsaggregat verwendet werden.

(3) Die Beleuchtungsstärke der Sicherheitsbeleuchtung muß mindestens 1 Lux betragen.

(4) [1]Ist eine Sicherheitsbeleuchtung erforderlich, so ist die Beleuchtung der Rettungswege, die nach § 8 Abs. 7 beleuchtbar sein müssen, an die Ersatzstromquelle anzuschließen. [2]Ist eine Beleuchtung nach § 10 Abs. 4 erforderlich, so ist diese an eine aus anderen Gründen erforderliche Ersatzstromquelle anzuschließen.

(5) Für die sicherheitstechnischen Anlagen, die auch bei Ausfall der allgemeinen Stromversorgung in Betrieb sein müssen, ist der Anschluß an eine Ersatzstromquelle erforderlich.

§ 16 Feuerlösch-, Brandmelde- und Alarmeinrichtungen. (1) In Gaststätten sind geeignete Feuerlöscher in ausreichender Zahl gut sichtbar und leicht zugänglich anzubringen.

(2) [1]Beherbergungsbetriebe müssen je Geschoß und Brandabschnitt mindestens einen geeigneten Feuerlöscher haben. [2]Der Feuerlöscher ist in der Nähe des Treppenraums an gut sichtbarer und leicht zugänglicher Stelle anzubringen. [3]Beherbergungsbetriebe müssen geeignete Alarmeinrichtungen haben, durch die im Gefahrenfall die Gäste gewarnt werden können.

(3) Weitere Feuerlösch- und Brandmeldeeinrichtungen, wie selbsttätige Feuerlöschanlagen oder Rauchmeldeanlagen, können gefordert werden, wenn dies aus Gründen des Brandschutzes erforderlich ist.

Abschnitt IV. Anforderungen an Räume

§ 17 Gasträume. (1) [1]Gasträume dürfen nicht zugleich als Wohn- oder Schlafräume dienen. [2]Gasträume und Wohnungen müssen getrennt zugänglich sein.

(2) [1]Die Grundfläche mindestens eines Gastraums muß in Gaststätten mindestens 25 m² betragen; für weitere Gasträume genügt eine Grundfläche von 12 m². [2]Bei Gaststätten, die nach Angebot und Aus-

stattung nur für eine kurze Verweildauer der Gäste eingerichtet sind, kann eine geringere Grundfläche gestattet werden.

(3) [1]Die lichte Höhe von Gasträumen muß bei einer Grundfläche
- von nicht mehr als 50 m² mindestens 2,50 m
- von mehr als 50 m² mindestens 2,75 m
- von mehr als 100 m² mindestens 3,00 m und
- von mehr als 2000 m² mindestens 3,25 m

betragen. [2]Über und unter Emporen muß die lichte Höhe mindestens 2,50 m betragen. [3]Abgehängte oder aufgelagerte Unterdecken, die einen Luftaustausch ermöglichen, dürfen die lichte Höhe bis zu 2,50 m einschränken. [4]Für kleinere Bereiche, wie Nischen, genügt eine lichte Höhe von 2,00 m.

(4) [1]Bodenflächen mit mehr als 20 cm Höhenunterschied sind zu umwehren oder durch Stufen oder Rampen zu verbinden. [2]Emporen und Galerien müssen Fußleisten zum Schutz gegen ein Herabfallen von Gegenständen haben.

§ 18 Beherbergungsräume, Schlafräume für Betriebsangehörige. (1) [1]Jeder Beherbergungsraum muß einen eigenen Zugang vom Flur haben. [2]Für gemeinsam vermietbare Raumgruppen, wie Appartements oder Suiten, genügt es, wenn nur ein Raum unmittelbar vom Flur aus zugänglich ist. [3]Die Zugangstüren müssen durch Nummern oder Symbole gekennzeichnet und von innen und außen abschließbar sein.

(2) Einbettzimmer müssen mindestens 8 m², Zweibettzimmer mindestens 12 m² groß sein; Nebenräume, insbesondere Wasch- und Toilettenräume, werden nicht angerechnet.

(3) Schlafräume für Betriebsangehörige dürfen nicht in unmittelbarer Nähe von Gasträumen liegen.

§ 19[1)] Toilettenanlagen. (1) Die Toilettenräume für Gäste müssen leicht erreichbar und gekennzeichnet sein.

(2) [1]In Gaststätten müssen für Gäste mindestens vorhanden sein:

Gastplätze	Toilettenbecken		Urinale Becken oder Rinnen	
	Herren	Damen	Stück	lfd. m
bis 50	1	1	2	2
über 50 bis 100	1	2	3	2,50
über 100 bis 200	2	2	4	3
über 200 bis 300	2	3	5	3,50
über 300 bis 400	3	4	6	4
über 400		– Festlegung im Einzelfall		

[1)] § 19 Abs. 3 Satz 1 geänd. durch § 5 VO v. 8. 12. 1997 (GVBl. S. 827).

2Für Damen und Herren müssen getrennte Toilettenräume vorhanden sein. 3Für Sitzbetriebe oder Stehbetriebe mit Ausschank alkoholischer Getränke mit bis zu 25 Gastplätzen genügt ein Toilettenbecken und ein Urinal. 4Bei Stehbetrieben ohne Ausschank alkoholischer Getränke mit bis zu 35 Gastplätzen kann auf Toilettenanlagen verzichtet werden.

(3) 1In jedem Geschoß von Beherbergungsbetrieben, in dem Beherbergungsräume für Gäste liegen, muß für je angefangene 10 Betten eine Toilette vorhanden sein. 2Betten von Beherbergungsräumen mit eigenen Toilettenräumen werden nicht mitgerechnet.

(4) 1Für die Betriebsangehörigen müssen leicht erreichbare Toilettenräume vorhanden sein. 2Der Weg der in der Küche Beschäftigten zu den Toilettenräumen darf nicht durch Gasträume oder durchs Freie führen. 3Im übrigen richten sich die Anforderungen an die Toilettenräume, unbeschadet der Absätze 5 und 6, nach den betrieblichen Verhältnissen, insbesondere nach Zahl und Geschlecht der Personen, deren regelmäßige Beschäftigung in dem Betrieb zu erwarten ist.

(5) 1Toilettenräume für Damen und Herren müssen durch durchgehende Wände voneinander getrennt sein. 2Jeder Toilettenraum muß einen lüftbaren und beleuchtbaren Vorraum mit Waschbecken und gesundheitlich einwandfreien Handtrocknungseinrichtungen haben. 3Die Wände der Toilettenräume sind bis zur Höhe von mindestens 1,50 m mit einem wasserfesten, glatten Belag oder Anstrich zu versehen. 4Die Fußböden sollen ausreichend gleitsicher und möglichst leicht zu reinigen sein. 5Die Sätze 1 bis 4 gelten nicht für Toiletten nach Absatz 3 Satz 2.

(6) 1Toiletten- und Urinalbecken müssen Wasserspülungen haben. 2Urinalräume müssen unter den Urinalen einen Fußbodenablauf mit Geruchsverschluß haben. 3Die Standbreite von Urinalbecken darf 60 cm nicht unterschreiten.

§ 20 Küchen-, Schank- und Vorratsräume. (1) 1Gaststätten müssen Küchen haben, wenn dies nach der Art des Betriebs erforderlich ist. 2Küchen müssen mindestens eine Grundfläche von 8 m^2 haben. 3Für die lichte Höhe der Küchen gilt § 17 Abs. 3 entsprechend.

(2) Fußböden sollen ausreichend gleitsicher, wasserundurchlässig und möglichst leicht zu reinigen sein.

(3) 1Küchen müssen mindestens eine Wasserzapfstelle, einen Schmutzwasserausguß, ein Handwaschbecken und eine ausreichende Spülanlage haben. 2Schankräume müssen mindestens eine Wasserzapfstelle und eine ausreichende Gläserspülanlage haben.

(4) 1In Gaststätten muß ein nach außen oder durch eine ausreichende RLT-Anlage lüftbarer, genügend großer Vorratsraum oder Ein-

bauschrank zur Aufbewahrung von Lebensmitteln oder eine demselben Zweck dienende, ausreichend große Kühleinrichtung vorhanden sein. [2]Türen von Kühlräumen müssen von innen ohne Schlüssel geöffnet werden können.

Abschnitt V. Betriebsvorschriften

§ 21 Pflichten des Betreibers. (1) Der Betreiber einer Gaststätte und eines Beherbergungsbetriebs ist dafür verantwortlich, daß

1. die technischen Anlagen und Einrichtungen, die nach den Vorschriften dieser Verordnung erforderlich sind, ihrem Zweck entsprechend betrieben werden oder betriebsbereit bleiben und
2. die nachstehenden Betriebsvorschriften eingehalten werden.

(2) Während des Betriebs von Gaststätten mit mehr als 400 Gastplätzen und von Beherbergungsstätten mit mehr als 60 Gastbetten muß der Betreiber oder ein von ihm Beauftragter ständig anwesend sein.

§ 22[1)] Rettungswege, Sicherheitsbeleuchtung. (1) [1]Rettungswege außerhalb der Gebäude sowie Aufstell- und Bewegungsflächen für die Feuerwehr sind von Kraftfahrzeugen oder Gegenständen freizuhalten. [2]Darauf ist in Gaststätten mit mehr als 400 Gastplätzen und Beherbergungsbetrieben mit mehr als 60 Gastbetten durch Schilder hinzuweisen (Zeichen 283 StVO mit Zusatzschild „Anfahrtszone der Feuerwehr"); um erhebliche Gefahren oder Nachteile im Sinn des Art. 3 Abs. 1 Satz 1 BayBO zu verhüten, können solche Hinweisschilder bei mehr als 200 Gastplätzen verlangt werden.

(2) [1]Rettungswege innerhalb der Gebäude sind freizuhalten. [2]In Gaststätten mit mehr als 200 Gastplätzen sind sie bei Dunkelheit während der Betriebszeit zu beleuchten; bei kleineren Schank- und Speisewirtschaften kann eine Beleuchtung verlangt werden.

(3) [1]Bewegliche Verkaufsstände, Möbel und sonstige Gegenstände dürfen in Rettungswegen nur so aufgestellt werden, daß die Rettungswege nicht eingeengt werden. [2]In Treppenräumen im Sinn des Art. 36 Abs. 1 BayBO ist das Aufstellen dieser Gegenstände unzulässig, es sei denn aus der Sicht des Brandschutzes bestehen keine Bedenken.

(4) Feuerhemmende oder feuerbeständige Türen sowie Türen, die dicht- und selbstschließend sein müssen, dürfen in geöffnetem Zustand auch vorübergehend nicht festgestellt werden; sie dürfen offengehalten werden, wenn sie bei Raucheinwirkung selbständig schließen.

(5) [1]In Räumen von Gaststätten, die nicht durch Tageslicht ausreichend erhellt sind, muß eine nach § 15 Abs. 1 erforderliche Sicherheitsbeleuchtung vom Einlaß der Gäste ab in Betrieb sein; sie muß in

---

1) § 22 Abs. 3 Satz 2 geänd. durch § 5 VO v. 8. 12. 1997 (GVBl. S. 827).

Betrieb bleiben, bis die Gäste und Betriebsangehörigen die Gaststätte verlassen haben. 2 In Räumen von Beherbergungsbetrieben, die nicht ausreichend durch Tageslicht erhellt sind, muß eine nach § 15 Abs. 1 erforderliche Sicherheitsbeleuchtung ständig in Betrieb sein.

§ 23[1)] Ausschmückungen, Abfallstoffe. (1) 1 In Gasträumen und notwendigen Fluren von Gaststätten mit mehr als 200 Gastplätzen müssen Ausschmückungen mindestens schwerentflammbar, in Treppenräumen nichtbrennbar sein. 2 Hängende Raumdekorationen müssen vom Fußboden einen Abstand von mindestens 2,50 m einhalten. 3 Ausschmückungen aus natürlichem Laub- oder Nadelholz dürfen nur in frischem Zustand verwendet werden.

(2) 1 Brennbare Abfallstoffe sind bei Betriebsschluß aus den Gasträumen zu entfernen. 2 Sie sind in Abfallbehältern außerhalb des Gebäudes oder innerhalb des Gebäudes in besonderen, gut lüftbaren, feuerbeständigen Räumen aufzubewahren; Art. 44 BayBO ist zu beachten.

(3) Abfallbehälter müssen aus nichtbrennbaren Stoffen bestehen und müssen dichtschließende Deckel haben.

(4) Die nach § 13 Abs. 4 erforderlichen Fettfilter sind bei Bedarf zu reinigen.

§ 24 Toilettenanlagen. (1) Die nach § 19 erforderlichen Toiletten dürfen nicht durch Münzautomaten oder ähnliche Einrichtungen versperrt oder nur gegen Entgelt zugänglich sein.

(2) 1 Seife und Handtrocknungseinrichtungen dürfen nicht ausschließlich gegen Entgelt benutzt werden können. 2 Gemeinschaftshandtücher dürfen nicht bereitgehalten werden.

§ 25 Übersichtsplan, Brandschutzordnung. (1) Die Zahl der Gäste, die sich aus § 8 Abs. 3 ergibt, darf nicht überschritten werden.

(2) In allen Fluren von Beherbergungsbetrieben mit mehr als 60 Gastbetten ist an gut sichtbarer Stelle ein ständig beleuchteter Übersichtsplan anzubringen, der Angaben über die im Gefahrenfall zu benutzenden Rettungswege, die Rückzugsrichtung und die Feuerlöscheinrichtungen enthält.

(3) 1 In Beherbergungsbetrieben ist auf der Innenseite der Türen aus den Beherbergungsräumen zum Flur ein gut lesbares Schild anzubringen, auf dem die Lage des Raums, der Verlauf der Rettungswege bis zu den Ausgängen oder Treppen und die Art des Alarmzeichens (§ 16 Abs. 2) darzustellen sind. 2 Neben den Türen von Personenaufzügen ist ein Schild anzubringen mit der Aufschrift „Aufzug im Brandfall nicht benützen".

---

1) § 23 Abs. 1 Satz 1 geänd. durch § 5 VO v. 8. 12. 1997 (GVBl. S. 827).

(4) Für Beherbergungsbetriebe mit mehr als 60 Gastbetten ist im Einvernehmen mit der örtlich zuständigen Feuerwehr eine Brandschutzordnung aufzustellen und den Betriebsangehörigen bekanntzumachen.

Abschnitt VI. Zusätzliche Bauvorlagen, Prüfungen

§ 26[1] Zusätzliche Bauvorlagen. (1) [1]Die Bauvorlagen müssen zusätzlich zu den Anforderungen der Bauvorlagenverordnung – BauVorlV – Angaben enthalten über

1. die Art des Betriebs und die Nutzung der Räume,
2. die Zahl der Gastplätze in Gaststätten,
3. die Gesamtzahl der Gastbetten sowie
4. die erforderlichen Rettungswege und ihre Abmessungen mit rechnerischem Nachweis.

[2]§ 1 Abs. 2 BauVorlV bleibt unberührt.

(2) Der Lageplan muß die Anordnung und den Verlauf der Rettungswege auf dem Grundstück und die Aufstell- und Bewegungsflächen für die Feuerwehr enthalten.

(3) Die Anordnung und der Verlauf der Rettungswege von Gasträumen sind in einem besonderen Plan im Maßstab von mindestens 1 : 100 darzustellen; bei veränderlicher Einrichtung sind, soweit erforderlich, weitere Pläne vorzulegen.

§ 27[1] Prüfung sicherheitsrelevanter technischer Anlagen und Einrichtungen. (1) [1]Die Wirksamkeit und Betriebssicherheit folgender Anlagen und Einrichtungen sind vor der ersten Inbetriebnahme der Gaststätte, unverzüglich nach einer wesentlichen Änderung sowie jeweils mindestens alle zwei Jahre durch verantwortliche Sachverständige für die Prüfung sicherheitstechnischer Anlagen und Einrichtungen nach § 1 Abs. 2 Nr. 4 der Verordnung über die verantwortlichen Sachverständigen im Bauwesen (SachverständigenverordnungBau – SVBau) zu prüfen und zu bescheinigen:

1. Brandmeldeanlagen nach § 16 Abs. 3,
2. Alarmanlagen nach § 16 Abs. 2,
3. Sicherheitsbeleuchtung nach § 15 Abs. 1,
4. Sicherheitsstromversorgung, Ersatzstromquelle nach § 15 Abs. 2, 4 und 5,
5. RLT-Anlagen nach § 13 Abs. 2,
6. Rauch- und Wärmeabzugsanlagen nach § 14 Abs. 4,

[1] § 26 Abs. 1 Satz 1 und 2 geänd., § 27 neugef. durch § 5 VO v. 8. 12. 1997 (GVBl. S. 827).

7. selbsttätige Feuerlöschanlagen nach § 16 Abs. 3.

2 Die Wirksamkeit und Betriebssicherheit sonstiger sicherheitstechnisch wichtiger Anlagen und Einrichtungen, an die bauordnungsrechtliche Anforderungen gestellt werden, insbesondere Feuerschutzabschlüsse, automatische Schiebetüren in Rettungswegen, Türen mit elektrischen Verriegelungen in Rettungswegen, Brandschutzklappen in Lüftungsanlagen, Rauchabzugsvorrichtungen, nichtselbsttätige Feuerlöschanlagen und tragbare Feuerlöschgeräte sind unter Berücksichtigung ihrer Verwendbarkeitsnachweise vor der ersten Inbetriebnahme und wiederkehrend durch Sachkundige zu prüfen und zu bestätigen.

(2) Wer die Gaststätte betreibt, hat die Prüfungen nach Absatz 1 zu veranlassen, die nötigen Vorrichtungen und fachlich geeignete Arbeitskräfte bereitzustellen sowie die erfroderlichen Unterlagen bereitzuhalten; bei der Prüfung festgestellte Mängel sind unverzüglich zu beseitigen.

(3) Die Bescheinigungen nach Absatz 1 Satz 1 und Bestätigungen nach Absatz 1 Satz 2 sind mindestens fünf Jahre aufzubewahren und der Bauaufsichtsbehörde auf Verlangen vorzulegen.

(4) 1 Die Bauaufsichtsbehörde hat Gaststätten mit mehr als 400 Gastplätzen oder Beherbergungsstätten mit mehr als 60 Gastbetten in Abständen von längstens fünf Jahren zu prüfen. 2 Dabei ist auch die Einhaltung von Betriebsvorschriften zu überwachen und festzustellen, ob die Prüfungen nach Absatz 1 fristgerecht durchgeführt und die Mängel beseitigt worden sind. 3 Im übrigen bleiben Art. 60 Abs. 2 Sätze 1 und 2 BayBO unberührt.

(5) 1 Die Absätze 2 bis 4 gelten nicht für Gaststätten des Bundes, der Länder, der Bezirke, der Landkreise und der Gemeinden, die die Aufgaben der unteren Bauaufsichtsbehörde wahrnehmen oder denen sie ganz oder teilweise übertragen sind. 2 Die Prüfungen derartiger Gaststätten sind von den zuständigen Behörden in eigener Verantwortung durchzuführen und zu überwachen.

Abschnitt VII. Schlußvorschriften

§ 28[1] **Anwendung der Vorschriften auf bestehende Gaststätten und Beherbergungsstätten.** (1) 1 Die zum Zeitpunkt des Inkrafttretens der Verordnung bestehenden Gaststätten und Beherbergungsstätten sind folgenden Bauvorschriften anzupassen:

1. innerhalb einer Frist von einem Jahr:
   Kennzeichnung der Rettungswege,
   Feuerlöscher,

---

[1] § 28 Abs. 4 geänd. durch § 5 VO v. 8. 12. 1997 (GVBl. S. 827).

2. innerhalb einer Frist von sechs Jahren:
   Türen in Treppenräumen, soweit es baulich möglich ist,
   sonstige Türen,
   Sicherheitsbeleuchtung,
   Alarmeinrichtungen.

[2]Die Anpassungspflicht für Türen besteht bei Beherbergungsbetrieben nur, wenn sie mehr als 30 Gastbetten haben; auf die nachträgliche Erfüllung der Vorschrift des § 12 kann bei kleineren Gaststätten und Beherbergungsbetrieben ferner verzichtet werden, wenn im Hinblick auf ihre Lage im Gebäude, insbesondere die Zuordnung zu fremden Nutzungseinrichtungen keine Bedenken wegen der Sicherheit oder Gesundheit bestehen.

(2) [1]Für die im Zeitpunkt des Inkrafttretens der Verordnung bestehenden Gaststätten gelten die Betriebsvorschriften dieser Verordnung (§§ 21 bis 25) entsprechend. [2]Wird in den §§ 21 bis 25 auf andere als die in Absatz 1 genannten Vorschriften des Zweiten bis Vierten Abschnitts Bezug genommen, so ist die Betriebsvorschrift insoweit nicht anwendbar.

(3) [1]Bei bestehenden Gaststätten sind die Prüfungen erstmalig innerhalb von drei Jahren nach Inkrafttreten dieser Verordnung durchzuführen. [2]Die Fristen für die wiederkehrenden Prüfungen nach § 27 Abs. 1 rechnen von dem Zeitpunkt an, zu dem die Anlagen und Einrichtungen erstmalig geprüft worden sind.

(4) Art. 60 Abs. 5 BayBO bleibt unberührt.

§ 29[1)] *(aufgehoben)*

§ 30[1)] **Ordnungswidrigkeiten.** Nach Art. 89 Abs. 1 Nr. 17 BayBO kann mit Geldbuße bis zu einer Million Deutsche Mark belegt werden, wer als Betreiber vorsätzlich oder fahrlässig

1. entgegen § 22 Abs. 1 Aufstell- und Bewegungsflächen für die Feuerwehr oder Rettungswege auf dem Grundstück nicht von Kraftfahrzeugen oder Gegenständen freihält,
2. entgegen § 22 Abs. 2 Rettungswege während der Betriebszeit nicht freihält und beleuchtet,
3. entgegen § 22 Abs. 4 Türen feststellt,
4. entgegen § 22 Abs. 5 die Sicherheitsbeleuchtung nicht in Betrieb hält.

§ 31 Inkrafttreten. [1]Diese Verordnung tritt am 1. Januar 1987 in Kraft. [2]Sie tritt am 31. Dezember 1999 außer Kraft.

[1)] § 29 aufgeh., § 30 geänd. durch § 5 VO v. 8. 12. 1997 (GVBl. S. 827).

17. Verordnung über die Gebühren der Prüfämter und Prüfingenieure für Baustatik – Gebührenordnung für Prüfämter und Prüfingenieure – GebOP –[1]

In der Fassung der Bekanntmachung vom 20. März 1998 (GVBl. S. 202)

Auf Grund des Art. 90 Abs. 6 Satz 1 Nr. 3 der Bayerischen Bauordnung (BayBO) in der Fassung der Bekanntmachung vom 4. August 1997 (GVBl. S. 433, BayRS 2132–1–I) erläßt das Bayerische Staatsministerium des Innern folgende Verordnung:

§ 1 Allgemeines. (1) [1]Das Prüfamt und der Prüfingenieur für Baustatik erhalten für ihre Leistung, die sie im Auftrag der unteren Bauaufsichtsbehörde erbringen, eine Vergütung. [2]Die Vergütung besteht aus Gebühren und Auslagen.

(2) Die Gebühren richten sich nach den Bauwerksklassen (§ 2) und den anrechenbaren Kosten (§ 3), sofern nicht die Gebühr nach Zeitaufwand (§ 5 Abs. 5) vergütet wird.

(3) Ein Nachlaß auf die Gebühren ist unzulässig.

§ 2 Bauwerksklassen. (1) Die zu prüfenden baulichen Anlagen werden entsprechend ihrem statischen und konstruktiven Schwierigkeitsgrad in fünf Klassen nach **Anlage 1** eingeteilt.

(2) Besteht eine bauliche Anlage aus Bauteilen mit unterschiedlichem Schwierigkeitsgrad, so ist sie entsprechend dem überwiegenden Leistungsumfang einzustufen.

(3) Bauhilfskonstruktionen ohne direkte Verbindung oder Abhängigkeit zum Bauwerk oder zu neu zu erstellenden Bauteilen, für die Standsicherheitsnachweise zu prüfen sind, gelten als gesonderte bauliche Anlagen.

§ 3 Anrechenbare Kosten. (1) [1]Für die in der **Anlage 2**[2] aufgeführten baulichen Anlagen sind die anrechenbaren Kosten aus dem

---

[1] Siehe auch Bek. über den Vollzug der Bautechnischen Prüfungsverordnung (BauPrüfV) und der Gebührenordnung für Prüfämter und Prüfingenieure für Baustatik (GebOP) v. 28. 11. 1986 (MABl. S. 539, ber. 1987 S. 28), geänd. durch Bek. v. 15. 5. 1987 (MABl. S. 289), v. 3. 5. 1988 (AllMBl. S. 347), v. 17. 5. 1989 (AllMBl. S. 500), v. 28. 5. 1990 (AllMBl. S. 517), v. 31. 5. 1991 (AllMBl. S. 399), v. 3. 6. 1992 (AllMBl. S. 479), v. 30. 12. 1992 (AllMBl. 1993 S. 70), v. 18. 5. 1993 (AllMBl. S. 735), v. 20. 4. 1994 (AllMBl. S. 331, ber. S. 461), v. 28. 4. 1995 (AllMBl. S. 466), v. 24. 1. 1996 (AllMBl. S. 78), v. 7. 6. 1996 (AllMBl. S. 291), v. 26. 5. 1997 (AllMBl S. 379) und v. 8. 12. 1997 (AllMBl S. 892).

[2] Abgedruckt auf S. 261.

Brutto-Rauminhalt der baulichen Anlage, vervielfältigt mit dem jeweils angegebenen Wert je Kubikmeter Brutto-Rauminhalt, zu berechnen. [2]Die anrechenbaren Kosten der Anlage 2 basieren auf der Indexzahl 1,000 für das Jahr 1994. [3]Für die folgenden Jahre werden diese anrechenbaren Kosten jährlich mit einer Indexzahl, die sich aus dem vom Statistischen Bundesamt veröffentlichten Preisindex für den Neubau von Wohngebäuden, Nichtwohngebäuden und sonstigen Bauwerken (Deutschland) errechnet, vervielfältigt und vom Staatsministerium des Innern bekanntgemacht.

(2) [1]Für die nicht in der Anlage 2[1)] aufgeführten baulichen Anlagen sind die anrechenbaren Kosten die Kosten nach § 62 Abs. 6 der Honorarordnung für Architekten und Ingenieure (HOAI) vom 17. September 1976 (BGBl I S. 2805), zuletzt geändert durch Verordnung vom 21. September 1995 (BGBl I S. 1174). [2]Zu den anrechenbaren Kosten zählen auch die nicht in den Kosten des Satzes 1 enthaltenen Kosten für Bauteile, für die ein Standsicherheitsnachweis geprüft werden muß. [3]Nicht anrechenbar sind die auf die Kosten nach den Sätzen 1 und 2 entfallende Umsatzsteuer und die in § 62 Abs. 7 HOAI genannten Kosten. [4]Bei der Ermittlung der anrechenbaren Kosten ist von den Kosten auszugehen, die ortsüblich im Zeitpunkt der Auftragserteilung erforderlich sind. [5]Einsparungen durch Eigenleistungen oder Vergünstigungen sind nicht zu berücksichtigen.

(3) Die anrechenbaren Kosten sind jeweils auf volle tausend Deutsche Mark aufzurunden.

(4) [1]Mit dem Prüfauftrag teilt die untere Bauaufsichtsbehörde die anrechenbaren Kosten, die für die Gebührenberechnung anzuwendende Bauwerksklasse (§ 2) und etwaige Zuschläge (§ 5 Abs. 1 bis 3) mit. [2]Bis zur Abrechnung der Vergütung kann die Berichtigung der anrechenbaren Kosten, der Bauwerksklasse und von Zuschlägen verlangt oder ein besonders gelagerter Fall (§ 5 Abs. 4) geltend gemacht werden.

§ 4 Berechnungsart der Gebühren und Reisekosten. (1) Die Gebühren werden in Tausendsteln der anrechenbaren Kosten (§ 3) berechnet.

(2) [1]Die Grundgebühr ergibt sich entsprechend der Bauwerksklasse (§ 2) aus der Gebührentafel der **Anlage 3.**[2)] [2]Für Zwischenstufen der anrechenbaren Kosten ist die Gebühr durch Interpolation (geradlinig) zu ermitteln. [3]Der Gebührenfaktor ist auf drei Stellen nach dem Komma zu runden.

(3) [1]Umfaßt ein Prüfauftrag mehrere bauliche Anlagen, so ist die Gebühr für jede einzelne bauliche Anlage getrennt zu ermitteln. [2]Da-

---

1) Abgedruckt auf S. 261.
2) Abgedruckt auf S. 264.

bei sind die anrechenbaren Kosten und die Bauwerksklasse der jeweiligen baulichen Anlage zugrunde zu legen. [3]Gehören bauliche Anlagen jedoch der gleichen Bauwerksklasse an, so sind, wenn sie auch im übrigen in statisch-konstruktiver Hinsicht weitgehend vergleichbar sind und die Bauvorlagen gleichzeitig zur Prüfung vorgelegt werden, die anrechenbaren Kosten dieser baulichen Anlagen zusammenzufassen; die Gebühr ist danach wie für eine einzige bauliche Anlage zu ermitteln.

(4) [1]Auslagen für notwendige Reisen (Tage- und Übernachtungsgeld) werden nach den Vorschriften des Bayerischen Reisekostengesetzes, Wegstreckenentschädigungen nach der Verordnung über anerkannte Kraftfahrzeuge in der jeweils gültigen Fassung erstattet. [2]Als Bemessungsgrundlage ist die Besoldungsgruppe A 15 zugrunde zu legen. [3]Fahr- und Wartezeiten sind nach dem Zeitaufwand (§ 5 Abs. 5) zu ersetzen. [4]Bei Verbindung mehrerer Aufträge sind die Reisekosten auf die einzelnen Aufträge aufzuteilen.

(5) Sonstige Auslagen werden nur erstattet, wenn dies bei der unteren Bauaufsichtsbehörde beantragt wird und diese zugestimmt hat.

§ 5 Höhe der Gebühren. (1) Das Prüfamt und der Prüfingenieur erhalten

1. für die Prüfung der rechnerischen Nachweise der Standsicherheit	die Grundgebühr,
2. für die Prüfung der zugehörigen Konstruktionszeichnungen in statisch-konstruktiver Hinsicht	die Hälfte der Gebühr nach Nummer 1,
3. für die Prüfung von Elementplänen des Fertigteilbaus sowie Werkstattzeichnungen des Metall- und Ingenieurholzbaus	je nach dem zusätzlichen Aufwand einen Zuschlag zur Gebühr nach Nummer 2 bis zur Hälfte der Gebühr nach Nummer 1,
4. für die Prüfung	
4.1 des Nachweises der Feuerwiderstandsdauer der tragenden Bauteile	ein Zwanzigstel der Gebühr nach Nummer 1,
4.2 der Konstruktionszeichnungen auf Übereinstimmung mit dem Nachweis bzw. auf Einhaltung weiterer Forderungen nach DIN 4102 Teil 4, falls eine Widerstandsdauer höher als F 30 zu berücksichtigen ist,	ein Zehntel der Gebühr nach Nummer 1,

5. für die Prüfung der rechnerischen Nachweise für bauliche Anlagen der Bauwerksklassen 3 bis 5 (§ 2), wenn diese nur durch besondere elektronische Vergleichsrechnungen geprüft werden können,	je nach dem zusätzlichen Aufwand einen Zuschlag bis zur Hälfte der Gebühr nach Nummer 1,
6. für die Prüfung von Nachträgen zu den rechnerischen Nachweisen und den Konstruktionszeichnungen des zugehörigen Nachweises infolge von Änderungen oder Fehlern bei einem Umfang der Nachträge von mehr als einem Zwanzigstel	Gebühren nach Nummer 1 oder Nummer 2 vervielfacht mit dem Verhältnis des Umfangs der Nachträge zum ursprünglichen Umfang, höchstens jedoch die Gebühren nach Nummer 1 oder Nummer 2,
7. für eine Lastvorprüfung und für die Prüfung von zusätzlichen Nachweisen für a) Bauzustände b) Erdbebenschutz c) Bergschädensicherung d) Setzungs- und Grundbuchberechnungen e) Sonderlasten (z. B. Luftschutz)	Gebühren nach Nummer 1 vervielfacht mit dem Verhältnis des Umfangs der zusätzlichen Nachweise zum Umfang der Hauptberechnung.

(2) Für die Prüfung von Standsicherheitsnachweisen bei Umbauten und Aufstockungen kann je nach dem zusätzlichen Aufwand ein Zuschlag bis zur Hälfte der in Absatz 1 Nrn. 1, 2 und 6 genannten Gebühren vergütet werden.

(3) Werden Teile des Standsicherheitsnachweises in größeren Zeitabständen vorgelegt und wird dadurch der Prüfaufwand erheblich erhöht, kann ein Zuschlag bis zur Hälfte der Gebühr nach Absatz 1 Nr. 1 vergütet werden.

(4) In besonders gelagerten Fällen können abweichend von den Absätzen 1 bis 3 Gebühren berechnet werden, die den besonderen Schwierigkeitsgrad oder den veränderten Umfang einer Leistung berücksichtigen.

(5) [1] Nach dem Zeitaufwand werden vergütet

1. Leistungen, die durch anrechenbare Kosten nicht zu erfassende bauliche Anlagen oder Bauteile zum Gegenstand haben oder bei denen über die anrechenbaren Kosten keine angemessenen Gebühren ermittelt werden können,

2. Leistungen für bauliche Anlagen, deren anrechenbare Kosten unter 20000 Deutsche Mark liegen, höchstens jedoch bis zur entsprechenden Gebühr für bauliche Anlagen mit anrechenbaren Kosten von 20000 Deutsche Mark,
3. für die Prüfung von Nachweisen für Außenwandverkleidungen, für die ein Standsicherheitsnachweis geprüft werden muß,
4. Leistungen im Rahmen der Bauüberwachung in statisch-konstruktiver Hinsicht nach Art. 78 in Verbindung mit Art. 2 Abs. 4 Satz 2 BayBO,
5. sonstige Leistungen, die in den Absätzen 1 bis 4 nicht aufgeführt sind.

[2]Bei der Berechnung der Gebühr ist die Zeit anzusetzen, die unter regelmäßigen Verhältnissen von einer entsprechend ausgebildeten Fachkraft benötigt wird. [3]Für jede Arbeitsstunde wird ein Betrag von 1,8 v.H. des Monatsgrundgehalts eines Staatsbeamten in der Endstufe der Besoldungsgruppe A 15 berechnet. [4]Der Betrag ist auf volle Deutsche Mark aufzurunden. [5]Das Staatsministerium des Innern gibt den jeweils der Gebührenberechnung zugrunde zu legenden Stundensatz bekannt.

(6) Als Mindestgebühr für einen Prüfauftrag wird der zweifache Stundensatz nach Absatz 5 vergütet.

(7) [1]Umfaßt ein Prüfauftrag mehrere bauliche Anlagen mit gleichen Standsicherheitsnachweisen oder gleichen Nachweisen für die Feuerwiderstandsdauer tragender Bauteile, so ermäßigen sich die Gebühren nach Absatz 1 Nrn. 1 bis 5 sowie nach den Absätzen 2 und 3 für die zweite und jede weitere bauliche Anlage auf ein Zehntel. [2]Liegt die Gebühr für die erste bauliche Anlage unter der Mindestgebühr des Absatzes 6, so ist für sie die Mindestgebühr und für jede weitere bauliche Anlage ein Zehntel der Mindestgebühr zugrunde zu legen.

(8) [1]Besteht eine bauliche Anlage aus gleichartigen Abschnitten, für welche derselbe Standsicherheitsnachweis und derselbe Nachweis für die Feuerwiderstandsdauer tragender Bauteile gelten sollen, so ermäßigt sich die Gebühr nach Absatz 1 Nrn. 1 bis 5 sowie nach den Absätzen 2 und 3 für den zweiten und jeden weiteren Abschnitt auf die Hälfte. [2]Dies gilt nicht, wenn nur Deckenfelder, Stützenreihen oder Binder in einer baulichen Anlage gleich sind.

(9) [1]Das Prüfamt erhält für die Prüfung der Nachweise der Standsicherheit und der Feuerwiderstandsdauer der tragenden Bauteile im Rahmen einer Typenprüfung (§ 12 BauPrüfV) und für die Prüfung von Bemessungstafeln das Zweifache der nach Absatz 5 ermittelten Gebühr. [2]Für die Prüfung der Nachweise der Standsicherheit und der Feuerwiderstandsdauer tragender Bauteile im Rahmen der Verlänge-

rung einer Typenprüfung ist die zweifache Gebühr nach Absatz 5 zu ermitteln.

§ 6 Umsatzsteuer. Mit der Gebühr ist die Umsatzsteuer, soweit sie anfällt, abgegolten.

§ 7 Schuldner der Vergütung, Fälligkeit. (1) [1] Schuldner der Vergütung ist die untere Bauaufsichtsbehörde, die den Auftrag erteilt hat. [2] In den Fällen des § 5 Abs. 9 ist Schuldner, wer die Prüfung veranlaßt hat.

(2) Die Vergütung wird mit Eingang der Rechnung über die Vergütung fällig.

§ 8 Übergangsregelung. Für Aufträge, die vor dem 1. Januar 1998 erteilt worden sind, ist die bisherige Vergütungsregelung anzuwenden.

§ 9 Inkrafttreten, Außerkrafttreten.[1)] (1) Diese Verordnung tritt am 1. Januar 1987 in Kraft; sie tritt am 31. Dezember 2006 außer Kraft.

(2) (gegenstandslos)

[1)] **Amtl. Anm.:** Diese Vorschrift betrifft das Inkrafttreten der VO in der ursprünglichen Fassung vom 11. 11. 1986 (GVBl. S. 343, ber. 1987 S. 70). Der Zeitpunkt des Inkrafttretens der späteren Änderungen ergibt sich aus den jeweiligen Änderungsverordnungen.

Anlage 1
(zu § 2 Abs. 1 GebOP)

Bauwerksklassen

Bauwerksklasse 1

Tragwerke mit sehr geringem Schwierigkeitsgrad, insbesondere
- einfache statisch bestimmte ebene Tragwerke aus Holz, Stahl, Stein oder unbewehrtem Beton mit vorwiegend ruhenden Lasten, ohne Nachweis horizontaler Aussteifung.

Beispiele:
Statisch bestimmte Pult- und Sparrendächer,
eingeschossige, gemauerte Gebäude ohne rechnerischen Nachweis der Aussteifung,
Holzbalken mit geringen Stützweiten.

Bauwerksklasse 2

Tragwerke mit geringem Schwierigkeitsgrad, insbesondere
- statisch bestimmte ebene Tragwerke in gebräuchlichen Bauarten ohne Vorspann- und Verbundkonstruktionen, mit vorwiegend ruhenden Lasten.

Beispiele:
Einfache statisch bestimmte Dach- und Fachwerkbinder,
Kehlbalkendächer,
Deckenkonstruktionen mit vorwiegend ruhenden Flächenlasten, die nach gebräuchlichen Tabellen berechnet werden können,
Mauerwerksbauten mit bis zur Gründung durchgehenden tragenden Wänden ohne Nachweis horizontaler Aussteifung,
gemauerte Schornsteine einfacher Art,
Schwergewichts- und Winkelstützmauern ohne Rückverankerungen bei einfachen Baugrund- und Belastungsverhältnissen,
Einzel- und Streifenfundamente.

Bauwerksklasse 3

Tragwerke mit durchschnittlichem Schwierigkeitsgrad, insbesondere
- schwierige statisch bestimmte und statisch unbestimmte ebene Tragwerke in gebräuchlichen Bauarten ohne Vorspannkonstruktionen und ohne Stabilitätsuntersuchungen.

Beispiele:
Schwierige statisch bestimmte oder einfache statisch unbestimmte Dach- und Deckenkonstruktionen,
Holzkonstruktionen mittlerer Abmessungen in Leimbauweise,

einfache Verbundkonstruktionen des Hochbaus ohne Berücksichtigung des Einflusses von Kriechen und Schwinden,
Tragwerke für Gebäude mit Abfangung der tragenden beziehungsweise aussteifenden Wände,
ausgesteifte Skelettbauten, bei denen die Stabilität der einzelnen Bauteile mit Hilfe von einfachen Formeln oder Tabellen nachgewiesen werden kann,
Zweigelenktragwerke,
eingeschossige Hallen normaler Bauart, ohne Berücksichtigung von Temperatureinflüssen, für die ein Nachweis der Aussteifung zu führen ist,
eingeschossige Hallen mit eingespannten, gleichlangen Stützen,
Fertigteilkonstruktionen mit üblichen Abmessungen, denen keine aussteifende Wirkung zugewiesen ist,
Behälter einfacher Konstruktion,
Schornsteine ohne Schwingungsberechnung,
Maste mit einfachen Abspannungen, bei denen der Seildurchhang vernachlässigt werden kann,
Mauerwerksbauten mit ungleichmäßiger Aufteilung und mit Abfangung tragender und aussteifender Wände,
ein- und zweiachsig gespannte mehrfeldrige Decken unter Gleichlasten und ruhenden Einzellasten, soweit nicht in Bauwerksklasse 2,
Flächegründungen mittlerer Abmessungen,
Stützwände ohne Rückverankerung bei schwierigen Baugrund- und Belastungsverhältnissen,
ebene Pfahlrostgründungen,
Baugrubenaussteifungen ohne Rückverankerungen.

Bauwerksklasse 4

Tragwerke mit überdurchschnittlichem Schwierigkeitsgrad, insbesondere
– statisch und konstruktiv schwierige Tragwerke in gebräuchlichen Bauarten und Tragwerke, für deren Standsicherheits- und Festigkeitsnachweis schwierig zu ermittelnde Einflüsse zu berücksichtigen sind.

Beispiele:
Dachkonstruktionen mit gebräuchlichen Abmessungen bei rechnerischer Behandlung als räumliche Tragwerke,
weitgespannte Hallentragwerke in Leimbauweise oder in entsprechender Ingenieurholzbaukonstruktion,
mit Hochhäusern vergleichbar hohe Gebäude ohne Abfangung für die Aussteifung herangezogener Elemente, wenn ein Stabilitätsnachweis nach Theorie II. Ordnung nicht erforderlich ist,

mehrgeschossige Bauwerke mit unregelmäßiger Grundrißgestaltung und wiederholt im Grundriß verspringenden Aussteifungselementen, bei deren Schnittgrößenermittlung die Formänderungen zu berücksichtigen sind,
Bauwerke mit mittleren und großen Abmessungen, bei denen Aussteifung und Stabilität durch Zusammenwirken von Fertigteilen sichergestellt und nachgewiesen werden muß,
unregelmäßige eingeschossige und mehrgeschossige Rahmentragwerke und Gerippebauten,
Kesselgerüste,
Trägerroste, Hohlkästen und orthotrope Platten des Hochbaus,
statisch unbestimmte Hallentragwerke mit Kranbahnen,
einfeldrige Balken, Parallelgurt- oder Satteldachträger mit Spannbettvorspannung,
Tragwerke für schwierige Rahmen- und Skelettbauten sowie turmartige Bauten, bei denen der Nachweis der Stabilität und Aussteifung die Anwendung besonderer Berechnungsverfahren erfordert,
regelmäßige Faltdachkonstruktionen ohne Vorspannung nach der Balkentheorie,
statisch bestimmte und einfache statisch unbestimmte Tragwerke,deren Schnittkraftermittlung nach Theorie II. Ordnung erfolgen muß,
statisch bestimmte und statisch unbestimmte Tragwerke des Hochbaus unter Einwirkung von Vorspannung, soweit sie nicht der Bauwerksklasse 5 zuzuordnen sind,
Verbundkonstruktionen nach der Elastizitätstheorie bei Berücksichtigung von Kriechen und Schwinden,
einfache Tragwerke nach dem Traglastverfahren,
einfache Rotationsschalen,
Tankbauwerke aus Stahl mit einfachen Stabilitätsnachweisen,
Behälter und Silos schwieriger Konstruktion, auch in Gruppenbauweise,
Maste, Schornsteine, Maschinenfundamente u. a., mit einfachen Schwingungsuntersuchungen,
schwierige Abspannungen von Einzelmasten oder Mastgruppen,
Seilbahnkonstruktionen,
Stützwände mit schwieriger Gründung oder Rückverankerung,
Baugrubenaussteifungen mit Rückverankerungen,
schwierige statisch unbestimmte Flachgründungen, schwierige ebene oder räumliche Pfahlgründungen, besondere Gründungsverfahren, Unterfahrungen.

Bauwerksklasse 5

Tragwerke mit sehr hohem Schwierigkeitsgrad, insbesondere
– statisch und konstruktiv ungewöhnlich schwierige Tragwerke,
– schwierige Tragwerke in neuen Bauarten.

Beispiele:
Überdachungen als räumliche Stabtragwerke,
statisch unbestimmte räumliche Fachwerke,
Flächentragwerke (Platten, Faltwerke, Schalen), die die Anwendung der Elastizitätstheorie erfordern,
statisch unbestimmte Tragwerke, die Schnittkraftermittlungen nach Theorie II. Ordnung erfordern,
Tragwerke mit Standsicherheitsnachweisen, die nur unter Zuhilfenahme modellstatischer Untersuchungen beurteilt werden können,
Tragwerke mit Schwingungsuntersuchungen, soweit sie nicht der Bauwerksklasse 4 zuzuordnen sind,
Tragwerke, bei denen mehrere Schwierigkeitsmerkmale der Bauwerksklasse 4 gleichzeitig auftreten, wenn sich dadurch die Prüfleistung wesentlich erhöht,
Tonnenschalen,
Hängedächer mit besonderer Schwierigkeit,
seilverspannte Zeltdachkonstruktionen und Traglufthallen bei genauer Behandlung nach der Membrantheorie,
beliebig mehrfach gekrümmte oder auf Grund der Lagerungs- und Randbedingungen schwierige Schalentragwerke, auch mit Vorspannung (Hyperboloidschalen, Kühltürme, Faultürme),
mit Hochhäusern vergleichbar hohe Gebäude, bei denen ein Stabilitätsnachweis nach Theorie II. Ordnung erforderlich sowie das Schwingungsverhalten zu untersuchen ist,
schwierige Rotationsschalen,
Verbundkonstruktionen nach der Plastizitätstheorie oder mit Vorspannung,
Turbinenfundamente.

Anlage 2[1)]
(zu § 3 Abs. 1)

Tabelle der durchschnittlichen anrechenbaren Kosten je Kubikmeter Brutto-Rauminhalt

Art der baulichen Anlage	anrechenbare Kosten in DM/m³
1. Wohngebäude	182
2. Wochenendhäuser	160
3. Büro- und Verwaltungsgebäude, Banken und Arztpraxen	244
4. Schulen	232
5. Kindergärten	207
6. Beherbergungsstätten mit bis zu 60 Gastbetten, Gaststätten, Heime	207
7. Beherberungsstätten mit mehr als 60 Gastbetten, Heime, Sanatorien	243
8. Krankenanstalten	269
9. Versammlungsstätten	207
10. Kirchen	232
11. Leichenhallen, Friedhofskapellen	193
12. Turn- und Sporthallen (soweit nicht unter Nr. 21)	142
13. Hallenbäder	224
14. sonstige nicht unter Nrn. 1 bis 13 aufgeführte eingeschossige Gebäude (z. B. Umkleidegebäude von Sporthallen und Schwimmbädern)	178
15. eingeschossige Verkaufsstätten (soweit nicht unter Nr. 21)	139
16. mehrgeschossige Verkaufsstätten (soweit nicht unter Nr. 22)	247

[1)] **Amtl. Anm.: Hinweis:** Die anrechenbaren Kosten der Anlage 2 entsprechen einer Indexzahl von 1,000 für das Jahr 1994 (§ 3 Abs. 1 Satz 2 GebOP). Für die folgenden Jahre werden diese anrechenbaren Kosten jährlich mit einer fortgeschriebenen Indexzahl neu errechnet, vervielfältigt und vom Staatsministerium des Innern bekanntgemacht (§ 3 Abs. 1 Satz 3 GebOP). Für Prüfaufträge, die ab 1. Januar 1998 erteilt werden, gelten bis auf weiteres die mit IMBek vom 8. Dezember 1997 (AllMBl S. 892) bekanntgemachten anrechenbaren Kosten.

Art der baulichen Anlage	anrechenbare Kosten in DM/m³
17. Kleingaragen	150
18. eingeschossige Mittel - und Großgaragen	178
19. mehrgeschossige Mittel- und Großgaragen	215
20. Tiefgaragen	249
21. eingeschossige Fabrik-, Werkstatt- und Lagergebäude, hallenmäßige Verkaufsstätten sowie einfache Sport- und Tennishallen	
21.1 mit nicht geringen Einbauten	125
21.2 ohne oder mit geringen Einbauten	
21.2.1 bis 2500 m³ Brutto-Rauminhalt	
Bauart schwer[1)]	88
sonstige Bauart	75
21.2.2 der 2500 m³ übersteigende Brutto-Rauminhalt bis 5000 m³	
Bauart schwer[1)]	75
sonstige Bauart	60
21.2.3 der 5000 m³ übersteigende Brutto-Rauminhalt bis 30 000 m³	
Bauart schwer[1)]	60
sonstige Bauart	47
22. mehrgeschossige Fabrik-, Werkstatt- und Lagergebäude, hallenmäßige Verkaufsstätten	
22.1 mit nicht geringen Einbauten	201
22.2 ohne oder mit geringen Einbauten	178
23. sonstige eingeschossige kleinere gewerbliche Bauten (soweit nicht unter Nr. 21)	149
24. Stallgebäude, Scheunen und sonstige landwirtschaftliche Betriebsgebäude	wie Nr. 21.2
25. Schuppen, offene Feldscheunen oder ähnliche Gebäude	67
26. erwerbsgärtnerische Betriebsgebäude (Gewächshäuser)	
26.1 bis 1500 m³ Brutto-Rauminhalt	47
26.2 der 1500 m³ übersteigende Brutto-Rauminhalt	29

[1)] **Amtl. Anm.:** Gebäude, deren Außenwände überwiegend aus Beton einschließlich Leicht- und Gasbeton oder aus mehr als 17,5 cm dickem Mauerwerk bestehen.

Zuschläge auf die anrechenbaren Kosten:

– bei Gebäuden mit mehr als fünf Vollgeschossen oder beim Nachweis nach DIN 1053 Teil 2	5 v.H.
– mit Hochhäusern vergleichbar hohe Gebäude	10 v.H.
– bei Geschoßdecken, die mit Gabelstaplern, Schwerlastwagen oder Schienenfahrzeugen befahren werden, für die betreffenden Geschosse	10 v.H.
– bei Hallenbauten mit Kränen für den von den Kranbahnen erfaßten Hallenbereich	69 DM/m²

Sonstiges:

- Für die Berechnung des Brutto-Rauminhalts ist DIN 277 maßgebend.
- Bei Flächengründungen sind je Quadratmeter Sohlplatte 2 m³ zum Brutto-Rauminhalt hinzuzurechnen. Mehrkosten für außergewöhnliche Gründungen, z.B. Pfahlgründungen, Schlitzwände, sind getrennt zu ermitteln und den anrechenbaren Kosten hinzuzuzählen.
- Bei Gebäuden mit gemischter Nutzung ist für die Ermittlung der anrechenbaren Kosten die offensichtlich überwiegende Nutzung maßgebend. Liegt ein offensichtliches Überwiegen einer Nutzung nicht vor, sind für die Gebäudeteile mit verschiedenen Nutzungsarten die anrechenbaren Kosten anteilig zu ermitteln.

Anlage 3
(zu § 4 Abs. 2 GebOP)

Gebührentafel

Anrechenbare Kosten in DM	Tausendstel der anrechenbaren Kosten				
	Bauwerks-klasse 1	Bauwerks-klasse 2	Bauwerks-klasse 3	Bauwerks-klasse 4	Bauwerks-klasse 5
20000	9,873	13,164	19,741	26,323	32,905
30000	9,104	12,139	18,203	24,273	30,342
40000	8,595	11,460	17,186	22,916	28,646
50000	8,220	10,960	16,435	21,915	27,396
60000	7,926	10,568	15,847	21,131	26,415
70000	7,685	10,247	15,366	20,489	25,613
80000	7,483	9,977	14,961	19,949	24,938
90000	7,308	9,744	14,613	19,485	24,357
100000	7,156	9,541	14,308	19,079	23,849
150000	6,599	8,798	13,193	17,592	21,992
200000	6,230	8,306	12,456	16,609	20,762
300000	5,744	7,659	11,486	15,315	19,145
400000	5,423	7,231	10,843	14,459	18,074
500000	5,186	6,915	10,370	13,828	17,285
600000	5,001	6,668	9,999	13,333	16,666
700000	4,849	6,465	9,695	13,928	16,160
800000	4,721	6,295	9,440	12,587	15,735
900000	4,611	6,148	9,220	12,294	15,368
1000000	4,515	6,020	9,028	12,038	15,048
2000000	3,931	5,241	7,859	10,479	13,100
3000000	3,624	4,833	7,247	9,663	12,080
4000000	3,422	4,562	6,842	9,123	11,404
7000000	3,059	4,079	6,117	8,157	10,197
10000000	10,849	3,798	5,696	7,595	9,495
20000000	2,480	3,307	4,959	6,612	8,265
30000000	2,287	3,049	4,572	6,097	7,622
40000000	2,159	2,879	4,317	5,756	7,196
50000000 und mehr	2,065	2,753	4,128	5,505	6,881

18. Verordnung über den Bau und Betrieb von Campingplätzen (Campingplatzverordnung – CPlV)[1)]

Vom 22. September 1995 (GVBl. S. 710)

Geändert durch § 8 Verordnung vom 8. 12. 1997 (GVBl. S. 827)

Auf Grund von Art. 90 Abs. 1 Nr. 3 und Abs. 4 der Bayerischen Bauordnung (BayBO) in der Fassung der Bekanntmachung vom 4. August 1997 (GVBl. S. 433, BayRS 2132–1–I) und Art. 25 Abs. 1 und Art. 38 Abs. 3 Nrn. 3 und 4 des Landesstraf- und Verordnungsgesetzes (LStVG) erläßt das Bayerische Staatsministerium des Innern folgende Verordnung:[2)]

§ 1 Begriffe. (1) [1]Campingplätze sind Plätze, die während des ganzen Jahres oder wiederkehrend während bestimmter Zeiten des Jahres betrieben werden und die zum Aufstellen und Bewohnen von mehr als drei Zelten oder Wohnfahrzeugen bis zu 10 m Länge und 3 m Höhe bestimmt sind; gelegentlich und nur für kurze Zeit eingerichtete Zeltlager sind keine Campingplätze. [2]Wohnfahrzeuge sind Falt- und Klappanhänger, Wohnanhänger (Caravans) und motorisierte Wohnfahrzeuge (Wohnmobile), die so beschaffen sind, daß sie jederzeit zum Verkehr auf öffentlichen Straßen zugelassen werden können.

(2) [1]Standplatz ist die zum Aufstellen des Zeltes oder Wohnfahrzeugs und eines zugehörigen Kraftfahrzeugs bestimmte Fläche. [2]Es werden unterschieden

1. touristisch zu nutzende Standplätze, die einem wechselnden Personenkreis längstens für die Dauer von acht Wochen überlassen werden dürfen oder die für Durchreisende bestimmt sind,
2. längerfristig nutzbare Standplätze, die auch für einen darüber hinausgehenden Zeitraum für vorübergehende Aufenthaltszwecke vergeben werden dürfen.

§ 2 Allgemeine Anforderungen. (1) [1]Campingplätze sind so anzuordnen, zu errichten, zu ändern und instandzuhalten, daß durch ihren

---

1) Siehe auch Bek. über Beachtung der Erfordernisse der Bauleitplanung und der Landesplanung bei der Errichtung von Campingplätzen v. 8. 7. 1976 (MABl. S. 649) und Bek. über den Vollzug der Campingplatzverordnung und bauaufsichtliche Behandlung bereits bestehender Campingplätze v. 12. 7. 1976 (MABl. S. 653). Gem. Bek. über die Anlage von Jugendzeltlagerplätzen und Durchführung von Jugendzeltlagern v. 20. 12. 1978 (MABl. 1979 S. 34).

2) Einleitungssatz geänd. durch § 8 VO v. 8. 12. 1997 (GVBl. S. 827).

Betrieb und den Zu- und Abgangsverkehr keine unzumutbaren Störungen für die Umgebung verursacht und die Belange des Naturschutzes und der Landschaftspflege nicht beeinträchtigt oder gefährdet werden; sie dürfen keinen unzumutbaren Störungen ausgesetzt sein. [2]Es kann verlangt werden, daß Schutzstreifen angelegt und bepflanzt werden.

(2) Campingplätze sind der Landschaft entsprechend zu bepflanzen und ihr gut einzufügen.

§ 3 Zufahrt, Fahrwege. (1) [1]Campingplätze müssen an einer befahrbaren öffentlichen Verkehrsfläche liegen oder mit ihr über eine befahrbare, rechtlich gesicherte Zufahrt verbunden sein. [2]Die Zufahrt muß mindestens 5,5 m breit und auch für Löschfahrzeuge der Feuerwehr befahrbar sein.

(2) Für die vor der Abfertigungsstelle wartenden Fahrzeuge ist ein Stauraum außerhalb der öffentlichen Verkehrsfläche anzuordnen.

(3) [1]Campingplätze müssen durch innere Fahrwege ausreichend erschlossen werden. [2]Die Fahrwege müssen für Löschfahrzeuge der Feuerwehr befahrbar sein; das gilt nicht für Stichwege von höchstens 50 m Länge.

§ 4 Standplätze. (1) [1]Standplätze müssen mindestens 75 m^2, wenn die Kraftfahrzeuge auf gesonderten Stellplätzen abgestellt werden, mindestens 65 m^2 groß sein. [2]Sie sind dauerhaft zu kennzeichnen.

(2) Standplätze müssen von Kläranlagen und Sickeranlagen mindestens 50 m entfernt sein.

(3) [1]Zelte und Wohnfahrzeuge einschließlich der Vorzelte müssen jederzeit ortsveränderlich sein. [2]Wohnfahrzeuge auf touristisch zu nutzenden Standplätzen müssen zum Verkehr auf öffentlichen Straßen zugelassen sein.

(4) Auf den Standplätzen dürfen feste Anbauten, Unterbauten, Einfriedungen und ähnliche bauliche Anlagen nicht errichtet werden.

§ 5 Stellplätze. [1]Soweit die Kraftfahrzeuge nicht auf den Standplätzen abgestellt werden sollen, ist für jeden Standplatz ein gesonderter Stellplatz herzustellen. [2]Stellplätze für Besucher können verlangt werden.

§ 6 Brandschutz. (1) [1]Campingplätze sind durch mindestens 5 m breite Brandgassen in einzelne Abschnitte zu unterteilen. [2]Ein Abschnitt darf nicht mehr als 20 Standplätze umfassen.

(2) Es kann verlangt werden, daß Brandschutzstreifen zu besonders gefährdeten Teilen des Campingplatzes oder zu angrenzenden Grundstücken angelegt werden.

(3) [1]Auf dem Campingplatz sind geeignete Feuerlöscher in ausreichender Zahl bereitzuhalten. [2]Art, Zahl und Aufstellort sowie eine gegebenenfalls erforderliche Löschwasserentnahmemöglichkeit sind im Einzelfall mit der örtlichen Feuerwehr festzulegen.

§ 7 Trinkwasserversorgung. (1) Je Standplatz und Tag müssen mindestens 200 l einwandfreies Trinkwasser aus einer Trinkwasserversorgungsanlage zur Verfügung stehen.

(2) [1]Für je 100 Standplätze müssen mindestens sechs zweckmäßig verteilte Trinkwasserzapfstellen mit Schmutzwasserabläufen vorhanden sein. [2]Sie müssen gekennzeichnet und von den Abortanlagen räumlich getrennt sein. [3]Bei Zapfstellen im Freien ist der Boden in einem Umkreis von mindestens 2 m zu befestigen.

§ 8 Waschräume. (1) [1]Für je 100 Standplätze müssen mindestens 16 Waschplätze und 8 Duschen vorhanden sein. [2]Sie sind jeweils zur Hälfte in für Frauen und Männer getrennten Waschräumen anzuordnen. [3]Ein Viertel der Waschplätze und die Duschen sind in Einzelzellen einzurichten.

(2) Die Wände der Räume bis zu einer Höhe von mindestens 1,5 m und die Fußböden müssen leicht gereinigt werden können.

§ 9 Geschirrspül- und Wäschespüleinrichtungen. [1]Für je 100 Standplätze müssen mindestens drei Geschirrspülbecken und mindestens drei Wäschespülbecken von den Waschräumen und Abortanlagen räumlich getrennt vorhanden sein; die Wäschespülbecken können zum Teil durch Waschmaschinen ersetzt werden. [2]Mindestens die Hälfte dieser Becken muß eine Warmwasserversorgung erhalten. [3]§ 7 Abs. 2 Satz 3 und § 8 Abs. 2 gelten entsprechend.

§ 10 Abortanlagen. (1) Für je 100 Standplätze müssen für Frauen mindestens acht Aborte, für Männer mindestens vier Aborte und mindestens vier Urinale vorhanden sein.

(2) [1]Die Abortanlagen müssen für Frauen und Männer getrennte Aborträume mit Vorräumen haben. [2]In den Vorräumen ist für je sechs Aborte oder Urinale mindestens ein Waschbecken anzubringen. [3]Die Vorräume dürfen nicht als Waschräume im Sinn des § 8 Abs. 1 genutzt werden.

(3) § 8 Abs. 2 gilt entsprechend.

§ 11 Einrichtungen zugunsten Behinderter. Auf Campingplätzen mit mehr als 200 Standplätzen müssen mindestens ein Waschplatz sowie eine Dusche und ein Abort für Behinderte, insbesondere Rollstuhlfahrer, geeignet und stufenlos zugänglich sein.

§ 12 Anlagen für Abwässer, Wertstoffe und feste Abfallstoffe. (1) [1]In räumlicher Verbindung mit den Abortanlagen sind Einrichtungen zum Einbringen derjenigen Abwässer und Fäkalien herzustellen, die in den in Wohnfahrzeugen und Zelten vorhandenen Waschbecken, Spülen und Aborten anfallen. [2]Für Wohnmobile ist eine überfahrbare Einrichtung zur Entleerung der Abwasser- und Fäkalientanks vorzusehen.

(2) [1]Für die vorübergehende Aufnahme von Wertstoffen und festen Abfallstoffen sind ausreichende Behälter auf einem Sammelplatz aufzustellen. [2]Der Sammelplatz muß gegen den übrigen Campingplatz ausreichend abgeschirmt sein.

§ 13 Beleuchtung. (1) Die Fahrwege von Campingplätzen müssen eine ausreichende elektrische Beleuchtung haben.

(2) Die Waschräume und die Abortanlagen müssen eine ausreichende elektrische Beleuchtung haben.

§ 14 Sonstige Einrichtungen. (1) Campingplätze müssen einen jederzeit zugänglichen Fernsprechanschluß mit gebührenfreiem Notruf haben.

(2) An den Eingängen zu Campingplätzen ist an gut sichtbarer Stelle ein Lageplan des Campingplatzes anzubringen, aus dem die Fahrwege, die Brandgassen und die Brandschutzstreifen sowie die Standorte der Feuerlöscher und der Fernsprechanschlüsse deutlich lesbar und dauerhaft ersichtlich sein müssen.

(3) An geeigneten Stellen sind auf den Campingplätzen Hinweise anzubringen, die deutlich lesbar und dauerhaft mindestens enthalten müssen:

1. Name und Anschrift der Person, die den Campingplatz betreibt,
2. Lage des Fernsprechanschlusses,
3. Anschrift und Rufnummer der Polizei, der Feuerwehr, der nächsten Einrichtung des Rettungsdienstes (Rettungswache oder Rettungsleitstelle),
4. Name, Anschrift und Rufnummer der nächsten Arztpraxis und der nächsten Apotheke.

§ 15 Bauvorlage. (1) Als zusätzliche Bauvorlage ist ein Plan einzureichen, dessen Maßstab nicht kleiner als 1 : 500 ist und in dem darzustellen bzw. einzutragen sind

1. die räumliche Anordnung und die Art der Bepflanzung,
2. die inneren Fahrwege und ihre Breite,
3. die Brandgassen, Brandschutzstreifen und ihre Breite,

4. die Abgrenzung der einzelnen Standplätze,
5. eine fortlaufende Numerierung der Standplätze,
6. die Nutzungsart der Standplätze (§ 1 Abs. 2 Satz 2),
7. die Stellplätze für Kraftfahrzeuge, soweit diese nicht auf den Standplätzen abgestellt werden.

(2) [1]In der Baubeschreibung ist die Anzahl der Standplätze, der Anteil der touristisch zu nutzenden und der längerfristig nutzbaren Standplätze an der Gesamtzahl der Standplätze in Prozenten sowie die Anzahl der Einrichtungen nach den §§ 7 bis 11 anzugeben. [2]Soweit erforderlich, ist die Lage dieser Einrichtungen zu erläutern.

§ 16 Betriebsvorschriften. (1) Während des Betriebs des Campingplatzes muß eine Aufsichtsperson (Platzwart) ständig erreichbar sein.

(2) Wer den Campingplatz betreibt, hat dafür zu sorgen, daß
1. nach Maßgabe der Baugenehmigung touristisch zu nutzende Standplätze nicht längerfristig genutzt werden,
2. über die Belegung der einzelnen Standplätze ein schriftlicher Belegungsnachweis (zeitliche und namentliche Erfassung der Nutzer je Standplatz) geführt und zusammen mit einem Übersichtsplan auf dem Campingplatz bereitgehalten wird; der Übersichtsplan muß die Lage, die Numerierung und die Nutzungsart (§ 1 Abs. 2 Satz 2) der Standplätze nach Maßgabe der Baugenehmigung aufzeigen,
3. die Brandgassen und die Brandschutzstreifen von baulichen Anlagen, von Gegenständen, die Brand übertragen oder Löschmaßnahmen behindern können und von Unterholz ständig freigehalten werden; Grasbewuchs muß kurz gehalten werden,
4. die Feuerlöscher in Abständen von höchstens einem Jahr durch einen fachkundigen Wartungsdienst geprüft werden,
5. die in den §§ 7 bis 12 genannten Einrichtungen in funktionsfähigem und hygienisch einwandfreiem Zustand gehalten werden,
6. die Wertstoffe, Abfälle und die Abwässer in die dafür vorgesehenen Einrichtungen verbracht werden.

§ 17[1)] Zwischenwerte, Abweichungen. (1) Bei der Berechnung der in den §§ 7 bis 11 genannten Anlagen und Einrichtungen sind Zwischenwerte zu bilden.

(2) [1]Abweichungen können insbesondere zugelassen werden
1. für Campingplätze mit bis zu 50 Standplätzen und für Jugendzeltplätze von den Vorschriften in § 3 Abs. 2, § 9, § 13 Abs. 1, § 14 Abs. 2, § 16 Abs. 1,

---

1) § 17 Abs. 2 Satz 2 geänd. durch § 8 VO v. 8. 12. 1997 (GVBl. S. 827).

2. für Jugendzeltplätze darüber hinaus von den Vorschriften in § 4 Abs. 1, § 5, § 7 Abs. 2, § 8 Abs. 1 Satz 3, § 12 Abs. 1 Satz 2,
3. für Campingplätze mit bis zu zehn Standplätzen zusätzlich zu Nr. 1 von den Vorschriften in § 4 Abs. 1 Satz 2, § 10 Abs. 2 Satz 1, § 12 Abs. 1, § 14 Abs. 1.

[2] Im übrigen bleibt Art. 70 Abs. 1 BayBO unberührt.

§ 18[1] **Ordnungswidrigkeiten.** Nach Art. 89 Abs. 1 Nr. 17 BayBO kann mit Geldbuße belegt werden, wer vorsätzlich oder fahrlässig entgegen § 16 Abs. 2

1. Nummer 1 nicht dafür sorgt, daß touristisch zu nutzende Standplätze nicht längerfristig genutzt werden,
2. Nummer 2 nicht dafür sorgt, daß der Belegungsnachweis in der dort genannten Weise geführt wird,
3. Nummer 3 nicht dafür sorgt, daß Brandgassen und Brandschutzstreifen freigehalten und Grasbewuchs kurz gehalten wird,
4. Nummer 4 nicht dafür sorgt, daß Feuerlöscher rechtzeitig geprüft werden,
5. Nummer 5 nicht dafür sorgt, daß die in den §§ 7 bis 12 genannten Einrichtungen in funktionsfähigem und hygienisch einwandfreiem Zustand gehalten werden,
6. Nummer 6 nicht dafür sorgt, daß Wertstoffe, Abfälle und Abwässer in die dafür vorgesehenen Einrichtungen verbracht werden.

§ 19 Inkrafttreten, Übergangsregelung. (1) Diese Verordnung tritt am 1. Oktober 1995 in Kraft, sie tritt mit Ablauf des 30. September 1998 außer Kraft.

(2) Die Betriebsvorschriften des § 16 sind auch auf die zum Zeitpunkt des Inkrafttretens der Verordnung bestehenden Campingplätze anzuwenden.

---

[1] § 18 neugef. durch § 8 VO v. 8. 12. 1997 (GVBl. S. 827).

19. Verordnung über die erweiterte Anwendung der Dampfkesselverordnung, der Druckbehälterverordnung und der Aufzugsverordnung

Vom 18. November 1982 (BayRS 2132-1-17-I)

Geändert durch § 9 Verordnung v. 8. 12. 1997 (GVBl. S. 827)

Auf Grund von Art. 90 Abs. 3 der Bayerischen Bauordnung (BayBO) in der Fassung der Bekanntmachung vom 4. August 1997 (GVBl. S. 433, BayRS 2132–1–I) erläßt das Bayerische Staatsministerium des Innern folgende Verordnung:[1)]

§ 1. [1]Die §§ 2 bis 8, 10 bis 28 und 31 der Dampfkesselverordnung (DampfkV) vom 27. Februar 1980 (BGBl. I S. 173) sind auch auf Dampfkesselanlagen anzuwenden, die weder gewerblichen noch wirtschaftlichen Zwecken dienen und in deren Gefahrenbereich auch keine Arbeitnehmer beschäftigt werden (§ 1 Abs. 2 DampfkV). [2]Das gilt nicht für Dampfkesselanlagen nach § 1 Abs. 3 bis 5 DampfkV.

§ 2. [1]Die §§ 3 bis 6, 8 bis 34 und 37 bis 39 der Druckbehälterverordnung (DruckbehV) vom 27. Februar 1980 (BGBl. I S. 184) sind auch auf Druckbehälter, Druckgasbehälter und Füllanlagen anzuwenden, die weder gewerblichen noch wirtschaftlichen Zwecken dienen und in deren Gefahrenbereich auch keine Arbeitnehmer beschäftigt werden (§ 1 Abs. 2 DruckbehV). [2]Das gilt nicht für Behälter und Anlagen nach § 1 Abs. 3 bis 5 und § 2 DruckbehV.

§ 3. [1]Die §§ 2 bis 5, 7 bis 22, 25 und 26 der Aufzugsverordnung (AufzV) vom 27. Februar 1980 (BGBl. I S. 205) sind auch auf Aufzugsanlagen anzuwenden, die weder gewerblichen noch wirtschaftlichen Zwecken dienen und in deren Gefahrenbereich auch keine Arbeitnehmer beschäftigt werden (§ 1 Abs. 2 AufzV). [2]Das gilt nicht für Aufzugsanlagen nach § 1 Abs. 3 bis 5 AufzV.

§ 4. [1]Für die Zuständigkeit gelten die Vorschriften des Gewerberechts entsprechend. [2]Soweit die Gewerbeaufsichtsämter für den Vollzug dieser Verordnung zuständig sind, haben sie auch die Rechte und Pflichten der Bauaufsichtsbehörden.

§ 5. Keiner Baugenehmigung oder Zustimmung bedürfen Anlagen, die auf Grund dieser Verordnung einer Genehmigung oder Erlaubnis nach den in den §§ 1 bis 3 genannten Verordnungen bedürfen.

[1)] Einleitungssatz geänd. durch VO v. 8. 12. 1997 (GVBl. S. 827).

§ 6.[1] Nach Art. 89 Abs. 1 Nr. 17 BayBO kann mit Geldbuße bis zu einer Million Deutsche Mark belegt werden, wer vorsätzlich oder fahrlässig in den Fällen der erweiterten Anwendung der Dampfkesselverordnung, der Druckbehälterverordnung und der Aufzugsverordnung nach den §§ 1 bis 3 Pflichtverletzungen begeht, die nach § 32 DampfkV, § 40 DruckbehV oder § 27 AufzV mit Geldbuße bedroht sind.

§ 7. Diese Verordnung tritt am 1. Januar 1983 in Kraft.[2]

---

[1] § 6 geänd. durch VO v. 8. 12. 1997 (GVBl. S. 827).
[2] Betrifft die ursprüngliche Fassung v. 18. 11. 1982 (GVBl. S. 1025).

20. Zuständigkeitsverordnung im Bauwesen (ZustVBau)

Vom 5. Juli 1994 (GVBl. S. 573)

Geändert durch Verordnung vom 20. 9. 1996 (GVBl. S. 419), vom 11. 12. 1996 (GVBl.S. 561) und vom 1. 1. 1998 (GVBl. S. 1)

Es erlassen auf Grund[1)]

von § 19 Abs. 5 und § 203 Abs. 1 und 3 des Baugesetzbuchs (BauGB) in der Fassung der Bekanntmachung vom 27. August 1997 (BGBl. I S. 2141)

die Bayerische Staatsregierung

von § 11 Abs. 1, 2, 3 und 7, § 13 Abs. 1 und 2 sowie § 16 Abs. 4 des Bauproduktengesetzes (BauPG) vom 10. August 1992 (BGBl. I S. 1495), zuletzt geändert durch § 16 des Gesetzes vom 22. April 1997 (BGBl. I S. 934),

Art. 59 Abs. 2 und 3, Art. 90 Abs. 7 und 8 und Art. 92 der Bayerischen Bauordnung (BayBO) in der Fassung der Bekanntmachung vom 4. August 1997 (GVBl. S. 433, BayRS 2132–1–I)

das Bayerische Staatsministerium des Innern

folgende Verordnung:

Inhaltsübersicht[1)]

---

1) Einleitungssatz und Inhaltsübersicht geänd. durch VO v. 1. 1. 1998 (GVBl. S. 1).

Erster Abschnitt.[1] Zuständigkeiten zur Durchführung des Baugesetzbuchs und des Einkommensteuergesetzes

§ 1[1] Zuständigkeiten der Regierungen. (1) Die Regierung ist zuständige Behörde

1. für die Zustimmung zur Verlängerung von Veränderungssperren nach § 17 Abs. 2 BauGB, soweit § 2 Abs. 6 und 7 nichts anderes bestimmt,
2. für die Zustimmung zur Beschränkung der Kosten- und Finanzierungsübersicht nach § 149 Abs. 4 Satz 1 BauGB,
3. für die Bestätigung als Sanierungs- und Entwicklungsträger nach § 158 Abs. 3 und § 167 Abs. 1 BauGB.

(2) Die Regierung ist zuständige Behörde zum Erlaß von Rechtsverordnungen nach § 203 Abs. 1 BauGB; soweit Gemeinden aus verschiedenen Regierungsbezirken betroffen sind, ist das Staatsministerium des Innern zuständige Behörde.

§ 2[1] Zuständigkeiten der Landratsämter. (1) Die Genehmigung von Flächennutzungsplänen (§ 6 BauGB) kreisangehöriger Gemeinden erteilen die Landratsämter.

(2) Absatz 1 gilt nicht für Flächennutzungspläne

1. Großer Kreisstädte,
2. der im Anhang 2 der Verordnung über das Landesentwicklungsprogramm Bayern (LEP) vom 25. Januar 1994 (GVBl. S. 25, BayRS 230-1-5-U) in der jeweils geltenden Fassung genannten kreisangehörigen Gemeinden der Stadt- und Umlandbereiche in den Ver-

[1] Überschrift des ersten Abschnitts neugef., § 1 Abs. 1, 3 und 4 aufgeh., bish. Abs. 2 und 5 werden neue Abs. 1 und 2, Abs. 1 Nr. 1 bis 3 geänd., § 2 Abs. 3 neugef., Abs. 4 aufgeh., bish. Abs. 5 bis 8 werden Abs. 4 bis 7, neue Abs. 4 und 5 neugef. durch VO v. 1. 1. 1998 (GVBl. S. 1).

dichtungsräumen Augsburg, Ingolstadt, München, Neu-Ulm, Nürnberg/Fürth/Erlangen, Regensburg und Würzburg.

(3) Die Genehmigung von Bebauungsplänen (§ 10 Abs. 2 Satz 1 BauGB), Satzungen zur Einbeziehung einzelner Außenbereichsflächen in die im Zusammenhang bebauten Ortsteile (§ 34 Abs. 4 Satz 1 Nr. 3, Abs. 5 Sätze 2 und 3 BauGB) und Außenbereichssatzungen (§ 35 Abs. 6 BauGB) kreisangehöriger Gemeinden erteilen die Landratsämter.

(4) Absatz 3 gilt nicht für Bebauungspläne und Satzungen

1. der Großen Kreisstädte,
2. der Gemeinden nach Absatz 2 Nr. 2, die keinen Flächennutzungsplan haben.

(5) Das Verlangen, daß bestimmte Verfahrensabschnitte wiederholt werden (§ 204 Abs. 3 Satz 3 BauGB), obliegt für kreisangehörige Gemeinden mit Ausnahme der in Absatz 4 genannten Gemeinden den Landratsämtern.

(6) Die Zustimmung zur Verlängerung von Veränderungssperren (§ 17 Abs. 2 BauGB) und zur erneuten Inkraftsetzung von Veränderungssperren (§ 17 Abs. 3 BauGB) obliegt für kreisangehörige Gemeinden mit Ausnahme der Großen Kreisstädte den Landratsämtern.

(7) Schließen sich Gemeinden, die demselben Landkreis angehören, zur Wahrnehmung von Aufgaben nach dem BauGB zusammen (gemäß §§ 204, 205 BauGB oder im Sinn von § 205 Abs. 6 BauGB), so obliegen die in den Absätzen 1, 3, 4, 6 und 7 genannten Befugnisse ebenfalls den Landratsämtern, sofern diese jeweils gemäß den Absätzen 1 bis 7 im Fall jeder der beteiligten Gemeinden zuständig wären.

§ 3 Zuständigkeit für Enteignungen und vergleichbare Verfahren. (1) Enteignungen nach dem Baugesetzbuch und Verfahren, in denen die Enteignungsbehörde in entsprechender Anwendung der Vorschriften des Fünften Teils des Ersten Kapitels des Baugesetzbuchs zu entscheiden hat, führen die Kreisverwaltungsbehörden durch (Enteignungsbehörden).

(2) Ist in von Absatz 1 nicht erfaßten Fällen eine Entschädigung in Geld, durch Übernahme eines Grundstücks oder Begründung eines Rechts zu leisten, werden die Aufgaben der höheren Verwaltungsbehörde, die darüber mangels Einigung des Entschädigungsberechtigten und des Entschädigungsverpflichteten zu entscheiden hat, den Kreisverwaltungsbehörden übertragen (§ 18 Abs. 2 Satz 4, § 28 Abs. 6 Satz 3, § 43 Abs. 2 Satz 1, § 126 Abs. 2 Satz 2, § 150 Abs. 2, § 185 Abs. 2 Satz 2 und Abs. 3 Satz 3, § 209 Abs. 2 Satz 1 Halbsatz 2 BauGB).

(3) Die Zustimmung zum Antrag auf Durchführung einer Unternehmensflurbereinigung (§ 190 Abs. 1 Satz 1 BauGB) erteilt die Kreisverwaltungsbehörde.

§ 4[1)] **Zuständigkeit für die Bescheinigung nach § 6b Abs. 9 EStG.** Die unteren Bauaufsichtsbehörden sind zuständige Behörden für die Bescheinigung nach § 6b Abs. 9 des Einkommensteuergesetzes.

§ 4a[1)] **Ausschluß der Genehmigungspflicht von Grundstücksteilungen.** (1) Die Gemeinden dürfen Satzungen zur Bestimmung der Genehmigungspflicht von Grundstücksteilungen nach § 19 Abs. 1 Satz 1 BauGB nicht beschließen.

(2) Absatz 1 gilt nicht für Satzungen, deren Geltungsdauer spätestens mit Ablauf des 31. Dezember 2000 endet.

Zweiter Abschnitt. Übertragung von Aufgaben der Kreisverwaltungsbehörden an kreisangehörige Gemeinden

§ 5[2)] **Übertragung nach Art. 59 Abs. 2 und 3 BayBO.** (1) Die Aufgaben der unteren Bauaufsichtsbehörde im Sinn von Art. 59 Abs. 2 BayBO werden den Städten Burghausen, Feuchtwangen, Friedberg, Lohr a. Main, Sulzbach-Rosenberg, Waldkraiburg und Alzenau i. UFr. sowie dem Markt Garmisch-Partenkirchen übertragen.

(2) Die Aufgaben der unteren Bauaufsichtsbehörde im Sinn von Art. 59 Abs. 3 BayBO werden den Städten Eggenfelden, Gemünden a. Main, Neustadt a. d. Aisch, Pfaffenhofen a. d. Ilm, Waldsassen und Bad Wörishofen sowie der Gemeinde Vaterstetten übertragen.

Dritter Abschnitt. Zuständigkeiten zur Erteilung der Ausführungsgenehmigung für fliegende Bauten

§ 6[3)] **Zuständigkeit für fliegende Bauten.** Zur Entscheidung über die Ausführungsgenehmigung für fliegende Bauten nach Art. 85 Abs. 2 BayBO sind

- die TÜV Bau- und Betriebstechnik GmbH, München, für die Regierungsbezirke Oberbayern, Niederbayern, Oberpfalz und Schwaben und
- die Landesgewerbeanstalt Bayern, Nürnberg, für die Regierungsbezirke Oberfranken, Mittelfranken und Unterfranken zuständig.

---

1) § 4 neugef., § 4a eingef. durch VO v. 1. 1. 1998 (GVBl. S. 1). **§ 4a tritt mit Ablauf des 31. 12. 2000 außer Kraft.**

2) § 5 Abs. 1 geänd. durch VO v. 11. 12. 1996 (GVBl. S. 561), Überschrift, Abs. 1 und 2 geänd. durch VO 1. 1. 1998 (GVBl. S. 1).

3) § 6 geänd. durch VO v. 20. 9. 1996 (GVBl. S. 419) und durch VO v. 1. 1. 1998 (GVBl. S. 1).

§ 7[1] Vergütung. (1) [1]Der TÜV Bau- und Betriebstechnik GmbH, München und der Landesgewerbeanstalt Bayern steht für Amtshandlungen im Vollzug von Art. 85 BayBO eine Vergütung zu. [2]Die Vergütung besteht aus Gebühren und Auslagen.

(2) [1]Die Höhe der Gebühren bemißt sich nach dem dieser Verordnung als Anlage[2] beigefügten Verzeichnis. [2]Soweit sich die Gebühr nach dem Zeitaufwand bestimmt, ist die Zeit anzusetzen, die unter regelmäßigen Verhältnissen von einer entsprechend ausgebildeten Fachkraft benötigt wird. [3]Die Höhe der nach dem Zeitaufwand bestimmten Gebühr beträgt einhundertvierzig Deutsche Mark für jede Arbeitsstunde; angefangene Arbeitsstunden werden zeitanteilig verrechnet. [4]Bei der Abnahme von fliegenden Bauten im Rahmen der Erteilung der Ausführungsgenehmigung kann bei dringlichen vom Benutzer veranlaßten Arbeiten an Samstagen oder an Sonn- und Feiertagen ein Zuschlag bis zu 70 v.H. und bei Nachtarbeit ein Zuschlag bis zu 40 v.H. erhoben werden.

(3) Als Auslagen werden die Reisekosten nach den für Landesbeamte geltenden Vorschriften, die anfallende Umsatzsteuer und die anderen Behörden oder anderen Personen für ihre Tätigkeit zustehenden Beträge erhoben.

(4) Im übrigen findet der Erste Abschnitt des Kostengesetzes entsprechende Anwendung.

§ 8[1] Rechts- und Fachaufsicht. Beim Vollzug von Art. 85 BayBO führt die Regierung von Oberbayern die Aufsicht über die TÜV Bau- und Betriebstechnik GmbH, München, die Regierung von Mittelfranken die Aufsicht über die Landesgewerbeanstalt Bayern.

Vierter Abschnitt.
Zuständigkeiten nach dem Bauproduktengesetz[3]

§ 9[4] Anerkennung von Prüf-, Überwachungs- und Zertifizierungsstellen. (1) Das Staatsministerium des Innern ist zuständige Behörde für die Anerkennung von Personen und Stellen

1. als Prüfstelle nach § 11 Abs. 1 Nr. 2 BauPG, es sei denn, das Deutsche Institut für Bautechnik ist nach Absatz 2 Nr. 2 zuständig,
2. als Überwachungsstelle nach § 11 Abs. 1 Nr. 3 BauPG,
3. als Zertifizierungsstelle nach § 11 Abs. 1 Nr. 4 BauPG.

---

[1] § 7 Abs. 1 Satz 1 und § 8 geänd. durch VO v. 20. 9. 1996 (GVBl. S. 419) und durch VO 1. 1. 1998 (GVBl. S. 1).
[2] Abgedruckt auf S. 281.
[3] BauproduktenG v. 10. 8. 1992 (BGBl. I S. 1495) mit späteren Änderungen.
[4] § 9 Abs. 2 Nr. 1 geänd., Abs. 3 aufgeh. durch VO v. 1. 1. 1998 (GVBl. S. 1).

(2) Das Deutsche Institut für Bautechnik ist zuständige Behörde für die Anerkennung

1. von Personen, Stellen und Überwachungsgemeinschaften als Prüfstelle für einen Brauchbarkeitsnachweis (§ 9 Abs. 4 BauPG) nach § 11 Abs. 1 Nr. 1 BauPG,
2. von Personen oder Stellen als Prüfstelle nach § 11 Abs. 1 Nr. 2 BauPG, wenn mit dem Antrag auf Anerkennung gleichzeitig die Anerkennung als Prüfstelle für den Brauchbarkeitsnachweis nach § 9 Abs. 4 BauPG beantragt wird,
3. von Überwachungsgemeinschaften als Prüfstelle nach § 11 Abs. 1 Nr. 2 BauPG,
4. von Überwachungsgemeinschaften als Überwachungsstelle nach § 11 Abs. 1 Nr. 3 BauPG und
5. von Überwachungsgemeinschaften als Zertifizierungsstelle nach § 11 Abs. 1 Nr. 4 BauPG.

(3) *(aufgehoben)*

§ 10 Anzeige von Prüf-, Überwachungs- und Zertifizierungstätigkeiten. Anzeigen über das Tätigwerden von Behörden als Prüf-, Überwachungs- und Zertifizierungsstellen nach § 11 Abs. 2 BauPG sind an das Staatsministerium des Innern zu richten.

§ 11 Verbot unberechtigt gekennzeichneter Bauprodukte. (1) Zuständige Behörde für die Untersagung des Inverkehrbringens und des Warenverkehrs mit Bauprodukten und die Entwertung oder Beseitigung ihrer Kennzeichnung mit dem CE-Zeichen oder mit diesem verwechselbarer Zeichen nach § 13 Abs. 1 BauPG sind die Kreisverwaltungsbehörden und, wenn das Bauprodukt nur im bauaufsichtlichen Bereich zur Verwendung kommt, die Gemeinden, denen nach § 5 die Aufgaben der unteren Bauaufsichtsbehörde ganz übertragen sind; die Zuständigkeit der Großen Kreisstädte ergibt sich aus der Verordnung über Aufgaben der Großen Kreisstädte.

(2) Zuständige Behörde für die Maßnahmen nach § 13 Abs. 2 BauPG ist das Staatsministerium des Innern.

Fünfter Abschnitt. Übertragung von Zuständigkeiten auf das Deutsche Institut für Bautechnik

§ 12[1)] Anerkennung von Personen und Stellen als Prüfstellen und von Überwachungsgemeinschaften als Prüf-, Zertifizierungs- und Überwachungsstellen. Dem Deutschen Institut für Bautechnik in Berlin werden folgende Zuständigkeiten übertragen:

1. die Anerkennung von Personen und Stellen als Prüfstelle für die Erteilung allgemeiner bauaufsichtlicher Prüfzeugnisse (Art. 27 Abs. 1 Satz 1 Nr. 1 BayBO),
2. die Anerkennung von Personen und Stellen als Prüfstelle für die Überprüfung von Bauprodukten vor Bestätigung der Übereinstimmung (Art. 27 Abs. 1 Satz 1 Nr. 2 BayBO), wenn mit dem Antrag auf Anerkennung gleichzeitig die Anerkennung als Prüfstelle für die Erteilung allgemeiner bauaufsichtlicher Prüfzeugnisse (Art. 27 Abs. 1 Satz 1 Nr. 1 BayBO) beantragt wird,
3. die Anerkennung von Überwachungsgemeinschaften als
   a) Prüfstelle für die Überprüfung von Bauprodukten vor Bestätigung der Übereinstimmung (Art. 27 Abs. 1 Satz 1 Nr. 2 BayBO),
   b) Zertifizierungsstelle (Art. 27 Abs. 1 Nr. 3 BayBO),
   c) Überwachungsstelle für die Fremdüberwachung (Art. 27 Abs. 1 Satz 1 Nr. 4 BayBO), für die Überwachung nach Art. 19 Abs. 6 BayBO (Art. 27 Abs. 1 Satz 1 Nr. 5 BayBO) und für die Überwachung nach Art. 19 Abs. 5 BayBO (Art. 27 Abs. 1 Satz 1 Nr. 6 BayBO),
4. die Anerkennung von Personen, Stellen und Überwachungsgemeinschaften als Stellen nach Art. 27 Abs. 3 BayBO.

Sechster Abschnitt. Übergangs- und Schlußbestimmungen

§ 13[2)] Übergangsregelungen. (1) Auf Genehmigungsverfahren für Flächennutzungspläne und Bebauungspläne, die bis zum 31. August 1994 anhängig geworden sind, ist § 2 Zuständigkeitsverordnung zum Baugesetzbuch vom 7. Juli 1987 (GVBl. S. 209, BayRS 2130-3-I), geändert durch Verordnung vom 4. Mai 1993 (GVBl. S. 308), weiterhin anzuwenden.

---

1) § 12 Nrn. 1 und 2, Nr. 3 Buchst. a und b sowie Nr. 4 geänd., Nr. 3 Buchst. c neugef. durch VO v. 1. 1. 1998 (GVBl. S. 1).

2) § 13 Abs. 1 geänd. durch VO v. 1. 1. 1998 (GVBl. S. 1).

(2) Die Regierungen bleiben zuständig für Verfahren, die bis zum 31. August 1994 gemäß § 4 Abs. 3 der in Absatz 1 genannten Zuständigkeitsverordnung zum Baugesetzbuch anhängig geworden sind.

§ 14 Inkrafttreten, Außerkrafttreten. (1) Diese Verordnung tritt am 1. September 1994 in Kraft.

(2) Gleichzeitig treten außer Kraft:

1. die Zuständigkeitsverordnung zum Baugesetzbuch (ZustVBauGB) vom 7. Juli 1987 (GVBl. S. 209, BayRS 2130-3-I), geändert durch Verordnung vom 4. Mai 1993 (GVBl. S. 308),
2. § 1 der Verordnung über die Übertragung von Aufgaben der Kreisverwaltungsbehörden an kreisangehörige Gemeinden vom 5. Juni 1990 (GVBl. S. 226, BayRS 2132-13-1-I), zuletzt geändert durch Verordnung vom 10. Januar 1994 (GVBl. S. 11),
3. die Verordnung über die Zuständigkeit zur Erteilung der Ausführungsgenehmigung für fliegende Bauten vom 5. Juli 1982 (BayRS 2132-1-14-I), zuletzt geändert durch Verordnung vom 18. Juni 1991 (GVBl. S. 211),
4. die Zuständigkeitsverordnung zum Bauproduktengesetz (ZustVBauPG) vom 14. September 1993 (GVBl. S. 724, BayRS 2132-1-21-I),
5. die Verordnung zur Übertragung von Zuständigkeiten auf das Institut für Bautechnik in Berlin vom 26. Februar 1973 (BayRS 2132-1-16-I), geändert durch Verordnung vom 12. Mai 1987 (GVBl. S. 146).

Anlage[1)]
zu § 7 Abs. 2 Satz 1

Gebühren gemäß § 7 Abs. 2 Satz 1

Die Gebühr für Amtshandlungen beim Vollzug von Art. 85 BayBO beträgt:

1. Für die Erteilung der Ausführungsgenehmigung (Art. 85 Abs. 2 Satz 1 BayBO)
   5 v. T. der Herstellungskosten (Anschaffungs- und Aufstellungskosten) zuzüglich einer gemäß § 7 Abs. 2 Sätze 2 und 3 nach dem Zeitaufwand bemessenen Gebühr für die technische Prüfung,
2. für die Verlängerung der Ausführungsgenehmigung (Art. 85 Abs. 2 Satz 2 Halbsatz 2 BayBO)
   30 bis 2500 DM zuzüglich einer gemäß § 7 Abs. 2 Sätze 2 und 3 nach dem Zeitaufwand bemessenen Gebühr für die technische Prüfung,
3. für die Eintragung der Änderung der für die Ausführungsgenehmigung zuständigen Behörde oder Stelle (Art. 85 Abs. 4 Satz 3 Nr. 3 BayBO)
   10 bis 100 DM,
4. für die Eintragung der Übertragung von fliegenden Bauten an Dritte in das Prüfbuch (Art. 85 Abs. 4 Satz 3 Nr. 2 BayBO)
   $^{1}/_{10}$ bis $^{1}/_{3}$ der Gebühr nach Nummer 1, mindestens 25 DM, zuzüglich einer gemäß § 7 Abs. 2 Sätze 2 und 3 nach dem Zeitaufwand bemessenen Gebühr für die technische Prüfung.

---

1) Anl. Einleitungssatz, Nrn. 1, 2 und 4 geänd., Nr. 3 neugef. durch VO v. 1. 1. 1998 (GVBl. S. 1).

Nrn. 21.–24. *(nicht belegt)*

B. Strafrecht

25. Strafgesetzbuch (StGB)

in der Fassung der Bekanntmachung vom 10. März 1987
(BGBl. I S. 945, ber. S. 1160)

Geändert durch Art. 1 Sechstes Gesetz zur Reform des Strafrechts (6. StrRG)
vom 26. 1.1998 (BGBl. I S. 164, ber. S. 319)

(Auszug)

§ 319[1] **Baugefährdung.** (1) Wer bei der Planung, Leitung oder Ausführung eines Baues oder des Abbruchs eines Bauwerks gegen die allgemein anerkannten Regeln der Technik verstößt und dadurch Leib oder Leben eines anderen Menschen gefährdet, wird mit Freiheitsstrafe bis zu fünf Jahren oder mit Geldstrafe bestraft.

(2) Ebenso wird bestraft, wer in Ausübung eines Berufs oder Gewerbes bei der Planung, Leitung oder Ausführung eines Vorhabens, technische Einrichtungen in ein Bauwerk einzubauen oder eingebaute Einrichtungen dieser Art zu ändern, gegen die allgemein anerkannten Regeln der Technik verstößt und dadurch Leib oder Leben eines anderen Menschen gefährdet.

(3) Wer die Gefahr fahrlässig verursacht, wird mit Freiheitsstrafe bis zu drei Jahren oder mit Geldstrafe bestraft.

(4) Wer in den Fällen der Absätze 1 und 2 fahrlässig handelt und die Gefahr fahrlässig verursacht, wird mit Freiheitsstrafe bis zu zwei Jahren oder mit Geldstrafe bestraft.

(5) *(aufgehoben)*

---

[1] Bish. § 323 wird § 319, Abs. 1 und 2 geänd., Abs. 5 aufgeh. durch 6. StrRG v. 26. 1. 1998 (BGBl. I S. 164).

26. Gesetz über das Landesstrafrecht und das Verordnungsrecht auf dem Gebiet der öffentlichen Sicherheit und Ordnung (Landesstraf- und Verordnungsgesetz – LStVG)

in der Fassung der Bekanntmachung vom 13. Dezember 1982
(BayRS 2011-2-I)

Geändert durch § 6 Gesetz vom 26. 7. 1997 (GVBl. S. 323)

(Auszug)

Erster Teil. Allgemeine Vorschriften über Straftaten und Ordnungswidrigkeiten

Art. 1 Einteilung der Tatbestände. (1) Die im Landesrecht mit Freiheitsstrafe oder mit Geldstrafe bedrohten Handlungen sind Straftaten.

(2) Die im Landesrecht mit Geldbuße bedrohten Handlungen sind Ordnungswidrigkeiten.

Art. 2 Straftaten. Auf die Straftaten des Landesrechts sind die im Allgemeinen Teil des Strafgesetzbuchs enthaltenen Vorschriften sowie die Vorschriften des Jugendgerichtsgesetzes, der Strafprozeßordnung und des Gerichtsverfassungsgesetzes anzuwenden, soweit gesetzlich nichts anderes bestimmt ist.

Art. 3 Ordnungswidrigkeiten. Für die Ordnungswidrigkeiten des Landesrechts gilt das Gesetz über Ordnungswidrigkeiten (OWiG), soweit gesetzlich nichts anderes bestimmt ist.

Art. 4 Zuwiderhandlungen gegen Rechtsvorschriften oder Anordnungen für den Einzelfall. (1) Zuwiderhandlungen gegen Rechtsvorschriften im Rang unter dem Gesetz können auf Grund eines Landesgesetzes mit Strafe oder Geldbuße nur geahndet werden, wenn die Rechtsvorschrift für einen bestimmten Tatbestand auf die zugrundeliegende gesetzliche Straf- oder Bußgeldvorschrift verweist.

(2) Zuwiderhandlungen gegen Anordnungen der Verwaltungsbehörden für den Einzelfall können nach Landesrecht mit Strafe oder Geldbuße nur geahndet werden, wenn die Anordnung nicht mehr mit ordentlichen Rechtsbehelfen angefochten werden kann oder ihre Vollziehung angeordnet ist.

Art. 5 Vollstreckung des Bußgeldbescheids. Der Bußgeldbescheid wird nach den Vorschriften des Bayerischen Verwaltungszustellungs- und Vollstreckungsgesetzes[1)] vollstreckt, soweit nicht das Gesetz über Ordnungswidrigkeiten etwas anderes bestimmt.

Dritter Teil. Einzelne Ermächtigungen und Ordnungswidrigkeiten

3. Abschnitt. Weitere Vorschriften zum Schutz der öffentlichen Sicherheit und Ordnung

Art. 25 Zelten, Aufstellen von Wohnwagen. (1) Zur Sicherung der Erholung in der freien Natur, zum Schutz der Natur und Landschaft, zur Verhütung von Gefahren für Leben, Gesundheit, Eigentum oder Besitz, zum Schutz der Jagdausübung und zur Aufrechterhaltung der öffentlichen Ruhe können die Gemeinden, Landkreise und das Staatsministerium des Innern durch Verordnung[2)] den Betrieb und die Benutzung von Plätzen, die zum Aufstellen und Bewohnen von mehr als drei Zelten oder Wohnwagen bestimmt sind (Campingplätze), regeln.

(2) [1]Wer einen Campingplatz errichten und betreiben will, bedarf der Erlaubnis der Gemeinde. [2]Die Erlaubnis darf nur erteilt werden, wenn Rechtsgüter im Sinn des Absatzes 1 nicht gefährdet werden. [3]Versagungsgründe, die sich aus anderen Rechtsvorschriften, insbesondere des Naturschutzrechts, ergeben, bleiben unberührt. [4]Die Sätze 1 bis 3 gelten nicht für Campingplätze, die einer Genehmigung nach der Bayerischen Bauordnung (BayBO) bedürfen.

(3) Mit Geldbuße kann belegt werden, wer

1. einer auf Grund des Absatzes 1 erlassenen Verordnung zuwiderhandelt oder
2. ohne die nach Absatz 2 erforderliche Erlaubnis einen Campingplatz errichtet oder betreibt oder einer mit einer solchen Erlaubnis verbundenen vollziehbaren Auflage zuwiderhandelt.

Art. 28 Öffentliche Anschläge. (1) [1]Zum Schutz des Orts- und Landschaftsbilds oder eines Natur-, Kunst- oder Kulturdenkmals können die Gemeinden durch Verordnung Anschläge, insbesondere Plakate, und Darstellungen durch Bildwerfer in der Öffentlichkeit auf

---

1) Bayerisches Verwaltungszustellungs- und VollstreckungsG (VwZVG) idF der Bek. v. 11. 11. 1970 (BayRS 2010–2–I), geänd. durch G v. 27. 12. 1991 (GVBl. S. 494), v. 27. 12. 1991 (GVBl. S. 496), v. 12. 4. 1994 (GVBl. S. 210) und v. 23. 4. 1997 (GVBl. S. 62).

2) VO über den Bau und Betrieb von Campingplätzen (Campingplatzverordnung – CPlV) v. 22. 9. 1995 (GVBl. S. 710); Nr. **18**.

bestimmte Flächen beschränken. [2]Dies gilt nicht für Werbeanlagen, die von der Bayerischen Bauordnung erfaßt werden.

(2) Wer vorsätzlich oder fahrlässig einer auf Grund des Absatzes 1 erlassenen Verordnung zuwiderhandelt, kann mit Geldbuße belegt werden.

(3) Die Gemeinde kann die Beseitigung von Anschlägen, insbesondere Plakaten, und von Darstellungen durch Bildwerfer in der Öffentlichkeit anordnen, wenn sie Rechtsgüter im Sinn des Absatzes 1 beeinträchtigen.

Art. 29[1)] Fliegende Verkaufsanlagen. (1) [1]Zum Schutz des Orts- und Landschaftsbilds, eines Natur-, Kunst- oder Kulturdenkmals sowie zur Aufrechterhaltung der öffentlichen Reinlichkeit können die Gemeinden durch Verordnung oder Anordnung für den Einzelfall das Aufstellen fliegender Verkaufsanlagen an bestimmten Orten außerhalb der öffentlichen Wege, Straßen und Plätze verbieten oder davon abhängig machen, daß Störungen durch geeignete Vorkehrungen verhütet werden. [2]Fliegende Verkaufsanlagen sind vorübergehend aufgestellte, dem Vertrieb von Waren dienende Stände oder ähnliche Verkaufsstellen. [3]*Art. 92* BayBO[2)] bleibt unberührt.

(2) Wer vorsätzlich oder fahrlässig einer auf Grund des Absatzes 1 erlassenen Verordnung oder vollziehbaren Anordnung zuwiderhandelt, kann mit Geldbuße belegt werden.

Art. 38 Verhütung von Bränden. (1) Zur Verhütung von Gefahren für Leben, Gesundheit, Eigentum oder Besitz durch Brand kann, soweit nicht bundesrechtliche oder besondere landesrechtliche Vorschriften bestehen, das Staatsministerium des Innern Verordnungen erlassen über

1. die der Feuerbeschau unterliegenden Gebäude, Feuerungsanlagen und sonstigen Anlagen und Gegenstände, von denen Brandgefahren ausgehen können, die Ausübung der Feuerbeschau und die Beseitigung der bei der Feuerbeschau festgestellten Mängel,
2. Lichtspielvorführungen und die Einrichtung von Lichtspieltheatern, insbesondere der Zuschauer- und Bildwerferräume, sowie die Ausbildungs- und Bedienungsvorschriften für Filmvorführer,
3. Theateraufführungen und sonstige Schaustellungen, die Einrichtung von Theatern und sonstigen Versammlungsstätten, insbesondere die Zuschauer- und Bühnenräume, ferner über die Ausbildung und Prüfung der technischen Bühnenvorstände,

---

1) Art. 29 Abs. 1 Satz 3 geänd. durch § 6 G v. 26. 7. 1997 (GVBl. S. 323).
2) Jetzt Art. 85 BayBO.

4.[1] die Errichtung, die Einrichtung und den Betrieb elektrischer Anlagen.

(2) In den Verordnungen nach Absatz 1 kann zugelassen werden, daß bestimmte Gemeinden abweichende Vorschriften erlassen.

(3) Zur Verhütung von Gefahren für Leben, Gesundheit, Eigentum oder Besitz durch Brand können ferner, soweit nicht bundesrechtliche oder besondere landesrechtliche Vorschriften bestehen, die Gemeinden und das Staatsministerium des Innern Verordnungen erlassen über

1. die Verwendung von Feuer und offenem Licht in Gebäuden oder in der Nähe von Gebäuden oder brandgefährlichen Stoffen,
2. Herstellung, Abgabe, Lagerung und Verwendung von Brennstoffen und brandgefährlichen Stoffen,
3. Auflagen und Schutzmaßnahmen für die Errichtung, die Einrichtung und den Betrieb brandgefährlicher Anlagen, die nicht unter Absatz 1 fallen,
4. Blitzableiter, Feuerlöscheinrichtungen und andere Schutzmaßnahmen zur Verhütung oder Beseitigung feuergefährlicher Zustände sowie zur Bekämpfung von Bränden.

(4) Mit Geldbuße kann belegt werden, wer einer auf Grund der Absätze 1 bis 3 erlassenen Verordnung oder einer vollziehbaren Anordnung, die auf Grund einer solchen Verordnung getroffen wurde, vorsätzlich oder fahrlässig zuwiderhandelt.

(5) [1]Die Eigentümer und Besitzer von Gebäuden, Anlagen oder Gegenständen, auf die sich Verordnungen nach den Absätzen 1 bis 3 beziehen, haben gegenüber den Beauftragten der Gemeinden und Landratsämter die in Art. 33 Abs. 1 Satz 1 genannten Pflichten, wenn das zur Prüfung der Brandgefährlichkeit erforderlich ist. [2]Art. 33 Abs. 1 Satz 2 gilt entsprechend.

(6) Wer den Pflichten nach Absatz 5 zuwiderhandelt, kann mit Geldbuße belegt werden.

Fünfter Teil. Übergangs- und Schlußvorschriften

Art. 60 Fortbestand alten Verordnungsrechts. (1) [1]Die auf Grund des bisherigen Rechts erlassenen orts-, distrikts-, bezirks-, kreis- und oberpolizeilichen Vorschriften sowie die anderen auf gesetzlicher Ermächtigung beruhenden Vorschriften des Landesrechts, deren Übertretung mit Strafe oder als Ordnungswidrigkeit mit Geldbuße bedroht ist, treten ohne Rücksicht auf ihre Bezeichnung 20 Jahre nach

---

[1] Siehe dazu VO über die Verhütung von Bränden (VVB) v. 29. 4. 1981 (GVBl. S. 101, BayRS 215–2–1–I).

dem Tag ihres Inkrafttretens, frühestens jedoch am 31. Dezember 1960, außer Kraft, wenn sie nicht aus einem anderen Grund ihre Geltung vorher verlieren. 2Bis zu ihrem Außerkrafttreten gilt Art. 49.

(2) Absatz 1 gilt nicht

1. für Vorschriften, die auf einer fortgeltenden Ermächtigung des Bundesrechts beruhen,
2. für Satzungen der Gemeinden, Landkreise und Bezirke,
3. für Anordnungen durch amtliche Verkehrszeichen,
4. für Rechtsvorschriften, die auf dem *Naturschutzgesetz* beruhen.

Art. 61 Einstweilige Vorschriften über die Stillegung und Beseitigung von Anlagen und Geräten. (1) 1Werden Anlagen oder Geräte unter Zuwiderhandlung gegen ein Gesetz, eine Verordnung oder eine Anordnung für den Einzelfall errichtet, aufgestellt, verändert, betrieben oder in einem ordnungswidrigen Zustand erhalten und verwirklicht die rechtswidrige Tat den Tatbestand eines Strafgesetzes oder einer Ordnungswidrigkeit, so können die kreisfreien Gemeinden und die Landratsämter die Vornahme notwendiger Sicherungs- oder Ausbesserungsarbeiten oder die Stillegung anordnen. 2Sie können auch die teilweise oder gänzliche Beseitigung der Anlage oder des Geräts anordnen, wenn Gefahr im Verzug oder ein dringendes öffentliches Interesse an einem sofortigen Vollzug besteht oder ein Straf- oder Bußgeldverfahren nicht durchgeführt werden kann. 3Liegen diese Voraussetzungen nicht vor, so kann die Beseitigung der Anlage oder des Geräts nur angeordnet werden, wenn die Zuwiderhandlung rechtskräftig festgestellt ist. 4Im Fall einer Genehmigungspflicht für die Anlage oder das Gerät darf die Beseitigung nach Satz 2 oder Satz 3 nur angeordnet werden, wenn die nachträgliche Genehmigung nach den Vorschriften des geltenden Rechts nicht erteilt werden kann.

(2) Absatz 1 gilt nicht, soweit Rechtsvorschriften außerhalb dieses Gesetzes besondere Bestimmungen über die Stillegung und Beseitigung von Anlagen oder Geräten enthalten.

C. Bürgerliches Recht

27. Bürgerliches Gesetzbuch

Vom 18. August 1896 (RGBl. S. 195)

Geändert durch Gesetz vom 22. 12. 1959 (BGBl. I S. 781), vom 20. 8. 1990 (BGBl. I S. 1762) und Art. 2 § 4 Gesetz vom 21. 9. 1994 (BGBl. I S. 2457)

(Auszug)

§ 93 [Wesentliche Bestandteile] Bestandteile einer Sache, die voneinander nicht getrennt werden können, ohne daß der eine oder der andere zerstört oder in seinem Wesen verändert wird (wesentliche Bestandteile), können nicht Gegenstand besonderer Rechte sein.

§ 94 [Wesentliche Bestandteile eines Grundstücks oder Gebäudes] (1) [1]Zu den wesentlichen Bestandteilen eines Grundstücks gehören die mit dem Grund und Boden fest verbundenen Sachen, insbesondere Gebäude, sowie die Erzeugnisse des Grundstücks, solange sie mit dem Boden zusammenhängen. [2]Samen wird mit dem Aussäen, eine Pflanze wird mit dem Einpflanzen wesentlicher Bestandteil des Grundstücks.

(2) Zu den wesentlichen Bestandteilen eines Gebäudes gehören die zur Herstellung des Gebäudes eingefügten Sachen.

§ 95 [Scheinbestandteile] (1) [1]Zu den Bestandteilen eines Grundstücks gehören solche Sachen nicht, die nur zu einem vorübergehenden Zwecke mit dem Grund und Boden verbunden sind. [2]Das gleiche gilt von einem Gebäude oder anderen Werke, das in Ausübung eines Rechtes an einem fremden Grundstücke[1)] von dem Berechtigten mit dem Grundstücke verbunden worden ist.

(2) Sachen, die nur zu einem vorübergehenden Zwecke in ein Gebäude eingefügt sind, gehören nicht zu den Bestandteilen des Gebäudes.

§ 226 [Schikaneverbot] Die Ausübung eines Rechtes ist unzulässig, wenn sie nur den Zweck haben kann, einem anderen Schaden zuzufügen.

[1)] Siehe VO über das Erbbaurecht v. 15. 1. 1919 (RGBl. S. 72, ber. S. 122) mit späteren Änderungen; ferner G über das Wohnungseigentum und das Dauerwohnrecht (Wohnungseigentumsgesetz) v. 15. 3. 1951 (BGBl. I S. 175, ber. S. 209) mit späteren Änderungen.

§ 823 [Schadensersatzpflicht] (1) Wer vorsätzlich oder fahrlässig das Leben, den Körper, die Gesundheit, die Freiheit, das Eigentum oder ein sonstiges Recht eines anderen widerrechtlich verletzt, ist dem anderen zum Ersatze des daraus entstehenden Schadens verpflichtet.

(2) [1]Die gleiche Verpflichtung trifft denjenigen, welcher gegen ein den Schutz eines anderen bezweckendes Gesetz verstößt. [2]Ist nach dem Inhalte des Gesetzes ein Verstoß gegen dieses auch ohne Verschulden möglich, so tritt die Ersatzpflicht nur im Falle des Verschuldens ein.

§ 836 [Haftung bei Einsturz eines Bauwerkes] (1) [1]Wird durch den Einsturz eines Gebäudes oder eines anderen mit einem Grundstükke verbundenen Werkes oder durch die Ablösung von Teilen des Gebäudes oder des Werkes ein Mensch getötet, der Körper oder die Gesundheit eines Menschen verletzt oder eine Sache beschädigt, so ist der Besitzer des Grundstücks, sofern der Einsturz oder die Ablösung die Folge fehlerhafter Errichtung oder mangelhafter Unterhaltung ist, verpflichtet, dem Verletzten den daraus entstehenden Schaden zu ersetzen. [2]Die Ersatzpflicht tritt nicht ein, wenn der Besitzer zum Zwecke der Abwendung der Gefahr die im Verkehr erforderliche Sorgfalt beobachtet hat.

(2) Ein früherer Besitzer des Grundstücks ist für den Schaden verantwortlich, wenn der Einsturz oder die Ablösung innerhalb eines Jahres nach der Beendigung seines Besitzes eintritt, es sei denn, daß er während seines Besitzes die im Verkehr erforderliche Sorgfalt beobachtet hat oder ein späterer Besitzer durch Beobachtung dieser Sorgfalt die Gefahr hätte abwenden können.

(3) Besitzer im Sinne dieser Vorschriften ist der Eigenbesitzer.

§ 837 [Haftung des Gebäudebesitzers] Besitzt jemand auf einem fremden Grundstück in Ausübung eines Rechtes ein Gebäude oder ein anderes Werk, so trifft ihn an Stelle des Besitzers des Grundstücks die im § 836 bestimmte Verantwortlichkeit.

§ 838 [Haftung des Gebäudeunterhaltungspflichtigen] Wer die Unterhaltung eines Gebäudes oder eines mit einem Grundstücke verbundenen Werkes für den Besitzer übernimmt oder das Gebäude oder das Werk vermöge eines ihm zustehenden Nutzungsrechts zu unterhalten hat, ist für den durch den Einsturz oder die Ablösung von Teilen verursachten Schaden in gleicher Weise verantwortlich wie der Besitzer.

§ 903[1)] [Befugnisse des Eigentümers] [1]Der Eigentümer einer Sache kann, soweit nicht das Gesetz oder Rechte Dritter entgegenste-

---

1) § 903 Satz 2 angef. durch G v. 20. 8. 1990 (BGBl. I S. 1762).

hen, mit der Sache nach Belieben verfahren und andere von jeder Einwirkung ausschließen. 2 Der Eigentümer eines Tieres hat bei der Ausübung seiner Befugnisse die besonderen Vorschriften zum Schutz der Tiere zu beachten.

§ 904 [Notstand] 1 Der Eigentümer einer Sache ist nicht berechtigt, die Einwirkung eines anderen auf die Sache zu verbieten, wenn die Einwirkung zur Abwendung einer gegenwärtigen Gefahr notwendig und der drohende Schaden gegenüber dem aus der Einwirkung dem Eigentümer entstehenden Schaden unverhältnismäßig groß ist. 2 Der Eigentümer kann Ersatz des ihm entstehenden Schadens verlangen.

§ 905 [Begrenzung des Eigentums] 1 Das Recht des Eigentümers eines Grundstücks erstreckt sich auf den Raum über der Oberfläche und auf den Erdkörper unter der Oberfläche. 2 Der Eigentümer kann jedoch Einwirkungen nicht verbieten, die in solcher Höhe oder Tiefe vorgenommen werden, daß er an der Ausschließung kein Interesse hat.

§ 906[1)·2)] **[Zuführung unwägbarer Stoffe]** (1) 1 Der Eigentümer eines Grundstücks kann die Zuführung von Gasen, Dämpfen, Gerüchen, Rauch, Ruß, Wärme, Geräusch, Erschütterungen und ähnliche von einem anderen Grundstück ausgehende Einwirkungen insoweit nicht verbieten, als die Einwirkung die Benutzung seines Grundstücks nicht oder nur unwesentlich beeinträchtigt. 2 Eine unwesentliche Beeinträchtigung liegt in der Regel vor, wenn die in Gesetzen oder Rechtsverordnungen festgelegten Grenz- oder Richtwerte von den nach diesen Vorschriften ermittelten und bewerteten Einwirkungen nicht überschritten werden. 3 Gleiches gilt für Werte in allgemeinen Verwaltungsvorschriften, die nach § 48 des Bundes-Immissionsschutzgesetzes erlassen worden sind und den Stand der Technik wiedergeben.

(2) 1 Das gleiche gilt insoweit, als eine wesentliche Beeinträchtigung durch eine ortsübliche Benutzung des anderen Grundstücks herbeige-

---

1) § 906 neugef. durch G v. 22. 12. 1959 (BGBl. I S. 781), Abs. 1 Sätze 2 und 3 angef. durch Art. 2 § 4 G v. 21. 9. 1994 (BGBl. I S. 2457).

2) Vgl. ferner §§ 14 und 14 a Bundes-ImmissionsschutzG v. 14. 5. 1990 (BGBl. I S. 880), § 14 a eingef. durch G v. 9. 10. 1996 (BGBl. I S. 1498):

„**§ 14. Ausschluß von privatrechtlichen Abwehransprüchen.** 1 Auf Grund privatrechtlicher, nicht auf besonderen Titeln beruhender Ansprüche zur Abwehr benachteiligender Einwirkungen von einem Grundstück auf ein benachbartes Grundstück kann nicht die Einstellung des Betriebs einer Anlage verlangt werden, deren Genehmigung unanfechtbar ist; es können nur Vorkehrungen verlangt werden, die die benachteiligenden Wirkungen ausschließen. 2 Soweit solche Vorkehrungen nach dem Stand der Technik nicht durchführbar oder wirtschaftlich nicht vertretbar sind, kann lediglich Schadenersatz verlangt werden.

§ 14 a. Vereinfachte Klageerhebung. Der Antragsteller kann eine verwaltungsgerichtliche Klage erheben, wenn über seinen Widerspruch nach Ablauf von drei Monaten seit der Einlegung nicht entschieden ist, es sei denn, daß wegen besonderer Umstände des Falles eine kürzere Frist geboten ist."

führt wird und nicht durch Maßnahmen verhindert werden kann, die Benutzern dieser Art wirtschaftlich zumutbar sind. [2]Hat der Eigentümer hiernach eine Einwirkung zu dulden, so kann er von dem Benutzer des anderen Grundstücks einen angemessenen Ausgleich in Geld verlangen, wenn die Einwirkung eine ortsübliche Benutzung seines Grundstücks oder dessen Ertrag über das zumutbare Maß hinaus beeinträchtigt.

(3) Die Zuführung durch eine besondere Leitung ist unzulässig.

§ 907 [Gefahrdrohende Anlagen] (1) [1]Der Eigentümer eines Grundstücks kann verlangen, daß auf den Nachbargrundstücken nicht Anlagen hergestellt oder gehalten werden, von denen mit Sicherheit vorauszusehen ist, daß ihr Bestand oder ihre Benutzung eine unzulässige Einwirkung auf sein Grundstück zur Folge hat. [2]Genügt eine Anlage den landesgesetzlichen Vorschriften, die einen bestimmten Abstand von der Grenze oder sonstige Schutzmaßregeln vorschreiben, so kann die Beseitigung der Anlage erst verlangt werden, wenn die unzulässige Einwirkung tatsächlich hervortritt.

(2) Bäume und Sträucher gehören nicht zu den Anlagen im Sinne dieser Vorschriften.

§ 908 [Drohender Gebäudeeinsturz] Droht einem Grundstücke die Gefahr, daß es durch den Einsturz eines Gebäudes oder eines anderen Werkes, das mit einem Nachbargrundstücke verbunden ist, oder durch die Ablösung von Teilen des Gebäudes oder des Werkes beschädigt wird, so kann der Eigentümer von demjenigen, welcher nach dem § 836 Abs. 1 oder den §§ 837, 838 für den eintretenden Schaden verantwortlich sein würde, verlangen, daß er die zur Abwendung der Gefahr erforderliche Vorkehrung trifft.

§ 909 [Vertiefung] Ein Grundstück darf nicht in der Weise vertieft werden, daß der Boden des Nachbargrundstücks die erforderliche Stütze verliert, es sei denn, daß für eine genügende anderweitige Befestigung gesorgt ist.

§ 912 [Überbau; Duldungspflicht] (1) Hat der Eigentümer eines Grundstücks bei der Errichtung eines Gebäudes über die Grenze gebaut, ohne daß ihm Vorsatz oder grobe Fahrlässigkeit zur Last fällt, so hat der Nachbar den Überbau zu dulden, es sei denn, daß er vor oder sofort nach der Grenzüberschreitung Widerspruch erhoben hat.

(2) [1]Der Nachbar ist durch eine Geldrente zu entschädigen. [2]Für die Höhe der Rente ist die Zeit der Grenzüberschreitung maßgebend.

§ 913 [Zahlung der Überbaurente] (1) Die Rente für den Überbau ist dem jeweiligen Eigentümer des Nachbargrundstücks von dem jeweiligen Eigentümer des anderen Grundstücks zu entrichten.

(2) Die Rente ist jährlich im voraus zu entrichten.

§ 914 [Rang, Eintragung und Erlöschen der Rente] (1) [1]Das Recht auf die Rente geht allen Rechten an dem belasteten Grundstück, auch den älteren, vor. [2]Es erlischt mit der Beseitigung des Überbaues.

(2) [1]Das Recht wird nicht in das Grundbuch eingetragen. [2]Zum Verzicht auf das Recht sowie zur Feststellung der Höhe der Rente durch Vertrag ist die Eintragung erforderlich.

(3) Im übrigen finden die Vorschriften Anwendung, die für eine zugunsten des jeweiligen Eigentümers eines Grundstücks bestehende Reallast gelten.

§ 915 [Abkauf] (1) [1]Der Rentenberechtigte kann jederzeit verlangen, daß der Rentenpflichtige ihm gegen Übertragung des Eigentums an dem überbauten Teile des Grundstücks den Wert ersetzt, den dieser Teil zur Zeit der Grenzüberschreitung gehabt hat. [2]Macht er von dieser Befugnis Gebrauch, so bestimmen sich die Rechte und Verpflichtungen beider Teile nach den Vorschriften über den Kauf.

(2) Für die Zeit bis zur Übertragung des Eigentums ist die Rente fortzuentrichten.

§ 916 [Beeinträchtigung von Erbbaurecht oder Dienstbarkeit] Wird durch den Überbau ein Erbbaurecht oder eine Dienstbarkeit an dem Nachbargrundstücke beeinträchtigt, so finden zugunsten des Berechtigten die Vorschriften der §§ 912 bis 914 entsprechende Anwendung.

§ 917 [Notweg] (1) [1]Fehlt einem Grundstücke die zur ordnungsmäßigen Benutzung notwendige Verbindung mit einem öffentlichen Wege, so kann der Eigentümer von den Nachbarn verlangen, daß sie bis zur Hebung des Mangels die Benutzung ihrer Grundstücke zur Herstellung der erforderlichen Verbindung dulden. [2]Die Richtung des Notwegs und der Umfang des Benutzungsrechts werden erforderlichen Falles durch Urteil bestimmt.

(2) [1]Die Nachbarn, über deren Grundstücke der Notweg führt, sind durch eine Geldrente zu entschädigen. [2]Die Vorschriften des § 912 Abs. 2 Satz 2 und der §§ 913, 914, 916 finden entsprechende Anwendung.

§ 918 [Ausschluß des Notwegrechts] (1) Die Verpflichtung zur Duldung des Notwegs tritt nicht ein, wenn die bisherige Verbindung des Grundstücks mit dem öffentlichen Wege durch eine willkürliche Handlung des Eigentümers aufgehoben wird.

(2) [1]Wird infolge der Veräußerung eines Teiles des Grundstücks der veräußerte oder der zurückbehaltene Teil von der Verbindung mit dem öffentlichen Wege abgeschnitten, so hat der Eigentümer desjenigen Teiles, über welchen die Verbindung bisher stattgefunden hat, den Notweg zu dulden. [2]Der Veräußerung eines Teiles steht die Veräußerung eines von mehreren demselben Eigentümer gehörenden Grundstücken gleich.

§ 921 [Gemeinschaftliche Benutzung von Grenzanlagen] Werden zwei Grundstücke durch einen Zwischenraum, Rain, Winkel, einen Graben, eine Mauer, Hecke, Planke oder eine andere Einrichtung, die zum Vorteile beider Grundstücke dient, voneinander geschieden, so wird vermutet, daß die Eigentümer der Grundstücke zur Benutzung der Einrichtung gemeinschaftlich berechtigt seien, sofern nicht äußere Merkmale darauf hinweisen, daß die Einrichtung einem der Nachbarn allein gehört.

§ 922 [Art der Benutzung und Unterhaltung] [1]Sind die Nachbarn zur Benutzung einer der im § 921 bezeichneten Einrichtungen gemeinschaftlich berechtigt, so kann jeder sie zu dem Zwecke, der sich aus ihrer Beschaffenheit ergibt, insoweit benutzen, als nicht die Mitbenutzung des anderen beeinträchtigt wird. [2]Die Unterhaltungskosten sind von den Nachbarn zu gleichen Teilen zu tragen. [3]Solange einer der Nachbarn an dem Fortbestande der Einrichtung ein Interesse hat, darf sie nicht ohne seine Zustimmung beseitigt oder geändert werden. [4]Im übrigen bestimmt sich das Rechtsverhältnis zwischen den Nachbarn nach den Vorschriften über die Gemeinschaft.

§ 946 [Verbindung mit einem Grundstück] Wird eine bewegliche Sache mit einem Grundstücke dergestalt verbunden, daß sie wesentlicher Bestandteil des Grundstücks wird, so erstreckt sich das Eigentum an dem Grundstück auf diese Sache.

§ 951 [Entschädigung für Rechtsverlust] (1) [1]Wer infolge der Vorschriften der §§ 946 bis 950 einen Rechtsverlust erleidet, kann von demjenigen, zu dessen Gunsten die Rechtsänderung eintritt, Vergütung in Geld nach den Vorschriften über die Herausgabe einer ungerechtfertigten Bereicherung fordern. [2]Die Wiederherstellung des früheren Zustandes kann nicht verlangt werden.

(2) [1]Die Vorschriften über die Verpflichtung zum Schadensersatze wegen unerlaubter Handlungen sowie die Vorschriften über den Ersatz von Verwendungen und über das Recht zur Wegnahme einer Einrichtung bleiben unberührt. [2]In den Fällen der §§ 946, 947 ist die Wegnahme nach den für das Wegnahmerecht des Besitzers gegenüber dem Eigentümer geltenden Vorschriften auch dann zulässig, wenn die Verbindung nicht von dem Besitzer der Hauptsache bewirkt worden ist.

§ 1004 [Beseitigungs- und Unterlassungsanspruch] (1) [1]Wird das Eigentum in anderer Weise als durch Entziehung oder Vorenthaltung des Besitzes beeinträchtigt, so kann der Eigentümer von dem Störer die Beseitigung der Beeinträchtigung verlangen. [2]Sind weitere Beeinträchtigungen zu besorgen, so kann der Eigentümer auf Unterlassung klagen.

(2) Der Anspruch ist ausgeschlossen, wenn der Eigentümer zur Duldung verpflichtet ist.

§ 1018 [Begriff] Ein Grundstück kann zugunsten des jeweiligen Eigentümers eines anderen Grundstücks in der Weise belastet werden, daß dieser das Grundstück in einzelnen Beziehungen benutzen darf oder daß auf dem Grundstücke gewisse Handlungen nicht vorgenommen werden dürfen oder daß die Ausübung eines Rechtes ausgeschlossen ist, das sich aus dem Eigentum an dem belasteten Grundstücke dem anderen Grundstücke gegenüber ergibt (Grunddienstbarkeit).

§ 1019 [Vorteil des herrschenden Grundstücks] [1]Eine Grunddienstbarkeit kann nur in einer Belastung bestehen, die für die Benutzung des Grundstücks des Berechtigten Vorteil bietet. [2]Über das sich hieraus ergebende Maß hinaus kann der Inhalt der Dienstbarkeit nicht erstreckt werden.

§ 1020 [Schonende Ausübung] [1]Bei der Ausübung einer Grunddienstbarkeit hat der Berechtigte das Interesse des Eigentümers des belasteten Grundstücks tunlichst zu schonen. [2]Hält er zur Ausübung der Dienstbarkeit auf dem belasteten Grundstück eine Anlage, so hat er sie in ordnungsmäßigem Zustande zu erhalten, soweit das Interesse des Eigentümers es erfordert.

§ 1021 [Vereinbarte Unterhaltungspflicht] (1) [1]Gehört zur Ausübung einer Grunddienstbarkeit eine Anlage auf dem belasteten Grundstücke, so kann bestimmt werden, daß der Eigentümer dieses Grundstücks die Anlage zu unterhalten hat, soweit das Interesse des Berechtigten es erfordert. [2]Steht dem Eigentümer das Recht zur Mitbenutzung der Anlage zu, so kann bestimmt werden, daß der Berechtigte die Anlage zu unterhalten hat, soweit es für das Benutzungsrecht des Eigentümers erforderlich ist.

(2) Auf eine solche Unterhaltungspflicht finden die Vorschriften über die Reallasten entsprechende Anwendung.

§ 1022 [Anlagen auf baulichen Anlagen] [1]Besteht die Grunddienstbarkeit in dem Rechte, auf einer baulichen Anlage des belasteten Grundstücks eine bauliche Anlage zu halten, so hat, wenn nicht ein anderes bestimmt ist, der Eigentümer des belasteten Grundstücks seine Anlage zu unterhalten, soweit das Interesse des Berechtigten es erfordert. [2]Die Vorschrift des § 1021 Abs. 2 gilt auch für diese Unterhaltungspflicht.

§ 1030 [Begriff] (1) Eine Sache kann in der Weise belastet werden, daß derjenige, zu dessen Gunsten die Belastung erfolgt, berechtigt ist, die Nutzungen der Sache zu ziehen (Nießbrauch).

(2) Der Nießbrauch kann durch den Ausschluß einzelner Nutzungen beschränkt werden.

§ 1090 [Begriff] (1) Ein Grundstück kann in der Weise belastet werden, daß derjenige, zu dessen Gunsten die Belastung erfolgt, berechtigt ist, das Grundstück in einzelnen Beziehungen zu benutzen, oder daß ihm eine sonstige Befugnis zusteht, die den Inhalt einer Grunddienstbarkeit bilden kann (beschränkte persönliche Dienstbarkeit).

(2) Die Vorschriften der §§ 1020 bis 1024, 1026 bis 1029, 1061 finden entsprechende Anwendung.

28. Einführungsgesetz zum Bürgerlichen Gesetzbuche

in der Fassung der Bekanntmachung vom 21. September 1994
(BGBl. I S. 2494, ber. 1997 I S. 1061)

(Auszug)

Art. 109 [Enteignung] [1]Unberührt bleiben die landesgesetzlichen Vorschriften über die im öffentlichen Interesse erfolgende Entziehung, Beschädigung oder Benutzung einer Sache, Beschränkung des Eigentums und Entziehung oder Beschränkung von Rechten. [2]Auf die nach landesgesetzlicher Vorschrift wegen eines solchen Eingriffs zu gewährende Entschädigung finden die Vorschriften der Artikel 52 und 53 Anwendung, soweit nicht die Landesgesetze ein anderes bestimmen.[1)] [3]Die landesgesetzlichen Vorschriften können nicht bestimmen, daß für ein Rechtsgeschäft, für das notarielle Beurkundung vorgeschrieben ist, eine andere Form genügt.

Art. 111 [Öffentlich-rechtliche Eigentumsbeschränkungen] Unberührt bleiben die landesgesetzlichen Vorschriften, welche im öffentlichen Interesse das Eigentum in Ansehung tatsächlicher Verfügungen beschränken.

Art. 113 [Flurbereinigung] [1]Unberührt bleiben die landesgesetzlichen Vorschriften über die Zusammenlegung von Grundstücken, über die Gemeinheitsteilung, die Regulierung der Wege, die Ordnung der gutsherrlich-bäuerlichen Verhältnisse sowie über die Ablösung, Umwandlung oder Einschränkung von Dienstbarkeiten und Reallasten.[2)] [2]Dies gilt insbesondere auch von den Vorschriften, welche die durch ein Verfahren dieser Art begründeten gemeinschaftlichen Angelegenheiten zum Gegenstand haben oder welche sich auf den Erwerb des Eigentums, auf die Begründung, Änderung und Aufhebung von anderen Rechten an Grundstücken und auf die Berichtigung des Grundbuchs beziehen.

[1)] Siehe hierzu Art. 14 Abs. 3 Grundgesetz und Bayerisches Gesetz über die entschädigungspflichtige Enteignung (BayEG) idF der Bek. v. 25. 7. 1978 (BayRS 2141–1–I).

[2)] Siehe FlurbereinigungsG idF der Bek. v. 16. 3. 1976 (BGBl. I S. 546), geänd. durch G v. 1. 6. 1980 (BGBl. I S. 649), v. 17. 12. 1982 (BGBl. I S. 1777), v. 8. 12. 1986 (BGBl. I S. 2191), § 81 G v. 12. 2. 1991 (BGBl. I S. 405), v. 23. 8. 1994 (BGBl. I S. 2187), Art. 4 G v. 1. 11. 1996 (BGBl. I S. 1626) und Art. 27 G v. 18. 6. 1997 (BGBl. I S. 1430) sowie G zur Ausführung des FlurbereinigungsG (AGFlurbG) idF der Bek. v. 8. 2. 1994 (GVBl. S. 127), geänd. durch G v. 12. 3. 1996 (GVBl. S. 55).

Art. 124 [Nachbarrecht; Eigentumsbeschränkungen] [1] Unberührt bleiben die landesgesetzlichen Vorschriften, welche das Eigentum an Grundstücken zugunsten der Nachbarn noch anderen als den im Bürgerlichen Gesetzbuch bestimmten Beschränkungen unterwerfen. [2] Dies gilt insbesondere auch von den Vorschriften, nach welchen Anlagen sowie Bäume und Sträucher nur in einem bestimmten Abstand von der Grenze gehalten werden dürfen.

29. Gesetz zur Ausführung des Bürgerlichen Gesetzbuchs und anderer Gesetze (AGBGB)

Vom 20. September 1982 (BayRS 400-1-J)

(Auszug)

Siebter Abschnitt. Nachbarrecht

Art. 43 Fensterrecht. (1) [1]Sind Fenster weniger als 0,60 m von der Grenze eines Nachbargrundstücks entfernt, auf dem Gebäude errichtet sind oder das als Hofraum oder Hausgarten dient, so müssen sie auf Verlangen des Eigentümers dieses Grundstücks so eingerichtet werden, daß bis zur Höhe von 1,80 m über dem hinter ihnen befindlichen Boden weder das Öffnen noch das Durchblicken möglich ist. [2]Die Entfernung wird von dem Fuß der Wand, in der sich das Fenster befindet, unterhalb der zunächst an der Grenze befindlichen Außenkante der Fensteröffnung ab gemessen.

(2) Den Fenstern stehen Lichtöffnungen jeder Art gleich.

Art. 44 Balkone und ähnliche Anlagen. [1]Balkone, Erker, Galerien und ähnliche Anlagen, die weniger als 0,60 m von der Grenze eines Nachbargrundstücks abstehen, auf dem Gebäude errichtet sind oder das als Hofraum oder Hausgarten dient, müssen auf der dem Nachbargrundstück zugekehrten Seite auf Verlangen des Nachbarn mit einem der Vorschrift des Art. 43 entsprechenden Abschluß versehen werden. [2]Der Abstand wird bei vorspringenden Anlagen von dem zunächst an der Grenze befindlichen Vorsprung ab, bei anderen Anlagen nach Art. 43 Abs. 1 Satz 2 gemessen.

Art. 45 Besondere Vorschriften für Fenster, Balkone und ähnliche Anlagen. (1) [1]Art. 43 und 44 gelten auch zugunsten von Grundstücken, die einer öffentlichen Eisenbahnanlage dienen. [2]Die Fenster und andere Lichtöffnungen sowie der Abschluß der in Art. 44 bezeichneten Anlagen dürfen jedoch so eingerichtet werden, daß sie das Durchblicken gestatten.

(2) Für die zur Zeit des Inkrafttretens dieses Gesetzes bestehenden, begonnenen oder baurechtlich genehmigten Anlagen der in Art. 43 und 44 bezeichneten Art sind die vor diesem Zeitpunkt geltenden Vorschriften weiterhin anzuwenden, soweit sie eine geringere Beschränkung festgelegt haben als die Art. 43 und 44 sowie Absatz 1.

Art. 46 Erhöhung einer Kommunmauer. (1) Werden zwei Grundstücke durch eine Mauer geschieden, zu deren Benutzung die Eigentümer der Grundstücke gemeinschaftlich berechtigt sind, so kann der Eigentümer des einen Grundstücks dem Eigentümer des anderen Grundstücks nicht verbieten, die Mauer ihrer ganzen Dicke nach zu erhöhen, wenn ihm nachgewiesen wird, daß durch die Erhöhung die Mauer nicht gefährdet wird.

(2) [1]Der Eigentümer des Grundstücks, von dem aus die Erhöhung erfolgt ist, kann dem Eigentümer des anderen Grundstücks die Benutzung des Aufbaus verbieten, bis ihm für die Hälfte oder, wenn nur ein Teil des Aufbaus benutzt werden soll, für den entsprechenden Teil der Baukosten Ersatz geleistet wird. [2]Ist der Bauwert geringer als der Betrag der Baukosten, so bestimmt sich der zu ersetzende Betrag nach dem Bauwert. [3]Die Ersatzleistung kann auch durch Hinterlegung oder durch Aufrechnung erfolgen. [4]Solange die Befugnis nach Satz 1 besteht, hat der Berechtigte den Mehraufwand zu tragen, den die Unterhaltung der Mauer infolge der Erhöhung verursacht.

(3) [1]Wird die Mauer zum Zweck der Erhöhung verstärkt, so ist die Verstärkung auf dem Grundstück anzubringen, dessen Eigentümer die Erhöhung unternimmt. [2]Der nach Absatz 2 von dem Eigentümer des anderen Grundstücks zu ersetzende Betrag erhöht sich um den entsprechenden Teil des Werts der zu der Verstärkung verwendeten Grundfläche. [3]Verlangt der Eigentümer des Grundstücks, auf dem die Verstärkung angebracht worden ist, die Ersatzleistung, so ist er verpflichtet, dem Eigentümer des anderen Grundstücks das Eigentum an der zu der Mauer verwendeten Grundfläche seines Grundstücks soweit zu übertragen, daß die neue Grenzlinie durch die Mitte der verstärkten Mauer geht; die Vorschriften über den Kauf sind anzuwenden.

(4) [1]Die Befugnis nach Absatz 2 Satz 1 erlischt durch Verzicht des Berechtigten. [2]Der Verzicht ist gegenüber dem Eigentümer des Nachbargrundstücks zu erklären. [3]Ist das Grundstück des Berechtigten mit dem Recht eines Dritten belastet, so gilt § 876 des Bürgerlichen Gesetzbuchs entsprechend. [4]Im Fall der Belastung mit einer Reallast, einer Hypothek, einer Grundschuld oder einer Rentenschuld ist der Verzicht dem Dritten gegenüber wirksam, wenn er erklärt wurde, bevor das Grundstück zugunsten des Dritten in Beschlag genommen worden ist.

Art. 47 Grenzabstand von Pflanzen. (1) Der Eigentümer eines Grundstücks kann verlangen, daß auf einem Nachbargrundstück nicht Bäume, Sträucher oder Hecken, Weinstöcke oder Hopfenstöcke in einer geringeren Entfernung als 0,50 m oder, falls sie über 2 m hoch sind, in einer geringeren Entfernung als 2 m von der Grenze seines Grundstücks gehalten werden.

(2) [1]Zugunsten eines Waldgrundstücks kann nur die Einhaltung eines Abstands von 0,50 m verlangt werden. [2]Das gleiche gilt, wenn Wein oder Hopfen auf einem Grundstück angebaut wird, in dessen Lage dieser Anbau nach den örtlichen Verhältnissen üblich ist.

Art. 48 Grenzabstand bei landwirtschaftlichen Grundstücken. (1) Gegenüber einem landwirtschaftlich genutzten Grundstück, dessen wirtschaftliche Bestimmung durch Schmälerung des Sonnenlichts erheblich beeinträchtigt werden würde, ist mit Bäumen von mehr als 2 m Höhe ein Abstand von 4 m einzuhalten.

(2) Die Einhaltung des in Absatz 1 bestimmten Abstands kann nur verlangt werden, wenn das Grundstück die bezeichnete wirtschaftliche Bestimmung schon zu der Zeit gehabt hat, zu der die Bäume die Höhe von 2 m überschritten haben.

Art. 49 Messung des Grenzabstands. Der Abstand nach Art. 47 und 48 wird von der Mitte des Stammes an der Stelle, an der dieser aus dem Boden hervortritt, bei Sträuchern und Hecken von der Mitte der zunächst an der Grenze befindlichen Triebe, bei Hopfenstöcken von der Hopfenstange oder dem Steigdraht ab gemessen.

Art. 50 Ausnahmen vom Grenzabstand. (1) [1]Art. 47 und 48 sind nicht auf Gewächse anzuwenden, die sich hinter einer Mauer oder einer sonstigen dichten Einfriedung befinden und diese nicht oder nicht erheblich überragen. [2]Sie gelten ferner nicht für Bepflanzungen, die längs einer öffentlichen Straße oder auf einem öffentlichen Platz gehalten werden, sowie für Bepflanzungen, die zum Uferschutz, zum Schutz von Abhängen oder Böschungen oder zum Schutz einer Eisenbahn dienen.[1)]

(2) Art. 48 Abs. 1 gilt auch nicht für Stein- und Kernobstbäume sowie Bäume, die sich in einem Hofraum oder einem Hausgarten befinden.

(3) [1]Im Fall einer Aufforstung kann die Einhaltung des in Art. 48 Abs. 1 bestimmten Abstands nicht verlangt werden, wenn die Aufforstung nach der Lage des aufzuforstenden Grundstücks der wirtschaftlichen Zweckmäßigkeit entspricht. [2]Im übrigen bleiben die besonderen Vorschriften über den Grenzabstand bei der Erstaufforstung unberührt.

Art. 51 Ältere Gewächse und Waldungen. (1) Für die bereits zur Zeit des Inkrafttretens des Bürgerlichen Gesetzbuchs vorhandenen Bäume, Sträucher und Hecken sind die vor diesem Zeitpunkt gelten-

---

[1)] ME über Bäume an öffentlichen Straßen v. 7. 3. 1960 (MABl. S. 294). LME über Verkehrssicherungspflicht; Haftung der Grundstückseigentümer für Schäden durch stürzende Bäume v. 15. 2. 1960 (LMBl. S. 18).

den Vorschriften weiterhin anzuwenden, soweit sie das Halten der Gewächse in einer geringeren als der nach Art. 47 bis 50 einzuhaltenden Entfernung von der Grenze des Nachbargrundstücks gestatten.

(2) [1]Bei einem Grundstück, das bereits zur Zeit des Inkrafttretens des Bürgerlichen Gesetzbuchs mit Wald bestanden war, gilt bis zur ersten Verjüngung des Waldes nach Inkrafttreten des Bürgerlichen Gesetzbuchs das gleiche auch für neue Bäume und Sträucher. [2]Auch nach der Verjüngung ist Art. 48 nicht anzuwenden.

(3) Der Eigentümer eines Waldgrundstücks ist verpflichtet, die Wurzeln eines Baums oder Strauchs, die von einem Nachbargrundstück eingedrungen sind, das bereits zur Zeit des Inkrafttretens des Bürgerlichen Gesetzbuchs mit Wald bestanden war, sowie die von einem solchen Grundstück herüberragenden Zweige bis zur ersten Verjüngung des Waldes auf dem Nachbargrundstück nach Inkrafttreten des Bürgerlichen Gesetzbuchs zu dulden.

(4) [1]Dem Eigentümer eines anderen Grundstücks obliegt die Duldungspflicht nach Absatz 3 nur gegenüber den herüberragenden Zweigen, soweit diese mindestens 5 m vom Boden entfernt sind; die Entfernung wird bis zu den unteren Spitzen der Zweige gemessen. [2]Herüberragende Zweige, die weniger als 5 m vom Boden entfernt sind, müssen auf der westlichen, nordwestlichen, südwestlichen und südlichen Seite des mit Wald bestandenen Grundstücks geduldet werden, wenn durch ihre Beseitigung der Fortbestand eines zum Schutz des Waldes erforderlichen Baums oder Strauchs gefährdet oder die Ertragsfähigkeit des Waldbodens infolge des Eindringens von Wind und Sonne beeinträchtigt werden würde.

Art. 52 Verjährung der nachbarrechtlichen Ansprüche. (1) [1]Die sich aus Art. 43 bis 45 und 46 Abs. 1 ergebenden Ansprüche unterliegen nicht der Verjährung. [2]Der Anspruch auf Beseitigung eines die Art. 47 bis 50 und 51 Abs. 1 und 2 verletzenden Zustands verjährt in fünf Jahren. [3]Die Verjährung beginnt mit dem Ablauf des Kalenderjahres, in dem die Verletzung erkennbar wird.

(2) Sind Ansprüche nach Absatz 1 Sätze 2 und 3 verjährt und werden die Gewächse durch neue ersetzt, so kann hinsichtlich der neuen Gewächse die Einhaltung des in Art. 47 bis 50 und 51 Abs. 1 und 2 vorgeschriebenen Abstands verlangt werden.

Art. 53 Erlöschen von Anwenderechten. (1) Eine im Zeitpunkt des Inkrafttretens des Bürgerlichen Gesetzbuchs nach örtlichem Herkommen bestehende Befugnis, bei der Bestellung landwirtschaftlicher Grundstücke die Grenze eines Nachbargrundstücks zu überschreiten (Anwenderecht), erlischt mit dem Ablauf von zehn Jahren nach der letzten Ausübung oder durch Verzicht.

(2) [1]Die für die Verjährung geltenden Vorschriften der §§ 202 bis 207, 209 bis 212, 216, 217, 219 und 220 des Bürgerlichen Gesetzbuchs sind entsprechend anzuwenden. [2]Ein Verzicht muß in öffentlich beglaubigter Form abgegeben werden; im übrigen gelten Art. 46 Abs. 4 Sätze 2 und 3 entsprechend.

Art. 54 Ausschluß von privatrechtlichen Ansprüchen bei Verkehrsunternehmen. § 14 des Bundes-Immissionsschutzgesetzes gilt für Eisenbahn-, Dampfschiffahrts- und ähnliche Unternehmen, die dem öffentlichen Verkehr dienen, entsprechend.

30. Bundesfernstraßengesetz (FStrG)

in der Fassung der Bekanntmachung vom 19. April 1994
(BGBl. I S. 854)

Geändert durch Viertes Gesetz zur Änderung des Bundesfernstraßengesetzes (4. FStrÄndG) vom 18. 6. 1997 (BGBl. I S. 1452)

(Auszug)

§ 9 Bauliche Anlagen an Bundesfernstraßen. (1) [1]Längs der Bundesfernstraßen dürfen nicht errichtet werden

1. Hochbauten jeder Art in einer Entfernung bis zu 40 m bei Bundesautobahnen und bis zu 20 m bei Bundesstraßen außerhalb der zur Erschließung der anliegenden Grundstücke bestimmten Teile der Ortsdurchfahrten, jeweils gemessen vom äußeren Rand der befestigten Fahrbahn,
2. bauliche Anlagen, die außerhalb der zur Erschließung der anliegenden Grundstücke bestimmten Teile der Ortsdurchfahrten über Zufahrten oder Zugänge an Bundesstraßen unmittelbar oder mittelbar angeschlossen werden sollen.

[2]Satz 1 Nr. 1 gilt entsprechend für Aufschüttungen oder Abgrabungen größeren Umfangs. [3]Weitergehende bundes- oder landesrechtliche Vorschriften bleiben unberührt.

(2) [1]Im übrigen bedürfen Baugenehmigungen oder nach anderen Vorschriften notwendige Genehmigungen der Zustimmung der obersten Landesstraßenbaubehörde, wenn

1. bauliche Anlagen längs der Bundesautobahnen in einer Entfernung bis zu 100 m und längs der Bundesstraßen außerhalb der zur Erschließung der anliegenden Grundstücke bestimmten Teile der Ortsdurchfahrten bis zu 40 m, gemessen vom äußeren Rand der befestigten Fahrbahn, errichtet, erheblich geändert oder anders genutzt werden sollen,
2. bauliche Anlagen auf Grundstücken, die außerhalb der zur Erschließung der anliegenden Grundstücke bestimmten Teile der Ortsdurchfahrten über Zufahrten oder Zugänge an Bundesstraßen unmittelbar oder mittelbar angeschlossen sind, erheblich geändert oder anders genutzt werden sollen.

[2]Die Zustimmungsbedürftigkeit nach Satz 1 gilt entsprechend für bauliche Anlagen, die nach Landesrecht anzeigepflichtig sind. [3]Wei-

tergehende bundes- oder landesrechtliche Vorschriften bleiben unberührt.

(3) Die Zustimmung nach Absatz 2 darf nur versagt oder mit Bedingungen und Auflagen erteilt werden, soweit dies wegen der Sicherheit oder Leichtigkeit des Verkehrs, der Ausbauabsichten oder der Straßenbaugestaltung nötig ist.

(3 a) Die Belange nach Absatz 3 sind auch bei Erteilung von Baugenehmigungen innerhalb der zur Erschließung der anliegenden Grundstücke bestimmten Teile der Ortsdurchfahrten von Bundesstraßen zu beachten.

(4) Bei geplanten Bundesfernstraßen gelten die Beschränkungen der Absätze 1 und 2 vom Beginn der Auslegung der Pläne im Planfeststellungsverfahren oder von dem Zeitpunkt an, zu dem den Betroffenen Gelegenheit gegeben wird, den Plan einzusehen.

(5) Bedürfen die baulichen Anlagen im Sinne des Absatzes 2 außerhalb der zur Erschließung der anliegenden Grundstücke bestimmten Teile der Ortsdurchfahrten keiner Baugenehmigung oder keiner Genehmigung nach anderen Vorschriften, so tritt an die Stelle der Zustimmung die Genehmigung der obersten Landesstraßenbaubehörde.

(5 a) Als bauliche Anlagen im Sinne dieses Gesetzes gelten auch die im Landesbaurecht den baulichen Anlagen gleichgestellten Anlagen.

(6) [1] Anlagen der Außenwerbung stehen außerhalb der zur Erschließung der anliegenden Grundstücke bestimmten Teile der Ortsdurchfahrten den Hochbauten des Absatzes 1 und den baulichen Anlagen des Absatzes 2 gleich. [2] An Brücken über Bundesfernstraßen außerhalb dieser Teile der Ortsdurchfahrten dürfen Anlagen der Außenwerbung nicht angebracht werden. [3] Weitergehende bundes- oder landesrechtliche Vorschriften bleiben unberührt.

(7) Die Absätze 1 bis 5 gelten nicht, soweit das Bauvorhaben den Festsetzungen eines Bebauungsplanes entspricht (§ 9 des Baugesetzbuchs), der mindestens die Begrenzung der Verkehrsflächen sowie an diesen gelegene überbaubare Grundstücksflächen enthält und unter Mitwirkung des Trägers der Straßenbaulast zustande gekommen ist.

(8) [1] Die oberste Landesstraßenbaubehörde kann im Einzelfall Ausnahmen von den Verboten der Absätze 1, 4 und 6 zulassen, wenn die Durchführung der Vorschriften im Einzelfalle zu einer offenbar nicht beabsichtigten Härte führen würde und die Abweichung mit den öffentlichen Belangen vereinbar ist oder wenn Gründe des Wohls der Allgemeinheit die Abweichungen erfordern. [2] Ausnahmen können mit Bedingungen und Auflagen versehen werden.

(9) [1] Wird infolge der Anwendung der Absätze 1, 2, 4 und 5 die bauliche Nutzung eines Grundstücks, auf deren Zulassung bisher ein

Rechtsanspruch bestand, ganz oder teilweise aufgehoben, so kann der Eigentümer insoweit eine angemessene Entschädigung in Geld verlangen, als seine Vorbereitungen zur baulichen Nutzung des Grundstücks in dem bisher zulässigen Umfang für ihn an Wert verlieren oder eine wesentliche Wertminderung des Grundstücks eintritt. [2] Zur Entschädigung ist der Träger der Straßenbaulast verpflichtet.

(10) Im Falle des Absatzes 4 entsteht der Anspruch nach Absatz 9 erst, wenn der Plan rechtskräftig festgestellt oder genehmigt oder mit der Ausführung begonnen worden ist, spätestens jedoch nach Ablauf von vier Jahren, nachdem die Beschränkungen der Absätze 1 und 2 in Kraft getreten sind.

31. Verordnung zur Übertragung der Befugnisse der obersten Landesstraßenbaubehörde nach dem Bundesfernstraßengesetz

Vom 18. November 1974 (BayRS 91-2-2-I)

Geändert durch Verordnung vom 17. 4. 1994 (GVBl. S. 312)

Auf Grund von *Art. 5 des Gesetzes zum Vollzug des Bundesfernstraßengesetzes vom 25. Juli 1969 (GVBl. S. 182)*[1] in Verbindung mit § 22 Abs. 4 des Bundesfernstraßengesetzes (FStrG) erläßt das Bayerische Staatsministerium des Innern folgende Verordnung:

§ 1 (Zu § 5 FStrG). Die Befugnisse der obersten Landesstraßenbaubehörde nach § 5 Abs. 3a Satz 2 und Abs. 4 Satz 4 FStrG werden auf die Regierungen übertragen.

§ 2 (Zu § 8 FStrG). Die Befugnisse der obersten Landesstraßenbaubehörde nach § 8 Abs. 1 Satz 5 FStrG werden auf die Rechtsaufsichtsbehörden der Gemeinden (Art. 110 der Gemeindeordnung) übertragen.

§ 3 (Zu § 9 FStrG). (1) Die Befugnisse der obersten Landesstraßenbaubehörde nach § 9 Abs. 2, 5 und 8 FStrG werden übertragen

1. für die Bundesautobahnen den Autobahndirektionen,
2. für die Bundesstraßen
   a) den Regierungen, wenn ein Verfahren nach Art. 86 der Bayerischen Bauordnung (BayBO) durchgeführt wird,
   b) im übrigen den unteren Bauaufsichtsbehörden (*Art. 62* BayBO),[2] die im Einvernehmen mit den Straßenbauämtern (Straßen- und Wasserbauämtern) entscheiden.

(2) Abweichend von Absatz 1 Nr. 2 ist zuständig

a) die Autobahndirektion Südbayern für die Bundesstraße 13 (neu) von der südlichen Grenze der Ortsdurchfahrt München bis zur Anschlußstelle Sauerlach,
b) die Autobahndirektion Nordbayern für die Bundesstraße 8 von der südlichen Grenze der Ortsdurchfahrt Nürnberg bis zur Anschlußstelle Nürnberg-Zollhaus der Autobahn A 73.

---

[1] Nunmehr Art. 62a Bayerisches Straßen- und WegeG (BayStrWG) idF der Bek. v. 5. 10. 1981 (BayRS 91-1-I).

[2] Jetzt Art. 59 BayBO.

§ 4 (Zu § 9a FStrG). Die Befugnisse der obersten Landesstraßenbaubehörde nach § 9a Abs. 5 FStrG werden auf die Regierungen übertragen.

§ 5[1] **(Zu § 17 FStrG).** Die Befugnisse der obersten Landesstraßenbaubehörde nach § 17 Abs. 5 FStrG zur Erteilung einer Plangenehmigung gemäß § 17 Abs. 1a FStrG und zur Entscheidung über das Entfallen von Planfeststellung und Plangenehmigung gemäß § 17 Abs. 2 FStrG werden auf die Regierungen übertragen.

§ 6.[1] Diese Verordnung tritt am 1. Januar 1975 in Kraft.[2]

---

[1] § 5 aufgeh., bish. § 6 wird § 5 und neugef., § 7 wird § 6 durch VO v. 17. 4. 1994 (GVBl. S. 312).

[2] Betrifft die ursprüngliche Fassung v. 18. 11. 1974 (GVBl. S. 791).

32. Bayerisches Straßen- und Wegegesetz (BayStrWG)

in der Fassung der Bekanntmachung vom 5. Oktober 1981
(BayRS 91-1-I)

(Auszug)

Erster Teil. Allgemeine Vorschriften

Abschnitt 4. Anbau an Straßen und Schutzmaßnahmen

Art. 23 Errichtung baulicher Anlagen. (1) [1]Außerhalb der zur Erschließung der anliegenden Grundstücke bestimmten Teile der Ortsdurchfahrten dürfen bauliche Anlagen

1. an Staatsstraßen in einer Entfernung bis zu 20 m,
2. an Kreisstraßen in einer Entfernung bis zu 15 m,

jeweils gemessen vom äußeren Rand der Fahrbahndecke, nicht errichtet werden. [2]Dies gilt nicht für Aufschüttungen und Abgrabungen geringeren Umfangs. [3]Sind besondere Fahrbahnen, wie Radwege, getrennt von der Hauptfahrbahn angelegt, dann werden die Entfernungen vom Rand der Decke der Hauptfahrbahn ab gerechnet.

(2) [1]Ausnahmen von den Anbauverboten nach Absatz 1 können zugelassen werden, wenn dies die Sicherheit und Leichtigkeit des Verkehrs, besonders wegen der Sichtverhältnisse, Verkehrsgefährdung, Bebauungsabsichten und Straßenbaugestaltung gestattet. [2]Die Entscheidung wird im Baugenehmigungsverfahren durch die untere Bauaufsichtsbehörde im Einvernehmen mit der Straßenbaubehörde oder, wenn kein Baugenehmigungsverfahren durchgeführt wird, in einem eigenen Verfahren durch die Straßenbaubehörde getroffen. [3]Soweit nach Art. 86 der Bayerischen Bauordnung (BayBO) die Regierung zuständig ist, trifft diese die Entscheidung.

(3) Absatz 1 gilt nicht, wenn das Bauvorhaben den Festsetzungen eines Bebauungsplans im Sinn des Bundesbaugesetzes entspricht, der mindestens die Begrenzung der Verkehrsflächen und die an diesen gelegenen überbaubaren Grundstücksflächen enthält und unter Mitwirkung der Straßenbaubehörde zustande gekommen ist.

(4) [1]Die Gemeinden können durch Satzung vorschreiben, daß bestimmte Gemeindeverbindungsstraßen vom Anbau nach Absatz 1 freizuhalten sind, soweit dies für die Sicherheit oder Leichtigkeit des

Verkehrs, besonders im Hinblick auf Sichtverhältnisse, Verkehrsgefährdung, Bebauungsabsichten und Straßenbaugestaltung erforderlich ist. [2]Das Anbauverbot darf sich nur auf eine Entfernung bis zu 10 m, gemessen vom Rand der Fahrbahndecke, erstrecken.

Art. 24 Errichtung oder Änderung baulicher Anlagen. (1) [1]Unbeschadet der Vorschrift des Art. 23 dürfen baurechtliche oder nach anderen Vorschriften erforderliche Genehmigungen nur im Einvernehmen mit der Straßenbaubehörde erteilt werden, wenn bauliche Anlagen längs

1. von Staatsstraßen in einer Entfernung bis zu 40 m und
2. von Kreisstraßen in einer Entfernung bis zu 30 m,

jeweils gemessen vom Rand der Fahrbahndecke, errichtet, erheblich geändert oder so anders genutzt werden sollen, daß Auswirkungen auf die Sicherheit und Leichtigkeit des Verkehrs zu erwarten sind. [2]Das Einvernehmen darf nur verweigert oder von Auflagen abhängig gemacht werden, soweit dies für die Sicherheit oder Leichtigkeit des Verkehrs, besonders wegen der Sichtverhältnisse, Verkehrsgefährdung, Bebauungsabsichten und Straßenbaugestaltung erforderlich ist.

(2) Das Einvernehmen ist auch erforderlich, wenn infolge der Errichtung, Änderung oder anderen Nutzung von baulichen Anlagen außerhalb der zur Erschließung der anliegenden Grundstücke bestimmten Teile der Ortsdurchfahrten

1. Grundstücke eine Zufahrt (Art. 19 Abs. 1) zu einer Staatsstraße oder Kreisstraße erhalten sollen oder
2. die Änderung einer bestehenden Zufahrt zu einer Staats- oder Kreisstraße erforderlich würde.

(3) [1]Ist in den Fällen der Absätze 1 und 2 eine baurechtliche oder anderweitige Genehmigung nicht erforderlich, so entscheidet die Straßenbaubehörde. [2]Soweit nach Art. 86 BayBO die Regierung zuständig ist, trifft diese die Entscheidung.

(4) Art. 23 Abs. 3 gilt entsprechend.

Art. 25 *(aufgehoben)*

Art. 26 Freihaltung von Sichtdreiecken. [1]Bauliche Anlagen dürfen nicht errichtet oder geändert werden, wenn die Sichtverhältnisse bei höhengleichen Kreuzungen von Straßen mit dem öffentlichen Verkehr dienenden Eisenbahnen dadurch beeinträchtigt werden.[1] [2]Das

---

[1] Bek. über Zulässigkeit, Bemessung, Herstellung und Erhaltung der Sichtflächen an höhengleichen Kreuzungen von Eisenbahnen und Straßen (Bahnübergänge) v. 25. 6. 1974 (MABl. S. 444).

gleiche gilt für höhengleiche Kreuzungen und Einmündungen von Straßen außerhalb der geschlossenen Ortslage.

Art. 27 Baubeschränkungen für geplante Straßen. [1] Für geplante Straßen gelten die Beschränkungen der Art. 23 bis 26 vom Beginn der Auslegung der Pläne im Planfeststellungsverfahren an. [2] Wird auf die Auslegung verzichtet, so gelten sie von dem Zeitpunkt an, zu dem den Betroffenen Gelegenheit gegeben wird, den Plan einzusehen.

Art. 27a Entschädigung wegen Baubeschränkungen. (1) [1] Wird nach den Art. 23 bis 26 die bauliche Nutzung eines Grundstücks, auf deren Zulassung bisher ein Rechtsanspruch bestand, ganz oder teilweise aufgehoben, so kann der Eigentümer und ein sonst zur Nutzung Berechtigter insoweit nach den Vorschriften des Bayerischen Gesetzes über die entschädigungspflichtige Enteignung Entschädigung in Geld verlangen, als seine Vorbereitungen zur baulichen Nutzung des Grundstücks in dem bisher zulässigen Umfang für ihn an Wert verlieren oder eine wesentliche Wertminderung des Grundstücks eintritt. [2] Zur Entschädigung ist der Träger der Straßenbaulast verpflichtet, im Fall des Art. 26 Satz 1 unbeschadet seiner Ausgleichsansprüche nach dem Eisenbahnkreuzungsgesetz.

(2) Im Fall des Art. 27 entsteht der Anspruch nach Absatz 1 erst, wenn der Plan unanfechtbar festgestellt oder mit der Ausführung begonnen worden ist, spätestens jedoch vier Jahre nach Auslegung der Pläne.

Art. 27b Veränderungssperre. (1) [1] Vom Beginn der Auslegung der Pläne im Planfeststellungsverfahren oder von dem Zeitpunkt an, zu dem den Betroffenen Gelegenheit gegeben wird, den Plan einzusehen, dürfen auf den vom Plan betroffenen Flächen bis zu ihrer Übernahme durch den Träger der Straßenbaulast wesentlich wertsteigernde oder das Straßenbauvorhaben erheblich erschwerende Veränderungen nicht vorgenommen werden. [2] Veränderungen, die in rechtlich zulässsiger Weise vorher begonnen worden sind, Unterhaltungsarbeiten und die Fortführung einer bisher ausgeübten Nutzung sind hiervon ausgenommen.

(2) [1] Dauern diese Beschränkungen länger als vier Jahre, so können die Eigentümer und die sonst zur Nutzung Berechtigten für danach eintretende Vermögensnachteile vom Träger der Straßenbaulast nach den Vorschriften des Bayerischen Gesetzes über die entschädigungspflichtige Enteignung Entschädigung in Geld verlangen. [2] Der Eigentümer einer vom Plan betroffenen Fläche kann vom Träger der Straßenbaulast ferner verlangen, daß er die Fläche zu Eigentum übernimmt, wenn es dem Eigentümer wegen dieser Beschränkungen wirt-

schaftlich nicht mehr zuzumuten ist, die Fläche in der bisherigen oder einer anderen zulässigen Art zu nutzen. [3]Kommt eine Einigung über die Übernahme nicht zustande, kann der Eigentümer das Enteignungsverfahren beantragen; im übrigen gelten die Vorschriften des Bayerischen Gesetzes über die entschädigungspflichtige Enteignung sinngemäß.

(3) [1]Zur Sicherung der Planung neuer Staatsstraßen und Kreisstraßen können die Regierungen nach Anhörung der Gemeinden, deren Gebiet betroffen wird, Planungsgebiete festlegen. [2]Für diese gilt Absatz 1 entsprechend. [3]Die Festlegung ist auf höchstens zwei Jahre zu befristen. [4]Die Frist kann, wenn besondere Umstände es erfordern, auf höchstens vier Jahre verlängert werden. [5]Sie tritt mit Beginn der Auslegung der Pläne im Planfeststellungsverfahren oder von dem Zeitpunkt an, zu dem den Betroffenen Gelegenheit gegeben wird, den Plan einzusehen, außer Kraft. [6]Ihre Dauer ist auf die Vierjahresfrist nach Absatz 2 anzurechnen.

(4) [1]Die Festlegung eines Planungsgebiets ist in den Gemeinden, deren Gebiet betroffen wird, auf ortsübliche Weise bekanntzumachen. [2]Planungsgebiete sind außerdem in Karten einzutragen, die in den Gemeinden während der Geltungsdauer der Festlegung zur Einsicht auszulegen sind.

(5) Die Regierungen können im Einzelfall Ausnahmen von den Absätzen 1 und 3 zulassen, wenn keine überwiegenden öffentlichen Belange entgegenstehen.

33. Luftverkehrsgesetz (LuftVG)

in der Fassung der Bekanntmachung vom 14. Januar 1981 (BGBl. I S. 61)

Geändert durch Art. 12 G vom 12. 2. 1990 (BGBl. I S. 205), G vom 23. 7. 1992 (BGBl. I S. 1370) und Art. 4 G vom 17. 12. 1993 (BGBl. I S. 2123)

(Auszug)

Erster Abschnitt. Luftverkehr

2. Unterabschnitt. Flugplätze

§ 6[1] [Genehmigung zur Anlage und zum Betrieb von Flugplätzen] (1) [1] Flugplätze (Flughäfen, Landeplätze und Segelfluggelände) dürfen nur mit Genehmigung angelegt oder betrieben werden. [2] Im Genehmigungsverfahren für Flugplätze, die einer Planfeststellung bedürfen, ist die Umweltverträglichkeit zu prüfen. [3] § 15 Abs. 1 Satz 2 des Gesetzes über die Umweltverträglichkeitsprüfung bleibt unberührt. [4] Die Genehmigung kann mit Auflagen verbunden und befristet werden.

(2) [1] Vor Erteilung der Genehmigung ist besonders zu prüfen, ob die geplante Maßnahme den Erfordernissen der Raumordnung und Landesplanung entspricht und ob die Erfordernisse des Naturschutzes und der Landschaftspflege sowie des Städtebaus und der Schutz vor Fluglärm angemessen berücksichtigt sind. [2] Ist das in Aussicht genommene Gelände ungeeignet oder rechtfertigen Tatsachen die Annahme, daß die öffentliche Sicherheit oder Ordnung gefährdet wird, ist die Genehmigung zu versagen. [3] Ergeben sich später solche Tatsachen, so kann die Genehmigung widerrufen werden.

(3) Die Genehmigung eines Flughafens, der dem allgemeinen Verkehr dienen soll, ist außerdem zu versagen, wenn durch die Anlegung und den Betrieb des beantragten Flughafens die öffentlichen Interessen in unangemessener Weise beeinträchtigt werden.

(4) [1] Die Genehmigung ist zu ergänzen oder zu ändern, wenn dies nach dem Ergebnis des Planfeststellungsverfahrens (§§ 8 bis 10) notwendig ist. [2] Eine Änderung der Genehmigung ist auch erforderlich, wenn die Anlage oder der Betrieb des Flugplatzes wesentlich erweitert oder geändert werden soll.

§ 7 [Vorbereitung der Genehmigung] (1) Die Genehmigungsbehörde kann dem Antragsteller die zur Vorbereitung seines Antrags (§ 6)

[1] § 6 Abs. 1 Sätze 2 und 3 eingef., bish. Satz 2 wird Satz 4 durch Art. 12 G v. 12. 2. 1990 (BGBl. I S. 205).

erforderlichen Vorarbeiten gestatten, wenn eine Prüfung ergeben hat, daß die Voraussetzungen für die Erteilung der Genehmigung voraussichtlich vorliegen.

(2) [1]Die Dauer der Erlaubnis soll zwei Jahre nicht überschreiten. [2]Diese Erlaubnis gibt keinen Anspruch auf Erteilung der Genehmigung nach § 6.

(3) [1]Die Beauftragten der Genehmigungsbehörde können Grundstücke, die für die Genehmigung in Betracht kommen, auch ohne Zustimmung des Berechtigten betreten, diese Grundstücke vermessen und sonstige Vorarbeiten vornehmen, die für die endgültige Entscheidung über die Eignung des Geländes notwendig sind. [2]Zum Betreten von Wohnungen sind sie nicht berechtigt.

(4) [1]Die Genehmigungsbehörde kann die Vorarbeiten von Auflagen abhängig machen. [2]Ist durch die Vorarbeiten ein erheblicher Schaden zu erwarten, hat die Genehmigungsbehörde Sicherheitsleistung durch den Antragsteller anzuordnen.

(5) [1]Wenn durch die Vorarbeiten Schäden verursacht werden, hat der Antragsteller unverzüglich nach Eintritt des jeweiligen Schadens volle Entschädigung in Geld zu leisten oder auf Verlangen des Geschädigten den früheren Zustand wiederherzustellen. [2]Über Art und Höhe der Entschädigung entscheiden im Streitfalle die ordentlichen Gerichte.

§ 8[1)] [Planfeststellung für Flughäfen] (1) [1]Flughäfen sowie Landeplätze mit beschränktem Bauschutzbereich nach § 17 dürfen nur angelegt, bestehende nur geändert werden, wenn der Plan nach § 10 vorher festgestellt ist. [2]Bei der Planfeststellung sind die von dem Vorhaben berührten öffentlichen und privaten Belange einschließlich der Umweltverträglichkeit im Rahmen der Abwägung zu berücksichtigen.

(2) [1]An Stelle eines Planfeststellungsbeschlusses kann eine Plangenehmigung erteilt werden, wenn

1. Rechte anderer nicht beeinträchtigt werden oder die Betroffenen sich mit der Inanspruchnahme ihres Eigentums oder eines anderen Rechts schriftlich einverstanden erklärt haben und
2. mit den Trägern öffentlicher Belange, deren Aufgabenbereich berührt wird, das Benehmen hergestellt worden ist.

[2]Die Plangenehmigung hat die Rechtswirkung der Planfeststellung nach § 9 Abs. 1; auf ihre Erteilung finden die Vorschriften über das Planfeststellungsverfahren keine Anwendung. [3]§ 75 Abs. 4 des Verwaltungsverfahrensgesetzes und die entsprechenden landesrechtlichen Bestimmungen gelten entsprechend. [4]Vor Erhebung einer verwaltungsgerichtlichen Klage bedarf es keiner Nachprüfung in einem Vorverfahren.

[1)] § 8 Abs. 1 Satz 2 angef. durch Art. 12 G v. 12. 2. 1990 (BGBl. I S. 205), Abs. 1 Satz 2 neugef., Abs. 2 eingef., bish. Abs. 2 wird Abs. 3 und neugef., Abs. 4 bis 7 angef. durch Art. 4 G v. 17. 12. 1993 (BGBl. I S. 2123).

(3) [1]Planfeststellung und Plangenehmigung können bei Änderungen oder Erweiterungen von unwesentlicher Bedeutung unterbleiben. [2]Fälle unwesentlicher Bedeutung liegen insbesondere vor, wenn unmittelbar durch die geänderte oder erweiterte Anlage

1. andere öffentliche Belange nicht berührt sind oder die erforderlichen behördlichen Entscheidungen vorliegen und sie dem Plan nicht entgegenstehen und
2. Rechte anderer nicht beeinflußt werden oder mit den vom Plan Betroffenen entsprechende Vereinbarungen getroffen werden.

(4) [1]Betriebliche Regelungen und die bauplanungsrechtliche Zulässigkeit von Hochbauten auf dem Flugplatzgelände können Gegenstand der Planfeststellung sein. [2]Änderungen solcherart getroffener betrieblicher Regelungen bedürfen nur einer Regelung entsprechend § 6 Abs. 4 Satz 2.

(5) [1]Für die zivile Nutzung eines aus der militärischen Trägerschaft entlassenen ehemaligen Militärflugplatzes ist eine Änderungsgenehmigung nach § 6 Abs. 4 Satz 2 durch die zuständige Zivilluftfahrtbehörde erforderlich, in der der Träger der zivilen Nutzung anzugeben ist. [2]Die Genehmigungsurkunde muß darüber hinaus die für die entsprechende Flugplatzart vorgeschriebenen Angaben enthalten (§ 42 Abs. 2, § 52 Abs. 2, § 57 Abs. 2 der Luftverkehrs-Zulassungs-Ordnung). [3]Eine Planfeststellung oder Plangenehmigung findet nicht statt. [4]Ein militärischer Bauschutzbereich bleibt bestehen, bis die Genehmigungsbehörde etwas anderes bestimmt. [5]Spätestens mit der Bekanntgabe der Änderungsgenehmigung nach § 6 Abs. 4 Satz 2 gehen alle Rechte und Pflichten von dem militärischen auf den zivilen Träger über.

(6) Die Genehmigung nach § 6 ist nicht Voraussetzung für ein Planfeststellungsverfahren oder ein Plangenehmigungsverfahren.

(7) Absatz 5 Satz 1 bis 3 gilt entsprechend bei der zivilen Nutzung oder Mitbenutzung eines nicht aus der militärischen Trägerschaft entlassenen Militärflugplatzes.

§ 8 a[1)] [Veränderungssperre] (1) [1]Sobald der Plan ausgelegt oder andere Gelegenheit gegeben ist, den Plan einzusehen, dürfen auf den vom Plan betroffenen Flächen bis zu ihrer Inanspruchnahme wesentlich wertsteigernde oder die geplanten Baumaßnahmen erheblich erschwerende Veränderungen nicht vorgenommen werden (Veränderungssperre). [2]Veränderungen, die in rechtlich zulässiger Weise vorher begonnen worden sind, Unterhaltungsarbeiten und die Fortführung einer bisher ausgeübten Nutzung werden davon nicht berührt. [3]Unzulässige Veränderungen bleiben bei der Anordnung von Vorkehrungen und Anlagen und im Entschädigungsverfahren unberücksichtigt.

---

1) § 8 a eingef. durch Art. 4 G v. 17. 12. 1993 (BGBl. I S. 2123).

(2) Dauert die Veränderungssperre über vier Jahre, können die Eigentümer für die dadurch entstandenen Vermögensnachteile Entschädigung verlangen.

(3) In den Fällen des Absatzes 1 Satz 1 steht dem Unternehmer an den betroffenen Flächen ein Vorkaufsrecht zu.

§ 9[1] **[Inhalt der Planfeststellung]** (1) [1]Die Planfeststellung ersetzt alle nach anderen Rechtsvorschriften notwendigen öffentlich-rechtlichen Genehmigungen, Verleihungen, Erlaubnisse und Zustimmungen. [2]Durch sie werden alle öffentlich-rechtlichen Beziehungen zwischen dem Unternehmer und den durch den Plan Betroffenen rechtsgestaltend geregelt. [3]Unberührt bleiben die Zuständigkeit des Bundesministers für Verkehr nach § 27 d Abs. 1 und 4 und die Zuständigkeit der für die Baugenehmigungen zuständigen Behörden.

(2) Im Planfeststellungsbeschluß sind dem Unternehmer die Errichtung und Unterhaltung der Anlagen aufzuerlegen, die für das öffentliche Wohl oder zur Sicherung der Benutzung der benachbarten Grundstücke gegen Gefahren oder Nachteile notwendig sind.

(3) Ist der Plan rechtskräftig festgestellt, so sind Beseitigungs- und Änderungsansprüche gegenüber festgestellten Anlagen ausgeschlossen.

(4) [1]Wird der Plan nicht innerhalb von fünf Jahren nach Rechtskraft durchgeführt, so können die vom Plan betroffenen Grundstückseigentümer verlangen, daß der Unternehmer ihre Grundstücke und Rechte insoweit erwirbt, als nach § 28 die Enteignung zulässig ist. [2]Kommt keine Einigung zustande, so können sie die Durchführung des Enteignungsverfahrens bei der Enteignungsbehörde beantragen. [3]Im übrigen gilt § 28.

§ 10[2] **[Planfeststellungsbehörde; Verfahren]** (1) [1]Planfeststellungsbehörde ist die von der Landesregierung bestimmte Behörde.[3] [2]Sie stellt den Plan fest, erteilt die Plangenehmigung nach § 8 Abs. 2 und trifft die Entscheidung nach § 8 Abs. 3.

(2) [1]Für das Anhörungsverfahren gilt § 73 des Verwaltungsverfahrensgesetzes mit folgenden Maßgaben:

1. Die Pläne sind der von der Landesregierung bestimmten Behörde (Anhörungsbehörde) zur Stellungsnahme vorzulegen. [2]Diese hat alle in ihrem Aufgabenbereich durch das Vorhaben berührten Behörden des Bundes, der Länder, der Gemeinden und die übrigen Beteiligten zu hören und ihre Stellungnahme der Planfeststellungsbehörde zuzuleiten.

---

[1] § 9 Abs. 1 Satz 3 geänd. durch G v. 23. 7. 1992 (BGBl. I S. 1370).

[2] § 10 Abs. 1 Satz 2 und Abs. 2 neugef., Abs. 3 bis 5 aufgeh., bish. Abs. 6 wird Abs. 3, Abs. 7 wird durch Abs. 4 bis 8 ersetzt durch Art. 4 G v. 17. 12. 1993 (BGBl. I S. 2123).

[3] VO über die Zuständigkeiten im Planfeststellungsverfahren nach dem Luftverkehrsgesetz v. 22. 12. 1959 (BayRS 960-1-2-W), geänd. durch VO v. 12. 3. 1996 (GVBl. S. 94).

2. Die Einholung der Stellungnahmen der Behörden sowie die Auslegung des Plans in den Gemeinden, in denen sich das Vorhaben voraussichtlich auswirkt, veranlaßt die Anhörungsbehörde innerhalb eines Monats, nachdem der Unternehmer den Plan bei ihr eingereicht hat.
3. [1]Die Behörden, deren Aufgabenbereich berührt wird, haben ihre Stellungnahmen innerhalb einer von der Anhörungsbehörde zu setzenden Frist abzugeben, die drei Monate nicht übersteigen darf. [2]Danach eingehende Stellungnahmen der Behörden müssen bei der Feststellung des Plans nicht berücksichtigt werden; dies gilt nicht, wenn später von einer Behörde vorgebrachte öffentliche Belange der Planfeststellungsbehörde auch ohne ihr Vorbringen bekannt sind oder hätten bekannt sein müssen. [3]Die Gemeinden legen den Plan innerhalb von drei Wochen nach Zugang aus. [4]Sie machen die Auslegung ortsüblich bekannt.
4. [1]Die Erörterung nach § 73 Abs. 6 des Verwaltungsverfahrensgesetzes hat die Anhörungsbehörde innerhalb von drei Monaten nach Ablauf der Einwendungsfrist abzuschließen. [2]Sie gibt ihre Stellungnahme nach § 73 Abs. 9 des Verwaltungsverfahrensgesetzes innerhalb eines Monats nach Abschluß der Erörterung ab.
5. [1]Bei der Änderung eines Flughafens oder eines Landeplatzes mit beschränktem Bauschutzbereich nach § 17 kann von einer förmlichen Erörterung im Sinne des § 73 Abs. 6 des Verwaltungsverfahrensgesetzes und des § 9 Abs. 1 Satz 2 des Gesetzes über die Umweltverträglichkeitsprüfung abgesehen werden. [2]Vor dem Abschluß des Planfeststellungsverfahrens ist den Einwendern Gelegenheit zur Äußerung zu geben. [3]Die Stellungnahme der Anhörungsbehörde nach § 73 Abs. 9 des Verwaltungsverfahrensgesetzes ist innerhalb von sechs Wochen nach Ablauf der Einwendungsfrist abzugeben.

[2]Die Maßgaben gelten entsprechend, wenn das Verfahren landesrechtlich durch ein Verwaltungsverfahrensgesetz geregelt ist.

(3) Werden öffentliche Interessen berührt, für die die Zuständigkeit von Bundesbehörden oder von Behörden, die im Auftrag des Bundes tätig werden, gegeben ist, und kommt eine Verständigung zwischen der Planfeststellungsbehörde und den genannten Behörden nicht zustande, so hat die Planfeststellungsbehörde im Benehmen mit dem Bundesminister für Verkehr zu entscheiden.

(4) [1]Einwendungen gegen den Plan, die nach Ablauf der Einwendungsfrist erhoben werden, sind ausgeschlossen. [2]Hierauf ist in der Bekanntmachung der Auslegung oder der Einwendungsfrist hinzuweisen. [3]Nach dem Erörterungstermin eingehende Stellungnahmen der Behörden müssen bei der Feststellung des Plans nicht berücksichtigt werden; dies gilt nicht, wenn später von einer Behörde vorgebrachte

öffentliche Belange der Planfeststellungsbehörde auch ohne ihr Vorbringen bekannt sind oder hätten bekannt sein müssen.

(5) Der Planfeststellungsbeschluß ist denjenigen, über deren Einwendungen entschieden worden ist, mit Rechtsbehelfsbelehrung zuzustellen; die Vorschriften des Verwaltungsverfahrensgesetzes über die Bekanntgabe bleiben im übrigen unberührt.

(6) [1] Ist die sofortige Vollziehung des Planfeststellungsbeschlusses oder der Plangenehmigung für den Bau oder die Änderung von Verkehrsflughäfen angeordnet, so kann der Antrag nach § 80 Abs. 5 Satz 1 der Verwaltungsgerichtsordnung auf Wiederherstellung der aufschiebenden Wirkung der Anfechtungsklage nur innerhalb eines Monats nach der Anordnung der sofortigen Vollziehung gestellt werden. [2] Darauf ist in der Anordnung der sofortigen Vollziehung hinzuweisen; § 58 der Verwaltungsgerichtsordnung gilt entsprechend. [3] Treten später Tatsachen ein, die die Wiederherstellung der aufschiebenden Wirkung rechtfertigen, so kann der durch den Planfeststellungsbeschluß oder die Plangenehmigung Beschwerte einen hierauf gestützten Antrag nach § 80 Abs. 5 Satz 1 der Verwaltungsgerichtsordnung innerhalb von einem Monat stellen. [4] Die Frist beginnt in dem Zeitpunkt, in dem der Beschwerte von den Tatsachen Kenntnis erlangt.

(7) [1] Der Kläger hat innerhalb einer Frist von sechs Wochen die zur Begründung seiner Klage dienenden Tatsachen und Beweismittel anzugeben. [2] § 87b Abs. 3 und § 128a der Verwaltungsgerichtsordnung gelten entsprechend.

(8) [1] Mängel bei der Abwägung der von dem Vorhaben berührten öffentlichen und privaten Belange sind nur erheblich, wenn sie offensichtlich und auf das Abwägungsergebnis von Einfluß gewesen sind. [2] Erhebliche Mängel bei der Abwägung oder eine Verletzung von Verfahrens- oder Formvorschriften führen nur dann zur Aufhebung des Planfeststellungsbeschlusses oder der Plangenehmigung, wenn sie nicht durch Planergänzung oder durch ein ergänzendes Verfahren behoben werden können; die §§ 45 und 46 des Verwaltungsverfahrensgesetzes und die entsprechenden landesrechtlichen Bestimmungen bleiben unberührt.

§ 11 [Einwirkungen auf Nachbarschaftsgrundstücke] [1] Die Vorschrift des § 14 des Bundes-Immissionsschutzgesetzes[1)] gilt für Flugplätze entsprechend. [2] Dies gilt auch dann, wenn der Flugplatz öffentlichen Zwecken dient.

§ 12[2)] [Baubeschränkungen im Bauschutzbereich] (1) [1] Bei Genehmigung eines Flughafens ist für den Ausbau ein Plan festzulegen.

---

1) Abgedruckt in Anm. zu § 906 BGB; Nr. **27**.

2) § 12 Abs. 2 Satz 3 geänd., Abs. 3 Nr. 1 Buchst. a neugef. durch G v. 23. 7. 1992 (BGBl. I S. 1370).

[2]Dieser ist maßgebend für den Bereich, in dem die in den Absätzen 2 und 3 bezeichneten Baubeschränkungen gelten (Bauschutzbereich). [3]Der Plan muß enthalten

1. die Start- und Landebahnen einschließlich der sie umgebenden Schutzstreifen (Start- und Landeflächen),
2. die Sicherheitsflächen, die an den Enden der Start- und Landeflächen nicht länger als je 1000 Meter und seitlich der Start- und Landeflächen bis zum Beginn der Anflugsektoren je 350 Meter breit sein sollen,
3. den Flughafenbezugspunkt, der in der Mitte des Systems der Start- und Landeflächen liegen soll,
4. die Startbahnbezugspunkte, die je in der Mitte der Start- und Landeflächen liegen sollen,
5. die Anflugsektoren, die sich beiderseits der Außenkanten der Sicherheitsflächen an deren Enden mit einem Öffnungswinkel von je 15 Grad anschließen; sie enden bei Hauptstart- und Hauptlandeflächen in einer Entfernung von 15 Kilometern, bei Nebenstart- und Nebenlandeflächen in einer Entfernung von 8,5 Kilometern vom Startbahnbezugspunkt.

(2) [1]Nach Genehmigung eines Flughafens darf die für die Erteilung einer Baugenehmigung zuständige Behörde die Errichtung von Bauwerken im Umkreis von 1,5 Kilometer Halbmesser um den Flughafenbezugspunkt sowie auf den Start- und Landeflächen und den Sicherheitsflächen nur mit Zustimmung der Luftfahrtbehörden genehmigen. [2]Die Zustimmung der Luftfahrtbehörden gilt als erteilt, wenn sie nicht binnen zwei Monaten nach Eingang des Ersuchens der für die Erteilung einer Baugenehmigung zuständigen Behörde verweigert wird. [3]Ist die fachliche Beurteilung innerhalb dieser Frist wegen des Ausmaßes der erforderlichen Prüfungen nicht möglich, kann sie von der für die Baugenehmigung zuständigen Behörde im Benehmen mit der für die Flugsicherung zuständigen Stelle verlängert werden.

(3) In der weiteren Umgebung eines Flughafens ist die Zustimmung der Luftfahrtbehörden erforderlich, wenn die Bauwerke folgende Begrenzung überschreiten sollen:

1. außerhalb der Anflugsektoren
   a) im Umkreis von 4 Kilometer Halbmesser um den Flughafenbezugspunkt eine Höhe von 25 Metern (Höhe bezogen auf den Flughafenbezugspunkt),
   b) im Umkreis von 4 Kilometer bis 6 Kilometer Halbmesser um den Flughafenbezugspunkt die Verbindungslinie, die von 45 Meter Höhe bis 100 Meter Höhe (Höhen bezogen auf den Flughafenbezugspunkt) ansteigt;

2. innerhalb der Anflugsektoren
   a) von dem Ende der Sicherheitsflächen bis zu einem Umkreis um den Startbahnbezugspunkt von 10 Kilometer Halbmesser bei Hauptstart- und Hauptlandeflächen und von 8,5 Kilometer bei Nebenstart- und Nebenlandeflächen die Verbindungslinie, die von 0 Meter Höhe an diesem Ende bis 100 Meter Höhe (Höhen bezogen auf den Startbahnbezugspunkt der betreffenden Start- und Landefläche) ansteigt,
   b) im Umkreis von 10 Kilometer bis 15 Kilometer Halbmesser um den Startbahnbezugspunkt bei Hauptstart- und Hauptlandeflächen die Höhe von 100 Metern (Höhe bezogen auf den Startbahnbezugspunkt der betreffenden Start- und Landeflächen). Absatz 2 Satz 2 und 3 gilt entsprechend.

(4) Zur Wahrung der Sicherheit der Luftfahrt und zum Schutz der Allgemeinheit können die Luftfahrtbehörden ihre Zustimmung nach den Absätzen 2 und 3 davon abhängig machen, daß die Baugenehmigung unter Auflagen erteilt wird.

§ 13 [Bauhöhen] Sofern Baubeschränkungen im Bauschutzbereich infolge besonderer örtlicher Verhältnisse oder des Verwendungszwecks des Flughafens in bestimmten Geländeteilen für die Sicherheit der Luftfahrt nicht in dem nach § 12 festgelegten Umfang notwendig sind, können die Luftfahrtbehörden für diese Geländeteile Bauhöhen festlegen, bis zu welchen Bauwerke ohne ihre Zustimmung genehmigt werden können.

§ 14 [Bauwerke außerhalb des Bauschutzbereichs] (1) Außerhalb des Bauschutzbereichs darf die für die Erteilung einer Baugenehmigung zuständige Behörde die Errichtung von Bauwerken, die eine Höhe von 100 Metern über der Erdoberfläche überschreiten, nur mit Zustimmung der Luftfahrtbehörden genehmigen; § 12 Abs. 2 Satz 2 und 3 und Abs. 4 gilt entsprechend.

(2) Das gleiche gilt für Anlagen von mehr als 30 Meter Höhe auf natürlichen oder künstlichen Bodenerhebungen, sofern die Bodenerhebungen mehr als 100 Meter aus der umgebenden Landschaft herausragen; in einem Umkreis von 10 Kilometern um den Flughafenbezugspunkt gilt dabei als Höhe der umgebenden Landschaft die Höhe des Flughafenbezugspunkts.

§ 15 [Andere Luftfahrthindernisse] (1) [1] Die §§ 12 bis 14 gelten sinngemäß für Bäume, Freileitungen, Masten, Dämme sowie für andere Anlagen und Geräte. [2] § 12 Abs. 2 ist auf Gruben, Anlagen der Kanalisation und ähnliche Bodenvertiefungen sinngemäß anzuwenden.

(2) [1]Die Errichtung der in Absatz 1 genannten Luftfahrthindernisse bedarf der Genehmigung. [2]Falls die Genehmigung von einer anderen als der Baugenehmigungsbehörde erteilt wird, bedarf diese der Zustimmung der Luftfahrtbehörde. [3]Ist eine andere Genehmigungsbehörde nicht vorgesehen, so ist die Genehmigung der Luftfahrtbehörde erforderlich.

§ 16 [Beseitigung von Luftfahrthindernissen] (1) [1]Die Eigentümer und anderen Berechtigten haben auf Verlangen der Luftfahrtbehörden zu dulden, daß Bauwerke und andere Luftfahrthindernisse (§ 15), welche die nach den §§ 12 bis 15 zulässige Höhe überragen, auf diese Höhe abgetragen werden. [2]Im Falle des § 15 Abs. 1 Satz 2 erstreckt sich die Verpflichtung zur Duldung auf die Beseitigung der Vertiefungen. [3]Ist die Abtragung oder Beseitigung der Luftfahrthindernisse im Einzelfall nicht durchführbar, so sind die erforderlichen Sicherungsmaßnahmen für die Luftfahrt zu dulden.

(2) Das Recht des Eigentümers oder eines anderen Berechtigten und eine nach anderen Vorschriften bestehende Verpflichtung, diese Maßnahmen auf eigene Kosten selbst durchzuführen, bleiben unberührt.

§ 16a[1)] [Kennzeichnung von Bauwerken; Anzeigepflichten]

(1) [1]Die Eigentümer und anderen Berechtigten von Bauwerken und von Gegenständen im Sinne des § 15 Abs. 1 Satz 1, die die nach § 14 zulässige Höhe nicht überschreiten, haben auf Verlangen der für die Flugsicherung zuständigen Stelle zu dulden, daß die Bauwerke und Gegenstände in geeigneter Weise gekennzeichnet werden, wenn und insoweit dies zur Sicherung des Luftverkehrs erforderlich ist. [2]Das Bestehen sowie der Beginn des Errichtens oder Abbauens von Freileitungen, Seilbahnen und ähnlichen Anlagen, die in einer Länge von mehr als 75 m Täler oder Schluchten überspannen oder Steilabhängen folgen und dabei die Höhe von 20 m über der Erdoberfläche überschreiten, sind der für die Flugsicherung zuständigen Stelle von den Eigentümern und anderen Berechtigten unverzüglich anzuzeigen.

(2) § 16 Abs. 2 gilt entsprechend.

§ 17 [Beschränkter Bauschutzbereich] [1]Bei der Genehmigung von Landeplätzen und Segelfluggeländen können die Luftfahrtbehörden bestimmen, daß die zur Erteilung einer Baugenehmigung zuständige Behörde die Errichtung von Bauwerken im Umkreis von 1,5 Kilometer Halbmesser um den dem Flughafenbezugspunkt entsprechenden Punkt nur mit Zustimmung der Luftfahrtbehörden genehmigen darf (beschränkter Bauschutzbereich). [2]Auf den beschränkten Bauschutzbereich sind § 12 Abs. 2 Satz 2 und 3 und Abs. 4 sowie die §§ 13, 15 und 16 sinngemäß anzuwenden.

---

1) § 16a Abs. 1 geänd. durch G v. 23. 7. 1992 (BGBl. I S. 1370).

§ 18 [Bekanntmachung des Bauschutzbereichs] Der Umfang des Bauschutzbereichs ist den Eigentümern von Grundstücken im Bauschutzbereich und den anderen zum Gebrauch oder zur Nutzung dieser Grundstücke Berechtigten sowie den dinglich Berechtigten, soweit sie der zuständigen Behörde bekannt oder aus dem Grundbuch ersichtlich sind, bekanntzugeben oder in ortsüblicher Weise öffentlich bekanntzumachen.

§ 18 a[1)] [Verbot der Errichtung von Bauwerken] (1) [1]Bauwerke dürfen nicht errichtet werden, wenn die für die Flugsicherung zuständige Stelle der obersten Luftfahrtbehörde des Landes gegenüber anzeigt, daß durch die Errichtung der Bauwerke Flugsicherungseinrichtungen gestört werden. [2]Die für die Flugsicherung zuständige Stelle unterrichtet die oberste Luftfahrtbehörde des Landes über die Standorte aller Flugsicherungseinrichtungen und Bereiche um diese Anlagen, in denen Störungen durch Bauwerke zu erwarten sind. [3]Die obersten Luftfahrtbehörden der Länder unterrichten die für die Flugsicherung zuständige Stelle, wenn sie von der Planung derartiger Bauwerke Kenntnis erhalten.

(2) Die Eigentümer und anderen Berechtigten haben auf Verlangen der für die Flugsicherung zuständigen Stelle zu dulden, daß Bauwerke, die den Betrieb von Flugsicherungseinrichtungen stören, in einer Weise verändert werden, daß Störungen unterbleiben, es sei denn, die Störungen können durch die für die Flugsicherung zuständige Stelle mit einem Kostenaufwand verhindert werden, der nicht über dem Geldwert der beabsichtigten Veränderung liegt.

(3) Die Absätze 1 und 2 gelten sinngemäß für die nach § 15 Abs. 1 Satz 1 genannten Gegenstände.

§ 19 [Entschädigung] (1) [1]Entstehen durch Maßnahmen auf Grund der Vorschriften der §§ 12, 14 bis 17 und 18 a dem Eigentümer oder einem anderen Berechtigten Vermögensnachteile, so ist hierfür eine angemessene Entschädigung in Geld zu leisten. [2] Hierbei ist die entzogene Nutzung, die Beschädigung oder Zerstörung einer Sache unter gerechter Abwägung der Interessen der Allgemeinheit und der Beteiligten zu berücksichtigen. [3]Für Vermögensnachteile, die nicht im unmittelbaren Zusammenhang mit der Beeinträchtigung stehen, ist den in Satz 1 bezeichneten Personen eine Entschädigung zu zahlen, wenn und soweit dies zur Abwendung oder zum Ausgleich unbilliger Härten geboten erscheint.

(2) Unterläßt der Berechtigte eine Änderung der Nutzung, die ihm zuzumuten ist, so mindert sich seine Entschädigung um den Wert der

---

1) § 18 a Abs. 1 und 2 geänd. durch G v. 23. 7. 1992 (BGBl. I S. 1370).

Vermögensvorteile, die ihm bei Ausübung der geänderten Nutzung erwachsen wären.

(3) [1]Werden Bauwerke und sonstige Luftfahrthindernisse (§ 15), deren entschädigungslose Entfernung oder Umgestaltung nach dem jeweils geltenden Recht gefordert werden kann, auf Grund von Maßnahmen nach § 16 ganz oder teilweise entfernt oder umgestaltet, so ist eine Entschädigung nur zu leisten, wenn es aus Gründen der Billigkeit geboten ist. [2]Sind sie befristet zugelassen und ist die Frist noch nicht abgelaufen, so ist eine Entschädigung nach dem Verhältnis der restlichen Frist zu der gesamten Frist zu leisten.

(4) Dinglich Berechtigte, die nicht zum Gebrauch oder zur Nutzung der Sache berechtigt sind, sind nach den Artikeln 52 und 53 des Einführungsgesetzes zum Bürgerlichen Gesetzbuch auf die Entschädigung des Eigentümers angewiesen.

(5) [1]Die Entschädigung ist in den Fällen des § 12 von dem Flughafenunternehmer, in den Fällen des § 17 von dem Unternehmer des Flugplatzes zu zahlen. [2]Soweit die bezeichneten Maßnahmen Grundstücke oder andere Sachen außerhalb der Bauschutzbereiche der §§ 12 und 17 betreffen, ist die Entschädigung, wenn es sich um Maßnahmen der Flugsicherung handelt, vom Bund zu zahlen, im übrigen von den Ländern. [3]In den Fällen der §§ 16a und 18a ist die Entschädigung vom Bund zu zahlen.

(6) Im übrigen sind die Vorschriften des § 13 Abs. 2, der §§ 14, 15, 17 bis 25, 31 und 32 des Schutzbereichgesetzes sinngemäß anzuwenden.

§ 19a [Anlagen zur Messung des Fluglärms] [1]Der Unternehmer eines Verkehrsflughafens, der dem Fluglinienverkehr angeschlossen ist, hat innerhalb einer von der Genehmigungsbehörde festzusetzenden Frist auf dem Flughafen und in dessen Umgebung Anlagen zur fortlaufend registrierenden Messung der durch die an- und abfliegenden Luftfahrzeuge entstehenden Geräusche einzurichten und zu betreiben. [2]Die Meß- und Auswertungsergebnisse sind der Genehmigungsbehörde und der Kommission nach § 32b sowie auf Verlangen der Genehmigungsbehörde anderen Behörden mitzuteilen. [3]Sofern ein Bedürfnis für die Beschaffung und den Betrieb von Anlagen nach Satz 1 nicht besteht, kann die Genehmigungsbehörde Ausnahmen zulassen.

7. Unterabschnitt.[1] Gemeinsame Vorschriften

§ 30[1] [Ausnahmen für Bundeswehr, Bundesgrenzschutz und Polizei] (1) [1]Die Bundeswehr, der Bundesgrenzschutz, die Polizei

[1] 6. Unterabschn. wird 7. Unterabschn., § 30 Abs. 2 Satz 2 eingef., Satz 3 (neu) sowie Abs. 3 Satz 2 geänd. durch G v. 23. 7. 1992 (BGBl. I S. 1370).

sowie die auf Grund völkerrechtlicher Verträge in der Bundesrepublik Deutschland stationierten Truppen dürfen von den Vorschriften des Ersten Abschnitts dieses Gesetzes – ausgenommen die §§ 12, 13 und 15 bis 19 – und den zu seiner Durchführung erlassenen Vorschriften abweichen; soweit dies zur Erfüllung ihrer besonderen Aufgaben unter Berücksichtigung der öffentlichen Sicherheit oder Ordnung erforderlich ist. [2]Das in § 8 vorgesehene Planfeststellungsverfahren entfällt, wenn militärische Flugplätze angelegt oder geändert werden sollen. [3]Von den Vorschriften über das Verhalten im Luftraum darf nur abgewichen werden, soweit dies zur Erfüllung hoheitlicher Aufgaben zwingend notwendig ist. [4]Hinsichtlich der Ausnahmebefugnisse der Polizei bleiben auch die §§ 6 bis 10 unberührt.

(2) [1]Die Verwaltungszuständigkeiten auf Grund dieses Gesetzes werden für den Dienstbereich der Bundeswehr und, soweit völkerrechtliche Verträge nicht entgegenstehen, der stationierten Truppen durch Dienststellen der Bundeswehr nach Bestimmungen des Bundesministers der Verteidigung wahrgenommen. [2]Dies gilt nicht für die Aufgaben der Flugsicherung nach § 27c mit Ausnahme der örtlichen Flugsicherung an den militärischen Flugplätzen; die notwendigen Vorbereitungen zur Wahrnehmung der Aufgaben nach Artikel 87a des Grundgesetzes bleiben unberührt. [3]Der Bundesminister der Verteidigung erteilt im Einvernehmen mit dem Bundesminister für Verkehr die Erlaubnisse nach § 2 Abs. 7 und § 27 Abs. 1 auch für andere militärische Luftfahrzeuge. [4]Bei militärischen Flugplätzen treten an die Stelle der in den §§ 12, 13 und 15 bis 19 genannten Luftfahrtbehörden die Behörden der Bundeswehrverwaltung.

(3) [1]Bei der Anlegung und wesentlichen Änderung militärischer Flugplätze auf Gelände, das nicht durch Maßnahmen auf Grund des Landbeschaffungsgesetzes beschafft zu werden braucht, sind die Erfordernisse der Raumordnung, insbesondere des zivilen Luftverkehrs, nach Anhörung der Regierungen der Länder, die von der Anlegung oder Änderung betroffen werden, angemessen zu berücksichtigen. [2]Der Bundesminister der Verteidigung kann von der Stellungnahme dieser Länder hinsichtlich der Erfordernisse des zivilen Luftverkehrs nur im Einvernehmen mit dem Bundesminister für Verkehr abweichen; er unterrichtet die Regierungen der betroffenen Länder von seiner Entscheidung. [3]Wird Gelände für die Anlegung und wesentliche Änderung militärischer Flugplätze nach den Vorschriften des Landbeschaffungsgesetzes beschafft, findet allein das Anhörungsverfahren nach § 1 Abs. 2 des Landbeschaffungsgesetzes statt; hierbei sind insbesondere die Erfordernisse des zivilen Luftverkehrs angemessen zu berücksichtigen.

34. Gesetz zur Ordnung des Wasserhaushalts (Wasserhaushaltsgesetz – WHG)

in der Fassung der Bekanntmachung vom 12. November 1996 (BGBl. I S. 1695)

(Auszug)

§ 7a Anforderungen an das Einleiten von Abwasser. (1) [1]Eine Erlaubnis für das Einleiten von Abwasser darf nur erteilt werden, wenn die Schadstofffracht des Abwassers so gering gehalten wird, wie dies bei Einhaltung der jeweils in Betracht kommenden Verfahren nach dem Stand der Technik möglich ist. [2]§ 6 bleibt unberührt. [3]Die Bundesregierung legt durch Rechtsverordnung[1)] mit Zustimmung des Bundesrates Anforderungen fest, die dem Stand der Technik entsprechen. [4]Diese Anforderungen können auch für den Ort des Anfalls des Abwassers oder vor seiner Vermischung festgelegt werden.

(2) Für vorhandene Einleitungen werden in der Rechtsverordnung nach Absatz 1 Satz 3 abweichende Anforderungen festgelegt, wenn und soweit die danach erforderlichen Anpassungsmaßnahmen unverhältnismäßig wären.

(3) Entsprechen vorhandene Einleitungen von Abwasser nicht den Anforderungen nach Absatz 1 Satz 3 oder Absatz 2, so stellen die Länder sicher, daß die erforderlichen Maßnahmen in angemessenen Fristen durchgeführt werden.

(4) [1]Die Länder stellen auch sicher, daß bei dem Einleiten von Abwasser in eine öffentliche Abwasseranlage die nach Absatz 1 Satz 4 maßgebenden Anforderungen eingehalten werden. [2]Absatz 3 gilt entsprechend.

(5) Stand der Technik im Sinne des Absatzes 1 ist der Entwicklungsstand technisch und wirtschaftlich durchführbarer fortschrittlicher Verfahren, Einrichtungen oder Betriebsweisen, die als beste verfügbare Techniken zur Begrenzung von Emissionen praktisch geeignet sind.

§ 9a Zulassung vorzeitigen Beginns. (1) In einem Erlaubnis- oder Bewilligungsverfahren kann die für die Erteilung der Erlaubnis

---

1) VO über Anforderungen an das Einleiten von Abwasser in Gewässer und zur Anpassung der Anlage des Abwasserabgabengesetzes vom 21. März 1997 (BGBl. I S. 566).

oder Bewilligung zuständige Behörde in jederzeit widerruflicher Weise zulassen, daß bereits vor Erteilung der Erlaubnis oder Bewilligung mit der Benutzung begonnen wird, wenn

1. mit einer Entscheidung zugunsten des Unternehmers gerechnet werden kann,
2. an dem vorzeitigen Beginn ein öffentliches Interesse oder ein berechtigtes Interesse des Unternehmers besteht und
3. der Unternehmer sich verpflichtet, alle bis zur Entscheidung durch das Unternehmen verursachten Schäden zu ersetzen und, falls die Benutzung nicht erlaubt oder bewilligt wird, den früheren Zustand wiederherzustellen.

(2) Die Zulassung kann befristet und mit Benutzungsbedingungen erteilt und mit Auflagen verbunden werden.

§ 19g Anlagen zum Umgang mit wassergefährdenden Stoffen.

(1) [1]Anlagen zum Lagern, Abfüllen, Herstellen und Behandeln wassergefährdender Stoffe sowie Anlagen zum Verwenden wassergefährdender Stoffe im Bereich der gewerblichen Wirtschaft und im Bereich öffentlicher Einrichtungen müssen so beschaffen sein und so eingebaut, aufgestellt, unterhalten und betrieben werden, daß eine Verunreinigung der Gewässer oder eine sonstige nachteilige Veränderung ihrer Eigenschaften nicht zu besorgen ist. [2]Das gleiche gilt für Rohrleitungsanlagen, die den Bereich eines Werksgeländes nicht überschreiten.

(2) Anlagen zum Umschlagen wassergefährdender Stoffe und Anlagen zum Lagern und Abfüllen von Jauche, Gülle und Silagesickersäften müssen so beschaffen sein und so eingebaut, aufgestellt, unterhalten und betrieben werden, daß der bestmögliche Schutz der Gewässer vor Verunreinigung oder sonstiger nachteiliger Veränderung ihrer Eigenschaften erreicht wird.

(3) Anlagen im Sinne der Absätze 1 und 2 müssen mindestens entsprechend den allgemein anerkannten Regeln der Technik beschaffen sein sowie eingebaut, aufgestellt, unterhalten und betrieben werden.

(4) Landesrechtliche Vorschriften für das Lagern wassergefährdender Stoffe in Wasserschutz-, Quellenschutz-, Überschwemmungs- oder Plangebieten bleiben unberührt.

(5) [1]Wassergefährdende Stoffe im Sinne der §§ 19g bis 19l sind feste, flüssige und gasförmige Stoffe, insbesondere

– Säuren, Laugen,
– Alkalimetalle, Siliciumlegierungen mit über 30 vom Hundert Silicium, metallorganische Verbindungen, Halogene, Säurehalogenide, Metallcarbonyle und Beizsalze,
– Mineral- und Teeröle sowie deren Produkte,

– flüssige sowie wasserlösliche Kohlenwasserstoffe, Alkohole, Aldehyde, Ketone, Ester, halogen-, stickstoff- und schwefelhaltige organische Verbindungen,
– Gifte,

die geeignet sind, nachhaltig die physikalische, chemische oder biologische Beschaffenheit des Wassers nachteilig zu verändern. [2]Das Bundesministerium für Umwelt, Naturschutz und Reaktorsicherheit erläßt mit Zustimmung des Bundesrates allgemeine Verwaltungsvorschriften, in denen die wassergefährdenden Stoffe näher bestimmt und entsprechend ihrer Gefährlichkeit eingestuft werden.

(6) [1]Die Vorschriften der §§ 19g bis 19l gelten nicht für Anlagen im Sinne der Absätze 1 und 2 zum Umgang mit

1. Abwasser,
2. Stoffen, die hinsichtlich der Radioaktivität die Freigrenzen des Strahlenschutzrechts überschreiten.

[2]Absatz 1 und die §§ 19h bis 19l finden auf Anlagen zum Lagern und Abfüllen von Jauche, Gülle und Silagesickersäften keine Anwendung.

§ 19h Eignungsfeststellung und Bauartzulassung. (1) [1]Anlagen nach § 19g Abs. 1 und 2 oder Teile von ihnen sowie technische Schutzvorkehrungen dürfen nur verwendet werden, wenn ihre Eignung von der zuständigen Behörde festgestellt worden ist. [2]Satz 1 gilt nicht

1. für Anlagen, Anlagenteile oder technische Schutzvorkehrungen einfacher oder herkömmlicher Art,
2. wenn wassergefährdende Stoffe
   a) vorübergehend in Transportbehältern gelagert oder kurzfristig in Verbindung mit dem Transport bereitgestellt oder aufbewahrt werden und die Behälter oder Verpackungen den Vorschriften und Anforderungen für den Transport im öffentlichen Verkehr genügen,
   b) sich im Arbeitsgang befinden,
   c) in Laboratorien in der für den Handgebrauch erforderlichen Menge bereitgehalten werden.

(2) [1]Soweit Anlagen, Anlagenteile und technische Schutzvorkehrungen nach Absatz 1 Satz 1 serienmäßig hergestellt werden, können sie der Bauart nach zugelassen werden. [2]Die Bauartzulassung kann inhaltlich beschränkt, befristet und unter Auflagen erteilt werden. [3]Sie wird von der für den Herstellungsort oder Sitz des Einfuhrunternehmens zuständigen Behörde erteilt und gilt für den Geltungsbereich dieses Gesetzes.

(3) Die Eignungsfeststellung nach Absatz 1 und die Bauartzulassung nach Absatz 2 entfallen für Anlagen, Anlagenteile oder technische Schutzvorkehrungen,

1. die nach den Vorschriften des Bauproduktengesetzes vom 10. August 1992 oder anderer Rechtsvorschriften zur Umsetzung von Richtlinien der Europäischen Gemeinschaft, deren Regelungen über die Brauchbarkeit auch Anforderungen zum Schutz der Gewässer umfassen, in den Verkehr gebracht werden dürfen und das Kennzeichen der Europäischen Gemeinschaft (CE-Kennzeichen), das sie tragen, nach diesen Vorschriften zulässige und von den Ländern zu bestimmende Klassen und Leistungsstufen aufweist,
2. bei denen nach den bauordnungsrechtlichen Vorschriften über die Verwendung von Bauprodukten auch die Einhaltung der wasserrechtlichen Anforderungen sichergestellt wird oder
3. die nach immissionsschutz- oder arbeitsschutzrechtlichen Vorschriften der Bauart nach zugelassen sind oder einer Bauartzulassung bedürfen; bei der Bauartzulassung sind die wasserrechtlichen Anforderungen zu berücksichtigen.

§ 19i Pflichten des Betreibers. (1) Der Betreiber hat mit dem Einbau, der Aufstellung, Instandhaltung, Instandsetzung oder Reinigung von Anlagen nach § 19g Abs. 1 und 2 Fachbetriebe nach § 19l zu beauftragen, wenn er selbst nicht die Voraussetzungen des § 19l Abs. 2 erfüllt oder nicht eine öffentliche Einrichtung ist, die über eine dem § 19l Abs. 2 Nr. 2 gleichwertige Überwachung verfügt.

(2) [1]Der Betreiber einer Anlage nach § 19g Abs. 1 und 2 hat ihre Dichtheit und die Funktionsfähigkeit der Sicherheitseinrichtungen ständig zu überwachen. [2]Die zuständige Behörde kann im Einzelfall anordnen, daß der Betreiber einen Überwachungsvertrag mit einem Fachbetrieb nach § 19l abschließt, wenn er selbst nicht die erforderliche Sachkunde besitzt oder nicht über sachkundiges Personal verfügt. [3]Er hat darüber hinaus nach Maßgabe des Landesrechts Anlagen durch zugelassene Sachverständige auf den ordnungsgemäßen Zustand überprüfen zu lassen, und zwar

1. vor Inbetriebnahme oder nach einer wesentlichen Änderung,
2. spätestens fünf Jahre, bei unterirdischer Lagerung in Wasser- und Quellenschutzgebieten spätestens zweieinhalb Jahre nach der letzten Überprüfung,
3. vor der Wiederinbetriebnahme einer länger als ein Jahr stillgelegten Anlage,
4. wenn die Prüfung wegen der Besorgnis einer Wassergefährdung angeordnet wird,
5. wenn die Anlage stillgelegt wird.

(3) [1]Die zuständige Behörde kann dem Betreiber Maßnahmen zur Beobachtung der Gewässer und des Bodens auferlegen, soweit dies zur frühzeitigen Erkennung von Verunreinigungen, die von Anlagen nach

§ 19g Abs. 1 und 2 ausgehen können, erforderlich ist. [2]Sie kann ferner anordnen, daß der Betreiber einen Gewässerschutzbeauftragten zu bestellen hat; die §§ 21b bis 21g gelten entsprechend.

§ 19k Besondere Pflichten beim Befüllen und Entleeren. [1]Wer eine Anlage zum Lagern wassergefährdender Stoffe befüllt oder entleert, hat diesen Vorgang zu überwachen und sich vor Beginn der Arbeiten vom ordnungsgemäßen Zustand der dafür erforderlichen Sicherheitseinrichtungen zu überzeugen. [2]Die zulässigen Belastungsgrenzen der Anlagen und der Sicherheitseinrichtungen sind beim Befüllen oder Entleeren einzuhalten.

§ 19l Fachbetriebe. (1) [1]Anlagen nach § 19g Abs. 1 und 2 dürfen nur von Fachbetrieben eingebaut, aufgestellt, instandgehalten, instandgesetzt und gereinigt werden; § 19i Abs. 1 bleibt unberührt. [2]Die Länder können Tätigkeiten bestimmen, die nicht von Fachbetrieben ausgeführt werden müssen.

(2) Fachbetrieb im Sinne des Absatzes 1 ist, wer

1. über die Geräte und Ausrüstungsteile sowie über das sachkundige Personal verfügt, durch die die Einhaltung der Anforderungen nach § 19g Abs. 3 gewährleistet wird, und
2. berechtigt ist, Gütezeichen einer baurechtlich anerkannten Überwachungs- oder Gütegemeinschaft zu führen, oder einen Überwachungsvertrag mit einer Technischen Überwachungsorganisation abgeschlossen hat, der eine mindestens zweijährige Überprüfung einschließt.

[3]Ein Fachbetrieb darf seine Tätigkeit auf bestimmte Fachbereiche beschränken.

§ 34 Reinhaltung. (1) Eine Erlaubnis für das Einleiten von Stoffen in das Grundwasser darf nur erteilt werden, wenn eine schädliche Verunreinigung des Grundwassers oder eine sonstige nachteilige Veränderung seiner Eigenschaften nicht zu besorgen ist.

(2) [1]Stoffe dürfen nur so gelagert oder abgelagert werden, daß eine schädliche Verunreinigung des Grundwassers oder eine sonstige nachteilige Veränderung seiner Eigenschaften nicht zu besorgen ist. [2]Das gleiche gilt für die Beförderung von Flüssigkeiten und Gasen durch Rohrleitungen.

35. Bayerisches Wassergesetz (BayWG)

in der Fassung der Bekanntmachung vom 19. Juli 1994
(GVBl. S. 822, BayRS 753-1-U)

Geändert durch Art. 4 Gesetz über weitere Maßnahmen zur Verwaltungsreform in Bayern (Verwaltungsreformgesetz – VwReformG) vom 26. 7. 1997 (GVBl. S. 311) und § 3 Drittes Gesetz zur Änderung des Bayerischen Verwaltungsverfahrensgesetzes vom 26. 7. 1997 (GVBl. S. 348)

(Auszug)

Art. 34[1)] Erdaufschlüsse (Zu § 35 WHG). (1) [1]Sollen Sand- oder Kiesgruben oder Schächte ausgehoben, Ein- oder Anschnitte im Gelände angebracht oder ähnliche Arbeiten vorgenommen werden, die in den Boden eindringen und eine Freilegung von Grundwasser oder eine Einwirkung auf die Höhe, Bewegung oder Beschaffenheit des Grundwassers nach vorhandenen amtlichen Unterlagen erwarten lassen, so hat das der Unternehmer vorher der Kreisverwaltungsbehörde anzuzeigen. [2]Beauftragt der Unternehmer einen Dritten mit der Durchführung der Arbeiten, so obliegt diesem die Anzeige. [3]Bei genehmigungspflichtigen baulichen Anlagen gilt das Baugenehmigungsgesuch als Anzeige.

(2) Ergibt sich, daß auf das Grundwasser eingewirkt wird, so hat die Kreisverwaltungsbehörde die Arbeiten so lange zu untersagen, bis die erforderliche Erlaubnis oder Bewilligung erteilt oder der Plan festgestellt oder genehmigt ist.

(3) Ist seit der Anzeige ein Monat vergangen, ohne daß die Arbeiten untersagt wurden, so kann sie der Unternehmer beginnen und so lange durchführen, bis er auf Grundwasser einwirkt.

(4) Die Absätze 1 bis 3 gelten nicht für Arbeiten, die von Staatsbaubehörden oder unter deren Aufsicht ausgeführt werden oder die der bergbehördlichen Aufsicht unterliegen.

(5) Wird durch Arbeiten, die der bergbehördlichen Aufsicht unterliegen, unbefugt oder unbeabsichtigt Grundwasser erschlossen, so ist die Bergbehörde für Anordnungen nach § 35 Abs. 2 WHG zuständig.

Art. 37[1)] Anzeigepflicht, Rechtsverordnungen. (1) [1]Wer

1. Anlagen zum Umgang mit wassergefährdenden Stoffen im Sinn des § 19g WHG[2)] betreiben will,

---

[1)] Art. 34 Abs. 5 geänd., Art. 37 Abs. 1 Satz 3 aufgeh., bish. Satz 4 wird Satz 3 und geänd., Abs. 3 Satz 2 aufgeh., Abs. 4 Satz 2 Nr. 4 geänd. durch Art. 4 VerwaltungsreformG v. 26. 7. 1997 (GVBl. S. 311).

[2)] Abgedruckt unter Nr. **34**.

2. Anlagen zum Befördern solcher Stoffe betreiben will oder
3. solche Stoffe ohne Anlagen lagern, abfüllen oder umschlagen will,

hat das rechtzeitig der Kreisverwaltungsbehörde[1)] anzuzeigen.[2)] [2]Anzeigepflichtig ist auch die wesentliche Änderung des Betriebs. [3]Das Staatsministerium für Landesentwicklung und Umweltfragen kann durch Rechtsverordnung festlegen, daß eine Anzeigepflicht für bestimmte Stoffe, Stoffmengen, Anlagen oder Handlungen entfällt, wenn eine nachteilige Veränderung der Gewässer nicht zu besorgen ist.

(2) Der Anzeige sind die erforderlichen Pläne und sonstigen Unterlagen beizufügen.

(3) Bedarf das Unternehmen nach anderen Vorschriften einer vorherigen Anzeige, Genehmigung oder Zulassung, so ist eine Anzeige im Sinn des Absatzes 1 nicht erforderlich.

(4) [1]Das Staatsministerium für Landesentwicklung und Umweltfragen wird ermächtigt, zur Reinhaltung der Gewässer durch Rechtsverordnung[2)] zu bestimmen, wie Anlagen im Sinn des Absatzes 1 beschaffen sein, hergestellt, errichtet, eingebaut, aufgestellt, geändert, unterhalten und betrieben werden oder wie wassergefährdende Stoffe ohne solche Anlagen gelagert, abgefüllt oder umgeschlagen werden müssen. [2]Das Staatsministerium für Landesentwicklung und Umweltfragen kann insbesondere hinsichtlich der Anlagen im Sinn des Absatzes 1 Nr. 1 Vorschriften erlassen über

1. technische Anforderungen an Anlagen. Sind danach die Grundsatzanforderungen durch Rechtsverordnung bestimmt, können sie durch öffentlich bekanntgemachte Verwaltungsvorschriften des Staatsministeriums für Landesentwicklung und Umweltfragen näher umschrieben werden,
2. die Zulässigkeit von Anlagen in Wasserschutzgebieten nach § 19 Abs. 1 WHG, in Heilquellenschutzgebieten nach Art. 40 dieses Gesetzes und in Planungsgebieten nach § 36a WHG für Vorhaben der Wassergewinnung und Wasseranreicherung,
3. die Überwachung von Anlagen durch den Betreiber. Dabei ist grundsätzlich eine Betriebsanweisung mit Überwachungs-, Instandhaltungs- und Alarmplan zu fordern; für Anlagen, von denen bei Störungen oder Unfällen erhebliche Gefahren für Gewässer ausgehen können, kann ein Anlagenkataster verlangt werden, in dem die wesentlichen Merkmale der Anlage, die für den Gewässerschutz bedeutsamen Gefahrenquellen und die Maßnahmen zur Vermeidung von Gewässerschäden zu beschreiben sind,

---

1) Nach § 1 Nr. 2 Buchst. b Verordnung über Aufgaben der Großen Kreisstädte idF der Bek. v. 25. 3. 1991 (GVBl. S. 123) erfüllen die Großen Kreisstädte im übertragenen Wirkungskreis die Aufgaben der Kreisverwaltungsbehörde gemäß Art. 37 BayWG.

2) VO über Anlagen zum Umgang mit wassergefährdenden Stoffen und über Fachbetriebe (Anlagenverordnung – VAwS) v. 3. 8. 1996 (GVBl. S. 348); Nr. **36**.

4. die Überprüfung von Anlagen durch Sachverständige im Sinn des § 19i Abs. 2 Satz 3 WHG[1] sowie die Zulassung, Überwachung und Überprüfung dieser Sachverständigen. Dabei kann bestimmt werden, daß Sachverständige im Sinn des § 19i Abs. 2 Satz 3 WHG[1] die von Organisationen für die Prüfung bestellten Personen sind, die Organisationen aber ihrerseits der Anerkennung durch das Landesamt für Wasserwirtschaft bedürfen. An die Fachkenntnis, Berufserfahrung, persönliche Zuverlässigkeit sowie Unabhängigkeit der Sachverständigen können Anforderungen gestellt werden. Von den Organisationen kann die Aufstellung von Prüfungsgrundsätzen, die stichprobenweise Kontrolle von Prüfungen, die Durchführung eines Erfahrungsaustauschs sowie der Nachweis einer Haftpflichtversicherung und eine Haftungsfreistellung der Länder, in denen die Sachverständigen prüfen, verlangt werden,
5. die Überwachung und Überprüfung von Fachbetrieben und den Nachweis der Fachbetriebseigenschaft sowie die Bestimmung von Tätigkeiten im Sinn des § 19l Abs. 1 Satz 2 WHG,[1] die nicht von Fachbetrieben ausgeführt werden müssen,
6. die Bestimmung, Überwachung und Überprüfung von technischen Überwachungsorganisationen im Sinn des § 19l Abs. 2 Nr. 2 WHG.[1]

Art. 69[2] Bauabnahme. (1) [1]Nach Fertigstellung von Baumaßnahmen, die einer Erlaubnis, Bewilligung, Genehmigung oder Planfeststellung nach dem Wasserhaushaltsgesetz oder nach diesem Gesetz bedürfen, hat der Bauherr der Kreisverwaltungsbehörde die Bestätigung eines Sachverständigen nach Art. 78 vorzulegen, aus der sich ergibt, daß die Baumaßnahmen entsprechend dem Bescheid ausgeführt oder welche Abweichungen von der zugelassenen Bauausführung vorgenommen worden sind; Art. 17a Abs. 2 Satz 4 bleibt unberührt. [2]Geringfügige Abweichungen von der zugelassenen Ausführung können ohne Änderung der wasserrechtlichen Gestattung im Sinn des Satzes 1 genehmigt werden. [3]Die Genehmigung kann unter Auflagen erteilt werden, soweit der zugrundeliegende Bescheid mit Auflagen verbunden werden kann. [4]Werden durch die Abweichungen Ansprüche Beteiligter berührt, über die im vorausgegangenen Verfahren zu entscheiden war, so können nach Anhörung der Beteiligten auch Ausgleichsmaßnahmen oder Entschädigungen festgesetzt werden.

(2) [1]Die Kreisverwaltungsbehörde kann im Einzelfall auf die Bauabnahme verzichten, wenn nach Größe und Art der baulichen Anlage nicht zu erwarten ist, daß durch sie erhebliche Gefahren oder Nach-

[1] Abgedruckt unter Nr. **34**.
[2] Art. 69 Abs. 1 neugef., Abs. 3 aufgeh. durch Art. 4 VerwaltungsreformG v. 26. 7. 1997 (GVBl. S. 311).

teile herbeigeführt werden können, oder eine Bauabnahme nach anderen Vorschriften durchgeführt wird. [2]Bauliche Anlagen des Bundes, der Länder und der Bezirke bedürfen keiner Bauabnahme, wenn der öffentliche Bauherr die Bauoberleitung einem Beamten des höheren bautechnischen Verwaltungsdienstes übertragen hat.

(3) *(aufgehoben)*

36. Verordnung über Anlagen zum Umgang mit wassergefährdenden Stoffen und über Fachbetriebe (Anlagenverordnung – VAwS)[1)]

Vom 3. August 1996 (GVBl. S. 348, ber. 1997 S. 56)

Auf Grund des Art. 37 Abs. 1 Satz 4 und Abs. 4 des Bayerischen Wassergesetzes (BayWG) erläßt das Bayerische Staatsministerium für Landesentwicklung und Umweltfragen folgende Verordnung:

Inhaltsübersicht

[1)] Bek. über Verwaltungsvorschrift zum Vollzug der Anlagenverordnung – VVAwS vom 22. 1. 1997 (AllMBl. S. 149, ber. S. 191).

Erster Teil. Allgemeine Vorschriften

§ 1 Anwendungsbereich. [1] Diese Verordnung gilt für Anlagen zum Umgang mit wassergefährdenden Stoffen nach § 19g Abs. 1 und 2 Wasserhaushaltsgesetz – WHG.[1)] [2] Auf Anlagen zum Lagern und Abfüllen von Jauche, Gülle und Silagesickersäften und auf Anlagen zum Lagern von Festmist sind nur die §§ 3, 4, 7, 10 Abs. 1, 3 und 4, §§ 24 und 29 Abs. 2 anzuwenden.

§ 2 Begriffsbestimmungen. (1) Im Sinn dieser Verordnung sind

1. Anlagen:
selbständige und ortsfeste oder ortsfest benutzte Funktionseinheiten, die nicht lediglich kurzzeitig oder an ständig wechselnden Orten eingesetzt werden; betrieblich verbundene unselbständige Funktionseinheiten bilden eine Anlage,

---

1) Nr. **34**.

2. gasförmige Stoffe:
Stoffe, deren kritische Temperatur unter 50 °C liegt oder die bei 50 °C einen Dampfdruck größer als 3 bar haben,
3. feste Stoffe:
Stoffe, die nach dem Verfahren zur Abgrenzung brennbarer Flüssigkeiten gegen brennbare feste oder salbenförmige Stoffe in Nummer 3 der Technischen Regel für brennbare Flüssigkeiten (TRbF) 003 als fest oder salbenförmig gelten,
4. flüssige Stoffe:
Stoffe, die weder gasförmig nach Nummer 2 noch fest nach Nummer 3 sind,
5. unterirdische Anlagen oder Anlagenteile:
Anlagen oder Anlagenteile, die vollständig oder teilweise im Erdreich eingebettet sind; jedoch nicht leicht einsehbare Gerinne und Kanäle,
6. oberirdische Anlagen oder Anlagenteile:
Anlagen oder Anlagenteile, die nicht unterirdisch nach Nummer 5 sind, Anlagen oder Anlagenteile in leicht einsehbaren oder begehbaren unterirdischen Räumen, Rohrleitungen verlegt in einem leicht einsehbaren oder begehbaren unterirdischen Schutzrohr oder Schutzkanal,
7. Lagern:
das Vorhalten von wassergefährdenden Stoffen zur weiteren Nutzung, Abgabe oder Entsorgung,
8. Abfüllen:
das Befüllen oder Entleeren von Behältern oder Verpackungen mit wassergefährdenden Stoffen,
9. Umschlagen:
das Laden und Löschen von Schiffen sowie das Be- und Entladen von Transportmitteln mit Behältern oder Verpackungen, Umladen von wassergefährdenden Stoffen in Behältern oder Verpackungen von einem Transportmittel auf ein anderes,
10. Herstellen:
das Erzeugen, Gewinnen und Schaffen von wassergefährdenden Stoffen,
11. Behandeln:
das Einwirken auf wassergefährdende Stoffe, um deren Eigenschaften zu verändern,
12. Verwenden:
das Anwenden, Gebrauchen und Verbrauchen von wassergefährdenden Stoffen unter Ausnutzung ihrer Eigenschaften,
13. wassergefährdende Stoffe im Arbeitsgang:
wenn sie hergestellt, behandelt oder verwendet werden,

14. Rohrleitungen:
feste oder flexible Leitungen zum Befördern wassergefährdender Stoffe; flexible Rohrleitungen sind solche, deren Lage betriebsbedingt verändert wird, insbesondere Schlauchleitungen und Rohre mit Gelenkverbindungen; zu den Rohrleitungen gehören außer den Rohren insbesondere auch die Formstücke, Armaturen, Flansche und Dichtmittel,
15. Überfüllsicherungen:
Einrichtungen, die rechtzeitig vor Erreichen des zulässigen Füllungsgrades im zu befüllenden Behälter den Füllvorgang selbsttätig unterbrechen oder Alarm auslösen,
16. Abfüllsicherungen:
Einrichtungen, die den Füllvorgang durch Schließen der Absperreinrichtung am Behälter (auch eines Tankfahrzeugs), aus dem abgefüllt wird, unterbrechen,
17. Leckanzeigegeräte:
Einrichtungen, die Undichtheiten in Wänden und/oder Böden von Behältern oberhalb und unterhalb des Flüssigkeitsspiegels und von Rohrleitungen selbsttätig anzeigen; zum Leckanzeigegerät gehören insbesondere der Leckanzeiger ggf. das Leckanzeigemedium und der Überwachungsraum,
18. Leckschutzauskleidungen:
flexible oder steife der Behälterform angepaßte Einlagen, die dazu bestimmt sind, mit einer vorhandenen Behälterwand einen Überwachungsraum zur Kontrolle durch ein Leckanzeigegerät zu bilden,
19. Leckageerkennungssysteme:
Einrichtungen, die das Auslaufen von wassergefährdenden Flüssigkeiten oder das Eindringen von Wasser in einen Kontrollraum oder Auffangraum selbsttätig anzeigen; Leckageerkennungssysteme bestehen insbesondere aus Punkt- (Leckagesonden), Linien- (Kabel, Schläuche) oder Flächensensoren (Matten) und Anzeigegeräten,
20. Abdichtungsmittel:
Werkstoffe oder Bauteile wie Beschichtungen oder Auskleidungen mit ihren Fügestellen, die dazu bestimmt sind, Behälter oder Auffangvorrichtungen gegen ein Durchdringen der infrage kommenden wassergefährdenden Stoffe beständig auszubilden,
21. Auffangvorrichtungen:
flüssigkeitsdichte bauliche Einrichtungen und Räume von Gebäuden (Auffangräume) und flüssigkeitsdichte Bauteile (Auffangwannen), die dazu bestimmt sind, aus Behältern oder Rohrleitungen auslaufende wassergefährdende Stoffe aufzunehmen und flüssig-

keitsdichte Ableitflächen, die dazu bestimmt sind, aus Behältern oder Rohrleitungen ausgelaufene wassergefährdende Stoffe in Auffangvorrichtungen abzuleiten,

22. Lageranlagen:
Einrichtungen, die dem Vorhalten wassergefährdender Stoffe zur weiteren Nutzung, Abgabe oder Entsorgung dienen; dazu gehören auch Flächen einschließlich ihrer Einrichtungen, die dem Lagern von wassergefährdenden Stoffen in Transportbehältern und Verpackungen dienen; vorübergehendes Lagern in Transportbehältern oder kurzfristiges Bereitstellen oder Aufbewahren in Verbindung mit dem Transport liegen nicht vor, wenn eine Fläche dauernd oder wiederholt dem Vorhalten von wassergefährdenden Stoffen dient,

23. Abfüllanlagen:
Einrichtungen, die dem Abfüllen wassergefährdender Stoffe dienen; dazu gehören auch Flächen, auf denen wassergefährdende Stoffe von einem Transportbehälter in einen anderen gefüllt werden,

24. Wirkbereiche von Abgabeeinrichtungen auf Abfüllplätzen:
die vom Zapfventil in Arbeitshöhe betriebsmäßig waagerecht erreichbaren Bereiche zuzüglich einem Meter,

25. Abfüllplatz von Abfüllanlagen:
der Wirkbereich im Sinn von Nummer 24 zuzüglich der Flächen bis zur Abtrennung von anderen Flächen durch Gefälle, Rinnen oder Aufkantungen sowie Flächen von denen aus Lagerbehälter befüllt oder entleert werden,

26. Tankstellen:
ortsfeste und ortsfest genutzte Anlagen, an denen flüssige wassergefährdende Kraftstoffe zur Versorgung von Landfahrzeugen abgefüllt werden,

27. selbsttätige Aufmerksamkeitsüberwachung:
Einrichtungen, die nach einer festgelegten Zeit einen Abfüllvorgang durch Schließen der Absperreinrichtung am ortsfesten Behälter unterbrechen, wenn die Überwachung nicht durch wiederkehrende Signalgebung des Personals nachgewiesen ist,

28. Umschlagsanlagen:
Einrichtungen, die dem Umschlagen wassergefährdender Stoffe dienen; dazu gehören auch Flächen zum Be- und Entladen von Transportmitteln mit Behältern oder Verpackungen von wassergefährdenden Stoffen,

29. Stillegen:
das Außerbetriebnehmen einer Anlage; dazu gehört nicht die bestimmungsgemäße Betriebsunterbrechung,

30. Aufstellen und Einbauen:
das Errichten, Verlegen, Montieren und Zusammenfügen von vorgefertigten Anlagen und Anlagenteilen,

31. Instandhalten:
das Aufrechterhalten des Sollzustandes einer Anlage oder eines Anlageteiles,

32. Instandsetzen:
das Wiederherstellen des Sollzustandes einer Anlage oder Anlageteiles,

33. Reinigen:
das Entfernen von Verunreinigungen und Resten von wassergefährdenden Stoffen von und aus Anlagen,

34. Schutzgebiete:
34.1 Wasserschutzgebiete nach § 19 Abs. 1 Nrn. 1 und 2 WHG; ist die weitere Schutzzone unterteilt, so gilt als Schutzgebiet nur deren innerer Bereich,
34.2 Heilquellenschutzgebiete nach Art. 40 BayWG,
34.3 Gebiete, für die eine Veränderungssperre zur Sicherung von Planungen für Vorhaben der Wassergewinnung nach § 36a Abs. 1 WHG erlassen ist,

35. Überschwemmungsgebiete:
Gebiete, die als Überschwemmungsgebiete nach Art. 61 Abs. 1 BayWG durch Rechtsverordnung der Kreisverwaltungsbehörde festgesetzt sind und Gebiete zwischen oberirdischen Gewässern und Deichen oder Hochufern sowie sonstige Gebiete, die bei Hochwasser überschwemmt oder durchflossen oder für die Hochwasserentlastung oder Rückhaltung beansprucht werden.

(2) Für die Zuordnung einzelner Anlagenteile zu den verschiedenen Anlagenarten zum Umgang mit wassergefährdenden Stoffen gilt:

1. Behälter, in denen überwiegend Herstellungs-, Behandlungs- oder Verwendungstätigkeiten ausgeführt werden, sind Teil einer Herstellungs-, Behandlungs- oder Verwendungsanlage,
2. Behälter, die im engen funktionalen Zusammenhang mit einer bestimmten Herstellungs-, Behandlungs- oder Verwendungsanlage stehen, sind Bestandteil dieser Herstellungs-, Behandlungs- oder Verwendungsanlage,
3. Behälter, die einer oder mehreren Herstellungs-, Behandlungs- oder Verwendungsanlagen zugeordnet sind, können abweichend von Nummer 2 Teil einer Lageranlage sein, wenn sie mehr Stoffe enthalten, als für eine Tagesproduktion oder Charge benötigt werden,
4. Behälter, deren Flüssigkeitsräume in ständiger Verbindung miteinander stehen (kommunizierende Behälter) sind ein Behälter,

5. Behälter, die örtlich nahe beieinander angeordnet sind oder in einem gemeinsamen Auffangraum aufgestellt sind, jedoch unterschiedlichen Abfüll-, Umschlags-, Herstellungs-, Behandlungs- oder Verwendungsanlagen zugeordnet sind, sind nicht im Sinn von Absatz 1 Nr. 1 betrieblich miteinander verbunden und gehören jeweils zu getrennten Anlagen; dies gilt auch für mehrere Behälter mit gemeinsamer Be- und Entlüftungsleitung, wenn bei allen Betriebszuständen keine unzulässigen Über- oder Unterdrücke entstehen und keine Flüssigkeiten in die Be- und Entlüftungsleitungen gelangen können,
6. Rohrleitungen, die Teile einer Anlage verbinden sind Bestandteil dieser Anlage; gleiches gilt, wenn sie einer bestimmten Lagerungs-, Abfüll- oder Umschlagsanlage oder Herstellungs-, Behandlungs- oder Verwendungsanlage zugeordnet sind; andere Rohrleitungen sind selbständige Rohrleitungsanlagen.

§ 3 Grundsatzanforderungen. Für alle dieser Verordnung unterliegenden Anlagen gelten folgende Grundsatzanforderungen, soweit in den nachfolgenden Vorschriften nicht anderes bestimmt ist:

1. Anlagen müssen so beschaffen sein und betrieben werden, daß wassergefährdende Stoffe nicht austreten können. Sie müssen dicht, standsicher und gegen die zu erwartenden mechanischen, thermischen und chemischen Einflüsse hinreichend widerstandsfähig sein.
2. Undichtheiten aller Anlagenteile, die mit wassergefährdenden Stoffen in Berührung stehen, müssen schnell und zuverlässig erkennbar sein. Einwandige unterirdische Behälter sind grundsätzlich unzulässig. Satz 2 gilt nicht für Anlagen zum Lagern und Abfüllen von Jauche, Gülle und Silagesickersäften und für Anlagen zum Lagern von Festmist mit den besonderen Anforderungen in Anhang 5.
3. Austretende wassergefährdende Stoffe müssen schnell und zuverlässig erkannt, zurückgehalten und verwertet oder ordnungsgemäß entsorgt werden. Im Regelfall müssen die Anlagen mit einem dichten und beständigen Auffangraum ausgerüstet werden, sofern sie nicht doppelwandig und mit Leckanzeigegerät versehen sind.
4. Im Schadensfall anfallende Stoffe, die mit ausgetretenen Stoffen verunreinigt sein können, müssen zurückgehalten und verwertet oder ordnungsgemäß entsorgt werden.
5. Auffangräume dürfen grundsätzlich keine Abläufe haben.
6. Es ist grundsätzlich eine Betriebsanweisung mit Überwachungs-, Instandhaltungs- und Alarmplan aufzustellen und einzuhalten. Dies gilt nicht für Anlagen der Gefährdungsstufe A und für Anlagen zum Lagern und Abfüllen von Jauche, Gülle und Silagesickersäften und für Anlagen zum Lagern von Festmist.

§ 4 Allgemeine Anforderungen an Anlagen, Anforderungen an bestimmte Anlagen. (1) [1]Allgemeine Anforderungen an den Aufbau, die Aufstellung und die Ausrüstung von Anlagen enthält Anhang 1. [2]Anforderungen für bestimmte Anlagen ergeben sich aus den weiteren Anhängen.

(2) [1]Soweit Anforderungen nach Absatz 1 nicht festgelegt sind, kann das Staatsministerium für Landesentwicklung und Umweltfragen für Anlagen, die einem öffentlich-rechtlichen Verfahren unterliegen, durch öffentliche Bekanntmachung Verwaltungsvorschriften erlassen, in denen die für diese Anlagen zu stellenden Anforderungen näher umschrieben werden. [2]Dabei sind festzulegen

1. allgemeine Schutzmaßnahmen,
2. besondere Schutzmaßnahmen,
3. Überwachungsmaßnahmen,
4. Maßnahmen im Schadensfall.

(3) Soweit in den Anhängen nach Absatz 1 und in den Bekanntmachungen nach Absatz 2 auf allgemein anerkannte Regeln der Technik verwiesen wird, ist zu beachten, daß Produkte aus anderen Mitgliedstaaten der Europäischen Union oder anderer Vertragsstaaten des Abkommens über den Europäischen Wirtschaftsraum, die diesen Regelungen nicht entsprechen, als gleichwertig behandelt werden, wenn mit ihnen das geforderte Schutzniveau gleichermaßen dauerhaft erreicht wird.

§ 5 Allgemein anerkannte Regeln der Technik (zu § 19g Abs. 3 WHG).[1)] [1]Als allgemein anerkannte Regeln der Technik im Sinn des § 19g Abs. 3 WHG[1)] gelten insbesondere die technischen Vorschriften und Baubestimmungen, die das Staatsministerium für Landesentwicklung und Umweltfragen nach Art. 37 Abs. 4 Nr. 1 BayWG[2)] durch öffentliche Bekanntmachung eingeführt hat; bei der Bekanntmachung kann die Wiedergabe des Inhalts der technischen Vorschriften und Baubestimmungen durch einen Hinweis auf ihre Fundstelle ersetzt werden. [2]Als allgemein anerkannte Regeln der Technik nach Satz 1 gelten auch gleichwertige Baubestimmungen und technische Vorschriften anderer Mitgliedstaaten der Europäischen Gemeinschaften.

§ 6 Gefährdungspotential, Gefährdungsstufen. (1) Die Anforderungen an Anlagen zum Umgang mit wassergefährdenden Stoffen, vor allem hinsichtlich der Anordnung, des Aufbaus, der Schutzvorkeh-

1) Nr. **34**.
2) Nr. **35**.

rungen und der Überwachung, richten sich nach deren Gefährdungspotential.

(2) Das Gefährdungspotential wird bestimmt vom Volumen oder der Masse und der nach § 19g Abs. 5 WHG[1] eingestuften Gefährlichkeit der in der Anlage vorhandenen wassergefährdenden Stoffe sowie der hydrogeologischen Beschaffenheit und Schutzbedürftigkeit des Aufstellungsortes.

(3) [1] Die Gefährdungsstufe einer Anlage bestimmt sich nach der nach § 19g Abs. 5 WHG[1] eingestuften Gefährlichkeit (Wassergefährdungsklasse – WGK) der in der Anlage vorhandenen Stoffe und bei flüssigen Stoffen deren Volumen, bei gasförmigen oder festen Stoffen deren Masse nach Maßgabe der nachstehenden Tabelle. [2] Für Anlagen mit Stoffen, deren Wassergefährdungsklasse nicht sicher bestimmt ist, wird die Gefährdungsstufe nach WGK 3 ermittelt.

Tabelle: Gefährdungsstufen

WGK	0	1	2	3
Volumen in m^3 bzw. Masse in t				
bis 0,1	Stufe A	Stufe A	Stufe A	Stufe A
mehr als 0,1 bis 1,0	Stufe A	Stufe A	Stufe A	Stufe B
mehr als 1 bis 10	Stufe A	Stufe A	Stufe B	Stufe C
mehr als 10 bis 100	Stufe A	Stufe A	Stufe C	Stufe D
mehr als 100 bis 1000	Stufe A	Stufe B	Stufe D	Stufe D
mehr als 1000	Stufe A	Stufe C	Stufe D	Stufe D

§ 7 Weitergehende Anforderungen, Ausnahmen. (1) Die Kreisverwaltungsbehörde kann an Anlagen nach § 1 Anforderungen stellen, die über die in den allgemein anerkannten Regeln der Technik gemäß § 19g Abs. 3 WHG,[1] in dieser Verordnung, in einer Bauartzulassung oder in einer baurechtlichen Zulassung festgelegten hinausgehen, wenn andernfalls der Grund der besonderen Umstände des Einzelfalles die Voraussetzungen des § 19g Abs. 1 oder Abs. 2 WHG nicht erfüllt sind.

(2) Die Kreisverwaltungsbehörde kann von Anforderungen nach dieser Verordnung oder in den Anhängen zu dieser Verordnung an Anlagen nach § 1 Ausnahmen zulassen, wenn auf Grund der besonderen Umstände des Einzelfalls die Voraussetzungen des § 19g Abs. 1 bis 3 WHG[1] dennoch erfüllt sind.

§ 8 Allgemeine Betriebs- und Verhaltensvorschriften – Anzeigepflicht. (1) Wer eine Anlage betreibt, hat diese bei Schadensfällen und Betriebsstörungen unverzüglich außer Betrieb zu nehmen, wenn

[1] Nr. **34**.

er eine Gefährdung oder Schädigung eines Gewässers nicht auf andere Weise verhindern oder unterbinden kann; soweit erforderlich ist die Anlage zu entleeren.

(2) [1]Wer eine Anlage betreibt, befüllt oder entleert, stillegt, ausbaut oder beseitigt, instandhält, instandsetzt, reinigt, überwacht oder überprüft, hat das Austreten eines wassergefährdenden Stoffes von einer nicht nur unbedeutenden Menge unverzüglich der Kreisverwaltungsbehörde oder der nächsten Polizeidienststelle anzuzeigen, sofern die Stoffe in ein oberirdisches Gewässer, eine Abwasseranlage oder in den Boden eingedrungen sind oder aus sonstigen Gründen eine Verunreinigung oder Gefährdung eines Gewässers nicht auszuschließen ist. [2]Die Verpflichtung besteht auch beim Verdacht, daß wassergefährdende Stoffe bereits aus einer Anlage ausgetreten sind und eine Gefährdung eines Gewässers entstanden ist.

(3) Anzeigepflichtig nach Absatz 2 ist auch, wer das Austreten wassergefährdender Stoffe aus einer Anlage verursacht hat oder Maßnahmen zur Ermittlung, Eingrenzung und Beseitigung von Verunreinigungen bei Anlagen durchführt.

§ 9 Kennzeichnungspflicht, Merkblatt. (1) Anlagen der Gefährdungsstufen B, C und D sind mit deutlich lesbaren, dauerhaften Kennzeichnungen zu versehen, aus denen sich ergibt, mit welchen Stoffen in den Anlagen umgegangen werden darf.

(2) Betreiber von Anlagen haben die amtlich bekanntgemachten Merkblätter „Betriebs- und Verhaltensvorschriften beim Umgang mit wassergefährdenden Stoffen" an gut sichtbarer Stelle in der Nähe der Anlage dauerhaft anzubringen und das Bedienungspersonal über deren Inhalt zu unterrichten.

§ 10 Anlagen in Schutzgebieten und Überschwemmungsgebieten. (1) [1]Im Fassungsbereich und in der engeren Zone von Schutzgebieten sind Anlagen nach § 19g Abs. 1 und 2 WHG[1)] unzulässig. [2]Die Kreisverwaltungsbehörde kann für standortgebundene oberirdische Anlagen Ausnahmen zulassen, wenn überwiegende Gründe des Wohls der Allgemeinheit dies erfordern.

(2) In der weiteren Zone von Schutzgebieten dürfen oberirdische Anlagen der Gefährdungsstufe D, unterirdische Anlagen der Gefährdungsstufe C und D nicht eingebaut, errichtet oder verwendet werden.

(3) In der weiteren Zone von Schutzgebieten dürfen nur verwendet werden

1. oberirdische Anlagen der Gefährdungsstufen A bis C, die in einem Auffangraum aufgestellt sind, sofern sie nicht doppelwandig ausge-

[1)] Nr. **34**.

führt und mit einem Leckanzeigegerät ausgerüstet sind; der Auffangraum muß das maximal in den Anlagen vorhandene Volumen wassergefährdender Stoffe aufnehmen können,

2. unterirdische Anlagen der Gefährdungsstufen A und B, die doppelwandig ausgeführt und mit einem Leckanzeigegerät ausgerüstet sind,
3. Anlagen zum Lagern von Festmist und zum Lagern und Abfüllen von Jauche, Gülle und Silagesickersäften, die den Anforderungen des Anhangs 5 für die Errichtung der Anlagen in wasserwirtschaftlich bedeutsamen Gebieten entsprechen.

(4) Anlagen nach § 19g Abs. 1 und 2 WHG[1] dürfen in Überschwemmungsgebieten nur eingebaut, errichtet oder verwendet werden, wenn

1. Anlagen und Anlagenteile so gesichert sind, daß sie bei Hochwasser nicht aufschwimmen oder ihre Lage verändern; sie müssen mindestens eine 1,3fache Sicherheit gegen Auftrieb der leeren Anlage oder des leeren Anlagenteils haben und
2. Anlagen und Anlagenteile so aufgestellt sind, daß bei Hochwasser kein Wasser in Entlüftungs-, Befüll- oder sonstigen Öffnungen eindringen kann und eine mechanische Beschädigung z.B. durch Treibgut oder Eisstau ausgeschlossen ist.

(5) Weitergehende Anforderungen oder Beschränkungen und Ausnahmen durch Anordnungen oder Verordnungen nach § 19 WHG[1] und Art. 35, 40, 61 BayWG bleiben unberührt.

§ 11 Anlagenkataster. (1) [1]Für Anlagen der Gefährdungsstufe D haben die Betreiber ein Anlagenkataster zu erstellen. [2]Bei anderen Anlagen kann die Kreisverwaltungsbehörde ein Anlagenkataster im Einzelfall verlangen, wenn von der Anlage erhebliche Gefahren für ein Gewässer ausgehen können.

(2) Das Anlagenkataster muß mindestens folgende Angaben umfassen:

1. eine Beschreibung der Anlage, ihrer wesentlichen Merkmale sowie der wassergefährdenden Stoffe nach Art und Volumen, die bei bestimmungsgemäßen Betrieb in der Anlage vorhanden sein können,
2. eine Beschreibung der für den Gewässerschutz bedeutsamen Gefahrenquellen in der Anlage und
3. den Alarm- und Maßnahmeplan, der wirksame Maßnahmen und Vorkehrungen zur Vermeidung von Gewässerschäden beschreibt und mit den in die Maßnahmen einbezogenen Stellen abgestimmt ist.

[1] Nr. **34**.

(3) Das Anlagenkataster ist fortzuschreiben.

(4) [1]Die Betreiber haben das Anlagenkataster ständig gesichert bereitzuhalten und der Kreisverwaltungsbehörde auf Verlangen eine Ausfertigung vorzulegen. [2]Die Kreisverwaltungsbehörde kann, insbesondere bei erheblichem Umfang des Anlagenkatasters, verlangen, daß das Anlagenkataster mit Mitteln der automatischen Datenverarbeitung erfaßt, gespeichert und übermittelt wird.

(5) Bei offenkundig unvollständigen oder sonst mangelhaften Anlagenkataster kann die Kreisverwaltungsbehörde verlangen, daß die Betreiber Sachverständige im Sinn des § 22 Abs. 1 Satz 1 mit der Prüfung und, falls die Betreiber nicht dazu in der Lage sind, auch mit der Erstellung des Anlagenkatasters beauftragen.

(6) [1]Sind für Anlagen Genehmigungen oder Zulassungen nach anderen Rechtsvorschriften erforderlich und enthalten die entsprechenden Unterlagen die in Absatz 2 genannten Angaben vollständig, ist kein weiteres Anlagenkataster zu führen. [2]Diese Angaben sind in einem besonderen Teil der Unterlagen zusammenzufassen. [3]Die Absätze 3 bis 5 gelten entsprechend.

§ 12 Rohrleitungen. (1) [1]Unterirdische Rohrleitungen sind nur zulässig, wenn eine oberirdische Anordnung insbesondere aus Sicherheitsgründen nicht möglich ist. [2]Dies gilt nicht für unterirdische Rohrleitungen, mit denen Stoffe der Wassergefährdungsklasse 0 oder gasförmige Stoffe befördert werden und für unterirdische Rohrleitungen von Heizölverbraucheranlagen und Tankstellen.

(2) [1]Bei zulässigen unterirdischen Rohrleitungen sind lösbare Verbindungen und Armaturen in dichten Kontrollschächten anzuordnen, die durch regelmäßige Sichtkontrollen oder durch Leckageerkennungssysteme überwacht werden. [2]Diese Rohrleitungen müssen hinsichtlich ihres technischen Aufbaus jeweils einer der folgenden Anforderungen entsprechen:
- Sie müssen doppelwandig sein; Undichtheiten der Rohrwände müssen durch ein zugelassenes Leckanzeigegerät selbsttätig angezeigt werden;
- sie müssen als Saugleitung ausgebildet sein, in der die Flüssigkeitssäule bei Undichtheiten abreißt; die Saugleitung muß so gesichert sein, daß eine Heberwirkung ausgeschlossen ist;
- sie müssen mit einem flüssigkeitsdichten Schutzrohr versehen oder in einem Kanal verlegt sein; auslaufende Stoffe müssen in einer Kontrolleinrichtung sichtbar werden; in diesem Fall dürfen die Rohrleitungen keine brennbaren Flüssigkeiten im Sinn der Verordnung über brennbare Flüssigkeiten mit einem Flammpunkt bis 55 °C führen.

Zweiter Teil. Anlagen zum Lagern, Abfüllen und Umschlagen wassergefährdender Stoffe

Abschnitt I. Anlagen einfacher oder herkömmlicher Art

§ 13 Anlagen zum Lagern, Abfüllen und Umschlagen wassergefährdender flüssiger und gasförmiger Stoffe (zu § 19h Abs. 1 Satz 1 WHG).[1), 2)] (1) [1]Anlagen zum Lagern, Abfüllen und Umschlagen wassergefährdender gasförmiger Stoffe, die den öffentlich-rechtlichen Vorschriften entsprechen, sind einfach oder herkömmlich. [2]Anlagen zum Lagern, Abfüllen und Umschlagen wassergefährdender flüssiger Stoffe sind einfach oder herkömmlich, wenn sie nach der Gefährdungsstufe A eingestuft und die Anforderungen der § 3 Nr. 5, §§ 12, 19 und 20 und der Anhänge 1 und 2 eingehalten sind.

(2) Andere oberirdische Anlagen zum Lagern, Abfüllen und Umschlagen wassergefährdender flüssiger Stoffe sind einfach oder herkömmlich, wenn

1. die Anforderungen der § 3 Nr. 5, §§ 12, 19 und 20 und der Anhänge 1 und 2 eingehalten werden und
2. ihre Einzelteile technischen Vorschriften oder Baubestimmungen entsprechen, die gemäß § 5 eingeführt sind.

(3) Andere unterirdische Anlagen zum Lagern wassergefährdender flüssiger Stoffe sind einfach oder herkömmlich, wenn

1. die Lagerbehälter doppelwandig sind und Undichtheiten der Behälterwände durch ein zugelassenes Leckanzeigegerät selbsttätig angezeigt werden und
2. die Voraussetzungen nach Absatz 2 vorliegen.

(4) Anlagen an Tankstellen sind einfach oder herkömmlich, wenn

1. sie den Anforderungen des Anhangs 4 entsprechend und
2. die Voraussetzungen nach Absatz 2 ausgenommen Anhang 2 vorliegen.

§ 14 Anlagen zum Lagern, Abfüllen und Umschlagen wassergefährdender fester Stoffe (zu § 19h Abs. 1 Satz 1 WHG).[1)] Anlagen zum Lagern, Abfüllen und Umschlagen wassergefährdender fester Stoffe sind einfach oder herkömmlich, wenn

---

1) Nr. **34**.

2) Gem. Bek. über Anlagen zum Lagern und Abfüllen brennbarer und wassergefährdender Flüssigkeiten; Vollzug der VO über brennbare Flüssigkeiten und der Wassergesetze v. 14. 6. 1983 (MABl. S. 546, AMBl. S. A 166).

1. die Anlagen der Gefährdungsstufe A entsprechen und die Anforderungen des Anhangs 1 eingehalten werden oder
2. die Anlagen eine gegen die Stoffe unter allen Betriebs- und Witterungsbedingungen beständige und undurchlässige Bodenfläche haben und die Stoffe zusätzlich in
   a) dauernd dicht verschlossenen, gegen Beschädigung geschützten und gegen Witterungseinflüsse und die Stoffe beständigen Behältern oder Verpackungen oder
   b) in geschlossenen Räumen gelagert, abgefüllt oder umgeschlagen werden. Geschlossenen Räumen stehen Plätze gleich, die gegen Witterungseinflüsse und den Zutritt von Flüssigkeiten durch Überdachung und seitlichen Abschluß so geschützt sind, daß die Stoffe nicht austreten können.

Abschnitt II. Eignungsfeststellung und Bauartzulassung

§ 15 Verfahren. (1) Die Eignungsfeststellung nach § 19h Abs. 1 Satz 1 WHG[1] wird auf Antrag für eine einzelne Anlage und Anlagenteile, eine Bauartzulassung nach § 19h Abs. 1 Satz 2 WHG auf Antrag für serienmäßig hergestellte Anlagen und Anlagenteile erteilt.

(2) [1] Den Anträgen nach Absatz 1 sind die zur Beurteilung der Anlage erforderlichen Unterlagen und Pläne, insbesondere bau- oder gewerberechtliche Zulassungen, beizufügen. [2] Zum Nachweis der Eignung ist ein Sachverständigengutachten beizufügen, es sei denn die zuständige Behörde verzichtet darauf. [3] Als Nachweise gelten auch Prüfbescheinigungen und Gutachten von in anderen Mitgliedstaaten der Europäischen Gemeinschaften zugelassenen Prüfstellen oder Sachverständigen, wenn die Ergebnisse der zuständigen Behörden zur Verfügung stehen oder auf Verlangen zur Verfügung gestellt werden und die Prüfungsanforderungen denen nach dieser Verordnung gleichwertig sind.

(3) Über Eignungsfeststellungen entscheidet die Kreisverwaltungsbehörde, über Bauartzulassungen das Landesamt für Wasserwirtschaft.

§ 16 Voraussetzungen für Eignungsfeststellung und Bauartzulassung (zu § 19h Abs. 1 Satz 1 und 2 WHG).[1] Eine Eignungsfeststellung oder Bauartzulassung darf nur erteilt werden, wenn die Grundsatzanforderungen des § 3 und die Anforderungen an Anlagen nach § 4 erfüllt sind oder eine gleichwertige Sicherheit nachgewiesen wird.

---

[1] Nr. **34**.

§ 17 Eignungsfeststellung und andere behördliche Entscheidungen. [1]Neben einer Genehmigung oder Erlaubnis nach gewerbe-, berg-, abfall- oder baurechtlichen Vorschriften bedarf es einer Eignungsfeststellung nach § 19h Abs. 1 Satz 1 WHG[1)] nicht. [2]Die Genehmigung oder Erlaubnis darf nur im Einvernehmen mit der für die Eignungsfeststellung zuständigen Kreisverwaltungsbehörde erteilt werden.

§ 18 Vorzeitiger Einbau. [1]Anlagen und Anlagenteile, deren Verwendung nach § 19h WHG[1)] nur nach Eignungsfeststellung, mit Bauartzulassung oder baurechtlicher Zulassung zulässig ist, dürfen vor deren Erteilung nicht eingebaut werden. [2]Die Kreisverwaltungsbehörde kann den vorzeitigen Einbau zulassen, § 9a WHG[1)] ist entsprechend anzuwenden.

§ 19 Anwendung der Verordnung über brennbare Flüssigkeiten. [1]Die Vorschriften der §§ 4 bis 6 (allgemeine Anforderungen) und des § 12 (Bauartzulassungen) der Verordnung über brennbare Flüssigkeiten (VbF) in ihrer jeweils geltenden Fassung sind auch auf solche Anlagen für brennbare Flüssigkeiten anzuwenden, die keinen gewerblichen oder wirtschaftlichen Zwecken dienen und in deren Gefahrenbereichen keine Arbeitnehmer beschäftigt werden. [2]Dies gilt nicht für die in § 1 Abs. 3 und 4 und § 2 VbF bezeichneten Anlagen und Behälter.

Abschnitt III. Betrieb der Anlagen

§ 20 Befüllen und Entleeren (zu § 19k WHG).[1)] (1) [1]Behälter in Anlagen zum Lagern und Abfüllen wassergefährdender flüssiger Stoffe dürfen nur mit festen Leitungsanschlüssen und nur unter Verwendung einer Überfüllsicherung befüllt und entleert werden. [2]Dies gilt nicht für das Befüllen

1. einzelner oberirdischer Behälter mit einem Rauminhalt von nicht mehr als 1000 l mit einer selbsttätig schließenden Zapfpistole,
2. von Sammelbehältern aus kleineren ortsbeweglichen Behältern, wenn die Füllhöhe des Sammelbehälters im Bereich des zulässigen Füllungsgrades während des Befüllens durch Augenschein deutlich sichtbar ist, so daß der Befüllvorgang rechtzeitig vor Erreichen des zulässigen Füllungsgrades unterbrochen werden kann,
3. von ortsbeweglichen Behältern in Abfüllanlagen, wenn
   a) diese mit einer selbsttätig schließenden Zapfpistole befüllt werden und das Volumen der zu befüllenden Behälter 1000 Liter nicht übersteigt, oder

---

1) Nr. **34**.

b) bei Behältern mit einem Rauminhalt von nicht mehr als 1000 Litern durch eine gewichts- oder volumenabhängige Steuerung der Abfüllanlage sichergestellt wird, daß die Befüllung rechtzeitig und selbsttätig vor Erreichen des zulässigen Füllungsgrades unterbrochen wird, oder

c) Behälter von Tankfahrzeugen oder Eisenbahnkesselwagen oder Tankcontainer über offene Dome oder über direkt wirkende, zugelassene Inhaltsanzeigegeräte befüllt werden und die Abfüllanlage mit einer Schnellschlußeinrichtung in Verbindung mit einer selbsttätigen Aufmerksamkeitsüberwachung ausgerüstet ist.

(2) Behälter in Anlagen zum Lagern von Heizöl EL, Dieselkraftstoff und Ottokraftstoffen dürfen aus Straßentankwagen und Aufsetztanks nur unter Verwendung einer selbsttätig schließenden Abfüllsicherung befüllt werden.

(3) Abtropfende Flüssigkeiten sind aufzufangen.

Dritter Teil. Anlagen zum Herstellen und Behandeln wassergefährdender Stoffe sowie Anlagen zum Verwenden dieser Stoffe im Bereich der gewerblichen Wirtschaft und im Bereich öffentlicher Einrichtungen

§ 21 Abwasseranlagen als Auffangvorrichtungen. (1) Sind bei Anlagen zum Herstellen, Behandeln und Verwenden sowie bei selbständigen oberirdischen Rohrleitungsanlagen die Grundsatzanforderungen nach § 3 Nrn. 3 bis 5 nicht erfüllbar, so entsprechen die Anlagen dennoch dem Besorgnisgrundsatz nach § 19 g Abs. 1 WHG,[1] wenn

1. die bei Leckagen oder Betriebsstörungen unvermeidbar aus der Anlage austretenden wassergefährdenden Stoffe in einer Auffangvorrichtung im betrieblichen Entwässerungssystem zurückgehalten werden, von wo aus sie schadlos entsorgt werden können,
2. die bei ungestörtem Betrieb der Anlage unvermeidbar in unerheblichen Mengen in das betriebliche Entwässerungssystem gelangenden wassergefährdenden Stoffe in eine geeignete betriebliche Abwasserbehandlungsanlage geleitet werden und nicht zu einer Überschreitung der nach § 7 a WHG[1] an die Abwassereinleitung oder an die Indirekteinleitung zu stellenden oder der im wasserrechtlichen Bescheid festgesetzten Anforderungen führen.

(2) Auf Grund einer Bewertung, der Anlage zum Herstellen, Behandeln und Verwenden wassergefährdender Stoffe oder der selbstän-

---

[1] Nr. **34**.

digen oberirdischen Rohrleitungsanlage, der möglichen Betriebsstörungen, des Anfalls wassergefährdender Stoffe, der Abwasseranlagen und der Gewässerbelastungen ist in der Betriebsanweisung nach § 3 Nr. 6 zu regeln, in welchem Umfang die wassergefährdenden Stoffe getrennt erfaßt, kontrolliert und eingeleitet werden dürfen.

Vierter Teil. Überwachung

§ 22 Sachverständige (zu § 19 i Abs. 2 Satz 3 WHG).[1] (1) [1] Sachverständige im Sinn des § 19 i Abs. 2 Satz 3 WHG[1] sind die von rechtsfähigen Organisationen für die Prüfung bestellten Personen. [2] Die Sachverständigenorganisationen werden vom Staatsministerium für Landesentwicklung und Umweltfragen anerkannt. [3] Auf die Anerkennung besteht kein Rechtsanspruch. [4] Die Anerkennung kann auf bestimmte Prüfbereiche beschränkt und unter Auflagen und Bedingungen erteilt werden. [5] Die Sachverständigenorganisationen unterliegen der Aufsicht durch das Landesamt für Wasserwirtschaft.

(2) [1] Anerkennungen anderer Länder der Bundesrepublik Deutschland gelten auch in Bayern. [2] Entsprechendes gilt für gleichwertige Anerkennungen von Mitgliedstaaten der Europäischen Gemeinschaften.

(3) [1] Rechtsfähige Organisationen können als Sachverständigenorganisation anerkannt werden, wenn sie

1. nachweisen, daß sie über wenigstens fünf für die Prüftätigkeit geeignete Personen verfügen; geeignet sind Personen, die zuverlässig sind und die persönlichen und fachlichen Voraussetzungen erfüllen:
   a) Zuverlässig sind Personen, die
      aa) die Fähigkeit besitzen, öffentliche Ämter zu bekleiden,
      bb) nicht in einem ordentlichen Strafverfahren wegen einer vorsätzlichen Tat rechtskräftig zu einer Freiheitsstrafe von mehr als sechs Monaten verurteilt worden sind und sich nicht aus dem der Verurteilung zugrundeliegenden Sachverhalt ergibt, daß sie zur Erfüllung der Sachverständigentätigkeit nicht geeignet sind, oder
      cc) durch gerichtliche Anordnung in der Verfügung über ihr Vermögen nicht beschränkt sind;
   b) persönliche Voraussetzungen erfüllen Personen, die
      aa) im Zeitpunkt ihrer Bestellung das 60. Lebensjahr noch nicht überschritten haben und
      bb) hinsichtlich ihrer Prüftätigkeit unabhängig sind, insbesondere kein Zusammenhang zwischen ihrer Prüftätigkeit und anderen Leistungen besteht;

---

[1] Nr. **34**.

c) fachliche Voraussetzungen erfüllen Personen, die

aa) die Diplomprüfung in einem Studiengang der Ingenieur- oder Naturwissenschaften an einer inländischen (technischen) Universität oder ihr gleichgestellten Hochschule oder an einer inländischen Fachhochschule erfolgreich abgeschlossen haben und ausreichende Sach- und Fachkenntnisse auf dem Gebiet des Umgangs mit wassergefährdenden Stoffen nachweisen; mit Zustimmung des Landesamts für Wasserwirtschaft kann hiervon im Einzelfall abgewichen werden, wenn die zu bestellende Person für die Überprüfung von Anlagen zum Umgang mit wassergefährdenden Stoffen nachweislich über eine sonstige Ausbildung und über ausreichende sonstige Kenntnisse verfügt, und

bb) mindestens eine fünfjährige qualifizierte Tätigkeit auf dem Gebiet der Planung, Errichtung, Betrieb oder Prüfung von Anlagen zum Umgang mit wassergefährdenden Stoffen nachweisen,

2. Grundsätze darlegen, die bei den Prüfungen zu beachten sind,
3. die ordnungsgemäße Durchführung der Prüfungen stichprobenweise kontrollieren,
4. die bei den Prüfungen gewonnenen Erkenntnisse sammeln, auswerten und die Sachverständigen in einem regelmäßigen Erfahrungsaustausch darüber unterrichten,
5. den Nachweis über das Bestehen einer Haftpflichtversicherung für die Tätigkeit ihrer Sachverständigen für Gewässerschäden mit einer Deckungssumme von mindestens 5 Millionen DM erbringen und
6. erklären, daß sie den Freistaat Bayern und die anderen Länder, in denen die Sachverständigen Prüfungen vornehmen, von jeder Haftung für die Tätigkeit ihrer Sachverständigen freistellen.

[2]Die Voraussetzungen nach Satz 1 Nrn. 5 und 6 gelten nicht für Organisationen der unmittelbaren Staatsverwaltung. [3]Die fachlichen Voraussetzungen nach Satz 1 Nr. 1 Buchst. c, Doppelbuchst. aa können auch nach der Richtlinie (89/48/EWG) des Rates der Europäischen Gemeinschaften vom 21. Dezember 1988 über eine allgemeine Regelung zur Anerkennung der Hochschuldiplome, die eine mindestens dreijährige Berufsausbildung abschließen (Abl. EG 1989 L Nr. 19 Seite 16), nachgewiesen werden. [4]Die Beherrschung der deutschen Sprache in Wort und Schrift ist Voraussetzung für die Bestellung.

(4) Als Organisationen im Sinn des Absatzes 3 können auch nicht rechtsfähige Gruppen anerkannt werden, die in selbständigen organisatorischen Einheiten eines Unternehmens zusammengefaßt sind und hinsichtlich ihrer Prüftätigkeit nicht weisungsgebunden sind.

(5) [1]Die anerkannte Sachverständigenorganisation ist verpflichtet, die bestellten Sachverständigen durch schriftlichen Bescheid anzuhalten, ihre Prüfaufgaben unparteiisch und gewissenhaft gemäß den wasserrechtlichen und sonstigen einschlägigen Rechtsvorschriften zu erfüllen. [2]Sie hat dabei sicherzustellen, daß die im Geltungsbereich der Verordnung tätigen Sachverständigen mindestens einmal jährlich an einer vom Landesamt für Wasserwirtschaft angebotenen Fortbildungsveranstaltung über wasserwirtschaftliche und wasserrechtliche Fragen im Zusammenhang mit dem Umgang mit wassergefährdenden Stoffen teilnehmen. [3]Sie hat dabei desweiteren sicherzustellen, daß die bestellten Sachverständigen ein Prüftagebuch führen, aus dem sich mindestens Art, Umfang und Zeitaufwand der jeweiligen Prüfung ergibt; die Prüftagebücher aller im Geltungsbereich dieser Verordnung tätigen bestellten Sachverständigen sind von den Sachverständigenorganisationen dem Landesamt für Wasserwirtschaft jeweils zum 1. März eines jeden Jahres vorzulegen.

(6) Die anerkannte Sachverständigenorganisation hat die Bestellung von Sachverständigen zurückzunehmen oder zu widerrufen, wenn

1. die Bestellung durch arglistige Täuschung, Drohung oder Bestechung erwirkt worden ist oder
2. die Bestellung durch Angaben erwirkt worden ist, die in wesentlicher Beziehung unrichtig oder unvollständig waren oder
3. die bestellte Person infolge geistiger oder körperlicher Gebrechen nicht mehr in der Lage ist, ihre Tätigkeit ordnungsgemäß auszuüben oder
4. die bestellte Person ihre Prüfaufgaben wiederholt mangelhaft erfüllt oder durchgeführt hat und von der anerkannten Sachverständigenorganisation dafür bereits einmal abgemahnt worden ist oder
5. die bestellte Person wiederholt oder grobfahrlässig oder vorsätzlich gegen die ihr obliegenden Pflichten aus ihrer Bestellung verstoßen hat.

(7) Die Anerkennung erlischt

1. durch schriftlichen Verzicht gegenüber der Anerkennungsbehörde,
2. mit der Eröffnung des Konkurses oder der Abweisung des Konkurseröffnungsantrags,
3. mit der Auflösung oder der Liquidation der anerkannten Sachverständigenorganisation,
4. wenn die anerkannte Sachverständigenorganisation länger als ein Jahr über weniger als fünf bestellte Sachverständige verfügt.

§ 23 Überprüfung von Anlagen (zu § 19i Abs. 2 Satz 3 WHG).[1)] (1) [1]Die Betreiber haben nach Maßgabe des § 19i Abs. 2

[1)] Nr. **34**.

Satz 3 Nrn. 1, 2, 3 und 5 WHG[1] durch Sachverständige nach § 22 überprüfen zu lassen

1. unterirdische Anlagen und Anlagenteile,
2. oberirdische Anlagen der Gefährdungsstufe C und D, in Schutzgebieten der Stufe B, C und D,
3. Anlagen, für welche Prüfungen in einer Eignungsfeststellung oder Bauartzulassung nach § 19h Abs. 1 Satz 1 oder Satz 2 WHG,[1] in einer gewerberechtlichen Bauartzulassung oder in einer baurechtlichen Zulassung vorgeschrieben sind; sind darin kürzere Prüffristen festgelegt, gelten diese.

[2]Die Frist für die erste wiederkehrende Prüfung beginnt mit dem Abschluß der Prüfung vor Inbetriebnahme, die Fristen für die nächsten wiederkehrenden Prüfungen beginnen jeweils mit dem Eintritt der Sachverständigen in die jeweilige wiederkehrende Prüfung.

(2) [1]Die Kreisverwaltungsbehörde kann wegen der Besorgnis einer Gewässergefährdung (§ 19i Abs. 2 Satz 3 Nr. 4 WHG)[1] besondere Prüfungen anordnen, kürzere Prüffristen bestimmen oder die Überprüfung für andere als in Absatz 1 genannte Anlagen vorschreiben. [2]Sie kann im Einzelfall Anlagen nach Absatz 1 von der Prüfpflicht befreien, wenn gewährleistet ist, daß eine von der Anlage ausgehende Gewässergefährdung ebenso rechtzeitig erkannt wird wie bei Bestehen der allgemeinen Prüfpflicht.

(3) Die Prüfungen nach den Absätzen 1 und 2 entfallen, soweit die Anlage zu denselben Zeitpunkten oder innerhalb gleicher oder kürzerer Zeiträume nach anderen Rechtsvorschriften von Sachverständigen zu prüfen ist und dabei die Anforderungen dieser Verordnung und des § 19g WHG[1] berücksichtigt werden.

(4) [1]Die Betreiber haben den Sachverständigen vor der Prüfung die für die Anlage erteilten behördlichen Bescheide und die von den Herstellern ausgehändigten Bescheinigungen sowie bei wiederkehrenden Prüfungen nach § 19i Abs. 2 Satz 3 Nr. 2 WHG[1] den Prüfbericht über die letzte Sachverständigenprüfung und Bescheinigungen über die Beseitigung dort festgestellter Anlagenmängel vorzulegen. [2]Die Sachverständigen haben über jede durchgeführte Prüfung der Kreisverwaltungsbehörde und den Betreibern unverzüglich, spätestens innerhalb eines Monats einen Prüfbericht vorzulegen. [3]Für die Prüfberichte kann die Verwendung eines amtlichen Musters vorgeschrieben werden.

(5) [1]Die Betreiber haben die bei Prüfungen festgestellten Mängel unverzüglich durch Fachbetriebe oder selbst, soweit sie die Anforderungen an Fachbetriebe erfüllen, beheben zu lassen oder zu beheben. [2]Die Beseitigung erheblicher Mängel bedarf der Nachprüfung durch

---

[1] Nr. **34**.

die Sachverständigen. [3]Werden gefährliche Mängel durch die Sachverständigen festgestellt, ist die Anlage von den Betreibern unverzüglich außer Betrieb zu nehmen und soweit erforderlich nach Maßgabe der Sachverständigen zu entleeren. [4]Die Sachverständigen haben die zuständige Kreisverwaltungsbehörde spätestens am Tag nach Durchführung der Prüfung über die Pflicht der Betreiber, die Anlage außer Betrieb zu nehmen und gegebenenfalls zu entleeren, zu unterrichten. [5]Die Anlage kann erst wieder in Betrieb genommen werden, wenn die Betreiber eine Sachverständigenbestätigung über die Beseitigung der festgestellten Mängel vorgelegt haben.

(6) Art, Umfang und Ausmaß der Prüfungen durch Sachverständige werden durch Verwaltungsvorschrift nach § 4 Abs. 2 festgelegt.

§ 24 Anlagenkartei, Befreiung von der Anzeigepflicht. [1]Anzeigepflichtige Anlagen nach Art. 37 Abs. 1 BayWG[1)] sind von der Kreisverwaltungsbehörde in einer Anlagenkartei zu führen. [2]Außerhalb von Wasser- und Heilquellenschutzgebieten entfällt die Anzeigepflicht für oberirdische Anlagen der Gefährdungsstufe A und für Anlagen zum Lagern und Abfüllen von Jauche, Gülle und Silagesickersäften und für Anlagen zum Lagern von Festmist.

Fünfter Teil. Fachbetriebe

§ 25 Ausnahmen von der Fachbetriebspflicht (zu § 191 Abs. 1 Satz 2 WHG).[2)] Tätigkeiten, die nicht von Fachbetrieben ausgeführt werden müssen, sind:

1. Alle Tätigkeiten gemäß § 191 WHG[2)] an
   a) Anlagen zum Umgang mit festen und gasförmigen wassergefährdenden Stoffen,
   b) Anlagen zum Umgang mit Lebensmitteln und Genußmitteln,
   c) Anlagen zum Umgang mit wassergefährdenden Flüssigkeiten der Gefährdungsstufen A und B; an Heizölverbraucheranlagen der Gefährdungsstufe B nur, wenn vom beauftragten Handwerksbetrieb eine Unternehmererklärung über die vorgenommenen Tätigkeiten ausgestellt und der Kreisverwaltungsbehörde zur Ergänzung der Anzeige nach Art. 37 BayWG[1)] übermittelt wird,
   d) Feuerungsanlagen.
2. Tätigkeiten an Anlagen oder Anlagenteilen nach § 19g Abs. 1 und 2 WHG,[2)] die keine unmittelbare Bedeutung für die Sicherheit der Anlagen zum Umgang mit wassergefährdenden Stoffen haben; dazu gehören vor allem folgende Tätigkeiten:

[1)] Nr. **35**.
[2)] Nr. **34**.

a) Herstellen von baulichen Einrichtungen für den Einbau von Anlagen, Grob- und Vormontagen von Anlagen und Anlagenteilen,
b) Herstellen von Räumen oder Erdwällen für die spätere Verwendung als Auffangraum,
c) Ausheben von Baugruben für alle Anlagen,
d) Aufbringen von Isolierungen, Anstrichen und Beschichtungen, sofern diese nicht Schutzvorkehrungen sind,
e) Einbauen, Aufstellen, Instandhalten und Instandsetzen von Elektroinstallationen einschließlich Meß-, Steuer- und Regelanlagen.

3. Instandsetzen, Instandhalten und Reinigen von Anlagen und Anlagenteilen zum Umgang mit wassergefährdenden Stoffen im Zuge der Herstellungs-, Behandlungs- und Verwendungsverfahren, wenn die Tätigkeit von eingewiesenem betriebseigenen Personal nach Betriebsvorschriften, die den Anforderungen des Gewässerschutzes genügen, durchgeführt werden.
4. Tätigkeiten, die in einer Bauartzulassung, einem baurechtlichen Brauchbarkeitsnachweis oder in einer Eignungsfeststellung näher festgelegt und beschrieben sind.

§ 26 Technische Überwachungsorganisationen (zu § 191 Abs. 2 Nr. 2 WHG).[1)] Technische Überwachungsorganisationen im Sinn des § 191 Abs. 2 Nr. 2 WHG[1)] sind die nach § 22 anerkannten Sachverständigenorganisationen jeweils für ihren Bereich.

§ 27 Nachweis der Fachbetriebseigenschaft (zu § 19i Abs. 1 und § 191 WHG).[1)] (1) [1]Fachbetriebe nach § 191 WHG[1)] haben auf Verlangen gegenüber der Kreisverwaltungsbehörde in deren Bezirk sie tätig werden, die Fachbetriebseigenschaft nach § 191 Abs. 2 WHG nachzuweisen. [2]Der Nachweis ist geführt, wenn der Fachbetrieb

1. eine Bestätigung einer baurechtlich anerkannten Überwachungs- oder Gütegemeinschaft vorlegt, wonach er zur Führung von Gütezeichen dieser Gemeinschaft für die Ausübung bestimmter Tätigkeiten berechtigt ist,
   oder
2. eine Bestätigung einer Technischen Überwachungsorganisation über den Abschluß eines Überwachungsvertrags vorlegt.

(2) [1]Die Fachbetriebseigenschaft ist gegenüber den Betreibern einer Anlage nach § 19g Abs. 1 und 2 WHG[1)] nachzuweisen, wenn diese den Fachbetrieb mit fachbetriebspflichtigen Tätigkeiten beauftragen. [2]Absatz 1 Satz 2 gilt entsprechend.

[1)] Nr. **34**.

Sechster Teil. Bußgeldvorschrift

§ 28 Ordnungswidrigkeiten. Nach Art. 95 Abs. 2 Nr. 1 Buchst. b BayWG kann mit Geldbuße bis zu einhunderttausend Deutsche Mark belegt werden, wer vorsätzlich oder fahrlässig

1. entgegen § 8 Abs. 1 bei Schadensfällen und Betriebsstörungen eine Anlage nicht unverzüglich außer Betrieb nimmt oder entleert,
2. entgegen § 8 Abs. 2 oder 3 das Austreten oder den Verdacht des Austretens wassergefährdender Stoffe nicht unverzüglich anzeigt,
3. entgegen § 9 Abs. 1 als Hersteller oder Betreiber Anlagen nicht oder nicht richtig mit einer Kennzeichnung versieht,
4. entgegen § 10 Abs. 1 Satz 1, Abs. 2, 3 oder 4 in Schutzgebieten oder Überschwemmungsgebieten eine Anlage einbaut, aufstellt oder verwendet,
5. entgegen § 11 Abs. 1 Satz 1 ein Anlagenkataster nicht erstellt oder entgegen § 11 Abs. 3 nicht fortschreibt,
6. entgegen § 20 Abs. 1 Satz 1 Behälter ohne feste Leitungsanschlüsse oder ohne Überfüllsicherung befüllt oder entleert oder befüllen oder entleeren läßt oder entgegen § 20 Abs. 2 ohne selbsttätig schließende Abfüllsicherung befüllt oder befüllen läßt,
7. entgegen § 23 Abs. 1 oder entgegen einer vollziehbaren Anordnung nach § 23 Abs. 2 Satz 1 Anlagen nicht oder nicht fristgemäß oder nicht durch einen Sachverständigen nach § 22 überprüfen läßt,
8. entgegen § 23 Abs. 5 Satz 1 festgestellte Mängel an einer Anlage nicht unverzüglich behebt oder beheben läßt,
9. entgegen § 23 Abs. 5 Satz 3 bei festgestellten gefährlichen Mängeln eine Anlage nicht unverzüglich außer Betrieb nimmt oder entleert.

Siebter Teil. Übergangs- und Schlußvorschriften

§ 29 Bestehende Anlagen. (1) Für Anlagen, die bei Inkrafttreten dieser Verordnung bereits eingebaut oder aufgestellt waren (bestehende Anlagen), sind die Anforderungen nach § 3 Nr. 6 und §§ 9 und 11 innerhalb von zwei Jahren nach Inkrafttreten dieser Verordnung zu erfüllen, es sei denn, daß diese Anforderungen auch schon nach der bisherigen Rechtslage bestanden.

(2) [1] Werden durch diese Verordnung andere als die in Absatz 1 genannten Anforderungen neu begründet oder verschärft, so gelten sie für bestehende Anlagen unbeschadet der Regelung in den Anhängen zu § 4 erst auf Grund einer Anordnung der Kreisverwaltungsbehörde.

[2]Satz 1 gilt entsprechend, wenn durch Verwaltungsvorschrift nach § 11g Abs. 5 Satz 2 WHG die dort vorgenommene bisherige Einstufung wassergefährdender Stoffe geändert wird. [3]Jedoch kann auf Grund dieser Verordnung nicht verlangt werden, daß rechtmäßig bestehende oder begonnene Anlagen stillgelegt oder beseitigt werden.

(3) Anlagen, die nach der Anlagen- und Fachbetriebsverordnung vom 13. Februar 1984 (GVBl. S. 66, BayRS 753-1-4-U) als einfach oder herkömmlich gelten, bedürfen auch weiterhin keiner Eignungsfeststellung.

(4) [1]Die Betreiber haben bestehende Anlagen, die auf Grund des § 23 erstmalig einer Prüfung bedürfen, spätestens bis zum 31. Dezember 1999 überprüfen zu lassen. [2]Diese Prüfung gilt als Prüfung vor Inbetriebnahme im Sinn von § 23 Abs. 1 Satz 2. [3]Satz 1 gilt nicht, wenn in einer behördlichen Zulassung oder in einem Anhang zu dieser Verordnung eine Ausnahme von der Prüfpflicht erteilt oder eine andere Frist für die erstmalige Prüfung bestimmt wird.

§ 30 Inkrafttreten. (1) [1]Diese Verordnung tritt am 1. Oktober 1996 in Kraft. [2]Gleichzeitig tritt die Verordnung über Anlagen zum Lagern, Abfüllen und Umschlagen wassergefährdender Stoffe und die Zulassung von Fachbetrieben (Anlagen- und Fachbetriebsverordnung – VAwSF) vom 13. Februar 1984 (GVBl. S. 66, BayRS 753-1-4-U) mit Ausnahme des § 11 außer Kraft.

(2) [1]Abweichend von Absatz 1 Satz 1 bedarf es der Anerkennung nach § 22 erst ab 1. Januar 1997; bis zu diesem Zeitpunkt gilt § 11 der Anlagen- und Fachbetriebsverordnung. [2]Erteilte Anerkennungen nach § 11 VAwSF gelten bis zum Ablauf ihrer Befristung fort.

Anhang 1

Allgemeine Anforderungen an Anlagen

Vorbemerkung

Die allgemeinen Anforderungen an Anlagen richten sich nach den folgenden Festsetzungen. Sie sind vorrangig gegenüber den Grundsatzanforderungen nach § 3 der Verordnung und den allgemein anerkannten Regeln der Technik, jedoch nachrangig gegen Anforderungen für bestimmte Anlagen in den weiteren Anhängen, soweit diese den nachfolgenden Anforderungen in Anhang 1 widersprechen.

1. Allgemeine Anforderungen

1.1 Standsicherheit, Dichtheit

1.1.1 Anlagen zum Umgang mit wassergefährdenden Stoffen müssen diese sicher einschließen. Die Anlagen müssen bei den zu erwartenden Beanspruchungen auf angemessene Gebrauchsdauer standsicher und dicht sein. Sie müssen so gegründet, eingebaut und aufgestellt sein, daß Verlagerungen und Neigungen, die die Sicherheit und Dichtheit der Anlagen gefährden können, ausgeschlossen sind.

1.1.2 Neben baurechtlich erforderlichen Standsicherheitsnachweisen sind außer der Sicherung gegen Auftrieb nach § 10 Abs. 4 Nr. 1 der Verordnung oder der weitergehenden Anforderungen nach § 7 Abs. 1 der Verordnung keine besonderen Nachweise der Standsicherheit nach Wasserrecht erforderlich.

1.1.3 Anlagen und Anlagenteile müssen im erforderlichen Umfange gegen mechanische Beschädigung, insbesondere durch Anfahren, geschützt sein.

1.2 Widerstandsfähigkeit, Korrosionsbeständigkeit, Korrosionsschutz.

1.2.1 Die Widerstandsfähigkeit gegen chemische Einflüsse (Korrosionsbeständigkeit) ist nachzuweisen, soweit sie nicht offenkundig ist.

1.2.2 Die Korrosionsbeständigkeit von Stahl ist anhand der DIN 6601[1] nachzuweisen.

1.2.3 Ist nach Nr. 1.2.2 ein Nachweis nicht möglich oder handelt es sich um andere zu beurteilende Werkstoffe, ist die Korrosionsbeständigkeit wie folgt nachzuweisen:

---

[1] **Amtl. Anm.:** DIN 6601 Beständigkeit der Werkstoffe von Behältern/Tanks aus Stahl gegenüber Flüssigkeiten (Positiv – Flüssigkeitsliste), Ausgabe 10/91.

1.2.3.1 Anhand vorhandener Anlagen oder Anlagenteile (Referenzobjekte), die überprüfbar sind oder wiederkehrenden Prüfungen durch Sachverständige oder Sachkundige unterliegen, oder

1.2.3.2 anhand von Laboruntersuchungen, die aufgezeichnet sind und deren Ergebnisse bei erneuten Untersuchungen in gleicher Art erzielt werden können (reproduzierbare Untersuchungen), oder

1.2.3.3 anhand von Listen über die Korrosionsbeständigkeit von Werkstoffen (Resistenzlisten), deren Randbedingungen bekannt und durch Laboruntersuchungen nachprüfbar sind.

1.2.4 Kunststoffe müssen den je nach Verwendungszweck auftretenden mechanischen, thermischen, chemischen und biologischen Beanspruchungen standhalten und beständig gegenüber Alterung sein.

1.2.5 Anlagen, die aus Werkstoffen mit nicht hinreichender Korrosionsbeständigkeit bestehen, sind mit einer geeigneten Beschichtung oder Auskleidung zu versehen. Beschichtungen und Auskleidungen müssen folgende Anforderungen erfüllen:

1.2.5.1 Sie müssen mit der Wandung fest verbunden sein,

1.2.5.2 ihre Oberfläche muß glatt, homogen und gut zu reinigen sein,

1.2.5.3 sie dürfen keine erkennbaren Mängel wie Blasen, Poren, Lücken, Risse, herausragende Glasfasern und Verunreinigungen in der Oberfläche aufweisen, welche die Schutzwirkung beeinträchtigen können; durchgehende Risse, Poren oder sonstige Fehlstellen sind unzulässig,

1.2.5.4 sie müssen gegen den jeweiligen wassergefährdenden Stoff beständig sein, insbesondere sich nicht ablösen oder auflösen, nicht erweichen, verspröden oder klebrig werden, keine Blasen aufweisen oder Unterrosten zulassen,

1.2.5.5 sie müssen den beim Betrieb und bei sachgemäßer Behandlung auftretenden Belastungen standhalten, insbesondere nicht abplatzen oder sich vom Untergrund ablösen,

1.2.5.6 Beschichtungen müssen zusätzlich folgende Anforderungen erfüllen:

1.2.5.6.1 Sie müssen Risse im Untergrund nach Aushärtung überbrükken können,

1.2.5.6.2 sie müssen nach Ablauf der Mindesthärtezeit unter den Mindesthärtebedingungen soweit ausgehärtet sein, daß sie mit dem wassergefährdenden Stoff beansprucht werden können,

1.2.5.6.3 sie müssen bei mehrschichtig aufgebauten Systemen so beschaffen sein, daß die einzelnen Schichten ausreichend miteinander durch eine Zwischenschichthaftung verbunden sind.

1.2.6 Die Anforderungen nach Nr. 1.2.5 gelten nicht für Anlagenteile, die nur kurzfristig mit wassergefährdenden Stoffen beaufschlagt werden, wenn die dort verwendeten Werkstoffe für den Beaufschlagungszeitraum gegen die jeweiligen wassergefährdenden Stoffe hinreichend beständig sind.

2. Anforderungen an bestimmte Anlagenteile

2.1 Behälter und Rohrleitungen

2.1.1 Behälter ohne Einstiegsöffnung müssen eine Besichtigungsöffnung haben, die eine innere Prüfung des Behälters ermöglicht.

2.1.2 Flexible Rohrleitungen in Anlagen dürfen nur über Flächen eingebaut und verwendet werden, die ausreichend dicht und widerstandsfähig sind. Dies gilt nicht, wenn flexible Rohrleitungen betriebsbedingt über oberirdischen Gewässern verwendet werden, z. B. beim Laden und Löschen von Schiffen, vgl. Nr. 3.1.

2.1.3 Absperreinrichtungen von Rohrleitungen müssen gut zugänglich und leicht zu bedienen sein.

2.1.4 An doppelwandige Behälter und Rohrleitungen sind folgende Anforderungen zu stellen:

2.1.4.1 Doppelwandige Behälter müssen mit einer mindestens bis zu der dem zulässigen Füllungsgrad entsprechenden Höhe reichenden zweiten Wand versehen sein. Einwandige Behälter, die mit einer mindestens bis zu der dem zulässigen Füllungsgrad entsprechenden Höhe reichenden Leckschutzauskleidung versehen sind und deren Zwischenraum zwischen Behälterwandung und Leckschutzauskleidung als Überwachungsraum geeignet ist, werden doppelwandigen Behältern gleichgestellt.

Doppelwandige Rohrleitungen müssen über den gesamten Rohrumfang mit einer zweiten Wand versehen sein.

2.1.4.2 Der Zwischenraum zwischen äußerer und innerer Wand oder äußerer Wand und Einlage der Leckschutzauskleidung muß als Überwachungsraum geeignet und so beschaffen sein, daß ein einwandfreier Durchgang des Leckanzeigemediums gewährleistet ist. Als Leckanzeigemedium dürfen nur Stoffe der Wassergefährdungsklasse 0 verwendet werden.

2.1.4.3 Der Überwachungsraum muß mindestens mit zwei Anschlüssen zur Überprüfung ausgerüstet sein.

2.1.4.4 Bei Behältern dürfen unterhalb der dem zulässigen Füllungsgrad entsprechenden Höhe keine die Doppelwandigkeit beeinträchtigenden Stutzen oder Durchtritte sein.

2.1.4.5 Im Überwachungsraum von Rohrleitungen dürfen keine die Doppelwandigkeit beeinträchtigenden Stutzen oder Durchtritte vorhanden sein.

2.1.4.6 Die Dichtheit der Außen- und Innenwand bzw. Leckschutzauskleidung muß bei Undichtwerden der jeweils anderen Wand mindestens 6 Monate gewährleistet sein. Es kann ein kürzerer Zeitraum angesetzt werden, wenn das Erkennen von Undichtheiten und die Leerung des Behälters oder der Rohrleitung in einem entsprechenden kurzen Zeitraum gewährleistet sind.

2.1.5 Leitungen zur Verbindung kommunizierender Behälter, mit Ausnahme doppelwandiger Rohrleitungen mit Leckanzeigegerät, sind in Auffangvorrichtungen anzuordnen. Ist für Lageranlagen keine Auffangvorrichtung erforderlich, genügt es, die Leitung über der nach dem Anhang 2 erforderlichen Fläche zu führen.

2.2 Einsehbarkeit, Abstände

2.2.1 Einwandige Behälter, Rohrleitungen und sonstige Anlagenteile müssen von Wänden und sonstigen Bauteilen sowie untereinander einen solchen Abstand haben, daß die Erkennung von Leckagen und die Zustandskontrolle auch der Auffangvorrichtungen durch Inaugenscheinnahme jederzeit möglich sind. Sind die Behälter, Rohrleitungen und sonstigen Anlagenteile ummantelt, z. B. zur Wärmeisolierung, muß gewährleistet sein, daß Leckagen auf andere Weise leicht erkannt werden.

2.2.2 Bei Behältern gelten die Anforderungen nach Nr. 2.2.1 als erfüllt, wenn die folgenden Anforderungen eingehalten werden:

2.2.2.1 Der Abstand zwischen der Wand von Behältern und der Wand der Auffangvorrichtung muß bei Behälter- oder Wandhöhen bis 1,5 m sowie bei der Lagerung von Heizöl EL wenigstens 40 cm betragen, sonst 1 m. Aus Gründen der Instandhaltung und Instandsetzung können größere Abstände als zuvor festgelegt, erforderlich sein. Kleinere Abstände sind vorbehaltlich der nachfolgenden Bestimmungen nur zulässig, wenn die Auffangvorrichtung im nicht einsehbaren Bereich von einer Leckagesonde auf eventuell ausgelaufene Stoffe überwacht wird oder zur einsehbaren Seite hin ein ausreichendes Gefälle aufweist, so daß eventuell ausgelaufene Stoffe sofort erkannt werden können.

2.2.2.2 Bei einem oder mehreren Kunststoffbehältern für Heizöl EL und Dieselkraftstoff mit einem Rauminhalt bis jeweils 10 000 Litern und einem Gesamtrauminhalt von 25 000 Litern bei Behältersystemen, die in geschlossenen Räumen aufgestellt sind, z. B. Batteriebehälter, genügt ein Abstand zu den Wänden der Auffangvorrichtung von 40 cm für zwei aneinander angrenzende, zugängliche Seiten; an den übrigen Seiten und untereinander muß der Abstand mindestens 5 cm betragen. Ein besonderer Bodenabstand ist nicht erforderlich.

2.2.2.3 Ortsbewegliche Behälter mit einem Rauminhalt bis 1000 Liter dürfen ohne besondere Abstände aufgestellt werden, wenn die Auffangvorrichtung ausreichend durch Augenschein kontrollierbar ist.

2.2.2.4 Bei Kunststoffbehältern, die in Auffangvorrichtungen aufgestellt werden, genügen Abstände von 10 cm zwischen Behälter und Auffangvorrichtung, wenn folgende Bedingungen eingehalten werden:

a) Die Auffangvorrichtung muß aus korrosionsbeständigem Werkstoff hergestellt sein.
b) Die Höhe der Auffangvorrichtung muß wenigstens bis zur zulässigen Füllhöhe im Behälter reichen, vermindert um den Abstand zwischen Behälter und Auffangvorrichtung.
c) Der Raum zwischen Behälter und Auffangvorrichtung muß durch eine geeignete Leckagesonde ständig überwacht werden. Es ist sicherzustellen, daß ausgelaufene Flüssigkeit zur Leckagesonde gelangt. Die Leckagesonde ist nicht erforderlich, wenn die Auffangvorrichtung leicht eingesehen werden kann. Dies ist der Fall, wenn die Auffangvorrichtung nicht höher als 1,50 m ist und zwischen der Auffangvorrichtung und Gebäudewänden oder anderen Bauteilen ein Abstand von wenigstens 40 cm an der einsehbaren Stelle vorhanden ist.

2.2.3 Die Böden von Behältern müssen von der Aufstellfläche einen Abstand haben, der eine ausreichende Erkennung von Leckagen und eine Zustandskontrolle der Auffangvorrichtung ermöglicht. Ein Abstand ist ausreichend, der der DIN 6623[1] oder wenigstens einem Fünfzigstel des Durchmessers eines zylindrischen Behälters oder der kleinsten Kantenlänge des Bodens eines rechteckförmigen Behälters entspricht und 10 cm übersteigt. Wird ein solcher Abstand nicht eingehalten, muß ein Leckageerkennungssystem vorgesehen werden.

---

[1] **Amtl. Anm.:** DIN 6623 Teil 1: Stehende Behälter (Tanks) aus Stahl, einwandig, mit weniger als 1000 l Volumen für die oberirdische Lagerung wassergefährdender brennbarer und nichtbrennbarer Flüssigkeiten, Ausgabe 9/89; Teil 2: Stehende Behälter (Tanks) aus Stahl doppelwandig, mit weniger als 1000 l Volumen für die oberirdische Lagerung wassergefährdender brennbarer und nichtbrennbarer Flüssigkeiten, Ausgabe 9/89.

2.3 Domschächte, sonstige Schächte, Schutzkanäle, Schutzrohre

2.3.1 Domschächte unterirdischer Behälter, Fernbefüllschächte und sonstige unterirdische Schächte, Schutzkanäle oder Schutzrohre sind flüssigkeitsdicht und beständig auszubilden. Diese Anforderungen werden durch geschweißte Domschächte oder Domschachtkragen erfüllt. Die Anforderungen sind auch erfüllt, wenn der Bauart nach zugelassene Auffangvorrichtungen im Domschacht eingebaut sind. Nr. 3.2.2 bleibt unberührt.

2.3.2 Die Anforderungen nach Nr. 2.3.1 gelten für Domschächte, sonstige Schächte, Schutzkanäle oder Schutzrohre aus Beton als erfüllt, wenn wassergefährdende Stoffe, die in sie gelangen, die rißfreie Zone der dichtenden Böden und Wände (Materialstärke abzüglich der Materialstärke des mit Schwindrissen behafteten Bereichs und der Materialstärke der gerissenen Zugzone) innerhalb der Zeit bis zum Erkennen und Beseitigen ausgetretener wassergefährdender Stoffe gemäß Nr. 2.3.3 höchstens zu zwei Dritteln durchdringen. In diesem Falle ist die dichtende Fläche unverzüglich wiederherzustellen.

2.3.3 Domschächte, sonstige Schächte, Schutzkanäle oder Schutzrohre aus Beton müssen laufend überwacht werden. Schäden an Anlagen in gewerblichen Betrieben mit regelmäßiger Arbeitszeit müssen innerhalb von 72 Stunden erkannt werden können. In anderen Anlagen darf die Frist bis zum Erkennen eines Schadens nicht länger als 3 Monate betragen. Erkannte Schäden sind unverzüglich zu beseitigen.

2.3.4 Niederschlagswasser ist fernzuhalten. Die Kondenswasserbildung ist zu vermeiden. Soweit dies nicht möglich ist, ist fallweise vorhandenes Wasser zu entfernen. Unmittelbare Anschlüsse an Entwässerungsanlagen sind nicht zulässig.

2.4 Ausrüstungsteile, Sicherheitseinrichtungen, Schutzvorkehrungen

2.4.1 Leckageerkennungssysteme müssen die in ihrem Einsatzbereich möglicherweise auslaufenden wassergefährdenden Stoffe erkennen können und spätestens bei einer Flüssigkeitshöhe von 5 cm, gemessen am Tiefpunkt des Bodens der Auffangvorrichtung, Alarm durch ein optisches oder akustisches Signal auslösen.

2.4.2 Be- und Entlüftungseinrichtungen, Sicherheitsventile und Berstscheiben müssen so beschaffen sein, daß das Entstehen gefährlicher Über- oder Unterdrücke in Anlagenteilen, insbesondere in Behältern und Rohrleitungen, sicher verhindert wird. Sicherheitsventile und Berstscheiben sind so anzuordnen und mit Zusatzeinrichtungen zu versehen, daß unvermeidlich austretende Flüssigkeiten schadlos aufgefangen werden.

2.4.3 Absperreinrichtungen müssen gut zugänglich und leicht zu bedienen sein.

2.4.4 Automatisch betriebene Sicherheitseinrichtungen für Brandfälle und Betriebsstörungen, z. B. Schieber, Klappen oder Pumpen, müssen eine von den zugehörigen gefährdeten Anlagen unabhängige Energieversorgung besitzen oder mit anderen zusätzlichen Vorkehrungen versehen sein, die den Betrieb auch bei Ausfall der allgemeinen Energieversorgung einer Anlage gewährleisten.

2.5 Kühl- und Heizeinrichtungen
Kühl- und Heizeinrichtungen, z. B. Verdunstungskühler, Wärmetauscher und Kühlschlangen, die mit im System befindlichen wassergefährdenden Stoffen beaufschlagt werden, sind derart zu sichern, daß ein Übergang wassergefährdender Stoffe in das Kühlwasser ausgeschlossen ist, oder daß Leckagen schnell erkannt werden und kein unzulässig belastetes Kühlwasser austreten kann.

2.6 Auffangvorrichtungen
(Auffangräume, Auffangwannen, Ableitflächen)

2.6.1 Größe und Anordnung

2.6.1.1 Der Rauminhalt einer Auffangvorrichtung muß dem Rauminhalt der in ihm aufgestellten Behälter entsprechen. Befinden sich mehrere Behälter in einer Auffangvorrichtung müssen 10% des Gesamtvolumens aller in der Auffangvorrichtung aufgestellten Behälter, aber wenigstens der Rauminhalt des größten Behälters zurückgehalten werden.

2.6.1.2 Auffangvorrichtungen sind grundsätzlich den zugehörigen Anlagen unmittelbar räumlich zuzuordnen. Von den zugehörigen Anlagen räumlich getrennte Auffangvorrichtungen sind zulässig, wenn ihnen im Schadensfalle die wassergefährdenden Stoffe sicher zugeleitet werden können.

2.6.1.3 Lagerbehälter mit wassergefährdenden Stoffen, die beim Freiwerden so miteinander reagieren können oder unerwünschte Reaktionen hervorrufen, daß die Behälter oder die Auffangvorrichtungen versagen, müssen in getrennten Auffangvorrichtungen oder in medienbeständig abgetrennten Bereichen der gleichen Auffangvorrichtung aufgestellt werden.

2.6.1.4 Die Grundfläche von Auffangvorrichtungen muß so beschaffen sein, daß Spritzverluste aus Befüll- und Entleervorgängen und Tropfverluste sicher aufgefangen werden, soweit Anlagen nicht gekapselt oder anderweitig gegen Spritz- und Tropfverluste abgesichert sind.

2.6.1.5 Anlagenteile, bei denen Tropfverluste nicht auszuschließen sind, sind mit gesonderten Tropfwannen zu versehen oder in einer sonstigen Auffangvorrichtung anzuordnen. Diese Anforderung gilt nicht für Anlagen zum Umgang mit wassergefährdenden Stoffen der Wassergefährdungsklasse 0.

2.6.2 Dichtheit

2.6.2.1 Wassergefährdende Stoffe, die in eine Auffangvorrichtung aus nichtmetallischen porösen Werkstoffen gelangen, dürfen die dichtenden Böden und Wände innerhalb der Zeit bis zum Erkennen von Schäden und Beseitigen ausgetretener wassergefährdender Stoffe höchstens zu zwei Dritteln der Wanddicke durchdringen. Nrn. 2.3.2 und 2.3.3 gelten auch für Auffangvorrichtungen aus Beton, für Auffangvorrichtungen aus anderen porösen Werkstoffen gelten sie entsprechend.

2.6.2.2 Bei der Beurteilung der Dichtheit gelten die Anforderungen auch für die Fugen.

2.6.2.3 Wird in Auffangvorrichtungen mit unterschiedlichen Stoffen mit im einzelnen nicht bekannten Eigenschaften umgegangen, sind die möglicherweise beaufschlagten Flächen regelmäßig auf mögliche Stoffaustritte und Durchdringungen der Flächen zu untersuchen. Ist dies nicht sicher möglich, sind mehrwandige Flächen mit Leckanzeigegerät vorzusehen.

2.6.2.4 Durchführungen von Rohrleitungen und Kabeln durch Böden oder Wände von Auffangvorrichtungen müssen dauerhaft flüssigkeitsdicht eingebunden sein.

2.6.3 Abdichtungsmittel

2.6.3.1 Sofern der Werkstoff für die Auffangvorrichtungen nicht selbst ausreichend dicht ist, sind geeignete Abdichtungsmittel zu verwenden; Nummer 1.2.6 gilt entsprechend.

2.6.3.2 Abdichtungsmittel, die begehbar oder befahrbar sind, müssen entsprechenden mechanischen Beanspruchungen hinreichend widerstehen oder so abgedeckt werden, daß Schäden an der Abdichtung von vorneherein nicht entstehen können.

2.6.3.3 Abdichtungsmittel müssen den je nach Verwendungszweck auftretenden mechanischen, thermischen, chemischen und biologischen Beanspruchungen standhalten, flüssigkeitsdicht bleiben und beständig gegenüber Alterung sein. Sie müssen bei der Verwendung im Freien gegen Witterungseinflüsse ausreichend widerstandsfähig sein. Abdichtungen müssen hinsichtlich der Feuerausbreitung den Anforderungen der Baustoffklasse B2 nach DIN 4102[1)] entsprechen.

2.6.3.4 Abdichtungsmittel, die als Beschichtungen nachträglich durch gleichmäßiges Verteilen flüssiger oder pastenförmiger Stoffe auf Wände und Böden von Auffangvorrichtungen aufgebracht werden, müssen zusätzlich folgende Anforderungen erfüllen:

2.6.3.4.1 sie müssen nach Trocknung und Härtung fest auf dem abzudichtenden Untergrund haften,

2.6.3.4.2 sie müssen Risse im Untergrund nach Aushärtung überbrücken,

2.6.3.4.3 sie müssen bei mehrschichtigem Aufbau mit den einzelnen Schichten fest untereinander verbunden sein,

2.6.3.5 Abdichtungsmittel, die als Kunststoffbahnen oder vorgefertigte Bauteile aus verklebbaren oder schweißbaren Kunststoffen sowie aus Mehrschichtverbunden mit oder ohne Diffusionssperrschicht nachträglich auf Wände und Böden von Auffangvorrichtungen aufgebracht werden, müssen

2.6.3.5.1 unter den üblichen Baustellenbedingungen einwandfrei zu einer Abdichtung gefügt werden können und

2.6.3.5.2 in ihrer chemischen Zusammensetzung so beschaffen sein, daß eine Hydrolyse ausgeschlossen ist.

2.6.4 Auffangwannen aus Stahl

Auffangwannen aus Stahl mit einem Rauminhalt von bis zu 1000 Litern,

- in denen Behälter aufgestellt werden und die dazu bestimmt sind, aus den Behältern, sowie aus den verbindenden Rohrleitungen ausgetretene wassergefährdende Stoffe aufzunehmen,
- die nach oben offen oder mit einem Gitterrost versehen sind,
- deren Höhe in der Regel nicht mehr als 1 m beträgt und
- deren Grundfläche bezogen auf die Einzelwanne nicht mehr als 10 m^2 beträgt

müssen so beschaffen sein und so betrieben werden, daß zusätzlich die nach § 4 Abs. 2 oder nach § 5 der Verordnung eingeführten technischen Regeln eingehalten werden.

---

1) **Amtl. Anm.:** DIN 4102 Brandverhalten von Baustoffen und Bauteilen, Teil 1 Ausgabe 5/81; Teile 2, 3, 5, 6 Ausgabe 9/77; Teil 4 Ausgabe 3/94; Teil 7 Ausgabe 3/87; Teil 8 Ausgabe 5/86; Teile 9, 13, 14, 15, 16 Ausgabe 5/90; Teil 11 Ausgabe 12/85; Teil 12 Ausgabe 1/91; Teil 17 Ausgabe 12/90; Teil 18 Ausgabe 3/91.

2.6.5 Niederschlagswasser

Niederschlagswasser in Auffangvorrichtungen ist fallweise zu entfernen. Bei Auffangvorrichtungen ohne ausreichende Überdachung ist die zur Herstellung eines Auffangraumes erforderliche Aufkantung um wenigstens 5 cm zu erhöhen. Abläufe in Auffangvorrichtungen sind zulässig, wenn sie an einer geeigneten Abwasseranlage angeschlossen und absperrbar ausgestaltet sind.

2.7 Transportbehälter und Verpackungen von flüssigen Stoffen mit einem Rauminhalt bis zu 450 Liter

Transportbehälter und Verpackungen von flüssigen Stoffen mit einem Rauminhalt bis zu 450 Litern sind als Teile von Lager-, Abfüll- und Umschlagsanlagen geeignet, wenn sie in einer Auffangvorrichtung, die den Anforderungen der Nr. 2.6 entspricht, aufgestellt sind. Sie dürfen ohne Auffangvorrichtung als Teile von Lager-, Abfüll- und Umschlagsanlagen nur verwendet werden, wenn für jeden verwendeten Behältertyp oder verwendete Verpackungsart der Kreisverwaltungsbehörde eine Zulassung nach den Vorschriften über den Transport gefährlicher Güter nachgewiesen wird.

3. Anforderungen an bestimmte Anlagen

3.1 Anforderungen an Abfüll- und Umschlagsanlagen in Häfen und beim Laden und Löschen von Schiffen

3.1.1 Rohrleitungen zum Umschlagen von wassergefährdenden Stoffen im Druckbetrieb müssen mit einem Sicherheitssystem mit Schnellschlußeinrichtungen ausgestattet sein, das selbsttätig land- und schiffseitig den Förderstrom unterbricht und die Leitungsverbindung öffnet, wenn diese durch Abtreiben des Schiffes zerstört werden könnte.

3.1.2 Rohrleitungen, die im Saugbetrieb zur Beförderung wassergefährdender Stoffe benutzt werden, müssen so beschaffen und ausgerüstet sein, daß bei einem Schaden an der Saugleitung das zu befördernde Medium nicht durch Hebewirkung auslaufen kann.

3.1.3 Beim Umschlag von Schüttgütern sind die dafür vorgesehenen Förderanlagen so auszulegen, daß Verluste in ihrem Bereich auf das unumgänglich notwendige und nicht mehr mit einem verhältnismäßigem Aufwand minimierbare Maß reduziert werden.

3.1.4 Für die landseitigen Anlagenteile, insbesondere für Lageranlagen und Auffangvorrichtungen gelten soweit einschlägig die Anforderungen der Nrn. 1 und 2.

3.2 Anforderungen an Anlagen zum Lagern, Abfüllen, Umschlagen und Verwenden von Stoffen der WGK 0

3.2.1 Anlagen zum Lagern, Abfüllen, Umschlagen und Verwenden fester Stoffe der WGK 0 müssen so beschaffen sein, daß die Stoffe nicht in oberirdische Gewässer gelangen können. Dem kann durch die Ausgestaltung der Anlage entsprechend § 14 Nr. 2 der Verordnung oder durch einen ausreichenden Abstand der Anlage zum oberirdischen Gewässer entsprochen werden. Feste Stoffe, die weitgehend in Wasser gelöst werden, z.B. Natrium-Chlorid, sind so zu lagern, daß keine Flüssigkeiten zutreten können.

3.2.2 Anlagen zum Lagern, Abfüllen, Umschlagen und Verwenden von festen und flüssigen Stoffen der WGK 0 dürfen auch mit einwandigen unterirdischen Behältern und Rohrleitungen ausgestattet sein; die Domschächte dieser Behälter müssen nicht flüssigkeitsdicht und -beständig ausgebildet werden.

3.3 Anlagen zum Umgang mit festen Stoffen, denen wassergefährdende Flüssigkeiten anhaften

Anlagen zum Umgang mit festen Stoffen, denen wassergefährdende Flüssigkeiten anhaften, sind mit stoffundurchlässigen Flächen auszuführen. Dabei ist ein Rückhaltevermögen für das Volumen wassergefährdender Flüssigkeiten vorzusehen, das sich bis zum Wirksamwerden geeigneter Gegenmaßnahmen ansammeln kann. Die Anlagen sind durch selbsttätige Störmeldeeinrichtungen oder regelmäßige Kontrollgänge zu überwachen. Die Flächen sind vor Niederschlag zu schützen. Rückhaltevermögen und Schutz vor Niederschlag können durch Anschluß der Flächen an eine geeignete Abwasseranlage ersetzt werden.

Anhang 2

Besondere Anforderungen an oberirdische Anlagen zum Umgang mit wassergefährdenden flüssigen Stoffen

Vorbemerkung

Die Anforderungen an oberirdische Anlagen zum Lagern, Abfüllen und Umschlagen sowie an Anlagen zum Herstellen, Behandeln und Verwenden wassergefährdender flüssiger Stoffe im Bereich der gewerblichen Wirtschaft und im Bereich öffentlicher Einrichtungen richten sich nach den folgenden Tabellen. Diese Anforderungen gehen den allgemein anerkannten Regeln der Technik, den Grundsatzanforderungen nach § 3 Nrn. 2 und 3 der Verordnung und Anhang 1 vor, sie sind jedoch nachrangig gegen Anforderungen in den weiteren Anhängen, soweit diese den nachfolgenden Anforderungen widersprechen.

1. Bezeichnungen

1.1 Anforderungen an die Befestigung und Abdichtung von Bodenflächen

F_0 = keine Anforderung an Befestigung und Abdichtung der Fläche über die betrieblichen Anforderungen hinaus.

F_1 = stoffundurchlässige Fläche.

F_2 = wie F_1, aber mit Nachweis der Beständigkeit

1.2 Anforderungen an das Rückhaltevermögen für austretende wassergefährdende Flüssigkeiten

R_0 = kein Rückhaltevermögen über die betrieblichen Anforderungen hinaus.

R_1 = Rückhaltevermögen für das Volumen wassergefährdender Flüssigkeiten, das bis zum Wirksamwerden geeigneter Sicherheitsvorkehrungen auslaufen kann (z. B. Absperren des undichten Anlagenteils oder Abdichten des Lecks).

R_2 = Rückhaltevermögen für das Volumen wassergefährdender Flüssigkeiten, das bei Betriebsstörungen freigesetzt werden kann, ohne daß Gegenmaßnahmen berücksichtigt werden.

R_3 = Rückhaltevermögen ersetzt durch Doppelwandigkeit mit Leckanzeigegerät.

Soweit das Volumen wassergefährdender Flüssigkeiten, das bis zum Wirksamwerden geeigneter Sicherheitseinrichtungen auslaufen kann, nicht ermittelbar ist, kann das erforderliche Rückhaltevermögen R_1 ersatzweise nach folgendem Ansatz berechnet werden:

$R_1 = VB \times T/TL$

Dabei ist R_1 ...... Rückhaltevermögen in Kubikmetern
VB ...... Behältervolumen in Kubikmetern
T .... Zeit in Stunden bis zum Wirksamwerden vorhandener geeigneter Sicherheitseinrichtungen
TL ...... Zeit, die für das völlige Leerlaufen des Behälters erforderlich ist in Stunden, bei Behältern mit einem Rauminhalt von weniger als 480 Kubikmetern ist TL = VB/20 anzusetzen.

1.3 Anforderungen an infrastrukturelle Maßnahmen organisatorischer oder technischer Art

I_0 = keine Anforderungen an die Infrastruktur über die betrieblichen Anforderungen hinaus.
I_1 = Überwachung durch selbsttätige Störmeldeeinrichtungen in Verbindung mit ständig besetzter Betriebsstätte (z. B. Meßwarte) oder Überwachung mittels regelmäßiger Kontrollgänge; Aufzeichnung der Abweichungen vom bestimmungsgemäßen Betrieb und Veranlassung notwendiger Maßnahmen.
I_2 = Alarm- und Maßnahmenplan, der wirksame Maßnahmen und Vorkehrungen zur Vermeidung von Gewässerschäden beschreibt und mit den in die Maßnahmen einbezogenen Stellen abgestimmt ist.

1.4 Zugrunde zu legendes Volumen

Das in den Tabellen 2.1 und 2.5 zur Ermittlung der Anlagengröße zugrunde zu legende Volumen ist das Volumen der größten abgesperrten Betriebseinheit. Bei Faß- und Gebindeläger (Tabelle 2.2) ist der Rauminhalt aller Fässer/Gebinde (V_{ges}) anzurechnen.

1.5 Einhaltung der Anforderungen

Die Anforderungen sind nach den Nrn. 1.1, 1.2 und 1.3 auch eingehalten, wenn die jeweiligen Anforderungen einer höheren Wassergefährdungsklasse oder eines höheren Volumenbereiches erfüllt werden.

2. Tabellen

2.1 Anforderungen an oberirdische Lageranlagen

Volumen der Lageranlage in m^3	WGK 0		WGK 1		WGK 2		WGK 3	
bis 0,1	$F_0+R_0+I_0$	A	$F_0+R_0+I_0$	A	$F_0+R_0+I_0$	A	$F_0+R_0+I_0$	A
mehr als 0,1 bis 1	$F_0+R_0+I_0$	A	$F_0+R_0+I_0$	A	$F_0+R_0+I_0$	A	$F_1+R_1+I_1$/ $F_0+R_3+I_0$	B
mehr als 1 bis 10	$F_0+R_0+I_0$	A	$F_1+R_0+I_1$/ $F_1+R_1+I_0$/ $F_0+R_3+I_0$	A	$F_1+R_1+I_1$*)/ $F_2+R_2+I_0$/ $F_0+R_3+I_0$	B	$F_2+R_2+I_1$/ $F_1+R_3+I_1+I_2$	C
mehr als 10 bis 100	$F_0+R_0+I_0$	A	$F_1+R_1+I_1$/ $F_0+R_3+I_0$	A	$F_1+R_1+I_1+I_2$/ $F_2+R_2+I_1$/ $F_0+R_3+I_0$	C	$F_2+R_2+I_1+I_2$/ $F_1+R_3+I_1+I_2$	D
mehr als 100 bis 1000	$F_1+R_0+I_1$/ $F_1+R_1+I_0$/ $F_0+R_3+I_0$	A	$F_1+R_1+I_1+I_2$/ $F_2+R_1+I_1$/ $F_0+R_3+I_0$	B	$F_2+R_2+I_1+I_2$/ $F_1+R_3+I_1+I_2$	D	$F_2+R_2+I_1+I_2$/ $F_1+R_3+I_1+I_2$	D
mehr als 1000	$F_1+R_0+I_1$/ $F_1+R_1+I_0$/ $F_0+R_3+I_0$	A	$F_1+R_1+I_1+I_2$/ $F_2+R_2+I_1$/ $F_0+R_3+I_0$	C	$F_2+R_2+I_1+I_2$/ $F_1+R_3+I_1+I_2$	D	$F_2+R_2+I_1+I_2$/ $F_1+R_3+I_1+I_2$	D

*) Bei GFK-Behältern bis 2 m^3 Rauminhalt zur Lagerung von Heizöl und Dieselkraftstoff, die bis zum 31. 12. 1999 aufgestellt werden, entfällt R_1, wenn die Behälter auf einem flüssigkeitsdichten Boden aufgestellt sind und am Aufstellungsort im Umkreis von fünf Metern keine Abläufe vorhanden sind.

Erläuterungen: + : zusätzlich
/ : wahlweise

2.2 Besondere Anforderungen an oberirdische Faß- und Gebindelager

Die Größe des nach Tabelle 2.1 erforderlichen Rückhaltevermögens R_1 oder R_2 ist wie folgt zu staffeln:

Gesamtrauminhalt V_{ges} in m^3	Rauminhalt des Rückhaltevermögens
bis 100	10% von V_{ges}, wenigstens den Rauminhalt des größten Gefäßes
mehr als 100 bis 1000	3% von V_{ges}, wenigstens jedoch 10 m^3
mehr als 1000	2% von V_{ges}, wenigstens jedoch 30 m^3

2.3 Anforderungen an Abfüll- und Umschlaganlagen

Behälter/Verpackungen	WGK 0	WGK 1	WGK 2	WGK 3
Befüllen und Entleeren von ortsbeweglichen Behältern	$F_0+R_0+I_0$	$F_1+R_1+I_0$	$F_2+R_1+I_0$	$F_2+R_1+I_0$
Umladen von Flüssigkeiten in Verpackungen, die den gefahrgutrechtlichen Anforderungen nicht genügen oder nicht gleichwertig sind	$F_0+R_0+I_0$	$F_1+R_0+I_1$	$F_1+R_1+I_1$	$F_1+R_1+I_2$

Behälter/Verpackungen	WGK 0	WGK 1	WGK 2	WGK 3
Umladen von Flüssigkeiten in Verpackungen, die den gefahrgutrechtlichen Anforderungen genügen oder gleichwertig sind	$F_0+R_0+I_0$	$F_0+R_0+I_0$	$F_1+R_0+I_2$	$F_1+R_0+I_2$

Erläuterungen: + : zusätzlich

2.4 Anforderungen an Abfüll- und Umschlagplätze zu Lande

2.4.1 Das Rückhaltevermögen der Abfüll- und Umschlagplätze ist mindestens so zu bemessen, daß die möglichen maximalen Auslaufmengen bis zum Wirksamwerden geeigneter Sicherheitsvorkehrungen zurückgehalten werden können. Für die Bemessung des Rückhaltevolumens ist dabei wie folgt vorzugehen:

2.4.1.1 die maximale Auslaufmenge ist bezogen auf die vorhandenen Anlagenteile und möglicherweise vorhandenen Einrichtungen zum Transport wassergefährdender Stoffe innerhalb der Anlagen anhand der Auslaufzeit und des anzunehmenden Volumenstroms bei höchstmöglichen Betriebsdruck zu ermitteln;

2.4.1.2 die Auslaufzeit ist die Summe aus Reaktionszeit und Schließzeit; bei der Berechnung der Reaktionszeit kann berücksichtigt werden, daß Befüll- und Entleervorgänge auch bei ungünstigen Betriebsbedingungen gemäß § 19k WHG und den darauf beruhenden Maßgaben der Betriebsanweisungen ständig zu überwachen sind; sofern Abfüllvorgänge unter Verwendung selbsttätig wirkender Sicherheitseinrichtungen erfolgen, ist als Auslaufzeit die Zeit bis zum Wirksamwerden der Einrichtungen anzusetzen;

2.4.1.3 Schließzeit ist die Zeit, die nach Erkennen der Leckage erforderlich ist, um den Austritt wassergefährdender Stoffe zuverlässig und vollständig zu unterbinden;

2.4.1.4 wenn keine gesicherten Daten vorliegen, können für die Auslaufzeit als Orientierungswert 5 Minuten angesetzt werden.

2.4.2 Beim Abfüll- und Umschlagsvorgang beteiligte Transportmittel sind gegen Wegrollen, Verschieben oder versehentliches Abfahren zu sichern.

2.4.3 Die Anforderungen nach Nummer 2.4.1 gelten nicht für Abfüllplätze von Heizölverbraucheranlagen, die aus zugelassenen Straßentankwagen und Aufsetztanks unter Verwendung einer selbsttätig schließenden Abfüllsicherung und einer Überfüllsicherung oder einer selbsttätig schließenden Zapfpistole befüllt werden.

2.5 Anforderungen an Anlagen zum Herstellen, Behandeln und Verwenden wassergefährdender flüssiger Stoffe

Volumen der Anlage in m^3	WGK 0		WGK 1		WGK 2		WGK 3	
bis 0,1	$F_0+R_0+I_0$	A	$F_0+R_0+I_0$	A	$F_0+R_0+I_0$	A	$F_0+R_0+I_0$	A
mehr als 0,1 bis 1	$F_0+R_0+I_0$	A	$F_0+R_0+I_0$	A	$F_1+R_0+I_1$/ $F_1+R_1+I_0$	A	$F_1+R_1+I_1$/ $F_2+R_2+I_0$	B
mehr als 1 bis 10	$F_0+R_0+I_0$	A	$F_1+R_0+I_1$/ $F_1+R_1+I_0$	A	$F_1+R_2+I_0$/ $F_1+R_1+I_1$/ $F_2+R_2+I_0$	B	$F_1+R_1+I_1+I_2$/ $F_2+R_2+I_1$	C
mehr als 10 bis 100	$F_0+R_0+I_0$	A	$F_1+R_1+I_1$	A	$F_1+R_1+I_1+I_2$/ $F_2+R_2+I_1$	C	$F_2+R_2+I_1+I_2$	D
mehr als 100 bis 1000	$F_1+R_0+I_1$/ $F_1+R_1+I_0$	A	$F_1+R_1+I_1$/ $F_2+R_2+I_0$	B	$F_2+R_2+I_1+I_2$	D	$F_2+R_2+I_1+I_2$	D
mehr als 1000	$F_1+R_0+I_1$/ $F_1+R_1+I_0$/	A	$F_1+R_1+I_1+I_2$/ $F_2+R_2+I_1$	C	$F_2+R_2+I_1+I_2$	D	$F_2+R_2+I_1+I_2$	D

Erläuterungen: + : zusätzlich
/ : wahlweise

Anhang 3

Besondere Anforderungen an oberirdische Anlagen zum Verwenden wassergefährdender Stoffe im Netzbereich von Elektrizitätsversorgungsunternehmen

Vorbemerkung

Anforderungen an Anlagen zum Verwenden wassergefährdender flüssiger Stoffe im Netzbereich von Elektrizitätsversorgungsunternehmen richten sich nach den folgenden Festsetzungen.

Diese Anforderungen gehen den allgemein anerkannten Regeln der Technik, den Grundsatzanforderungen des § 3 der Verordnung und den Anforderungen in den Anhängen 1 und 2, soweit diese den nachfolgenden Anforderungen widersprechen vor.

1. Anwendungsbereich

Dieser Anhang gilt für elektrische Anlagen und Betriebsmittel
- zum Verwenden von flüssigen wassergefährdenden Stoffen als Isolier-, Kühl- oder Hydraulikmedien,
- der Wassergefährdungsklassen (WGK) 0, 1 oder 2
- mit einem Fassungsvermögen bis 100 m³
- im Netzbereich von Elektrizitätsversorgungsunternehmen

und für andere vergleichbare elektrische Anlagen.

2. Begriffe und Erläuterungen

2.1 Elektrizitätsversorgungsunternehmen

Elektrizitätsversorgungsunternehmen (EVU) sind solche im Sinne von § 2 Abs. 2 des Energiewirtschaftsgesetzes (EnWG).

2.2 Netzbereich

Zum Netzbereich zählen grundsätzlich alle Einrichtungen und miteinander verbundenen elektrischen Anlagen und Anlagenteile der Netze zur Übertragung und Verteilung elektrischer Energie, nicht jedoch Anlagen und Anlagenteile zur Erzeugung von Energie bzw. zur Umwandlung anderer Energieformen in elektrische Energie.

2.3 Elektrische Betriebsmittel

Elektrische Betriebsmittel sind solche im Sinne der einschlägigen DIN VDE-Bestimmungen, jedoch nur insoweit, als
- in ihnen wassergefährdende Stoffe verwendet werden und sie
- zur Übertragung oder Verteilung elektrischer Energie dienen, insbesondere
- Transformatoren,
- Spulen,
- Kondensatoren,

- Wandler,
- Meßinstrumente und
- sonstige Schalter oder Schutzeinrichtungen,

ferner die diesen zugeordneten Hilfs- und Nebeneinrichtungen wie

- Ausgleichsgefäße,
- Kühlkreisläufe und -einrichtungen,
- Betätigungseinrichtungen wie Motoren oder Relais sowie
- verbindende Rohrleitungen, durch die wassergefährdende Flüssigkeiten betriebsmäßig von einem Betriebsmittel in ein anderes gelangen können, nicht jedoch elektrische Leitungen.

2.4 Elektrische Anlagen

Eine elektrische Anlage im Sinne dieses Anhangs ist grundsätzlich jede ortsfeste oder ortsfest benutzte elektrische Funktionseinheit aus elektrisch oder mechanisch miteinander verbundenen Teilen bzw. unselbständigen Funktionseinheiten, soweit sie eines oder mehrere elektrische Betriebsmittel umfaßt.

Elektrische Anlagen sind insbesondere

- Schaltanlagen (ohne Transformatoren),
- Umspannanlagen und
- Netzstationen (Ortsnetz- und Kundenstationen)

in den Netzen zur Übertragung und Verteilung elektrischer Energie sowie an Standorten der Energieerzeugung.

Netzstationen unterteilen sich von der Bauart her in nichtbegehbare Stationen wie

- Maststationen und
- Kompaktstationen

und in begehbare Stationen wie

- Turmstationen,
- Garagenstationen und
- Einbaustationen in Gebäuden.

2.5 Gefährdungspotential elektrischer Betriebsmittel

Das Gefährdungspotential elektrischer Betriebsmittel bestimmt sich nach § 6 Abs. 3 der Verordnung. Für die Feststellung des in der Anlage vorhandenen Volumens an wassergefährdenden Stoffen ist von folgenden Maßgaben auszugehen:

2.5.1 Das Fassungsvermögen bemißt sich getrennt für jedes einzelne elektrische Betriebsmittel einer elektrischen Anlage, wenn

- zwischen ihnen kein enger funktionaler oder baulicher Zusammenhang besteht oder
- sie nicht wie kommunizierende Behälter, vgl. § 2 Abs. 2 Nr. 4 der Verordnung mit anderen elektrischen Betriebsmitteln, in denen wassergefährdende Stoffe verwendet werden verbunden sind oder

– durch eine Betriebsstörung an einem elektrischen Betriebsmittel der Anlage keine wassergefährdenden Flüssigkeiten aus einem anderen freigesetzt werden können.

2.5.2 Liegen die Voraussetzungen nach Nr. 2.5.1 nicht vor, bemißt sich das für die Feststellung des Gefährdungspotentials maßgebende Fassungsvermögen nach der Summe der Volumina aller in der Anlage vorhandenen elektrischen Betriebsmittel.

3. Anforderungen

3.1 Bezeichnungen

3.1.1 Anforderungen an die Befestigung und Abdichtung von Bodenflächen

F_0: keine Anforderungen an Befestigung und Abdichtung der Fläche über die betrieblichen Anforderungen hinaus

F_1: stoffundurchlässige Fläche

F_2: wie F_1, aber mit Nachweis der Beständigkeit

3.1.2 Anforderungen an das Rückhaltevermögen für austretende wassergefährdende Flüssigkeiten

R_0: grundsätzlich kein Rückhaltevermögen; nur Rückhaltevermögen für Tropfen an Stellen, an denen wassergefährdende Stoffe betriebsbedingt austreten (z. B. unter Pumpen mit Stopfbuchsen)

R_1: Rückhaltevermögen für das Volumen wassergefährdender Flüssigkeiten, das bis zum Wirksamwerden geeigneter Sicherheitsvorkehrungen auslaufen kann (z. B. Absperren des undichten Anlagenteils oder Abdichten des Lecks)

R_2: Rückhaltevermögen für das Volumen wassergefährdender Flüssigkeiten, das bei Betriebsstörungen in der Anlage freigesetzt werden kann, ohne daß Gegenmaßnahmen berücksichtigt werden. Berücksichtigt wird aber ein Sicherheitssystem, das fähig ist, bei Auftreten von Störungen in einem sicheren Zustand zu bleiben oder in einem sicheren Zustand überzugehen, z. B. selbsttätig schließende Abscheider.

3.1.3 Anforderungen an infrastrukturelle Maßnahmen organisatorischer oder technischer Art

I_0: keine Anforderungen an die Infrastruktur über die betrieblichen Anforderungen hinaus

I_1: Überwachung durch selbsttätige Störmeldeeinrichtungen in Verbindung mit ständig besetzter Betriebsstätte (z. B. Meßwarte) oder Überwachung mittels regelmäßiger Kontrollgänge; Aufzeichnung der Abweichungen vom bestimmungsgemäßen Betrieb und Veranlassung notwendiger Maßnahmen

I_2: Alarm- und Maßnahmenplan, der wirksame Maßnahmen und Vorkehrungen zur Vermeidung von Gewässerschäden beschreibt und mit den in die Maßnahmen einbezogenen Stellen abgestimmt ist.

3.2 Tabellarische Übersicht

Volumen der Anlage in m^3	WGK 0	WGK 1	WGK 2
bis 0,1	$F_0+R_0+I_0$	$F_0+R_0+I_0$	$F_0+R_0+I_0$
mehr als 0,1 bis 1	$F_0+R_0+I_0$	$F_0+R_0+I_2$ a)	$F_0+R_0+I_2$ a)
		$F_1+R_1+I_1$ b)	$F_1+R_1+I_1$ b)
mehr als 1 bis 10	$F_0+R_0+I_0$	$F_1+R_1+I_1$	$F_1+R_2+I_1$
mehr als 10 bis 100	$F_0+R_0+I_0$	$F_1+R_1+I_1$	$F_2+R_2+I_1$/ $F_1+R_1+I_1+I_2$
für Masttransformatoren: a) Die Abstimmung mit den in die Maßnahmen einbezogenen Stellen kann anhand einer allgemeinen Betriebsanweisung (§ 3 Nr. 6) erfolgen für andere Freiluftanlagen: wahlweise a) oder b) für andere Anlagen: b)			

Volumenüberschreitungen bis 10% bleiben unberücksichtigt.

3.3 Rohrleitungen von Bodenausläufen in Auffangvorrichtungen zu Auffangräumen oder zu Abscheideeinrichtungen dürfen einwandig unterirdisch verlegt werden, wenn sie regelmäßig und nach einer Betriebsstörung auf Dichtheit überprüft werden und dabei eindeutige Aussagen bezüglich deren Dichtheit möglich sind.

3.4 Bei Verwendung gasförmiger Isolier- und Kühlmedien der WGK 0 werden keine Anforderungen gestellt.

Anhang 4

Besondere Anforderungen an Anlagen an Tankstellen

Vorbemerkung

Anforderungen an Anlagen an Tankstellen richten sich nach den folgenden Festsetzungen.

Diese Anforderungen gehen den allgemein anerkannten Regeln der Technik, den Grundsatzanforderungen des § 3 der Verordnung und den Anforderungen in den Anhängen 1 und 2, soweit diese den nachfolgenden Anforderungen widersprechen, vor.

1. Anwendungsbereich

1.1 Diese Anforderungen gelten für ortsfeste und ortsfest genutzte Anlagen, an denen flüssige, wassergefährdende Kraftstoffe zur Versorgung von Landfahrzeugen abgefüllt werden (Tankstellen).

1.2 Sie gelten nicht für Tankstellen zur Versorgung von Luft- und Wasserfahrzeugen und nicht für mobile Abfüllstellen, die lediglich kurzzeitig oder an ständig wechselnden Orten eingesetzt werden, z. B. Baustellentankstellen.

2. Begriffsbestimmungen

2.1 Abfüllanlage:
Einrichtungen, die dem Abfüllen wassergefährdender Stoffe dienen, hier die Abgabeeinrichtungen (z. B. Zapfsäule, Zapfgeräte, Zapfautomaten usw.) und die Befülleinrichtungen der Lagerbehälter (Fernbefüllschacht oder -schrank, Domschacht).

2.2 Wirkbereich:
der vom Zapfventil in Arbeitshöhe betriebsmäßig waagerecht erreichbare Bereich zuzüglich einem Meter; bei der Befüllung der Lagerbehälter die waagerechte Schlauchführungslinie zwischen den Anschlüssen am Tankfahrzeug und am/zum Lagerbehälter zuzüglich beidseitig 2,5 m.

2.3 Abfüllplatz:
der Wirkbereich zuzüglich einer Ablauf- oder Staufläche bis zur Abtrennung von anderen Flächen durch Gefälle und Rinnen oder Aufkantungen.

2.4 Eigenverbrauchstankstelle:
eine Tankstelle, die dafür bestimmt ist, betriebseigene Fahrzeuge und Geräte zu betanken und nur vom Betreiber oder von bei ihm beschäftigten Personen bedient wird.

3. Anforderungen an die Errichtung

Berechnung, Konstruktion und Herstellung der Abfüllanlage und der dazugehörigen Anlagenteile müssen mindestens den allgemein anerkannten Regeln der Technik entsprechen. Dies gilt als erfüllt, wenn die Anlage den baurechtlichen Anforderungen und den Technischen Regeln für brennbare Flüssigkeiten (TRbF) 40 oder 212 entspricht und darüber hinaus im folgenden keine zusätzlichen Anforderungen gestellt werden.

4. Anforderungen an die Befestigung und Abdichtung der Abfüllanlage

4.1 Bodenbefestigung und -abdichtung

4.1.1 Die Befestigung der Bodenflächen der Abfüllplätze muß dauerhaft flüssigkeitsundurchlässig und flüssigkeits- und witterungsbeständig sein sowie den zu erwartenden mechanischen und dynamischen Belastungen durch Fahrzeuge standhalten.

4.1.2 Domschächte, Zapfsäuleninseln, Entwässerungsrinnen und andere Einbauten sind flüssigkeitsundurchlässig an die Bodenbefestigung anzuschließen; dies gilt auch für Aufkantungen.

4.1.3 Fugenmassen und Fugenbänder müssen darüber hinaus dauerhaft elastisch sein.

4.1.4 Die Tragschichten im Bereich der Abfüllplätze sind nach den jeweils gültigen Zusätzlichen Technischen Vorschriften (ZTVen) des Bundesministers für Verkehr[1] herzustellen.

4.1.5 Folgende Abdichtungssysteme erfüllen die vorgenannten Anforderungen:

4.1.5.1 Abdichtungssystem unter Verwendung von Stahlbeton statisch bemessen wasserundurchlässig und mit hohem Frost- und Tausalzwiderstand nach DIN 1045[2] (Mindestbetongüte B35); Mindestbauteildicke 20 cm; geeignete Fugenausführung und -abdichtung. Rechnerisch ist eine Rißbreitenbeschränkung kleiner 0,1 mm nachzuweisen.

4.1.5.2 Abdichtungssysteme unter Verwendung von Asphalt nach RStO 86, Bauklasse III bzw. IV, in Ausnahmefällen (bei Standflächen für schwere Lastkraftwagen) Bauklasse II. Die Mindestdicke der Asphaltschichten (Tragschicht, Deckschicht und eventuelle Binderschicht) richtet sich nach dem vorhandenen Unterbau, soll aber 15 cm nicht unterschreiten; Mindest-

---

[1] **Amtl. Anm.:** Bezogen werden können die „Zusätzlichen Technischen Vertragsbedingungen und Richtlinien für den Bau von Fahrbahndecken (ZTVen)" bei der Forschungsgesellschaft für Straßen und Verkehrswesen e. V. (FGSV), Konrad-Adenauer-Straße 13, 50996 Köln.

[2] **Amtl. Anm.:** DIN 1045 Beton und Stahlbeton, Ausgabe Juli 1988.

dicke der Deckschicht aus Asphaltbeton oder Gußasphalt 4 cm, Einbau bei mehr als 4 cm 2-lagig, Hohlraumgehalt der Deckschicht kleiner als 3 Vol.-%, geeignete Fugenausführung und Fugenabdichtung.

Das Abdichtungssystem kann mit einer rutschhemmenden Oberfläche, z. B. auf Kunststoffbasis versiegelt werden.

4.1.5.3 Abdichtungssystem unter Verwendung von Großflächen-Fertigbetonplatten, werkmäßig hergestellt, Kantenlänge bis 2 m, Mindestbetongüte B35, wasserundurchlässig nach DIN 1045[1], Mindestbauteildicke 10 cm, geeignete Fugenausführung und -abdichtung.

4.1.5.4 Abdichtungssystem unter Verwendung von Betonsteinelementen, werkmäßig hergestellt, Kantenlänge ≤ 75 cm, Mindestbetongüte B35, wasserundurchlässig nach DIN 1045[1], Mindestbauteildicke 10 cm, geeignete Fugenausführung und -abdichtung.

4.1.6 Fertigbetonplatten oder Betonsteinelemente im Sinne der Nrn. 4.1.5.3 und 4.1.5.4 sind geeignet, wenn sie z. B. der KIWA-Beurteilungsrichtlinie BRL 2316 „Vorgefertigte Befestigungselemente aus Beton, die flüssigkeitsdicht sind gegen Treib- und Schmierstoffe"[2] oder der Güterichtlinie für Betonpflasterplatten an Tankstellen[3] entsprechen.

4.1.7 Die Fugenausführung und Fugenabdichtung im Sinn der Nrn. 4.1.5.1–4.1.5.4 ist geeignet, wenn sie hinsichtlich Fugenabstand, Fugenaufbau und Dichtstoffqualität gemäß dem IVD-Merkblatt Nr. 6 „Abdichten von Bodenfugen mit elastischen Dichtstoffen im befahrbaren Bereich an Abfüllanlagen von Tankstellen"[4] (Ausgabe Oktober 1992) bzw. KIWA-Beurteilungsrichtlinie BRL 781/01 künftig BRL 2825[2] erfolgt.

4.1.8 Für andere Abdichtungssysteme als die in Nr. 4.1.5 genannten ist die Eignung gesondert nach § 19h Abs. 1 WHG[5] nachzuweisen. Dies gilt nicht für Anforderungen nach Nr. 8 an bestehende Anlagen.

4.2 Zapfsäulenschächte

4.2.1 Die Zapfsäulen müssen über flüssigkeitsdichten und beständigen Auffang- und Ableitflächen aufgestellt werden. Tropfble-

---

[1] **Amtl. Anm.:** DIN 1045 Beton und Stahlbeton, Ausgabe Juli 1988.

[2] **Amtl. Anm.:** Herausgegeben und zu beziehen bei KIWA N.V. Certificatie en Keuringen, Afdeling Beton, Winston Churchill-Laan 273, Postbus Fo 22 80 AB, Rijswijk.

[3] **Amtl. Anm.:** Vgl. „Güterichtlinie für Betonpflasterplatten an Tankstellen (GBT)", Febr. 1994, Herausgeber: Bund Güteschutz Beton- und Stahlbetonfertigteile e. V., Bonn.

[4] **Amtl. Anm.:** Herausgeber für den Industrieverband Dichtstoffe e. V.: HS Public Relations GmbH, Lindemannstr. 92, 40237 Düsseldorf.

[5] Nr. **34**.

che und Bodenwannen sind so aufzustellen, daß Kraftstoff auf die flüssigkeitsdichte Fläche des Abfüllplatzes fließt und dort leicht erkannt und entsorgt werden kann.

4.2.2 Unterhalb von Tropfblechen und Bodenwannen dürfen keine lösbaren Leitungsverbindungen (z. B. Flansche) angeordnet sein. Davon ausgenommen sind Saugleitungen zur Zapfsäule mit einer Flanschverbindung unmittelbar unter dem Tropfblech bzw. Bodenwanne.

4.2.3 Öffnungen für Kabelrohre und Rohrleitungen sind, sofern sie nicht bereits mit vorgefertigten Rohrenden werksmäßig verschweißt sind, flüssigkeitsundurchlässig abzudichten.

4.3 Domschächte

4.3.1 Die Domschächte der Lagerbehälter müssen flüssigkeitsundurchlässig und beständig ausgebildet sein. Dies ist erfüllt, wenn sie DIN 6626[1] oder 6627[2] entsprechen.
Die Anforderungen sind auch erfüllt, wenn der Bauart nach zugelasssene Auffangvorrichtungen im Domschacht eingebaut sind.

4.3.2 Rohr- und Kabeldurchführungen müssen flüssigkeitsundurchlässig abgedichtet werden. Die Domschächte dürfen keine Abläufe haben.

4.3.3 Die zugehörigen Schachtabdeckungen sind niederschlagswasserdicht auszuführen.

4.3.4 Die Anforderungen nach Nr. 4.3.1 und 4.3.2 Satz 1 gelten nicht, wenn die Befüllung der Lagerbehälter über einen Fernbefüllschacht erfolgt und flüssigkeitsführende Verbindungen im Domschacht nur mit zusätzlichem Werkzeug geöffnet werden können.

4.4 Fernbefüllschränke/-schächte

4.4.1 Fernbefüllschächte und Fernbefüllschränke zur Befüllung der Lagerbehälter sind flüssigkeitsundurchlässig und beständig (z. B. Stahl, beschichteter Stahlbeton) auszuführen.

4.4.2 Rohr- und Kabeldurchführungen sind in geeigneter Weise einzubinden (Verschweißung) oder abzudichten.

4.4.3 Abläufe sind bei Fernbefüllschränken nur zulässig, wenn sie auf den flüssigkeitsundurchlässig und beständig befestigten Abfüllplatz führen.

---

[1] **Amtl. Anm.:** DIN 6626 Domschächte aus Stahl für Behälter zur unterirdischen Lagerung wassergefährdender, brennbarer und nichtbrennbarer Flüssigkeiten, Ausgabe 9/89.

[2] **Amtl. Anm.:** DIN 6627 Domschachtkragen für gemauerte Domschächte zur Lagerung wassergefährdender, brennbarer und nichtbrennbarer Flüssigkeiten, Ausgabe 9/89.

5. Anforderungen an die Rückhaltung austretender Kraftstoffe

5.1 Abgabeeinrichtungen für Fahrzeuge

Für die Abgabeeinrichtungen für Fahrzeuge ist ein Rückhaltevermögen für die Kraftstoffmenge erforderlich, die an einer Zapfstelle in drei Minuten bei maximaler Förderleistung abgegeben werden kann (Regelzapfventil 50 l/min; Hochleistungszapfventil 150 l/min).

5.2 Befüllung der Lagerbehälter

5.2.1 Die Lagerbehälter dürfen nur unter Verwendung einer selbsttätig wirkenden Sicherheitseinrichtung befüllt werden.

5.2.2 Zu den selbsttätig wirkenden Sicherheitseinrichtungen gehören Abfüll-Schlauch-Sicherungen (ASS) oder Einrichtungen mit Aufmerksamkeitstaste und Not-Aus-Betätigung (ANA), die den für sie eingeführten Bestimmungen entsprechen.

5.3 Rückhaltevolumen

5.3.1 Beim rechnerischen Nachweis des Rückhaltevolumens wird Niederschlagswasser nicht in Ansatz gebracht.

5.3.2 Abscheider nach Nr. 6.1 können in das Rückhaltevolumen einbezogen werden. Dazu müssen die Teile der Zulaufleitung zu der Abscheideranlage kraftschlüssig miteinander und mit der Abscheideranlage verbunden sowie dicht und gegen Mineralölkohlenwasserstoffe nachweislich beständig sein. Das gilt auch für die Verbindung zwischen Komponenten der Abscheideranlage. Die vorgenannten Leitungen müssen auf Dichtheit prüfbar sein.

6. Anforderungen an Maßnahmen zum Ableiten von Niederschlagswasser

6.1 Zur Ableitung von Niederschlagswasser und sonstigem Wasser von Abfüllplätzen muß ein Leichtflüssigkeitsabscheider nach DIN 1999 Teil 1–3[1] mit selbsttätigem Abschluß vorhanden sein und betrieben werden. Diese Anforderung entfällt, wenn Niederschlagswasser und sonstiges Wasser ferngehalten oder gesammelt und gesondert entsorgt wird und die Abfüllplätze keine Abläufe haben.

6.2 Weitergehende Anforderungen nach kommunalem Satzungsrecht oder einer wasserrechtlichen Erlaubnis bleiben unberührt.

---

[1] **Amtl. Anm.:** DIN 1999 Abscheider für Leichtflüssigkeiten, Teil 1 Ausgabe 8/76, Teil 2 Ausgabe 3/89, Teil 3 Ausgabe 9/78.

7. Anforderungen an Betrieb, Instandhaltung und Überwachung

7.1 Tropfmengen, die sich auf Grund undurchlässiger Bodenbefestigungen auf den Abfüllplätzen sammeln, sind umgehend aufzunehmen und ordnunsggemäß zu entsorgen. Entsprechende Materialien und/oder Einsatzgeräte sind ständig vorzuhalten.

7.2 Die Abfüllplätze sind durch den Betreiber regelmäßig auf ihren ordnungsgemäßen Zustand zu kontrollieren. Das Ergebnis ist in einem Kontrollbuch festzuhalten. Schäden sind umgehend zu beseitigen.

8. Anforderungen an bestehende Tankstellen

8.1 Tankstellen, die bei Inkrafttreten dieses Anhangs zur VAwS bereits errichtet waren (bestehende Tankstellen) sind, insbesondere im Rahmen von erlaubnispflichtigen Änderungen im Sinne von § 10 der Verordnung über brennbare Flüssigkeiten (VbF), gemäß den vorstehenden Anforderungen dieses Anhangs nachzurüsten.

8.2 Abweichend von Nr. 4.1.5 können folgende Abdichtungssysteme für die Befestigung der Bodenflächen der Abfüllplätze vorgesehen werden:

8.2.1 Deckschicht aus Gußasphalt gemäß ZTV bitStB[1)] auf tragfähigem Aufbau in Straßenbauweise, Mindestdicke der Deckschicht 3 cm, Hohlraumgehalt kleiner als 3 Vol. %, geeignete Fugenausführung und Fugenabdichtung gemäß Nr. 4.1.7.

8.2.2 Deckschicht aus Kunststoff auf tragfähigem Aufbau in Straßenbauweise; Mindestdicke 5 mm homogen, leitfähig mit einem Ableitwiderstand von höchstens 10^8 Ohm, rutschhemmende Oberfläche.

8.2.3 Die ordnungsgemäße Ausführung der Bodenflächenbefestigung nach Nrn. 8.2.1 und 8.2.2 ist durch einen Sachverständigen nach § 22 der Verordnung zu bescheinigen. Die Bescheinigung ist der zuständigen Kreisverwaltungsbehörde in einer Ausfertigung zu übergeben.

8.3 Tankstellen, die der Nachrüstungspflicht gemäß 21. BImSchV unterliegen, sind bis spätestens 31. 12. 1997 nachzurüsten. Andere Tankstellen müssen bis spätestens zum 31. 12. 1998 nachgerüstet sein.

[1)] **Amtl. Anm.:** Bezogen werden können die „Zusätzlichen Technischen Vertragsbedingungen und Richtlinien für den Bau von Fahrbahndecken (ZTVen)“ bei der Forschungsgesellschaft für Straßen- und Verkehrswesen e. V. (FGS), Konrad-Adenauer-Straße 1, 50996 Köln.

9. Anforderungen an Eigenverbrauchstankstellen

Für Eigenverbrauchstankstellen mit einem Jahresverbrauch von weniger als 40 000 l pro Jahr und einem Behältervolumen von nicht mehr als 10 000 l gelten an Stelle der Anforderungen nach Ziffern 4.1, 5 bis 8 folgende Anforderungen:

9.1 Der Untergrund des Abfüllplatzes ist in Straßenbauweise herzustellen und mit einer Decke aus Asphaltbeton (10 cm Asphalttrageschicht und 4 cm Asphaltdeckschicht) oder Beton B25 wasserundurchlässig nach DIN 1045[1] zu versehen. Zur Ableitung von Niederschlagswasser bei nicht überdachten Abfüllplätzen muß ein Flüssigkeitsabscheider nach DIN 1999 Teil 1–3[2] mit selbständigem Abschluß vorhanden sein und betrieben werden. Satz 2 gilt nicht für Eigenverbrauchstankstellen mit einem Jahresverbrauch von weniger als 4000 l pro Jahr und einem Behältervolumen von nicht mehr als 2000 l; bei diesen ist die Decke des Abfüllplatzes eben auszuführen.

9.2 Bindemittel sind in ausreichender Menge vorzuhalten, um auslaufende Kraftstoffe sofort aufzunehmen und der ordnungsgemäßen Entsorgung zuführen zu können.

9.3 Ausgelaufener Kraftstoff ist sofort mit Bindemitteln aufzunehmen.

---

[1] **Amtl. Anm.:** DIN 1045 Beton und Stahlbeton, Ausgabe 7/88.

[2] **Amtl. Anm.:** DIN 1999 Abscheider für Leichtflüssigkeiten, Teil 1: Ausgabe 8/76, Teil 2: Ausgabe 9/89, Teil 3: Ausgabe 9/78.

Anhang 5

Besondere Anforderungen an Anlagen zum Lagern und Abfüllen von Jauche, Gülle, Festmist, Silagesickersäften (JGS-Anlagen)

Vorbemerkung

Die Anforderungen an Anlagen zum Lagern und Abfüllen von Jauche, Gülle, Festmist und Silagesickersäften richten sich nach folgenden Festsetzungen. Diese Anforderungen gehen den allgemein anerkannten Regeln der Technik, den Grundsatzanforderungen nach § 3 und den Anforderungen nach § 4 der Verordnung vor.

1. Begriffe und Erläuterungen

1.1 Stoffe

1.1.1 Gülle (Flüssigmist) ist ein Gemisch aus Kot und Harn von landwirtschaftlichen Nutztieren, das außerdem Wasser, Futterreste und Einstreu enthalten kann.

1.1.2 Festmist ist ein Gemisch aus Kot und Harn mit Einstreu. Je nach Art und Menge der Einstreu wird Harn gebunden.

1.1.3 Jauche besteht zum einen Teil aus Harn, zum anderen aus Sickersaft des Festmiststapels und Wasser verschiedener Herkunft. Sie kann Kot- und Streubestandteile enthalten.

1.1.4 Silagesickersäfte

1.1.4.1 Gärsaft ist die bei der Gärfutterbereitung durch Zellaufschluß oder Preßdruck entstehende Flüssigkeit. Die anfallende Gärsaftmenge (je m^3 Silage) wird im wesentlichen von Siliergut (Gras, Mais usw.), von der Silageart (Naßsilage, Anwelksilage usw.) bzw. vom Trockenmassegehalt beeinflußt. Gärsaft weist einen hohen Anteil an organischen Stoffen auf.
Auf Grund der organischen Säuren im Gärsaft liegt der pH-Wert überwiegend zwischen 4 und 5.

1.1.4.2 Belastete Sickerwässer können anfallen wenn z. B. infolge ungenügender Abdeckung Niederschlagswasser in den Silostock eindringt und als Silagesickerwasser austritt. Belastetes Niederschlagswasser fällt an, wenn der Boden von Flachsilos (Fahrsilos) und Siloplatten nicht besenrein gehalten wird (Silagereste).

1.2 Behälter zum Lagern von Jauche, Gülle, Festmist

1.2.1 Hochbehälter sind solche Behälter, deren nutzbarer Inhalt oberhalb des unmittelbar angrenzenden Geländeniveaus liegt. Der Anschluß zwischen Bodenplatte und aufgehender Wand muß ständig einsehbar sein.

1.2.1 Tiefbehälter sind Behälter, deren nutzbarer Inhalt ganz oder teilweise im Erdreich liegt. Es wird unterschieden zwischen offenen Tiefbehältern und abgedeckten Tiefbehältern sowie geschlossenen Tiefbehältern mit befahrbarer Decke.

1.2.3 Erdbecken sind offene oder abgedeckte, ins Erdreich gebaute Becken, die im Sohlen- und Böschungsbereich aus Erdreich bestehen und mit Kunststoffdichtungsbahnen abgedichtet sind.

1.2.4 Güllekeller sind Räume unter Stallanlagen zur Lagerung von Gülle.

1.2.5 Dungstätten sind ortsfeste Anlagen für die Lagerung von Festmist.

1.3 Behälter zum Auffangen und Lagern von Silagesickersäften

Auffangbehälter für Gärsaft sind in der Regel massive geschlossene ins Erdreich gebaute Behälter für die Aufnahme des anfallenden Gärsaftes und belasteter Sickerwässer.

1.4 Einrichtungen zum Sammeln von Jauche, Gülle und Silagesickersäften

Sammeleinrichtungen sind alle baulich-technischen Einrichtungen (Kanäle, Rinnen, Gruben, Pumpstationen, Rohre, Schieber) zum Sammeln und Fördern von Jauche, Gülle und Silagesickersäften. Zu ihnen gehören auch die Entmistungskanäle und die Zuleitung zur Vorgrube oder Pumpstation.

1.5 Einrichtungen zum Abfüllen von Jauche und Gülle.

Abfülleinrichtungen sind alle baulich-technischen Einrichtungen, die zum Homogenisieren, Abfüllen von Jauche und Gülle bestimmt sind. Zu ihnen gehören die Abfüllplätze mit den entsprechenden Befülleinrichtungen (Pumpen, Schieber).

2. Anforderungen an den Standort

2.1 Allgemeine Anforderungen

2.1.1 Der Abstand von Anlagen für das Lagern und Abfüllen von Jauche, Gülle, Festmist, Silagesickersäften von oberirdischen Gewässern muß mind. 20 m betragen.
Hiervon kann abgewichen werden, wenn dies auf Grund der örtlichen und betrieblichen Situation, z. B. in Gemeinden mit Uferbebauung, unbedingt erforderlich ist und auf andere Weise sichergestellt ist, daß im Falle einer Undichtheit Jauche, Gülle oder Silagesickersäfte nicht in oberirdische Gewässer gelangen können.

2.1.2 Der Abstand zu bestehenden Hausbrunnen, die der privaten Trinkwasserversorgung dienen, muß mind. 50 m betragen. Die Anlage ist grundwasserunterstromig des Hausbrunnens zu errichten.

2.2 Anlagen in wasserwirtschaftlich bedeutsamen Gebieten

2.2.1 Wasserwirtschaftlich bedeutsame Gebiete sind – Wasserschutzgebiete und – sonstige Bereiche
- von denen eine nachteilige Beeinflussung einer öffentlichen Trinkwasserversorgung ausgehen kann oder
- Wasservorranggebiete oder
- Karstgebiete oder
- Überschwemmungsgebiete.

2.2.2 Im Fassungsbereich und in der engeren Schutzzone von Wasserschutzgebieten ist die Errichtung und Erweiterung von Anlagen zum Lagern von Jauche, Gülle, Silagesickersäften und Festmist verboten, § 10 Abs. 5 bleibt unberührt.

2.2.3 In der weiteren Schutzzone von Wasserschutzgebieten sind Anlagen zum Lagern von Jauche, Gülle und Silagesickersäften nur mit Behältern mit Leckageerkennung gemäß Nr. 4.2.1 und 4.2.2 zulässig. Befestigte Anlagen zum Lagern von Festmist (Dungstätten) sind nur zulässig mit dichtem Jauchebehälter in monolithischer Bauweise, der eine Leckageerkennung zuläßt.

2.2.4 In Gebieten, von denen eine nachhaltige Beeinflussung einer öffentlichen Trinkwasserversorgung ausgehen kann, in Wasservorranggebieten und in Karstgebieten sind Tiefbehälter für das Lagern von Gülle und Jauche nur dann zulässig, wenn Leckageerkennungsmaßnahmen gemäß Nr. 4.2.3 eingebaut werden.

2.2.5 In Überschwemmungsgebieten sind, sofern Behälter als Ausnahme gemäß Art. 61 Abs. 2 BayWG genehmigt werden, neben Leckageerkennungsmaßnahmen gemäß Nr. 4.2 stets Maßnahmen nach § 10 Abs. 4 der Verordnung gegen Aufschwimmen, Eindringen von Oberflächenwasser in den Behälter und Austreten von Lagerflüssigkeit zu ergreifen. Dungstätten sind in Überschwemmungsgebieten unzulässig.

3. Gemeinsame Anforderungen an die bauliche Errichtung der Anlagen

3.1 Anlagen für das Lagern und Abfüllen von Jauche, Gülle und Silagesickersäften einschließlich deren Sammel-, Um- und Abfülleinrichtungen müssen bei den zu erwartenden Beanspruchungen standsicher und dauerhaft dicht sein.
Ein Ab- bzw. Überlaufen des Lagergutes, dessen Eindringen in das Grundwasser, in oberirdische Gewässer und in die Kanalisation muß zuverlässig verhindert werden.

3.2 Die Dichtheit der Anlagen muß schnell und zuverlässig kontrollierbar sein.
Insbesondere ist die Anlage so zu errichten, daß alle Anschlüsse, Armaturen und insbesondere die Einrichtungen zur Leckageer-

kennung leicht zu kontrollieren sind. Bei der Konzeption der Anlage ist darauf zu achten, daß Wartungsarbeiten beim Betrieb der Anlage nur in möglichst geringem Umfang erforderlich werden und notwendige Reparaturarbeiten leicht durchzuführen sind.

3.3 Die Korrosionsbeständigkeit der verwendeten Werkstoffe und deren Verträglichkeit mit Jauche, Gülle, Silagesickersäften und deren Mischungen müssen gegeben sein.

3.4 Fugen und Fertigteilstöße sind dauerhaft elastisch abzudichten. Für die Fugen ist der Nachweis der Eignung des Dichtungselements durch Konstruktionszeichnungen in Verbindung mit einem bauordnungsrechtlichen Eignungsnachweis für die Werkstoffe zu erbringen. Auf Nr. 4.3 der DIN 11622[1] wird hingewiesen.

3.5 Die allgemein anerkannten Regeln der Technik sind einzuhalten, insbesondere die DIN 1045[2]. Auf Nr. 4.3 der DIN 11622 Teil 1[1] wird hingewiesen.

4. Besondere Anforderungen an Anlagen zum Lagern von Jauche und Gülle

4.1 Anforderungen an Behälter

4.1.1 Das Fassungsvermögen des Behälters muß auf die Belange des jeweiligen landwirtschaftlichen Betriebes und des Grundwasserschutzes abgestimmt sein. Eine ordnungsgemäße landwirtschaftliche Verwertung oder Ausbringung des Inhalts muß gewährleistet sein.

4.1.2 Bei offenen Behältern ist ein Mindestfreibord sowie ein Sicherheitszuschlag für Niederschlagswasser von insgesamt mind. 40 cm an jeder Stelle einzuhalten.

4.1.3 Gemeinsame Anforderungen an Hoch- und Tiefbehälter

4.1.3.1 Anforderungen an die bauliche Gestaltung

a) Einrichtungen zur Befüllung und Entleerung des Behälters sollen an der Oberseite angeordnet werden.
b) Rohrdurchführungen oder Leitungsanschlüsse in den Behältern sind dauerhaft, dicht und beständig auszuführen.
c) Die Bodenplatte ist möglichst fugenlos herzustellen. Für die Ausführung der Fuge zwischen Bodenplatte und aufgehender Wand gilt Nr. 3.4.
d) Zum Schutz gegen mechanische Beschädigung ist im Fahr- und Rangierbereich ein Anfahrschutz in ausreichendem Ab-

---

[1] **Amtl. Anm.:** DIN 11622 Gärsaftsilos und Güllebehälter, Ausgabe 7/94.
[2] **Amtl. Anm.:** DIN 1045 Beton und Stahlbeton, Ausgabe 7/88.

stand vom Behälter und oberirdischen Rohrleitungen vorzusehen (z. B. Hochbord, Leitplanke).

4.1.3.2 Anforderungen an verwendete Werkstoffe

a) Behälter aus Stahlbeton (Ortbeton) und Stahlbetonfertigteilen einschließlich des Fugenmörtels bzw. -betons müssen aus wasserundurchlässigem Beton mit hohem Frostwiderstand nach DIN 1045[1] mindestens der Festigkeitsklasse B25 bestehen.

b) Hinsichtlich der Rißbreitenbeschränkung sind die DIN 1045[1] Abschnitt 17.6 sowie die Bekanntmachung des Bayerischen Staatsministeriums des Innern vom 26. 02. 1988 „Bemessungsgrundlagen für Güllebehälter aus Stahlbeton (Ortbeton)“[2] einzuhalten. Auf die DIN 11622[3] wird hingewiesen.

c) Soll eine spätere Beschichtung der Anlage erfolgen, sind die Forderungen der DIBt-Richtlinie „Standsicherheits- und Brauchbarkeitsnachweise für beschichtete Auffangräume aus Stahlbeton zur Lagerung wassergefährdender Flüssigkeiten (Ortbeton)“[4] einzuhalten.

4.1.3.3 Anforderungen an die Abdichtung

a) Bei Behältern aus Betonformsteinen und Betonschalungssteinen sind die Innenflächen der Wände und ein 0,5 m breiter Streifen des Bodens durch eine geeignete, dauerelastische und rißüberbrückende Beschichtung oder Auskleidung zu schützen. Die Eignung dieser Beschichtung oder Auskleidung ist bauordnungsrechtlich nachzuweisen.

b) Hochbehälter aus Stahl sind innen durch Beschichtung oder Anstrich vor Korrosion zu schützen. Für den Anschluß Behältersohle/Behälterwand ist der Nachweis der Eignung der Dichtung zu erbringen. Ist die Behältersohle aus Beton, sind hierfür die Anforderungen für Stahlbetonbehälter zu erfüllen.

4.1.4 Besondere Anforderungen an Hochbehälter

4.1.4.1 Bei Hochbehältern muß der kritische Anschlußpunkt Wand/Bodenplatte ständig einseh- und kontrollierbar sein.

4.1.4.2 Hochbehälter aus Holz sind mit einer umlaufenden Sammelrinne für austretende Lagerflüssigkeit mit Einleitung in die Vorgrube zu versehen.

---

[1] **Amtl. Anm.:** DIN 1045 Beton und Stahlbeton, Ausgabe 7/88.

[2] **Amtl. Anm.:** Bekanntmachung des Bayerischen Staatsministeriums des Innern vom 26. Februar 1988, Nr. II B 11 – 4132-0.3 (AllMBl. 1988 S. 293).

[3] **Amtl. Anm.:** DIN 11622 Gärfuttersilos und Güllebehälter, Ausgabe 7/94.

[4] **Amtl. Anm.:** Mitteilungen des Instituts für Bautechnik 2/1989, zu beziehen bei: Deutsches Institut für Bautechnik, Kolonnenstraße 30, 10829 Berlin.

4.1.5 Besondere Anforderungen an Tiefbehälter

Tiefbehälter, bei denen der tiefste Punkt der Behältersohlenunterkante unter dem höchsten Grundwasserspiegel zu liegen kommt, sind als doppelwandige Behälter mit Leckanzeigegerät auszuführen.

4.1.6 Besondere Anforderungen an Güllekeller

4.1.6.1 Ein Güllekeller ist im wesentlichen einem Tiefbehälter zum Lagern von Gülle gleichzusetzen und muß daher zusätzliche Anforderungen bezüglich Leckageerkennung gemäß Nr. 4.2 erfüllen.

4.1.6.2 Güllekeller aus Form- und Mauersteinen sind zur Abdichtung mit einer Beschichtung oder Auskleidung zu versehen. Dafür gelten die gleichen Anforderungen wie bei Behältern aus Formsteinen, vgl. Nr. 4.1.3.3 a). Der Füllstand darf höchstens bis 20 cm unterhalb der Kellerdecke bzw. der Bodenroste ansteigen.

4.1.6.3 Für Güllekeller ist unabhängig vom Volumen ein Flächendrän gemäß Nr. 4.2.2.2 erforderlich.

4.1.7 Besondere Anforderungen an Erdbecken

Erdbecken für Flüssigmist sind mit Dichtungsbahnen und Leckageerkennungsdrän gemäß Nr. 4.2.2.2 (Flächendrän) auszurüsten. Ausnahmen auch unter Berücksichtigung besonderer geologischer Verhältnisse sind nicht zulässig.

4.2 Leckageerkennungsmaßnahmen

4.2.1 Dichtungsschicht

4.2.1.1 Mineralische Dichtung

a) Bei ausreichend naturdichtem Untergrund (z. B. Ton) in einer Mächtigkeit mehr als 1 m ist die obere Schicht in einer Stärke von mindestens 30 cm umzulagern und so zu verdichten, daß ein Durchlässigkeitsbeiwert k_f-Wert von mindestens 10_{-8} m/s erreicht wird.

b) Bei nicht ausreichend naturdichtem Untergrund ist eine mindestens 50 cm starke Schicht aus Ton oder gleichwertigem Material aufzubringen. Diese ist in mindestens 2 Lagen lagenweise so zu verdichten, daß in jeder Lage ein k_f-Wert von mindestens 10_{-8} m/s erreicht wird. Die Dichtungsschichten müssen eine Dichte von 95% der Proctordichte D aufweisen.

c) Die Leckageerkennung am kritischen Anschlußpunkt Wand/Bodenplatte ist mit einer Dränschicht aus Kies/Kiessand (Körnung 4/8 mm) zwischen Bauwerksunterkante und Dichtungsschicht auszuführen. Die Dränschicht muß mindestens 10–20 cm stark sein, sofern sie aus Frostschutzgründen nicht stärker ausgeführt werden muß.

d) Die Dichtungsschicht muß ein Gefälle von mindestens 2% zur Dränleitung aufweisen. Der Drän sowie das Kontrollstandrohr bzw. der Kontrollschacht sind gemäß Nr. 4.2.2.1 zu erstellen.

4.2.1.2 Foliendichtung

a) Als Alternative zur natürlichen Dichtungsschicht kann auch eine Kunststoffdichtungsbahn (Mindestdicke 0,8 mm; Material z. B. HDPE) eingebaut werden.

b) Verschweißte Dichtungsbahnen müssen eben auf einem Feinplanum verlegt werden. Bei dachziegelartiger Verlegung ohne Verschweißung muß die Überlappungsbreite mindestens 50 cm betragen und das Feinplanum ein Gefälle von mindestens 2% aufweisen.

c) Zwischen Bauwerksunterkante und Kunststoffdichtungsbahn ist eine 10–20 cm starke Dränschicht aus Kies (Körnung 4/8 mm) einzubauen.

d) Je nach Größe des Behälters ist entweder ein Ringdrän oder Flächendrän gemäß Nr. 4.2.2 erforderlich.

4.2.2 Leckageerkennungsdräns

4.2.2.1 Ringdrän

a) Die Dränschicht soll ein Gefälle von mindestens 2% zum Ringdrän haben. Der Ringdrän (Durchmesser größer als 10 cm) ist mit Gefälle zum Kontrollschacht zu verlegen. Der Kontrollschacht muß flüssigkeitsdicht und gegen Niederschlagswasser abgeschlossen sein. Aus ihm muß ggf. eine Wasserprobe entnommen werden können.

b) Anstelle des Kontrollschachtes kann ein flüssigkeitsdichtes Kontrollrohr, bei Hochbehältern, mit einem Durchmesser von mehr als 150 mm, bei Tiefbehältern von mehr als 200 mm verwendet werden.
Ist der Behälterdurchmesser größer als 10 m, sind zwei Kontrollschächte oder -rohre einzubauen.

4.2.2.2 Flächendrän

a) Bei flach auf den Boden gestellten Behältern mit einem Volumen größer als 1000 m³, sowie bei Erdbecken und Güllekellern ist ein Flächendrän einzubauen.

b) Der Abstand der Sauger darf 2,5 m nicht überschreiten. Das Gefälle von Sauger und Sammler muß mindestens 2% betragen. Die Hochpunkte der Sauger sind durch eine Sammelleitung zu verbinden und an einer Stelle zur Entlüftung über das Geländeniveau hochzuführen. Der Sammler ist im Bereich der Behälter-/Beckensohle als geschlitztes Rohr und außerhalb des Bereiches der Behälter-/Beckensohle als geschlossenes Rohr einzubauen.

c) Die Leckageerkennungsdräns dürfen nicht im Grundwasser liegen.

d) Dem Kontrollschacht darf kein Niederschlagswasser zufließen.
Dies kann erreicht werden durch
– eine Befestigung der Fläche rings um den Behälter oder
– eine seitliche Befestigung der Folie an den aufgehenden Behälterwänden.

4.2.3 Kontrolldrän für die Fuge Bodenplatte/Wand
Die Stahlbetonplatte ist allseitig ca. 60 cm über die Außenkante Behälterwand zu ziehen und mit einer Aufkantung zu versehen. Das umlaufende Dränrohr (Durchmesser größer als 10 cm) ist in Filterkies zu verlegen und mit einer Trennfolie gegen das Erdreich zu schützen. Durch seitliche Befestigung der Folie an den aufgehenden Behälterwänden ist das Eindringen von Niederschlagswasser zu verhindern. Das Kontrollstandrohr ($d > 20$ cm) ist zwecks Entnahme von Proben mit einem Sumpf zu versehen. Ist der Behälterdurchmesser größer als 10 m, sind zwei Kontrollstandrohre einzubauen.

4.2.4 Alternativlösungen
Neben den in den Nrn. 4.2.1 und 4.2.3 beschriebenen Lösungen sind gleichwertige Alternativlösungen zulässig, z. B. Innenbeschichtung von Behältern, insbesondere in der weiteren Schutzzone von Wasserschutzgebieten.

5. Anforderungen an Anlagen zur Lagerung von Silagesickersäften

5.1 Gärfuttersilos müssen mit einem Auffangbehälter für Gärsaft versehen sein, sofern Gärsaft anfällt und ein Ableiten in die Gülle-/Jauchegrube nicht möglich ist. Dies gilt nicht für Foliensilos ohne dichte Bodenplatte, deren Standort jährlich gewechselt wird.

5.2 Das Auffangvolumen des Sammelbehälters für Gärsaft ist entsprechend der Tabelle 1 des Merkblattes „Gärsaft und Gewässerschutz"[1] zu bemessen.

5.3 Bei ortsfesten Silageanlagen mit mehr als 150 m³ Silagevolumen oder mit mehreren Kammern ist aus Vorsorgegründen stets ein Gärsaft-Sammelbehälter mit einem Volumen von mindestens 3 m³ anzuordnen, um auch einmal Grüngut mit einem höheren Wassergehalt silieren zu können.

5.4 Auffangbehälter für Gärsaft dürfen keinen Ablauf oder Überlauf ins Freie besitzen und sind spätestens bei $^2/_3$ Füllung zu leeren.

---

[1] **Amtl. Anm.:** Herausgeber: Bayerisches Staatsministerium für Ernährung, Landwirtschaft und Forsten.

5.5 Für die Anforderungen für Gärsaftauffangbehälter gelten Nrn. 3 und 4. Aus Betonringen mit Mörtelfuge zusammengesetzte Gruben erfüllen diese Dichtheitsanforderungen nicht.

5.6 Durch geeignete Bauweisen und ausreichende Abdeckung des Siliergutes ist sicherzustellen, daß Niederschlagswasser nicht in den Silagestock eindringt. Dabei ist außerdem darauf zu achten, daß nicht verunreinigtes Niederschlagswasser nach außen abfließen kann und nicht zum Gärsaftsammel- oder Jauche-/Güllebehälter gelangt.

6. Anforderungen an Sammel- und Abfülleinrichtungen

6.1 Sammeleinrichtungen

6.1.1 Rohrleitungen

6.1.1.1 Rohrleitungen müssen aus korrosionsbeständigem Material bestehen.

6.1.1.2 Die Rücklaufleitung vom Lagerbehälter zur Vorgrube oder zur Pumpstation muß zur sicheren Absperrung mit zwei Schiebern mit einem Mindestabstand von 2 m versehen sein. Einer davon soll ein Schnellschlußschieber sein.

6.1.2 Schieber

6.1.2.1 Für Schieber in Rücklaufleitungen ist DIN 11832[1] zu beachten.

6.1.2.2 Schieber müssen leicht zugänglich sein. Sie sind in einem wasserundurchlässigen Schacht anzuordnen.

6.1.3 Pumpen
Pumpen müssen leicht zugänglich aufgestellt werden.

6.1.4 Vorgrube oder Pumpstation

6.1.4.1 Vorgrube und Pumpstation müssen dicht und wasserundurchlässig hergestellt werden.

6.1.4.2 Bei einem Rauminhalt mehr als 50 m^3 gelten für sie die gleichen Anforderungen wie sie an Behälter gestellt werden, je nach Standort der Anlage, vgl. Nrn. 3 und 4.

6.1.5 Gerinne und Kanäle
Offene oder abgedeckte Gerinne und Kanäle müssen dicht und wasserundurchlässig hergestellt werden.

6.2 Abfülleinrichtungen
Plätze, auf denen Jauche oder Gülle abgefüllt wird, müssen mit einer Beton- oder Asphaltdecke befestigt sein. Niederschlagswasser ist in die Vorgrube, Jauchegrube oder in die Pumpstation der Abfülleinrichtungen einzuleiten.

---

[1] **Amtl. Anm.:** DIN 11832 Landwirtschaftliche Hoftechnik Armaturen für Flüssigmist, Schieber für statische Drücke bis max. 1 bar, Ausgabe 11/90.

7. Lagerung von Festmist

7.1 Dungstätten zum Lagern von Festmist sind auf einer dichten und wasserundurchlässigen Bodenplatte zu errichten. Zur Ableitung der Jauche ist die Bodenplatte seitlich einzufassen und gegen das Eindringen von Oberflächenwasser aus dem umgebenden Gelände zu schützen.

7.2 Sofern eine Ableitung der Jauche in eine vorhandene Jauche- oder Güllegrube nicht möglich ist, ist sie gesondert zu sammeln.

8. Prüfung neuerrichteter Anlagen

8.1 Prüfungen vor Inbetriebnahme einer Anlage

8.1.1 Vor Inbetriebnahme sind die Behälter und Sammeleinrichtungen bei offener Grube vom Betreiber auf ihre Dichtheit zu prüfen.

8.1.2 Die Dichtheit der Behälter ist durch eine mindestens 50 cm hohe Füllung mit Wasser an freistehenden bzw. nicht hinterfüllten Behältern nachzuweisen. Dabei dürfen über einen Beobachtungszeitraum von mindestens 48 Stunden kein sichtbarer Wasseraustritt, keine bleibenden Durchfeuchtungen und kein meßbares Absinken des Wasserspiegels auftreten.

8.1.3 Baubeginn und Zeitpunkt der Dichtheitsprobe (bei Tiefbehältern bei noch offener Baugrube) ist der zuständigen Kreisverwaltungsbehörde rechtzeitig, d.h. mindestens 8 Tage vorher anzuzeigen.

Bei Anlagen in wasserwirtschaftlich bedeutsamen Bereichen gemäß Nr. 2.2 sollen die Dichtheitsprüfungen in Anwesenheit der Kreisverwaltungsbehörde stattfinden. Dabei soll die sachgemäße Ausführung der besonderen Schutzmaßnahmen gemäß Nr. 4.2, soweit möglich, mit geprüft werden.

8.1.4 Um die Dichtheit der unterirdischen Rohrleitungen festzustellen, hat der Betreiber eine Druckprüfung durchzuführen. Die Druckprüfung für Freispiegelleitungen ist mit Wasser und mit einer Druckhöhe von 0,5 bar Überdruck gemäß DIN 4033[1] durchzuführen. Die Druckprüfung für Druckleitungen ist gemäß DIN 4279 Teil 1 bis 10[2] durchzuführen.

8.1.6 Offene Kanäle und Gerinne sind durch Wasserstandsprüfung zu prüfen.

8.2 Wiederkehrende Prüfungen

---

[1] **Amtl. Anm.:** DIN 4033 Entwässerungskanäle und -leitungen, Ausgabe 11/79.

[2] **Amtl. Anm.:** DIN 4279 Innendruckprüfung von Druckrohrleitungen für Wasser, Ausgabe Teile 1, 2, 4 bis 6 und 9: 11/75; Teil 3: 6/90; Teil 7: 12/94; Teil 10: 11/77.

8.2.1 Wiederkehrende Prüfungen an Anlagen sind in begründeten Einzelfällen als Dichtheitskontrolle durchzuführen.

8.2.2 Prüfungen im Rahmen der Eigenüberwachung sind mindestens einmal jährlich vorzunehmen.

8.3 Beauftragung von Fachbetrieben und Sachverständigen
Sofern der Betreiber nicht über die für die Prüfungen nötige Sachkenntnis und Geräte verfügt, soll er Fachbetriebe nach § 191 WHG oder Sachverständige nach § 22 der Verordnung mit der Prüfung der Anlage bzw. der Anlagenteile beauftragen.

9. Anforderungen an bestehende Anlagen

Prüfungen im Rahmen der Eigenüberwachung richten sich nach Nr. 8.2.
Anlagen in Wasserschutzgebieten sind zusätzlich bis spätestens 31. 12. 2000 einer Dichtheitsprüfung zu unterziehen. Art und Umfang der Prüfung wird durch Verwaltungsvorschrift nach § 4 Abs. 2 festgelegt.

Anhang 6

Besondere Anforderungen an Anlagen zum Verwenden wassergefährdender Stoffe in Wasserkraftwerken

Vorbemerkung

Anforderungen an Anlagen zum Verwenden wassergefährdender Stoffe in Wasserkraftwerken richten sich nach den folgenden Festsetzungen.

Diese Anforderungen gehen den allgemein anerkannten Regeln der Technik, den Grundsatzanforderungen des § 3 der Verordnung und den Anforderungen in den Anhängen 1 und 2, soweit diese den nachfolgenden Anforderungen widersprechen, vor.

1. Anwendungsbereich

Dieser Anhang gilt für Anlagen zum Verwenden wassergefährdender Stoffe als Kühlmittel, Schmiermittel oder Hydraulikflüssigkeit

- in Wasserkraftwerken und in Einrichtungen des Wasserbaus, die typischerweise mit Wasserkraftwerken in Verbindung stehen oder stehen können (z. B. Pumpwerke, Wehre, Schleusen und Anlagen der Stauhaltung),
- der WGK 0,1 oder 2 und
- mit einem Fassungsvermögen bis 100 m³.

2. Begriffe, Erläuterungen

2.1 Anlagen zum Verwenden wassergefährdender Stoffe in Wasserkraftwerken können insbesondere aus folgenden Anlagenteilen bestehen:

- Kaplan-Laufrad
- Regeleinrichtung
- Windkessel
- Pumpengruppe zur Druckölerzeugung
- Ölbehälter
- Ölkühler
- Führungslager
- Spurlager
- Leitschaufellager
- Turbinengetriebe
- Sonstige offene Getriebe
- Sonstige geschlossene Getriebe
- Kupplungen

- Arbeitszylinder (Servomotoren)
- Rohrleitungen
- Druckschläuche
- Ausgleichsgefäße.

2.2 Ein Pumpwerk dient zur Wasserstandshaltung von Gewässern, die keine oder zeitweise keine natürliche Abflußmöglichkeit haben (z. B. kleinere Küstenflüsse bei Flut).

2.3 Ein Wehr ist ein Wasserabsperrbauwerk – kann Teil einer Staustufe sein – das der Hebung des Wasserstandes und meist auch der Regelung des Abflusses dient.

2.4 Eine Schleuse ermöglicht dem Schiffsverkehr das Überwinden der Höhendifferenz an einer Stauhaltung.

2.5 Anlagen einer Stauhaltung können auch Schütze und Grundablässe nach DIN 4048[1] sein.

3. Gefährdungspotential

Anlagen zum Verwenden wassergefährdender Stoffe in Wasserkraftwerken wirken durch ihre ursächliche Zweckbestimmung (Wasserkraftnutzung) mehr oder weniger unmittelbar auf das zu schützende Gut „Wasser" ein. Das bei Betriebsstörungen freigesetzte Volumen wassergefährdender Stoffe ist, bezogen auf die Betriebswassermenge, sehr klein. Die Gewässerbeeinträchtigung kann durch geeignete organisatorische Maßnahmen bei Austritt wassergefährdender Stoffe gering gehalten werden (siehe Nr. 5).

4. Anforderungen

Soweit nachfolgend keine besonderen Anforderungen festgelegt sind, gelten für Anlagen in oder über Gewässern die Anforderungen F_0+R_0+I_1+I_2. Für Rohrleitungen gilt Nr. 2.1.2 Anhang 1.

4.1 Bezeichnungen

4.1.1 Anforderungen an die Befestigung und Abdichtung von Bodenflächen

F_0: keine Anforderung an Befestigung und Abdichtung der Fläche über die betrieblichen Anforderungen hinaus

F_1: stoffundurchlässige Fläche

F_2: wie F_1, aber mit Nachweis der Beständigkeit.

4.1.2 Anforderungen an das Rückhaltevermögen für austretende wassergefährdende Stoffe

R_0: kein Rückhaltevermögen über die betrieblichen Anforderungen hinaus

---

[1] **Amtl. Anm.:** DIN 4048 Wasserbau – Begriffe Teil 1, Ausgabe 1/87 und Teil 2, Ausgabe 7/94.

R_1: Rückhaltevermögen für das Volumen wassergefährdender Flüssigkeiten, das bis zum Wirksamwerden geeigneter Sicherheitsvorkehrungen auslaufen kann (z. B. Absperren des undichten Anlagenteils oder Abdichten des Lecks)

R_2: Rückhaltevermögen für das Volumen wassergefährdender Flüssigkeiten, das bei Betriebsstörungen freigesetzt werden kann, ohne daß Gegenmaßnahmen berücksichtigt werden

R_3: Rückhaltevermögen ersetzt durch Doppelwandigkeit mit Leckanzeigegerät

4.1.3 Anforderungen an infrastrukturelle Maßnahmen organisatorischer oder technischer Art

I_0: keine Anforderungen an die Infrastruktur über die betrieblichen Anforderungen hinaus

I_1: Überwachung durch selbsttätige Störmeldeeinrichtungen in Verbindung mit ständig besetzter Betriebsstätte (z. B. Meßwarte) oder Überwachung mittels regelmäßiger Kontrollgänge; Aufzeichnung der Abweichungen vom bestimmungsgemäßen Betrieb und Veranlassung notwendiger Maßnahmen

I_2: Alarm- und Maßnahmenplan, der wirksame Maßnahmen und Vorkehrungen zur Vermeidung von Gewässerschäden beschreibt und mit den in die Maßnahmen einbezogenen Stellen abgestimmt ist,

4.2 Besondere Anforderungen an bestimmte Teile von HBV-Anlagen in Wasserkraftwerken

Auf Grund der Besonderheiten bei Wasserkraftwerken sind an bestimmte Teile von Anlagen zum Verwenden wassergefährdender Stoffe, die sich betriebsmäßig in oder über Gewässern befinden, andere Anforderungen als in Nr. 2.5 Anhang 2 festgelegt zu stellen.

Die nachfolgende Tabelle faßt die besonderen Anforderungen für bestimmte Anlagenteile zusammen. Die jeweiligen Anforderungen sind auch eingehalten, wenn die Anforderungen einer höheren Wassergefährdungsklasse oder eines höheren Volumenbereichs erfüllt werden.

Tabelle 4.2

Anlage/Anlageteil	Rauminhalt	WGK 0	WGK 1	WGK 2
Kaplan-Laufrad	$0{,}1\ m^3 < V \leq 10\ m^3$	$F_0+R_0+I_0$	$F_0+R_0+I_1$	$F_0+R_0+I_1+I_2$
Regeleinrichtung, Windkessel, Pumpengruppe zur Druckölerzeugung, Ölbehälter	$0{,}1\ m^3 < V \leq 10\ m^3$	$F_0+R_0+I_0$	$F_1+R_0+I_1$[1]	$F_1+R_1+I_1$[1]
	$10\ m^3 < V \leq 100\ m^3$	$F_0+R_0+I_0$	$F_1+R_1+I_1$[1]	$F_1+R_1+I_1+I_2$[1]
außerhalb Betriebswasser: ölgeschmiertes Führungslager und Spurlager Turbinengetriebe	$V \leq 0{,}1\ m^3$	$F_0-R_0+I_0$	$F_0+R_0+I_0$	$F_0+R_0+I_0$
	$0{,}1\ m^3 < V \leq 10\ m^3$	$F_0-R_0+I_0$	$F_1+R_0+I_1$	$F_1+R_1+I_1$
innerhalb Betriebswasser: ölgeschmiertes Führungslager und Spurlager Turbinengetriebe	$V < 10\ m^3$	$F_0+R_0+I_0$	$F_0+R_0+I_1$	$F_0+R_0+I_1+I_2$
fettgeschmiertes unteres Führungslager	–	$F_0+R_0+I_0$	$F_0+R_0+I_0$	$F_0+R_0+I_0$
Leitschaufellager	$V < 0{,}001\ m^3$	$F_0+R_0+I_0$	$F_0+R_0+I_0$	$F_0+R_0+I_0$
Kühler für Regleröle, Steueröle und Lageröle[2]	$0{,}1\ m^3 < V \leq 1\ m^3$	$F_0+R_0+I_0$	$F_0+R_0+I_0$	$F_0+R_0+I_0$
	$1\ m^3 < V \leq 10\ m^3$	$F_0+R_0+I_0$	$F_1+R_0+I_1$	$F_1+R_1+I_1$/ $F_0+R_3+I_0$
Hydraulikanlagen[3] in Wehren, Absperrorganen und Schützen: –Druckölerzeugung –Arbeitszylinder (Servomotoren) –Rohrleitungen –Druckschläuche	$0{,}1\ m^3 < V \leq 10\ m^3$	$F_0+R_0+I_0$	$F_0+R_0+I_1$	$F_1+R_1+I_1$

[1] **Amtl. Anm.:** Die I_1-Maßnahme ist durch Ölstands- und Drucküberwachungen zu erfüllen.

[2] **Amtl. Anm.:** Es gelten die Anforderungen an Kühleinrichtungen in Nr. 2.5 Anhang 1. Die Kühler sind als Doppelrohrkühler, Zweikreiskühler oder als Luftkühler auszuführen. Die Kühlsysteme sind mit automatischen Störmeldeeinrichtungen auszurüsten. Doppelrohrkühler erfüllen die Anforderungen R_3.

[3] **Amtl. Anm.:** Bei bestehenden Anlagen gelten abweichend davon die Anforderungen:
- $F_0+R_1+I_1+I_2$ für Druckölerzeugungseinheiten
- $F_0+R_0+I_1+I_2$ für Arbeitszylinder

5. Sonstige infrastrukturelle Anforderungen an HBV-Anlagen in Wasserkraftwerken

Zum Schutz des Gewässers ist ein Gewässerschutz-Alarmplan mit betriebsinternen Maßnahmen aufzustellen.

Der Betreiber hat die sachlichen und personellen Voraussetzungen zur Vermeidung von Gewässerschäden bei Störungen zu schaffen. Dazu gehören z. B. je nach Größe der Anlage Ölauffang- und Ölbindemittel sowie Umfüllmöglichkeiten und besonders unterwiesenes Personal mit geeigneter Ausrüstung. Diese Maßnahmen entfallen, wenn die örtlichen Voraussetzungen die Inanspruchnahme entsprechend ausgerüsteter Feuerwehren oder anderer Katastrophendienste gestatten.

37. Gesetz über die behördliche Organisation des Bauwesens, des Wohnungswesens und der Wasserwirtschaft

in der Fassung der Bekanntmachung vom 5. Mai 1994
(GVBl. S. 393)

Art. 1 [Geschäftsbereich des Staatsministeriums des Innern] 1 Das Bauwesen und das Wohnungswesen gehören zum Geschäftsbereich des Staatsministeriums des Innern. 2 Die Wasserwirtschaft einschließlich Wasserbau gehört zum Geschäftsbereich des Staatsministeriums für Landesentwicklung und Umweltfragen.

Art. 2 [Oberste Baubehörde; Mittel- und Unterstufe der Staatsbaubehörden] (1) 1 Zur Erfüllung der staatlichen Aufgaben des Bauwesens im Sinn von Art. 1 Satz 1 wird die Oberste Baubehörde im Staatsministerium des Innern errichtet. 2 Sie ist eine Abteilung dieses Ministeriums mit eigenem Personal- und Sachhaushalt. 3 Die Erfüllung der staatlichen Aufgaben im Bereich Wasserwirtschaft einschließlich Wasserbau obliegt dem Staatsministerium für Landesentwicklung und Umweltfragen.

(2) 1 In der Mittelstufe werden die Aufgaben nach Absatz 1 von den Regierungen wahrgenommen. 2 Die Staatsregierung bestimmt in der Verordnung nach Art. 5, von welchem Zeitpunkt an Satz 1 auch auf die staatlichen und die vom Bund übertragenen Bauaufgaben auf dem Gebiet der Finanzverwaltung Anwendung findet.

(3) In der Unterstufe werden die Aufgaben nach Absatz 1 von den nach besonderen Bestimmungen zuständigen Behörden wahrgenommen.[1)]

(4) Die Zuständigkeit der der Obersten Baubehörde unmittelbar unterstellten zentralen Dienststellen bleibt unberührt.

(5) Das verfassungsmäßige Selbstverwaltungsrecht der Gemeinden (Art. 83 der Verfassung) wird durch dieses Gesetz nicht berührt.

---

1) VO über die Einrichtung und Organisation der staatlichen Behörden für das Bauwesen und die Wasserwirtschaft (OrgBauWasV) v. 26. 7. 1994 (GVBl. S. 669), geänd. durch VO v. 13. 12. 1994 (GVBl. S. 1052), v. 29. 2. 1996 (GVBl. S. 133) und v. 17. 12. 1996 (GVBl. S. 544).

Art. 3 [Aufgaben der Staatsbaubehörden] (1) [1]Die Staatsministerien haben sich in allen Bauangelegenheiten der Staatsbaubehörden zu bedienen.[1)] [2]Über die ihnen zur Bestreitung ihres Bauaufwands zugewiesenen Haushaltsmittel verfügen sie selbständig.

[1)] Bek. über die Vergabe von Aufträgen im kommunalen Bereich v. 24. 5. 1995 (AllMBl. S. 506), geänd. durch Bek. v. 29. 1. 1996 (AllMBl. S. 90). Bek. über die Vergabe öffentlicher Bauaufträge nach Maßgabe der EWG-Richtlinien v. 18. 7. 1986 (FMBl. S. 247). Bek. über unmittelbare Anwendung der EG-Dienstleistungsrichtlinie ab 1. Juli 1993 v. 30. 6. 1993 (AllMBl. S. 910). Bek. über die Beachtung von Formvorschriften bei der Ausschreibung öffentlicher Aufträge im EG-Amtsblatt v. 23. 11. 1989 (AllMBl. S. 1255). Bek. über die Neufassung des Anhangs I der EG-Baukoordinierungsrichtlinie v. 23. 10. 1992 (AllMBl. S. 925).

Gem. Bek. über Kosten von Leistungen der Staatsbauverwaltung und der Wasserwirtschaftsverwaltung (Leistungskostenvorschrift – LKV –) v. 4. 8. 1993 (AllMBl. S. 991), geänd. durch Bek. v. 26. 11. 1993 (AllMBl. S. 1312), v. 17. 2. 1994 (AllMBl. S. 195), v. 18. 3. 1996 (AllMBl. S. 195) und v. 3. 3. 1997 (AllMBl. S. 188). Bek. über Kosten der Entwurfsbearbeitung und Bauaufsicht im Bereich der Bayer. Staatsbauverwaltung v. 8. 5. 1980 (MABl. S. 221), geänd. durch Bek. v. 8. 9. 1981 (MABl. S. 508). Bek. über den Vollzug der Richtlinien für die Beteiligung bildender Künstler bei der Durchführung von staatlichen Hochbauten – RLBau K 7 – v. 28. 3. 1983 (MABl. S. 352).

Bek. über Grundsätze und Richtlinien für Wettbewerbe auf den Gebieten der Raumplanung, des Städtebaus und des Bauwesens – GRW 1977 – v. 20. 8. 1979 (MABl. S. 512, ber. S. 533).

Bek. über Verdingungsordnung für Bauleistungen (VOB), Ausgabe 1992, Teile A, B und C (Gesamtausgabe), v. 3. 12. 1992 (AllMBl. S. 997, 1055) und v. 24. 2. 1993 (AllMBl. S. 507). Bek. über Leitfaden für die Berechnung der Vergütung bei Nachtragsvereinbarungen nach § 2 VOB/B v. 26. 11. 1981 (MABl. S. 754), geänd. durch Bek. v. 28. 2. 1985 (MABl. S. 110). Bek. über Richtlinien zur kontinuierlichen Durchführung von Bauaufgaben des Freistaates Bayern im Zuständigkeitsbereich der Staatsbauverwaltung v. 22. 10. 1975 (MABl. S. 1046). Bek. über die Bescheinigung der sachlichen und rechnerischen Richtigkeit bei der Durchführung von Bauaufgaben v. 30. 9. 1981 (MABl. S. 727). Bek. über einheitliche Bauvertragsunterlagen; Preisvorbehalte (Lohngleitklausel, Stoffpreisgleitklausel) v. 12. 3. 1992 (AllMBl. S. 254). Bek. über einheitliche Bauvertragsunterlagen für die Ausführung von Bauleistungen in Hochbau und Wasserwirtschaft v. 8. 12. 1992 (AllMBl. S. 1073). Gem. Bek. über Richtlinien für die Durchführung von Hochbauaufgaben des Freistaates Bayern im Zuständigkeitsbereich der Staatsbauverwaltung – RLBau –; Neufassung der Vertragsmuster und der zugehörigen Hinweise v. 20. 4. 1995 (AllMBl. S. 313), geänd. durch Bek. v. 19. 2. 1996 (AllMBl. S. 99), geänd. durch Bek. v. 23. 6. 1997 (AllMBl. S. 439). Bek. über die Anwendung technischer Regelwerke v. 22. 2. 1983 (MABl. S. 161). Bek. über die Planung, Ausführung und Instandhaltung von Aufzuganlagen in staatlichen Gebäuden und Anlagen v. 7. 3. 1983 (MABl. S. 225), geänd. durch Bek. v. 27. 6. 1990 (AllMBl. S. 565), v. 14. 9. 1993 (AllMBl. S. 1099), v. 1. 7. 1994 (AllMBl. S. 579), v. 1. 6. 1995 (AllMBl. S. 506), v. 13. 2. 1996 (AllMBl. S. 78), vom 1. 8. 1996 (AllMBl. S. 468), vom 24. 3. 1997 (AllMBl. S. 268) und vom 15. 9. 1997 (AllMBl. S. 742). Bek. über staatliche Hochbauten – Leitsätze zum energiesparenden Bauen und zur Betriebsüberwachung – v. 23. 1. 1975 (MABl. S. 210), geänd. durch Bek. v. 22. 11. 1983 (MABl. 1984 S. 32).

VO PR Nr. 1/72 über die Preise für Bauleistungen bei öffentlichen oder mit öffentlichen Mitteln finanzierten Aufträgen v. 6. 3. 1972 (BGBl. I S. 293), geänd. durch Art. 31 G v. 18. 3. 1975 (BGBl. I S. 705), VO v. 23. 2. 1984 (BGBl. I S. 375), v. 15. 4. 1986 (BGBl. I S. 435), v. 13. 6. 1989 (BGBl. I S. 1094) und Art. 6 Abs. 76 G v. 27. 12. 1993 (BGBl. I S. 2378).

Bek. über Richtlinien für die Zusammenarbeit der Deutschen Bundespost mit den Straßenbauverwaltungen v. 2. 8. 1984 (MABl. S. 491).

Gem. Bek. über Arbeitsschutz und Unfallverhütung bei staatlichen Bauvorhaben v. 8. 9. 1987 (MABl. S. 748).

Bek. über Richtlinien für die Bauabrechnung mit DV-Anlagen (DV-Abrechnungs-Richtlinien) v. 8. 1. 1981 (MABl. S. 51), geänd. durch Bek. v. 6. 8. 1981 (MABl. S. 479).

(Fortsetzung der Anmerkung auf S. 409)

(2) Die Staatsregierung bestimmt, von welchem Zeitpunkt an Absatz 1 Satz 1 auch auf die Bauangelegenheiten der *Oberfinanzdirektionen München und Nürnberg sowie* der Verwaltung der staatlichen Schlösser, Gärten und Seen Anwendung findet.

Art. 4 [Zuständigkeit für Personalentscheidungen] Die Zuständigkeit für Personalentscheidungen über die Beamten der Bauabteilungen der Oberfinanzdirektionen sowie der Technischen Vorprüfstellen und für die Ausübung der Dienstaufsicht durch die Oberfinanzdirektionen über Baubehörden der Unterstufe im Bereich der Bauaufgaben auf dem Gebiet der Finanzverwaltung und der übertragenen Bundesaufgaben wird durch gemeinsame Rechtsverordnung der Staatsministerien des Innern und der Finanzen geregelt.[1]

Art. 5 [Einrichtung und Organisation der Behörden] Die Einrichtung und Organisation der Behörden für das Bauwesen, Wohnungswesen und die Wasserwirtschaft regelt die Staatsregierung.[2]

Art. 6 [Durchführungsvorschriften] Die zur Durchführung der Aufgaben nach Art. 1 Satz 1 erforderlichen Bestimmungen erläßt das Staatsminsterium des Innern, die zur Durchführung der Aufgaben nach Art. 1 Satz 2 erforderlichen Bestimmungen das Staatsministerium für Landesentwicklung und Umweltfragen, jeweils im Benehmen mit den beteiligten Staatsministerien.

Art. 7 [Inkrafttreten] Dieses Gesetz tritt am 1. April 1948 in Kraft.[3]

Bek. über den Gebäudebesitz der Bayer. Staatsforstverwaltung vom 24. 9. 1957 (LMBl. S. 41), geänd. durch Bek. v. 28. 2. 1961 (LMBl. S. 40). Gem. Bek. über den Bau von Brücken und Ingenieurbauwerken im Staatswald v. 5. 11. 1963 (MABl. S. 589). Bek. über die Verwendung von Holz im staatlichen Bauwesen v. 14. 4. 1967 (MABl. S. 239).

[1] VO über beamten-, besoldungs- und reisekostenrechtliche Zuständigkeiten im Bereich der Finanzbau- und Staatsbauverwaltung (ZustV-FinStBau) v. 30. 12. 1993 (GVBl. S. 1106).

[2] Siehe Anm. zu Art. 2 Abs. 2 und 3. Beachte ferner über Zuständigkeit und Aufgaben der Autobahndirektionen; Gerätedienst für die Staatsbaubehörden v. 28. 9. 1982 (MABl. S. 620), geänd. durch Bek. v. 28. 11. 1989 (AllMBl. S. 1132).

[3] Betrifft die ursprüngliche Fassung v. 9. 4. 1948 (GVBl. S. 56).

38. Verordnung über den Erlaß des Kostenverzeichnisses zum Kostengesetz (Kostenverzeichnis – KVz –)

Vom 18. Juli 1995 (GVBl. S. 454, ber. S. 816)

Geändert durch Verordnung vom 19. 7. 1996 (GVBl. S. 313), vom 17. 7. 1997 (GVBl. S. 404, ber. S. 899) und vom 30. 1. 1998 (GVBl. S. 64)

(Auszug)

§ 1. Auf Grund von Art. 6, 7 und 13 des Kostengesetzes erläßt das Bayerische Staatsministerium der Finanzen das in der Anlage beigefügte Kostenverzeichnis, das Bestandteil dieser Verordnung ist.

§ 2. (1) Die Verordnung tritt am 1. August 1995 in Kraft.

(2) Abweichend von Absatz 1 tritt die Lfd. Nr. 2.II.5 der Anlage zu § 1 am 1. September 1995 in Kraft.

(3) Gleichzeitig tritt die Verordnung über den Erlaß des Kostenverzeichnisses zum Kostengesetz (Kostenverzeichnis – KVz –) vom 18. Mai 1983 (GVBl S. 293, ber. 1984 S. 4, BayRS 2013-1-2-F), zuletzt geändert durch Verordnung vom 21. Juni 1994 (GVBl S. 527, ber. 1995 S. 42), außer Kraft.

Tarif-Nr.		Gegenstand	Gebühr DM
Lfd. Nr.	Tarif-Stelle		
1.[1)]		**Allgemeine Bestimmungen:** Die Vorschriften der Lfd. Nrn. 2.I. ff. gehen den Allgemeinen Bestimmungen der Lfd. Nr. 1. vor.	
1.I.		**Allgemeine Amtshandlungen:**	
1.I.1/		**Beglaubigungen:**	
	1.1	Beglaubigung von Unterschriften oder Handzeichen:	
	1.1.1	In Zusammenhang mit einer Zeugenaussage für Zwecke des Internationalen Suchdienstes Arolsen	kostenfrei
	1.1.2	Sonst	10 bis 120
	2	Beglaubigung von Abschriften, Fotokopien und dergleichen:	
	2.1	**Regelgebühr:** [2]Die Gebühr beträgt höchstens die für die Erteilung des Originals vorgesehene Gebühr.	1,50 je angefangene Seite, mindestens 10 DM

1) Tarif-Nr. **1.** neugef. durch VO v. 30. 1. 1998 (GVBl. S. 64).

Tarif-Nr. Lfd. Nr.	Tarif-Stelle	Gegenstand	Gebühr DM
noch 1.I.1/	2.2	**Ausnahmen:**	
	2.2.1	Bei gebührenfrei erteiltem Original	1,50 je angefangene Seite, mindestens 10 DM
	2.2.2	Bei Schriftstücken, die nicht in deutscher Sprache abgefaßt sind,	3 je angefangene Seite, mindestens 15 DM
	2.2.3	Bei durch die Behörde selbst hergestellten Abschriften, Fotokopien und dergleichen [2] Die Zahl der angefangenen Seiten ist in diesen Fällen unerheblich. [3] Dies gilt auch, wenn die Erteilung des Originals gebührenfrei ist.	10
	3	**Ermäßigung:** Werden mehrere gleiche Unterschriften oder Handzeichen oder mehrere gleichlautende Abschriften, Fotokopien und dergleichen gleichzeitig beglaubigt, kann die für die zweite und jede weitere Beglaubigung nach den Tarif-Stellen 1 oder 2 zu erhebende Gebühr bis auf die Hälfte ermäßigt werden.	
1.I.2/		**Bescheinigungen:** Erteilung einer Bescheinigung	10 bis 150
1.I.3/		**Akteneinsicht:** Einsichtgewährung in Akten und amtliche Bücher, soweit die Einsicht nicht in einem gebührenpflichtigen Verfahren gewährt wird,	1,50 je Akte oder Buch, mindestens 10 DM
1.I.4/		**Fristverlängerung:**	
	1	Verlängerung einer Frist, deren Ablauf einen neuen Antrag auf Erteilung einer gebührenpflichtigen Genehmigung, Erlaubnis, Zulassung, Verleihung oder Bewilligung erforderlich machen würde,	10 bis 25 v. H. der für die Genehmigung, Erlaubnis, Zulassung, Verleihung oder Bewilligung vorgesehenen Gebühr, mindestens 10 DM
	2	Verlängerung einer Frist in anderen Fällen	10 bis 120
1.I.5/		**Zweitschriften:** Erteilung einer Zweitschrift [2] Ist für die Erstschrift eine Gebühr von 1 bis 10 DM vorgesehen, wird diese Gebühr erhoben. [3] Ist die Erteilung der Erstschrift gebührenfrei, beträgt die Gebühr 1 DM je angefangene Seite, mindestens aber 10 DM.	10 bis 50 v. H. der für die Erstschrift vorgesehenen Gebühr, mindestens 10 DM

Tarif-Nr. Lfd. Nr.	Tarif-Stelle	Gegenstand	Gebühr DM
1.I.6/		**Niederschriften:** Aufnahme einer Niederschrift	15 bis 150 je angefangene Stunde
1.I.7/		**Rückständige Beträge:** Anmahnung	9 bis 300
1.I.8/		**Amtshandlungen im Vollstreckungsverfahren:**	
	1	Androhung von Zwangsmitteln nach Art. 36 VwZVG, soweit sie nicht mit dem Verwaltungsakt verbunden ist, durch den die Handlung, Duldung oder Unterlassung aufgegeben wird,	25 bis 300
	2	Anwendung der Zwangsmittel Ersatzvornahme (Art. 32, 35 VwZVG) oder unmittelbarer Zwang (Art. 34, 35 VwZVG)	100 bis 5000
	3	Entscheidung über unzulässige oder unbegründete Einwendungen gegen die Vollstreckung, die den zu vollstreckenden Anspruch betreffen (Art. 21 VwZVG):	
	3.1	bei Geldansprüchen	50 v. H. der Pfändungsgebühr nach § 339 Abs. 4 AO, mindestens 20 DM
	3.2	Sonst	25 bis 400
1.I.9/		**Verfahren zur Rückforderung von Zuwendungen oder Subventionen:**	
	1	Aufhebung eines Zuwendungs- oder Subventionsbescheids einschließlich Rückforderung der Beträge und einschließlich Zinserhebung	30 bis 5000
	2	Rückforderung von Zuwendungen oder Subventionen einschließlich Zinserhebung wegen Unwirksamkeit des Bescheids infolge Eintritts einer auflösenden Bedingung	wie zu Tarif-Stelle 1
	3	Isolierte Zinserhebung nach Art. 49 a Abs. 4 BayVwVfG oder nach anderen Rechtsvorschriften	wie zu Tarif-Stelle 1
	4	Die Kostenerhebung unterbleibt, wenn die Zuwendungs- oder Subventionsempfänger die Gründe für die Aufhebung des Bescheids, die Rückforderung der Beträge oder die Verzinsung nicht zu vertreten haben.	
1.I.10/		**Auskünfte:** Erteilung von Auskünften einfacher Art aus Registern und Dateien, sofern nicht in den Lfd. Nrn. 2.I. ff. bewertet,	kostenfrei
1.II.0/[1]		**Anrechnung von Gebühren für Auskünfte:** Wurde vor der Einleitung eines Verwaltungsverfahrens bereits eine kostenpflichtige Aus-	

[1] Tarif-Nr. 1.II. neugef. durch VO v. 30. 1. 1998 (GVBl. S. 64).

Tarif-Nr. Lfd. Nr.	Tarif-Stelle	Gegenstand	Gebühr DM
		kunft erteilt, kann die Gebühr dafür ganz oder teilweise auf die sich nach den Lfd. Nrn. 2.I. ff. ergebende Gebühr angerechnet werden, wenn durch die vorweg erteilte Auskunft der mit dem Verwaltungsverfahren verbundene Aufwand vermindert wurde.	
1.III.0/[1])		**Schreibauslagen:**	
	1	**Allgemeines:**	
		[1] Für auf besonderen Antrag erteilte Ausfertigungen und Kopien werden Schreibauslagen erhoben. [2] Die Schreibauslagen betragen unabhängig von der Art der Herstellung	
	1.1	für die ersten 50 Seiten	1 je Seite
	1.2	für jede weitere Seite	0,30
		[3] Angefangene Seiten werden voll berechnet.	
	2	**Erhöhung:**	
		Ist die Anfertigung einer Kopie besonders zeitaufwendig, kann die Gebühr nach Tarif-Stelle 1 bis auf das Fünffache erhöht werden.	
	3	**Ermäßigung:**	
		Die Schreibauslagen nach Tarif-Stelle 1 können bis auf 0,10 DM je angefangene Seite ermäßigt werden, wenn die Ausfertigungen und Kopien für den Dienstgebrauch einer Behörde oder für Lehr-, Studien- oder ähnliche Zwecke erteilt werden.	
2.I.1/[1])		**Bausachen:**	
	1	**Grundgebühren:**	
	1.1	Entscheidung über einen Antrag nach § 205 Abs. 2 oder 5 BauGB	kostenfrei
	1.2	Aufstellung und Festsetzung einer Satzung oder eines Plans nach § 205 Abs. 3 BauGB	kostenfrei
	1.3	Ausnahme nach § 14 Abs. 2 BauGB außerhalb eines bauaufsichtlichen Verfahrens	30 bis 6000
	1.4	Entscheidung nach § 18 Abs. 2, § 28 Abs. 6 oder § 43 Abs. 2 BauGB	3 v. T. der Entschädigung, mindestens 30 DM
	1.5	unbesetzt	
	1.6	Genehmigung nach § 22 BauGB	1 v. T. des auf volle 1000 DM aufzurundenden Verkehrswerts des Grundstücks, mindestens 50 DM
		[2] Bei erstmalig zu begründendem oder zu teilendem Wohnungs- oder Teileigentum ist	

[1]) Tarif-Nr. 1.III. eingef., Tarif-Nr. 2.I.1 neugef. durch VO v. 30. 1. 1998 (GVBl. S. 64).

Tarif-Nr. Lfd. Nr.	Tarif-Stelle	Gegenstand	Gebühr DM
noch 2.I.1/		der Verkehrswert des gesamten unbebauten Grundstücks zugrundezulegen. [3] Bei Begründung weiteren Wohnungs- oder Teileigentums sowie bei späteren Teilungen auf demselben Grundstück ist der Verkehrswert des unbebauten Grundstücksanteils zugrundezulegen, der dem Verhältnis des neu zu begründenden oder zu teilenden Wohnungs- oder Teileigentums zur Gesamtbebauung entspricht. [4] Gilt eine Genehmigung nach § 22 Abs. 5 Satz 2 BauGB als erteilt, ermäßigt sich die Gebühr um 10 v. H., höchstens jedoch auf 50 DM. [5] Damit entfällt eine weitere Gebühr für die Zeugniserteilung nach § 22 Abs. 6 BauGB.	
	1.7	Erteilung eines Zeugnisses nach § 22 Abs. 6 BauGB, soweit eine Genehmigung nicht erforderlich ist,	30 bis 250
		[2] Erfolgt die Erteilung ausschließlich im Interesse einer Umschreibung von Grundbuchblättern nach der Grundbuchverfügung,	kostenfrei
	1.8	Auskunft aus der Kaufpreissammlung nach § 11 GutachterausschußV, über die Bodenrichtwerte nach § 196 Abs. 3 Satz 2 BauGB und über sonstige Daten für die Wertermittlung nach § 17 GutachterausschußV	30 bis 500
	1.9	Erteilung oder Verlängerung eines Prüfzeugnisses nach Art. 21 Abs. 2 BayBO	500 bis 10 000
	1.10	Städtebauliche Sanierungs- oder Entwicklungsmaßnahmen	
	1.10.1	Amtshandlungen zur Vorbereitung oder Durchführung von städtebaulichen Sanierungsmaßnahmen (§ 151 Abs. 1 Nr. 1 BauGB) und von städtebaulichen Entwicklungsmaßnahmen (§ 169 Abs. 1 Nr. 5 BauGB), soweit sie durch ein städtebauliches Gebot der §§ 175–179 BauGB veranlaßt wurden,	kostenfrei
	1.10.2	Bestätigung eines Unternehmens als Sanierungs- oder Entwicklungsträger	500 bis 1500
	1.10.3	Verlängerung der Bestätigung	500
	1.11	Amtshandlungen, die der Durchführung oder Vermeidung der Umlegung (§§ 45 ff., § 79 Abs. 1 BauGB) dienen,	kostenfrei
	1.12	Zustimmung und Verzichtserklärung im Einzelfall nach Art. 22 Abs. 1, Art. 23 Abs. 1 und Gestattung nach Art. 24 Abs. 2 Satz 4 BayBO	60 bis 6000
	1.13	Anerkennung von Prüf-, Zertifizierungs- und Überwachungsstellen nach Art. 27 Abs. 1 und Abs. 3 BayBO	500 bis 20 000
	1.14	Anerkennung von Prüf-, Zertifizierungs- und Überwachungsstellen nach § 11 Abs. 1 BauPG	500 bis 40 000

Tarif-Nr. Lfd. Nr.	Tarif-Stelle	Gegenstand	Gebühr DM
noch 2.I.1/	1.15	Erstprüfung eines Bauprodukts nach § 5 Abs. 5 i.V.m. § 9 Abs. 4 BauPG durch eine nach § 11 Abs. 1 Satz 1 Nr. 1 BauPG anerkannte Prüfstelle	500 bis 10 000
	1.16–1.21	unbesetzt	
	1.22	Anordnung nach Art. 60 Abs. 3 oder Abs. 5 BayBO	30 bis 2500
	1.23	Anordnung nach Art. 60 Abs. 6 BayBO	30 bis 1200
	1.24	Erteilung einer Genehmigung zur Errichtung oder Änderung baulicher Anlagen (Art. 62 BayBO) einschließlich der Zulassung von Abweichungen mit Ausnahme der Abweichungen von Vorschriften nach Art. 91 BayBO und einschließlich der einmaligen Abnahme von Absteckungen und Höhenlagen nach Art. 72 Abs. 6 BayBO:	
	1.24.1	Allgemein	
	1.24.1.1	für den bauplanungsrechtlichen Teil	
		a) Wenn das Vorhaben im Geltungsbereich eines Bebauungsplans gemäß § 30 Abs. 1 BauGB ausgeführt wird,	1 v. T. der Baukosten, mindestens 25 DM
		b) In allen anderen Fällen	2 v. T. der Baukosten, mindestens 25 DM
	1.24.1.2	für den bauordnungsrechtlichen Teil (einschließlich der Prüfung sonstiger öffentlich-rechtlicher Vorschriften):	
		a) Im vereinfachten Verfahren nach Art. 73 BayBO	bis zu 1 v. T. der Baukosten, mindestens 25 DM
		b) In allen anderen Fällen,	
		aa) wenn die Genehmigungsbehörde die Leistungen nach § 5 GebOP selbst erbringt,	bis zu 2 v. T. der Baukosten zuzüglich der Vergütung, die sich nach der GebOP für die Leistungen nach § 5 GebOP ergeben würde, mindestens 25 DM
		bb) wenn die Genehmigungsbehörde die Leistungen nach § 5 GebOP nicht selbst erbringt,	bis zu 2 v. T. der Baukosten, mindestens 25 DM

Tarif-Nr. Lfd. Nr.	Tarif-Stelle	Gegenstand	Gebühr DM
noch 2.I.1/	1.24.2	Können der Gebührenberechnung Baukosten nicht zugrundegelegt werden, beträgt die Gebühr	
	1.24.2.1	bei der Erteilung einer Genehmigung zur Errichtung, Aufstellung, Anbringung oder Änderung von Werbeanlagen (Art. 2 Abs. 1 Satz 2 BayBO)	20 bis 4000
	1.24.2.2	in allen anderen Fällen	20 bis 6000
	1.24.3	Abgrabungen:	
		a) Bei Sand- und Kiesgruben, Steinbrüchen und ähnlichen Abgrabungen zur Gewinnung von Abbaugut beträgt die Gebühr bei Vorhaben bis zu 50 000 m³	50 je angefangene 1000 m³
		über 50 000 m³ bis zu 500 000 m³	100 je weitere angefangene 10 000 m³
		über 500 000 m³	140 je weitere angefangene 50 000 m³
		verwertbares Abbaugut. [2] Abraum und Mutterboden sind kein verwertbares Abbaugut.	
		b) Bei anderen selbständigen Abgrabungen beträgt die Gebühr	100 bis 3000
	1.24.4	Bei Aufschüttungen beträgt die Gebühr	100 bis 10 000
	1.25	Erteilung einer Genehmigung zur Änderung von baulichen Anlagen in Abweichung von bereits genehmigten Bauvorlagen:	
	1.25.1	Wenn das genehmigte Bauvorhaben wesentlich geändert wird (z. B. hinsichtlich der Konstruktion oder des Erscheinungsbildes),	wie zu Tarif-Stelle 1.24 abzüglich 50 v. H. der Gebühr für die Erstgenehmigung
		[2] Enthielt die Gebühr für die Erstgenehmigung einen anteiligen Betrag in Höhe der Vergütung nach der GebOP (Tarif-Stelle 1.24.1.2 Buchst. b) aa), wird dieser Betrag nicht mit abgezogen. [3] Die Gebühr beträgt mindestens 50 DM. [4] Die Gebühr wird aus den Baukosten berechnet, die zur Ausführung des gesamten Bauvorhabens erforderlich sind.	
	1.25.2	Wenn das genehmigte Bauvorhaben nicht wesentlich geändert, insbesondere in seinen Grundzügen nicht berührt wird,	50 bis 3500
	1.26	Genehmigung nach Art. 62 BayBO für die Nutzungsänderung baulicher Anlagen	50 bis 10 000

Tarif-Nr. Lfd. Nr.	Tarif-Stelle	Gegenstand	Gebühr DM
noch 2.I.1/	1.27	Bestätigung über den Eingang der Anzeigen nach Art. 65 Abs. 1 Satz 3 BayBO	10 bis 150
	1.28	Untersagung und Zulassung unter Auflagen nach Art. 65 Abs. 1 Satz 4 Halbsatz 2 BayBO	50 bis 3000
	1.29	Mitteilung nach Art. 65 Abs. 1 Satz 4 Halbsatz 1 BayBO	10 bis 40
	1.30	Zulassung von Abweichungen nach Art. 70 Abs. 3 außerhalb eines Genehmigungsverfahrens sowie von Abweichungen von Vorschriften nach Art. 91 BayBO	5 v. H. des Werts des Nutzens, der durch die Abweichung in Aussicht steht, mindestens 50 DM
		2 Wird für das Vorhaben, für das eine Abweichung von Vorschriften nach Art. 91 erforderlich ist, gleichzeitig eine Genehmigung zur Errichtung oder Änderung, eine Genehmigung zur Änderung in Abweichung von bereits genehmigten Bauvorlagen oder eine Genehmigung für die Nutzungsänderung (Art. 62 BayBO) erteilt, beträgt die Gebühr höchstens die Gebühr nach den Tarif-Stellen 1.24, 1.25 oder 1.26.	
	1.31	Befreiung von Festsetzungen des Bebauungsplans nach § 31 Abs. 2 BauGB	10 v. H. des Werts des Nutzens, der durch die Befreiung in Aussicht steht, mindestens 50 DM
		2 Wird für das Vorhaben daneben eine Genehmigung zur Errichtung oder Änderung, eine Genehmigung zur Änderung in Abweichung von bereits genehmigten Bauvorlagen oder eine Genehmigung für die Nutzungsänderung (Art. 62 BayBO) erteilt, beträgt die Gebühr höchstens das Doppelte der Gebühr nach den Tarif-Stellen 1.24, 1.25 oder 1.26.	
	1.32	Ausnahme nach § 9 Abs. 8 FStrG oder Art. 23 Abs. 2 BayStrWG	30 bis 6000
	1.33	Benachrichtigung nach Art. 71 Abs. 1 Satz 3 BayBO	30
	1.34	Vorbescheid nach Art. 75 BayBO	50 bis 5000
	1.35	Teilbaugenehmigung nach Art. 76 BayBO	wie zu Tarif-Stelle 1.24
	1.36	Abnahme der Absteckung und der Höhenlagen nach Art. 72 Abs. 6 auf Antrag des Bauherrn bei Vorhaben nach Art. 64 BayBO	50 bis 3000
	1.37	Verlängerung der Baugenehmigung (Art. 77 Abs. 2 BayBO), eines Vorbescheids oder sonstiger baurechtlicher Genehmigungen	50 bis 10 000
	1.38	Bauüberwachung im Rahmen des Art. 78 BayBO:	

Tarif-Nr. Lfd. Nr.	Tarif-Stelle	Gegenstand	Gebühr DM
noch 2.I.1/	1.38.1	Ohne Beanstandung	kostenfrei
	1.38.2	Sonst	30 bis 2500
	1.39	Zwischenabnahme aufgrund einer Anordnung nach Art. 79 Abs. 2 BayBO	gebührenfrei
	1.40	Fliegende Bauten:	
	1.40.1	Gebrauchsabnahme fliegender Bauten (Art. 85 Abs. 5 Satz 2 Nr. 1 BayBO) einschließlich einer nachfolgenden Gebrauchsuntersagung mit Einziehung des Prüfbuchs nach Art. 85 Abs. 4 BayBO)	50 bis 600
	1.40.2	Gebrauchsuntersagung nach Art. 85 Abs. 4 BayBO, die nicht aufgrund einer Gebrauchsabnahme ergeht,	50 bis 120
	1.41	Zustimmung nach Art. 86 Abs. 1 BayBO:	
	1.41.1	Allgemein	2 v. T. der Baukosten, mindestens 50 DM
	1.41.2	Bei einer Nutzungsänderung	50 bis 10 000
	1.42	Erteilung einer Zustimmung zur Änderung von Bauvorhaben in Abweichung von Bauvorlagen, denen bereits zugestimmt worden ist:	
	1.42.1	Wenn das Bauvorhaben wesentlich geändert wird (z. B. hinsichtlich der Konstruktion oder des Erscheinungsbildes),	wie zu Tarif-Stelle 1.41.1 abzüglich 50 v. H. der Gebühr für die Erstzustimmung. [2] Die Gebühr beträgt mindestens 50 DM.
		[3] Die Gebühr wird aus den Baukosten berechnet, die zur Ausführung des gesamten Bauvorhabens erforderlich sind.	
	1.42.2	Wenn das Bauvorhaben nicht wesentlich geändert, insbesondere in seinen Grundzügen nicht berührt wird,	50 bis 1200
	1.43	Nachprüfungen aufgrund einer nach Art. 90 Abs. 1 Nr. 5 BayBO erlassenen Rechtsverordnung	30 bis 600
	1.44	Sachverständige und sachverständige Stellen:	
	1.44.1	Anerkennung von Sachverständigen oder sachverständigen Stellen, insbesondere Prüfämtern und Prüfingenieuren (vgl. Art. 90 Abs. 6 Satz 4 BayBO i. V. m der Bautechnischen Prüfungsverordnung)	250 bis 2500
	1.44.2	Verlängerung der Anerkennung	250 bis 1200
	1.45	Verfügungen oder Maßnahmen, die durch Verstöße gegen öffentlich-rechtliche Vorschriften veranlaßt werden (z. B. Baueinstellung, Baubeseitigung oder Anordnungen nach Art. 60 Abs. 2 Satz 2 BayBO),	30 bis 5000

Tarif-Nr. Lfd. Nr.	Tarif-Stelle	Gegenstand	Gebühr DM
noch 2.I.1	1.46	Genehmigung nach § 9 Abs. 5 FStrG oder Art. 24 Abs. 3 BayStrWG	30 bis 6000
	1.47	Bekanntgabe von Bauvorhaben an Dritte	1 bis 5 je Bauvorhaben, mindestens 20 DM
	1.48	Untersagung der Verwendung von Bauprodukten und Anordnung der Entwertung oder Beseitigung der Kennzeichen nach Art. 80 BayBO	50 bis 3000
	1.49	Maßnahmen nach § 13 Abs. 2 oder Abs. 3 BauPG	50 bis 3000
	2	Berechnung der Gebühren: Soweit die Gebühren nach den Baukosten berechnet werden, ist von den Kosten auszugehen, die am Ort der Bauausführung im Zeitpunkt der Erteilung der Genehmigung zur Vollendung des zu genehmigenden Vorhabens erforderlich sind. Einsparungen durch Eigenleistungen (Material und Arbeitsleistungen) sind dabei nicht zu berücksichtigen. Der Betrag wird auf volle 1 000 DM aufgerundet. Der Nutzen im Sinn der Tarif-Stellen 1.30 und 1.31 ist unter Berücksichtigung aller Umstände des Einzelfalles nach pflichtgemäßem Ermessen zu schätzen. Dabei können Verkaufsmehrwert, die Einsparungen bei der Bauausführung und ähnliches als Schätzungsgrundlage verwendet werden.	
	3	Ermäßigungen:	
	3.1	Für den Bau von Wohnungen und Wohnräumen einschließlich unselbständiger Nebengebäude (z. B. Garagen und Holzlegen), für den der Bauherr Mittel aus öffentlichen Wohnraumbeschaffungsprogrammen erhält, wird die Gebühr nach den Tarif-Stellen 1.24.1, 1.25.1 und 1.35 bei Nachweis der entsprechenden Voraussetzungen ermäßigt.	
	3.1.1	Die Gebühr beträgt im Fall der Tarif-Stelle 1.24.1	
		a) im vereinfachten Verfahren	50 v. H. der Gebühr nach Tarif-Stelle 1.24.1.1 und 1.24.1.2 Buchst. a), mindestens 25 DM
		b) in allen anderen Fällen aa) wenn die Genehmigungsbehörde die Leistungen nach § 5 der GebOP selbst erbringt	50 v. H. der Gebühr nach Tarif-Stelle 1.24.1.1 und 1.24.1.2 Buchst. b) bb) zuzüglich der Vergütung, die sich

Tarif-Nr. Lfd. Nr.	Tarif-Stelle	Gegenstand	Gebühr DM
noch 2.1.1			nach der GebOP für die Leistungen nach § 5 GebOP ergeben würde, mindestens 25 DM
		bb) wenn die Genehmigungsbehörde die Leistungen nach § 5 GebOP nicht selbst erbringt	50 v. H. der Gebühr nach Tarif-Stelle 1.24.1.1 und 1.24.1.2 Buchst. b) bb), mindestens 25 DM
	3.1.2	Die Gebühr beträgt im Fall der Tarif-Stelle 1.25.1	
		a) im vereinfachten Verfahren	wie zu Tarif-Stelle 3.1.1 Buchst. a) abzüglich 50 v. H. der Gebühr für die Erstgenehmigung. Die Gebühr beträgt mindestens 25 DM
		b) in allen anderen Fällen	
		aa) wenn die Genehmigungsbehörde die Leistungen nach § 5 GebOP selbst erbringt	wie zu Tarif-Stelle 3.1.1 Buchst. b) aa) abzüglich 50 v. H. der Gebühr für die Erstgenehmigung. Die Gebühr beträgt mindestens 25 DM
		bb) wenn die Genehmigungsbehörde die Leistungen nach § 5 GebOP nicht selbst erbringt	wie zu Tarif-Stelle 3.1.1 Buchst. b) bb) abzüglich 50 v. H. der Gebühr für die Erstgenehmigung. Enthielt die Gebühr für die Erstgenehmigung einen anteiligen Betrag in Höhe der Vergütung nach § 5 GebOP (Tarif-Stelle 1.24.1.2 Buchst. b) aa), ist die um diesen Anteil verminderte Gebühr Berechnungsgrundlage für den Abzugsbetrag. Die Gebühr beträgt mindestens 25 DM

Tarif-Nr. Lfd. Nr.	Tarif-Stelle	Gegenstand	Gebühr DM
noch 2.I.1/	3.1.3	Die Gebühr beträgt im Fall der Tarif-Stelle 1.35	wie zu Tarif-Stelle 3.1.1
	3.1.4	Die Gebührenermäßigung wird vorläufig gewährt, wenn die Förderung bei Erteilung der Baugenehmigung noch nicht bewilligt ist, jedoch in Aussicht steht. Dient ein Vorhaben teilweise anderen als den vorgenannten begünstigten Zwecken, werden die anteilig auf diese Gebäudeteile entfallenden Gebühren nicht ermäßigt.	
	3.2[1)]	Entfällt nach Art. 86 Abs. 6 BayBO[1)] die bautechnische Prüfung, ermäßigt sich die jeweilige Gebühr auf die Hälfte.	
	3.3	Die Gebühren nach den Tarif-Stellen 1.24, 1.25 und 1.35 werden auf 1/4, jedoch höchstens auf 25 DM ermäßigt bei baulichen Anlagen:	
	3.3.1	Einer inländischen Körperschaft, Personenvereinigung, Stiftung oder Vermögensmasse, die nach der Satzung oder sonstigen Verfassung und nach ihrer tatsächlichen Geschäftsführung ausschließlich und unmittelbar gemeinnützigen oder mildtätigen Zwecken im Sinn des Abschnitts „Steuerbegünstigte Zwecke" der Abgabenordnung dient, wenn die bauliche Anlage unmittelbar für gemeinnützige oder mildtätige Zwecke im Sinn des Abschnitts „Steuerbegünstigte Zwecke" der Abgabenordnung benutzt wird.	
	3.3.2	Eines öffentlich-rechtlichen Sozialversicherungsträgers, wenn die bauliche Anlage von diesem unmittelbar für die besonderen Zwekke der Sozialversicherung benutzt wird.	
	3.3.3	Die dem Gottesdienst einer Religionsgesellschaft, die Körperschaft des öffentlichen Rechts ist, oder einer jüdischen Kultusgemeinde gewidmet sind.	
	3.3.4	Die von einer Religionsgesellschaft, die Körperschaft des öffentlichen Rechts ist, von einem ihrer Orden, von einer ihrer religiösen Genossenschaften oder von einem ihrer Verbände unmittelbar für Zwecke der religiösen Unterweisung, der Wissenschaft, des Unterrichts, der Erziehung oder unmittelbar für Zwecke der eigenen Verwaltung benutzt werden und entweder im Eigentum der benutzenden Körperschaft (Personenvereinigung) oder im Eigentum einer Körperschaft des öffentlichen Rechts stehen. Den Religionsgesellschaften stehen die jüdischen Kultusgemeinden gleich, die nicht Körperschaften des öffentlichen Rechts sind.	

1) Tarif-Nr. 2.I.1/3.2 geänd. durch VO v. 30. 1. 1998 (GVBl. S. 64).

Tarif-Nr. Lfd. Nr.	Tarif-Stelle	Gegenstand	Gebühr DM
noch 2.I.1/	3.3.5	Dienen die in den Tarif-Stellen 3.3.1 bis 3.3.4 aufgeführten baulichen Anlagen nicht nur unmittelbar begünstigten Zwecken, sondern auch nicht begünstigten Zwecken (z. B. Wohnzwecken) oder nur mittelbar begünstigten Zwecken und wird jeweils ein räumlich abgrenzbarer Teil der baulichen Anlage für die einzelnen Zwecke benutzt, wird nur die anteilig auf die unmittelbar für begünstigte Zwecke benutzten Gebäudeteile entfallende Gebühr ermäßigt. Ist eine räumliche Abgrenzung nicht möglich, wird die Gebührenermäßigung nur gewährt, wenn die bauliche Anlage überwiegend unmittelbar den begünstigten Zwecken dient. § 5 Grundsteuergesetz (GrStG) gilt jedoch sinngemäß.	
	3.4	Bei der gleichzeitigen Behandlung einer Mehrzahl von baulichen Anlagen desselben Bauherrn nach dem gleichen Typ auf einem zusammenhängenden Baugelände in einem oder mehreren baurechtlichen Verfahren werden die Gebühren nach den Tarif-Stellen 1.24, 1.25 und 1.35 für die zweite und jede weitere bauliche Anlage auf die Hälfte ermäßigt.	
	3.5[1]	Für bauliche Anlagen, für die eine Typengenehmigung nach Art. 94 BayBO in der Fassung der Bekanntmachung vom 2. Juli 1982 (GVBl. S. 419, BayRS 2132–1–I, zuletzt geändert durch Gesetz vom 28. Dezember 1992, GVBl. S. 780) erteilt ist, werden die Gebühren nach den Tarif-Stellen 1.24, 1.25 und 1.35 auf die Hälfte ermäßigt.	
	3.6	Die für einen Vorbescheid oder eine Teilbaugenehmigung festgesetzten Gebühren können auf die Gebühren nach Tarif-Stelle 1.24 bis zur Hälfte angerechnet werden. Tarif-Stelle 4 ist vor der Anrechnung anzuwenden. Die nach Tarif-Stelle 1.30 für Abweichungen außerhalb eines Genehmigungsverfahrens festgesetzten Gebühren können auf die Gebühren nach Tarif-Stelle 1.24 in gleicher Weise angerechnet werden.	
	3.7[2]	[1] Die für eine im Zusammenhang mit dem Vorbescheid zugelassene Abweichung von Vorschriften im Sinn des Art. 91 BayBO nach Tarif-Stelle 1.30 festgesetzten Gebühren sind auf die Gebühren nach Tarif-Stelle 1.24 anzurechnen, soweit sie die Gebühren nach Tarif-Stelle 1.24 übersteigen. [2] Das gleiche gilt für Gebühren, die für eine im Zusammenhang	

[1] Tarif-Nr. 2.I.1/3.5 geänd. durch VO v. 30. 1. 1998 (GVBl. S. 64).
[2] Tarif-Nr. 2.I.1/3.7 eingef. durch VO v. 30. 1. 1998 (GVBl. S. 64).

Tarif-Nr. Lfd. Nr.	Tarif-Stelle	Gegenstand	Gebühr DM
noch 2.I.1/		mit dem Vorbescheid erteilte Befreiung nach Tarif-Stelle 1.31 festgesetzt wurden, soweit sie das Doppelte der Gebühren nach Tarif-Stelle 1.24 übersteigen.	
	3.8[1)]	Wird die genehmigte bauliche Anlage oder eine bauliche Anlage, der bereits zugestimmt wurde, endgültig nicht ausgeführt, wird die festgesetzte Gebühr in den Fällen der Tarif-Stellen 1.24, 1.25, 1.35, 1.41 und 1.42 auf Antrag bis auf die Hälfte, jedoch höchstens auf 25 DM, in Fällen, in denen die Genehmigung im beschleunigten Verfahren nach der Verordnung zu Art. 90 BayBO in der Fassung der Bekanntmachung vom 2. Juli 1982 (GVBl. S. 419, BayRS 2132–1–I, zuletzt geändert durch Gesetz vom 28. Dezember 1992, GVBl. S. 780) erteilt wurde, bis auf die Hälfte des Betrags, der sich bei einer Gebühr von 4 v. T. der Baukosten ergeben hätte, jedoch höchstens auf 25 DM herabgesetzt, wenn der Baugenehmigungs- bzw. Zustimmungsbescheid und die Bauvorlage der Bauaufsichtsbehörde ausgehändigt werden. Enthielt die Gebühr einen anteiligen Betrag in Höhe der Vergütung nach den GebOP, wird dieser Betrag nicht in die Herabsetzung mit einbezogen. Der Antrag muß während der Gültigkeit des Bescheides gestellt werden.	
	3.9[1)]	[1] Macht der Bauherr von einer außerhalb eines Genehmigungsverfahrens zugelassenen Abweichung nach Art. 70 BayBO, von einer Abweichung von Vorschriften nach Art. 91 BayBO oder von einer Befreiung endgültig keinen Gebrauch und händigt er den entsprechenden Bescheid der Bauaufsichtsbehörde aus, kann die nach Tarif-Stelle 1.30 oder 1.31 festgesetzte Gebühr auf Antrag bis auf ein Viertel, höchstens jedoch auf 25 DM herabgesetzt werden. [2] Bei genehmigungsfreien Bauvorhaben muß der Antrag innerhalb von vier Jahren nach Zulassung der Abweichung oder Befreiung gestellt werden. [3] Im übrigen ist der Antrag während der Gültigkeitsdauer des Genehmigungs- oder des Vorbescheids zu stellen.	
	3.10[1)]	[1] Die Ermäßigungen nach den Tarif-Stellen 3.1 bis 3.7 werden nebeneinander gewährt in der Weise, daß bei der Ermäßigung jeweils vom Betrag der ermäßigten Gebühr auszugehen ist. [2] Abweichend davon wird im Fall der Tarif-Stelle 3.2 die Ermäßigung nach Tarif-Stelle	

[1)] Bish. Tarif-Nr. 3.7 wird 3.8 und geänd., Nr. 3.9 eingef., bish. Nr. 3.8 wird 3.10 und neugef. durch VO v. 30. 1. 1998 (GVBl. S. 64).

Tarif-Nr. Lfd. Nr.	Tarif-Stelle	Gegenstand	Gebühr DM
		3.1 nicht gewährt. [3] Die Ermäßigungen nach den Tarif-Stellen 3.4 und 3.5 schließen sich gegenseitig aus.	
	4	Erhöhungen:	
	4.1	Entfällt auf Grund einer baurechtlichen Genehmigung die wasserrechtliche Genehmigung (Art. 59 Abs. 7 Satz 1 oder Art. 61 Abs. 2 Satz 3 BayWG), erhöht sich die – gegebenenfalls nach den Tarif-Stellen 3.1 bis 3.5 ermäßigte – Gebühr um ein Viertel; entfallen beide Genehmigungen nach den o. g. Vorschriften gleichzeitig, beträgt die Erhöhung ein Drittel.	
	4.2	Bei Baugenehmigungsverfahren für Abwasserbehandlungsanlagen im Sinn des § 18 c WHG erhöht sich die – gegebenenfalls nach Tarif-Stellen 3.1 bis 3.5 ermäßigte – Gebühr um 30 v. H.	
	4.3[1)]	Führt die fachkundige Stelle der Genehmigungsbehörde im Rahmen der Erteilung einer baurechtlichen Genehmigung wasserwirtschaftliche Prüfungen als Sachverständige durch, erhöht sich die – gegebenenfalls nach den Tarif-Stellen 3.1 bis 3.5 ermäßigte – Gebühr um 10 v. H.	
	4.4[2)]	Führt die Genehmigungsbehörde im Rahmen der Erteilung einer baurechtlichen Genehmigung Prüfungen durch die eigenen Gesundheits- bzw. Veterinärämter als Sachverständige durch, erhöht sich die – gegebenenfalls nach den Tarif-Stellen 3.1 bis 3.5 ermäßigte – Gebühr nach Tarif-Stellen 1.24, 1.25, 1.35, 1.41 und 1.42 um 10 v. H.	
	4.5[3)]	Entfällt aufgrund einer baurechtlichen Genehmigung eine naturschutzrechtliche Gestattung, erhöht sich die – gegebenenfalls nach den Tarif-Stellen 3.1 bis 3.5 ermäßigte – Gebühr um den Betrag, der für die sonst erforderliche Gestattung nach diesem Kostenverzeichnis oder nach Art. 6 Abs. 1 Satz 2 oder Satz 3 KG als Gebühr zu erheben wäre, wenn sie gesondert ausgesprochen würde.	
	5	Auslagen:	
		Neben den Gebühren werden Auslagen für Fernsprechgebühren im Fernverkehr, Telegramm- und Fernschreibgebühren sowie Auslagen im Sinn des Art. 10 Abs. 1 Nr. 4 KG nicht erhoben. Bei Gebührenfreiheit werden alle Auslagen nach Art. 10 KG erhoben.	

1) Tarif-Nr. 2.I.1/4.3 neugef. durch VO v. 19. 7. 1996 (GVBl. S. 313).
2) Tarif-Nr. 2.I.1/4.4 angef. durch VO v. 19. 7. 1996 (GVBl. S. 313).
3) Tarif-Nr. 2.I.1/4.5 eingef. durch VO v. 30. 1. 1998 (GVBl. S. 64).

39. Vollzug des Kostengesetzes (KG); Kosten (Gebühren und Auslagen) in Bausachen

Bekanntmachung des Bayerischen Staatsministeriums des Innern
Nr. I Z 6 – 1052–20/12

Vom 14. Oktober 1985 (MABl. S. 630)

Geändert durch Bek. vom 1. 10. 1986 (MABl. S. 492)

Zur Kostenerhebung in baurechtlichen Angelegenheiten werden im Einvernehmen mit dem Staatsministerium der Finanzen folgende Hinweise gegeben:

1. Innerdienstliche Mitwirkung von Behörden bei der Aufstellung von Bauleitplänen und bei der Behandlung von Bauanträgen

1.1 Wirken Behörden als Träger öffentlicher Belange gemäß § 2 Abs. 5 des Bundesbaugesetzes (BBauG) oder *Art. 71 Abs. 1* der Bayer. Bauordnung (BayBO)[1)] in baurechtlichen Verfahren mit (vgl. Bek vom 2. 2. 1976, MABl S. 66), so ist diese Tätigkeit keine Amtshandlung, Sachverständigentätigkeit, benutzungsgebührenpflichtige Tätigkeit oder Amtshilfe. Die **mitwirkende** Behörde hat deshalb hierfür keinen Anspruch auf Kosten (Gebühren und Auslagen), Sachverständigenentschädigung, Benutzungsgebühren oder besondere Aufwendungen gemäß Art. 8 Abs. 1 des Bayer. Verwaltungsverfahrensgesetzes (BayVwVfG). Auch ein sonstiger Anspruch auf Erstattung von Aufwendungen (z. B. anteiliger Personalaufwand, Fernsprechgebühren, Reisekostenvergütungen) besteht nicht.
Gleiches gilt z. B. für die
- Behandlung des Bauantrags durch die Gemeinden gemäß *Art. 69 Abs. 1 Satz 2* BayBO,[2)]
- Erteilung oder Versagung des gemeindlichen Einvernehmens nach dem BBauG (z. B. § 31 Abs. 1 BBauG),
- Erteilung oder Versagung der Zustimmung oder des Einvernehmens der Straßenbaubehörde (z. B. gemäß § 9 Abs. 2 des Bundesfernstraßengesetzes – FStrG – oder Art. 23 Abs. 2, Art. 24 Abs. 1 des Bayer. Straßen- und Wegegesetzes – BayStrWG –).

---

1) Jetzt Art. 69 Abs. 1 BayBO.
2) Jetzt Art. 67 Abs. 1 Satz 2 BayBO.

1.2 Bei der Erhebung von Kosten (Gebühren und Auslagen) für Verwaltungsakte, an denen andere Behörden im Sinn der Nummer 1.1 mitgewirkt haben (z. B. Baugenehmigung), ist der durch diese Mitwirkung entstandene Verwaltungsaufwand wie folgt zu berücksichtigen:

1.2.1 Für den Verwaltungsakt ist eine **Festgebühr** vorgeschrieben (z. B. die Baugenehmigungsgebühr nach Tarif-Nr. 22.1.17.1 des Kostenverzeichnisses – KVz).
Der **allgemeine Verwaltungsaufwand** (= Personalaufwand und allgemeiner Sachaufwand, der über die nach Art. 13 Abs. 1 KG abzugeltenden Auslagen hinausgeht), der durch die Tätigkeit der mitwirkenden Behörde entsteht, ist bereits in diese Gebühr eingerechnet.
Die bei der mitwirkenden Behörde in diesem Verfahren angefallenen **Auslagen** im Sinn des Art. 13 Abs. 1 KG sind von der Behörde, die den Verwaltungsakt erläßt (z. B. Baugenehmigungsbehörde), unter Berücksichtigung der Tarif-Nr. 22.5 KVz zu erheben (Art. 13 Abs. 1 Halbsatz 1 KG).

1.2.2 Für den Verwaltungsakt ist eine **Rahmengebühr** zu erheben (z. B. Gebühr für die Zulassung einer Ausnahme nach Tarif-Nr. 22.1.23 KVz).
Der allgemeine Verwaltungsaufwand und die nicht gesondert erhebungsfähigen Auslagen der mitwirkenden Behörde sind in dieser Gebühr gemäß Art. 8 KG zu berücksichtigen.
Für die sonstigen **Auslagen,** die der mitwirkenden Behörde entstehen, gilt Nummer 1.2.1 letzter Satz entsprechend.

1.3 Die mitwirkende Behörde teilt der Behörde, die den Verwaltungsakt erläßt, nur ihre **Auslagen** gemäß Art. 13 Abs. 1 Nrn. 1 **und** 5 KG mit (vgl. Tarif-Nr. 22.5 Satz 1 KVz). Kann die den Verwaltungsakt erlassende Behörde auch die Auslagen nach Art. 13 Abs. 1 Nrn. 2, 3 und 4 KG bei der Kostenerhebung berücksichtigen (gemäß Tarif-Nr. 22.5 Satz 2 KVz oder im Fall einer Rahmengebühr über Art. 8 KG als Verwaltungsaufwand), so hat sie die mitwirkende Behörde aufzufordern, ihr **alle Auslagen** mitzuteilen.
Die Mitteilung des **allgemeinen Aufwands** durch die mitwirkende Behörde unterbleibt, es sei denn, die mitwirkende Behörde wird hierzu in den Fällen gemäß Nummer 1.2.2 aufgefordert.

1.4 Die Nummern 1.1 bis 1.3 gelten nicht für die Zustimmung der Luftfahrtbehörden (Luftämter) nach §§ 12, 14, 15 des Luftverkehrsgesetzes (LuftVG). In diesen Fällen erheben die Luftfahrtbehörden Kosten nach der Kostenordnung der Luftfahrtverwaltung (LuftKostV) vom 14. Februar 1984 (BGBl. I S. 346) –

vgl. Nummer V.11 des Gebührenverzeichnisses zur LuftKostV –.

2. Sachverständigentätigkeit von Behörden

2.1 Wird eine Behörde als Sachverständiger herangezogen (z.B. nach *Art. 63 Abs. 4* BayBO),[1] so steht ihr – ebenso wie einem privaten Gutachter – für ihre Tätigkeit grundsätzlich eine Sachverständigenentschädigung nach Maßgabe der Verordnung über die Entschädigung von Zeugen und Sachverständigen in Verwaltungssachen – ZuSEVO – (BayRS 2013-3-1-F) zu (vgl. § 1 Abs. 1, § 2 ZuSEVO). Die Vergütung der Prüfämter für Baustatik nach § 15 der Bautechnischen Prüfungsverordnung (BayRS 2132-1-11-I) in Verbindung mit der Gebührenordnung der Prüfingenieure – GebOPI – (BayRS 2132-1-12-I) bleibt unberührt.

2.1.1 Soweit Staatsbehörden als Sachverständige herangezogen werden, ist in Verfahren der unteren Bauaufsichtsbehörden Art. 25 Abs. 2 KG, in Verfahren der Regierungen Nummer 2.2 der Verwaltungsvorschriften zu Art. 61 der Bayer. Haushaltsordnung (VV-BayHO) zu beachten.

2.1.2 Holt die Bauaufsichtsbehörde ein Gutachten des Landbauamts zu baukünstlerischen Fragen ein, so entsteht dadurch zwar ein Anspruch des Landbauamts auf Entschädigung nach der ZuSEVO. Wegen des öffentlichen Interesses an der baukünstlerischen Beratung der Bauaufsichtsbehörden sehen die Landbauämter aber in diesen Fällen davon ab, der Bauaufsichtsbehörde die Sachverständigenentschädigung in Rechnung zu stellen.

2.2 Die Heranziehung einer Behörde als Sachverständiger gemäß Art. 63 Abs. 4 BayBO ist von der Anhörung einer Behörde als Träger öffentlicher Belange gemäß *Art. 71 Abs. 1* BayBO[2] (s. Nr. 1.1) zu unterscheiden.

Die Stellungnahme als Träger öffentlicher Belange erstreckt sich insbesondere darauf, ob das Vorhaben den öffentlich-rechtlichen Vorschriften entspricht, die den Aufgabenbereich der Behörde berühren. Sachverständigentätigkeit ist dagegen eine darüber hinausgehende Beurteilung des Vorhabens aufgrund von Erfahrungssätzen, besonderer Sachkunde oder technischer Möglichkeiten, die auch ein privater Gutachter erbringen könnte.

Ob eine Behörde als Träger öffentlicher Belange gemäß *Art. 71 Abs. 1* BayBO[2] oder als Sachverständiger gemäß

[1] Jetzt Art. 60 Abs. 4 BayBO.
[2] Jetzt Art. 69 Abs. 1 BayBO.

Art. 63 Abs. 4 BayBO[1] herangezogen wird, hat die Bauaufsichtsbehörde im Einzelfall selbst zu entscheiden (vgl. hierzu Nr. 3.1 der Bek vom 7. 8. 1982, MABl S. 485). **Zur Vermeidung von Unklarheiten muß sie gegenüber der anderen Behörde eindeutig angeben, ob eine Stellungnahme nach *Art. 71 Abs. 1* BayBO[2] oder zu welchem Problem eine sachverständige Beurteilung (Gutachten) gefordert wird.** Hierbei ist es möglich, daß eine Behörde gleichzeitig in beiden Funktionen beteiligt wird.

2.3 Sachverständigenentschädigungen gehören zu den Auslagen des jeweiligen Verfahrens, die (neben den Gebühren) vom Veranlasser zu erheben sind (Art. 13 Abs. 1 KG, Tarif-Nr. 22.5 KVz). Dies gilt auch, wenn die Bauaufsichtsbehörde gemäß Art. 25 Abs. 2 KG oder VV Nr. 2.2 zu Art. 61 BayHO (s. Nr. 2.1.1) eine Sachverständigenentschädigung nicht zu zahlen hat (Art. 13 Abs. 2 KG).

3. Auskünfte über die Bebaubarkeit von Grundstücken

Derartige Auskünfte sind, auch wenn sie schriftlich ergehen, gemäß Art. 3 Abs. 1 Nr. 3 KG kostenfrei, wenn sie, wie in der Regel üblich, aufgrund der Aktenlage oder spezieller Kenntnisse **ohne besonderen Aufwand** erteilt werden können. Sofern dies ausnahmsweise nicht der Fall ist, sind hierfür Kosten zu erheben (Gebühr gemäß Art. 6 Abs. 1 Satz 3, Art. 8 KG) – vgl. IMS vom 25. Juli 1983 Nr. I Z 6 – 1052–55/14.

Allerdings sollten die Bauaufsichtsbehörden in diesen besonders aufwendigen Fällen dem Anfragenden nahelegen, die zu entscheidende Frage in einem Vorbescheidverfahren (Art. 75 BayBO) klären zu lassen. Der Vorbescheid ist kostenpflichtig (Gebühr gemäß Tarif-Nr. 22.1.26 KVz).

4. Teilungsgenehmigungen und Zeugnisse nach § 19 BBauG und Art. 11 Abs. 1 BayBO (Tarif-Nrn. 22.1.5, 22.1.6 und 22.1.8 KVz)

4.1 Verkehrswert im Sinn der Tarif-Nr. 22.1.5 KVz ist der Wert, der im gewöhnlichen Geschäftsverkehr nach der Beschaffenheit und der Lage des Grundstücks bei einer Veräußerung zu erzielen wäre.

4.2 Bei der Versagung von Teilungsgenehmigungen ist von der Möglichkeit des Art. 10 Abs. 1 Satz 1 KG, die Gebühr nach Tarif-Nr. 22.1.5 bzw. 22.1.8 KVz bis auf ein Zehntel zu ermäßigen, grundsätzlich Gebrauch zu machen.

---

[1] Jetzt Art. 60 Abs. 4 BayBO.
[2] Jetzt Art. 69 Abs. 1 BayBO.

4.3 Bei Erteilung (Versagung) der bauplanungs- **und** bauordnungsrechtlichen Teilungsgenehmigung **in einem Bescheid** liegen zwei Gebührentatbestände vor. Es ist somit eine Gebühr nach Tarif-Nr. 22.1.5 **und** nach Tarif-Nr. 22.1.8 KVz zu erheben, bei der Versagung unter Berücksichtigung der Nummer 4.2 (Art. 9 Abs. 1 KG). Für ein entsprechendes Zeugnis (§ 23 Abs. 2 BBauG und *Art. 11 Abs. 2* BayBO) fallen die Gebühren nach den Tarif-Nrn. 22.1.6 **und** 22.1.8 KVz an.

5. Auskunft nach § 11 a Abs. 2 der Gutachterausschußverordnung (BayRS 2130-2-I) oder § 143 b Abs. 5 BBauG (Tarif-Nr. 22.1.7 KVz)

5.1 Wird die Auskunft dadurch erteilt, daß Ablichtungen aus der Kaufpreissammlung oder aus den Bodenrichtwertübersichten übersandt werden, so ist auch hier die Gebühr aus dem Rahmen der Tarif-Nr. 22.1.7 KVz nach Art. 8 KG festzusetzen. Schreibauslagen (Art. 12 KG) fallen daneben nicht an.

5.2 Für entsprechende Auskünfte an Behörden oder Gerichte im Rahmen der Amtshilfe (Art. 4 BayVwVfG) dürfen Kosten nicht erhoben werden (Art. 1 Abs. 1 KG, Art. 8 Abs. 1 BayVwVfG).

6. Genehmigung zur Errichtung oder Änderung baulicher Anlagen (Tarif-Nr. 22.1.17 KVz)

6.1 Entscheidungen über Nachbareinwendungen nach Art. 73 BayBO sind kostenrechtlich Bestandteil des Genehmigungsverfahrens und damit durch die Baugenehmigungsgebühr abgegolten (Tarif-Nr. 22.1.17 KVz). Entstehen bei der Behandlung von Nachbareinwendungen Auslagen im Sinn des Art. 13 Abs. 1 KG, Tarif-Nr. 22.5 KVz, so hat diese grundsätzlich der Bauwerber zu tragen. Art. 2 Abs. 3 KG bleibt unberührt.

6.2 Auch die Entscheidung über die Zurückstellung von Bauanträgen nach § 15 BBauG ist durch die Baugenehmigungsgebühr nach Tarif-Nr. 22.1.17 KVz abgegolten. Hierdurch entstehende Auslagen nach Art. 13 Abs. 1 KG, Tarif-Nr. 22.5 KVz hat der Bauwerber zu tragen, soweit sie nicht nach Art. 2 Abs. 3 KG der Gemeinde aufzuerlegen sind.

7. Genehmigung für die Nutzungsänderung baulicher Anlagen (Tarif-Nr. 22.1.19 KVz)

7.1 Tarif-Nr. 22.1.19 KVz ist nur anzuwenden, wenn Gegenstand eines Bauantrags

- ausschließlich die Nutzungsänderung einer baulichen Anlage ist;

- die Nutzungsänderung mit gleichzeitiger Änderung der baulichen Anlage ist und das Schwergewicht des Vorhabens bei der Nutzungsänderung liegt oder die Änderung der baulichen Anlage genehmigungsfrei ist.

Eine Gebühr nach Tarif-Nr. 22.1.17 KVz fällt hier nicht an (vgl. Art. 9 Abs. 1 KG).

7.2 Im übrigen ist im Genehmigungsverfahren zur Änderung baulicher Anlagen die sich aus den Bauvorlagen ergebende (geänderte) Nutzung Gegenstand dieses Verfahrens. Die Gebühr für die dieses Verfahren abschließende Genehmigung richtet sich deshalb nur nach Tarif-Nr. 22.1.17 KVz (vgl. Art. 9 Abs. 1 KG).

8. Befreiung von baurechtlichen Vorschriften oder von Festsetzungen des Bebauungsplans (Tarif-Nr. 22.1.24 KVz)

8.1 Werden in einem Verfahren mehrere Befreiungen gewährt, so ist für jede dieser Befreiungen eine Gebühr nach Tarif-Nr. 22.1.24 KVz zu erheben (Art. 9 Abs. 1 KG).

8.2 Der durch die Befreiung in Aussicht stehende Nutzen, dessen Wert der Gebührenberechnung zugrunde zu legen ist, ist nach pflichtgemäßem Ermessen unter Berücksichtigung aller Umstände des Einzelfalls und der Tarif-Nr. 22.2 letzter Satz KVz **zu schätzen.**

8.2.1 Wird durch die Befreiung zusätzliche Nutzfläche geschaffen, so kann der Nutzen mit Hilfe folgender Berechnungsmethode geschätzt werden:

Nutzfläche, die durch die Befreiung gewonnen wird
× ortsüblichen Mietpreis/m²
× 12 Monate
= Jahresbruttomiete;
./. geschätzter Jahresbetrag für den Nutzen mindernde Ausgaben und für die Abschreibung
= Jahresnettomiete;
× Kapitalisierungsfaktor für Massivbauwerke, der im Regelfall 20 (bei zu vermietenden Nutzflächen) bzw. 10 (bei eigengenutzten Flächen) beträgt.

8.2.2 Die vorstehende Berechnungsmethode kann jedoch nicht angewendet werden, wenn die zusätzliche Nutzfläche durch eine Baugrenzenüberschreitung entsteht, die zu keiner Überschreitung der insgesamt zulässigen Nutzfläche führt, weil an anderer Stelle zum Ausgleich dafür die Baugrenzen unterschritten werden.

8.3 Die Befreiungsgebühr darf nach Tarif-Nr. 22.1.24 KVz höchstens so hoch sein wie die Baugenehmigungsgebühr nach Tarif-Nr. 22.1.17 KVz.

8.3.1 Bemißt sich die Baugenehmigungsgebühr nach Tarif-Nr. 22.1.17.1 KVz, so ist auch dann von der Gebühr nach Tarif-Nr. 22.1.17.1 **Buchst. b** KVz als zulässigen Befreiungs-Höchstbetrag auszugehen, wenn die Genehmigungsbehörde die Leistungen nach § 4 GebOPI selbst erbringt. Die Gebühr nach Tarif-Nr. 22.1.17.1a KVz kann hierfür nicht herangezogen werden. Sie beinhaltet die Vergütung nach § 4 GebOPI, die Auslagencharakter hat und daher zu einer nicht äquivalenten Befreiungsgebühr führen würde.

8.3.2 Die Befreiungs-Höchstgebühr richtet sich auch in den Fällen nach Tarif-Nr. 22.1.17.1b KVz, in denen die Baugenehmigungsgebühr nach Tarif-Nr. 22.3 KVz ermäßigt oder nach Tarif-Nr. 22.4 KVz erhöht wird.
Gleiches gilt für Befreiungen, die zu Änderungsgenehmigungen im Sinn der Tarif-Nr. 22.1.18 KVz erteilt werden.

9. Vorbescheid (Tarif-Nr. 22.1.26 KVz)

Auch für einen Vorbescheid, der eine der gestellten Fragen mit einem für den Bauwerber negativen Ergebnis beantwortet, ist eine Gebühr nach Tarif-Nr. 22.1.26 KVz zu erheben. Art. 10 Abs. 1 KG ist nicht anwendbar. Der negative Inhalt des Bescheids ist jedoch bei der Beurteilung der Bedeutung der Angelegenheit gemäß Art. 8 KG (gebührenmindernd) zu berücksichtigen.

10. Bauüberwachung (Tarif-Nr. 22.1.30 KVz)

10.1 Von Tarif-Nr. 22.1.30 KVz werden alle in *Art. 79 Abs. 1 und 2* BayBO[1] genannten außenwirksamen Maßnahmen der Bauaufsichtsbehörde erfaßt, mit denen die Ausführung genehmigungspflichtiger Bauvorhaben überwacht wird (z.B. Prüfung, ob eine bauliche Anlage hinsichtlich Standort, Größe und Nutzung äußerlich erkennbar nach den genehmigten Plänen errichtet wird; Entnahme, Prüfung von Proben – vgl. *Art. 79 Abs. 1 Satz 3* BayBO[2] –; Bauzustandsbesichtigungen).

10.1.1 Eine kostenfreie Bauüberwachungsmaßnahme ohne Beanstandung (Tarif-Nr. 22.1.30.1 KVz), liegt vor, wenn kein Verstoß gegen öffentlich-rechtliche Vorschriften (das sind auch Planabweichungen) festgestellt wird. Gleiches gilt, wenn der Bau-

[1] Jetzt Art. 78 Abs. 1 und 3 BayBO.
[2] Jetzt Art. 78 Abs. 1 Satz 3 BayBO.

kontrolleur nur Hinweise an die am Bau Beteiligten gibt, daß Mängel oder Abweichungen vorhanden sind, die noch zu beseitigen sind.
Wird im Rahmen der Bauüberwachung festgestellt, daß vorgeschriebene Anzeigen (z.B. nach *Art. 79 Abs. 2 Satz 1* BayBO)[1] oder Bescheinigungen (z.B. nach § 13 der Bauaufsichtlichen Verfahrensverordnung – BauVerfV) der Behörde nicht vorgelegt wurden, so liegt gleichfalls keine Beanstandung im Sinn der Tarif-Nr. 22.1.30 KVz vor (s. hierzu auch Nr. 11.3).

10.1.2 Wird jedoch bei der Bauüberwachungsmaßnahme ein Verstoß festgestellt, dessen Behebung unter Fristsetzung mündlich oder schriftlich gefordert wird, oder ergehen daraufhin Anordnungen oder sonstige Maßnahmen nach der BayBO, so sind für die Bauüberwachungsmaßnahme Kosten (Gebühr nach Tarif-Nr. 22.1.30.2 KVz; Auslagen nach Art. 13 Abs. 1 KG, Tarif-Nr. 22.5 KVz) zu erheben.
Die Bauüberwachung mit Beanstandung wird von der Kostenfreiheit nach Tarif-Nr. 21 KVz nicht erfaßt.

10.2 Ergehen als Folge der Bauüberwachung Schreiben mit der Aufforderung zur Mängelbeseitigung, Anordnungen nach Art. 81 oder Art. 82 Satz 1 BayBO und dgl., so sollten hierbei auch die Kostenentscheidung hinsichtlich der Bauüberwachung getroffen und die Kosten angefordert werden.
Die selbständige Kostenpflicht der auf die Bauüberwachung folgenden Maßnahme (z.B. Anordnung) bleibt unberührt (s. hierzu auch Nrn. 11.1 und 11.2).

11. Verfügungen oder Maßnahmen, die durch Verstöße gegen öffentlich-rechtliche Vorschriften veranlaßt werden (Tarif-Nr. 22.1.37 KVz)

11.1 Außer den in Tarif-Nr. 22.1.37 KVz beispielhaft erwähnten Anordnungen nach *Art. 63 Abs. 2 Satz 2* BayBO,[2] der Baueinstellung (Art. 81 Abs. 1 BayBO) und der Baubeseitigung (Art. 82 Satz 1 BayBO) sind insbesondere noch folgende Amtshandlungen grundsätzlich kostenpflichtig (Art. 1 Abs. 1, Art. 2 Abs. 1, Art. 3 Abs. 1 Nr. 2 KG):

- Anordnung zur Beseitigung von Werbeanlagen nach *Art. 68 Abs. 4* BayBO
- Versiegelung, Überwachung, Ingewahrsamnahme nach Art. 81 Abs. 2 BayBO

[1] Jetzt Art. 78 Abs. 3 Satz 1 BayBO.
[2] Jetzt Art. 60 Abs. 2 Satz 2 BayBO.

- Benutzungsuntersagung nach Art. 82 Satz 2 BayBO
- Anordnung, einen Bauantrag zu stellen (Art. 82 Satz 4 BayBO)

Die Gebühr bemißt sich in diesen Fällen nach Tarif-Nr. 22.1.37 KVz in Verbindung mit Art. 8 KG.
Diese Amtshandlungen werden von der Kostenfreiheit nach Tarif-Nr. 21 KVz nicht erfaßt.

11.2 Stellt die Bauaufsichtsbehörde Verstöße gegen öffentlich-rechtliche Vorschriften fest und wendet sie sich im Einzelfall aus Gründen der Verhältnismäßigkeit zunächst nur mit Hinweisen, Belehrungen oder Anregungen an die am Bau Beteiligten, so sind hierfür grundsätzlich keine Kosten (Gebühren und Auslagen) zu erheben (Art. 3 Abs. 1 Nrn. 2, 3 KG). Das gilt auch dann, wenn hierbei eine Frist zur Beseitigung der Mängel usw. gesetzt wird, nach deren Ablauf eine Anordnung ergehen wird.

11.3 Die baurechtlichen Vorschriften enthalten Regelungen, nach denen die am Bau Beteiligten verpflichtet sind, der Bauaufsichtsbehörde Anzeigen, Bescheinigungen und dgl. vorzulegen (z.B. nach Art. 74 Abs. 10, Art. 79 Abs. 2 Satz 1 oder § 13 BauVerfV). Wird diese Verpflichtung nicht erfüllt und fordert die Bauaufsichtsbehörde den Verpflichteten **erstmals** auf, dies bis zu einem bestimmten Zeitpunkt nachzuholen, so ist diese Amtshandlung im Regelfall aus Billigkeitsgründen kostenfrei (Art. 3 Abs. 1 Nr. 2 KG). Für jede weitere Aufforderung sind jedoch Kosten (Gebühren und Auslagen) zu erheben. Die Gebühr bemißt sich nach Tarif-Nr. 22.1.37 KVz in Verbindung mit Art. 8 KG.

12. Berechnung der Gebühren

12.1 Soweit die Gebühren nach den Baukosten berechnet werden, richtet sich deren Ermittlung nach Tarif-Nr. 22.2 Satz 1–3 KVz.

12.1.1 Die nach dieser Tarif-Nr. zugrunde zu legenden Baukosten ergeben sich aus der Baubeschreibung (§ 4 Abs. 3 BauVerfV). Ergibt eine vergleichende Berechnung der Bauaufsichtsbehörde, daß diese Angaben unrichtig sind oder fehlen entsprechende Angaben in der Baubeschreibung, so ist von der Baukostenberechnung der Bauaufsichtsbehörde auszugehen. Das Recht der Bauaufsichtsbehörde, gemäß Art. 71 Abs. 2 BayBO die Baubeschreibung zur Berichtigung zurückzugeben, bleibt unberührt.

12.1.2 Bei ihrer Baukostenberechnung hat die Bauaufsichtsbehörde auf die aus der Baubeschreibung und den Bauzeichnungen hervorgehenden Daten (insbesondere Maße, umbauter Raum, wesentliche Konstruktions- und Ausstattungsmerkmale) und auf allgemein gültige ortsübliche Erfahrungssätze (Preis pro m^3 umbauter Raum) abzustellen. Hierbei ist jedoch vom umbauten Raum im genehmigten Umfang auszugehen. Liegen für ein Bauvorhaben keine derartigen Erfahrungssätze vor (z.B. bei gewerblichen Objekten), so kann auf die Baupreisindices des Bayer. Landesamts für Statistik und Datenverarbeitung zurückgegriffen werden (vgl. Urt. des BayVGH vom 20. 6. 1983, BayVBl 1984 S. 50).

12.1.3[1] Zu den Baukosten im vorstehenden Sinn gehören alle Kosten, die mit dem Bauvorhaben, soweit es genehmigungspflichtig ist, ursächlich verbunden und zu seiner Vollendung erforderlich sind.
Das sind insbesondere:
- Kosten des Bauwerks im Sinn der DIN 276, Teil 2 Nummer 3, jedoch ohne den Wert wiederverwendeter Bauteile,
- Kosten der von der Baugenehmigung erfaßten Außenanlagen im Sinn der DIN 276, Teil 2 Nummer 5,
- Baunebenkosten im Sinn der DIN 276, Teil 2 Nummer 7 (Kosten, die bei der Planung und Durchführung auf der Grundlage von Honorarordnungen, Gebührenordnungen, Preisvorschriften oder nach besonderer vertraglicher Vereinbarung entstehen),
- als Teil der Kosten des Bauwerks, Kosten für betriebliche Einbauten im Sinn der DIN 276, Teil 2 Nummer 3.4

jeweils einschließlich gezahlter Umsatzsteuer.
Dagegen gehören nicht zu den Baukosten im Sinn der genannten Tarif-Nummer:
- Kosten des Grundstücks im Sinn der DIN 276, Teil 2 Nummer 1,
- Kosten für Außenanlagen, die nicht von der Baugenehmigung erfaßt werden im Sinn der DIN 276, Teil 2 Nummer 5,
- Kosten des Geräts im Sinn der DIN 276, Teil 2 Nummer 4.

12.1.4 Stellt sich nach Vollendung des Bauvorhabens heraus, daß die der Gebührenberechnung zugrunde gelegten Baukosten höher oder niedriger als die tatsächlichen Baukosten waren, so ist die Kostenentscheidung aus diesem Grund nicht mehr zu ändern (vgl. Art. 16 Abs. 2 KG). Tarif-Nr. 22.2 Satz 1 KVz stellt ausdrücklich auf die Baukosten ab, die im Zeitpunkt der Genehmigung erforderlich sind. Die tatsächlichen Baukosten ent-

[1] Nr. 12.1.3 neugef. durch Bek. v. 1. 10. 1986 (MABl. S. 492).

stehen aber in einem späteren Zeitpunkt (vgl. BayVGH a. a. O.).

12.2 Soweit Rahmengebühren vorgesehen sind, ist die Gebühr im Einzelfall nach Art. 8 KG festzusetzen. Der Verwaltungsaufwand kann mit Hilfe von Personaldurchschnitts- bzw. Vollkostensätzen geschätzt werden, die mit IMS vom 21. März 1985 Nr. I Z 6 – 1008-0/17 mitgeteilt wurden.
Es ist zu beachten, daß die für einen **Durchschnittsfall** dem Gebührenrahmen zu entnehmende Gebühr regelmäßig im unteren Drittel des Gebührenrahmens liegt (vgl. Ministerratsbeschluß vom 13. 3. 1984; IMS vom 30. 4. 1984 Nr. I Z 6 – 1052–55/4).

13. Ermäßigung nach Tarif-Nr. 22.3.1 KVz

Obwohl die Anerkennung des begünstigten Zwecks bei der Erteilung der Baugenehmigung in der Regel noch nicht vorliegt, **ist** die Gebührenermäßigung zu diesem Zeitpunkt vorläufig zu gewähren, wenn die Anerkennung in Aussicht steht (Tarif-Nr. 22.3.1.4 Satz 1 KVz). Dies ist schon dann der Fall, wenn die objektiven Voraussetzungen für die Anerkennung gegeben sind. Ein entsprechender Antrag muß hierzu nicht vorliegen.
Die vorläufige Gebührenermäßigung wird in der Weise gewährt, daß in der Kostenentscheidung

- vorläufig die ermäßigte Gebühr,
- für den Fall, daß der Anerkennungsbescheid bis zu einem von der Bauaufsichtsbehörde zu bestimmenden Zeitpunkt nicht vorgelegt wird, die volle Gebühr

festgesetzt wird.
Bei der Festlegung des Zeitpunkts und einer darauffolgenden Anforderung des Differenzbetrags ist zu beachten, daß der Anspruch auf den Differenzbetrag gemäß Art. 71 des Gesetzes zur Ausführung des Bürgerlichen Gesetzbuchs und anderer Gesetze (BayRS 400-1-J) in drei Jahren erlischt.

13.2 Die Ermäßigung nach Tarif-Nr. 22.3.1 KVz ist auch für bauliche Anlagen zu gewähren, die nachträglich zu einem Bauvorhaben errichtet werden, wenn

- dieses Bauvorhaben den Tatbestand für die Gebührenermäßigung im Genehmigungszeitpunkt noch erfüllt und
- die nachträglich errichtete Anlage bei gleichzeitiger Erstellung mit dem zuerst genehmigten Bauwerk in die Gebührenermäßigung mit einbezogen worden wäre (das gilt z. B. für unselbständige Nebengebäude wie Garagen).

13.3 Wird die Genehmigung für ein Bauvorhaben versagt, das objektiv die Voraussetzungen für die Gebührenermäßigung erfüllt hätte (vgl. Nr. 13.1), so ist auch bei der Anwendung des Art. 10 Abs. 1 KG von der ermäßigten Gebühr auszugehen. Entsprechendes gilt für Art. 10 Abs. 2 KG.

14. Ermäßigung nach Tarif-Nr. 22.3.5 KVz

14.1 Häuser gleichen Typs in Reihenhauszeilen und spiegelbildliche Eckhäuser oder Doppelhaushälften sind als eine Mehrzahl von baulichen Anlagen im Sinn dieser Tarif-Nummer anzusehen, wenn sie von der Bauaufsichtsbehörde selbständig geprüft werden können. Ob hierfür ein Bauantrag gestellt wird, oder ob mehrere Anträge vorliegen, ist dabei ohne Belang.

Der Ermäßigung steht nicht entgegen, wenn Doppelhäuser im zusammenhängenden Baugelände verschieden situiert sind und deshalb z. B. die Abstandsflächenproblematik differenziert betrachtet werden muß. Auch unterschiedliche Baukosten sind unerheblich, es sei denn, daß sie Folge typverändernder Bauausführung sind.

14.2 Soweit sich für eine Genehmigung nach den Tarif-Nrn. 22.1.17, 22.1.18 und 22.1.27 die Mindestgebühr ergibt, wird auch diese nach Tarif-Nr. 22.3.5 KVz ermäßigt (z. B. bei typengleichen Garagen).

14.3 Obwohl in Tarif-Nr. 22.3.5 KVz nur die Ermäßigung der Gebühren nach den Tarif-Nrn. 22.1.17, 22.1.18 und 22.1.27 KVz bestimmt ist, wird Tarif-Nr. 22.3.5 KVz auch auf Gebühren nach diesen Tarif-Stellen angewendet, die gemäß Tarif-Nrn. 22.3.1, 22.3.2, 22.3.3 oder 22.3.4 KVz ermäßigt werden (Tarif-Nr. 22.3.9 KVz).

15. Herabsetzung nach Tarif-Nr. 22.3.8 KVz

Diese Tarif-Nummer ist nicht anzuwenden, wenn die Genehmigungsgebühr nach Tarif-Nrn. 22.1.17, 22.1.18 oder 22.1.27 KVz bzw. die Zustimmungsgebühren nach Tarif-Nrn. 22.1.33 oder 22.1.34 KVz bereits nach den Tarif-Nrn. 22.3.1 bis 22.3.7 KVz ermäßigt wurden (Tarif-Nr. 22.3.9 KVz).

16. Erhöhung nach Tarif-Nr. 22.4.2 KVz

Nach dieser Tarif-Nummer wird die Gebühr nur dann erhöht, wenn die Erlaubnis nach Art. 6 Abs. 1 des Denkmalschutzgesetzes (DSchG) aufgrund Art. 6 Abs. 3 DSchG entfällt **und** die Baumaßnahme nicht der Einhaltung, Renovierung oder Sanierung von Baudenkmälern dient. Art. 17 DSchG steht dem nicht entgegen.

17. Erlaß von Baugenehmigungsgebühren bei Brandschäden und Teilerlaß von Baugenehmigungsgebühren für

Almen, Alpen und sonstige landwirtschaftliche Gebäude in benachteiligten Gebieten

17.1 Gebühren für Baugenehmigungen, die aufgrund eines Brandschadens erteilt werden, können in besonders gelagerten Ausnahmefällen aufgrund des Art. 59 Abs. 1 Nr. 3 BayHO und den VV hierzu (bei den Gemeinden gemäß Art. 13 Abs. 1 Nr. 5 des Kommunalabgabengesetzes, § 32 Abs. 1 der Kommunalhaushaltsverordnung in Verbindung mit § 227 der Abgabenordnung) erlassen werden. Voraussetzung hierfür ist, daß die Einziehung der Gebühren nach Lage des einzelnen Falls für den Schuldner eine besondere Härte bedeuten würde. Dies ist jedoch nicht schon dann anzunehmen, wenn die Entschädigungsleistungen der Bayer. Landesbrandversicherungsanstalt hinter den Wiederaufbaukosten des abgebrannten Gebäudes zurückgeblieben sind. Denn diese Entschädigungsleistungen berücksichtigen nur Ausgaben, die anfallen, wenn das abgebrannte Gebäude in seinem ursprünglichen Zustand wieder aufgebaut würde (Wiederherstellungskosten, Brandschaden).

17.2 Werden Baugenehmigungen für

- Almen, Alpen oder
- sonstige landwirtschaftliche Gebäude im Berggebiet oder in den übrigen benachteiligten Gebieten nach den Richtlinien des Rates vom 18. April 1975 über die Landwirtschaft im Berggebiet und in bestimmten benachteiligten Gebieten Nr. 75/268/EWG (EG-Abl L 128 vom 19. Mai 1975)

erteilt, sind die Baukosten und damit die Genehmigungsgebühren in der Regel höher als für Bauten außerhalb dieser Gebiete. Die Gebührenmehrbelastung ist in der Regel als besondere Härte anzusehen, die einen Erlaß der Genehmigungsgebühr bis auf den Betrag, der für ein vergleichbares Bauwerk im Flachland zu erheben wäre, rechtfertigt (vgl. dazu die unter Nr. 17.1 genannten Erlaßvorschriften). Kein Erlaßgrund liegt allerdings vor, wenn der Bauwerber in besonders günstigen wirtschaftlichen Verhältnissen lebt. Zur Beurteilung können die Kriterien des einzelbetrieblichen Förderungsprogramms für die Land- und Forstwirtschaft herangezogen werden.

18. Aufhebung von Regelungen

18.1 Die Bekanntmachungen vom 7. Dezember 1957 (MABl. S. 863), vom 20. November 1958 (MABl. S. 774) und vom 23. Januar 1961 (MABl. S. 111) werden aufgehoben.

18.2 Folgende Schreiben, die zwar durch Zeitablauf außer Kraft getreten sind, jedoch vielfach noch angewendet werden, sind überholt:

IMS vom 3. September 1969	Nr. I A 5 – 1052–20/18,
IMS vom 1. Juli 1971	Nr. I A 5 – 1052–20/7,
IMS vom 27. August 1971	Nr. I A 5/IV R 2 – 1052–1 a/1,
IMS vom 21. Februar 1973	Nr. I Z 6 – 1052–20/2,
IMS vom 8. April 1975	Nr. I Z 6 – 1052–20/1,
IMS vom 19. Oktober 1979	Nr. I Z 6 – 1052–20/13,
IMS vom 18. August 1980	Nr. I Z 6 – 1052–20/9.

G. Berufsrecht

40. Bayerisches Architektengesetz (BayArchG)

in der Fassung der Bekanntmachung vom 31. August 1994 (GVBl. S. 934)

geändert durch § 2 Zweites Gesetz zur Vereinfachung und Beschleunigung baurechtlicher Verfahren vom 26. 7. 1997 (GVBl. I S. 323)

Inhaltsübersicht

Erster Teil. Berufsaufgaben, Berufspflichten und Berufsbezeichnung

Zweiter Teil. Architektenkammer

Erster Teil. Berufsaufgaben, Berufspflichten und Berufsbezeichnung

Art. 1 Berufsaufgaben und Berufspflichten. (1) Berufsaufgaben des Architekten sind die gestaltende, technische und wirtschaftliche Planung von Bauwerken oder im Städtebau.

(2) Berufsaufgaben des Innenarchitekten sind die gestaltende, technische und wirtschaftliche Planung von Innenräumen und die damit verbundene bauliche Änderung von Gebäuden.

(3) [1]Berufsaufgaben der Landschaftsarchitekten sind die gestaltende, technische, wirtschaftliche und ökologische Planung von Freianlagen oder die Landschaftsplanung. [2]Zu den Berufsaufgaben des Landschaftsarchitekten gehört auch die Planung im Städtebau innerhalb seiner Fachrichtung.

(4) Zu den Berufsaufgaben des Architekten, Innenarchitekten und Landschaftsarchitekten gehören auch die Beratung, Betreuung und Vertretung des Bauherrn in den mit der Planung und Durchführung eines Vorhabens zusammenhängenden Fragen sowie die Überwachung der Ausführung.

(5) Zu den Berufsaufgaben des Architekten und des Landschaftsarchitekten gehört auch die Mitwirkung bei der Landesplanung und Regionalplanung.

(6) [1]Architekt, Innenarchitekt und Landschaftsarchitekt sind verpflichtet, ihren Beruf gewissenhaft auszuüben und sich bei ihrem Verhalten der Achtung und des Vertrauens würdig zu zeigen, die ihr Beruf erfordern. [2]Das Nähere regelt die Berufsordnung. [3]Sie soll insbesondere Bestimmungen enthalten über

1. die gewissenhafte Ausübung des Berufs,
2. das berufliche Verhalten gegenüber Kollegen, Auftraggebern, Unternehmern und Bauhandwerkern,
3. die berufliche Fortbildung,
4. die berufswidrige Werbung,
5. die Wahrung der Unabhängigkeit und Eigenverantwortlichkeit und die gewerbliche Betätigung,
6. die Voraussetzung zur Teilnahme an Wettbewerben,
7. die Berechnung des Honorars nach der gültigen Gebührenordnung und
8. die Berufshaftpflichtversicherung.

(7) Ein außerhalb der Berufstätigkeit liegendes Verhalten ist eine Pflichtverletzung, wenn es nach den Umständen des Einzelfalls in besonderem Maß geeignet ist, Achtung und Vertrauen in einer für die Ausübung der Berufstätigkeit oder für das Ansehen des Berufsstands bedeutsamen Weise zu beeinträchtigen.

Art. 2 Berufsbezeichnung. (1) Die Berufsbezeichnung „Architekt" und „Architektin", „Innenarchitekt" und „Innenarchitektin" oder „Landschaftsarchitekt" und „Landschaftsarchitektin" darf nur führen, wer unter dieser Bezeichnung in die Architektenliste (Art. 9) eingetragen ist oder wem die Berechtigung zur Führung dieser Berufsbezeichnung nach Art. 14 zusteht.

(2) Wortverbindungen mit den Berufsbezeichnungen nach Absatz 1 oder ähnliche Bezeichnungen dürfen nur Personen verwenden, welche die entsprechende Berufsbezeichnung zu führen befugt sind.

(3) Das Recht zur Führung akademischer Grade wird durch diese Regelung nicht berührt.

Art. 3 Führung der Berufsbezeichnung in der Firma einer Gesellschaft mit beschränkter Haftung. [1]Gesellschaften, die in das Verzeichnis der Gesellschaften mit beschränkter Haftung (Art. 4) eingetragen sind, haben entsprechend der Fachrichtung, mit der die Gesellschafter in die Architektenliste (Art. 9) eingetragen sind, in der Firma den Zusatz

„Gesellschaft von Architekten mbH" oder
„Gesellschaft von Innenarchitekten mbH" oder
„Gesellschaft von Landschaftsarchitekten mbH"

oder entsprechende Wortverbindungen zu führen. [2]In die Firmen ist mindestens der Name eines Gesellschafters aufzunehmen.

Art. 4 Verzeichnis der Gesellschaften mit beschränkter Haftung. (1) [1]Das Verzeichnis der Gesellschaften mit beschränkter Haftung wird von der Architektenkammer geführt. [2] Aus dem Verzeichnis müssen neben der Firma der Sitz der Gesellschaft, der Geschäftsgegenstand, der Geschäftsführer und die Gesellschafter mit den für die Eintragung in die Architektenliste maßgeblichen Daten ersichtlich sein.

(2) [1]Über die Eintragung in das Verzeichnis der Gesellschaften mit beschränkter Haftung entscheidet der Eintragungsausschuß. [2]Art. 9 Abs. 2 Sätze 2 und 3 und Abs. 4 gelten entsprechend.

(3) [1]Der Eintragungsausschuß ist verpflichtet, dem zuständigen Registergericht in Form einer Unbedenklichkeitsbescheinigung zu bestätigen, daß die im Handelsregister einzutragende Gesellschaft die Voraussetzungen zur Eintragung in die Liste der Gesellschaften erfüllt. [2]Sobald und soweit die Eintragung der Firma ins Handelsregister nachgewiesen ist, stellt der Vorsitzende die Entscheidung dem Betroffenen zu und übermittelt sie nach Unanfechtbarkeit der Architektenkammer.

Art. 5 Voraussetzungen der Eintragung in das Verzeichnis der Gesellschaften mit beschränkter Haftung. In das Verzeichnis der Gesellschaften mit beschränkter Haftung (Art. 4) ist eine Gesellschaft auf Antrag einzutragen, wenn

1. sie in der Rechtsform einer Gesellschaft mit beschränkter Haftung errichtet ist,
2. alle Gesellschafter und Geschäftsführer in die Architektenliste (Art. 9) eingetragen sind,
3. die Gesellschaft ihre Niederlassung in Bayern hat,
4. der Geschäftsgegenstand auf die Berufsaufgaben gemäß Art. 1 und auf Planungsleistungen gemäß den Leistungsbildern der Honorarordnung für Architekten und Ingenieure (HOAI) beschränkt ist,
5. die Geschäftsführung verantwortlich mindestens in der Hand eines Gesellschafters liegt,
6. der Gesellschaftsvertrag eine Vereinbarung enthält, wonach
   a) die Übertragung von Gesellschaftsanteilen an Personen ausgeschlossen ist, die nicht in die Architektenliste eingetragen sind und
   b) durch Erbfall erworbene Gesellschaftsanteile an die Gesellschaft zurückzugeben sind.

Art. 6 Rechte und Pflichten der eingetragenen Gesellschaft mit beschränkter Haftung. (1) Soweit Änderungen des Gesellschaftervertrags, der Zusammensetzung der Gesellschafter und in der Geschäftsführung dem Registergericht anzuzeigen sind, sind sie auch unverzüglich jeweils durch Vorlage beglaubigter Urkunden der Architektenkammer mitzuteilen.

(2) Die Gesellschaft hat der Architektenkammer jeweils zu Beginn eines Kalenderjahres eine beglaubigte Abschrift der beim Registergericht einzureichenden Gesellschafterliste zuzuleiten.

(3) Die Gesellschaft sowie die Gesellschafter und Geschäftsführer haben die Vorschriften der Berufsordnung und der Gebührenordnung der Bayerischen Architektenkammer zu beachten.

(4) Art. 24 (Schlichtungsausschuß) gilt für Gesellschaften entsprechend.

Art. 7 Versagung der Eintragung in die Liste der Gesellschaften mit beschränkter Haftung. [1]Die Eintragung in die Liste der Gesellschaften mit beschränkter Haftung ist zu versagen, wenn in der Person eines der Gesellschafter oder Geschäftsführer ein Versagungsgrund nach Art. 12 Abs. 1 vorliegt. [2]Die Eintragung kann versagt werden, wenn in der Person eines der Gesellschafter oder Geschäftsführer ein Versagungsgrund nach Art. 12 Abs. 2 vorliegt.

Art. 8 Löschung der Eintragung in die Liste der Gesellschaften mit beschränkter Haftung. (1) Die Eintragung einer Gesellschaft mit beschränkter Haftung ist zu löschen, wenn

1. die Gesellschaft aufgelöst ist,
2. die Gesellschaft auf die Eintragung verzichtet,
3. die Voraussetzungen für die Eintragung gemäß Art. 5 nicht mehr vorliegen,
4. sich nachträglich erweist, daß die Eintragung hätte gemäß Art. 7 versagt werden müssen und der Versagungsgrund noch besteht,
5. die Gesellschaft über die Eintragungsvoraussetzungen getäuscht hat und diese auch jetzt noch nicht vorliegen.

(2) Die Eintragung kann gelöscht werden, wenn nach der Eintragung Tatsachen nach Art. 7 Satz 2 bekannt werden oder eintreten und seit ihrem Eintreten nicht mehr als fünf Jahre vergangen sind.

(3) [1]Wenn im Fall des Todes eines Gesellschafters die Voraussetzungen nach Art. 5 nicht mehr vorliegen, setzt der Eintragungsausschuß eine angemessene Frist, innerhalb der ein diesem Gesetz entsprechender Zustand herbeizuführen ist. [2]Diese Frist darf höchstens vier Jahre betragen.

Art. 9 Architektenliste. (1) [1]Die Architektenliste wird von der Architektenkammer (Art. 15) geführt. [2]Aus der Architektenliste muß neben der Fachrichtung des Eingetragenen die Tätigkeitsart (freiberuflich, angestellt, beamtet oder in der Bauwirtschaft tätig) ersichtlich sein.

(2) [1]Über die Eintragung in die Architektenliste entscheidet der Eintragungsausschuß (Art. 30 bis 33). [2]Der Vorsitzende stellt dem Betroffenen die Entscheidung zu und übermittelt sie nach Unanfechtbarkeit der Architektenkammer. [3]Die Architektenkammer stellt über die Eintragung eine Urkunde aus.

(3) Der Eintragungsausschuß entscheidet auch über die Ausstellung der Bescheinigung für in die Architektenliste eingetragene Staatsangehörige eines Mitgliedstaates der Europäischen Gemeinschaften oder des Abkommens über den Europäischen Wirtschaftsraum zum Nachweis

1. der vierjährigen Berufserfahrung von Architekten mit abgeschlossener mindestens dreijähriger Ausbildung auf dem Gebiet der Architektur (Hochbau) an einer deutschen Fachhochschule oder deutschen Gesamthochschule, nachdem er die entsprechenden Voraussetzungen zuvor festgestellt hat,
2. der Berufsbefähigung von Architekten mit einem Prüfungszeugnis, das vor dem 1. Januar 1973 in einem Studiengang für Architektur von einer deutschen Ingenieur- oder Werkkunstschule ausgestellt wurde, nachdem er zuvor die Pläne bewertet hat, die der Architekt während einer mindestens sechsjährigen praktischen Tätigkeit erstellt und ausgeführt hat.

(4) [1]Ein Vorverfahren nach den §§ 68ff. der Verwaltungsgerichtsordnung (VwGO) findet nicht statt. [2]Der Eintragungsausschuß bei der Architektenkammer ist fähig, am verwaltungsgerichtlichen Verfahren beteiligt zu sein (§ 61 Nr. 3 VwGO); er wird durch den Vorsitzenden vertreten.

Art. 10[1)] Liste der Architekten nach *Art. 75*[2)] Abs. 7 Satz 2 Nr. 1 der Bayerischen Bauordnung. (1) Die Architektenkammer führt die Liste der Architekten nach *Art. 75*[2)] Abs. 7 Satz 2 Nr. 1 der Bayerischen Bauordnung.

(2) [1]In diese Liste ist auf Antrag einzutragen:

1. wer Architekt der Fachrichtung Hochbau ist und
2. eine zusammenhängende Berufserfahrung von mindestens drei Jahren in dieser Fachrichtung hat.

[2]Über die Eintragung entscheidet der Eintragungsausschuß.

---

1) Art. 10 Überschrift und Abs. 1 geänd. durch § 2 G v. 26. 7. 1997 (GVBl. S. 323).
2) Jetzt Art. 68 BayBO.

Art. 10a[1] Liste der Sachverständigen im Sinn der Rechtsverordnung nach *Art. 97*[2] Abs. 9 BayBO. Der Eintragungsausschuß bei der Architektenkammer läßt die verantwortlichen Sachverständigen zu und führt die Liste der Sachverständigen nach Maßgabe der Rechtsverordnung nach *Art. 97*[2] Abs. 9 BayBO.

Art. 11 Voraussetzungen der Eintragung. (1) [1]In die Architektenliste (Art. 9) ist ein Bewerber auf Antrag einzutragen, wenn er seinen Wohnsitz, seine Niederlassung oder seine überwiegende Beschäftigung in Bayern hat und

1. eine erfolgreiche Abschlußprüfung für die in Art. 1 Abs. 1 bis 3 genannten Aufgaben der Fachrichtungen Architektur (Hochbau), Innenarchitektur oder Garten- und Landschaftsgestaltung an einer deutschen Hochschule, an einer deutschen öffentlichen oder staatlich anerkannten Ingenieurschule (Akademie) oder an einer dieser gleichwertigen deutschen Lehreinrichtung abgelegt hat und
2. eine nachfolgende praktische Tätigkeit nach Art. 1 von mindestens drei Jahren ausgeübt hat; diese Voraussetzung gilt als erbracht, wenn der Bewerber in die Architektenliste eines anderen Bundeslandes eingetragen ist oder dort nur gelöscht wurde, weil er den Wohnsitz, die Niederlassung oder die überwiegende Beschäftigung verlegt hat.

[2]Auf die Zeit der praktischen Tätigkeit sind berufsfördernde Fort- und Weiterbildungsveranstaltungen der Bayerischen Architektenkammer im Aufgabenbereich der technischen und wirtschaftlichen Planung sowie des Baurechts anzurechnen.

(2) [1]Die Voraussetzung nach Absatz 1 Nr. 1 erfüllt als Architekt auch, wer eine gleichwertige Abschlußprüfung an einer ausländischen Hochschule oder an einer sonstigen ausländischen Einrichtung mit Erfolg abgelegt hat. [2]Bei Staatsangehörigen eines Mitgliedstaates der Europäischen Gemeinschaften oder des Abkommens über den Europäischen Wirtschaftsraum gelten als gleichwertig die nach Art. 7 der Richtlinie 85/384/EWG des Rats vom 10. Juni 1985 (ABl. EG Nr. L 223 S. 15) bekanntgemachten Diplome, Prüfungszeugnisse und sonstigen Befähigungsnachweise und die entsprechenden Nachweise nach Art. 11 oder 12 dieser Richtlinie in ihrer jeweils geltenden Fassung.

(3) Die Voraussetzungen nach Absatz 1 erfüllt als Innen- und Landschaftsarchitekt auch, wer

1. auf Grund eines Diploms im Sinn des Art. 1 Buchst. a der Richtlinie 89/48/EWG des Rats vom 21. Dezember 1988 (ABl. EG 1989 Nr. L 19 S. 16) in einem Mitgliedstaat der Europäischen Union

[1] Art. 10a eingef. durch § 2 G v. 26. 7. 1997 (GVBl. S. 323).
[2] Jetzt Art. 90 BayBO.

oder des Abkommens über den Europäischen Wirtschaftsraum über die beruflichen Voraussetzungen verfügt für den unmittelbaren Zugang zum Beruf des Innen- und Landschaftsarchitekten oder für die Ausübung dieses Berufs, oder

2. über Ausbildungsnachweise im Sinn des Art. 3 Buchst. b der Richtlinie 89/48/EWG verfügt und diesen Beruf in einem anderen Mitgliedstaat der Europäischen Union oder des Abkommens über den Europäischen Wirtschaftsraum mindestens zwei Jahre in den zehn Jahren vor der Antragstellung tatsächlich und rechtmäßig ausgeübt hat.

(4) [1]Ein Bewerber, der die Voraussetzungen der Absätze 1 bis 3 nicht erfüllt, ist auf Antrag in die Architektenliste einzutragen, wenn er seinen Wohnsitz, seine Niederlassung oder seine überwiegende Beschäftigung in Bayern hat und

1. mindestens zehn Jahre eine praktische Tätigkeit in einer Fachrichtung nach Art. 1 Abs. 1 bis 3 unter Aufsicht eines Architekten ausgeübt hat und
2. die einer Ausbildung nach Absatz 1 entsprechenden Kenntnisse durch eine Prüfung auf Hochschulniveau nachweist.

[2]Auf die Zeit der praktischen Tätigkeit im Sinn des Satzes 1 Nr. 1 ist die Zeit des durch Abschlußprüfung nachgewiesenen erfolgreichen Besuchs einer öffentlichen oder staatlich anerkannten Berufsfachschule für Innenarchitektur anzurechnen, soweit sie die vorgeschriebene Mindestdauer nicht übersteigt.

(5) Unabhängig von den Voraussetzungen nach Absatz 1 Nrn. 1 und 2 und nach Absatz 4 ist ein Bewerber auf Antrag in die Architektenliste einzutragen, wenn er sich durch die Qualität seiner Leistung auf dem Gebiet der Architektur (des Hochbaus) besonders ausgezeichnet hat und dies gegenüber dem Eintragungsausschuß durch eigene Arbeiten oder als Staatsangehöriger eines anderen Mitgliedstaates der Europäischen Gemeinschaften durch ein Prüfungszeugnis dieses Mitgliedstaates nachweist.

(6) [1]Die Eintragung kann bei Bewerbern, die nicht Deutsche im Sinn des Art. 116 des Grundgesetzes sind, versagt werden, wenn die Gegenseitigkeit nicht gewährleistet ist. [2]Das gilt nicht für Staatsangehörige der Mitgliedstaaten der Europäischen Gemeinschaften.

Art. 12 Versagung der Eintragung. (1) Die Eintragung in die Architektenliste ist einem Bewerber zu versagen,

1. solange er nach § 45 des Strafgesetzbuchs (StGB) die Fähigkeit, öffentliche Ämter zu bekleiden oder Rechte aus öffentlichen Wahlen zu erlangen, verloren hat oder solange ihm das Recht, in öffentlichen Angelegenheiten zu wählen oder zu stimmen, aberkannt ist,

2. solange ihm nach § 70 StGB die Ausübung eines Berufs untersagt oder nach § 132 a der Strafprozeßordnung die Ausübung des Berufs vorläufig verboten ist, der eine der in Art. 1 bezeichneten Tätigkeiten zum Gegenstand hat,
3. solange ihm nach § 35 Abs. 1 der Gewerbeordnung die Berufsausübung untersagt ist,
4. wenn er wegen eines Verbrechens oder Vergehens rechtskräftig zu einer Strafe verurteilt worden ist und sich aus dem der Verurteilung zugrundeliegenden Sachverhalt ergibt, daß er zur Erfüllung der Berufsaufgaben nach Art. 1 nicht geeignet ist oder
5. solange er geschäftsunfähig oder ihm zur Besorgung seiner Vermögensangelegenheiten ein Betreuer bestellt ist.

(2) Die Eintragung in die Architektenliste kann einem Bewerber versagt werden, wenn er

1. innerhalb der letzten fünf Jahre vor Stellung des Eintragungsantrags eine eidesstattliche Versicherung nach § 807 der Zivilprozeßordnung abgegeben hat oder wenn das Konkursverfahren über sein Vermögen eröffnet oder die Eröffnung mangels Masse abgelehnt worden ist oder
2. sich innerhalb der letzten fünf Jahre gröblich oder wiederholt berufsunwürdig verhalten hat.

Art. 13 Löschung der Eintragung. (1) Die Eintragung ist zu löschen, wenn

1. der Eingetragene verstorben ist,
2. der Eingetragene auf die Eintragung verzichtet,
3. in einem berufsgerichtlichen Verfahren rechtskräftig auf Löschung der Eintragung in der Architektenliste erkannt worden ist (Art. 35),
4. die Entscheidung über die Eintragung unanfechtbar zurückgenommen oder widerrufen oder der Rücknahme- oder Widerrufsbescheid für sofort vollziehbar erklärt worden ist, oder
5. wenn der Eingetragene seinen Wohnsitz, seine Niederlassung und seine überwiegende Beschäftigung in Bayern aufgibt.

(2) [1]Die Eintragung kann gelöscht werden, wenn der Eingetragene in einem Disziplinarverfahren aus dem Dienst entfernt oder gegen ihn auf Aberkennung des Ruhegehalts erkannt worden ist. [2]Das gleiche gilt für den Fall des Verlustes der Beamtenrechte im Zug eines Strafverfahrens.

Art. 14 Auswärtige Architekten. (1) [1]Die Berufsbezeichnung nach Art. 2 Abs. 1 oder eine Wortverbindung mit den Berufsbezeichnungen oder eine ähnliche Bezeichnung nach Art. 2 Abs. 2 dürfen ohne Eintragung in die Architektenliste auch Personen führen, die in Bayern weder einen Wohnsitz, eine Niederlassung noch eine überwiegende Beschäftigung haben, wenn sie

1. die Bezeichnung auf Grund einer gesetzlichen Regelung des Landes oder des auswärtigen Staates, in dem sie ihren Wohnsitz, ihre Niederlassung oder ihre überwiegende Beschäftigung haben, führen dürfen oder
2. die Voraussetzungen des Art. 11 erfüllen und in dem Land oder dem auswärtigen Staat, in dem sie ihren Wohnsitz, ihre Niederlassung oder ihre überwiegende Beschäftigung haben, eine vergleichbare gesetzliche Regelung nicht besteht.

[2]Sie haben die geltenden Berufspflichten zu beachten.

(2) [1]Soweit auswärtige Architekten nicht Mitglied einer Architektenkammer im Geltungsbereich des Grundgesetzes sind, sind sie zur Überwachung der Einhaltung der Berufspflichten wie Mitglieder der Architektenkammer zu behandeln und haben hierzu das Erbringen von Leistungen als Architekten vorher der Architektenkammer anzuzeigen. [2]Sie haben eine Bescheinigung darüber vozulegen, daß sie

1. den Beruf des Architekten im Staat ihrer Niederlassung oder ihres Dienst- oder Beschäftigungsorts rechtmäßig ausüben und
2. ein Diplom, Prüfungszeugnis oder einen sonstigen Befähigungsnachweis über eine anerkannte abgeschlossene Ausbildung oder gleichwertige Befähigung auf dem Gebiet der Architektur (des Hochbaus) besitzen.

[3]Sie sind in einem besonderen Verzeichnis zu führen. [4]Hierüber ist ihnen eine Bescheinigung auszustellen, aus der sich auch die Berechtigung zur Führung der Berufsbezeichnung nach Art. 2 Abs. 1 ergibt.

(3) [1]Ist die Person weder Deutscher im Sinn des Art. 116 des Grundgesetzes noch Angehöriger eines Mitgliedstaates der Europäischen Gemeinschaften oder des Abkommens über den Europäischen Wirtschaftsraum, so gilt Absatz 1 nur, wenn die Gegenseitigkeit gewährleistet ist. [2]Der Eintragungsausschuß kann auswärtigen Architekten, unbeschadet einer Berechtigung nach Absatz 1, die Führung der Berufsbezeichnung untersagen, wenn

1. dem Art. 11 vergleichbare Voraussetzungen nicht vorliegen oder
2. Tatsachen eingetreten oder bekanntgeworden sind, die eine Versagung nach Art. 12 rechtfertigen würden.

(4) Bestehen Zweifel, ob die Berechtigung zur Führung der Berufsbezeichnung nach den Absätzen 1 bis 3 vorliegt, so entscheidet der Eintragungsausschuß auf Antrag des Betroffenen oder der Architektenkammer.

Zweiter Teil. Architektenkammer

Art. 15 Errichtung der Architektenkammer. (1) [1]In Bayern wird eine Architektenkammer errichtet. [2]Sie führt die Bezeichnung „Bayerische Architektenkammer".

(2) [1]Die Architektenkammer ist eine Körperschaft des öffentlichen Rechts. [2]Sie führt ein Dienstsiegel.

(3) Sitz der Architektenkammer ist München.

(4) Die Architektenkammer kann örtliche Untergliederungen bilden.

Art. 16 Mitgliedschaft. (1) Der Architektenkammer gehören alle in die Architektenliste eingetragenen Architekten an.

(2) Die Mitgliedschaft endet, wenn die Eintragung in der Architektenliste gelöscht wird.

Art. 17 Aufgaben der Architektenkammer. (1) Aufgabe der Architektenkammer ist es,

1. die beruflichen Belange der Gesamtheit der Mitglieder zu wahren,
2. die Berufspflichten der Mitglieder in einer Berufsordnung (Art. 1 Abs. 6 Sätze 2 und 3) festzulegen und ihre Erfüllung zu überwachen,
3. die Baukultur, die Baukunst, das Bauwesen und das behindertengerechte Bauen zu fördern,
4. für die berufliche Fortbildung zu sorgen,[1)]
5. die Architektenliste und das Verzeichnis nach Art. 14 Abs. 2 Satz 3 zu führen sowie die für die Berufsausübung notwendigen Bescheinigungen und Bestätigungen zu erteilen,
6. bei der Regelung des Wettbewerbswesens mitzuwirken,
7. die Behörden und Gerichte durch Gutachten, Stellungnahmen und Vorschläge oder in sonstiger Weise zu unterstützen; vor der Regelung wichtiger einschlägiger Fragen ist die Kammer zu hören,
8. auf die Beilegung von Streitigkeiten, die sich aus der Berufsausübung zwischen Mitgliedern oder zwischen diesen und Dritten ergeben, hinzuwirken.

(2) [1]Die Architektenkammer kann Fürsorgeeinrichtungen für die Mitglieder und deren Familien schaffen. [2]Für die Mitglieder, deren

---

[1)] Satzung der Akademie für Fort- und Weiterbildung der Bayerischen Architektenkammer v. 4. 11. 1980 (StAnz. Nr. 47), geänd. durch Bek. v. 15. 12. 1981 (StAnz. 1982 Nr. 2).

Versorgung gesetzlich geregelt ist, darf die Teilnahme nicht zwingend sein.

(3) [1]Zur Wahrung der die deutsche Architektenschaft berührenden gemeinsamen Berufs- und Standesfragen ist die Architektenkammer berechtigt, sich an Arbeitsgemeinschaften mit entsprechenden außerbayerischen Landesorganisationen zu beteiligen. [2]Der Arbeitsgemeinschaft können jedoch nicht Aufsichtsbefugnisse oder andere Aufgaben übertragen werden, für die gesetzlich die Zuständigkeit der Architektenkammer begründet ist. [3]Die in Art. 26 bezeichneten Personen verstoßen nicht gegen ihre Pflicht zur Verschwiegenheit, wenn sie der Arbeitsgemeinschaft Angelegenheiten mitteilen, die zum Aufgabengebiet der Arbeitsgemeinschaft gehören.

Art. 18 Organe der Architektenkammer. (1) Organe der Architektenkammer sind

1. die Vertreterversammlung,
2. der Vorstand.

(2) Die in die Organe berufenen Mitglieder sind zur Annahme und Ausübung ihres Amts verpflichtet, soweit nicht ein wichtiger Grund entgegensteht.

(3) [1]Die Mitglieder der Organe sind ehrenamtlich tätig. [2]Sie haben für Auslagen und Zeitversäumnis Anspruch auf Entschädigung, deren Höhe die Vertreterversammlung festsetzt.

Art. 19 Vertreterversammlung. (1) [1]Die Mitglieder der Vertreterversammlung werden auf die Dauer von vier Jahren in geheimer Wahl nach den Vorschriften einer Wahlordnung von den Kammermitgliedern gewählt. [2]Die Kammermitglieder wählen 125 Vertreter und die gleiche Zahl von Ersatzleuten; das Wahlrecht ist persönlich auszuüben; jede Fachrichtung (Art. 1 Abs. 1 bis 3) muß mindestens durch zwei Mitglieder vertreten sein. [3]Die Ersatzleute rücken nach näherer Bestimmung der Wahlordnung als Mitglieder in die Vertreterversammlung nach.

(2) Die Wahlordnung regelt das Nähere über die Ausübung des Wahlrechts.

(3) Die Amtszeit der Mitglieder der Vertreterversammlung dauert bis zum Amtsantritt der neuen Mitglieder.

(4) Ein Mitglied scheidet aus der Vertreterversammlung aus, wenn es die Wahl zum Mitglied des Vorstands angenommen hat.

Art. 20 Aufgaben der Vertreterversammlung. (1) Die Vertreterversammlung ist insbesondere zuständig für

1. den Erlaß der Satzung,

2. den Erlaß der Wahlordnung,[1)]
3. den Erlaß der Berufsordnung,[2)]
4. den Erlaß der Beitrags- und Gebührenordnung,[3)]
5. die Verabschiedung des Haushaltsplans,
6. die Abnahme der Jahresrechnung und die Wahl der Rechnungsprüfer,
7. die Wahl, die Entlastung und die Abberufung des Vorstands,
8. die Festsetzung der Entschädigung für Mitglieder der Organe und des Eintragungsausschusses,
9. die Bildung von Fürsorgeeinrichtungen.[4)]

(2) [1]Die Vertreterversammlung ist beschlußfähig, wenn mehr als die Hälfte der Mitglieder anwesend ist. [2]Ist eine Angelegenheit wegen Beschlußunfähigkeit der Vertreterversammlung zurückgestellt worden und tritt die Vertreterversammlung zur Verhandlung über denselben Gegenstand zum zweiten Mal zusammen, so ist sie ohne Rücksicht auf die Zahl der Erschienenen beschlußfähig. [3]In der Ladung zu dieser Sitzung ist auf diese Bestimmung ausdrücklich hinzuweisen.

(3) [1]Bei Beschlüssen und Wahlen entscheidet unbeschadet des Absatzes 4 die Mehrheit der abgegebenen Stimmen. [2]Bei Stimmengleichheit ist ein Antrag abgelehnt. [3]Stimmübertragungen sind ausgeschlossen.

(4) [1]Beschlüsse zum Erlaß und zur Änderung der Satzung, der Wahlordnung, der Berufsordnung, der Beitrags- und Gebührenordnung und zur vorzeitigen Abberufung von Mitgliedern des Vorstands bedürfen einer Mehrheit von zwei Dritteln der Mitglieder der Vertreterversammlung. [2]Absatz 2 Sätze 2 und 3 gelten entsprechend mit der

---

[1)] Bek. über die Wahlordnung für die Wahlen zur Vertreterversammlung der Bayerischen Architektenkammer v. 5. 2. 1975 (StAnz. Nr. 8, ber. Nr. 9), geänd. durch Bek. v. 4. 1. 1983 (StAnz. Nr. 3) und v. 30. 6. 1994 (StAnz. Nr. 41). Bek. über die Wahlordnung für die Wahlen zum Vorstand der Bayerischen Architektenkammer v. 5. 2. 1975 (StAnz. Nr. 8, ber. Nr. 9), geänd. durch Bek. v. 4. 1. 1983 (StAnz. Nr. 3) und v. 30. 6. 1994 (StAnz. Nr. 41).

[2)] Berufsordnung der Bayerischen Architektenkammer idF der Bek. v. 18. 8. 1992 (StAnz. Nr. 37), geänd. durch Bek. v. 20. 11. 1992 (StAnz. 1993 Nr. 2) und v. 9. 7. 1997 (StAnz. Nr. 28).

[3)] Bek. der Bayerischen Architektenkammer über die Neufassung der vorläufigen Beitragsordnung v. 14. 7. 1972 (StAnz. Nr. 29), geänd. durch Bek. v. 29. 6. 1973 (StAnz. Nr. 27), v. 27. 4. 1976 (StAnz. Nr. 22), v. 27. 6. 1977 (StAnz. Nr. 28), v. 15. 12. 1981 (StAnz. 1982 Nr. 2), v. 12. 1. 1987 (StAnz. Nr. 5), v. 4. 12. 1990 (StAnz. Nr. 50), v. 14. 12. 1995 (StAnz. Nr. 51/52) und v. 18. 7. 1996 (StAnz. Nr. 30). Bek. der Bayerischen Architektenkammer über die Gebührenordnung v. 9. 12. 1971 (StAnz. 1972 Nr. 3), geänd. durch Bek. v. 27. 4. 1976 (StAnz. Nr. 22), v. 27. 6. 1977 (StAnz. Nr. 28), v. 4. 11. 1980 (StAnz. Nr. 47), v. 3. 8. 1982 (StAnz. Nr. 32), v. 20. 9. 1984 (StAnz. Nr. 39), v. 25. 11. 1988 (StAnz. Nr. 52), v. 20. 11. 1992 (StAnz. 1993 Nr. 2), v. 30. 6. 1994 (StAnz. Nr. 41), v. 18. 7. 1996 (StAnz. Nr. 30), v. 8. 1. 1997 (StAnz. Nr. 3) und v. 9. 7. 1997 (StAnz. Nr. 28).

[4)] Bek. über die Satzung des Fürsorgewerkes der Bayerischen Architektenkammer v. 30. 1. 1976 (StAnz. Nr. 6).

Maßgabe, daß Beschlüsse in dieser Sitzung einer Mehrheit von zwei Dritteln der anwesenden Mitglieder bedürfen.

(5) [1]Beschlüsse der Vertreterversammlung zu Absatz 1 Nrn. 1 bis 4 und 9 bedürfen der Genehmigung durch die Aufsichtsbehörde. [2]Sie sind im Staatsanzeiger bekanntzumachen.

Art. 21 Vorstand. (1) [1]Der Vorstand besteht aus dem Präsidenten, zwei Stellvertretern (Vizepräsidenten) und mindestens vier weiteren Mitgliedern. [2]Seine Amtsdauer beträgt vier Jahre. [3]Die Amtszeit der Mitglieder des Vorstands dauert bis zum Amtsantritt der neuen Mitglieder.

(2) Der Vorstand führt die Geschäfte der Architektenkammer.

(3) Der Präsident vertritt die Architektenkammer gerichtlich und außergerichtlich.

(4) [1]Erklärungen, durch welche die Architektenkammer verpflichtet werden soll, bedürfen der Schriftform. [2]Sie sind vom Präsidenten zu unterzeichnen, soweit die Satzung nichts anderes bestimmt.

Art. 22 Rügerecht des Vorstands. (1) [1]Der Vorstand kann das Verhalten eines Kammermitglieds, durch das dieses ihm obliegende Berufspflichten verletzt hat, rügen, wenn die Schuld gering ist und ein Antrag auf Einleitung eines berufsgerichtlichen Verfahrens nicht erforderlich erscheint. [2]Architekten im öffentlichen Dienst unterliegen hinsichtlich ihrer dienstlichen Tätigkeit nicht dem Rügerecht.

(2) Das Rügerecht erlischt, sobald das berufsgerichtliche Verfahren gegen das Mitglied eingeleitet ist.

(3) Bevor die Rüge erteilt wird, ist das Mitglied zu hören.

(4) [1]Der Bescheid, durch den das Verhalten des Mitglieds gerügt wird, ist zu begründen. [2]Er ist dem Mitglied mit Rechtsbehelfsbelehrung zuzustellen. [3]Eine Zweitschrift des Bescheids ist der Aufsichtsbehörde zu übersenden.

(5) [1]Gegen den Bescheid kann das Mitglied binnen zwei Wochen nach der Zustellung bei dem Vorstand Einspruch erheben. [2]Über den Einspruch entscheidet der Vorstand. [3]Absatz 4 ist entsprechend anzuwenden. [4]Wird der Einspruch zurückgewiesen, so kann das Mitglied binnen eines Monats nach der Zustellung beim zuständigen Berufsgericht die Einleitung eines berufsgerichtlichen Verfahrens beantragen.

(6) Im übrigen sind Art. 38 Abs. 2 und 5 Sätze 2 und 3, Abs. 6 bis 8, Art. 39 und 94 Abs. 5 des Heilberufe-Kammergesetzes[1)] sinngemäß anzuwenden; dabei tritt jeweils die Aufsichtsbehörde an die Stelle der Regierung.

[1)] **Amtl. Anm.:** Die Artikelangaben beziehen sich auf das Heilberufe-KammerG idF der Bek. v. 20. 7. 1994 (GVBl. S. 853).

Art. 23[1] **Satzung.** (1) Die Satzung muß Bestimmungen enthalten über

1. die Rechte und Pflichten der Mitglieder,
2. die Geschäftsführung der Architektenkammer,
3. die Wahl und die Zusammensetzung des Vorstands,
4. die Einberufung und die Geschäftsordnung der Vertreterversammlung,
5. den Schlichtungsausschuß (Art. 24),
6. die Bildung örtlicher Untergliederungen (Art. 15 Abs. 4).

(2) Die Satzung ist so auszugestalten, daß die Wahrung der Belange aller Fachrichtungen und Tätigkeitsarten gesichert ist.

Art. 24 Schlichtungsausschuß. (1) [1]Zur gütlichen Beilegung von Streitigkeiten, die sich aus der Berufsausübung zwischen Kammermitgliedern oder zwischen diesen und Dritten ergeben, ist bei der Kammer ein ständiger Schlichtungsausschuß zu bilden. [2]Die Einzelheiten regelt die Satzung. [3]Die Mitglieder des Schlichtungsausschusses werden vom Vorstand für dessen Amtsdauer bestellt. [4]Der Schlichtungsausschuß wird in einer Besetzung mit drei Mitgliedern tätig.

(2) [1]Bei Streitigkeiten zwischen Kammermitgliedern hat der Schlichtungsausschuß auf Anrufung durch einen der Beteiligten oder auf Anordnung des Vorstands einen Schlichtungsversuch zu unternehmen. [2]Ist ein Dritter beteiligt, so kann der Schlichtungsausschuß nur mit dessen Einverständnis tätig werden.

Art. 25 Finanzwesen der Architektenkammer. (1) [1]Der Vorstand stellt den Haushaltsplan auf und legt ihn der Vertreterversammlung zur Beschlußfassung vor. [2]Der Haushaltsplan und sein Vollzug müssen den Grundsätzen einer sparsamen und wirtschaftlichen Finanzgebarung entsprechen.

(2) [1]Die Kosten der Errichtung und der Tätigkeit der Architektenkammer werden, soweit sie nicht anderweitig gedeckt sind, durch Beiträge der Mitglieder gemäß der Beitrags- und Gebührenordnung aufgebracht. [2]In ihr ist ein angemessener Beitragsrahmen festzusetzen. [3]Die Beiträge können für einzelne Mitgliedergruppen unterschiedlich bemessen werden. [4]Dabei können sie auch nach der Höhe des Einkommens aus der Berufstätigkeit als Architekt gestaffelt werden.

---

[1] Satzung der Bayerischen Architektenkammer v. 4. 12. 1972 (StAnz. 1973 Nr. 9), geänd. durch Bek. v. 13. 8. 1974 (StAnz. Nr. 34), v. 27. 4. 1976 (StAnz. Nr. 22), v. 23. 2. 1978 (StAnz. Nr. 14), v. 14. 2. 1979 (StAnz. Nr. 9), v. 9. 7. 1980 (StAnz. Nr. 30), v. 15. 12. 1981 (StAnz. 1982 Nr. 2), v. 12. 1. 1987 (StAnz. Nr. 4), v. 25. 11. 1988 (StAnz. Nr. 52), v. 10. 11. 1989 (StAnz. 1990 Nr. 1) und v. 22. 9. 1994 (StAnz. Nr. 41).

(3) [1]Für die Inanspruchnahme von Kammereinrichtungen und für das Verfahren vor dem Eintragungs- und dem Schlichtungsausschuß können Gebühren erhoben werden. [2]Das Nähere bestimmt die Beitrags- und Gebührenordnung.[1)]

(4) [1]Die Architektenkammer ist befugt, für die Vollstreckung von Beitrags-, Gebühren- und Kostenforderungen Vollstreckungsanordnungen zu erteilen und zu diesem Zweck die Vollstreckungsklausel auf eine Ausfertigung des Leistungsbescheids oder des Ausstandsverzeichnisses zu setzen. [2]Die Vollstreckung richtet sich nach dem Bayerischen Verwaltungszustellungs- und Vollstreckungsgesetz in seiner jeweils geltenden Fassung; für die Vollstreckung sind ausschließlich die ordentlichen Gerichte und die Gerichtsvollzieher zuständig.

Art. 26 Schweigepflicht. [1]Die Mitglieder der Organe und des Schlichtungsausschusses, deren Hilfskräfte und die etwa hinzugezogenen Sachverständigen sind zur Verschwiegenheit über alle Angelegenheiten verpflichtet, die ihrer Natur nach geheimhaltungsbedürftig sind, insbesondere über die persönlichen und wirtschaftlichen Verhältnisse von Kammermitgliedern. [2]Die Pflicht zur Verschwiegenheit besteht nach der Beendigung der Tätigkeit des Verpflichteten fort.

Art. 27 Auskünfte. (1) [1]Jeder hat das Recht auf Auskunft aus der Architektenliste und dem nach Art. 14 Abs. 2 Satz 3 geführten Verzeichnis über Familiennamen, Vornamen, akademische Grade, Anschriften, Fachrichtungen und Tätigkeitsarten. [2]Diese Angaben dürfen auch veröffentlicht oder zum Zweck der Veröffentlichung übermittelt werden. [3]Der Betroffene hat das Recht, einer solchen Veröffentlichung oder Übermittlung zum Zweck der Veröffentlichung vorher zu widersprechen.

(2) Die Architektenkammer hat in allen den Aufgabenkreis der Architekten betreffenden Fragen Auskünfte aus der Architektenliste, zu dem nach Art. 14 Abs. 2 Satz 3 geführten Verzeichnis, insbesondere zu Eintragungsanträgen und Anzeigen nach Art. 14 Abs. 2 Satz 1, Versagungen und Löschungen sowie über Maßnahmen in einem Ehrenverfahren an Behörden im Geltungsbereich des Grundgesetzes und anderer Staaten, soweit die Gegenseitigkeit gewährleistet ist, zu erteilen und von diesen einzuholen, soweit das zur Erfüllung der von der Architektenkammer oder der auskunftsersuchenden Behörde wahrzunehmenden Aufgaben erforderlich ist.

(3) Unbeschadet von Absatz 2 hat die Architektenkammer bei Staatsangehörigen eines Mitgliedstaates der Europäischen Gemeinschaften oder des Abkommens über den Europäischen Wirtschaftsraum

[1)] Vgl. Anm. zu Art. 20 Abs. 1 Nr. 4 BayArchG.

auf Anfrage der zuständigen Behörde eines Mitgliedstaates der Europäischen Gemeinschaften oder des Abkommens über den Europäischen Wirtschaftsraum die entsprechenden Auskünfte über die Zuverlässigkeit nach den Art. 17 und 18 der Richtlinie 85/384/EWG des Rats vom 10. Juni 1985 zu erteilen.

(4) Die Absätze 1 und 2 gelten entsprechend für Gesellschaften mit beschränkter Haftung, die in das Verzeichnis nach Art. 4 eingetragen sind.

Art. 28 Aufsicht. [1]Die Aufsicht über die Architektenkammer führt das Staatsministerium des Innern (Aufsichtsbehörde). [2]Sie ist Rechtsaufsicht.

Art. 29 Durchführung der Aufsicht. (1) [1]Die Aufsichtsbehörde ist zu den Sitzungen der Vertreterversammlung einzuladen. [2]Eine Vertreterversammlung ist auf ihr Verlangen unverzüglich einzuberufen.

(2) [1]Die Aufsichtsbehörde kann zur Erfüllung ihrer Aufgaben Auskünfte, Berichte und die Vorlage von Akten und sonstigen Unterlagen fordern. [2]Sie kann die Geschäfts- und Kassenführung prüfen.

(3) [1]Die Aufsichtsbehörde kann Beschlüsse und andere Maßnahmen beanstanden, wenn diese gegen Gesetze, Verordnungen, die Satzung oder die Kammerordnungen verstoßen. [2]Hilft die Architektenkammer der Beanstandung nicht ab, so kann die Aufsichtsbehörde den Beschluß oder die Maßnahme aufheben.

(4) [1]Erfüllt die Architektenkammer die ihr obliegenden Pflichten oder Aufgaben nicht, so kann die Aufsichtsbehörde verlangen, daß die Architektenkammer innerhalb einer bestimmten Frist das Erforderliche veranlaßt. [2]Kommt diese dem Verlangen nicht nach, so kann die Aufsichtsbehörde an ihrer Stelle tätig werden.

Dritter Teil. Eintragungsausschuß

Art. 30 Errichtung und Zusammensetzung. (1) [1] Bei der Architektenkammer wird ein Eintragungsausschuß gebildet. [2]Seine Kosten trägt die Architektenkammer.

(2) Der Eintragungsausschuß bedient sich zur Erledigung seiner Aufgaben der Dienstkräfte und Einrichtungen der Architektenkammer.

(3) [1]Der Eintragungsausschuß besteht aus dem Vorsitzenden und der erforderlichen Zahl von Beisitzern. [2]Für den Vorsitzenden sind Vertreter zu bestellen. [3]Der Eintragungsausschuß entscheidet in der Besetzung mit dem Vorsitzenden und vier Beisitzern.

(4) [1]Der Vorsitzende und seine Vertreter müssen die Befähigung zum Richteramt nach dem Deutschen Richtergesetz haben oder die Voraussetzungen des § 110 Satz 1 des Deutschen Richtergesetzes erfüllen. [2]Die Beisitzer müssen in der Architektenliste eingetragen sein. [3]Die Mitglieder des Eintragungsausschusses dürfen weder dem Vorstand der Architektenkammer noch dem Schlichtungsausschuß angehören noch Bedienstete der Kammer oder der Aufsichtsbehörde sein.

Art. 31 Bestellung. [1]Die Mitglieder des Eintragungsausschusses und ihre Vertreter werden für die Dauer von vier Jahren auf Vorschlag der Architektenkammer von der Aufsichtsbehörde (Art. 28) bestellt. [2]Wiederbestellung ist zulässig.

Art. 32 Grundsätze für die Tätigkeit. [1]Der Eintragungsausschuß ist unabhängig und an Weisungen nicht gebunden. [2]Er entscheidet nach seiner freien, aus dem Gang des gesamten Verfahrens gewonnenen Überzeugung. [3]Seine Mitglieder sind ehrenamtlich tätig.

Art. 33[1] Verfahren. (1) Die Sitzungen des Eintragungsausschusses sind nicht öffentlich.

(2) [1]Bei der Entscheidung des Eintragungsausschusses sollen mindestens zwei Beisitzer der Fachrichtung des Betroffenen angehören. [2]Art. 11 Abs. 2 bleibt unberührt.

(3) Die in Art. 11 Abs. 4 Nr. 2 vorgeschriebene Prüfung auf Hochschulniveau kann durch eine Leistungsprobe vor dem Eintragungsausschuß abgelegt werden.

(4) Für die Aufsicht über den Eintragungsausschuß gelten die Art. 28 und 29 entsprechend.

Vierter Teil. Berufsgerichtsbarkeit

Art. 34 Anwendungsbereich, Verjährung. (1) Ein in die Architektenliste oder in das Verzeichnis nach Art. 14 Abs. 2 Satz 3 eingetragener Architekt, der sich berufsunwürdig verhält, hat sich im berufsgerichtlichen Verfahren zu verantworten.

(2) [1]Berufsunwürdig verhält sich ein Architekt, der schuldhaft gegen Pflichten verstößt, die ihm zur Wahrung des Ansehens seines Berufs obliegen. [2]Politische, religiöse, wissenschaftliche oder künstlerische Ansichten oder Handlungen können nicht Gegenstand eines

[1] VO zum Bayerischen Architektengesetz über die Verfahren vor dem Eintragungsausschuß v. 21. 5. 1991 (GVBl. S. 142).

berufsgerichtlichen Verfahrens sein. 3 Architekten im öffentlichen Dienst unterliegen hinsichtlich ihrer dienstlichen Tätigkeit nicht der Berufsgerichtsbarkeit.

(3) 1 Die Verfolgung einer Verletzung der Berufspflichten, die nicht die Löschung der Eintragung in der Architektenliste rechtfertigt, verjährt in drei Jahren. 2 Für den Beginn, die Unterbrechung und das Ruhen der Verjährung gelten die §§ 78a bis 78c StGB entsprechend. 3 Verstößt die Tat auch gegen ein Strafgesetz, so verjährt die Verfolgung nicht, bevor die Strafverfolgung verjährt, jedoch auch nicht später als diese.

Art. 35 Berufsgerichtliche Maßnahmen. (1) Im berufsgerichtlichen Verfahren kann erkannt werden auf

1. Verweis,
2. Geldbuße bis zu zwanzigtausend Deutsche Mark,
3. Entziehung der Mitgliedschaft in Organen der Architektenkammer,
4. Entziehung der Wählbarkeit zu Organen der Architektenkammer bis zur Dauer von fünf Jahren,
5. Löschung der Eintragung in der Architektenliste oder Streichung aus dem nach Art. 14 Abs. 2 Satz 3 zu führenden Verzeichnis.

(2) Die in Absatz 1 Nrn. 2 bis 4 genannten Maßnahmen können nebeneinander verhängt werden.

(3) Ist von einem Gericht oder einer Behörde wegen desselben Verhaltens bereits eine Strafe, eine Geldbuße oder eine Ordnungsmaßnahme verhängt worden, so ist von einer Maßnahme nach Absatz 1 Nrn. 1 und 2 abzusehen.

Art. 36 Berufsgerichte und Landesberufsgericht. (1) Das berufsgerichtliche Verfahren wird von den Berufsgerichten für Architekten (Berufsgerichten) als erster Instanz und von dem Landesberufsgericht für Architekten (Landesberufsgericht) als Rechtsmittelinstanz durchgeführt.

(2) 1 Die Berufsgerichte verhandeln und entscheiden in der Besetzung mit einem Berufsrichter als Vorsitzendem und zwei Kammermitgliedern als ehrenamtlichen Richtern. 2 Das Landesberufsgericht verhandelt und entscheidet in der Besetzung mit drei Berufsrichtern einschließlich des Vorsitzenden und zwei Kammermitgliedern als ehrenamtlichen Richtern. 3 Bei Beschlüssen außerhalb der mündlichen Verhandlung wirken die ehrenamtlichen Richter nicht mit.

(3) 1 Ehrenamtlicher Richter kann nicht sein, wer Mitglied eines Organs der Architektenkammer oder Bediensteter der Architektenkammer ist oder der Aufsichtsbehörde angehört. 2 Ein ehrenamtlicher

Richter soll der Fachrichtung (Art. 1 Abs. 1 bis 3) des Beschuldigten angehören. [3]Unbeschadet dieser Vorschrift soll ein ehrenamtlicher Richter dieselbe Tätigkeitsart wie der Beschuldigte ausüben.

(4) [1]Das Berufsgericht für die Regierungsbezirke Oberbayern, Niederbayern und Schwaben wird beim Oberlandesgericht München, das Berufsgericht für die Regierungsbezirke Oberfranken, Mittelfranken, Unterfranken und Oberpfalz beim Oberlandesgericht Nürnberg errichtet. [2]Das Landesberufsgericht wird beim Obersten Landesgericht errichtet.

(5) Die Aufgaben der Geschäftsstelle werden von der Geschäftsstelle des Gerichts wahrgenommen, bei dem das Berufsgericht errichtet ist.

Art. 37 Bestellung der Richter. (1) Das Staatsministerium der Justiz bestellt für die Dauer von fünf Jahren die Mitglieder der Berufsgerichte und des Landesberufsgerichts und ihre Vertreter sowie für jedes Berufsgericht einen Untersuchungsführer und seinen Vertreter.

(2) [1]Die ehrenamtlichen Richter werden von dem Vorstand der Architektenkammer vorgeschlagen. [2]Der Vorschlag muß mindestens doppelt so viele Namen enthalten wie ehrenamtliche Richter zu bestellen sind.

(3) [1]Bei jedem Gericht sind für jede Fachrichtung (Art. 1 Abs. 1 bis 3) und Tätigkeitsart eine genügende Zahl von ehrenamtlichen Richtern zu bestellen. [2]Die Vorsitzenden der Berufsgerichte und des Landesberufsgerichts bestimmen vor Beginn jedes Geschäftsjahres, nach welchen Grundsätzen und in welcher Reihenfolge die ehrenamtlichen Richter heranzuziehen sind und einander im Verhinderungsfall vertreten. [3]Im übrigen gelten die Vorschriften des Heilberufe-Kammergesetzes in der jeweils geltenden Fassung darüber, welche Personen nicht zu Richtern ernannt werden dürfen, in welchen Fällen das Richteramt erlischt, ruht oder abgelehnt werden kann, in welchen Fällen die Richter vom Richteramt ausgeschlossen sind und ihre Bestellung zu widerrufen ist, ferner die Regelung über die Bestellung eines Nachfolgers vor Ablauf der Amtszeit als Richter, über den Rechtsweg bei Widerruf der Richterbestellung oder bei Erlöschen des Richteramts und über die Entschädigung der ehrenamtlichen Richter entsprechend.

Art. 38 Einleitung des Verfahrens. Einen Antrag auf Einleitung eines berufsgerichtlichen Verfahrens kann stellen

1. ein Kammermitglied gegen sich selbst,
2. der Vorstand der Architektenkammer,
3. die Aufsichtsbehörde.

Art. 39 Anwendung des Heilberufe-Kammergesetzes. (1) Für die Berufsgerichtsbarkeit der Architekten gelten im übrigen die Vorschriften des Heilberufe-Kammergesetzes sinngemäß mit Ausnahme von Art. 82 Abs. 2 und 3.[1)]

(2) Ist zu erwarten, daß in einem eröffneten berufsgerichtlichen Verfahren auf Löschung in der Architektenliste erkannt wird, so kann das Berufsgericht auf Grund mündlicher Verhandlung die Führung der Berufsbezeichnung bis zur rechtskräftigen Entscheidung des berufsgerichtlichen Verfahrens vorläufig untersagen.

Fünfter Teil. Architektenversorgung[2)]

Art. 40–43.[3)] *(aufgehoben)*

Art. 44[3)] **Mitwirkung anderer Institutionen.** [1]Die Architektenkammer gibt der Bayerischen Architektenversorgung[2)] aus der von ihr geführten Architektenliste die Eintragungen, Löschungen und sonstigen Veränderungen bekannt, die für die Mitgliedschaft des von der Eintragung Betroffenen bei der Bayerischen Architektenversorgung von Bedeutung sein können. [2]Die Lehreinrichtungen nach Art. 11 Abs. 1 Nr. 1 mit Sitz in Bayern geben der Bayerischen Versicherungskammer nach Abschluß der jeweiligen Prüfungen Name, Vornamen und Anschriften derjenigen Personen bekannt, die sich erfolgreich einer Abschlußprüfung für die in Art. 1 Abs. 1 bis 3 genannten Berufsaufgaben der Fachrichtungen Architektur (Hochbau), Innenarchitektur oder Garten- und Landschaftsgestaltung unterzogen haben.

Sechster Teil. Ordnungswidrigkeiten, Übergangs- und Schlußbestimmungen

Art. 45 Ordnungswidrigkeiten. Mit Geldbuße bis zu zehntausend Deutsche Mark kann belegt werden, wer

1. unbefugt eine der in Art. 2 Abs. 1 genannten Berufsbezeichnungen oder
2. entgegen Art. 2 Abs. 2 eine Wortverbindung mit den Berufsbezeichnungen nach Art. 2 Abs. 1 oder eine ähnliche Bezeichnung oder

---

1) **Amtl. Anm.:** Die Artikelangabe bezieht sich auf das Heilberufe-KammerG idF der Bek. v. 20. 7. 1994 (GVBl. S. 853).

2) Satzung der Bayerischen Architektenversorgung v. 12. 12. 1996 (StAnz. Nr. 51/52).

3) Art. 40 bis 43 aufgeh., Art. 44 geänd. durch Art. 51 G v. 25. 6. 1994 (GVBl. S. 466).

3. entgegen Art. 3 eine Berufsbezeichnung nach Art. 2 Abs. 1 oder eine Wortverbindung oder ähnliche Bezeichnung nach Art. 2 Abs. 2 in einer Firmenbezeichnung

führt.

Art. 46 Fortführung der Berufsbezeichnung. Personen, die bei Inkrafttreten dieses Gesetzes in der Architektenliste eingetragen sind, dürfen ihre Berufsbezeichnung weiterführen.

Art. 47 Fortführung der Berufsbezeichnung in der männlichen Form. Frauen, die bis zum 1. Juni 1994 eine männliche Berufsbezeichnung geführt haben, sind berechtigt, die Berufsbezeichnung auch künftig in der männlichen Form zu führen.

Art. 48 Ausführungsvorschriften. (1) Das Staatsministerium des Innern wird ermächtigt, durch Rechtsverordnung Vorschriften über die Verfahren vor dem Eintragungsausschuß zu erlassen.

(2) Das Staatsministerium des Innern erläßt nach Anhörung der Architektenkammer die zur Durchführung dieses Gesetzes erforderlichen Verwaltungsvorschriften.

Art. 49 Inkrafttreten. [1]Dieses Gesetz tritt am 1. Januar 1971 in Kraft.[1)] [2]*(gegenstandslos)*

[1)] Diese Vorschrift betrifft das Inkrafttreten des Gesetzes in der ursprünglichen Fassung v. 31. Juli 1970 (GVBl. S. 363). Der Zeitpunkt des Inkrafttretens der späteren Änderungen ergibt sich aus den jeweiligen Änderungsgesetzen.

41. Vollzug des Art. 3 Abs. 2 Satz 1 der Bayerischen Bauordnung (BayBO); Liste der als Technische Baubestimmungen eingeführten technischen Regeln – Fassung November 1996 –

Bekanntmachung des Bayerischen Staatsministeriums des Innern

Vom 21. Juli 1997 (AllMBl. S. 545, ber. S. 895)

Geändert durch Bek. v. 4. 12. 1997 (AllMBl. S. 895)

Nr. II B 9 – 4132-014/91

1. Aufgrund des Art. 3 Abs. 2 Satz 1 BayBO werden die in der **anliegenden** Liste enthaltenen technischen Regeln mit Wirkung vom 1. 1. 1998 als Technische Baubestimmungen eingeführt, ausgenommen die Abschnitte in den technischen Regeln über Prüfzeugnisse.

Abweichend von Satz 1 tritt die Einführung der technischen Regel „Richtlinie für die Bewertung und Sanierung Pentachlorphenol (PCP)-belasteter Baustoffe und Bauteile in Gebäuden“ (lfd. Nr. 6.4 der Liste der Technischen Baubestimmungen) am Tage nach der Veröffentlichung dieser Bekanntmachung in Kraft.

2. Bezüglich der in dieser Liste genannten Normen, anderen Unterlagen und technischen Anforderungen, die sich auf Produkte beziehungsweise Prüfverfahren beziehen, gilt, daß auch Produkte beziehungsweise Prüfverfahren angewandt werden dürfen, die Normen oder sonstigen Bestimmungen und/oder technischen Vorschriften anderer Vertragsstaaten des Abkommens vom 2. 5. 1992 über den europäischen Wirtschaftsraum entsprechen, sofern das geforderte Schutzniveau in bezug auf Sicherheit, Gesundheit und Gebrauchstauglichkeit gleichermaßen dauerhaft erreicht wird.

Sofern für ein Produkt ein Übereinstimmungsnachweis oder der Nachweis der Verwendbarkeit, z.B. durch eine allgemeine bauaufsichtliche Zulassung oder ein allgemeines bauaufsichtliches Prüfzeugnis, vorgesehen ist, kann von einer Gleichwertigkeit nur ausgegangen werden, wenn für das Produkt der entsprechende Nachweis der Verwendbarkeit und/oder Übereinstimmungsnachweis vorliegt und das Produkt ein Übereinstimmungszeichen trägt.

3. Prüfungen, Überwachungen und Zertifizierungen, die von Stellen anderer Vertragsstaaten des Abkommens über den Europäischen

Wirtschaftsraum erbracht werden, sind ebenfalls anzuerkennen, sofern die Stellen aufgrund ihrer Qualifikation, Integrität, Unparteilichkeit und technischen Ausstattung Gewähr dafür bieten, die Prüfung, Überwachung beziehungsweise Zertifizierung gleichermaßen sachgerecht und aussagekräftig durchzuführen. Die Voraussetzungen gelten insbesondere als erfüllt, wenn die Stellen nach Art. 16 der Richtlinie 89/106/EWG vom 21. 12. 1988 für diesen Zweck zugelassen sind.

4. Folgende Einführungsbekanntmachungen werden mit Ablauf des 31. 12. 1997 aufgehoben:

(Vom Abdruck der im einzelnen aufgeführten Bekanntmachungen wurde abgesehen)

Anlage

Liste der Technischen Baubestimmungen – Fassung November 1996 –

Vorbemerkungen

Die Liste der Technischen Baubestimmungen (Liste der TB) enthält technische Regeln für die Planung, Bemessung und Konstruktion baulicher Anlagen, deren Einführung als Technische Baubestimmungen auf der Grundlage des Art. 3 Abs. 2 Satz 1 BayBO erfolgt. Technische Baubestimmungen sind allgemein verbindlich, da sie nach Art. 3 Abs. 2 Satz 1 BayBO zu beachten sind.

Soweit technische Regeln durch die Anlagen in der Liste der TB geändert oder ergänzt werden, gehören auch die Änderungen und Ergänzungen zum Inhalt der Technischen Baubestimmung.

Es werden nur die technischen Regeln eingeführt, die zur Erfüllung der Grundsatzanforderungen des Bauordnungsrechts unerläßlich sind. Die Bauaufsichtsbehörden sind allerdings nicht gehindert, im Rahmen ihrer Entscheidungen zur Ausfüllung unbestimmter Rechtsbegriffe auch auf nicht eingeführte allgemein anerkannte Regeln der Technik zurückzugreifen.

Die technischen Regeln für Bauprodukte werden nach Art. 20 Abs. 2 BayBO in der Bauregelliste A bekannt gemacht.

Inhaltsverzeichnis der Liste der TB

3 Technische Regeln zum Brandschutz
4 Technische Regeln zum Wärme- und zum Schallschutz
4.1 Wärmeschutz
4.2 Schallschutz
5 Technische Regeln zum Bautenschutz
5.1 Erschütterungsschutz
5.2 Holzschutz
6 Technische Regeln zum Gesundheitsschutz
7 Technische Regeln als Planungsgrundlagen

Übersicht der Technischen Baubestimmungen

1. Normen

Norm	lfd. Nr.	Norm	lfd. Nr.	Norm	lfd. Nr.
DIN 1045	2.3.1	DIN 4121	2.6.1	DIN 18069	2.6.3
DIN 1052	2.5.1	DIN 4123	2.1.5	DIN 18093	3.2
DIN 1053	2.2.1	DIN 4124	2.1.6	DIN 18159	4.1.2
DIN 1054	2.1.1	DIN 4125	2.1.7	DIN 18168	2.6.4
DIN 1055	1.1	DIN 4126	2.1.8	DIN 18516	2.6.5
DIN 1056	2.7.1	DIN 4128	2.1.9	DIN 18551	2.3.10
DIN 1072	1.2	DIN 4131	2.7.4	DIN 18800	2.4.4
DIN 1074	2.5.2	DIN 4132	2.4.3	DIN 18801	2.4.5
DIN 1075	2.3.2	DIN 4133	2.7.5	DIN 18806	2.4.6
DIN 4014	2.1.2	DIN 4134	2.7.6	DIN 18807	2.4.7
DIN 4026	2.1.3	DIN 4141	2.6.2	DIN 18808	2.4.9
DIN 4028	2.3.3	DIN 4178	2.7.7	DIN 18809	2.4.10
DIN 4093	2.1.4	DIN 4212	2.3.5	DIN 18914	2.7.11
DIN 4099	2.3.4	DIN 4219	2.3.6	DIN 68800	5.2.1
DIN 4102	3.1	DIN 4227	2.3.7	DIN V ENV 206	2.3.13
DIN 4108	4.1.1	DIN 4228	2.3.8	DIN V ENV 1992	2.3.12
DIN 4109	4.2.1	DIN 4232	2.3.9	DIN V ENV 1993	2.4.11
DIN 4112	2.7.2	DIN 11535	2.7.9	DIN V ENV 1994	2.4.12
DIN 4113	2.4.1	DIN 11622	2.7.10	DIN V ENV 1995	2.5.3
DIN 4119	2.4.2	DIN 18065	7.1		

2. Sonstige Bestimmungen

Kurztitel	lfd. Nr.	Kurztitel	lfd. Nr.
Aluminium-Schweißen	2.4.1	Flächen für die Feuerwehr	7.4
Asbest-Richtlinie	6.2	Fliegende Bauten	2.7.3
DASt-Richtlinie 016	2.4.8	Flugasche	2.3.15
ETB-Absturzrichtlinie	1.3	Harnstoff-Formaldehydharz-Orts.	4.1.3
Flachstürze	2.2.2	Hochfester Beton	2.3.14

41 Technische Baubestimmungen

Kurztitel	lfd. Nr.	Kurztitel	lfd. Nr.
Hohlraumestriche/ Doppelböden	3.4	PCP-Richtlinie	6.4
Leitungsanlagen	3.7	Schutz- u. Instandsetzung	2.3.11
Löschwasser-Rückhalteanlagen	3.5	Stahlverbundträger	2.4.6
Lüftung fensterloser Küchen u. ä. m.	6.3	Staubexplosionen (VDI 3673)	1.4
Lüftungsanlagen	3.6	Überkopf-Verglasungen	2.6.6
PCB-Richtlinie	6.1	Windkraftanlagen	2.7.12

Lfd. Nr.	Bezeichnung	Titel	Ausgabe	Bezugs-quelle/ Fundst. [1)]
1	2	3	4	5

1 Technische Regeln zu Lastannahmen

1.1	DIN 1055	Lastannahmen für Bauten		
	Teil 1	-; Lagerstoffe, Baustoffe und Bauteile; Eigenlasten und Reibungswinkel	Juli 1978	MABl 1979 S.193
	Teil 2	-; Bodenkenngrößen; Wichte, Reibungswinkel, Kohäsion, Wandreibungswinkel	Februar 1976	MABl 1977 S. 50
	Blatt 3 Anlage 1.1/1	-; Verkehrslasten	Juni 1971	MABl 1972 S. 145
	Teil 4 Anlage 1.1/2 Teil 4 A1	-; Verkehrslasten; Windlasten bei nicht schwingungsanfälligen Bauwerken -,-; -; Änderung A1; Berichtigungen	August 1986 Juni 1987	MABl 1987 S. 163 *)
	Teil 5 Anlage 1.1/3 Teil 5 A 1	-; Verkehrslasten; Schneelast und Eislast -,-; -, (Schneelastzonenkarte)	Juni 1975 April 1994	MABl 1976 S. 660 *)
	Teil 6 Anlage 1.1/4 Beiblatt 1	-; Lasten in Silozellen -;-; Erläuterungen	Mai 1987 Mai 1987	AllMBl 1989 S. 1048 AllMBl 1989 S. 1054
1.2	DIN 1072 Beiblatt 1	Straßen- und Wegbrücken; Lastannahmen -; -; Erläuterungen	Dezember 1985 Mai 1988	*) *)
1.3	Richtlinie Anlage 1.1/5	ETB-Richtlinie -"Bauteile, die gegen Absturz sichern"	Juni 1985	*)
1.4	Richtlinie VDI 3673 Blatt 1	Druckentlastung von Staubexplosionen	Juli 1995	*)

2 Technische Regeln zur Bemessung und zur Ausführung
2.1 Grundbau

2.1.1	DIN 1054 Anlage 2.1/1	Baugrund; zulässige Belastung des Baugrunds	November 1976	MABl 1978 S. 29
2.1.2	DIN 4014 Anlage 2.1/2	Bohrpfähle; Herstellung, Bemessung und Tragverhalten	März 1990	AllMBl 1990 S. 1007
2.1.3	DIN 4026 Anlage 2.1/3	Rammpfähle; Herstellung, Bemessung und zulässige Belastung	August 1975	MABl 1978 S. 77
2.1.4	DIN 4093	Baugrund; Einpressen in den Untergrund; Planung, Ausführung, Prüfung	September 1987	AllMBl 1988 S. 707
2.1.5	DIN 4123	Gebäudesicherung im Bereich von Ausschachtungen, Gründungen und Unterfangungen	Mai 1972	MABl 1973 S. 197
2.1.6	DIN 4124 Anlage 2.1/4	Baugruben und Gräben; Böschungen, Arbeitsraumbreiten, Verbau	August 1981	*)
2.1.7	DIN 4125 Anlage 2.1/5	Verpreßanker, Kurzzeitanker und Daueranker; Bemessung, Ausführung und Prüfung	November 1990	AllMBl 1992 S. 114

[1)] Die Fußnoten *, ** und *** befinden sich auf Seite 476.

Lfd. Nr.	Bezeichnung	Titel	Ausgabe	Bezugs-quelle/ Fundst. [1]
1	2	3	4	5
2.1.8	DIN 4126	Ortbeton-Schlitzwände; Konstruktion und Ausführung	August 1986	MABl 1987 S. 629
2.1.9	DIN 4128	Verpreßpfähle (Ortbeton- und Verbundpfähle) mit kleinem Durchmesser; Herstellung, Bemessung und zulässige Belastung	April 1983	MABl 1985 S. 119

2.2 Mauerwerksbau

2.2.1	DIN 1053	Mauerwerk		
	-1	-; Berechnung und Ausführung	November 1996	*)
	Teil 3	-; Bewehrtes Mauerwerk; Berechnung und Ausführung	Februar 1990	AllMBl 1990 S. 933
	Teil 4 Anlage 2.2/1	-; Bauten aus Ziegelfertigbauteilen	September 1978	MABl 1979 S. 461
2.2.2	Richtlinie	Richtlinien für die Bemessung und Ausführung von Flachstürzen	August 1977 Ber. Juli 1979	**) 3/1979, S.73

2.3 Beton-, Stahlbeton- und Spannbetonbau

2.3.1	DIN 1045 Anlage 2.3/1	Beton- und Stahlbeton; Bemessung und Ausführung	Juli 1988	AllMBl 1989 S. 167
2.3.2	DIN 1075 Anlage 2.3/2	Betonbrücken; Bemessung und Ausführung	April 1981	*)
2.3.3	DIN 4028 Anlage 2.3/3	Stahlbetondielen aus Leichtbeton mit haufwerksporigem Gefüge; Anforderungen, Prüfung, Bemessung, Ausführung, Einbau	Januar 1982	MABl 1983 S. 785
2.3.4	DIN 4099 Anlage 2.3/01	Schweißen von Betonstahl; Ausführung und Prüfung	November 1985	MABl 1987 S. 53
2.3.5	DIN 4212 Anlage 2.3/4	Kranbahnen aus Stahlbeton und Spannbeton; Berechnung und Ausführung	Januar 1986	MABl 1987 S. 581
2.3.6	DIN 4219 Teil 2	Leichtbeton und Stahlleichtbeton mit geschlossenem Gefüge; Bemessung und Ausführung	Dezember 1979	MABl 1980 S. 455
2.3.7	DIN 4227	Spannbeton		
	DIN 4227 Teil 1 Anlage 2.3/5	-; Bauteile aus Normalbeton mit beschränkter oder voller Vorspannung	Juli 1988	AllMBl 1989 S. 253
	DIN 4227-1/A1	Änderung A1	Dezember 1995	*)
	DIN V 4227 Teil 2 Anlage 2.3/6	-; Bauteile mit teilweiser Vorspannung	Mai 1984	*)
	DIN 4227 Teil 4	-; Bauteile aus Spannleichtbeton	Februar 1986	MABl 1987 S. 107
	DIN 4227 Teil 5	-; Einpressen von Zementmörtel in Spannkanäle	Dezember 1979	MABl 1980 S. 489
	DIN V 4227 Teil 6 Anlage 2.3/7	-; Bauteile mit Vorspannung ohne Verbund	Mai 1982	*)

Lfd. Nr.	Bezeichnung	Titel	Ausgabe	Bezugs-quelle/ Fundst. [1]
1	2	3	4	5
2.3.8	DIN 4228	Werkmäßig hergestellte Betonmaste	Februar 1989	AllMBl 1989 S. 1061
2.3.9	DIN 4232	Wände aus Leichtbeton mit haufwerksporigem Gefüge; Bemessung und Ausführung	September 1987	AllMBl 1988 S. 697
2.3.10	DIN 18551 Anlage 2.3/8	Spritzbeton; Herstellung und Güteüberwachung	März 1992	AllMBl 1993 S. 1175
2.3.11	Richtlinie Anlage 2.3/11	Richtlinie für Schutz und Instandsetzung von Betonbauteilen Teil1:Allgemeine Regelungen und Planungsgrundsätze Teil 2: Bauplanung und Bauausführung	August 1990	*)
2.3.12	DIN V ENV 1992 Anlage 2.3/9	Eurocode 2: Planung von Stahlbeton- und Spannbetontragwerken		
	Teil 1-1	-; Teil 1: Grundlagen und Anwendungsregeln für den Hochbau	Juni 1992	*)
	Richtlinie	Richtlinie zur Anwendung von Eurocode 2 - Planung von Stahlbeton- und Spannbetontragwerken Teil 1: Grundlagen und Anwendungsregeln für den Hochbau	April 1993	*)
	Richtlinie	Richtlinie zur Anwendung von Eurocode 2 - Planung von Stahlbeton- und Spannbetontragwerken Teil 1-1: Grundlagen und Anwendungsregeln für den Hochbau (Ergänzung zur Ausgabe April 1993)	Juni 1995	*)
	Teil 1-3	-; Teil 1-3: Allgemeine Regeln - Bauteile und Tragwerke aus Fertigteilen	Dezember 1994	*)
	Richtlinie	Richtlinie zur Anwendung von Eurocode 2 - Planung von Stahlbeton- und Spannbetontragwerken Teil 1-3: Bauteile und Tragwerke aus Fertigteilen	Juni 1995	*)
	Teil 1-4	-; Teil 1-4: Allgemeine Regeln - Leichtbeton mit geschlossenem Gefüge	Dezember 1994	*)
	Richtlinie	Richtlinie zur Anwendung von Eurocode 2 - Planung von Stahlbeton- und Spannbetontragwerken Teil 1-4: Leichtbeton mit geschlossenem Gefüge	Juni 1995	*)
	Teil 1-5	-; Teil 1-5: Allgemeine Regeln - Tragwerke mit Spanngliedern ohne Verbund	Dezember 1994	*)
	Richtlinie	Richtlinie zur Anwendung von Eurocode 2 - Planung von Stahlbeton- und Spannbetontragwerken Teil 1-5: Tragwerke mit Spanngliedern ohne Verbund	Juni 1995	*)

Lfd. Nr.	Bezeichnung	Titel	Ausgabe	Bezugsquelle/ Fundst. [1]
1	2	3	4	5
	Teil 1-6	-; Teil 1-6: Allgemeine Regeln - Tragwerke aus unbewehrtem Beton	Dezember 1994	*)
	Richtlinie	Richtlinie zur Anwendung von Eurocode 2 - Planung von Stahlbeton- und Spannbetontragwerken Teil 1-6: Tragwerke aus unbewehrtem Beton	Juni 1995	*)
2.3.13	DIN V ENV 206	Beton; Eigenschaften, Herstellung, Verarbeitung und Gütenachweis	Oktober 1990	*)
	Richtlinie	Richtlinie zur Anwendung von DIN V ENV 206 - Beton; Eigenschaften, Herstellung, Verarbeitung und Gütenachweis -	November 1991	*)
2.3.14	Richtlinie Anlage 2.3/10	DAfStb-Richtlinie für hochfesten Beton	August 1995	*)
2.3.15	Richtlinie	DAfStb-Richtlinie Verwendung von Flugasche nach DIN EN 450 im Betonbau	September 1996	*)

2.4 Metallbau

Lfd. Nr.	Bezeichnung	Titel	Ausgabe	Bezugsquelle/ Fundst.
2.4.1	DIN 4113 Teil 1 Anlage 2.4/01	Aluminiumkonstruktionen unter vorwiegend ruhender Belastung; Berechnung und bauliche Durchbildung	Mai 1980	MABl 1987 S. 597
	Richtlinie	Richtlinien zum Schweißen von tragenden Bauteilen aus Aluminium	Oktober 1986	MABl 1987 S. 621
2.4.2	DIN 4119	Oberirdische zylindrische Flachboden-Tankbauwerke aus metallischen Werkstoffen		
	Teil 1 Anlagen 2.4/1 und 2.4/2	-; Grundlagen, Ausführung, Prüfungen	Juni 1979	*)
	Teil 2	-; Berechnung	Februar 1980	*)
2.4.3	DIN 4132 Anlagen 2.4/1, 2.4/2 und 2.4/02	Kranbahnen; Stahltragwerke; Grundsätze für Berechnung, bauliche Durchbildung und Ausführung	Februar 1981	MABl 1987 S. 547
2.4.4	DIN 18800	Stahlbauten		
	Teil 1 Anlagen 2.4/1 und 2.4/2	-; Bemessung und Konstruktion	November 1990	AllMBl 1993 S. 300
	Teil 1 A1	-; -; Änderung A1	Februar 1996	*)
	Teil 2 Anlage 2.4/1	-; Stabilitätsfälle, Knicken von Stäben und Stabwerken	November 1990	AllMBl 1993 S. 349
	Teil 2 A1	-; -; Änderung A1	Februar 1996	*)
	Teil 3 Anlage 2.4/1	-; Stabilitätsfälle, Plattenbeulen	November 1990	AllMBl 1993 S. 393
	Teil 3 A1	-; -; Änderung A1	Februar 1996	*)
	Teil 4 Anlage 2.4/1	-; Stabilitätsfälle, Schalenbeulen	November 1990	AllMBl 1993 S. 409
	Teil 7 Anlage 2.4/2	-; Herstellen, Eignungsnachweise zum Schweißen	Mai 1983	MABl 1984 S. 325

Lfd. Nr.	Bezeichnung	Titel	Ausgabe	Bezugs-quelle/ Fundst. [1]
1	2	3	4	5
2.4.5	DIN 18801 Anlage 2.4/1	Stahlhochbau; Bemessung, Konstruktion, Herstellung	September 1983	MABl 1984 S. 337
2.4.6	DIN 18806 Teil 1 Anlage 2.4/3	Verbundkonstruktionen; Verbundstützen	März 1984	MABl 1985 S. 129
	Richtlinie	Richtlinien für die Bemessung und Ausführung von Stahlverbundträgern	März 1981	MABl 1982 S. 79
	Ergänzende Bestimmungen	Ergänzende Bestimmungen zu den Richtlinien für die Bemessung und Ausführung von Stahlverbundträgern (Ausgabe März 1981)	März 1984	MABl 1984 S. 613
	Ergänzende Bestimmungen	Ergänzende Bestimmungen zu den Richtlinien für die Bemessung und Ausführung von Stahlverbundträgern (Ausgabe März 1981)	Juni 1991	AllMBl 1992 S. 956
2.4.7	DIN 18807	Trapezprofile im Hochbau; Stahltrapezprofile		
	Teil 1 Anlagen 2.4/1 und 2.4/03	-;-; Allgemeine Anforderungen, Ermittlung der Tragfähigkeitswerte durch Berechnung	Juni 1987	AllMBl 1990 S. 961
	Teil 2 Anlage 2.4/1	-;-; Durchführung und Auswertung von Tragfähigkeitsversuchen	Juni 1987	AllMBl 1990 S. 977
	Teil 3 Anlagen 2.4/1 und 2.4/04	-;-; Festigkeitsnachweis und konstruktive Ausbildung	Juni 1987	AllMBl 1990 S. 987
2.4.8	Richtlinie Anlagen 2.4/1 und 2.4/2	Bemessung und konstruktive Gestaltung von Tragwerken aus dünnwandigen kaltgeformten Bauteilen (DASt-Richtlinie 016)	Juli 1988, Neudruck 1992	***)
2.4.9	DIN 18808 Anlagen 2.4/1 und 2.4/2	Stahlbauten; Tragwerke aus Hohlprofilen unter vorwiegend ruhender Beanspruchung	Oktober 1984	MABl 1985 S. 421
2.4.10	DIN 18809 Anlage 2.4/4	Stählerne Straßen- und Wegbrücken; Bemessung, Konstruktion, Herstellung	September 1987	*)
2.4.11	DIN V ENV 1993 Teil 1-1 Anlage 2.4/5	Eurocode 3: Bemessung und Konstruktion von Stahlbauten; Teil 1-1: Allgemeine Bemessungsregeln, Bemessungsregeln für den Hochbau	April 1993	*)
	Richtlinie	DASt-Richtlinie 103 Richtlinie zu Anwendung von DIN V ENV 1993 Teil 1-1	November 1993	*) und ***)
2.4.12	DIN V ENV 1994 Teil 1-1 Anlage 2.4/6	Eurocode 4: Bemessung und Konstruktion von Verbundtragwerken aus Stahl und Beton; Teil 1-1: Allgemeine Bemessungsregeln, Bemessungsregeln für den Hochbau	Februar 1994	*)
	Richtlinie	DASt-Richtlinie 104 Richtlinie zur Anwendung von DIN V ENV 1994 Teil 1-1	Februar 1994	*) und ***)

Lfd. Nr.	Bezeichnung	Titel	Ausgabe	Bezugsquelle/ Fundst. [1)]
1	2	3	4	5

2.5 Holzbau

2.5.1	DIN 1052	Holzbauwerke		
	Teil 1	-; Berechnung und Ausführung	April 1988	AllMBl 1989 S. 635
	-1/A 1	-;-; Änderung 1	Oktober 1996	*)
	Teil 2 Anlage 2.5/1	-; Mechanische Verbindungen	April 1988	AllMBl 1989 S. 669
	-2/A 1	-;-; Änderung 1	Oktober 1996	*)
	Teil 3	-; Holzhäuser in Tafelbauart; Berechnung und Ausführung	April 1988	AllMBl 1989 S. 696
	-3/A 1	-;-; Änderung 1	Oktober 1996	*)
2.5.2	DIN 1074	Holzbrücken	Mai 1991	*)
2.5.3	DIN V ENV 1995 Teil 1-1 Anlage 2.5/2	Eurocode 5: Entwurf, Berechnung und Bemessung von Holzbauwerken; Teil 1-1: Allgemeine Bemessungsregeln, Bemessungsregeln für den Hochbau	Juni 1994	*)
	Richtlinie	Richtlinie zur Anwendung von DIN V ENV 1995 Teil 1-1	Februar 1995	*)

2.6 Bauteile

2.6.1	DIN 4121	Hängende Drahtputzdecken; Putzdecken mit Metallputzträgern, Rabitzdecken; Anforderungen für die Ausführung	Juli 1978	*)
2.6.2	DIN 4141	Lager im Bauwesen		
	Teil 1	-; Allgemeine Regelungen	September 1984	MABl 1985 S. 141
	Teil 2	-; Lagerung für Ingenieurbauwerke im Zuge von Verkehrswegen (Brücken)	September 1984	*)
	Teil 3	-; Lagerung für Hochbauten	September 1984	MABl 1985 S. 153
	Teil 4	-; Transport, Zwischenlagerung und Einbau	Oktober 1987	*)
	Teil 14	-; Bewehrte Elastomerlager; Bauliche Durchbildung und Bemessung	September 1985	MABl 1987 S. 93
	Teil 15	-; Unbewehrte Elastomerlager; Bauliche Durchbildung und Bemessung	Januar 1991	AllMBl 1992 S. 107
2.6.3	DIN 18069	Tragbolzentreppen für Wohngebäude; Bemessung und Ausführung	November 1985	MABl 1987 S. 113
2.6.4	DIN 18168 Teil 1	Leichte Deckenbekleidungen und Unterdecken; Anforderungen für die Ausführung	Oktober 1981	*)

Lfd. Nr.	Bezeichnung	Titel	Ausgabe	Bezugs-quelle/ Fundst. [1]
1	2	3	4	5
2.6.5	DIN 18516	Außenwandbekleidungen, hinterlüftet		
	Teil 1	-,-; Anforderungen, Prüfgrundsätze	Januar 1990	AllMBl 1990 S. 942
	Teil 3	-,-; Naturwerkstein; Anforderungen, Bemessung	Januar 1990	AllMBl 1990 S. 950
	Teil 4	-,-; Einscheiben-Sicherheitsglas; Anforderungen, Bemessung, Prüfung	Februar 1990	AllMBl 1992 S. 961
2.6.6	Richtlinie Anlage 2.6/1	Technische Regeln für die Verwendung von linienförmig gelagerten Überkopf-Verglasungen	September 1996	**). 5/1996, S. 223
2.7 Sonderbauten				
2.7.1	DIN 1056 Anlage 2.7/1	Freistehende Schornsteine in Massivbauart; Berechnung und Ausführung	Oktober 1984	MABl 1985 S. 391
2.7.2	DIN 4112 Anlagen 2.4/1 und 2.7/2	Fliegende Bauten; Richtlinien für Bemessung und Ausführung	Februar 1983	MABl 1984 S. 347
2.7.3	Richtlinie	Richtlinien für den Bau und Betrieb Fliegender Bauten	April 1977	MABl 1977 S. 625
2.7.4	DIN 4131 Anlage 2.7/3	Antennentragwerke aus Stahl	November 1991	AllMBl 1993 S. 1190
2.7.5	DIN 4133 Anlagen 2.4/2 und 2.7/4	Schornsteine aus Stahl	November 1991	AllMBl 1993 S. 1215
2.7.6	DIN 4134	Tragluftbauten; Berechnung, Ausführung und Betrieb	Februar 1983	MABl 1984 S. 539
2.7.7	DIN 4178 Anlagen 2.4/1	Glockentürme; Berechnung und Ausführung	August 1978	*)
2.7.8	in Bayern nicht besetzt			
2.7.9	DIN 11535 Blatt 1 Anlage 2.7/5	Gewächshäuser; Grundsätze für Berechnung und Ausführung	Juli 1974	MABl 1975 S. 443
2.7.10	DIN 11622	Gärfuttersilos und Güllebehälter;		
	-1 Anlage 2.7/7	-; Bemessung, Ausführung, Beschaffenheit; Allgemeine Anforderungen	Juli 1994	*)

Lfd. Nr.	Bezeichnung	Titel	Ausgabe	Bezugsquelle/ Fundst. [1)]
1	2	3	4	5
	-2	-; Teil 2: Bemessung, Ausführung, Beschaffenheit; Gärfuttersilos und Güllebehälter aus Stahlbeton, Stahlbetonfertigteilen, Betonformsteinen und Betonschalungssteinen	Juli 1994	*)
	-3 Anlage 2.7/6	-; Teil 3: Bemessung, Ausführung, Beschaffenheit; Gärfutterhochsilos und Güllehochbehälter aus Holz	Juli 1994	*)
	-4	-; Teil 4: Bemessung, Ausführung, Beschaffenheit; Gärfutterhochsilos und Güllehochbehälter aus Stahl	Juli 1994	*)
2.7.11	DIN 18914 Anlage 2.4/1	Dünnwandige Rundsilos aus Stahl	September 1985	MABl 1987 S. 121
2.7.12	Richtlinie Anlage 2.7/01	Richtlinie für Windkraftanlagen; Einwirkungen und Standsicherheitsnachweise für Turm und Gründung	Juni 1993	**) Schriftenreihe B, Heft 8

3 Technische Regeln zum Brandschutz

3.1	DIN 4102	Brandverhalten von Baustoffen und Bauteilen		
	Teil 1 Anlage 3.1/1	-; Baustoffe; Begriffe, Anforderungen und Prüfungen	Mai 1981	MABl 1982 S. 711
	Teil 2 Anlage 3.1/2	-; Bauteile; Begriffe, Anforderungen und Prüfungen	September 1977	MABl 1978 S. 143
	Teil 3 Anlage 3.1/3	-; Brandwände und nichttragende Außenwände; Begriffe, Anforderungen und Prüfungen	September 1977	MABl 1978 S. 153
	Teil 4 Anlage 3.1/8	-; Zusammenstellung und Anwendung klassifizierter Baustoffe, Bauteile und Sonderbauteile	März 1994	*)
	Teil 6 Anlage 3.1/4	-; Lüftungsleitungen; Begriffe, Anforderungen und Prüfungen	September 1977	MABl 1978 S. 163
	Teil 7 Anlage 3.1/5	-; Bedachungen; Begriffe, Anforderungen und Prüfungen	März 1987	*)
	Teil 11 Anlage 3.1/6	-; Rohrummantelungen, Rohrabschottungen, Installationsschächte und -kanäle sowie Abschlüsse ihrer Revisionsöffnungen; Begriffe, Anforderungen, Prüfungen	Dezember 1985	*)
	Teil 12 Anlage 3.1/7	-; Funktionserhalt von elektrischen Kabeln; Anforderungen und Prüfungen	Januar 1991	*)
3.2	DIN 18093	Feuerschutzabschlüsse; Einbau von Feuerschutztüren in massive Wände aus Mauerwerk oder Beton; Ankerlagen, Ankerformen, Einbau	Juni 1987	AllMBl 1988 S. 722
3.3	in Bayern nicht besetzt			
3.4	Richtlinie	Richtlinie über brandschutztechnische Anforderungen an Hohlraumestriche und Doppelböden	März 1993	Anlage C

Lfd. Nr.	Bezeichnung	Titel	Ausgabe	Bezugs-quelle/ Fundst. [1)]
1	2	3	4	5
3.5	Richtlinie Anlage 3.5/01	Richtlinie zur Bemessung von Löschwasser-Rückhalteanlagen beim Lagern wassergefährdender Stoffe	August 1992	AllMBl 1993 S. 662
3.6	Richtlinie Anlage 3.6/01	Bauaufsichtliche Richtlinie über die brandschutztechnischen Anforderungen an Lüftungsanlagen	Januar 1984	**) 4/1984, S. 118
3.7	Richtlinie Anlage 3.7/01	Richtlinien über brandschutztechnische Anforderungen an Leitungsanlagen	September 1993	**) 3/1994, S. 94

4 Technische Regeln zum Wärme- und zum Schallschutz

4.1 Wärmeschutz

4.1.1	DIN 4108	Wärmeschutz im Hochbau		
	Teil 2 Anlage 4.1/1	-; Wärmedämmung und Wärmespeicherung; Anforderungen und Hinweise für Planung und Ausführung	August 1981	MABl 1982 S. 729
	Teil 3 Anlage 4.1/2	-; Klimabedingter Feuchteschutz; Anforderungen und Hinweise für Planung und Ausführung	August 1981	MABl 1982 S. 741
	Teil 4 Anlage 4.1/01	-; Wärme- und feuchteschutztechnische Kennwerte	November 1991	AllMBl 1993 S. 433
4.1.2	DIN 18159	Schaumkunststoffe als Ortschäume im Bauwesen		
	Teil 1	-; Polyurethan-Ortschaum für die Wärme- und Kältedämmung; Anwendung, Eigenschaften, Ausführung, Prüfung	Dezember 1991	AllMBl 1992 S. 949
	Teil 2	-; Harnstoff-Formaldehydharz-Ortschaum für die Wärmedämmung; Anwendung, Eigenschaften, Ausführung, Prüfung	Juni 1978	MABl 1979 S. 499
4.1.3	Richtlinie	ETB-Richtlinie zur Begrenzung der Formaldehydemission in der Raumluft bei Verwendung von Harnstoff-Formaldehydharz-Ortschaum	April 1985	MABl 1986 S. 75

4.2 Schallschutz

4.2.1	DIN 4109	Schallschutz im Hochbau	November 1989	AllMBl 1991 S. 220
	Anlagen 4.2/1 und 4.2/2	-; Anforderungen und Nachweise		
	Beiblatt 1 zu DIN 4109 Anlage 4.2/2	-; Ausführungsbeispiele und Rechenverfahren	November 1989	AllMBl 1991 S. 248

Lfd. Nr.	Bezeichnung	Titel	Ausgabe	Bezugs-quelle/ Fundst. [1)]
1	2	3	4	5

5 Technische Regeln zum Bautenschutz

5.1 Erschütterungsschutz

5.1.1	in Bayern nicht besetzt			

5.2 Holzschutz

5.2.1	DIN 68800	Holzschutz im Hochbau		
	Teil 2	-; Vorbeugende bauliche Maßnahmen	Mai 1996	*)
	Teil 3 Anlage 5.2/1	-; Vorbeugender chemischer Holzschutz	April 1990	AllMBl 1991 S. 450

6 Technische Regeln zum Gesundheitsschutz

6.1	PCB-Richtlinie Anlage 6.1/1	Richtlinie für die Bewertung und Sanierung PCB-belasteter Baustoffe und Bauteile in Gebäuden	September 1994	AllMBl 1995 S. 496
6.2	Asbest-Richtlinie Anlage 6.2/1	Richtlinie für die Bewertung und Sanierung schwach gebundener Asbestprodukte in Gebäuden	Januar 1996	Anlage F
6.3	Richtlinie	Bauaufsichtliche Richtlinie über die Lüftung fensterloser Küchen, Bäder und Toilettenräume in Wohnungen	April 1988	Anlage E
6.4	PCP-Richtlinie Anlage 6.4/1	Richtlinie für die Bewertung und Sanierung Pentachlorphenol (PCP)-belasteter Baustoffe und Bauteile in Gebäuden	Oktober 1996	Anlage G

7 Technische Regeln als Planungsgrundlagen

7.1	DIN 18065 Anlage 7.1/1	Gebäudetreppen; Hauptmaße	Juli 1984	*)
7.2	in Bayern nicht besetzt			
7.3	in Bayern nicht besetzt			
7.4	Richtlinie Anlage 7.4/01	Richtlinie über Flächen für die Feuerwehr auf Grundstücken	April 1979	Anlage D

*) **Amtl. Anm.:** Beuth Verlag GmbH, 10772 Berlin.

) **Amtl. Anm.: Deutsches Institut für Bautechnik, „Mitteilungen", zu beziehen beim Verlag Ernst & Sohn, Mühlenstraße 33–34, 13187 Berlin.

***) **Amtl. Anm.:** Stahlbau-Verlag GmbH, Ebertplatz 1, 50668 Köln.

Anlage 1.1/1

zu DIN 1055 Blatt 3

Bei Anwendung der technischen Regel ist folgendes zu beachten:

1. Zu den Abschnitten 4, 5 und 6.1
Voraussetzungen für die Annahme gleichmäßig verteilter Verkehrslasten nach Abschnitt 4, Abschnitt 5 und Abschnitt 6.1, Tabelle 1, Zeilen 5b bis 7f, sind nur Decken mit ausreichender Querverteilung der Lasten.
Bei Decken unter Wohnräumen, die nach der Norm DIN 1045, Ausgabe Juli 1988, bemessen werden, ist stets eine ausreichende Querverteilung der Lasten vorhanden; in diesen Fällen ist Tabelle 1 Zeile 3a nicht anzuwenden.

2. Zu Abschnitt 6.1, Tabelle 1

2.1 Spalte 3
Die Verkehrslastangabe für Treppen nach Zeile 5 (5,0 kN/m²) gilt in der Regel auch für die Zeilen 6 und 7. Für Tribünentreppen ist eine Verkehrslast von 7,5 kN/m² anzusetzen.

2.2 Zeile 1a ist mit folgender Fußnote zu versehen:
„Ein Spitzboden ist ein für Wohnzwecke nicht geeigneter Dachraum unter Pult- oder Satteldächern mit einer lichten Höhe von höchstens 1,80 m."

2.3 Zeile 4a, Spalte 3 ist zu ergänzen:
„... in Wohngebäuden und Bürogebäuden ohne nennenswerten Publikumsverkehr"

2.4 Zeilen 4b und 5c sind mit folgender Fußnote zu versehen:
„Wenn die Schnittgrößen, die sich bei maximaler Belegung des Parkhauses (auf jeden Parkplatz ein 2,5 t-PKW; Fahrspuren voll belegt) aus den entsprechenden Einzellasten ergeben, kleiner sind als die, die aus einer Flächenlast von 3,5 (Stellflächen) beziehungsweise 5,0 kN/m² (Rampen, Zufahrten) resultieren, dürfen diese kleineren Lasten für die Bemessung der indirekt belasteten Bauteile zugrunde gelegt werden."

2.5 Zeile 5, Spalte 3 ist wie folgt zu ergänzen:
„... und Bürogebäuden mit hohem Publikumsverkehr"

3. Zu Abschnitt 6.3.1

3.1 Abschnitt 6.3.1 wird von der Einführung ausgenommen. Statt dessen gilt folgende Regelung:
a) Hofkellerdecken und andere Decken, die planmäßig von Personenkraftwagen und nur einzeln von Lastkraftwagen mit geringem Gewicht befahren werden (ausgenommen sind Decken nach Abschnitt 6.1 Tabelle 1), sind für die Lasten der Brückenklasse 6/6 nach DIN 1072, Ausgabe Dezember 1985, Tabelle 2, zu berechnen.

Muß mit schwereren Kraftwagen gerechnet werden, gelten – je nach Fahrzeuggröße – die Lasten der Brückenklassen 12/12 oder 30/30 nach DIN 1072, Ausgabe Dezember 1985, Tabelle 2 oder 1.

b) Hofkellerdecken, die nur von Feuerwehrfahrzeugen im Brandfall befahren werden, sind für die Brückenklasse 16/16 nach DIN 1072, Ausgabe Dezember 1985, Tabelle 2 zu berechnen. Dabei ist jedoch nur ein Einzelfahrzeug in ungünstigster Stellung anzusetzen; auf den umliegenden Flächen ist die gleichmäßig verteilte Last der Hauptspur als Verkehrslast in Rechnung zu stellen. Der nach DIN 1072, Ausgabe Dezember 1985, Tabelle 2 geforderte Nachweis für eine einzelne Achslast von 110 kN darf entfallen.
Die Verkehrslast darf als vorwiegend ruhend eingestuft werden und braucht auch nicht mit einem Schwingbeiwert vervielfacht zu werden.

4. Abschnitt 7.1.2 wird wie folgt geändert:
In Versammlungsräumen, ... und Treppen nach Tabelle 1, wird hinter Zeile 5 Buchstabe „a" gestrichen.

5. Abschnitt 7.4.1.3 wird wie folgt geändert:
„Für Personenkraftwagen mit einem Gesamtgewicht bis 2,5 t ist eine Horiziontallast von 10 kN in 0,5 m Höhe infolge Anpralls anzusetzen (dies gilt auch für Parkhäuser)."
Der erste Abschnitt wird durch folgenden Satz ergänzt:
„Bei Berechnung der Fundamente braucht die Anprallast nicht berücksichtigt zu werden."

6. Abschnitt 7.4.3 wird wie folgt geändert:
Hinter dem Wort „Sicherheitsbeiwert" werden die Worte „für alle Lasten" eingefügt.

Anlage 1.1/2

zu DIN 1055 Teil 4

Bei Anwendung der technischen Regel ist folgendes zu beachten:

1. Zu Abschnitt 6.2.1: Von ebenen Flächen begrenzte Baukörper, ab Geländeoberfläche allseitig geschlossen
Unter den in Tabelle 2, Fußnote 2 benannten Gebäuden sind solche mit Traufhöhen h_w < 8 m, Breiten a < 13 m und Längen b < 25 m zu verstehen.

2. Zu Abschnitt 6.3.1: Allseitig geschlossene prismatische Baukörper mit Sattel-, Pult- oder Flachdach
Die Norm gibt in Abschnitt 6.3.1 mit Bild 12 in stark vereinfachter Form die Druck-Sog-Verteilung infolge Wind für Dächer beliebiger Neigungen an. Dabei wurde näherungsweise auch auf die

Erfassung der im allgemeinen sehr geringen Unterschiede zwischen den Drücken in der Luv-seitigen (Wind zugewandten) und Lee-seitigen (Wind abgewandten) Dachfläche für Dachneigungen $0 < \alpha < 25°$ (Flachdächer) verzichtet. Die damit vernachlässigte horziontale Windlastkomponente des Daches hängt in starkem Maße vom Verhältnis Traufhöhe (h_w) zu Gebäudebreite (a) ab, auf das Bild 12 – wiederum aus Vereinfachungsgründen – nicht eingeht. Diese Vernachlässigung ist bei Flachdächern auf gedrungenen Baukörpern mit $0{,}2 < h_w/a < 0{,}5$ aus Sicherheitsgründen nicht vertretbar. Daher ist bei Flachdächern in Luv alternativ auch eine Sogbelastung von

$$w_s = (1{,}3 \text{ x } \sin \alpha - 0{,}6) \times q$$

gemäß nachstehender Ergänzung des Bildes 12 zu untersuchen.

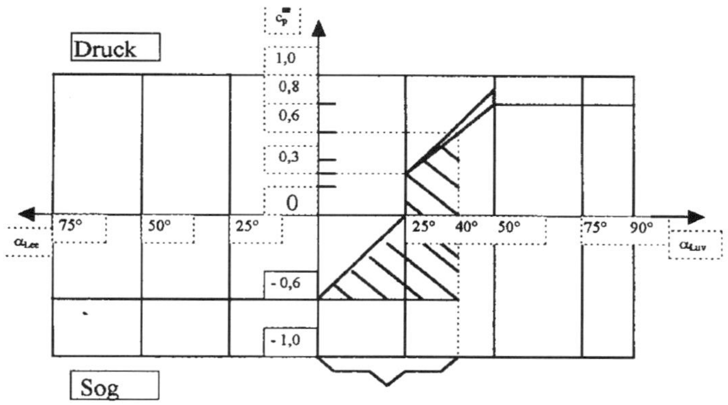

Für $0° \leq \alpha_{Luv} < 25°$ ist
$c_p = 1{,}3 \cdot \sin \alpha_{Luv} - 0{,}6$
und alternativ: $c_p = -0{,}6$.

Für $25° \leq \alpha_{Luv} \leq 40°$ ist
$c_p = (0{,}5/25) \cdot \alpha_{Luv} - 0{,}2$
und alternativ: $c_p = -0{,}6$.

Für $40° < \alpha_{Luv} < 50°$ ist $c_p = (0{,}5/25) \cdot \alpha_{Luv} - 0{,}2$.

Bild 12. Beiwerte c_p für Sattel-, Pult- und Flachdächer*)

*) Mit Bild 12 vergleichbare Druckbeiwerte c_p lassen sich aus anderen Angaben der Norm, z. B. über die resultierenden Windlasten in Abschnitt 6.2, nicht herleiten, weil die Werte des Bildes 12 Belastungen mit abdecken, die mit den Kraftbeiwerten c_f zur Ermittlung der resultierenden Gesamtlasten nach Abschnitt 6.2 nicht erfaßt werden können. Insbesondere trifft dies für die Angaben über die resultierenden Dachlasten für Gebäude nach Fußnote 2 der Tabelle 2 zu.

41 Technische Baubestimmungen

Anlage 1.1/3

zu DIN 1055 Teil 5

Bei Anwendung der technischen Regel ist folgendes zu beachten:
Zu Abschnitt 4 Regelschneelast:
Die Angaben der Tabelle 2 sind wie folgt zu ergänzen:

Regelschneelast S_0 in kN/m²

	1	2	3	4	5
1	Geländehöhe des Bauwerkstandortes über NN	Schneelastzone nach Bild 1			
	m	I	II	III	IV
4	900	1,50			
	1000	1,80	2,80		
5	1100			4,50	
	1200			5,20	
	1300			5,90	
	1400			6,60	
	1500			7,30	

Sind für bestehende Bauwerksstandorte darüber hinaus höhere Schneelasten als hier angegeben bekannt, so sind diese anzuwenden.

Zusätzlich gilt folgendes:

01. Zu Bild 1: Karte der Schneelastzonen
Eine Überprüfung der vorhandenen Unterlagen ergab, daß die Ausbuchtung der Schneelastzone I nach Süden und Osten im Bereich Landsberg a. Lech nicht berechtigt ist. Als östliche Grenze der am Bodensee beginnenden Schneelastzone I wird die Grenze des Regierungsbezirkes Oberbayern zum Regierungsbezirk Schwaben festgelegt.
Die bisher der Schneelastzone I zugeordneten Bereiche der Landkreise Dachau, Fürstenfeldbruck, Landsberg a. Lech und Weilheim-Schongau gehören daher zur Schneelastzone II.
Diese Änderung ist in DIN 1055 Teil 5 A1 – Ausgabe April 1994 – nicht berücksichtigt.

02. Zu Tabelle 2 Zeile 5
Bei Geländehöhen des Bauwerksstandortes von mehr als 1500 m über NN sind die Regelschneelasten in jedem Einzelfall von der Bauaufsichtsbehörde, im Zweifelsfall im Einvernehmen mit dem Zentralamt des Deutschen Wetterdienstes festzulegen. Soweit möglich soll dabei das in den Erläuterungen angegebene statistische Konzept zugrunde gelegt werden.

03. Zu Abschnitt 3.4.6
Unter Spiegelstrich 2 sind die Worte „... vorhanden ist ...“ zu ersetzen durch die Worte „... erforderlich ist ...“.

Anlage 1.1/4

zu DIN 1055 Teil 6

Bei Anwendung der technischen Regel ist folgendes zu beachten:

1. Zu Abschnitt 3.1.1 Schüttguteigenschaften
Außer den Schüttgütern nach der Tabelle 1 der Norm sind weitere Schüttgüter in Tabelle 1 des Beiblatts 1 zu DIN 1055 Teil 6, Ausgabe Mai 1987, Lastannahmen für Bauten; Lasten in Silozellen; Erläuterungen, genannt. Die für diese Schüttgüter angegebenen Rechenwerte können nur zum Teil als ausreichend gesichert angesehen werden. Für folgende Schüttgüter bestehen keine Bedenken, die Silolasten nach Abschnitt 3 der Norm mit den in Tabelle 1 des Beiblattes 1 angegebenen Anhaltswerten zu ermitteln: Sojabohnen, Kartoffeln, Kohle, Koks und Flugasche.
Die Anhaltswerte nach Tabelle 1 des Beiblattes 1 für die übrigen Schüttgüter – Rübenschnitzelpellets, Futtermittel, Kohlenstaub, Kesselschlacke, Eisenpellets, Kalkhydrat – dürfen nur dann ohne weiteren Nachweis als Rechenwerte verwendet werden, wenn die hiermit ermittelten ungünstig wirkenden Schnittgrößen um 15% erhöht werden.
2. Zu Abschnitt 3.3.3 ungleichförmige Lasten
Bei der Berücksichtigung ungleichförmiger Lasten durch den Ansatz einer Teilflächenlast nach Abschnitt 3.3.3.2 geht die Norm davon aus, daß die Schnittgrößen nach der Elastizitätstheorie und bei Stahlbetonsilos für den ungerissenen Zustand bestimmt werden.

Anlage 1.1/5

zur ETB-Richtlinie „Bauteile, die gegen Absturz sichern“

Bei Anwendung der technischen Regel ist folgendes zu beachten:
Die in der Richtlinie vorgesehenen Stoßversuche sind im Rahmen der Erteilung eines allgemeinen bauaufsichtlichen Pürfzeugnisses durchzuführen.

Anlage 2.1/1

zu DIN 1054

Bei Anwendung der technischen Regel ist folgendes zu beachten:
Auf folgende Druckfehler in der Norm DIN 1054 wird hingewiesen:

– Abschnitt 2.3.4 letzter Satz: Statt „Endwiderstand“ muß es „Erdwiderstand“ heißen.

- Tabelle 8 Fußnote 1: Statt „Zeilen 4 und 5“ muß es „Zeilen 3 und 4“ heißen, wobei der Tabellenkopf als Zeile 1 gezählt wird.
- Abschnitt 5.5, letzter Satz: Statt „50 m“ muß es „0,5 m“ heißen.

Zusätzlich gilt folgendes:

Zur Prüfung der Standsicherheitsnachweise des Bauwerks gehört auch die Prüfung des Entwurfs und der Berechnung der Gründung sowie gegebenenfalls die Beurteilung der dabei verwendeten Versuchsergebnisse und Erfahrungswerte. Da die Gründung die Standsicherheit des Bauwerks wesentlich beeinflußt, ist die Beurteilung der Wechselwirkung zwischen Baugrund und Bauwerk von erheblicher Bedeutung. Eine einwandfreie Beurteilung ist nur dann gewährleistet, wenn Entwurf und Berechnung der Gründung durch die gleiche Stelle geprüft werden, die den Standsicherheitsnachweis prüft.

Soweit bei der prüfenden Stelle die zur Beurteilung der Größe der Setzungen und ihrer Auswirkung auf das Bauwerk sowie der Sicherheit gegen Gleiten, Kippen und Grundbruch erforderliche Sachkunde nicht vorhanden ist, oder wenn hinsichtlich der verwendeten Annahmen oder der der Berechnung zugrunde gelegten bodenmechanischen Kenngrößen Zweifel bestehen, sind von der prüfenden Stelle geeignete Sachverständige einzuschalten.

Hierfür stehen z.B. die Institute für Erd- und Grundbau zur Verfügung, die in das beim Institut für Bautechnik geführte „Verzeichnis der Institute für Erd- und Grundbau“ aufgenommen worden sind. Das Verzeichnis wird in den Mitteilungen des Deutschen Instituts für Bautechnik veröffentlicht und jeweils ergänzt. Die an der Prüfung beteiligten Sachverständigen müssen Gewähr dafür bieten, daß sie die Prüfung unabhängig und unparteiisch durchführen. Sie dürfen sich insbesondere dann nicht beteiligen, wenn sie oder einer ihrer Mitarbeiter den Entwurf oder die Berechnung aufgestellt haben.

Das beim Deutschen Institut für Bautechnik geführte „Verzeichnis der Institute für Erd- und Grundbau“ wird künftig durch die Liste „Verantwortliche Sachverständige für den Erd- und Grundbau“ ersetzt, die von der Bayerischen Ingenieurekammer-Bau geführt und im Deutschen Ingenieureblatt veröffentlicht werden wird.

Anlage 2.1/2

zu DIN 4014

Bei Anwendung der technischen Regel ist folgendes zu beachten:

Zu Abschnitt 1 Anwendungsbereich

Bis zur Neufassung von DIN 1054 sind als γ_M-Werte die in DIN 1054, Ausgabe November 1976, Tabelle 8, enthaltenen Sicherheitsbeiwerte η zu verwenden.

Anlage 2.1/3

zu DIN 4026

Bei Anwendung der technischen Regel ist folgendes zu beachten:

1. Zu Abschnitt 5.4 Zusammengesetzte Rammpfähle
Die in der Norm erlaubten Stoßverbindungen zusammengesetzter Rammpfähle sind dort nicht geregelt; sie bedürfen daher des Nachweises der Verwendbarkeit.
2. Zu Tabelle 4
In der Überschrift zu den Spalten 2 und 3 ist die Fußnote[1] durch die Fußnote[2] zu ersetzen.

Anlage 2.1/4

zu DIN 4124

Bei Anwendung der technischen Regel ist folgendes zu beachten:
Von der Einführung sind nur die Abschnitte 4.2.1 bis 4.2.5 und 9 der Norm DIN 4124 erfaßt.

Anlage 2.1/5

zu DIN 4125

Bei Anwendung der technischen Regel ist folgendes zu beachten:
Zu den Abschnitten 6.3 und 6.5

Bei Verwendung von Kurzzeitankern sind die Besonderen Bestimmungen der Zulassungen für die zur Anwendung vorgesehenen Spannverfahren oder Daueranker zu beachten. Teile des Ankerkopfes, die zur Übertragung der Ankerkraft aus dem unmittelbaren Verankerungsbereich des Stahlzuggliedes auf die Unterkonstruktion dienen (z.B. Unterlegplatten), sind nach Technischen Baubestimmungen (z.B. DIN 18800 für Stahlbauteile) zu beurteilen.

Zusätzlich gilt folgendes:

Sofern Daueranker oder Teile von ihnen in benachbarten Grundstücken liegen sollen, muß rechtlich sichergestellt werden, daß durch Veränderungen am Nachbargrundstück, z.B. Abgrabungen oder Veränderungen der Grundwasserverhältnisse, die Standsicherheit dieser Daueranker nicht gefährdet wird.

Die rechtliche Sicherung sollte durch eine Grunddienstbarkeit nach den Vorschriften der §§ 1090ff. und 1018ff. BGB erfolgen mit dem Inhalt, daß der Eigentümer des betroffenen Grundstücks Veränderungen in dem Bereich, in dem Daueranker liegen, nur vornehmen darf, wenn vorher nachgewiesen ist, daß die Standsicherheit der Daueranker und der durch sie gesicherten Bauteile nicht beeinträchtigt wird.

Anlage 2.2/1

zu DIN 1053 Teil4

Bei Anwendung der technischen Regel ist folgendes zu beachten:

1. Zu Abschnitt 2 – Mitgeltende Normen und Unterlagen
   Anstelle der „Richtlinien für Leichtbeton und Stahlleichtbeton mit geschlossenem Gefüge“ sind als mitgeltende Normen
   DIN 4219, Ausgabe Dezember 1979, Leichtbeton und Stahlleichtbeton mit geschlossenem Gefüge;
   Teil 1 –; Anforderungen an den Beton; Herstellung und Überwachung
   Teil 2 –; Bemessung und Ausführung
   zu beachten.
   Soweit in anderen Abschnitten der Norm auf DIN 1045 (Ausgabe Januar 1972) verwiesen wird, gilt hierfür nunmehr die Norm DIN 1045 (Ausgabe Juli 1988).
2. Auf folgende Druckfehler in der Norm wird hingewiesen:
   – Abschnitt 4.8 Abs. 5
     In Zeile 1 muß es richtig heißen:
     „... B 5 bis B 25 (Bn 50 bis Bn 250) ...“ (statt: „... B 5 bis B 35 (Bn 50 bis Bn 350) ...“.)
   – Abschnitt 5.6.4.5 Abs. 3
     In Zeile 2 muß es richtig heißen: „... 0,1 MN/m² ...“ (statt: „... 0,1 MN/mm² ...“.)

Anlage 2.3/1

zu DIN 1045

Bei Anwendung der technischen Regel ist folgendes zu beachten:

Die Norm DIN 1045, Ausgabe Juli 1988, enthält Druckfehler, auf die in den DIN-Mitteilungen, Heft 2 1989, Seite A 66 hingewiesen wurde.

Anlage 2.3/2

zu DIN 1075

Bei Anwendung der technischen Regel ist folgendes zu beachten:

1. Zu Abschnitt 6.2 Gewölbe
   Anstelle der im 4. Absatz enthaltenen Bezugnahme auf die Norm DIN 1072, Ausgabe November 1967, gilt DIN 1072, Ausgabe Dezember 1985, Abschnitt 3.3.9.

2. Zu Abschnitt 7 Stützen, Pfeiler, Widerlager und Fundamente

2.1 Zu Abschnitt 7.1 Allgemeines

2.1.1 Zu Abschnitt 7.1.1
Dieser Abschnitt ist von der Einführung ausgenommen.

Statt dessen gilt DIN 1072, Ausgabe Dezember 1985, Abschnitt 4.4 Abs. 6.

2.1.2 Zu Abschnitt 7.1.2
Dieser Abschnitt ist von der Einführung ausgenommen.
Statt dessen gilt:
Sind flach gegründete Widerlager von Platten- und Balkenbrükken aus Stahlbeton mit dem Überbau ausreichend verbunden, so darf vereinfachend für die Bemessung der Widerlager und deren Fundamente – bei Straßenbrücken mit einer Überbaulänge bis etwa 20 m, bei Eisenbahnbrücken bis etwa 10 m – an der Widerlager-Oberkante gelenkige Lagerung und am Fundament für das Einspannmoment der Wand volle Einspannung angenommen werden. Für das Feldmoment der Wand ist dann als zweiter Grenzfall am Fundament gelenkige Lagerung anzunehmen. Zwangsschnittkräfte dürfen vernachlässigt werden.

2.2 Zu Abschnitt 7.2 Stützen, Pfeiler, Widerlager und Fundamente aus Stahlbeton

2.2.1 Zu Abschnitt 7.2.1
Anstelle der im 1. Absatz enthaltenen Bezugnahme auf die Norm DIN 1072, Ausgabe November 1967, gilt DIN 1072, Ausgabe Dezember 1985, Abschnitt 3.5 und 5.2.

2.2.2 Zu Abschnitt 7.2.2

Der 5. Absatz ist von der Einführung ausgenommen.
Statt dessen gilt:
Für den Nachweis der Knicksicherheit ist bei Pfeilern mit Rollen- oder Gleitlagern der Bewegungswiderstand der Lager gleich Null zu setzen, d. h. weder als verformungsbehindernd noch als verformungsfördernd einzuführen, sofern sich im Knickfall die Richtung der Reibungskraft umkehrt. Dies darf bei sehr großen Verschiebungswegen, wie z. B. beim Einschieben von Überbauten, nicht immer vorausgesetzt werden, so daß dort besondere Untersuchungen erforderlich sind.

3. Zu Abschnitt 8 Übertragung von konzentrierten Lasten
Für die Kombination HA gilt der Wert β_{WN} des unmittelbar angrenzenden Betons als zulässige Pressung unter den lastübertragenden Platten

4. Zu Abschnitt 9 Allgemeine Nachweise

4.1 Zu Abschnitt 9.1.1
Anstelle der in der Norm definierten Kombination HB gilt folgende Definition:
Kombination HB: Summe der Haupt- und der Sonderlasten aus Bauzuständen.
Die beiden letzten Absätze sind nicht zu beachten.

4.2 Zu Abschnitt 9.2.3
Anstelle der Bezugnahme auf DIN 1072, Ausgabe November 1967, gilt DIN 1072, Ausgabe Dezember 1985, Abschnitt 5.3.

4.3 Zu Abschnitt 9.3 Nachweise für nicht vorwiegend ruhende beziehungsweise ruhende Beanspruchung

4.3.1 Zu Abschnitt 9.3.1
Anstelle des dritten Einschubes im 2. Absatz, Buchstabe a gilt:
- häufig hoch beanspruchten Bauteilen, z.B. Konsolen an Fahrbahnübergängen und Bauteile, die nach DS 804 nachzuweisen sind.

4.3.2 Zu Abschnitt 9.3.2
Dieser Abschnitt ist von der Einführung ausgenommen.
Statt dessen gilt:
Bei den unter Abschnitt 9.3.1 genannten nicht vorwiegend ruhend belasteten Bauteilen ist die Schwingbreite $\Delta\sigma_s$ der Stahlspannung aus den Verkehrsregellasten nach DIN 1072, Ausgabe Dezember 1985, Abschnitte 3.3.1, 3.3.4 und 3.3.6 beziehungsweise DS 804 nachzuweisen für die beiden Grenzschnittgrößen

$$S_{max} = \max\,(\alpha_p S_p + \alpha_s S_s) + S_g \quad (5)$$

$$S_{min} = \min\,(\alpha_p S_p + \alpha_s S_s) + S_g \quad (6)$$

Aus S_{max} und S_{min} können die Grenzwerte der Stahlspannung max σ_s beziehungsweise min σ_s bei Zug nach DIN 1045, Ausgabe Juli 1988, Abschnitt 17.1.3, bei Druck nach Abschnitt 17.8 (letzter Absatz) ermittelt werden.
Die Schwingbreite

$$\Delta\sigma_s = \max\sigma_s - \min\sigma_s \quad (7)$$

darf die zulässigen Werte nach DIN 1045 – Ausgabe Juli 1988 – Abschnitt 17.8 nicht überschreiten.
Darin bedeuten:

S_g Schnittgröße aus ständiger Last
S_p Schnittgrößen aus den Verkehrsregellasten nach DIN 1072 einschließlich Schwingbeiwert
S_s Schnittgrößen aus den Regellasten von Schienenfahrzeugen einschließlich Schwingbeiwert
α_p Beiwert für Straßenverkehr
α_s Beiwert für Schienenfahrzeuge

Die Beiwerte α_p und α_s ergeben sich aus DIN 1072, Ausgabe Dezember 1985, Abschnitt 3.3.8.
Bei Bauteilen, die nach DS 804 nachzuweisen sind, gilt $\alpha_s = 1{,}0$.
Der vereinfachte Nachweis nach DIN 1045, Ausgabe 1988, Abschnitt 17.8. Absatz 5 (berichtigte Fassung), ist zulässig; dabei sind die mit α_p beziehungsweise α_s multiplizierten Verkehrsregellasten als häufig wechselnde Lastanteile anzusetzen. Bei der

Bildung der Verhältnisse $\Delta Q/\max Q$ und $\Delta M/\max M$ ist der Lastfall H zugrunde zu legen.
Bei Straßenbrücken der Brückenklasse 60/30 ohne Belastung durch Schienenfahrzeuge darf der Nachweis der Schwingbreite auf die statisch erforderliche Bewehrung aus geschweißten Betonstahlmatten und auf geschweißte Stöße beschränkt werden.
Weitergehende Forderungen nach DIN 4227 Teile 1 bis 6 bleiben unberührt.

4.4 Zu Abschnitt 9.4 Beschränkung der Rißbreite für Stahlbetonbauteile
Anstelle der Bezugnahme auf DIN 1045, Ausgabe Dezember 1978, gilt DIN 1045, Ausgabe Juli 1988, Abschnitt 17.6.3. Die Absätze 2 und 3 sind nicht zu beachten.

4.5 Zu Abschnitt 9.5 Seitenstoß auf Schrammborde und Schutzeinrichtungen
Anstelle der Bezugnahme auf DIN 1072, Ausgabe November 1967, gilt DIN 1072, Ausgabe Dezember 1985 Abschnitt 5.4.

4.6 Zu Abschnitt 9.6 Beanspruchung beim Umkippen
Dieser Abschnitt ist von der Einführung ausgenommen.
Statt dessen gilt:
Für den Nachweis der Sicherheit gegen Abheben und Umkippen gelten die Widerstands-Teilsicherheitsbeiwerte beziehungsweise die Beiwerte zur Erhöhung der im Gebrauchszustand zulässigen Spannungen nach DIN 1072, Ausgabe Dezember 1985, Anhang A.

5. Auf folgende Druckfehler wird hingewiesen:
- Abschnitt 5, Bild 3
  Die Bildunterschrift zu Bild 3c muß heißen:
  ... (zu Bild 3b)
- Abschnitt 5.2.2, Absatz 2
  In Zeile 20 muß es heißen:
  ... Betondeckenfertiger zu verdichten;
- Abschnitt 8, Bild 7
  In Bild 7 gilt:

$$zul\sigma = \frac{\beta_R}{2{,}1}\sqrt{\frac{A^\star}{A_1{}^\star}} \leq 1{,}4\beta_R$$

- Abschnitt 10, Tabelle 5
  Die Überschrift in Tabelle 5, Zeile 1, Spalte 3 muß heißen:
  Rechnerische Bezugsfläche A_b

Anlage 2.3/3

zu DIN 4028

Bei Anwendung der technischen Regel ist folgendes zu beachten:

1. Zu Abschnitt 7.1.2:
Ausfachende Wandtafeln können als Voll- und Hohldielen mit beidseitiger Bewehrung ausgeführt werden. Ihre Dicke d muß mindestens 12 cm, die Breite b mindestens 50 cm betragen. Einzelne Paßstücke mit Breiten b $\geq$ 20 cm sind zulässig. Bei Hohldielen sind die Abmessungsbedingungen nach Abschnitt 7.1.1 Abs. 3 und 4 einzuhalten.
2. Zu Abschnitt 7.2.4.2 in Verbindung mit Abschnitt 4.3:
Für Stahlbetondielen, die der Witterung ausgesetzt sind, ist die Betondeckung gegenüber den Werten von DIN 1045, Ausgabe Juli 1988, Tabelle 10 um 0,5 cm zu erhöhen.

Anlage 2.3/4
zu DIN 4212

Bei Anwendung der technischen Regel ist folgendes zu beachten:

1. Mit Rücksicht auf mögliche Ungenauigkeiten in der Vorausbeurteilung des Kranbetriebs ist eine wiederkehrende Überprüfung der Kranbahnen auf Schädigungen erforderlich, sofern die Bemessung auf Betriebsfestigkeit (mit Kollektivformen S_0, S_1 oder S_2) erfolgt. Sie ist in geeigneten Zeitabständen vom Betreiber der Kranbahn (oder einem Beauftragten) durchzuführen.
2. Auf folgende Druckfehler wird hingewiesen:
   - Die Unterschriften der Bilder 2 und 3 sind zu vertauschen, wobei es in der neuen Unterschrift des Bildes 2 heißen muß: „... $\sigma_{ub} = 0{,}20 \cdot \beta_{ws}$".
   - In Abschnitt 4.2.4 – Nachweis der Betriebsfestigkeit – muß es in der 5. Zeile heißen: „... $\sigma_{ub} \leq 1/6$ ...".

   Zusätzlich gilt folgendes:

   Nach Art. 1 Abs. 2 Nr. 4 BayBO sind Kräne und Krananlagen vom Geltungsbereich der Bauordnung ausgenommen. Soweit von Krananlagen jedoch Lasten auf Gebäude übertragen werden, hängt die Standsicherheit des Gebäudes auch von der ordnungsgemäßen Beschaffenheit der mit dem Gebäude verbundenen Kranbahn ab. Die Norm DIN 4212 wird daher für solche Kranbahnen eingeführt, von denen Lasten auf Gebäude übertragen werden.

Anlage 2.3/5
zu DIN 4227 Teil 1, geändert durch DIN 4227 – 1/A1

Bei Anwendung der technischen Regel ist folgendes zu beachten:

1. Zu Abschnitt 6.7.3
   Der Abschnitt wird wie folgt geändert:
   – die Gleichung (1) erhält die Nr. (100)
   – die Tabelle 6 erhält die Nummer 5.1
   – die Tabelle 7 erhält die Nummer 5.2
   – die Bezüge auf die vorgenannte Gleichung und die Tabellen werden im Text entsprechend geändert.
   – die Anmerkung am Abschnittsende wird gestrichen.
2. Zu Abschnitt 12.1, Absatz 7, Satz 2:
   Für Stege gilt Tabelle 9, Zeile 62.
3. Auf folgende Druckfehler in der Norm DIN 4227 Teil 1 wird hingewiesen:
   – In der Tabelle 9 Zeile 31 Spalte 5 muß es richtig heißen „2,2" (statt „2,0").
   – Auf Seite 27 müssen die drei letzten Zeilen unter „Zitierte Normen und andere Unterlagen" richtig heißen:
     „DAfStb-Heft 320 Erläuterungen zu DIN 4227 Spannbeton[10])"
     „Richtlinien für die Bemessung und Ausführung von Stahlverbundträgern (vorläufiger Ersatz für DIN 1078 und DIN 4239)"
     „Mitteilungen des Instituts für Bautechnik Berlin"

Anlage 2.3/6

zu DIN V 4227 Teil 2

Bei Anwendung der technischen Regel ist folgendes zu beachten:

1. Zu Abschnitt 9.2: Nachweis der Stahlspannungen im Gebrauchszustand bei nicht vorwiegend ruhender Belastung
   Der in Absatz 1 für die Dauerschwingfestigkeit angegebene Wert von 140 MN/m² gilt nur für Einzelspannglieder aus geripptem Spannstahl. Für Spannglieder aus Litzen oder glatten Spannstählen gilt anstelle des Wertes 140 MN/m² der Wert 110 MN/m².
2. Zu Abschnitt 12: Schiefe Hauptspannungen und Schubdeckung
   Sofern die Querkraft aus Vorspannung gleichgerichtet ist zur Querkraft aus Last, ist in Absatz 2 zusätzlich der Nachweis nach folgender Gleichung zu führen:

$$1{,}75\ S_g + 1{,}75\ S_p + 1{,}5\ S_v \leq R.$$

Anlage 2.3/7

zu DIN V 4227 Teil 6

Bei Anwendung der technischen Regel ist folgendes zu beachten:

1. Zu Abschnitt 2 Bautechnische Unterlagen, Bauleitung und Fachpersonal

Absatz 3 ist überholt. Statt dessen gilt:
Auf den Ausführungszeichnungen für die Spannbewehrung ist der in der Zulassung für die verwendeten Litzen und gezogenen Drähte angegebene Relaxationswert zu vermerken.
Im übrigen gilt DIN 4227 Teil 1, Ausgabe Dezember 1988, Abschnitt 2.2.

2. Zu Abschnitt 12 Schiefe Hauptspannungen, Schubdeckung
Sofern die Querkraft aus Vorspannung gleichgerichtet ist zur Querkraft aus Lasteinwirkung, ist zusätzlich in Absatz 2 der Nachweis nach folgender Gleichung zu führen.

$$1{,}75\ S_g + 1{,}75\ S_p + 1{,}5\ S_v \leq R.$$

Anlage 2.3/8

zu DIN 18551

Bei Anwendung der technischen Regel ist folgendes zu beachten:
Zu Abschnitt 8.5: Bemessung von Stützenverstärkungen
Die Bemessung von Stützenverstärkungen nach Abschnitt 8.5 in Verbindung mit DIN 1045 gilt nur für symmetrisch bewehrte Stützen mit quadratischem, rechteckigem oder kreisförmigem Querschnitt, die symmetrisch umlaufend verstärkt sind.

Anlage 2.3/9

zu DIN V ENV 1992

Bei Anwendung der technischen Regel ist folgendes zu beachten:

1. DIN V ENV 1992 Teil 1–1, Ausgabe Juni 1992, sowie DIN V ENV 1992–1–3 bis 6, jeweils Ausgabe Dezember 1994, dürfen – unter Beachtung der zugehörigen Anwendungsrichtlinie – alternativ zu DIN 1045 (lfd. Nr. 2.3.1) beziehungsweise DIN 4219 Teil 2 (lfd. Nr. 2.3.6) und DIN 4227 (lfd. Nr. 2.3.7) dem Entwurf, der Berechnung und der Bemessung sowie der Ausführung von Stahlbeton- und Spannbetonbauteilen zugrunde gelegt werden.
2. Bei der Ausführung von Stahlbeton- und Spannbetonbauteilen entsprechend DIN V ENV 1992 Teil 1–1, Ausgabe Juni 1992, sowie DIN V ENV 1992–1–3 bis 6, jeweils Ausgabe Dezember 1994, ist Beton zu verwenden, der DIN V ENV 206 (lfd. Nr. 2.3.13) entspricht.

Anlage 2.3/10

zur DAfStb-Richtlinie für hochfesten Beton

Bei Anwendung der technischen Regel ist folgendes zu beachten:

1. Folgende Anwendungen bedürfen der Zustimmung im Einzelfall durch die Bauaufsichtsbehörde:

1.1 Abschnitt 1.1: Anwendungsbereich
Die Anwendung der Festigkeitsklassen B 105 und B 115.

1.2 Abschnitt 17.3.2: Umschnürte Druckglieder
Die Ausnutzung des traglaststeigernden Einflusses einer Umschnürbewehrung aufgrund eines genaueren Nachweises.

1.3 Abschnitt 26.2: Knicklänge für den Nachweis der Feuerwiderstandsdauer
Der genauere Nachweis nach Theorie II. Ordnung.
Die Hochtemperatur-Materialkennwerte des verwendeten Betons sind nachzuweisen.

1.4 Abschnitt 26.3 und 26.4: Brandschutzbewehrungen
Der Verzicht auf Anordnung einer Brandschutzbewehrung bei Anwendung betontechnischer Maßnahmen.
Die Wirksamkeit der vorgesehenen betontechnischen Maßnahmen ist anhand von Brandversuchen nach DIN 4102-2 nachzuweisen.

2. Zu Abschnitt 7.4.2.1
Der in Absatz (1) angegebene Zielwert der Eignungsprüfung bezieht sich auf den Mittelwert einer Serie von 3 Proben.
DIN 1045: 1988-07, Abschnitt 7.4.2.2, gilt in diesem Zusammenhang nicht.

3. Zu Abschnitt 7.4.2.1 Absatz (5)
Als Mindestwerte für die Zugfestigkeit sind die Werte der Tabelle R 9 und für den Elastizitätsmodul die Werte der Tabelle R 4 einzuhalten.

4. Zu Abschnitt 7.4.3.5.2 Absatz (3)
Die 3er Stichprobe ist gleichbedeutend mit den 3 Würfeln einer Serie nach DIN 1045: 1988-07, Abschnitt 6.5.1 Abs. (2).

5. Zu Abschnitt 26.1
In Satz 1 ist hinter „Abschnitt 3" einzufügen „und Abschnitt 4".

Anlage 2.3/11

zur Richtlinie für Schutz und Instandsetzung von Betonbauteilen

Bei Anwendung der technischen Regel ist folgendes zu beachten:
Bauaufsichtlich ist die Anwendung der technischen Regel nur für Instandsetzungen von Betonbauteilen gefordert, bei denen die Standsicherheit gefährdet ist.

Anlage 2.3/01

zu DIN 4099

Bei Anwendung der technischen Regel gilt zusätzlich folgendes:

41 Technische Baubestimmungen

01. Allgemeines
Im Vorgriff auf die Rechtsverordnung nach Art. 20 Abs. 5 BayBO und auf der Grundlage der bisherigen Regelungen gilt, daß Betriebe, die Schweißarbeiten an Betonstahl ausführen, der Bauaufsichtsbehörde nachweisen, daß sie über die erforderlichen Fachkräfte und betrieblichen Einrichtungen verfügen. Dieser Nachweis gilt als erbracht, wenn eine gültige Bescheinigung einer dafür anerkannten Stelle über den Eignungsnachweis für das Schweißen von Betonstahl nach DIN 4099 vorliegt.
In den Abschnitten 6.2 und 6.3 der Norm entfallen die Fußnoten[4] und [5].

02. Anerkannte Stellen
Für die Durchführung der Eignungsnachweise zum Schweißen von Betonstahl nach DIN 4099 und die Erteilung der Bescheinigung über den Eignungsnachweis sind in Bayern anerkannt
- die Schweißtechnische Lehr- und Versuchsanstalt München des Deutschen Verbands für Schweißtechnik (Schachenmeierstraße 37, 80636 München) für Antragsteller mit Wohnsitz oder Niederlassung in Oberbayern, Niederbayern oder Schwaben,
- die Landesgewerbeanstalt Bayern (Tillystr. 2, 90431 Nürnberg) für Antragsteller mit Wohnsitz oder Niederlassung in Oberfranken, Mittelfranken, Unterfranken oder in der Oberpfalz.

Anerkannte Stellen für die Durchführung der Eignungsnachweise zum Schweißen von Betonstahl nach DIN 4099 und die Erteilung der Bescheinigung über den Eignungsnachweis für Betriebe mit Wohnsitz oder Niederlassung außerhalb der Bundesrepublik Deutschland sind alle Stellen, die für inländische Betriebe für den Eignungsnachweis zum Schweißen von Betonstahl nach DIN 4099 anerkannt sind.
Ein Verzeichnis aller in der Bundesrepublik Deutschland anerkannten Stellen für die Durchführung von Eignungsnachweisen zum Schweißen von Betonstahl nach DIN 4099 wird beim Deutschen Institut für Bautechnik geführt und in dessen „Mitteilungen" veröffentlicht.

Anlage 2.4/1

zu den technischen Regeln nach Abschn. 2.4 und 2.7

Bei Anwendung der technischen Regel ist die Anpassungsrichtlinie Stahlbau („Mitteilungen"[1] des Deutschen Instituts für Bautechnik, Sonderheft 11/1) zu beachten.

---

[1] Die „Mitteilungen" sind zu beziehen beim Verlag Ernst & Sohn, Mühlenstraße 33–34, 13187 Berlin.

Anlage 2.4/2

zu den technischen Regeln nach Abschn. 2.4 und 2.7

Bei Anwendung der technischen Regel ist die Herstellungsrichtlinie Stahlbau („Mitteilungen“[1] des Deutschen Instituts für Bautechnik, Sonderheft 11/1) zu beachten.

Anlage 2.4/3

zu DIN 18 806 Teil 1

1. Bei Anwendung dieser technischen Regel sind die Normen
   DIN 18 800 Teil 1, Ausgabe März 1981,
   und
   DIN 4114 Blatt 1, Ausgabe Juli 1952,
   Blatt 2, Ausgabe Februar 1953,
   zu beachten.
2. Auf folgende Druckfehler in der Norm DIN 18 806 wird hingewiesen:
   – Auf Seite 3 muß es in Fußnote 1 heißen „siehe Seite 1“ (statt „... Seite 2“)
   – Im Anhang A muß das letzte Glied in der Formel (A.1) zur Berechnung von x „$4\lambda^2$“ (statt „$4\lambda^4$“) heißen.

Anlage 2.4/4

zu DIN 18 809

1. Bei der Anwendung der technischen Regel sind die Normen
   DIN 18 800 Teil 1, Ausgabe März 1981,
   und
   DIN 4114 Blatt 1, Ausgabe Juli 1952,
   Blatt 2, Ausgabe Februar 1953,
   zu beachten
2. Auf folgende Druckfehler in der Norm DIN 18 809 wird hingewiesen:
   – In Bild 3, obere Skizze links, muß es statt $l_e = 2/3$ richtig $l_e = 2\ l_3$ heißen.
   – In Tabelle 1, erste Formel, muß es statt l_m richtig l_M heißen.

Anlage 2.4/5

zu DIN V ENV 1993 Teil 1–1

Bei Anwendung der technischen Regel ist folgendes zu beachten:

---

[1] Die „Mitteilungen“ sind zu beziehen beim Verlag Ernst & Sohn, Mühlenstraße 33–34, 13187 Berlin.

41 Technische Baubestimmungen

1. DIN V ENV 1993 Teil 1–1, Ausgabe April 1993, darf – unter Beachtung der zugehörigen Anwendungsrichtlinie (DAStRichtlinie 103) – alternativ zu DIN 18800 (Lfd. Nr. 2.4.4) dem Entwurf, der Berechnung und der Bemessung sowie der Ausführung von Stahlbauten zugrunde gelegt werden.
2. Bei Ausführung von Stahlbauten entsprechend DIN V ENV 1993 Teil 1–1, Ausgabe April 1993, ist DIN 18800 Teil 7, Ausgabe Mai 1983, zu beachten.
3. Auf folgende Druckfehler in der DASt-Richtlinie 103 wird hingewiesen:
   - Auf dem Deckblatt ist im Titel der 3. Absatz wie folgt zu ändern:
     „Eurocode 3
     Bemessung und Konstruktion von Stahlbauten
     Teil 1–1: Allgemeine Bemessungsregeln, Bemessungsregeln für den Hochbau"
   - Auf Seite 4, Abschnitt 3.2, Baustähle
     beginnt der 2. Satz wie folgt: „Für die nicht geschweißten Konstruktionen ..."
   - Auf den Seiten 28 und 29, Anhang C, Absatz 6
     ist in den Formeln für Längsspannungen und für Schubspannungen jeweils das Zeichen Φ (Großbuchstabe) zu ersetzen durch das Zeichen γ (Kleinbuchstabe).
   - Auf Seite 29, Anhang C, Absatz 9
     ist das Wort „Ermüdungsbelastung" durch das Wort „Ermüdungsfestigkeit" zu ersetzen.

Anlage 2.4/6

zu DIN V ENV 1994 Teil 1-1

Bei Anwendung der technischen Regel ist folgendes zu beachten:

DIN V ENV 1994 Teil 1-1, Ausgabe Februar 1994, darf – unter Beachtung der zugehörigen Anwendungsrichtlinie (DASt-Richtlinie 104) – alternativ zu DIN 18806 Teil 1 und den Richtlinien für die Bemessung und Ausführung von Stahlverbundträgern (Lfd. Nr. 2.4.6) dem Entwurf, der Berechnung und der Bemessung sowie der Ausführung von Verbundtragwerken aus Stahl und Beton zugrunde gelegt werden.

Anlage 2.4/01

zu DIN 4113 Teil 1

Bei Anwendung der technischen Regel gilt zusätzlich folgendes:

01. Zu Abschnitt 0, letzter Absatz
    Im Vorgriff auf die Rechtsverordnung nach Art. 20 Abs. 5 BayBO und auf der Grundlage der bisherigen Regelungen gilt, daß Betrie-

be, die Schweißarbeiten an tragenden Aluminiumbauteilen ausführen, der Bauaufsichtsbehörde nachweisen, daß sie über die erforderlichen Fachkräfte und betrieblichen Einrichtungen verfügen. Dieser Nachweis gilt als erbracht, wenn eine gültige Bescheinigung einer dafür anerkannten Stelle (siehe nachfolgende lfd. Nr. 3) über den Eignungsnachweis für das Schweißen von tragenden Aluminiumbauteilen vorliegt.

02. Zu Abschnitt 1.2
Soweit in der Norm auf DIN 1050 Bezug genommen wird, sind nunmehr DIN 18800 Teil 1 und DIN 18801 zu beachten.

03. Anerkannte Stellen
Für die Durchführung der Eignungsnachweise und die Erteilung der Bescheinigungen über den Eignungsnachweis zum Schweißen von tragenden Bauteilen aus Aluminium sind anerkannt:

A Forschungs- und Materialprüfungsanstalt
Baden-Württemberg – Otto-Graf-Institut –
Pfaffenwaldring 4, 70569 Stuttgart (Vaihingen)

B Bundesanstalt für Materialprüfung (BAM)
Abteilung Fügetechnik
Unter den Eichen 87,12205 Berlin

C Amtliche Materialprüfungsanstalt für das Bauwesen beim Institut für Baustoffkunde und Materialprüfung der Universität Hannover
Nienburger Straße 3, 30167 Hannover
in Verbindung mit:
Amtliche Materialprüfungsanstalt für Werkstoffe des Maschinenwesens und Kunststoffe beim Institut für Werkstoffe der Universität Hannover
Appelstraße 11 A, 30167 Hannover

D Versuchsanstalt für Stahl, Holz und Steine – Amtliche Materialprüfungsanstalt – der Universität Karlsruhe (Technische Hochschule)
Kaiserstraße 12, 76131 Karlsruhe

E Schweißtechnische Lehr- und Versuchsanstalt München
Schachenmeierstraße 37, 80636 München[1)]

F Schweißtechnische Lehr und Versuchsanstalt Duisburg
Bismarckstraße 85, 47057 Duisburg[1)]

04. Verzeichnis der Schweißbetriebe
Ein Verzeichnis der Betriebe, die eine gültige Bescheinigung über einen Eignungsnachweis zum Schweißen von tragenden Bauteilen

---

[1)] Falls Bauteilversuche zur Festlegung der zulässigen Spannungen notwendig sind, werden die Schweißtechnischen Lehr- und Versuchsanstalten (siehe E und F) den Eignungsnachweis im Einvernehmen mit einer der unter A bis D genannten Materialprüfanstalten durchführen.

aus Aluminium besitzen, wird vom Deutschen Institut für Bautechnik geführt und in dessen „Mitteilungen“[1] veröffentlicht.

Anlage 2.4/02

zu DIN 4132

Bei Anwendung der technischen Regel gilt zusätzlich folgendes:

Nach Art.1 Abs. 2 Nr. 4 BayBO sind Kräne und Krananlagen vom Geltungsbereich der Bauordnung ausgenommen. Soweit von Krananlagen jedoch Lasten auf Gebäude übertragen werden, hängt die Standsicherheit des Gebäudes auch von der ordnungsgemäßen Beschaffenheit der mit dem Gebäude verbundenen Kranbahn ab. Die Norm DIN 4132 wird daher für solche Kranbahnen eingeführt, von denen Lasten auf Gebäude übertragen werden.

Anlage 2.4/03

zu DIN 18807 Teil 1

Bei Anwendung der technischen Regel gilt zusätzlich folgendes:

Auf folgende Druckfehler wird hingewiesen:

Zu Bild 9

In der Bildunterschrift ist „nach Abschnitt 3.2.5.3“ jeweils zu berichtigen in „nach Abschnitt 4.2.3.3“.

Zu Abschnitt 4.2.3.7

Unter dem zweiten Spiegelstrich muß es statt „... höchstens 30° kleiner ...“ heißen „... mindestens 30° kleiner ...“.

Anlage 2.4/04

zu DIN 18 807 Teil 3

Bei Anwendung der technischen Regel gilt zusätzlich folgendes:

Auf folgende Druckfehler wird hingewiesen:

Zu Abschnitt 3.3.3.1

Im zweiten Absatz muß es anstelle von „... 3.3.3.2 Aufzählung a) multiplizierten ...“ heißen „... 3.3.3.2 Punkt 1 multiplizierten ...“.

Im dritten Absatz muß es anstelle von „... 3.3.3.2 Aufzählung b) nicht ...“ heißen „... 3.3.3.2 Punkt 2 nicht ...“.

Zu Abschnitt 3.6.1.5 mit Tabelle 4

In der Tabellenüberschrift muß es heißen „Einzellasten zul F in kN je mm Stahlkerndicke und je Rippe für ...“.

---

[1] Die „Mitteilungen“ sind zu beziehen beim Verlag Ernst & Sohn, Mühlenstr. 33–34, 13187 Berlin.

Anlage 2.5/1

zu DIN 1052 Teil 2

Bei Anwendung der technischen Regel ist folgendes zu beachten:

1. Zu den Abschnitten 6.2.3, 6.2.10, 6.2.11, 6.2.12, 6.2.15
   Die genannten Mindestholzabmessungen und Mindestnagelabstände dürfen bei Douglasie nur angewendet werden, wenn die Nagellöcher über die ganze Nagellänge vorgebohrt werden. Dies gilt abweichend von Tabelle 11, Fußnote 1 für alle Nageldurchmesser.
2. Zu Abschnitt 7.2.4
   Die Festlegungen gelten nicht für Douglasie.

Anlage 2.5/2

zu DIN V ENV 1995 Teil 1–1

Bei Anwendung der technischen Regel ist folgendes zu beachten:
DIN V ENV 1995 Teil 1–1, Ausgabe Juni 1994, darf – unter Beachtung der zugehörigen Anwendungsrichtlinie – alternativ zu DIN 1052 (Lfd. Nr. 2.5.1) dem Entwurf, der Berechnung und der Bemessung sowie der Ausführung von Holzbauwerken zugrunde gelegt werden.

Anlage 2.6/1

zu den Technischen Regeln für die Verwendung von linienförmig gelagerten Überkopf-Verglasungen

Bei Anwendung der technischen Regel ist folgendes zu beachten:

1. Zu Abschnitt 1 – Anwendungsbereich
   Die technische Regel braucht nicht angewendet zu werden auf Überkopf-Verglasungen in Kulturgewächshäusern nach DIN 11 535.
2. Zu Abschnitt 3 – Anwendungsbedingungen
   Für einzelne Fenster im Überkopfbereich mit einer Glasfläche bis zu 2 m^2 und für Überkopf-Verglasungen von Wohnungen mit einer Scheibengröße bis zu 2 m^2 und einer Einbauhöhe bis zu 3,50 m dürfen – abweichend von Tabelle 1 – alle in Abschnitt 2.1 aufgeführten Glaserzeugnisse verwendet werden.

Anlage 2.7/1

zu DIN 1056

Bei Anwendung der technischen Regel ist folgendes zu beachten:

Zu Abschnitt 10.2.3.1

Für die Mindestwanddicke gilt Tabelle 6, jedoch darf die Wanddicke an keiner Stelle kleiner als $^1/_{30}$ des dazugehörigen Innendurchmessers sein.

Anlage 2.7/2

zu DIN 4112

Bei Anwendung der technischen Regel ist folgendes zu beachten:

Zu Abschnitt 5.17.3.4

Der 3. Absatz gilt nur für Verschiebungen in Binderebene bei Rahmenbindern mit mehr als 10 m Stützweite.

Anlage 2.7/3

zu DIN 4131

Bei Anwendung der technischen Regeln ist folgendes zu beachten:

Zu Abschnitt A.1.3.2.3

Aerodynamische Kraftbeiwerte, die dem anerkannten auf Windkanalversuchen beruhenden Schrifttum entnommen oder durch Versuche im Windkanal ermittelt werden, müssen der Beiwertdefinition nach DIN 1055 Teil 4 entsprechen.

Anlage 2.7/4

zu DIN 4133

Bei Anwendung der technischen Regeln ist folgendes zu beachten:

Zu Abschnitt A.1.3.2.2

Aerodynamische Kraftbeiwerte, die dem anerkannten auf Windkanalversuchen beruhenden Schrifttum entnommen oder durch Versuche im Windkanal ermittelt werden, müssen der Beiwertdefinition nach DIN 1055 Teil 4 entsprechen.

Anlage 2.7/5

zu DIN 11 535 Blatt 1

Bei Anwendung der technischen Regeln ist folgendes zu beachten:

Die Einführung beschränkt sich auf die Anwendung bei Kulturgewächshäusern.

Anlage 2.7/6

zu DIN 11 622–3

Bei Anwendung der technischen Regel ist folgendes zu beachten:

Zu Abschnitt 4

Auf folgenden Druckfehler in Absatz 3, Buchstabe b wird hingewiesen:

Die 5. Zeile muß richtig lauten:

„Für Güllebehälter mit einem Durchmesser d > 10 m"

Anlage 2.7/7

zu DIN 11 622–1

Bei Anwendung der technischen Regel ist folgendes zu beachten:

Zu Abschnitt 3.3 - Erddruck und Grundwasserdruck

Anstelle des nach Absatz 1 anzusetzenden Erdruhedrucks darf auch mit aktivem Erddruck gerechnet werden, wenn die zum Auslösen des Grenzzustandes erforderliche Bewegung der Wand sichergestellt ist (siehe DIN 1055 Teil 2, Abschnitt 9.1).

Anlage 2.7/01

zur „Richtlinie für Windkraftanlagen; Einwirkungen und Standsicherheitsnachweise für Turm und Gründungen“

Bei Anwendung der technischen Regel gilt zusätzlich folgendes:

Zur Ermittlung der Schnittgrößen aus dem maschinentechnischen Teil der Windkraftanlage als Einwirkungen auf den Turm nach Abschnitt 10 der Richtlinie können Sachverständige herangezogen werden. Als Sachverständige kommen insbesondere die nachfolgend Genannten in Betracht:

1. Germanischer Lloyd AG, Postfach 111606
   D-20416 Hamburg
2. Bureau Veritas Hamburg, Postfach 100 940
   D-20006 Hamburg
3. Technischer Überwachungsverein Norddeutschland e. V,
   Postfach 540 220
   D-22502 Hamburg
4. TÜV BAU- UND BETRIEBSTECHNIK GmbH
   – TÜV Bayern – (Zentralabteilung)
   Prüfamt für Baustatik für Fliegende Bauten
   Westendstraße 199
   D-80686 München
5. HD-Technic, Engeneering Office, Venesch 6 a
   D-49477 Ibbenbüren
6. Det Norske Veritas, Nyhavn 16
   DK-1051 Kopenhagen K
7. Energieonderzoek Centrum Nederland (ECN), Postbus 1
   NL-1755 ZG Petten

Anlage 3.1/1

zu DIN 4102 Teil 1

Bei Anwendung der technischen Regel ist folgendes zu beachten:

1. Abschnitt 7 der Norm ist von der Einführung ausgenommen.

2. Die in dieser Norm vorgesehenen Prüfungen zur Erlangung von Prüfzeugnissen beziehungsweise Prüfberichten sind
   - für geregelte Bauprodukte im Rahmen der vorgeschriebenen Übereinstimmungsnachweise,
   - für nicht geregelte Bauprodukte im Rahmen der erforderlichen Verwendbarkeitsnachweise durchzuführen.

Zusätzlich gilt folgendes:

01. Die in Abschnitt 3 angegebenen Baustoffklassen entsprechen den folgenden bauaufsichtlichen Benennungen:

Bauaufsichtliche Benennung	Baustoffklasse nach DIN 4102
nichtbrennbare Baustoffe	A A 1 A 2
brennbare Baustoffe schwerentflammbare Baustoffe normalentflammbare Baustoffe leichtentflammbare Baustoffe	B B 1 B 2 B 3

02. Da sich das Brandverhalten eines Baustoffs im Verbund mit anderen Stoffen ändern kann, ist in den Prüfzeugnissen beziehungsweise Prüfberichten angegeben, für welchen Verbund der Nachweis geführt wird.

Anlage 3.1/2

zu DIN 4102 Teil 2

Bei Anwendung der technischen Regel ist folgendes zu beachten:

Die in dieser Norm vorgesehenen Prüfungen zur Erlangung von Prüfzeugnissen sind
- für geregelte Bauprodukte im Rahmen der vorgeschriebenen Übereinstimmungsnachweise,
- für nicht geregelte Bauprodukte im Rahmen der erforderlichen Verwendbarkeitsnachweise,
- für nicht geregelte Bauarten im Rahmen der erforderlichen Anwendbarkeitsnachweise

durchzuführen.

Zusätzlich gilt folgendes:

01. Die in Abschnitt 8.8.2 Tabelle 2 angegebenen Benennungen entsprechen folgenden Benennungen in bauaufsichtlichen Verwendungsvorschriften:

Bauaufsichtliche Benennung	Benennung nach DIN 4102	Kurzbezeichnung
1 feuerhemmend	Feuerwiderstandsklasse F 30	F 30–B
2 feuerhemmend und in den wesentlichen Teilen aus nichtbrennbaren Baustoffen	Feuerwiderstandsklasse F 30 und in den wesentlichen Teilen aus nichtbrennbaren Baustoffen	F 30–AB
3 feuerhemmend und aus nichtbrennbaren Baustoffen	Feuerwiderstandsklasse F 30 und aus nichtbrennbaren Baustoffen	F 30–A
4 feuerbeständig	Feuerwiderstandsklasse F 90 und in den wesentlichen Teilen aus nichtbrennbaren Baustoffen	F 90–AB
5 feuerbeständig und aus nichtbrennbaren Baustoffen	Feuerwiderstandsklasse F 90 und aus nichtbrennbaren Baustoffen	F 90–A

Bei Anwendung der Tabelle 2 in bezug auf das Brandverhalten der Baustoffe können Sperrschichten aus brennbaren Baustoffen gegen aufsteigende Feuchtigkeit und Oberflächendeckschichten oder andere Oberflächenbehandlungen für die Klassifizierung unberücksichtigt bleiben.

02. Für folgende Bauprodukte und Bauarten ist eine Beurteilung der Feuerwiderstandsfähigkeit nach DIN 4102 Teil 2 allein nicht möglich; sie bedürfen daher eines Verwendbarkeits- beziehungsweise Anwendbarkeitsnachweises, z. B. einer allgemeinen bauaufsichtlichen Zulassung, sofern sie nicht in DIN 4102 Teil 4 klassifiziert sind:
   - dämmschichtbildende Brandschutzbeschichtungen auf Stahlbauteilen sowie andere Beschichtungen, Folien und ähnliche Schutzschichten, die im Innern, auf der Oberfläche oder in Fugen von Bauteilen angeordnet und erst durch Temperaturbeanspruchung wirksam werden,
   - Putzbekleidungen, die brandschutztechnisch notwendig sind und nicht durch Putzträger am Bauteil gehalten werden,
   - Unterdecken und Wände als Begrenzung von Rettungswegen, wenn diese Bauteile eine Konstruktionseinheit bilden (sog. Rettungstunnel),
   - Verglasungen der Feuerwiderstandsdauer F,
   - Verglasungen der Feuerwiderstandsklasse G.

Anlage 3.1/3

zu DIN 4102 Teil 3

Bei Anwendung der technischen Regel ist folgendes zu beachten:

1. Die in dieser Norm vorgesehenen Prüfungen zur Erlangung von Prüfzeugnissen sind
   - für nicht geregelte Bauprodukte im Rahmen der erforderlichen Verwendbarkeitsnachweise
   - und für nicht geregelte Bauarten im Rahmen der erforderlichen Anwendbarkeitsnachweise

   durchzuführen.
2. Sind nach bauaufsichtlichen Bestimmungen nichttragende Außenwände mindestens feuerhemmend herzustellen, so müssen diese mindestens die Anforderungen an die Feuerwiderstandsklasse W 30 oder F 30–B erfüllen; sind die nichttragenden Außenwände mindestens feuerbeständig herzustellen, so müssen diese mindestens die Anforderungen an die Feuerwiderstandsklasse W 90 oder F 90–AB erfüllen.
   Zusätzlich gilt folgendes:
   Brandwände, deren Beurteilung nach Abschnitt 4 allein nicht möglich ist, bedürfen einer allgemeinen bauaufsichtlichen Zulassung.

Anlage 3.1/4

zu DIN 4102 Teil 6

Bei Anwendung der technischen Regel ist folgendes zu beachten:

1. Abschnitt 6 der Norm ist von der Einführung ausgenommen.
2. Die in dieser Norm vorgesehenen Prüfungen zur Erlangung von Prüfzeugnissen sind
   - für nicht geregelte Bauprodukte im Rahmen der erforderlichen Verwendbarkeitsnachweise
   - und für nicht geregelte Bauarten im Rahmen der erforderlichen Anwendbarkeitsnachweise

   durchzuführen.

Anlage 3.1/5

zu DIN 4102 Teil 7

Bei Anwendung der technischen Regel ist folgendes zu beachten:

Die in dieser Norm vorgesehenen Prüfungen zur Erlangung von Prüfzeugnissen sind

- für nicht geregelte Bauprodukte im Rahmen der erforderlichen Verwendbarkeitsnachweise
- und für nicht geregelte Bauarten im Rahmen der erforderlichen Anwendbarkeitsnachweise

durchzuführen.

Anlage 3.1/6

zu DIN 4102 Teil 11

Bei Anwendung der technischen Regel ist folgendes zu beachten:

1. Rohrummantelungen und Rohrabschottungen

1.1 Nach Art. 31 Abs. 1, Art. 32 Abs. 10, Art. 33 Abs. 10 und Art. 37 Abs. 4 BayBO dürfen Leitungen durch Brandwände, Treppenraumwände sowie durch Wände und Decken, die feuerbeständig sein müssen, nur hindurchgeführt werden, wenn eine Übertragung von Feuer und Rauch nicht zu befürchten ist oder Vorkehrungen hiergegen getroffen sind. Diese Vorkehrungen müssen die Anforderungen der Norm an die Feuerwiderstandsklasse R 90 erfüllen.

1.2 Eine Übertragung von Feuer und Rauch ist nicht zu befürchten, so daß Vorkehrungen hiergegen nicht getroffen zu werden brauchen

- bei der Durchführung von Leitungen für Wasser und Abwasser aus nichtbrennbaren Rohren – mit Ausnahme von solchen aus Aluminium –, wenn der Raum zwischen den Rohrleitungen und dem verbleibenden Öffnungsquerschnitt mit nichtbrennbaren, formbeständigen Baustoffen vollständig geschlossen wird, bei Bauteilen aus mineralischen Baustoffen mit z. B. Mörtel oder Beton; werden Mineralfasern hierzu verwendet, so müssen diese eine Schmelztemperatur von mind. 1000 °C aufweisen (vgl. DIN 4102 Teil 17, Ausgabe Dezember 1990),
- bei der Durchführung von Leitungen aus brennbaren Rohren mit einem Durchmesser von < 32 mm, wenn der Raum zwischen Rohrleitung und dem verbleibenden Öffnungsquerschnitt, wie vorstehend beschrieben, geschlossen wird,
- bei der Durchführung von Leitungen aus brennbaren Rohren oder von Rohren aus Aluminium durch Trennwände, die feuerbeständig sein müssen, wenn die Rohrleitungen auf einer Gesamtlänge von 4,0 m, jedoch auf keiner Seite weniger als 1,0 m, mit mineralischem Putz ≥ 15 mm dick auf nichtbrennbarem Putzträger oder auf Holzwolle-Leichtbauplatten nach DIN 1101, Ausgabe November 1989, oder mit einer gleichwertigen Bekleidung aus nichtbrennbaren Baustoffen ummantelt sind; abzweigende Rohrleitungen, die nur auf einer Seite der Trennwände und nicht durch Decken geführt werden, brauchen nicht ummantelt zu werden,
- bei der Durchführung von Leitungen aus brennbaren Rohren oder von Rohren aus Aluminium durch Decken, die feuerbeständig sein müssen, wenn die Rohre durchgehend in jedem Geschoß, außer im obersten Geschoß von Dachräumen, mit mineralischem Putz ≥ 15 mm dick auf nichtbrennbarem Putz-

träger oder auf Holzwolle-Leichtbauplatten nach DIN 1101, Ausgabe November 1989, oder mit einer gleichwertigen Bekleidung aus nichtbrennbaren Baustoffen ummantelt beziehungsweise bekleidet oder abgedeckt werden; bei Leitungen aus schwerentflammbaren Rohren (DIN 4102-B1) oder aus Aluminium sind diese Schutzmaßnahmen nur in jedem zweiten Geschoß erforderlich; abzweigende Rohrleitungen, soweit sie nur innerhalb eines Geschosses und nicht durch Trennwände geführt werden, brauchen nicht ummantelt zu werden.

2. Installationsschächte und -kanäle

2.1 Nach Art. 41 Abs. 7 BayBO sind Installationsschächte und -kanäle in Gebäuden, mit Ausnahme von Gebäuden geringer Höhe, sowie Installationsschächte und -kanäle, die Brandwände überbrücken, so herzustellen, daß Feuer und Rauch nicht in Treppenräume, andere Geschosse oder Brandabschnitte übertragen werden können. Hierzu müssen die Installationsschächte und -kanäle für die jeweilige Leitungsart die Anforderungen an die Feuerwiderstandsklasse I 30, I 60 oder I 90 erfüllen.

2.2 Installationskanäle sind in Abweichung von DIN 4102 Teil 11 Bild 8 ohne eine Abschottung im Wandbereich zu prüfen.

3. Die in dieser Norm vorgesehenen Prüfungen zur Erlangung von Prüfzeugnissen sind
   - für nicht geregelte Bauprodukte im Rahmen der erforderlichen Verwendbarkeitsnachweise
   - und für nicht geregelte Bauarten im Rahmen der erforderlichen Anwendbarkeitsnachweise

   durchzuführen.

Anlage 3.1/7

zu DIN 4102 Teil 12

Bei Anwendung der technischen Regel ist folgendes zu beachten:

1. Die Abschnitte 8 und 9 der Norm sind von der Einführung ausgenommen.
2. Die in dieser Norm vorgesehenen Prüfungen zur Erlangung von Prüfzeugnissen sind
   - für nicht geregelte Bauprodukte im Rahmen der erforderlichen Verwendbarkeitsnachweise
   - und für nicht geregelte Bauarten im Rahmen der erforderlichen Anwendbarkeitsnachweise

   durchzuführen.
3. Wird in bauaufsichtlichen Bestimmungen verlangt, daß Kabel oder Leitungen so beschaffen oder geschützt sein müssen, daß sie bei Brandeinwirkung ihre Funktionsfähigkeit für eine bestimmte Zeit

behalten, so müssen sie, je nach Verwendungsfall, die Anforderungen der Funktionsklassen E 30, E 60 oder E 90 erfüllen.

Anlage 3.1/8

zu DIN 4102 Teil 4

Bei Anwendung der technischen Regel ist folgendes zu beachten:

1. Bei Anwendung der technischen Regel sind die Berichtigung 1 zu DIN 4102-4, Ausgabe Mai 1995, und Berichtigung 2 zu DIN 4102-4, Ausgabe April 1996, zu beachten.
2. Auf folgende weitere Druckfehler in der Norm DIN 4102 Teil 4 wird hingewiesen:
   In den Überschriften zu Tabelle 92 und Tabelle 93 muß es heißen „$U/A \leq 300\ m^{-1}$" (statt $U/A \leq 300\ mm^{-1}$).

Anlage 3.5/01

zur Richtlinie zur Bemessung von Löschwasser-Rückhalteanlagen beim Lagern wassergefährdender Stoffe

Bei Anwendung der technischen Regel gilt zusätzlich folgendes:

01. Die Richtlinie regelt ausschließlich die Bemessung von Löschwasser-Rückhalteanlagen beim Lagern wassergefährdender Stoffe.
02. Eine Löschwasser-Rückhalteanlage ist nicht erforderlich, wenn wassergefährdende Stoffe unterhalb der Schwellenwerte nach Abschnitt 2.1 der Richtlinie gelagert werden.
03. Für bauliche Anlagen in oder auf denen mit wassergefährdenden Stoffen umgegangen wird und auf die die Richtlinie nach den Abschnitten 2.2 und 2.3 keine Anwendung findet, ist eine allgemeine Bemessungsregel für Löschwasser-Rückhalteanlagen nicht möglich. Sofern für solche Anlagen die Zurückhaltung verunreinigten Löschwassers erforderlich ist, muß über die Anordnung und Bemessung von Löschwasser-Rückhalteanlagen im Einzelfall entschieden werden.
04. Der Nachweis ausreichend bemessener Löschwasser-Rückhalteanlagen ist durch den Bauherrn zu erbringen. Dieser ist auch für die Angaben zu den Lagermengen und zur Wassergefährdungsklasse der gelagerten Stoffe verantwortlich; eine bauaufsichtliche Prüfung dieser Angaben findet nicht statt.

Anlage 3.6/01

zur bauaufsichtlichen Richtlinie über die brandschutztechnischen Anforderungen an Lüftungsanlagen

Bei Anwendung der technischen Regel gilt zusätzlich folgendes:

Der Wortlaut der Richtlinie ist auf Regelungen der Musterbauordnung (MBO) bezogen; soweit nachfolgend nichts anderes vermerkt ist, entspricht § 37 MBO dem Art. 41 BayBO.

41 Technische Baubestimmungen

Im einzelnen gilt folgendes:

01. zu Nr. 1
Die Richtlinie gilt nicht für Lüftungsanlagen in Wohngebäuden mit bis zu zwei Wohnungen und innerhalb von Wohnungen.

02. zu Nr. 3.1
Für Lüftungsleitungen sowie Dämmstoffe und Verkleidungen gelten die Baustoffanforderungen der Richtlinie, soweit nicht in der BayBO oder zugehörigen Vorschriften weitergehende Anforderungen gestellt werden.

03. zu Nr. 4.2 Tabelle 1
Für Lüftungsleitungen, die Geschoßdecken in Gebäuden geringer Höhe überbrücken, wird nach Art. 41 Abs. 2 BayBO keine Feuerwiderstandsdauer verlangt.

04. zu Nr. 4.3
Lüftungsleitungen, an die Anforderungen an die Feuerwiderstandsdauer gestellt sind und die nicht nach DIN 4102 Teil 4 klassifiziert sind, bedürfen eines allgemeinen bauaufsichtlichen Prüfzeugnisses (Bauregelliste A Teil 2 Nr. 2.4).

05. zu Nr. 4.4
Absperrvorrichtungen gegen Brandübertragung für die Feuerwiderstandsklassen K 30, K 60 und K 90 bedürfen einer allgemeinen bauaufsichtlichen Zulassung.

06. zu Nr. 8
Die genannten Bauvorlagen sind nur erforderlich, soweit eine bauaufsichtliche Prüfung nicht entfällt.

Anlage 3.7/01

zu den Richtlinien über brandschutztechnische Anforderungen an Leitungsanlagen

Bei Anwendung der technischen Regel gilt zusätzlich folgendes:

Soweit der Wortlaut der Richtlinien auf Regelungen der Musterbauordnung (MBO) verweist, sind die entsprechenden Regelungen der Bayer. Bauordnung (BayBO) zugrunde zu legen.

Im einzelnen gilt folgendes:

01. zu den Nrn. 2.2.2.2 und 2.3.2.2
Als Grenzwert für die Gesamtbrandlast nach Satz 1 kann auch 35 kWh/5 m² zugrunde gelegt werden.

02. zu Nr. 2.2.2.2
Anstelle einer Installation nach den Sätzen 1 und 2 kann auch eine offene Installation (Sichtinstallation) erfolgen.

03. zu den Nrn. 2.2.3 und 2.3.3
Die Erleichterungen gelten auch für Wohnungen mit mehr als 100 m².

04. zu Nr. 2.2.3.1
Diese Erleichterung gilt auch bei größeren Nutzungseinheiten in Büro- und Verwaltungsgebäuden, wenn vergleichbare Brandlasten abzutrennen sind.

05. zu Nr. 3
Auf die Ausführungen in Anlage 3.1/6 zu DIN 4102 Teil 11 wird hingewiesen.

06. zu Nr. 4.1
Eine Auslegung der Leitungen für einen Funktionserhalt ist nicht erforderlich, wenn die Leitungen nur durch von automatischen Brandmeldern überwachte Räume oder durch Räume ohne oder mit geringer Brandlast geführt werden, durch andere brandschutztechnische Maßnahmen geschützt sind oder durch die Art der Installation (z. B. Ringleitungssystem) die Funktion auf andere Weise ausreichend sichergestellt ist.

Anlage 4.1/1

zu DIN 4108 Teil 2

Bei Anwendung der technischen Regel ist folgendes zu beachten:
Die Abschnitte 6 und 7 sind von der Einführung ausgenommen.
Zusätzlich gilt folgendes:
Die Anforderungen an den energieeinsparenden Wärmeschutz sind in der Wärmeschutzverordnung vom 16. August 1994 enthalten; die Norm DIN 4108 Teil 2 ist auch bei Anwendung der Wärmeschutzverordnung zu beachten.

Anlage 4.1/2

zu DIN 4108 Teil 3

Bei Anwendung der technischen Regel ist folgendes zu beachten:
Der Abschnitt 4 ist von der Einführung ausgenommen.

Anlage 4.1/01

zu DIN 4108 Teil 4

Bei Anwendung der technischen Regel gilt zusätzlich folgendes:
Zu Abschnitt 1 Tabelle 1 und 3
Andere Rechenwerte als die der Tabellen 1 und 3 dürfen verwendet werden
- für geregelte Bauprodukte und Bauarten, wenn die Werte im Bundesanzeiger veröffentlicht sind,
- für nichtgeregelte Bauprodukte und Bauarten, wenn die Werte in einer allgemeinen bauaufsichtlichen Zulassung festgelegt sind.

41 Technische Baubestimmungen

Anlage 4.2/1

zu DIN 4109

Bei Anwendung der technischen Regel ist folgendes zu beachten:

1. Zu Abschnitt 5.1, Tabelle 8, Fußnote 2:
   Die Anforderungen sind im Einzelfall von der Bauaufsichtsbehörde festzulegen.
2. Zu Abschnitt 6.3 und 7.3:
   Eignungsprüfungen I und III sind im Rahmen der Erteilung eines allgemeinen bauaufsichtlichen Prüfzeugnisses durchzuführen.
3. Zu Abschnitt 8: Nachweis der Güte der Ausführung (Güteprüfung)
   Bei baulichen Anlagen, die nach Tabelle 4, Zeilen 3 und 4 einzuordnen sind, ist die Einhaltung des geforderten Schalldruckpegels durch Vorlage von Meßergebnissen nachzuweisen. Das gleiche gilt für die Einhaltung des geforderten Schalldämm-Maßes bei Bauteilen nach Tabelle 5 und bei Außenbauteilen, an die Anforderungen entsprechend Tabelle 8, Spalten 3 und 4 gestellt werden, sofern das bewertete Schalldämm-Maß $R'_{w,res} \geq 50$ dB betragen muß. Die Messungen sind von bauakustischen Prüfstellen durchzuführen, die entweder nach Art. 28 Abs. 1 Nr. 1 BayBO anerkannt sind oder in einem Verzeichnis über „Sachverständige Prüfstellen für Schallmessungen nach der Norm DIN 4109" beim Verband der Materialprüfungsämter[1] geführt werden.

Zusätzlich gilt folgendes:

01. Zu Abschnitt 4.3.2 und 4.3.3
    Für die Verwendbarkeitsnachweise und die Kennzeichnung von Armaturen und Geräten der Wasserinstallation gilt Bauregelliste A Teil 2 lfd. Nr. 2.14.
02. Zu Abschnitt 5.5
    Der für das betroffene Bauteil „maßgebliche Außenlärmpegel" ist vom Entwurfsverfasser unter Einhaltung der Vorgaben aus Bebauungsplänen, amtlichen Lärmkarten oder Lärmminderungsplänen zu ermitteln.

Anlage 4.2/2

zu DIN 4109 und Beiblatt 1 zu DIN 4109

Bei Anwendung der technischen Regel ist folgendes zu beachten:

Die Berichtigung 1 zu DIN 4109, Ausgabe August 1992, ist zu beachten.

---

[1] Verband der Materialprüfungsämter (VMPA) e. V., Rudower Chaussee 5, Gebäude 13.7, D-12484 Berlin
Hinweis: Dieses Verzeichnis wird auch bekanntgemacht in der Zeitschrift „Der Prüfingenieur", herausgegeben von der Bundesvereinigung der Prüfingenieure für Baustatik.

Anlage 5.2/1

zu DIN 68 800 Teil 3

Bei Anwendung der technischen Regel ist folgendes zu beachten:

Die Abschnitte 11 und 12 der Norm sind von der Einführung ausgenommen.

Anlage 6.1/1

zur PCB-Richtlinie

Bei Anwendung der technischen Regel ist folgendes zu beachten:

Von der Einführung sind nur die Abschnitte 1, 2, 3, 4.1, 4.2, 5.1, 5.2, 5.4 und 6 erfaßt.

Zusätzlich gilt folgendes:

01. In bestehenden Gebäuden können polychlorierte Biphenyle (PCB) von belasteten Bauprodukten und Bauteilen in die Atemluft freigesetzt werden und beim Menschen Gesundheitsschädigungen auslösen. Die Verantwortung für die Durchführung der erforderlichen Untersuchungen und Sanierungsmaßnahmen obliegt den jeweiligen Eigentümern beziehungsweise Verfügungsberechtigten der betroffenen Gebäude.
02. Nach der PCB-Richtlinie sind Sanierungsmaßnahmen zur Abwehr einer möglichen Gefahr für Leben oder Gesundheit erst dann angezeigt, wenn bei einer Aufenthaltsdauer von 24 Stunden pro Tag die Raumluftkonzentration mehr als 3000 ng PCB/m^3 Luft beträgt. Bei kürzerer mittlerer Aufenthaltsdauer pro Tag sind solche Sanierungsmaßnahmen daher erst bei entsprechend höheren Raumluftkonzentrationen angezeigt.
03. Das Sanierungsergebnis ist durch eine Messung festzustellen und zu dokumentieren.
04. Sollen bauliche Anlagen abgebrochen werden, die PCB-haltige Produkte enthalten, so sind diese Produkte vor Beginn der Abbrucharbeiten aus der baulichen Anlage zu entfernen.
05. Auf die Gemeinsame Bekanntmachung der Staatsministerien für Arbeit und Sozialordnung, Familie, Frauen und Gesundheit sowie für Landesentwicklung und Umweltfragen vom 4. Mai 1994 (AllMBl. S. 478) zur Entsorgung von PCB-haltigen Reststoffen und Abfällen wird hingewiesen.
06. Ausreichend fachkundig für PCB-Raumluftmessungen sind insbesondere die bekanntgemachten Stellen nach § 26 Bundesimmissionsschutzgesetz (AllMBl 1994 S. 704ff.), die in einem Verzeichnis geführten Meßstellen nach § 18 Abs. 2 GefStoffV (Bundesarbeitsblatt Nr. 1/1996 S. 63ff.) sowie die Institute mit einer Akkreditierung für Innenraummessungen nach DAP (Auskünfte beim Deutschen Akkreditierungsrat DAR, c/o Bundesanstalt für Materialprüfung BAM, Unter den Eichen 87, 12205 Berlin).

41 Technische Baubestimmungen

Anlage 6.2/1

zur Asbest-Richtlinie

Bei Anwendung der technischen Regel ist folgendes zu beachten:

Eine Erfolgskontrolle der Sanierung nach Abschnitt 4.3 durch Messungen der Konzentration von Asbestfasern in der Raumluft nach Abschnitt 5 ist nicht erforderlich bei Sanierungsverfahren, die nach dieser Richtlinie keiner Abschottung des Arbeitsbereiches bedürfen.

Zusätzlich gilt folgendes:

01. In bestehenden Gebäuden können von Asbestprodukten mit einer Rohdichte unter 1000 kg/m³ – sogenannte schwachgebundene Asbestprodukte – durch Alterung, Erschütterungen, Luftbewegungen oder Beschädigungen in erheblichem Umfang Asbestfasern in atembarer Form freigesetzt werden, die beim Menschen schwere Erkrankungen auslösen können.
   Die Verantwortung für die Durchführung der erforderlichen Untersuchungen und Sanierungsmaßnahmen obliegt den jeweiligen Eigentümern beziehungsweise Verfügungsberechtigten der betroffenen Gebäude im Rahmen ihrer Unterhaltspflicht.

02. Wird der Bauaufsichtsbehörde bekannt, daß in einem Gebäude schwachgebundene Asbestprodukte ungeschützt vorhanden sind, so hat sie dem Eigentümer der baulichen Anlage beziehungsweise dem Verfügungsberechtigten aufzugeben,

    1. die Bewertung der Sanierungsdringlichkeit nach Abschnitt 3.2 der Richtlinie innerhalb von 4 Wochen vornehmen zu lassen,
    2. das Ergebnis der Bewertung der Bauaufsichtsbehörde unverzüglich schriftlich mitzuteilen und,
    3. soweit die Sanierung nach Abschnitt 3.2 der Richtlinie unverzüglich erforderlich ist, Angaben über das vorgesehene Sanierungskonzept und den vorgesehenen zeitlichen Ablauf der Sanierung zu machen.

    Die Bauaufsichtsbehörde kann im Zweifel eine erneute Bewertung durch einen von ihr benannten Sachverständigen verlangen.
    Bei einer Bewertung von 80 Punkten oder mehr ist mit hohen Asbestfaserkonzentrationen oder mit einem kurzfristigen und unvorhersehbaren, extremen Anstieg der Asbestfaserkonzentrationen zu rechnen. Diese Asbestfaserkonzentrationen stellen eine konkrete Gefahr im Sinne des Art. 3 Abs. 1 BayBO dar.

03. Bedarf die Sanierungsmaßnahme der Baugenehmigung, so müssen die Bauvorlagen Angaben enthalten über
    – das Ergebnis der Bewertung der Dringlichkeit der Sanierung (Abschnitt 3.2 der Richtlinie),
    – das vorgesehene Sanierungskonzept (Abschnitt 4 der Richtlinie).

04. Die sanierten Räume dürfen erst dann wieder benützt werden, wenn nachgewiesen wird, daß die durch die Messungen ermittelte Asbestfaserkonzentration in der Raumluft die in Abschnitt 5.3 der Richtlinie angegebenen Werte nicht überschreitet. Ein Nachweis durch Messungen ist nicht erforderlich, wenn Sanierungsverfahren ohne abgeschotteten Arbeitsbereich (siehe Abschnitt 4.4.2 Nr. 2 der Richtlinie) durchgeführt werden konnten.

05. Sollen bauliche Anlagen abgebrochen werden, die schwachgebundene Asbestprodukte enthalten, so sind diese Produkte vor Beginn der Abbrucharbeiten aus der baulichen Anlage zu entfernen.

06. Bezüglich der Meßinstitute nach Abschnitt 5.4 der Richtlinie wird auf das „Verzeichnis geeigneter außerbetrieblicher Meßstellen zur Durchführung von Messungen gefährlicher Stoffe in der Luft am Arbeitsplatz“ (fortgeschriebene Bekanntmachung des Bundesministers für Arbeit und Sozialordnung im „Bundesarbeitsblatt“; Bezug durch Verlag Kohlhammer GmbH, 70549 Stuttgart, Tel. 0711/7863-0, oder dem Buchhandel) verwiesen.

Anlage 6.4/1

zur PCP-Richtlinie

Bei Anwendung der technischen Regel ist folgendes zu beachten:

Von der Einführung sind nur die Abschnitte 1, 2, 3, 4, 5, 6.1 und 6.2 erfaßt.

Zusätzlich gilt folgendes:

01. In bestehenden Gebäuden kann Pentachlorphenol (PCP) von belasteten Bauprodukten und Bauteilen in die Atemluft freigesetzt werden und beim Menschen Gesundheitsschädigungen auslösen. Die Verantwortung für die Durchführung der erforderlichen Untersuchungen und Sanierungsmaßnahmen obliegt den jeweiligen Eigentümern beziehungsweise Verfügungsberechtigten der betroffenen Gebäude.

02. Sollen bauliche Anlagen abgebrochen werden, die mit PCP-haltigen Zubereitungen behandelte Bauprodukte und Bauteile enthalten, so sind diese Bauprodukte und Bauteile vor Beginn der Abbrucharbeiten aus der baulichen Anlage zu entfernen.

03. Hinweis zu Abschnitt 7.2
Bei der in der Luft am Arbeitsplatz vorliegenden Gesamtstaubkonzentration liegen die Massenanteile von PCP in der Regel unterhalb des in § 35 Abs. 3 GefStoffV festgelegten Grenzwertes von 0,1%, so daß die PCP-haltigen Stäube in diesen Konzentrationen nicht als krebserzeugend anzusehen sind. Der Sechste Abschnitt der GefStoffV findet deshalb nur bei Überschreiten dieser Konzentration in vollem Umfang Anwendung.

04. Ausreichend fachkundig für PCP-Raumluftmessungen sind insbesondere die bekanntgemachten Stellen nach § 26 Bundesimmissionsschutzgesetz (AllMBl. 1994 S. 704ff.), die in einem Verzeichnis geführten Meßstellen nach § 18 Abs. 2 GefStoffV (Bundesarbeitsblatt Nr. 1/1996 S. 63ff.) sowie die Institute mit einer Akkreditierung für Innenraummessungen nach DAP (Auskünfte beim Deutschen Akkreditierungsrat DAR, c/o Bundesanstalt für Materialprüfung BAM, Unter den Eichen 87,12205 Berlin).

Anlage 7.1/1
zu DIN 18065

Bei Anwendung der technischen Regel ist folgendes zu beachten:

Von der Einführung ausgenommen ist die Anwendung auf Treppen in Wohngebäuden mit bis zu zwei Wohnungen und innerhalb von Wohnungen.

Anlage 7.4/01
zu der Richtlinie über Flächen für die Feuerwehr auf Grundstücken

Bei Anwendung der technischen Regel gilt zusätzlich folgendes:

01. zu Nr. 1
die Worte „zulässigen Gesamtgewicht bis zu 12t" werden durch „zulässigen Gesamtgewicht bis zu 16t" ersetzt.

02. zu Nr. 2
Wird eine Zu- oder Durchfahrt auf einer Länge von mehr als 12m beidseitig durch Bauteile wie z.B. Wände, Pfeiler o.ä. begrenzt, so muß die lichte Breite mindestens 3,50m betragen.

Anlage A

In Bayern nicht besetzt

Anlage B

In Bayern nicht besetzt

Anlage C

Richtlinie über brandschutztechnische Anforderungen an Hohlraumestriche und Doppelböden – Fassung März 1993 –[1)]

1 Allgemeines

Die Bayerische Bauordnung (BayBO[2)]) und die zugehörigen Sonderbauverordnungen enthalten keine besonderen brand-

[1)] Betrifft Fassung der Muster-Richtlinie der ARGEBAU; Änderungen gegenüber der Muster-Richtlinie beziehen sich auf die Rechtsgrundlagen.

[2)] Bayerische Bauordnung idF der Bek. vom 18. April 1994.

schutztechnischen Anforderungen an Hohlraumestriche und Doppelböden, deren Hohlräume zur Aufnahme von Leitungen dienen. Sie entziehen sich weitgehend einer sinnvollen Beurteilung des Brandverhaltens als Bauteil nach DIN 4102, da die Brandlasten im Hohlraum aufgrund des geringen Raumvolumens in Verbindung mit den ungünstigen Ventilationsverhältnissen keinen Normalbrand ermöglichen, der dem Temperaturverlauf der Einheitstemperaturkurve nach DIN 4102 Teil 2 entspricht. Hohlraumestriche und Doppelböden entsprechen den Grundforderungen des Art. 16 Abs. 1 BayBO, wenn sie bezüglich ihrer Anordnung und ihres Brandverhaltens den nachfolgenden Anforderungen entsprechen.

2 Hohlraumestriche und vergleichbare Fußbodenaufbauten

2.1 Hohlraumestriche als Fußbodenaufbauten sind Estriche auf besonders gestalteter dünnwandiger verlorener Schalung, die in Längs- und/oder Querrichtung durchgehende Hohlräume haben. Diesen vergleichbare Fußbodenaufbauten sind z.B. Aufbauten aus Formplatten mit Nocken, die mit ebenen Platten abgedeckt sind.

2.2 Die Estriche müssen mineralisch sein. Die Aufbauten aus Formplatten müssen in allgemein zugänglichen Fluren (Art. 38 BayBO) und in Treppenräumen (Art. 37 BayBO) aus nichtbrennbaren Baustoffen (Klasse A nach DIN 4102) bestehen (Bild 1). Die Hohlräume dürfen nicht höher als 20 cm sein.

2.3 Hohlraumestriche und vergleichbare Fußbodenaufbauten dürfen in allgemein zugänglichen Fluren und in Treppenräumen keine Öffnungen haben; Revisions- und Nachbelegungsöffnungen sind zulässig, wenn sie mit dichtschließenden Verschlüssen aus nichtbrennbaren Baustoffen versehen werden.

2.4 Raumabschließende Wände, für die eine Feuerwiderstandsklasse vorgeschrieben ist, wie Treppenraumwände, Wände allgemein zugänglicher Flure, Wände zu anderen Nutzungseinheiten und Brandwände sind von der Rohdecke aus hochzuführen (Bild 1). Diese Wände, mit Ausnahme von Treppenraumwänden nach Art. 37 Abs. 4 BayBO und von Brandwänden, dürfen von den in Nr. 2.1 beschriebenen Fußbodenaufbauten aus hochgeführt werden, wenn

- diese Wände zusammen mit dem betreffenden Fußbodenaufbau auf die für die Wände erforderliche Feuerwiderstandsklasse geprüft sind oder
- die Fußbodenaufbauten eine fugenlose Abdeckung aus einem mineralischen Estrich haben oder
- die Fußbodenaufbauten bei Beanspruchung von unten mindestens der Feuerwiderstandsklasse F 30 nach DIN 4102 Teil 2

entsprechen (hierzu sind Prüfungen mit lichten Hohlräumen unter 20 cm nicht geeignet).

2.5 Werden die in den unter Nr. 2.1 beschriebenen Fußbodenaufbauten enthaltenen Hohlräume auch zur Raumlüftung benutzt, muß sichergestellt sein, daß mit Hilfe von in den Hohlraum oder im Bereich des Luftaustrittes angeordneten Rauchmeldern die Lüftungsanlage im Brandfall sofort abgeschaltet wird. Je 70 m^2 Grundfläche des durchgehenden Hohlraumestrichs ist mindestens ein Rauchmelder anzuordnen, sofern nicht aus Gründen der besonderen Benutzung des Raumes – z.B: zur Aufstellung von Datenverarbeitungsanlagen nach Richtlinie VDS 2095 – eine geringer anzusetzende Fläche angebracht ist. In allgemein zugänglichen Fluren und in Treppenräumen sind Luftauslässe unzulässig.

3 Doppelböden aus aufgeständerten Bodenplatten

3.1 Doppelböden bestehen aus Ständern und aufliegenden Bodenplatten.

3.2 Für Doppelböden mit einer lichten Hohlraumhöhe bis 20 cm gelten die Anforderungen der Nr. 2 sinngemäß. Die Ständer müssen aus nichtbrennbaren Baustoffen bestehen (Bild 2).

3.3 Doppelböden mit einer lichten Hohlraumhöhe über 20 cm

3.3.1 Die Tragkonstruktion (Bodenplatten mit Ständern) muß bei Brandbeanspruchung von unten der Feuerwiderstandsklasse F 30 nach DIN 4102 Teil 2 entsprechen. In Treppenräumen und in allgemein zugänglichen Fluren muß darüber hinaus auch der Raumabschluß (einschließlich Revisions- und Nachbelegungsöffnungen) nach DIN 4102 Teil 2 gewährleistet sein; die Bodenplatten müssen in den wesentlichen Teilen aus nichtbrennbaren Baustoffen bestehen (F 30 AB) (Bild 3).
Abweichend davon sind außerhalb von Treppenräumen und allgemein zugänglichen Fluren bei Doppelböden mit einer lichten Hohlraumhöhe bis 40 cm Bodenplatten, die vom Hohlraum aus betrachtet schwerentflammbar (Klasse B 1) sind, zulässig; die Ständer müssen aus nichtbrennbaren Baustoffen mit einer Schmelztemperatur $\geq$ 700°C bestehen (Bild 4).

3.3.2 Raumabschließende Wände, für die eine Feuerwiderstandsklasse vorgeschrieben ist, wie Treppenraumwände, Wände allgemein zugänglicher Flure, Wände zu anderen Nutzungseinheiten und Brandwände sind von der Rohdecke aus hochzuführen.
Leitungen dürfen im Hohlraumbereich durch diese Wände nur durchgeführt werden, wenn eine Übertragung von Feuer und Rauch nicht zu befürchten ist oder wenn entsprechende Vorkehrungen hiergegen getroffen werden. Entsprechende Vor-

kehrungen sind z. B. Abschottungen nach DIN 4102 Teil 9 beziehungsweise Teil 11 der Feuerwiderstandsklasse, die der Wand entspricht (Bilder 3, 4 und 6).

Diese Wände, mit Ausnahme von Treppenraumwänden nach Art. 37 Abs. 4 BayBO und von Brandwänden, dürfen von der Bodenplatte aus hochgeführt werden, wenn diese Wände zusammen mit der Tragkonstruktion nach Nr. 3.3.1 auf die für die Wand erforderliche Feuerwiderstandsfähigkeit geprüft sind (Bild 5).

3.3.3 Im Doppelbodenhohlraum verlegte Installationskanäle oder Lüftungsleitungen müssen für sich den entsprechenden Anforderungen der BayBO, den dazu erlassenen Vorschriften (z. B. Bauaufsichtliche Richtlinie über die brandschutztechnischen Anforderungen an Lüftungsanlagen) sowie der DIN 4102 Teil 11 beziehungsweise der DIN 4102 Teil 6 entsprechen.

3.3.4 Wird der Doppelbodenhohlraum unmittelbar zur Raumlüftung benutzt, gilt Nr. 2.5 entsprechend mit der Maßgabe, daß die Rauchmelder ausschließlich im Hohlraumbereich angeordnet sein müssen.

4 Kanäle für Unterflur- und Elektroinstallationen nach DIN VDE 0634

4.1 Im Estrich (estrichbündig oder estrichüberdeckt) angeordnete Kanäle für Unterflur-Elektroinstallationen müssen in allgemein zugänglichen Fluren und Treppenräumen eine obere Abdeckung aus nichtbrennbaren Baustoffen (Klasse A) erhalten. Sie dürfen keine Öffnungen haben; Revisions- oder Nachbelegungsöffnungen sind zulässig, wenn sie mit dichtschließenden Verschlüssen aus nichtbrennbaren Baustoffen (Klasse A) versehen werden.

4.2 Die Durchführung von diesen Elektroinstallationskanälen durch raumabschließende Wände, für die eine Feuerwiderstandsklasse vorgeschrieben ist, wie Treppenraumwände, Wände allgemein zugänglicher Flure, Wände zu anderen Nutzungseinheiten und Brandwände, müssen so ausgeführt sein, daß eine Übertragung von Feuer und Rauch nicht zu befürchten ist.

Folgen Bilder 1 bis 6

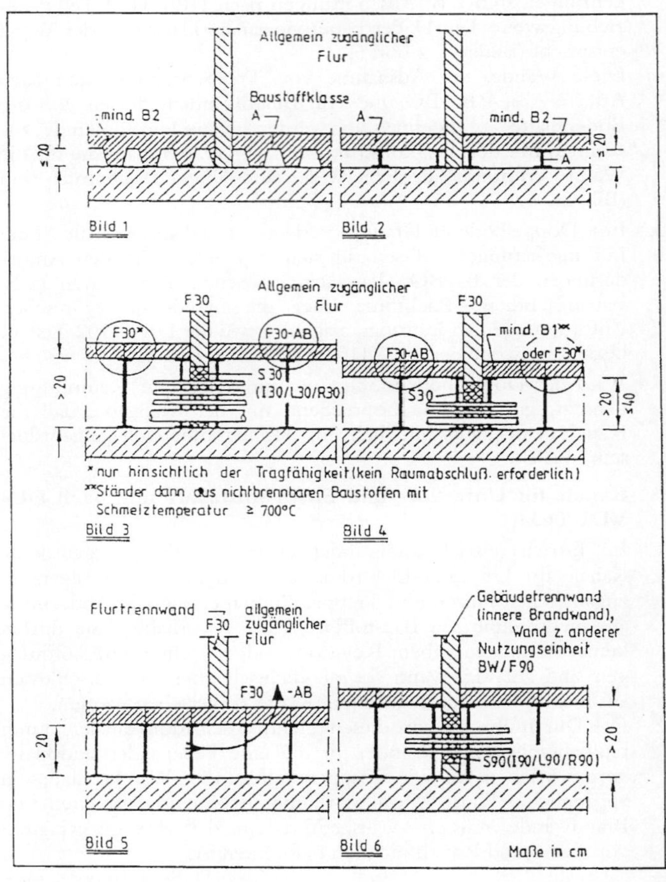
Allgemein zugänglicher Flur
Baustoffklasse
mind. B2
A
A
mind. B2
A
≤ 20
≤ 20
Bild 1
Bild 2
Allgemein zugänglicher Flur
F30
F30
F30*
F30-AB
F30-AB
mind. B1**
oder F30*)
S 30
(I30/L30/R30)
S30
> 20
> 20
≤ 40
*nur hinsichtlich der Tragfähigkeit (kein Raumabschluß erforderlich)
**Ständer dann aus nichtbrennbaren Baustoffen mit Schmelztemperatur ≥ 700°C
Bild 3
Bild 4
Flurtrennwand F30
allgemein zugänglicher Flur
F30 -AB
Gebäudetrennwand (innere Brandwand), Wand z. anderer Nutzungseinheit BW/F90
S90(I90/L90/R90)
> 20
> 20
Bild 5
Bild 6
Maße in cm

Anlage D

Richtlinie über Flächen für die Feuerwehr auf Grundstücken – Fassung April 1979 –[1]

Zur Ausführung des Art. 16 Abs. 3 BayBO hinsichtlich der Flächen für die Feuerwehr auf Grundstücken wird folgendes bestimmt:

1 Befestigung
Zu- oder Durchfahrten für die Feuerwehr, Aufstellflächen und Bewegungsflächen sind so zu befestigen, daß sie von Feuerwehrfahrzeugen mit einer Achslast bis zu 10 t und einem zulässigen Gesamtgewicht bis zu 12 t befahren werden können.

2 Lichte Breite und Höhe der Zu- oder Durchfahrten
Die lichte Breite der Zu- oder Durchfahrten muß mindestens 3 m, die lichte Höhe mindestens 3,50 m betragen[2]. Die lichte Höhe der Zu- oder Durchfahrten ist senkrecht zur Fahrbahn zu messen.

3 Kurven in Zu- oder Durchfahrten
Der Einsatz der Feuerwehrfahrzeuge wird durch Kurven in Zu- oder Durchfahrten nicht behindert, wenn die in der Tabelle den Außenradien der Gruppen zugeordneten Mindestbreiten nicht unterschritten werden. Dabei müssen vor oder hinter Kurven auf einer Länge von mindestens 11 m Übergangsbereiche vorhanden sein.

Außenradius der Kurve (in m)	Breite mindestens (in m)
10,5 bis 12	5,0
über 12 bis 15	4,5
über 15 bis 20	4,0
über 20 bis 40	3,5
über 40 bis 70	3,2
über 70	3,0

[1] Betrifft Fassung der Musterrichtlinie der ARGEBAU.
[2] Entspricht § 5 Abs. 2 MBO.

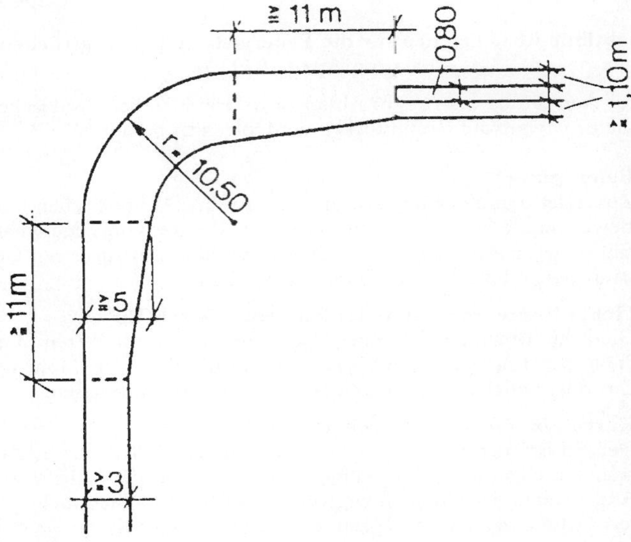

Bild 1

4 Fahrspuren
Geradlinig geführte Zu- oder Durchfahrten können außerhalb der Übergangsbereiche (Abschn. 3 und 14) als Fahrspuren ausgebildet werden. Die beiden befestigten Streifen müssen voneinander einen Abstand von 0,8 m haben und mindestens je 1,1 m breit sein.

5 Neigungen in Zu- oder Durchfahrten
Zu- oder Durchfahrten dürfen geneigt sein. Die Neigung soll nicht mehr als 10 v. H. betragen. Übergänge von waagerechten oder geneigten Fahrbahnen in eine Neigung sind in Durchfahrten sowie innerhalb eines Abstandes von 8 m vor und hinter Durchfahrten unzulässig. Die Übergänge sind mit einem Radius von 15 m auszurunden.

6 Stufen und Schwellen
Stufen und Schwellen im Zuge von Zu- oder Durchfahrten dürfen nicht höher als 8 cm sein. Eine Folge von Stufen oder Schwellen im Abstand von weniger als 10 m ist unzulässig. Im Bereich von Übergängen nach Nr. 5 dürfen keine Stufen sein.

7 Hinweisschilder
Hinweisschilder für Flächen für die Feuerwehr müssen DIN 4066 Blatt 2 entsprechen und mindestens 594 × 210 mm groß sein. Zu- oder Durchfahrten für Feuerwehrfahrzeuge sind als Feuerwehrzufahrt zu kennzeichnen. Der Hinweis muß von der öffentlichen Verkehrsfläche aus sichtbar sein. Hinweisschilder für Aufstellflächen und für Bewegungsflächen müssen die Aufschrift „Fläche für die Feuerwehr" haben.

8 Sperrvorrichtungen
Sperrvorrichtungen (Sperrbalken, Ketten, Sperrpfosten) sind in Zu- oder Durchfahrten zulässig, wenn sie Verschlüsse haben, die mit dem Schlüssel A für Überflurhydranten nach DIN 3223 oder mit einem Bolzenschneider geöffnet werden können.

9 Aufstellflächen auf dem Grundstück
Aufstellflächen müssen mindestens 3 m breit und so angeordnet sein, daß alle Öffnungen in Fenstern, die als Rettungswege für Menschen dienen, von Hubrettungsfahrzeugen erreicht werden können.

10 Aufstellflächen entlang der Außenwand
Aufstellflächen, die am Gebäude entlanggeführt werden, müssen mit ihrer der anzuleiternden Außenwand zugekehrten Außenkante einen Abstand von mindestens 3 m zur Außenwand haben. Der Abstand darf höchstens 9 m und bei Brüstungshöhen von mehr als 18 m höchstens 6 m betragen. Die Aufstellfläche muß mindestens 8 m über die letzte Anleiterstelle hinausreichen. Ist die Aufstellfläche weniger als 5,50 m breit, so muß ein Geländestreifen entlang der dem Gebäude abgekehrten Außenseite der Aufstellfläche in solcher Breite frei von Hindernissen sein, daß Aufstellfläche und Geländestreifen zusammen mindestens 5,50 m breit sind.

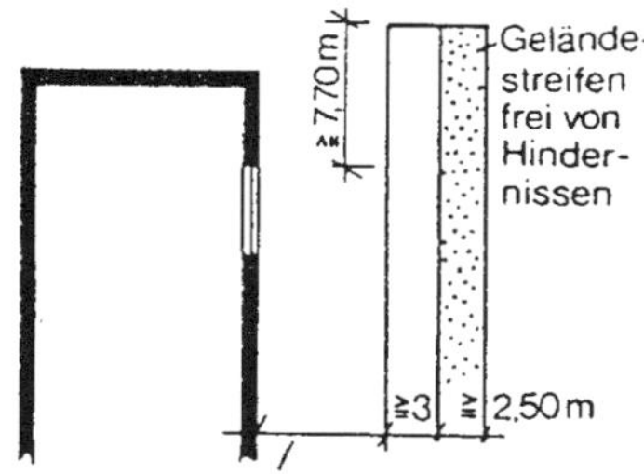

Bild 2

41 Technische Baubestimmungen

11 Aufstellflächen rechtwinklig zur Außenwand
Rechtwinklig oder annähernd im rechten Winkel auf die anzuleiternde Außenwand zugeführte Aufstellflächen dürfen keinen größeren Abstand als 1 m zur Außenwand haben. Die Entfernung zwischen der Außenkante der Aufstellflächen und der entferntesten seitlichen Begrenzung der anzuleiternden Fensteröffnung darf 9 m und bei Brüstungshöhe von mehr als 18 m 6 m nicht überschreiten. Ist die Aufstellfläche weniger als 5,50 m breit, so müssen beiderseits Geländestreifen in solcher Breite frei von Hindernissen sein, daß Aufstellfläche und Geländestreifen zusammen mindestens 5,50 m breit sind; die Geländestreifen müssen mindestens 11 m lang sein.

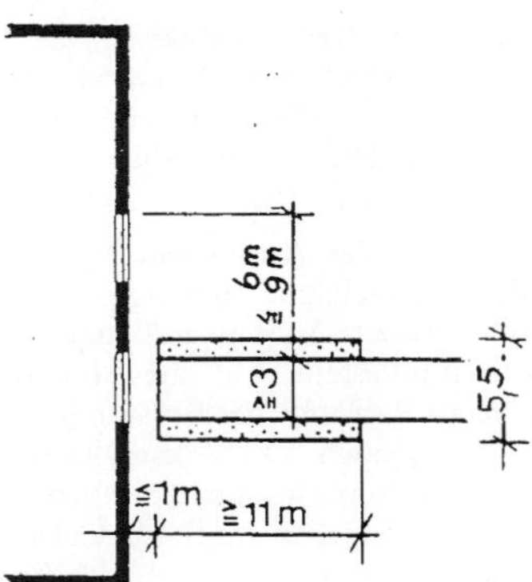

Bild 3

12 Freihalten des Anleiterbereiches
Zwischen der anzuleiternden Außenwand und den Aufstellflächen dürfen sich keine den Einsatz von Hubrettungsfahrzeugen erschwerenden Hindernisse wie bauliche Anlagen oder Bäume befinden.

13 Neigungen der Aufstellfläche
Aufstellflächen dürfen nicht mehr als 5 v. H. geneigt sein.

14 Größe der Bewegungsflächen
Für jedes vorzusehende Feuerwehrfahrzeug ist eine Bewegungsfläche von mindestens 7 × 12 m erforderlich. Zufahrten dürfen nicht gleichzeitig Bewegungsflächen sein. Vor und hinter Bewegungsflächen, die an weiterführenden Zufahrten liegen, sind mindestens 4 m lange Übergangsbereiche anzuordnen.

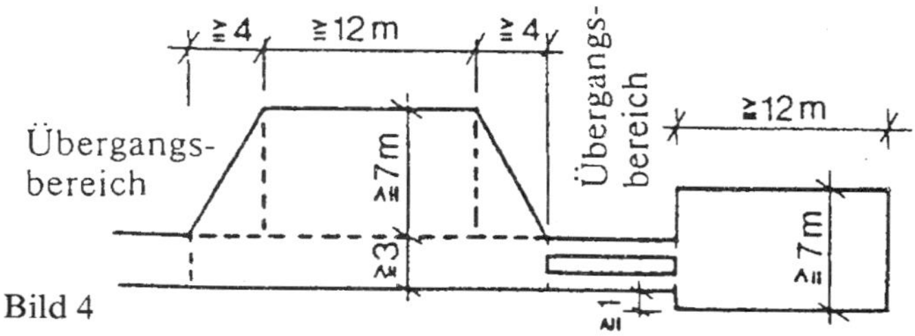

Bild 4

Anlage E

Bauaufsichtliche Richtlinie über die Lüftung fensterloser Küchen, Bäder und Toilettenräume in Wohnungen – Fassung April 1988 –[1)]

1 **Anwendungsbereich**
Nach Art. 49 Abs. 4, Art. 52 Abs. 3 und Art. 53 BayBO[2)] sind in Wohnungen nur dann Küchen, Kochnischen, Bäder und Toilettenräume ohne Außenfenster (im folgenden fensterlose Räume genannt) zulässig, wenn eine wirksame Lüftung dieser Räume gewährleistet ist. Diese Voraussetzung liegt vor, wenn die Lüftung den nachfolgenden Anforderungen entspricht.

2 **Lüftungstechnische Mindestanforderungen**
Jeder fensterlose Raum einer Wohnung muß eine Zuluftversorgung haben und an eine Entlüftungsanlage unmittelbar angeschlossen sein. Die der Zuluftversorgung und Entlüftung dienenden Anlagen und Einrichtungen müssen eine ständige Grundlüftung der fensterlosen Räume, in Küchen zusätzlich eine Stoßlüftung mit Außenluft ermöglichen. Die Grundlüftung muß so angeordnet und eingerichtet sein, daß in der Wohnung keine Zugbelästigungen entstehen und keine Gerüche in andere Räume übertragen werden. Alle fensterlosen Räume der Wohnung müssen gleichzeitig gelüftet werden können.

2.1 Zuluftversorgung
Den fensterlosen Räumen muß planmäßig ein Zuluft-Volumenstrom mit mindestens den in Tabelle 1 angegebenen Luftraten zugeführt werden können.

2.1.1 Zuluft aus der Wohnung
Die Zuluft darf – außer in den Fällen der Nr. 2.1.2a, b und c – den Räumen der Wohnung entnommen werden. Für die Zu-

1) Betrifft Fassung der Muster-Richtlinie der ARGEBAU; Änderungen gegenüber der Muster-Richtlinie beziehen sich auf die Rechtsgrundlagen.
2) Bayerische Bauordnung idF der Bek. vom 18. April 1994.

luftversorgung aus der Wohnung darf eine Luftrate von 0,5 m^3/h je m^3 Rauminhalt der Räume mit Außenfenstern oder Außentüren in der Wohnung angerechnet werden, soweit in diesen Räumen keine Feuerstätten stehen, die ihre Verbrennungsluft dem Aufstellraum entnehmen (raumluftabhängige Feuerstätten), und zwischen diesen Räumen und den fensterlosen Räumen eine Verbindung durch Nachströmöffnungen oder -spalte oder undichte Innentüren besteht.

2.1.2 Zuluft über Lüftungsanlagen und -einrichtungen

Die Zuluft muß über eine Belüftungsanlage mit Ventilator oder über dichte Leitungen vom Freien oder über Außenluftöffnungen den fensterlosen Räumen unmittelbar zugeführt werden

a) bei Küchen für Stoßlüftung,
b) bei mehreren fensterlosen Räumen in der Wohnung mit Abluftschächten ohne Ventilatoren (siehe Nr. 2.2.2),
c) bei fensterlosen Räumen, für die die Zuluftversorgung aus der Wohnung (Nr. 2.1.1) nicht ausreicht.

Die Zuluft darf auch außerhalb der fensterlosen Räume an zentraler Stelle der Wohnung (z. B. im Wohnungsflur) oder durch Öffnungen in den Außenwänden der Wohnung (z. B. im oberen Fensterrahmen) zugeführt werden, wenn zu den fensterlosen Räumen eine Verbindung durch Nachströmöffnungen oder -spalte oder undichte Innentüren besteht. Dies gilt jedoch nicht für die Stoßlüftung von Küchen und bei mehreren fensterlosen Räumen in der Wohnung mit Abluftschächten ohne Ventilatoren (Nr. 2.2.2).

Außenluftöffnungen, Leitungen vom Freien und Belüftungsanlagen mit Ventilator sind so zu bemessen, daß sich für den planmäßigen Zuluft-Volumenstrom rechnerisch kein größerer Unterdruck in der Wohnung als 8 Pa gegenüber dem Freien ergibt. Befinden sich in der Wohnung raumluftabhängige Feuerstätten, sind die Öffnungen, Leitungen und Belüftungsanlagen so zu bemessen, daß sich für die Summe aus dem planmäßigen Volumenstrom und dem Verbrennungsvolumenstrom (= 1.6 m^3/h je kW Nennwärmeleistung) kein größerer Unterdruck in der Wohnung als 4 Pa gegenüber dem Freien errechnet. Belüftungsanlagen mit Ventilatoren müssen ferner so ausgelegt und mit der Entlüftungsanlage und den raumluftabhängigen Feuerstätten verblockt sein, daß in den fensterlosen Räumen kein Überdruck gegenüber benachbarten Räumen entsteht und die Feuerstätten nur bei ausreichender Verbrennungsluftversorgung betrieben werden können.

Außenluftöffnungen und Leitungen vom Freien, die auch der Verbrennungsluftversorgung von Feuerstätten dienen, dürfen nicht abzusperren sein, oder ihre Verschlüsse müssen so mit den raumluftabhängigen Feuerstätten verblockt sein, daß die Feuerstätten nur bei ausreichender Verbrennungsluftversorgung betrieben werden können. Andere Außenluftöffnungen und Leitungen vom Freien sowie Belüftungsanlagen mit Ventilatoren, die nicht vorgewärmte Luft fördern, müssen in der Wohnung absperrbar sein.

2.2 Entlüftungsanlagen
Die Entlüftungsanlage muß die Abluft über dichte Leitungen ins Freie fördern und mindestens für einen Abluftvolumenstrom in Höhe der in Tabelle angegebenen Luftraten bemessen sein.

Tabelle 1

Fensterloser Raum	Luftrate in m^3/h	
	Betriebsdauer = 12 Std./Tag	Beliebige Betriebsdauer
1	2	3
Küche:		
– Grundlüftung	40	60
– Stoßlüftung	200	200
Kochnische	40	60
Bad (auch mit WC)	40	60
Toilettenraum	20	30

2.2.1 Entlüftungsanlagen mit Ventilatoren
Die Entlüftungsanlagen müssen Ventilatoren mit steiler Kennlinie haben. Entlüftungsanlagen, die für eine Luftrate nach Spalte 2 der Tabelle 1 bemessen sind, müssen mit selbsttätigen Einrichtungen ausgestattet sein, die eine tägliche Betriebsdauer von mindestens 12 Stunden sicherstellen. Bei Entlüftungsanlagen mit einer Luftrate nach Spalte 3 der Tabelle 1 dürfen die Ventilatoren - ausgenommen von Zentrallüftungsanlagen nach Nr. 2.3 vom Nutzer abzuschalten sein (Bedarfslüftung).

2.2.2 Abluftschächte ohne Ventilatoren
Für fensterlose Bäder und Toilettenräume genügen als Entlüftungsanlagen Abluftschächte ohne Ventilatoren, wenn
a) die Wohnungen keine fensterlosen Küchen und Kochnischen haben oder
b) die Bäder und Toilettenräume durch Türen mit umlaufenden Dichtungen und einer Schwelle von der übrigen Wohnung getrennt sind.

2.2.3 Abluftöffnungen
Die Abluftöffnungen der Entlüftungsanlagen dürfen in jedem fensterlosen Raum von Hand absperrbar sein oder selbsttätige Rückschlagklappen haben.

2.2.4 Raumluftabhängige Feuerstätten und Entlüftungsanlagen mit Ventilatoren

Nach § 1 Abs. 10 FeuV[1] bedarf die Aufstellung von raumluftabhängigen Feuerstätten in Wohnungen mit Entlüftungsanlagen mit Ventilatoren, wenn die Abgase nicht in die Entlüftungsanlagen eingeleitet werden, der bauaufsichtlichen Ausnahme; dies gilt nicht für Gasherde. Die Ausnahme darf von der Bauaufsichtsbehörde nur erteilt werden, wenn ein gefahrloser Betrieb der Feuerstätten gesichert ist. Diese Voraussetzung liegt vor, wenn die Zuluft- und Verbrennungsluftzuführung Nr. 2.1.2 entspricht und die Abgasführung der Feuerstätten durch besondere Einrichtungen überwacht wird oder die Abgase durch Saugventilatoren oder mit Überdruck unter Verwendung dichter Feuerstätten und dichter Abgasanlagen abgeleitet werden.

2.3 Lüftungsanlagen für mehrere Wohnungen

Die fensterlosen Räume mehrerer Wohnungen dürfen über gemeinsame Anlagen oder Lüftungsleitungen be- und entlüftet werden.

Die Entlüftungsanlage muß dazu

- in allen Wohnungen mit Ventilatoren und selbsttätigen Rückschlagklappen für alle Abluftöffnungen ausgestattet sein (Einzellüftungsgeräte) oder
- einen zentralen Ventilator besitzen, der ganztätig betrieben wird und in den Wohnungen nicht abgeschaltet werden kann (Zentralentlüftungsanlagen); Zentralentlüftungsanlagen dürfen für eine nächtliche Absenkung des Abluftvolumens um bis zu 50% eingerichtet sein.

Sowohl bei Einzellüftungsgeräten als auch bei Zentralentlüftungsanlagen müssen die Zuluftöffnungen in den Wohnungen von Hand absperrbar oder mit selbsttätigen Absperrklappen versehen sein.

2.4 Lüftungsanlagen nach DIN 18017

Lüftungsanlagen nach DIN 18017 Blatt 3 für fensterlose Bäder und Toilettenräume in Wohnungen erfüllen die lüftungstechnischen Anforderungen nach den Abschnitten 2 bis 2.3, wenn die Wohnungen keine fensterlosen Küchen und Kochnischen aufweisen.

3 Schallschutzanforderungen (Art. 41 Abs. 3 Satz 2 BayBO)

Lüftungsanlagen und -leitungen für fensterlose Räume in Wohnungen müssen gegen die Weiterleitung von Schall in andere Wohnungen oder fremde Räume entsprechend DIN 4109 (Liste der TB lfd. Nr. 4.2.1) gedämmt sein.

---

[1] VO über Feuerungsanlagen und Heizräume v. 20. 3. 1985 (GVBl. S. 62); Nr. **7**.

4 **Brandschutzanforderungen (Art. 41 Abs. 1 und 2 BayBO)**
Lüftungsanlagen und -leitungen für fensterlose Räume in Wohnungen müssen den Richtlinien über brandschutztechnische Anforderungen an Lüftungsanlagen (Liste der TB lfd. Nr. 3.6) genügen.

Anlage F

Richtlinien für die Bewertung und Sanierung schwach gebundener Asbestprodukte in Gebäuden – Fassung Januar 1996 –

Inhaltsverzeichnis

1 Geltungsbereich

Diese Richtlinie gilt für die Bewertung und Sanierung schwach gebundener Asbestprodukte in Gebäuden.
Schwach gebundene Asbestprodukte im Sinne dieser Richtlinie sind Asbestprodukte mit einer Rohdichte unter 1000 kg/m³.
Die in der ehemaligen DDR hergestellten und in Gebäuden der ehemaligen DDR verwendeten asbesthaltigen Plattenarten

– Anorganische Brandschutzplatte
nach TGL 22973
(Handelsbezeichnung Baufatherm)
– Leichtbauplatte Sokalit
nach TGL 24452
– Anorganische Feuerschutzplatte (Neptunit)
nach TGL 29312 und TGL 37478

sind unabhängig von ihrer Rohdichte schwach gebundene Asbestprodukte im Sinne dieser Richtlinie.

2 Mitgeltende Regelungen

Bei der Durchführung der Maßnahmen sind auch die geltenden Regelungen des Arbeitsschutz-, des Immissionsschutz- und des Abfallrechts zu beachten.

3 Bewertung

3.1 Sanierungsbedürftigkeit

(1) Von schwach gebundenen Asbestprodukten in Gebäuden können durch Alterung und äußere Einwirkungen, wie z. B. Luftbewegungen, Erschütterungen, Temperaturänderungen und mechanische Beschädigungen, Asbestfasern in die Raumluft freigesetzt werden.

(2) Die Faserabgabe in die Raumluft vergrößert sich mit der Verschlechterung des baulichen Zustandes der Produkte. Auch derzeit noch intakte Produkte verschlechtern sich erfahrungsgemäß im Laufe der Zeit.

(3) Asbestfasern können eingeatmet werden und beim Menschen schwere Erkrankungen auslösen. Da eine gesundheitlich unbedenkliche Konzentration (Schwellenwert) für Asbest nicht angegeben werden kann, muß aus Gründen des Gesundheitsschutzes entsprechend der Sanierungsdringlichkeit die Faserabgabe in die Raumluft unterbunden und dadurch die Asbestfaserkonzentration minimiert werden.

(4) Das Gesundheitsrisiko steigt insbesondere mit der Höhe der Asbestfaserkonzentration im Raum, mit der Dauer der Einwirkung auf die Nutzer und mit der Lebenserwartung. Diese Einflußgrößen liegen der Bewertung nach Abschnitt 3.2 zugrunde.

3.2 Dringlichkeit einer Sanierung

Die Dringlichkeit der Sanierung ist mit Hilfe des Formblattes nach Anhang 1 auf Grund folgender Kriterien zu bewerten:

– Art der Asbestverwendung,
– Asbestart,
– Struktur der Oberfläche des Asbestprodukts,
– Oberflächenzustand des Asbestprodukts,

– Beeinträchtigung des Asbestprodukts von außen,
– Raumnutzung,
– Lage des Produkts.

Den Kriterien sind Bewertungspunkte zugeordnet, aus deren Summe sich die Dringlichkeit der Sanierung wie folgt ergibt:

(1) Dringlichkeitsstufe I (≥ 80 Punkte): Sanierung unverzüglich erforderlich.

Verwendungen mit dieser Bewertung sind zur Gefahrenabwehr unverzüglich nach Abschnitt 4 zu sanieren.

Falls die endgültige Sanierung nach Abschnitt 4.3 nicht sofort möglich ist, müssen unverzüglich vorläufige Maßnahmen nach Abschnitt 4.2 zur Minderung der Asbestfaserkonzentration im Raum ergriffen werden, wenn er weiter genutzt werden soll. Mit der endgültigen Sanierung nach Abschnitt 4.3 muß jedoch nach spätestens drei Jahren begonnen werden.

(2) Dringlichkeitsstufe II (70–79 Punkte): Neubewertung mittelfristig erforderlich.

Verwendungen mit dieser Bewertung sind in Abständen von höchstens zwei Jahren erneut zu bewerten. Ergibt eine Neubewertung die Dringlichkeitsstufe I oder III; so ist entsprechend der Regelungen zu diesen Dringlichkeitsstufen zu verfahren.

(3) Dringlichkeitsstufe III (< 70 Punkte): Neubewertung langfristig erforderlich.

Verwendungen mit dieser Bewertung sind in Abständen von höchstens fünf Jahren erneut zu bewerten. Ergibt eine Neubewertung die Dringlichkeitsstufe I oder II, so ist entsprechend den Regelungen zu diesen Dringlichkeitsstufen zu verfahren.

Gebäude, die aufgrund einer früheren Fassung der Asbest-Richtlinie schon bewertet wurden, müssen erst bei der Neubewertung gem. Abschnitt 3.2, Nr. 2 beziehungsweise 3 erneut bewertet werden.

Folgende Verwendungen lassen sich mit Hilfe des Formblattes nicht beurteilen; sie sind wie folgt einzustufen:

– asbesthaltige Brandschutzklappen in Dringlichkeitsstufe III;
– asbesthaltige Brandschutztüren, bei denen die Asbestprodukte vom Blechkörper – mit Ausnahme notwendiger Öffnungen zum Öffnen und Schließen – dicht eingeschlossen sind, in Dringlichkeitsstufe III;
– asbesthaltige Dichtungen zwischen Flanschen in technischen Anlagen in Dringlichkeitsstufe III.

4 Sanierung

4.1 Grundsätze

Für die Sanierung schwach gebundener Asbestprodukte gelten folgende Grundsätze:

1. Sanierungsmaßnahmen müssen als in sich geschlossenes Konzept vom Beginn der Arbeiten bis zur Entsorgung der Abfälle entsprechend den geltenden Regelungen geplant werden. Dabei ist auch zu berücksichtigen, daß durch die Sanierung der Asbestprodukte notwendige bauphysikalische Eigenschaften der Bauteile – z.B. das Brandverhalten und die Feuerwiderstandsdauer – beeinträchtigt werden können.
2. Es sind nur Firmen zu beauftragen, die mit den Arbeiten, den dabei auftretenden Gefahren und den erforderlichen Schutzmaßnahmen vertraut sind und über die erforderlichen Geräte und Ausrüstungen verfügen.
3. Schutzmaßnahmen während der Sanierung (siehe Abschnitt 4.4) sind stets erforderlich.

4.2 Vorläufige Maßnahmen

4.2.1 Allgemeines

Können Asbestprodukte mit der Bewertung „Dringlichkeitsstufe I" (nach Abschnitt 3.2 Nr. 1) nicht sofort saniert werden und soll der Raum trotzdem weiterhin genutzt werden, so muß durch geeignete Maßnahmen das potentielle Risiko der erhöhten Faserfreisetzung soweit minimiert werden, daß eine weitere Nutzung des Raumes ohne konkrete Gesundheitsgefährdung möglich ist. Vorläufige Maßnahmen können betrieblicher und baulicher Art sein.

Vorläufige Maßnahmen sind nur zulässig, wenn eine unkontrollierbare stoßweise Faserabgabe in die Raumluft während und nach Einleitung solcher Maßnahmen ausgeschlossen werden kann.

Vorläufige Maßnahmen sind fachkundig und sorgfältig auf die baulichen, betrieblichen und nutzungsbedingten Besonderheiten abgestimmt zu planen, auszuführen und bis zur endgültigen Sanierung voll funktionstüchtig zu halten.

Die Einhaltung und die Wirksamkeit dieser Maßnahmen ist regelmäßig zu kontrollieren.

Sofern bei Wartungs- oder Reparaturarbeiten beziehungsweise bei baulichen Maßnahmen Einwirkungen auf schwachgebundene Asbestprodukte nicht ausgeschlossen werden können, sind bei diesen Arbeiten Schutzmaßnahmen nach Abschnitt 4.4 und sinngemäß Maßnahmen nach Abschnitt 4.5 erforderlich.

4.2.2 Betriebliche Maßnahmen

Betriebliche Maßnahmen können sein:

- Vermeidung von Einwirkungen auf das Asbestprodukt, die Fasern freisetzen, z.B. durch Wartungs-, Reinigungs- oder Instandsetzungsarbeiten, Erschütterungen oder stärkere Luftbewegungen. Sind Arbeiten, die zu Faserfreisetzungen führen

können, unvermeidlich, so muß sichergestellt sein, daß Fasern nicht in die Raumluft gelangen können.
- Änderung der Raumnutzung, z. B. Reduzierung der Nutzungsdauer.
- Regelmäßige Naßreinigung von Räumen, Einrichtungen und Ausstattungen.
- Außerbetriebnahme oder angepaßter Betrieb von raumlufttechnischen Anlagen, z. B. durch Reduzierung der Luftgeschwindigkeit, Erhöhung der relativen Raumluftfeuchte oder Verbesserung ihrer Abscheideleistung.

4.2.3 Bauliche Maßnahmen

Bauliche Maßnahmen können sein:
- Beschichten des Asbestproduktes (nur bei Platten),
- staubdichte Trennung des Asbestproduktes vom Raum,
- Ausbessern von Beschädigungen des Asbestproduktes,
- Schließen von Fugen asbesthaltiger Bauteile.

Sind bei diesen Arbeiten Faserfreisetzungen unvermeidlich, so muß sichergestellt sein, daß Fasern nicht in die Raumluft gelangen können.

4.2.4 Erfolgskontrolle der vorläufigen Maßnahmen

Der Erfolg der vorläufigen Maßnahmen ist durch Messungen nachzuweisen:
- eine Messung unmittelbar nach den vorläufigen Maßnahmen und
- etwa halbjährliche Messungen unter jeweils gleichen Bedingungen bis zur endgültigen Sanierung.

Für die Durchführung der Messungen und deren Bewertung gilt Abschnitt 5.

4.3 Endgültige Maßnahmen (Sanierungsverfahren)

4.3.1 Übersicht

Es werden folgende, für eine dauerhafte Sanierung geeignete Verfahren unterschieden:
- Entfernen (Methode 1),
- Beschichten (Methode 2),
- Räumliche Trennung (Methode 3).

4.3.2 Entfernen (Methode 1)

Bei dieser Methode sind
- absaugfähige Asbestprodukte (z. B. Spritzasbest) in der Regel in nassem Zustand vom Untergrund abzulösen und direkt in einen staubdichten Behälter abzusaugen,
- nicht absaugfähige Asbestprodukte (z. B. Platten) in der Regel in nassem Zustand möglichst zerstörungsfrei auszubauen und in staubdichte Behälter zu verpacken.

4.3.3 Beschichten (Methode 2)

Bei dieser Methode ist das Asbestprodukt durch eine Beschichtung staubdicht einzuschließen. Bei Produkten mit stark aufgelockerter Faserstruktur (z. B. Spritzasbest) kann eine vorherige Oberflächenverfestigung erforderlich sein. Die Anwendung dieses Verfahrens setzt eine ausreichende Querzug- und Abreißfestigkeit des Asbestproduktes voraus.

Für Verfestigungs- und Beschichtungsstoffe aus Kunststoffen sind die Anforderungen nach Anhang 2 zugrunde zu legen.[1)]

4.3.4 Räumliche Trennung (Methode 3)

Bei dieser Methode wird mit Hilfe zusätzlicher Bauteile eine staubdichte Trennung zwischen Asbestprodukt und Raum geschaffen. Dabei ist insbesondere auch darauf zu achten, daß Anschlüsse und Fugen dauerhaft staubdicht bleiben.

4.4 Schutzmaßnahmen während der Sanierung

4.4.1 Grundsätze

1. Die Maßnahmen dienen sowohl dem Schutz von Personen innerhalb als auch außerhalb des Bereichs, in dem die Sanierungsarbeiten durchgeführt werden (Arbeitsbereich).[2)]
2. Aus dem Arbeitsbereich dürfen keine Asbestfasern in Räume gelangen, die nicht zum Arbeitsbereich gehören.
3. Luft aus dem Arbeitsbereich darf an die Außenluft nur kontrolliert und über mechanische Lüftungsanlagen abgegeben werden.[3)]

4.4.2 Maßnahmen zum Schutz von Personen außerhalb des Arbeitsbereiches

Die folgenden Maßnahmen zum Schutz von Personen außerhalb des Arbeitsbereiches erfüllen die Grundsätze nach Abschnitt 4.4.1:

1. Der Arbeitsbereich ist möglichst klein zu halten.
2. Falls das gewählte Sanierungsverfahren eine Faserfreisetzung nicht mit Sicherheit ausschließt, muß – außer bei Arbeiten mit geringer Exposition nach TRGS 519 (Ausgabe März 1995) Nr. 2.8 unter Beachtung von TRGS 519 Nr. 14.2, Abs. 6 bei Anwendung geprüfter Arbeitsverfahren gemäß TRGS 519

---

1) Die Verfestigungs- und Beschichtungsstoffe bedürfen eines allgemeinen bauaufsichtlichen Prüfzeugnisses (siehe Bauregelliste A Teil 2).

2) Für den Schutz von Personen innerhalb des Arbeitsbereiches gelten die einschlägigen arbeitsschutzrechtlichen und berufsgenossenschaftlichen Bestimmungen.

3) Zum Schutz der Außenluft gelten die Bestimmungen des Gesetzes zum Schutz vor schädlichen Umwelteinwirkungen durch Luftverunreinigungen, Geräusche, Erschütterungen und ähnliche Vorgänge (Bundes-Immissionsschutzgesetz – BImSchG) und die Bestimmungen auf Grund dieses Gesetzes in der jeweils geltenden Fassung.

Nr. 2.10, Abs. 8 – der Arbeitsbereich staubdicht abgeschottet sein.

3. Kann die Abschottung nicht staubdicht ausgeführt werden, muß der Arbeitsbereich während der Sanierungsarbeiten ständig unter ausreichend wirksamem Unterdruck gehalten werden. Der Unterdruck ist nachzuweisen.
4. Soweit der Arbeitsbereich abgeschottet sein muß, sind Verbindungen zum Arbeitsbereich durch Schleusen herzustellen. Auf Schleusen kann nur unter den in TRGS 519 (Ausgabe März 1995) Nr. 14.1.10 beziehungsweise Nr. 14.2, Abs. 4 genannten Voraussetzungen und Bedingungen verzichtet werden.
5. Erfolgt die Sanierung durch Absaugen des Asbests (siehe Abschnitt 4.3.2), muß das gesamte Saugsystem von der Absaugstelle über den Behälter und die Filter bis hin zur Pumpe während der Saugarbeiten unter Unterdruck stehen. Die dabei abgesaugte Luft muß über geeignete Filter ins Freie abgeführt werden.

4.5 Abschließende Arbeiten

Nach Beendigung der Sanierungsverfahren nach Abschnitt 4.3 sind folgende abschließende Arbeiten in der angegebenen Reihenfolge erforderlich:

1. Bei Sanierungsverfahren mit abgeschottetem Arbeitsbereich
   - Reinigen aller Oberflächen im abgeschotteten Bereich (z.B. durch Absaugen);
   - visuelle Kontrolle, daß keine sichtbaren Asbestfasern mehr vorhanden sind;
   - Binden der nicht mehr sichtbaren Restfasern auf allen schwer zu reinigenden Oberflächen im abgeschotteten Bereich;
   - Messen der Asbestfaserkonzentration nach Abschnitt 5 – ausgenommen die Nutzungssimulation – vor Abbau der Abschottung, sofern eine solche Messung in TRGS 519 bestimmt ist;
   - Abbau der Abschottung;
   - Nachreinigung;
   - Erfolgskontrolle nach Abschnitt 5.
2. Bei Sanierungsverfahren ohne abgeschotteten Arbeitsbereich
   - Reinigung mit anschließendem Luftwechsel gemäß TRGS 519.
3. Asbestprodukte, die nach Methode 2 oder 3 (siehe Abschnitt 4.3) saniert wurden, sind nach Bild 1 zu kennzeichnen:

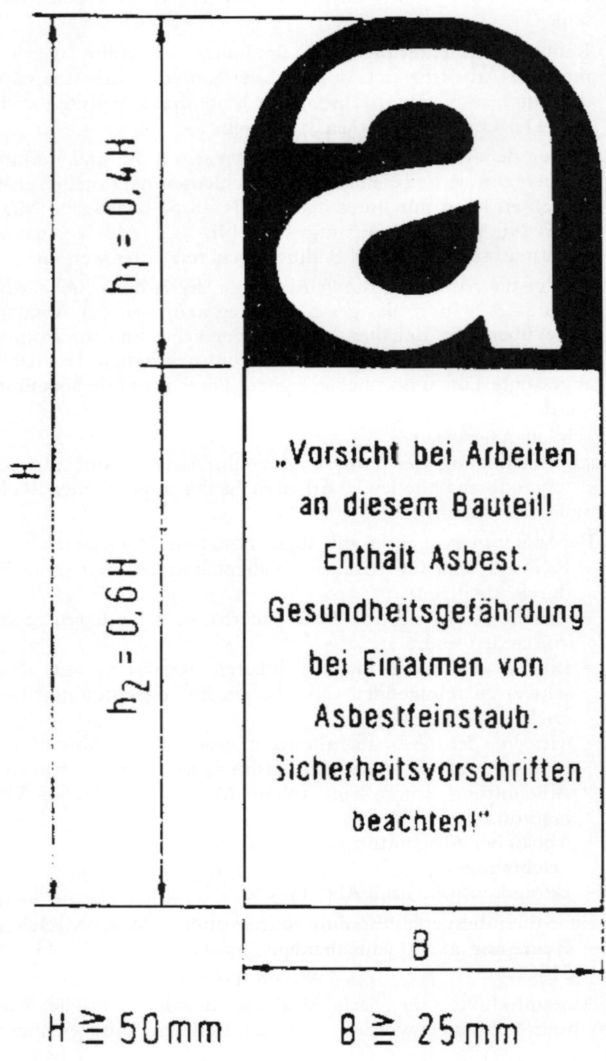

Bild 1. Kennzeichnung

4.6 Abfallentsorgung
Die Entsorgung regelt sich nach den einschlägigen gesetzlichen Bestimmungen.[1)]

5 Erfolgskontrolle der Sanierung

5.1 Allgemeines
Der Erfolg der Sanierung nach Abschnitt 4.3 und die Wirksamkeit vorläufiger Maßnahmen nach Abschnitt 4.2 sind durch Messungen der Konzentration von Asbestfasern in der Raumluft nach Richtlinie VDI 3492 Bl. 2 (Ausgabe Juni 1994) zu belegen. Von jeder Messung sind die ausgewerteten Proben und die zugehörigen Protokolle mindestens 6 Monate von den Meßinstituten aufzubewahren.

5.2 Meßstrategie für die Erfolgskontrolle von Sanierungsmaßnahmen

5.2.1 Messung
Die Messungen zur Erfolgskontrolle der Sanierung sind nach Beendigung der Sanierungsarbeiten - einschließlich der Maßnahmen nach Abschnitt 4.5 –, jedoch vor der erneuten Nutzung der Räume durchzuführen.

5.2.2 Meßort
Messungen des Asbestfasergehaltes in der Raumluft des sanierten Raumes sind dort durchzuführen, wo sich die Personen bei typischer Raumnutzung vorwiegend aufhalten oder wo eine hohe Asbestfaserkonzentration vermutet wird.

5.2.3 Meßbedingungen, Nutzungssimulation
Da die Messungen vor einer erneuten Nutzung erfolgen müssen, muß die Simulation des Normalbetriebes gem. Richtlinie VDI 3492 Bl. 2 vorgenommen werden.

5.3 Beurteilung der raumlufthygienischen Situation

5.3.1 Erfolgskontrolle von Sanierungen
Bei der Erfolgskontrolle von Sanierungen ist nachzuweisen, daß die beiden folgenden Bedingungen eingehalten sind:

1. Die Asbestfaserkonzentration mit Faserlängen $L \geq 5\ \mu m$, Faserdurchmessern $D < 3\ \mu m$ und einem Verhältnis von Faserlänge zu Faserdurchmesser $L:D > 3:1$ wird aus der auf dem Filter beobachteten Faseranzahl berechnet. Jeder Meßwert muß weniger als 500 F/m^3 betragen.
2. Die Obergrenze des aus der Anzahl der Asbestfasern mit einer Faserlänge $L \geq 5\ \mu m$, einem Faserdurchmesser $D < 3\ \mu m$

[1)] Für die Entsorgung gelten die Bestimmungen des Gesetzes über die Vermeidung und Entsorgung von Abfällen (Abfallgesetz – AbfG) und die abfallrechtlichen Bestimmungen der Länder in der jeweils geltenden Fassung.

und einem Verhältnis von Faserlänge zu Faserdurchmesser L:D > 3:1 nach der Poisson-Verteilung berechneten 95%-Vertrauensbereichs der Asbestfaserkonzentration muß unterhalb von 1000 F/m³ liegen.

5.3.2 Erfolgskontrolle vorläufiger Maßnahmen
Bei Erfolgskontrolle vorläufiger Maßnahmen nach Abschnitt 4.2.4 und bei eventuellen Nachweisen zum Schutz Dritter während der Sanierung ist nachzuweisen, daß die Asbestfaserkonzentration mit Faserlängen L ≥ 5 µm, Faserdurchmessern D < 3 µm und einem Verhältnis von Faserlänge zu Faserdurchmesser L:D > 3:1 höchstens einen Meßwert von 1000 F/m³ erreicht.

5.4. Anforderungen an die Meßinstitute
Messungen nach Abschnitt 5.2 dürfen nur von Instituten durchgeführt werden, die eine ordnungsgemäße Durchführung der Messung nach Richtlinie VDI 3492 Bl. 2 (Ausgabe Juni 1994) gewährleisten. Die Messungen sind gem. Richtlinie VDI 3492 Bl. 2, Anhang 2, zu protokollieren.

Anhang 1

Bewertung der Dringlichkeit einer Sanierung

		Asbestprodukte – Bewertung der Dringlichkeit einer Sanierung		
		Gebäude:...... Raum:...... Produkt:......	Bewertung*)	Bewertungszahl
	I	**Art der Asbestverwendung**		
1		Spritzasbest	○	20
2		Asbesthaltiger Putz	○	10
3		Leichte asbesthaltige Platten	○	5, 10 oder 15
4		Sonstige asbesthaltige Produkte	○	5, 10, 15 oder 20
	II	**Asbestart**		
5		Amphibol-Asbeste	○	2
6		Sonstige Asbeste	○	0
	III	**Struktur der Oberfläche des Asbestprodukts**		
7		Aufgelockerte Faserstruktur	○	10
8		Feste Faserstruktur ohne oder mit nicht ausreichend dichter Oberflächenbeschichtung	○	4
9		Beschichtete, dichte Oberfläche	○	0
	IV	**Oberflächenzustand des Asbestprodukts**		
10		Starke Beschädigungen	○	6
11		Leichte Beschädigungen	○	3
12		Keine Beschädigungen	○	0

		Asbestprodukte – Bewertung der Dringlichkeit einer Sanierung		
		Gebäude: .... Raum: .... Produkt:	Bewertung*)	Bewertungszahl
	V	**Beeinträchtigung des Asbestprodukts von außen**		
13		Produkt ist durch direkte Zugänglichkeit (Fußboden bis Greifhöhe) Beschädigungen ausgesetzt	○	10
14		Am Produkt werden gelegentlich Arbeiten durchgeführt	○	10
15		Produkt ist mechanischen Einwirkungen ausgesetzt	○	10
16		Produkt ist Erschütterungen ausgesetzt	○	10
17		Produkt ist starken klimatischen Wechselbeanspruchungen ausgesetzt	○	10
18		Produkt liegt im Bereich stärkerer Luftbewegungen	○	10
19		Im Raum mit dem asbesthaltigen Produkt sind starke Luftbewegungen vorhanden	○	7
20		Am Produkt kann bei unsachgemäßem Betrieb Abrieb auftreten	○	3
21		Das Produkt ist von außen nicht beeinträchtigt	○	0
	VI	**Raumnutzung**		
22		Regelmäßig von Kindern, Jugendlichen und Sportlern benutzter Raum	○	25
23		Dauernd oder häufig von sonstigen Personen benutzter Raum	○	20
24		Zeitweise benutzter Raum	○	15
25		Nur selten benutzter Raum	○	8
	VII	**Lage des Produkts**		
26		Unmittelbar im Raum	○	25
27		Im Lüftungssystem (Auskleidung oder Ummantelung undichter Kanäle) für den Raum	○	25
28		Hinter einer abgehängten undichten Decke oder Bekleidung	○	25
29		Hinter einer abgehängten dichten Decke oder Bekleidung, hinter staubdichter Unterfangung oder Beschichtung, außerhalb dichter Lüftungskanäle	○	0
30	Summe der Bewertungspunkte			
31		Sanierung unverzüglich erforderlich (Dringlichkeitsstufe I)	○	≥ 80
32		Neubewertung mittelfristig erforderlich (Dringlichkeitsstufe II)	○	70–79
33		Neubewertung langfristig erforderlich (Dringlichkeitsstufe III)	○	< 70

*) Zutreffendes bitte ankreuzen. Wurden innerhalb einer Gruppe mehrere Bewertungen angekreuzt, darf bei der Summenbildung (Zeile 30) nur eine – die höchste – Bewertungszahl berücksichtigt werden.

Erläuterungen zur Anwendung des Formblattes

Das Formblatt „Asbestprodukte – Bewertung der Dringlichkeit einer Sanierung" soll als Checkliste zur Beurteilung der Sanierungsbedürftigkeit dieser Produkte dienen.

41 Technische Baubestimmungen

In den Tabellen-Legenden sind sieben Gruppen mit Bewertungskriterien (I bis VII) aufgeführt. Die zutreffenden Bewertungen sind in der vorletzten Spalte durch Ankreuzen vorzunehmen. Diese haben Bewertungszahlen zwischen 0 und 25 (letzte Spalte). Wurden innerhalb einer Gruppe mehrere Bewertungen angekreuzt, darf bei der Summenbildung (Zeile 30) nur eine – die höchste – Bewertungszahl berücksichtigt werden. Diese sieben Bewertungszahlen werden in Zeile 30 summiert und ergeben nach Einordnung die Dringlichkeit der Sanierung (Zeilen 31 bis 33).

I Art der Asbestverwendung (Zeilen 1 bis 4)

Spritzasbest ist ein weißgraues, graues oder graublaues, in der Regel weiches, mit dem Finger eindrückbares Material. Die Oberfläche ist zumeist genarbt, auch wenn sie mit einer Zementschlemme oder mit einem Farbanstrich geschützt ist.

Asbesthaltiger Putz und leichte asbesthaltige Platten sind meist weißgrau, jedoch auch grau bis graubraun. Das Material ist relativ weich und brüchig und läßt sich mit dem Fingernagel an der Oberfläche leicht ankratzen.

Sonstige asbesthaltige Produkte wie Pappe, Schnüre oder auch Schaumstoffe sind in der Regel ebenfalls weißgrau bis grau und weisen eine geringe Festigkeit auf.

Bei sämtlichen asbesthaltigen Produkten sind an den Bruchstellen sehr feine, abstehende Fasern zu erkennen.

Eine definitive Aussage, ob das Produkt Asbest enthält, ist selbst für den Fachmann nicht immer einfach. Bevor eine Sanierung in Angriff genommen wird, sollte daher das als asbesthaltig vermutete Produkt einer Materialanalyse unterzogen werden.

In Gruppe I, Zeile 3 – Leichte asbesthaltige Platten –, sind Platten, bei denen Faserfreisetzungen aufgrund von Pumpeffekten oder Schwingungen nicht auftreten können, mit 5 Punkten zu bewerten. Dies gilt in der Regel für kleinformatige Platten (Platten mit Plattengrößen unter 0,4 m^2) und für großformatige Platten, die ausreichend biegesteif über engrastrige Unterkonstruktionen oder unmittelbar an massiven Bauteilen befestigt sind.

Großformatige Platten, bei denen Faserfreisetzungen aufgrund von Pumpeffekten oder Schwingungen möglich sind,[1] sind je nach deren Intensität mit 10 oder 15 Punkten zu bewerten.

In Gruppe I, Zeile 4 – Sonstige asbesthaltige Produkte –, ist in der Regel von folgenden Bewertungszahlen auszugehen:

	Bewertungszahl
a) Asbestkitt, Asbestschaumstoff, Asbestspachtelmasse	5
b) Asbestpappe	10

[1] Nach derzeitigem Kenntnisstand gilt dies für Platten, die Amphibol-Asbeste enthalten.

c) Asbestgewebematte, Asbestschnur 15
d) Ungebundene Asbeststopfmassen 20

II Asbeststart (Zeilen 5 und 6)

Amphibol-Asbeste weisen ein ungünstigeres Verstaubungsverhalten auf als Chrysotil. Das Vorhandensein von Amphibol-Asbesten ist nur mittels Materialanalyse feststellbar.

III Struktur der Oberfläche des Asbestprodukts (Zeilen 7 bis 9)

Eine aufgelockerte Faserstruktur kann in der Regel bei Spritzasbest und Asbestschnur angenommen werden.

Eine feste Faserstruktur ist bei asbesthaltigem Putz, asbesthaltigem Schaumstoff und bei Spritzasbest mit zusätzlichem Schaumstoff und bei Spritzasbest mit zusätzlichem geschlossenem Deckanstrich gegeben. Bei asbesthaltigen Platten ist zwar in der Regel auch eine feste Faserstruktur anzunehmen, im Einzelfall kann aber auch eine aufgelockerte Faserstruktur vorliegen, z. B. bei Ausblühungen. ·

Eine Kunststoffummantelung, ein Gipsmantel oder dergleichen kann als beschichtete, dichte Oberfläche gelten, wenn die Ummantelung keine Beschädigungen oder undichten Stellen aufweist.

IV Oberflächenzustand des Asbestprodukts (Zeilen 10 bis 12)

Der Grad der Beschädigungen ist entsprechend den drei genannten Abstufungen einzuordnen.

V Beeinträchtigung des Asbestprodukts von außen
(Zeilen 12 bis 21)

Eine Beeinträchtigung ist beispielsweise gegeben,
- wenn das Produkt direkt zugänglich ist und dadurch sehr leicht beschädigt wird,
- wenn bei Abschottungen Kabel nachgezogen werden,
- wenn an oder unter beschichteten Decken Leitungen befestigt, Dekorationen aufgehängt, abgehängte Decken geöffnet werden,
- wenn Blechverkleidungen am Produkt scheuern,
- wenn ein bewegliches Produkt Abrieb ausgesetzt ist,
- wenn ummantelte Lüftungskanäle Erschütterungen ausgesetzt sind, z. B. auch durch Ein- und Ausschalten der Lüftungsanlage,
- wenn beschichtete Decken, Wände oder Stützen Erschütterungen oder mechanischen Einwirkungen, z. B. durch Ballwurf, ausgesetzt sind,
- wenn Beschichtungen von Dächern oder Wänden starken klimatischen Wechselbeanspruchungen ausgesetzt sind, z. B. Innenbeschichtung ohne äußere Wärmedämmung,
- wenn das Produkt von einer Lüftungsanlage direkt angeblasen wird,
- wenn in dem Raum mit dem Produkt starke Luftbewegungen vorhanden sind.

Bei beweglichen Produkten, wie z. B. Wärmerückgewinnungsanlagen, kann bei unsachgemäßem Betrieb oder bei Störung Abrieb auftreten.

VI Raumnutzung (Zeilen 22 bis 25)

Schulen, Kindergärten, Sporthallen, Hallenbäder werden vorwiegend von Kindern, Jugendlichen und jüngeren Erwachsenen benutzt. Diese Altersgruppen sind wegen der langen Latenzzeit der asbestbedingten Krankheiten besonders gefährdet.

Zu den dauernd oder häufig benutzten Räumen zählen alle Räume, die regelmäßig über einen Zeitraum von mehreren Stunden benutzt werden.

Zeitweise benutzte Räume sind z.B. Technikräume, Lagerräume, Dachräume, Kellerräume, sonstige Nebenräume.

Selten benutzte Räume sind Technikschächte, Kriechgänge usw.

Die in der ehemaligen DDR hergestellten asbesthaltigen Platten wurden dort auch in Wohnungen verwendet; Räume von Wohnungen sind in Zeile 22 einzustufen.

VII Lage des Produkts (Zeilen 26 bis 29)

Als unmittelbar im Raum liegend sind alle Produkte einzustufen, die zwischen dem Rohfußboden und der untersten Decke (Zwischendecke) angeordnet sind.

Ummantelungen oder Auskleidungen von Lüftungskanälen oder Lüftungsgeräten sind grundsätzlich für sämtliche von dieser Lüftungsanlage belüfteten Räume zu berücksichtigen. Bei Ummantelungen kann bei nachgewiesener Dichtheit der Lüftungskanäle oder Lüftungsgeräte von einer Nichtbeeinträchtigung der belüfteten Räume ausgegangen werden.

Abgehängte undichte Decken oder Bekleidungen sind sämtliche nicht luftdichten Konstruktionen oder Materialien.

Anhang 2

Anforderungen an Verfestigungs- und Beschichtungsstoffe aus Kunststoffen

1 Dicke der Beschichtung
Dicke d der Beschichtung im fertigen Zustand: $d \leq 3$ mm.

2 Dichtigkeit
- a) Diffusionsäquivalente Luftschichtdicke s_d gemäß DIN 51 615 (im Trockenbereich): $s_d > 1$ m,
- b) kapillare Wasseraufnahme als Wasseraufnahmekoeffizient w nach DIN 52 617: $w < 0{,}25$ kg/($m^2h^{0,5}$).

3 Mechanische Widerstandsfähigkeit im gealterten Zustand (nach 28 Tagen Lagerung bei 60°C)

a) Bei Einbeulung beziehungsweise Ausbeulung von 3 mm an einem beschichteten Aluminiumblech von 0,3 mm Dicke beim Impact-Test bei der Prüfung mit dem Gerät nach Erichsen Typ 304 (Prüfschichtdicke s $\leq$ 1 mm): keine Risse.

b) Bei Anwendung einer Verformungsarbeit von 3 Nm auf einen beschichteten Mineralfaser-Spritzputz: keine Risse beziehungsweise kein Durchstoßen.
Als Mineralfaser-Spritzputz sind Platten von etwa 50 × 50 × 3 cm Kantenlänge aus einer bestimmten Brandschutz-Putzbekleidung mit einer Trockenrohdichte von 300 + 60 kg/m³ und einer Abreißfestigkeit von mindestens 0,0010 N/mm² zu verwenden. Die Platten sind überkopf zu verfestigen und zu beschichten.
Wird die Beschichtung ausschließlich für Leichtbauplatten verwendet, so darf dieser Nachweis entfallen.
Bei der Beurteilung von Verfestigungsstoffen darf dieser Nachweis entfallen.

4 Haftzugfestigkeit
Bei der Prüfung der Haftzugfestigkeit am beschichteten Mineralfaser-Spritzputz darf der Bruch nicht zwischen Beschichtung und Spritzputz auftreten.

5 Elastisch-plastisches Verhalten bei Zugbeanspruchung
Reißfestigkeit β_z und Bruchdehnung ε_B beim Zugversuch in Anlehnung an DIN 53455:
$\beta_z < 5$ N/mm²
$\varepsilon_B > 100\%$,
davon plastischer Verformungsanteil im gealterten Zustand nach 28 Tagen mindestens 30%; die Messung erfolgt 24 Stunden nach dem Zugversuch.

6 Forderungen an die chemische Zusammensetzung
Keine gesundheitsschädlichen flüchtigen Anteile. Keine wandernden und/oder flüchtigen Weichmacher.

7 Forderungen an die Baustoffklasse nach DIN 4102
Verfestigung und Beschichtung müssen mindestens „Normalentflammbar" sein (Klasse B 2 nach DIN 4102) und dürfen nicht „brennend abfallen"; dies ist an Proben nach Abschnitt 3b nachzuweisen.

8 Kennwerte zur Identifizierung und Beschreibung der Verfestigungs- und Beschichtungsstoffe
- IR-Spektrogramm,
- Zusammensetzung (flüchtige Bestandteile, Glühverlust und glühverlustfreier Rückstand),
- Viskosität,
- Topfzeit.

41 Technische Baubestimmungen

Anlage G

Richtlinie für die Bewertung und Sanierung Pentachlorphenol (PCP)-belasteter Baustoffe und Bauteile in Gebäuden – Fassung Oktober 1996 –

Vorwort

Die nachstehende Richtlinie wurde von der Projektgruppe „Schadstoffe“ der Fachkommission Baunormung der Arbeitsgemeinschaft der für das Bau-, Wohnungs- und Siedlungswesen zuständigen Minister der Länder (ARGEBAU) als technische Regel entsprechend den Erkenntnissen in Wissenschaft und Technik und in Übereinstimmung mit den Erfordernissen der Baupraxis unter Beteiligung von

Herrn MinRat Prof. Dr.-Ing. Bossenmayer (Obmann)	– Wirtschaftsministerium Baden-Württemberg Referat Bautechnik/Bauökologie
Herrn Dipl.-Chem. Misch (Geschäftsführer)	– Deutsches Institut für Bautechnik (DIBt)
Herrn Dr. Alshorachi	– Landesgewerbeanstalt Bayern/Bereich Umweltschutz
Herrn Dr. Eckrich	– Umwelthygiene und Sanierungstechnologien GmbH, Neustadt
Herrn Dr. Giese	– Umweltbundesamt (UBA)
Herrn Ltd. BD Dipl.-Ing. Irmschler	– Deutsches Institut für Bautechnik (DIBt)
Herrn Dipl.-Ing. Kraus	– Bau-Berufsgenossenschaft Bayern und Sachsen
Herrn Prof. Dr. Lingk	– Bundesinstitut für gesundheitlichen Verbraucherschutz und Veterinärmedizin (BgVV)
Herrn Dr. Marutzky	– Wilhelm-Klauditz-Institut für Holzforschung (WKI), Braunschweig
Herrn BD Radovic	– Forschungs- und Materialprüfungsanstalt (FMPA) Baden-Württemberg
Herrn Reibstirn	– Bundesministerium für Arbeit und Sozialordnung
Herrn Dr. Reifenstein	– Bundesinstitut für gesundheitlichen Verbraucherschutz und Veterinärmedizin (BgVV)
Frau Dr. Roßkamp	– Umweltbundesamt/Institut für Wasser-, Boden- und Lufthygiene

Herrn Dr. Sagunski	– Behörde für Arbeit, Gesundheit und Soziales Hamburg
Herrn Dr. Schenke	– Umweltbundesamt
Herrn MinRat Dr.-Ing. Schubert	– Bayerisches Staatsministerium des Innern/Oberste Baubehörde
Herrn Prof. Dr. Seifert	– Umweltbundesamt/Institut für Wasser-, Boden- und Lufthygiene
Herrn Dr. Stirn	– Bundesanstalt für Arbeitsschutz und Arbeitsmedizin
Herrn Dipl.-Ing. Teichert	– GSA Gesellschaft für Staubmeßtechnik und Arbeitsschutz GmbH
Herrn Dr. Volland	– Forschungs- und Materialprüfungsanstalt (FMPA) Baden-Württemberg
Herrn Dr. Wegner	– Materialprüfungsamt des Landes Brandenburg, Eberswalde
Herrn Direktor und Prof. Dr. Willeitner	– BFH – Institut für Holzbiologie und Holzschutz, Hamburg
Herrn Dr. Wuthe	– Ministerium für Arbeit, Gesundheit und Sozialordnung Baden-Württemberg

erarbeitet.

Inhaltsverzeichnis

8 Entsorgung PCP-haltiger Abfälle
Anhang 1: Übersicht über die wichtigsten Rechtsvorschriften und Regelwerke, die bei PCP-Sanierungsarbeiten zu beachten sind
Anhang 2: Zusammenstellung PCP-bezogener Schutzmaßnahmen

Einleitung

Holzschutzmittel in Gebäuden können sehr unterschiedliche Wirkstoffe enthalten. Im Hinblick auf Verwendungsumfang und mögliche gesundheitliche Nebenwirkungen kommt dabei Pentachlorphenol (PCP) eine besondere Bedeutung zu, weshalb hierzu vordringlicher Handlungsbedarf besteht. Dem soll die vorliegende Richtlinie Rechnung tragen. Durch eine PCP-Sanierung wird zugleich auch Lindan (Gamma-Hexachlorcyclohexan) erfaßt, soweit dieses gemeinsam mit PCP vorliegt.

Die vorliegende Richtlinie enthält Regelungen und Hinweise für Gebäudeeigentümer und -nutzer sowie Baufachleute darüber, wie Bauprodukte, die PCP enthalten, gesundheitlich zu bewerten sind, wie Sanierungen durchgeführt werden können, welche Schutzmaßnahmen dabei beachtet werden müssen, wie die Abfälle und das Abwasser zu entsorgen sind und wie sich der Erfolg einer Sanierung kontrollieren läßt.

PCP gehört chemisch zur Gruppe der chlorierten aromatischen Kohlenwasserstoffe. Die Ausgangsverbindung ist das Phenol, an das fünf Chloratome gebunden sind. Technisches PCP enthält stets auch niedriger chlorierte Phenole (TCP = Tetra- und TriCP = Trichlorphenol) und darüber hinaus Spuren von Dioxinen und Furanen (polychlorierte Dibenzo-p-dioxine und -furane [PCDD/PCDF]. Hierbei handelt es sich vornehmlich um Hexa- bis Octa-Dioxine und -Furane, nicht relevant ist das sog. Seveso-Dioxin 2, 3, 7, 8-Tetrachlordibenzo-p-dioxin [TCDD]). Wird eine PCP-Sanierung vorgenommen, so wird damit gleichzeitig auch die wesentliche Quelle für Dioxine/Furane und niedriger chlorierte Phenole ausgeschaltet.

Nach 1945 wurde PCP in weitem Umfang als Fungizid zur Konservierung von Materialien eingesetzt, und zwar überwiegend in organischen Lösemitteln gelöst sowie vereinzelt in Form organisch löslicher PCP-Verbindungen und auch als wasserlösliches Salz (z.B. Natrium-Pentachlorphenolat [PCP-Na]).

Als Ursache einer Kontamination baulicher Anlagen kommt in erster Linie die Verwendung von PCP in Holzschutzmitteln in Frage.

In Holzschutzmitteln lag PCP in der Regel gemeinsam mit dem Insektizid Lindan in einem Mengenverhältnis PCP : Lindan von ca. 10 : 1 vor, wobei im Laufe der Jahre viele verschiedene Einzelprodukte mit und ohne Bindemittel- und Pigmentanteil vertrieben wurden. Der PCP-Gehalt von Holzschutzmitteln betrug in der Regel 5% mit möglichen Abweichungen nach unten und seltener nach oben. In Leder wurde PCP als Konservierungsstoff eingesetzt und kann z.B. in Sitzmöbeln vorliegen. Weitere Einsatzgebiete waren u.a. Schwertextilien (z.B. Teppichböden), Pappe und Klebstoffe.

PCP-haltige Holzschutzmittel wurden in baulichen Anlagen wie folgt verbreitet eingesetzt:

a) mit dem Ziel der Vorbeugung
   - bei tragenden und aussteifenden Hölzern, insbesondere im Dachstuhlbereich, bei Holztreppen sowie bei Holzgeländern;
   - bei Holzfenstern und Außentüren als holzschützende Grundierungen sowie Lasuren;
   - großflächig an Holzverkleidungen, Vertäfelungen, Schallschutzdecken, mitunter Holzfußböden und dergleichen in Innenräumen insbesondere bei Verwendung durch Heimwerker, wobei hier die Holzschutzfunktion der eingesetzten Präparate häufig zugunsten einer dekorativen Funktion in den Hintergrund trat;

b) mit dem Ziel der Bekämpfung
   - bei Holzschutzmitteln im Rahmen von Schwammsanierungen;
   - bei Bekämpfungsmitteln gegen Hausschwamm im Mauerwerk (z.T. durch Injektion, z.T. großflächig, z.T. im Verputz);
   - zum Teil in Holzschutzmitteln zur Bekämpfung eines Insektenbefalls, insbesondere im Dachstuhlbereich; in diesem Bereich wurde PCP nicht unmittelbar zur Insektenbekämpfung eingesetzt. Vielmehr wurde die Gelegenheit einer Schutzbehandlung genutzt, neben dem für die Insektenbekämpfung erforderlichen Insektizid zugleich als vorbeugende Maßnahme PCP als Fungizid gegen eventuellen später möglichen Pilzbefall zusätzlich einzubringen.

PCP ist im Holz sehr ungleichmäßig verteilt. Bei den im Hochbau früher üblichen Anwendungsverfahren liegt es nur im Randbereich bis max. ca. 1 cm Tiefe vor (Kiefernsplintholz), z.T. nur im Millimeterbereich (Fichte/Tanne, Kiefernkernholz) mit Konzentrationen von über 1000 mg PCP/kg Holz im durchtränkten Bereich. Unmittelbar nach der Anwendung lagen die PCP-Gehalte im Holz deutlich höher und konnten im Einzelfall 10 000 mg PCP/kg Holz überschreiten. Sie nehmen durch Abgabe von PCP an die Umgebungsluft allmählich ab.

Charakteristisch ist eine erhebliche Abnahme der PCP-Konzentration mit zunehmender Holztiefe. Größenordnungsmäßig liegen über 90% in den äußeren 3–5 mm vor.

Helle Importhölzer wurden zum vorübergehenden Schutz während Lagerung und Transport im Herkunftsland mit wässrigen Lösungen von PCP-Na behandelt. Bei diesen Hölzern wurde im Rahmen der Bearbeitung (z.B. zu Profilbrettern) der PCP-Na-haltige Bereich weitestgehend entfernt. Entsprechende Hölzer enthalten nach der Bearbeitung in der Regel nur noch vereinzelt PCP in der Größenordnung von häufig unter 100 mg PCP/kg Holz.

In Sonderfällen können PCP- und PCP-Na-haltige Späne zu Spanplatten verarbeitet worden sein.

Schließlich kann Holz, das in der Nähe von PCP- oder PCP-Na-haltigen Hölzern gelagert worden ist, als Kontamination Spuren von PCP aufweisen.

Für das Vorkommen von PCP in der Raumluft ist zwischen Primär- und Sekundärquellen zu unterscheiden:

Primärquellen sind Bauteile oder Gegenstände, die mit PCP-haltigen Zubereitungen behandelt sind und aus denen PCP in die Raumluft freigesetzt wird.

Sekundärquellen sind Bauteile oder Gegenstände, die PCP meist über längere Zeit aus der durch Primärquellen belasteten Raumluft aufgenommen haben. Sie vermögen ihrerseits das auf der Oberfläche angelagerte PCP nach und nach wieder in die Raumluft freizusetzen.

Großflächige Sekundärquellen können – selbst nach vollständigem Entfernen der Primärquellen – PCP-Raumluftkonzentrationen aufrechterhalten.

Ab den späten 70er Jahren geriet PCP zunehmend in den Verdacht, Gesundheitsschäden bei Personen hervorzurufen, die sich in Räumen mit PCP-behandelten Materialien, insbesondere Holz, aufhalten. Die Anwendung von Holzschutzmitteln ging in der Folge erheblich zurück. Bereits 1978 wurden in den alten Bundesländern Kennzeichnungspflichten für PCP-haltige Zubereitungen eingeführt. Im gleichen Jahr wurde für Präparate mit Prüfzeichen des damaligen Instituts für Bautechnik die Anwendung in Räumen zum dauernden Aufenthalt von Personen untersagt. 1989 wurde dann das Inverkehrbringen und die Verwendung von PCP und PCP-haltigen Produkten nach Maßgabe der seinerzeitigen Pentachlorphenolverbotsverordnung (PCP-V) untersagt.

In der ehemaligen DDR unterlagen Holzschutzmittel einer gesetzlichen Zulassungspflicht. Für die Anwendung in Innenräumen waren bis 1978 PCP-haltige Holzschutzmittel behördlich zugelassen. Darüber hinaus bestand bis 1988 eine Zulassung für PCP-haltige Grundierungen im Bereich Fenster und Außentüren.

Heute besteht ein Herstellungs- und Verwendungsverbot für PCP und PCP-haltige Produkte aufgrund der Verordnung zum Schutz vor gefährlichen Stoffen (Gefahrstoffverordnung – GefStoffV). Für das Inverkehrbringen von PCP und PCP-haltigen Produkten gelten die Verbote nach § 1 der Verordnung über Verbote und Beschränkungen des Inverkehrbringens gefährlicher Stoffe, Zubereitungen und Erzeugnisse nach dem Chemikaliengesetz (Chemikalien-Verbotsverordnung – ChemVerbotsV).

Die in der Vergangenheit eingesetzten PCP-haltigen Produkte können bis heute zu PCP-Raumluftbelastungen führen, deren Höhe von der Art und der Menge der PCP-haltigen Erzeugnisse im Raum und den Klimabedingungen des Raumes abhängt.

1 **Geltungsbereich**

Diese Richtlinie gilt für die Bewertung und Sanierung von Gebäuden, in denen Bauprodukte oder Bauteile enthalten sind, die mit PCP-haltigen Holzschutzmitteln behandelt wurden (Primärquellen) oder damit kontaminiert sind (Sekundärquellen).

2 **Mitgeltende Regelungen**

Für die Durchführung von Sanierungsmaßnahmen sind insbesondere die Vorschriften des
- Bauordnungsrechts
- Arbeitsschutzrechts
- Immissionsschutzrechts und
- Abfallrechts

maßgebend. Auf spezielle Rechtsvorschriften und technische Regeln wird in den einzelnen Abschnitten hingewiesen.

3 **Bewertung**

Auf der Grundlage der Erkenntnisse einer ad-hoc-Kommission aus Mitgliedern der Innenraumlufthygiene-Kommission des Umweltbundesamtes und der Arbeitsgemeinschaft der Leitenden Medizinalbeamtinnen und -beamten der Länder (AGLMB) ist die Anwendung PCP-haltiger Holzschutzmittel im Hinblick auf Gesundheitsgefährdungen wie folgt zu bewerten:

a) In Aufenthaltsräumen ist von einer möglichen gesundheitlichen Gefährdung auszugehen, wenn die im Jahresmittel zu erwartende Raumluftkonzentration über 1 µg PCP/m³ Luft liegt.

b) Bei Wohnungen oder bei anderen Räumen, in denen sich Personen über einen längeren Zeitraum regelmäßig mehr als 8 Stunden am Tag aufhalten und in denen nutzungsbedingt auch Expositionen über Staub und Lebensmittel etc. zu erwarten sind, wie z.B. in Kindertagesstätten oder Heimen, ist jedoch eine gesundheitliche Gefährdung schon dann möglich, wenn die im Jahresmittel zu erwartende Raumluftkonzentration unter 1 µg PCP/m³ Luft, aber über 0,1 µg PCP/m³ Luft liegt und gleichzeitig im Blut eine PCP-Belastung von mehr als 70 µg PCP/l (Serum) oder im Urin eine PCP-Belastung von mehr als 40 µg PCP/l vorliegt.

Messungen der Belastung der Raumluft mit PCP sind nach der Richtlinie VDI 4300, Blatt 4 (Meßplanung) und VDI 4301, Blatt 2 (Probenahme und Analyse) durchzuführen.

4 Ermittlung der Sanierungsnotwendigkeit PCP-belasteter Räume

Überlegungen zur Sanierungsnotwendigkeit sind nur angezeigt, wenn für die bauliche Anlage überhaupt die Anwendung von Holzschutzmitteln in Betracht zu ziehen ist. Kann dies sicher ausgeschlossen werden, ist gegebenenfalls nach anderen Quellen einer Belastung durch PCP zu suchen.

Ist dagegen die Anwendung von Holzschutzmitteln möglich, muß in einem weiteren Schritt geklärt werden, ob diese Mittel PCP-haltig gewesen sein können. Hierzu bedarf es einer Staubanalyse. Sie kann sich auf sog. Frischstaub beziehen, der ca. eine Woche alt ist und typischerweise mit dem Staubsaugen aufgenommen wird. Liegt der PCP-Gehalt dieses Frischstaubes unter 1 mg PCP/kg Staub, kann die Verwendung PCP-haltiger Holzschutzmittel sicher ausgeschlossen werden. Gleiches gilt, wenn alternativ sog. Altstaub, d. h. abgelagerter Staub, wie er sich z. B. hinter Verkleidungen o. ä. finden kann, der lediglich passiv gesammelt wurde, analysiert wird und dabei ein PCP-Gehalt von weniger als 5 mg PCP/kg Staub festgestellt wird.

Andernfalls sind in weiteren Untersuchungen die PCP-Konzentrationen in möglicherweise behandeltem Holz zu untersuchen. Hierzu sind Materialproben aus 0 bis 2 mm Tiefe des in Betracht kommenden Holzes zu entnehmen. Ergeben sich PCP-Konzentrationen von über 50 mg PCP/kg Holz, ist darüber hinaus festzustellen, ob die behandelte Holzfläche, die mit der Innenraumluft in Kontakt steht, zu dem Raumvolumen in einem Verhältnis größer als $0{,}2\ m^{-1}$ steht. Ist dies ebenfalls der Fall, d. h. werden beide genannten Werte überschritten, ist im Folgenden festzustellen, ob die im Jahresmittel zu erwartende Raumluftbelastung über $1\ \mu g\ PCP/m^3$ Luft liegt. Ist dies der Fall, so ist eine Sanierung des PCP-belasteten Raumes durchzuführen.

Handelt es sich dagegen um Wohnungen oder um andere Räume, in denen sich Personen über einen längeren Zeitraum regelmäßig mehr als 8 Stunden am Tag. aufhalten und in denen nutzungsbedingt auch Expositionen über Staub und Lebensmittel etc. zu erwarten sind, so ist weiter zu prüfen, ob die im Jahresmittel zu erwartende Raumluftbelastung nicht über $0{,}1\ \mu g\ PCP/m^3$ Luft liegt. Wird dieser Wert nicht überschritten, ist auch bei solchen Nutzungen nicht von einer gesundheitlichen Gefährdung durch PCP-haltige Holzschutzmittel auszugehen.

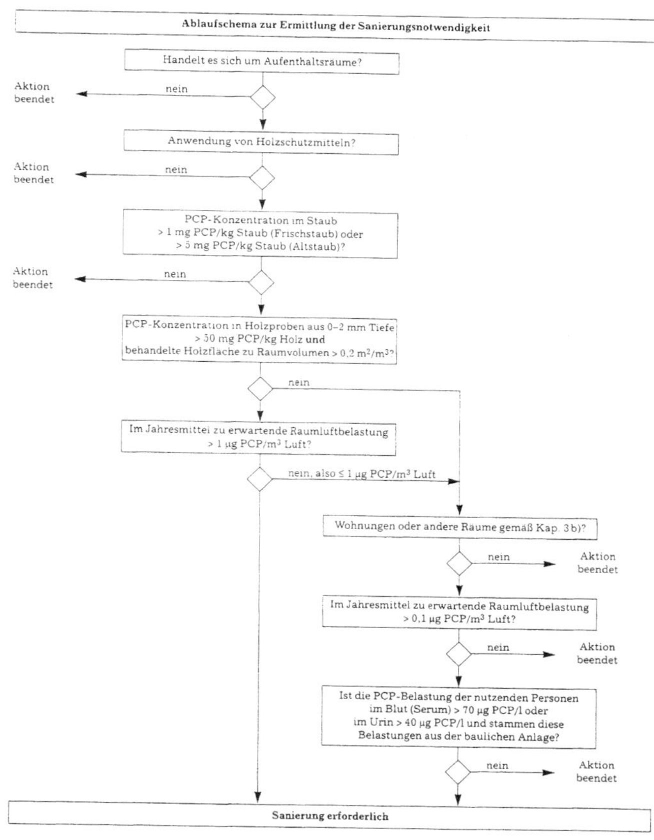

Ergibt sich dagegen eine Raumluftbelastung zwischen 0,1 und 1,0 µg PCP/m³ Luft, sind zur Verfügung stehende Ergebnisse der Untersuchung von Blut und Urin heranzuziehen. Zugrunde zu legen sind dabei die Werte der einzelnen nutzenden Personen, soweit es sich um Wohnungen handelt. Bei anderen Räumen, in denen sich Personen über einen längeren Zeitraum regelmäßig mehr als 8 Stunden am Tag aufhalten und in denen nutzungsbedingt auch Expositionen über Staub und Lebensmittel etc. zu erwarten sind, ist auf eine repräsentative Gruppe der nutzenden Personen abzustellen. Hierdurch wird den hier in größerem Maße denkbaren Verursachungsalternativen Rechnung getragen. Liegt im Blut eine PCP-Belastung von mehr als 70 µg PCP/l (Serum) oder im Urin eine PCP-Belastung von mehr als 40 µg PCP/l vor, ist zu prüfen, ob die Belastungen aus der baulichen Anlage stammen. Dabei sind vor allem die Plausibilität der Meßergebnisse und mögliche andere Expositionsquellen in die Überlegungen einzubeziehen. Stammen die Belastungen aus der baulichen Anlage, ist der PCP-belastete Raum zu sanieren.

Mit Messungen zur Bestimmung der PCP-Konzentration in der Raumluft beziehungsweise in Körperflüssigkeiten sind nur geeignete Laboratorien/Meßstellen zu beauftragen, die ausreichende Maßnahmen zur internen und externen Qualitätssicherung nachweisen können. Meßberichte der Meßstellen für Innenraumluft müssen alle gemäß VDI 4300 Blatt 1 und 4 beurteilungsrelevanten Daten enthalten. Bei Bestimmung der PCP-Konzentration in der Innenraumluft ist der Prüfbericht gemäß EN 45001 Punkt 9.4.3 zu erstellen.

5 Empfehlungen für Maßnahmen zur vorübergehenden Verminderung der PCP-Belastungen in Räumen

Bereits einfache Maßnahmen vermindern eine PCP-Belastung der Raumluft, z.B.

- täglich mehrmaliges Lüften über weit geöffnete Fenster (Stoßlüftung),
- wiederholtes feuchtes Reinigen aller harten Oberflächen (z.B. Holzbauteile, Fußböden, Möbel, Hausrat) mit 0,5%iger Sodalösung, der etwas Spülmittel zugesetzt ist,
- Waschen beziehungsweise Reinigen von Textilien (z. B. Kleidung, Vorhänge, Teppiche).

Vor der Verwendung von Putz- und Reinigungsmitteln ist im Einzelfall die Materialverträglichkeit zu prüfen.

6 Empfehlungen für die Sanierung PCP-belasteter Räume

6.1 Grundsätze

Eine Sanierung PCP-belasteter Räume hat zum Ziel, die Raumluftbelastung durch PCP-haltige Bauteile dauerhaft zu senken und gegebenenfalls eine PCP-Aufnahme über direkten Hautkontakt auszuschließen. Hierbei sind zur Behandlung von Primär- und Sekundärquellen folgende Gruppen von Maßnahmen zu unterscheiden:

- Beschichten und Bekleiden behandelter Bauteile,
- Räumliche Trennung behandelter Bauteile,
- Entfernen von behandeltem Material,
- Entfernen oder Reinigen sekundär belasteter Materialien oder Gegenstände.

Um Gefährdungen der bei Sanierungen beschäftigten Personen und der Umwelt auszuschließen, sind folgende Grundsätze zu beachten:

1. Sanierungsmaßnahmen sind als in sich geschlossenes Konzept vom Beginn der Arbeiten bis zur Entsorgung der Abfälle und des Abwassers entsprechend den geltenden Bestimmungen zu planen. Dabei ist auch zu berücksichtigen, daß durch die Sanierung notwendige Eigenschaften der Bauteile – z.B. deren Standsicherheit – beeinträchtigt werden können.
2. Es sind nur Firmen zu beauftragen, die mit den Arbeiten, den dabei auftretenden Gefahren und den erforderlichen Schutzmaßnahmen vertraut sind und über die erforderlichen Geräte und Ausrüstungen verfügen.
3. Die Sanierung muß möglichst staubarm erfolgen. Durch geeignete Maßnahmen, z.B. dicht schließende Abschlüsse des Arbeitsbereiches, ist sicherzustellen, daß bei der Sanierung freigesetzte PCP-haltige Stäube nicht in Gebäudebereiche außerhalb des Arbeitsbereiches gelangen können. Unterdruckhaltung und Zugangsschleusen sind in der Regel nicht erforderlich. Das Betreten des Arbeitsbereiches durch unbeteiligte Dritte ist zu verhindern. Gegen die Verschleppung von PCP-haltigem Staub aus dem Arbeitsbereich sind geeignete Maßnahmen zu ergreifen, z.B. durch die Verwendung von Einmalüberziehschuhen. Der gesamte Arbeitsbereich ist täglich mit einem geeignetem Staubsauger grob zu reinigen.
4. Die erforderlichen Arbeitsschutzmaßnahmen und Maßnahmen zum Schutz der Gebäudenutzer und der Umwelt während der Sanierung müssen beachtet werden. Abschnitt 7 enthält dazu Hinweise. Weitergehende Maßnahmen zum Schutz von Personen außerhalb des Sanierungsbereiches sind nicht erforderlich.
5. PCP-belastete Materialien, die nach der Sanierung im Gebäude verbleiben, sind im Hinblick auf eventuelle spätere Sanierungs- oder Umbaumaßnahmen und die sachgerechte Entsorgung zu dokumentieren.

Es wird empfohlen sicherzustellen, daß die Räume – soweit sie weiterhin genutzt werden – bis zur Sanierung ausreichend gelüftet und regelmäßig feucht gereinigt werden. Die Primärquellen sollen dokumentiert und gegebenenfalls selbst bei mäßiger Kontamination im Rahmen ohnehin anstehender Änderungs- beziehungsweise Instandhaltungsmaßnahmen in die Sanierung mit einbezogen werden.

6.2 Sanierung

6.2.1 Übersicht

Für eine zumindest längerfristige Sanierung von PCP-belasteten Räumen kommen abgesehen vom Entfernen der Primärquellen deren Abdichtung oder deren räumliche Abtrennung in Betracht. Die nachfolgend aufgeführten Verfahren haben sich in der Praxis bewährt. Damit sind andere Verfahren, die zu gleichwertigen Ergebnissen führen, nicht ausgeschlossen. Läßt sich durch diese Maßnahmen an den Primärquellen die PCP-Raumluftkonzentration nicht ausreichend absenken, kann darüber hinaus die Sanierung von Sekundärquellen (Bauteile, Gegenstände) angezeigt sein. Großflächige Sekundärquellen (z.B. Wände, Decken) können dazu beschichtet oder räumlich abgetrennt werden. Kontaminierte Gegenstände (z.B. Mobiliar, Teppiche, Gardinen) sollten gründlich gereinigt werden. Aus Textilien (Vorhänge, Überzüge u.ä.) läßt sich PCP durch Waschen mit handelsüblichen Waschmitteln weitgehend entfernen. Oberflächlich kontaminierte Gegenstände können durch wiederholte Behandlung mit 0,5%iger Sodalösung, der etwas Spülmittel zugesetzt ist, gereinigt werden. Schlecht zu reinigende Gegenstände, die mit PCP belastet sind (z.B. Tapeten, Polstermöbel), sollten entfernt werden.

6.2.2 Beschichten und Bekleiden behandelter Bauteile

6.2.2.1 Allgemeines

Behandelte Holzbauteile können durch eine ausreichend dichte und dauerhafte Sperrschicht gegen die Raumluft abgedichtet werden. Dicht aufgebrachte Beschichtungen oder Bekleidungen wirken als Dampfsperren; bauphysikalische Belange sind gegebenenfalls zu berücksichtigen.

Das Abdichten von Bauteilen kann erfolgen durch:

6.2.2.2 Beschichten mit Decklacken[1)]

Ein Abdichten der Holzoberfläche kann durch Verwendung von Beschichtungssystemen erfolgen, die folgende Bedingungen erfüllen:

- Beschichtungssysteme müssen ein ausreichendes Eindringvermögen in den Rißgrund und zur Rißüberbrückung eine ausreichende Bruchdehnung aufweisen und dauerelastisch sein.
- Vor dem Aufbringen von Beschichtungen ist das PCP chemisch oder physikalisch auf der Holzoberfläche zu fixieren oder zu modifizieren, um zu verhindern, daß Lösemittel in den Beschichtungen zu einer Erhöhung der Emission von

[1)] Der Verwendbarkeitsnachweis ist durch allgemeines bauaufsichtliches Prüfzeugnis zu führen.

PCP führen beziehungsweise um die Diffusion von PCP in die Beschichtung zu vermindern.

- Es dürfen nur solche Beschichtungen verwendet werden, bei denen gesundheitlich bedenkliche Verunreinigungen der Raumluft bei erneuter Raumnutzung auszuschließen sind.

6.2.2.3 Bekleiden mit Folien[1)]

Eine Abdichtung der Holzoberfläche gegen die Raumluft kann auch durch das Aufbringen von Isolierfolien oder Isoliertapeten erreicht werden; dabei sind folgende Bedingungen einzuhalten:

- Die Folie ist vollflächig aufzubringen. Soweit sie aufgeklebt wird, sind nur lösemittelarme Kleber zu verwenden. Beschädigungen der Folie und Stöße sind mit Folienstreifen vollständig zu überkleben.
- Zum Schutz der Folie sollten geeignete Abdeckungen aufgebracht werden. Kleine Löcher in der Folie durch Befestigungsschrauben beeinträchtigen die Wirksamkeit nicht.
- Anschlüsse an angrenzende Bauteile sind möglichst dicht herzustellen. Bei Bauteilen, die sich gegeneinander verschieben können (z. B. an Fugen), sind die Folien mit Bewegungsspielraum, jedoch dicht schließend anzubringen.

6.2.3 Räumliche Trennung behandelter Bauteile

Behandelte Bauteile werden luftdicht gegen die Raumluft abgeschottet. Dies kann z. B. durch Bekleidungen (z. B. aus Gipskartonplatten oder Spanplatten) oder vorgesetzte Bauteile (z. B. leichte Trennwände) erfolgen.

Stöße und Anschlüsse an bestehende, angrenzende Bauteile sind möglichst dicht herzustellen. Eine Kombination von Maßnahmen nach Nr. 6.2.2.3 und 6.2.3 ist möglich.

Die Trennung kontaminierter und nicht kontaminierter Gebäudebereiche kann auch durch Abdichten von Öffnungen in bestehenden Wänden oder Decken erreicht werden.

6.2.4 Entfernen von behandeltem Material

Sofern andere schadstoffmindernde Maßnahmen nicht möglich sind, müssen behandelte Bauteile oder behandelte Teile oder Bereiche solcher Bauteile gänzlich entfernt werden. Bei nichttragenden Bauteilen (z. B. Holzverkleidungen oder Treppengeländern) kann der Ausbau eine einfache Methode zur Schadstoffreduzierung sein. Das Entfernen tragender oder aussteifender Bauteile sollte jedoch auf Ausnahmefälle beschränkt bleiben. Auch durch Abtragen oberflächennaher Schichten ist in der Regel eine deutliche Minderung der Belastung zu erreichen.

[1)] Der Verwendbarkeitsnachweis ist durch allgemeines bauaufsichtliches Prüfzeugnis zu führen.

6.2.4.1 Entfernung von Bauteilen

Entfernung bedeutet Ausbau behandelter Bauteile, soweit dies technisch möglich ist, ohne den Bestand des Bauwerks zu gefährden. Dies ist im Regelfall problemlos möglich bei Decken- und Wandverkleidungen. Da hinter Verkleidungen erhebliche Mengen an PCP-belastetem Staub vorhanden sein können (Konzentration bis 400 mg PCP/kg Staub), sind entsprechende Arbeitsschutzmaßnahmen und eine sachgerechte Entsorgung erforderlich (vgl. Abschnitte 7 und 8).

6.2.4.2 Entfernung behandelter Bereiche von Holzbauteilen

Zur Entfernung von PCP-behandelten Bereichen von Holzbauteilen wird die Holzoberfläche der behandelten Bauteile mechanisch oder physikalisch-chemisch bearbeitet. PCP-behandelte Hölzer sind im Regelfall in den obersten 3 mm bis 5 mm Tiefe (je nach Holzart, Rissigkeit und Behandlungsart) mit PCP kontaminiert. Nach der Ermittlung der Eindringtiefe wird entweder durch

– spanabhebende Bearbeitung der Holzoberfläche durch Hobeln oder Fräsen der behandelte Bereich entfernt, oder durch
– Ablaugen der Holzoberfläche von den Schadstoffen befreit.

Bei spanabhebenden Verfahren ist auf staubarme Bearbeitung zu achten. Angrenzende Bauteile sind staubdicht abzudecken. Der anfallende Abfall, der PCP in hohen Konzentrationen gebunden enthält, ist entsprechend Abschnitt 8 zu entsorgen. Diese Sanierungsverfahren setzen wirksame Abschottungen zu anderen Bereichen des zu sanierenden Raumes und anderen Bauteilen (z. B. Wänden) im Sanierungsabschnitt und eine sehr gründliche Endreinigung des Gebäudes voraus. Dabei sollte einer feuchten Grundreinigung gegenüber der trockenen Reinigung der Vorzug gegeben werden.

Ist sichergestellt, daß die PCP-Belastung des zu sanierenden Bauteils nur oberflächlich ist (PCP-Eindringtiefe bis 2 mm) oder daß, wie z. B. bei Fensterrahmen, nur sehr kleine Flächen zu sanieren sind, kann die Holzoberfläche mit Natronlauge oder Sodalösung eingestrichen werden und die Lack- beziehungsweise Lasurschicht sowie die oberste stark kontaminierte Holzschicht mittels Spachtel entfernt werden. Parallel zur Entfernung der Deckschicht wird das verbleibende PCP in das Phenolat überführt und im Holz gebunden.

6.3 Erfolgskontrolle

Aus Gründen der gesundheitlichen Vorsorge sollten langfristig Raumluftwerte von $\leq$ 0,1 µg PCP/m³ Raumluft angestrebt werden.

Ziel der Sanierung sollte der o.g. Vorsorgewert sein. Der Erfolg der Sanierung wird durch Messung der Konzentration von PCP in der Raumluft nach der Richtlinie VDI 4300 Bl. 4 beziehungsweise VDI 4301 Bl. 2 belegt. Dies gilt auch dann, wenn vor der Sanierung keine Raumluftmessungen durchgeführt wurden.

Mit den in Abschnitt 6 genannten Sanierungsverfahren läßt sich der Vorsorgewert unmittelbar nach der Sanierung nicht in allen Fällen mit vertretbarem Aufwand erreichen. Wenn die Primärquellen saniert sind, läßt sich jedoch in der Regel in Verbindung mit Maßnahmen zur Senkung der Sekundärbelastung zumindest mittelfristig eine PCP-Raumluftkonzentration im Bereich des Vorsorgewertes erreichen.

7 Schutzmaßnahmen bei der Sanierung PCP-belasteter Räume und Bauteile

Beim Umgang mit PCP-haltigen Materialien im Zuge von Sanierungsarbeiten oder auch bei Abbruch- und Instandhaltungsarbeiten kann es durch Emissionen und unmittelbaren Hautkontakt zu Gesundheitsgefährdungen kommen.

In diesem Abschnitt wird auf Arbeitsschutzmaßnahmen hingewiesen, die bei Sanierungsarbeiten mindestens zu beachten sind. Die tabellarische Zusammenstellung PCP-bezogener Schutzmaßnahmen im Anhang 2 kann zur Planung der üblicherweise notwendigen Schutzmaßnahmen in Abhängigkeit vom Arbeitsvorgang herangezogen werden. Darüber hinaus wird empfohlen, die zu treffenden Schutzmaßnahmen unter Berücksichtigung der besonderen örtlichen Gegebenheiten in Absprache mit der zuständigen Arbeitsschutzbehörde und der Berufsgenossenschaft festzulegen.

7.1 Grenzwerte, Einstufung

Für PCP liegt z.Zt. kein Grenzwert nach der TRGS 900 vor. Im Ausschuß für Gefahrstoffe (AGS) wird z.Zt. die Aufstellung eines Grenzwertes geprüft. Es wird in diesem Zusammenhang auf den Anhang zur TRGS 102 verwiesen. Unabhängig davon gilt beim Umgang mit PCP im Rahmen der Sanierung das Minimierungsgebot nach dem Stand der Technik (§ 19 GefStoffV).

Pentachlorphenol und seine Salze sind[1)] nach § 4a GefStoffV (Legaleinstufung) als krebserzeugend der Kategorie 3 eingestuft. Abweichend davon wurde in der TRGS 905 eine Einstufung in die Kategorie 2 vorgenommen.

[1)] Gegenüber der in Heft Nr. 1/1997 der Mitteilungen des Deutschen Instituts für Bautechnik veröffentlichten Fassung der PCP-Richtlinie wurde hier nach dem Wort „sind" die Worte „in der TRGS 905" gestrichen.

Im Anhang zur TRGS 102 wird darauf hingewiesen, daß PCP neben der inhalativen Aufnahme auch über die Haut aufgenommen werden kann.
Da PCP in Holzschutzmitteln eingesetzt wurde, sind bei Sanierungsarbeiten auch die Grenzwerte für Holzstaub zu beachten. Gemäß TRGS 900 gilt für Holzstaub ein einheitlicher TRK-Wert von 2 mg/m^3 (gemessen als Gesamtstaub). Eichen- und Buchenholzstaub sind in der TRGS 905 als krebserzeugende Stoffe in die Kategorie 1 eingestuft (Stoffe, die beim Menschen erfahrungsgemäß zu Krebserkrankungen führen können). Für die übrigen Holzstäube wurde national die Einstufung in die Kategorie 3 vorgenommen.

7.2 Arbeitsschutzvorschriften
Beim Umgang mit PCP-haltigen Materialien sowie beim Auftreten von Holzstäuben sind sowohl gesetzliche als auch berufsgenossenschaftliche Vorschriften und Regelwerke zu beachten. Die wichtigsten Bestimmungen sind in Anhang 1 aufgelistet.
Werden im Zuge der Ermittlungen von PCP- oder Holzstaubkonzentrationen Messungen durchgeführt, dürfen dafür nur Meßstellen beauftragt werden, die über die notwendige Sachkunde und über die notwendigen Einrichtungen verfügen (§ 18 GefStoffV).

7.3 Organisatorische Schutzmaßnahmen
Die Sanierungsmaßnahmen sind rechtzeitig vor Beginn der zuständigen Arbeitsschutzbehörde sowie der zuständigen Berufsgenossenschaft anzuzeigen.
Der Anzeige sind Unterlagen beizufügen, aus denen die getroffenen Schutzmaßnahmen hervorgehen.
Werden die Arbeiten von mehreren Unternehmen gemeinsam durchgeführt, hat der Auftraggeber zur Koordinierung der Arbeiten im Hinblick auf mögliche gegenseitige Gefährdung eine verantwortliche Person (Koordinator) zu bestellen. Der Koordinator muß weisungsbefugt sein. Seine Aufgaben sind in ZH 1/183 Ziff. 5 geregelt.
Die Arbeiten müssen von einem fachlich geeigneten, weisungsbefugten Vorgesetzten (Bauleiter) geleitet werden.
Die Beschäftigten müssen vor Aufnahme der Tätigkeit über Gefahren, Schutzmaßnahmen und Verhaltensregeln unterwiesen werden.
Für den Umgang mit PCP-haltigen Materialien sowie beim Auftreten von Eichen- und Buchenholzstaub sind die Beschäftigungsbeschränkungen für Jugendliche sowie werdende und stillende Mütter zu beachten.

7.4 Technische Schutzmaßnahmen
Um die Schadstoffkonzentration im Arbeitsbereich so gering wie möglich zu halten, sind PCP-haltige Stäube abzusaugen und der Arbeitsbereich gut zu durchlüften.
Es sind, soweit möglich, staubarme Arbeitsverfahren zu wählen und beim Auftreten von Holzstaub weitgehend Maschinen mit wirksamer Staubabsaugung einzusetzen (Herstellerbescheinigung s. TRGS 553). Staubablagerungen sind vor Beginn der Sanierungsarbeiten zu entfernen und die Arbeitsbereiche auch während der Arbeiten regelmäßig zu reinigen. Zum Aufsaugen von Stäuben dürfen nur bauartgeprüfte Sauggeräte der Verwendungskategorie „C" oder höherwertige (z. B. K 1) verwendet werden.
Geräte für Holzstäube mit einem Staubsammelvolumen über 50 Liter und einer Leistungsaufnahme von mehr als 1,2 kW müssen zündquellenfrei (Bauart B 1) gebaut sein.
Die Bearbeitung PCP-haltiger Produkte oder PCP-kontaminierter Oberflächen, zum Beispiel mit Heißluftgeräten oder durch Flammstrahlen sowie durch Sandstrahlen, sind nicht zulässig.
Abfälle sind in ausreichend widerstandsfähigen Behältern zu sammeln. Die Behälter sind abzudecken.

7.5 Hygienische Schutzmaßnahmen/Persönliche Schutzausrüstungen
Direkter Hautkontakt mit PCP-haltigen Materialien ist durch Tragen geeigneter Arbeitskleidung (gegebenenfalls Schutzanzüge, Schutzhandschuhe, Schutzbrille) zu vermeiden. Die Arbeitskleidung soll täglich gewechselt werden.
Bei staubbelasteten Arbeiten ist Atemschutz zu verwenden. Dabei sind im allgemeinen Halbmasken mit P2-Filter oder partikelfiltrierende Halbmasken FFP2 ausreichend. Bei hohen Konzentrationen, wie z. B. bei der Behandlung bohrlochimprägnierter Hölzer, können in Sonderfällen auch Dampf/Partikelfilter der Schutzstufe A2-P2 oder Vollmasken höherer Schutzstufe mit Gebläseunterstützung erforderlich werden.
Im Arbeitsraum ist das Essen, Rauchen und Trinken sowie das Aufbewahren von Lebensmitteln verboten.
Bei Arbeitsunterbrechungen/Pausen sind die Hände gründlich zu reinigen. Straßen- und Arbeitskleidung sind getrennt aufzubewahren. Im übrigen wird hinsichtlich der Hygieneeinrichtungen auf § 22 GefStoffV verwiesen.
Den Beschäftigten sind Hautschutz-, Hautreinigungs- und Hautpflegemittel zur Verfügung zu stellen. Die Hautschutzmittel sollten fettfrei sein und können gerbende Zusätze enthalten, um die Schädigung der Haut durch das Tragen der

Schutzhandschuhe zu verhindern. Nach der Hautreinigung am Arbeitsende werden fetthaltige Hautpflegemittel empfohlen.

7.6 Arbeitsmedizinische Vorsorgeuntersuchungen

Da für PCP z. Zt. kein Grenzwert festgelegt ist, können Vorsorgeuntersuchungen nicht zwingend vorgegeben werden. Insbesondere wegen der hautresorptiven Eigenschaften von PCP und der Einstufung als krebserzeugender Stoff der Kategorie 2 wird empfohlen, die Untersuchungen mit dem für den Betrieb zuständigen Betriebssarzt oder Arbeitsmedizinischen Dienst abzusprechen.

Wird in erheblichem Umfang Buchen- oder Eichenholz im Rahmen der Sanierung bearbeitet, sind Vorsorgeuntersuchungen erforderlich.

Vorsorgeuntersuchungen sind auch erforderlich, wenn bei den Arbeiten[1] Atemschutz zu tragen ist oder die Arbeiten in lärmgefährdeten Bereichen durchgeführt werden.

8 Entsorgung PCP-haltiger Abfälle

Bei der Entsorgung von PCP-haltigen Produkten, Stoffen, Hilfsstoffen und Abfällen sind die einschlägigen abfallrechtlichen Bestimmungen zu beachten (siehe Anhang 1).

Die zur Entsorgung vorgesehenen PCP-haltigen Produkte, Stoffe, Stoffgemische und dergl. sind Abfälle, die aufgrund ihrer Herkunft, Menge und PCP-begleitenden Stoffmatrix in Entsorgungsanlagen in bestimmter Weise behandelt werden sollen.

Die konkret zur Entsorgung bestimmten Abfälle sind getrennt zu halten und je nach ihrer Stoffmatrix geeigneten Abfallarten des Sonderabfall-Katalogs (TA Abfall, Teil 1, Anhang C. IV) zuzuordnen, für die bestimmte Entsorgungswege wie folgt vorgesehen sind:

Zuordnung von PCP-Abfällen zu Entsorgungswegen

Abfallbezeichnung	Abfall-schlüssel	Entsorgungshinweis
Kontaminiertes Holz	17213	1. SAV 2. HMV
Behandlungsmittelreste	53103	1. UTD 1. SAV
Leim- u. Klebemittelabfälle	55905	1. SAV
Textiles (Verpackungsmaterial)	58203	1. SAV

[1] Gegenüber der in Heft Nr. 1/1997 der Mitteilungen des Deutschen Instituts für Bautechnik veröffentlichten Fassung der PCP-Richtlinie wurde hier nach dem Wort „Arbeiten" das Wort „persönlich" gestrichen.

Abkürzungen: SAV = Sonderabfallverbrennungsanlage
HMV = Hausmüllverbrennungsanlage
UTD = Untertagedeponie

Die Ziffern bedeuten die 1. und 2. Priorität; die 2. Priorität kann u. U., fachlich begründet, gewählt werden, wenn eine konkrete Anlage für die genannte Abfallart zugelassen ist.
Bei der Sanierung fallen gewöhnlich noch entsprechend belastete Sägespäne, Holzstäube und sonstige kontaminierte Stäube an, die aufgesaugt werden können. Diese Abfälle sollen in dichtschließenden Behältnissen, gekennzeichnet nach der Hauptmenge der Abfälle und deren vorgesehenen Entsorgungsweg, gesammelt werden.
Das bei der Endreinigung anfallende Wischwasser wird keinem besonderen Entsorgungsweg zugeführt; es kann mit dem häuslichen Abwasser beseitigt werden.

Anhang 1

Übersicht über die wichtigsten Rechtsvorschriften und Regelwerke, die bei PCP-Sanierungsarbeiten zu beachten sind

1 **Verordnung zum Schutz vor gefährlichen Stoffen**
(Gefahrstoffverordnung – GefStoffV) vom 26. 10. 1993 (BGBl I S. 1782, 2049), zuletzt geändert durch Verordnung vom 12. 6. 1996 (BGBl I S. 818), Abschnitte 4, 5 und 6
- TRGS 102 „Technische Richtkonzentrationen (TRK) für gefährliche Stoffe“
- TRGS 150 „Unmittelbarer Hautkontakt mit Gefahrstoffen“
- TRGS 402 „Ermittlung und Beurteilung der Konzentrationen gefährlicher Stoffe in der Luft in Arbeitsbereichen“
- TRGS 403 „Bewertung von Stoffgemischen in der Luft am Arbeitsplatz“
- TRGS 553 „Holzstaub“
- TRGS 905 „Verzeichnis krebserzeugender, erbgutverändernder oder fortpflanzungsgefährdender Stoffe“

2 **Unfallverhütungsvorschriften**
- Unfallverhütungsvorschrift „Bauarbeiten“ (VBG 37)
- Unfallverhütungsvorschrift „Arbeitsmedizinische Vorsorge“ (VBG 100)
- Unfallverhütungsvorschrift „Umgang mit krebserzeugenden Gefahrstoffen“ (VBG 113)
- Unfallverhütungsvorschrift „Sicherheits- und Gesundheitskennzeichnung am Arbeitsplatz“ (VBG 125)

3 Richtlinien für Arbeiten in kontaminierten Bereichen
(ZH 1/183)

4 Augenschutz-Merkblatt
(ZH 1/192)

5 Sonstige berufsgenossenschaftliche Regeln
- Regeln für den Einsatz von Schutzkleidung (ZH 1/700)
- Regeln für den Einsatz von Atemschutzgeräten (ZH 1/701)
- Regeln für den Einsatz von Fußschutz (ZH 1/702)
- Regeln für den Einsatz von Schutzhandschuhen (ZH 1/706)
- Regeln für den Einsatz von Hautschutz (ZH 1/708)

6 Abfallrechtliche Regelungen/Transportvorschriften
- Kreislaufwirtschafts- und Abfallgesetz (KrW-/AbfG) vom 27. 9. 1994 (BGBl I S. 2705)
- Bestimmungsverordnung besonders überwachungsbedürftiger Abfälle (BestbüAbfV) vom 10. 9. 1996 (BGBl I S. 1366)
- Nachweisverordnung (NachwV) vom 10. 9. 1996 (BGBl I S. 1382)
- Zweite allgemeine Verwaltungsvorschrift zum Abfallgesetz (TA Abfall) Teil 1, vom 12. 3. 1991 (GMBl S. 139, 469)
- Sechste allgemeine Verwaltungsvorschrift zum Abfallgesetz (TA Siedlungsabfall) vom 14. 5. 1993 (BAnz Nr. 99 a)
- Gesetz über die Beförderung gefährlicher Güter vom 6. 8. 1975 (BGBl I S. 2121), zuletzt geändert durch Art. 12 Abs. 82 Gesetz vom 14. 9. 1994 (BGBl I S. 2325)
- Gefahrgutverordnung Straße (GGVS) vom 8. 7. 1995 (BGBl I S. 1025)

Anhang 2

Zusammenstellung PCP-bezogener Schutzmaßnahmen

Arbeitsvorgang	Arbeitsschutzmaßnahmen (PCP-bezogen)
1. Abdichten von behandelten Holzbauteilen 1.1 Beschichten	
Voraussetzung: Vorbehandlungen, bei denen Staub freigesetzt wird (z. B. Schleifen), finden nicht statt. Vorbehandlung durch Ablaugen	Keine besonderen Schutzmaßnahmen im Hinblick auf PCP erforderlich Beim Umgang mit Lauge: Schutzbrille, Schutzhandschuhe
1.2 Bekleiden mit Folien	
Voraussetzung: Vorbehandlungen, bei denen Staub freigesetzt wird, finden nicht statt.	Keine besonderen Schutzmaßnahmen im Hinblick auf PCP erforderlich

Arbeitsvorgang	Arbeitsschutzmaßnahmen (PCP-bezogen)
2. Räumliche Trennung behandelter Bauteile und Abdichten von Öffnungen (z. B. Türen, Luken oder dergl.)	
Voraussetzung: Arbeiten, bei denen Staub freigesetzt wird, finden nicht statt.	Keine besonderen Schutzmaßnahmen im Hinblick auf PCP erforderlich
Bearbeitung belasteter Bauteile, die mit Staubentwicklung verbunden ist.	Exposition gegenüber PCP in Form von PCP-haltigem Staub nicht auszuschließen. Erforderlich ist persönliche Schutzausrüstung (Halbmaske mit Partikelfilter der Schutzstufe P2, Schutzanzug, Handschuhe, Sicherheitsschuhe).
3. Entfernen von behandeltem Material 3.1 Entfernen von Wand- und Deckenverkleidungen oder Dachstühlen, Abbruch von Wänden und Decken	
Staubentwicklung durch technische Maßnahmen nicht gänzlich zu verhindern	Exposition gegenüber PCP in Form von PCP-haltigem Staub. Freisetzen von Staub durch geeignete Maßnahmen nach Möglichkeit vermeiden (z. B. vorheriges Absaugen mit berufsgenossenschaftlich geprüften Sauggeräten, Anfeuchten). Erforderlich ist persönliche Schutzausrüstung (Halbmaske mit Partikelfilter der Schutzstufe P2, Schutzanzug, Handschuhe, Sicherheitsschuhe).
3.2 Zerkleinern entfernter Holzteile durch Sägen	
Sägemaschinen	Erhebliche Exposition gegenüber PCP in Form von PCP-haltigem Staub. Freisetzen von Staub vermindern durch Einsatz von Maschinen, die mit einer wirksamen Staubabsaugung ausgerüstet sind (Herstellerbescheinigung). Erforderlich ist persönliche Schutzausrüstung (Halbmaske mit Partikelfilter der Schutzstufe P2, Schutzanzug, Handschuhe, Sicherheitsschuhe).
3.3 Oberflächenbearbeitung	
Maschinelles Schleifen, soweit nicht Eichen- oder Buchenholz.	Mit Exposition gegenüber PCP in Form von PCP-haltigem Staub ist zu rechnen. Freisetzen von Staub vermindern durch Einsatz von Maschinen, die wirksam abgesaugt werden (s. TRGS 553 „Holzstaub"). Erforderlich ist persönliche Schutzausrüstung (Halbmaske mit Partikelfilter der Schutzstufe P2, Schutzanzug, Handschuhe, Sicherheitsschuhe).
Wichtiger Hinweis: Buchen- und Eichenholz (z. B. Schleifen von Eichenparkett).	Neben den Bestimmungen der GefStoffV wird auf die TRGS 553 „Holzstaub" verwiesen.
4. Absaugen von Altstäuben und Reinigung nach Sanierungsarbeiten nach Nr. 2 4.1 Reinigung und Kehren und Blasen	

Arbeitsvorgang	Arbeitsschutzmaßnahmen (PCP-bezogen)
Beim Vorliegen von Holzstaub ist eine Reinigung durch Kehren/Blasen nicht zulässig (TRGS 553)	Erhebliche Exposition gegenüber PCP in Form von PCP-haltigem Staub
4.2 Reinigung	
Vor- und Nachreinigung	Für Reinigungsarbeiten sind berufsgenossenschaftlich geprüfte Industrieabsauger zu verwenden. Die Verwendungskategorie muß „C" oder „K 1" entsprechen. Geräte mit einem Staubsammelvolumen über 50 Liter und einer Leistungsaufnahme von mehr als 1,2 kW müssen zündquellenfrei (Bauart B 1) gebaut sein. Wird bei der Reinigung nicht ausschließlich der Staub mit einem Sauggerät direkt abgesaugt, ist persönliche Schutzausrüstung zu verwenden (Atemschutz mit P2-Filter, Handschuhe, Sicherheitsschuhe und gegebenenfalls Schutzanzug bei Staubbelastung).
4.3 Feuchtreinigung	
Feuchtreinigung von Flächen und Gegenständen	Schutzhandschuhe

Sachverzeichnis

Die fetten Zahlen bedeuten die Ordnungsnummern der Gesetze und Verordnungen in dieser Ausgabe, die mageren Zahlen die Paragraphen bzw. Artikel

Sachverzeichnis

Fette Zahlen = Ordnungsnummer

Sachverzeichnis

Fette Zahlen = Ordnungsnummer

Sachverzeichnis

Fette Zahlen = Ordnungsnummer

Sachverzeichnis

Sachverzeichnis